台湾史

戚嘉林\著

海南出版社
·海口·

台湾史 © 戚嘉林 博士
中文简体字版权 © 2021 海南出版社

版权合同登记号： 图字： 30-2020-134 号

图书在版编目（CIP）数据

台湾史 / 戚嘉林著. —— 海口：海南出版社，
2021.3（2023.9 重印）
ISBN 978-7-5443-9560-1

Ⅰ.①台… Ⅱ.①戚… Ⅲ.①台湾 – 地方史 Ⅳ.
① K295.8

中国版本图书馆 CIP 数据核字 (2020) 第 205171 号

台湾史
TAIWAN SHI

作　　者：	戚嘉林
责任编辑：	张　雪
责任印制：	杨　程
印刷装订：	三河市祥达印刷包装有限公司
读者服务：	唐雪飞
出版发行：	海南出版社
总社地址：	海口市金盘开发区建设三横路 2 号 邮编： 570216
北京地址：	北京市朝阳区黄厂路 3 号院 7 号楼 101 室
电　　话：	0898-66812392　010-87336670
电子邮箱：	hnbook@263.net
经　　销：	全国新华书店
出版日期：	2021 年 3 月第 1 版　2023 年 9 月第 4 次印刷
开　　本：	787mm×1092mm　1/16
印　　张：	35.5
字　　数：	620 千
书　　号：	ISBN 978-7-5443-9560-1
审图号：	GS（2020）5367号
定　　价：	108.00 元

【版权所有，请勿翻印、转载，违者必究】
如有缺页、破损、倒装等印装质量问题，请寄回本社更换。

增订版序言

值此岛内以推动"历史转型正义"为名大搞"去中国化"之际,再版上一版本售罄的本书尤具意义。因为,本书能获如此多的读者肯定,说明我们台湾社会仍存有理性中道的一面。

时代在进步,史学研究在进步,岛内社会的人文素养在进步,故我们一定要立足于客观史实,与时俱进地回归真正的台湾史。

就以目前民进党执政当局为了"台独",不惜从事"去郑成功化"的历史论述为例,客观上郑成功不是我国历史上最优秀的将领之一,他在与清军的作战中,多次遭到挫败,往北边打,最多也止于南京,最后是兵败东迁台湾。此外,不同论者站在不同角度,对郑成功也不乏负面评述,甚至抨击郑成功"用法严峻,果于诛杀",并称其"窃号永历,违命假义,旌旗所指,关河响动,喋血边竟,人民离落"。

郑成功有这么多缺失的方面,但却得到我们社会高度的尊敬,台湾汉人还将郑成功神格化成为台湾地方的守护神。今日,台湾各地主祀、陪祀、旁祀郑成功的庙宇超过300座。此一客观事实,说明在台湾社会三百年的"历史化"过程中,郑成功已经内化为台湾这块土地不可分割的一部分,使郑成功成为两岸切不断的血脉联结,割不断的共同历史记忆,相信这就是为何"台独"容不下郑成功,甚至诠释台湾这块土地,四百年前早有人居住,在未经他们同意之下,这块土地上来了另外一群人,借以否定我们98%的台湾先人移居台湾的正当性。

但 1661 年郑成功率 25,000 名汉人登陆台湾时，台湾先住民仅有 70,000～80,000 人，散居全岛各地，相对 36,000 平方千米的台湾而言，当时处处是未开发的天然之地。17 世纪 80 年代时嘉义（诸罗县）以北一望蓁茅，地疏而广。18 世纪初时彰化（半线）以北仍茫然千里。大地辽阔，天生万物以养人，试问郑成功率众及其后闽粤先人移民，何错之有？且当时先住民有大小部落 300 多个，汉人入台要向哪个部落申请入台许可呢？如果历史要以回溯四百年的方式定义叙事，那今天美国、澳大利亚、新西兰的白种人不都要回到欧洲才对？

论者有污蔑称郑成功政权屠杀剥削平埔族群，但历史真相是在郑成功入台的九年前的 1652 年汉人郭怀一抗暴事件中，当时在台汉人不足 20,000 人，但先住民在荷兰人的动员奖励下，短短数日间在大台南地区屠杀汉人 2,600 人，血流成河。民进党执政者对当时先住民一次性如此大规模屠杀汉人的事却掩饰不提。

九年后，1661 年 4 月 30 日郑成功率大军登陆台湾，并未实施报复，5 月初，"各近社土番头目，俱来迎附，如新善、开感等里，藩（郑成功）令厚宴，并赐正副土官袍帽靴带。由是南北路土社闻风归附者接踵而至，各照例宴赐之，土社悉平怀服。" 5 月 10 日，"藩（郑成功）驾亲临蚊港，相度地势，并观四社（新港、目加溜湾、萧垅和麻豆）土民向背何如。驾过，土民男妇壶浆迎者塞道。藩慰劳之，赐之酒食，甚是喜慰"。当时大军极度缺粮，10 月 20 日，"藩（郑成功）令户都事杨英持金十锭，同杨戎政驰往四社买籴禾粟，接给兵粮"。换言之，郑成功对先住民除大肆送礼、请客吃饭联谊外，即使是在大军极度乏粮近半年的情况下，仍派高级官员拿着金锭前往四社向先住民购粮。历史真相不容掩饰，何据以污蔑甚至挑拨民族关系，撕裂社会？

为此，本书期待能将台湾历史真相，以删除烦琐译注的方式，转化成蕴含人文素养的普及读物。值此增订再版之际，除更新、增加内容外，特别以大幅增加历史图片的方式，使读者能想象历史的情境。

今天，汉原融合已经四百年，两岸同属一个中国也是抹不去的客观历史。本书本着严谨虔诚之初心，客观叙述台湾四百年之历史，与时俱进地回归真正的台湾史。

戚嘉林

2017 年 10 月 12 日于中国台湾

推荐序

2008年夏，来自台湾的台湾史学者戚嘉林博士应中国社会科学院台湾史研究中心邀请，到北京访问。他告诉我，海南出版社要出版他的著作《台湾史》（台北海峡学术出版社2008年版）。

戚嘉林博士是我近几年才结识的台湾学者。2007年夏在厦门大学出席有关"二二八"事件学术讨论会时得以晤面，倾谈之下，甚有相见恨晚之憾。戚博士是出生在台湾的湖北人，我是出生在汉川的湖北人，他与我有同乡之谊。他赠送给我五卷本《台湾史》（1985年初版，1998年第三版），又送我在五卷本基础上改写的单卷本《台湾史》（海峡学术出版社，2007年8月版、2008年4月增订一版），我都一一拜读过，并先后拜读了他撰著的台湾史学术论文和在《海峡评论》杂志上发表的文章。

戚博士的所有著述都明确地、强烈地体现了中国情怀。他出生在台湾，祖籍湖北，他爱台湾和他爱中国，是完全统一的，没有丝毫的含糊。他的《台湾史》，是在这样的历史认识下，依据历史事实铺陈叙述的。所以，他在《台湾史》的撰述中，通篇灌注了对台湾分离主义和"台独史观"的批评，对台湾历史、台湾人的祖国意识的赞扬，对台湾人民抵抗外来侵略精神的宣扬，对祖国统一的期待。戚博士指出："台湾属于中国，是天经地义的事，也是国际所公认的事。如果台湾不属于中国，那日本何须侵略中国，强迫中国割让台湾？如果台湾不属于中国，那台湾人为何发动长达数十年的武装抗日，接着又从事数十年的非武装抗日？"掷地有声，无可辩驳。

尽管台湾属于中国的理由如此不可辩驳，戚博士还是下了数十年工夫，主要利用业余时间，搜集、整理、阅读了与台湾历史相关的大量史料，爬梳耕耘，于1985年就出版了《台湾史》，随后累加修订，终于成就了2,394页的五卷本巨著，并且辩证史料真伪、交代史料出处，不遗余力。现在要出版的单卷本，正是在这样的前提下，提纲挈领，删繁就简，突出重点，明晰条目，补充了新的史料，删去了注解，减少了书袋气，更便于大众阅读。

中国社会科学院院士 台湾史研究中心主任　张海鹏
2009年3月6日
于北京东厂胡同一号

大陆版作者自序

2008年春，我接到海南出版社版权部孙芳女士来自北京的电话，获知该社意欲在大陆出版拙著《台湾史》一书，适余7月将赴大陆参加杭州"两岸关系研讨会"与长春"第十七届海峡两岸关系学术研讨会"，故相约届时北京面谈。

7月12日我于杭州会毕直飞北京，次日中午就与海南出版社黄宪萍女士、孙芳女士等在王府井面议。14日，我应中国社会科学院台湾史研究中心之邀，就"台湾史与两岸关系"问题做专题学术演讲。宪萍女士亲自来访社科院，了解"台湾史"对两岸间文化交流的历史意义。宪萍女士与海南社同仁如此敬业认真恳切的态度，令余衷心动容，故我旋于16日在北京与该社签下出版合约。

2006年8月赴北京参加"第十五届海峡两岸关系学术研讨会"，这是我第一次来到祖国大陆。回想日本殖民台湾的整个历史，尽管日本殖民政府国家机器极力压制，但许多台湾先贤心怀祖国的感情从来没有改变过，他们不但在台湾积极传承日本人禁忌的中国传统文化，甚至在大庭广众演讲时，也动辄提及令日本殖民当局难以容忍的"汉民族""中国""祖国"等词。1926年11月13日，在日警监视的情况下，台湾人黄白成枝在台北的演讲中公然声称"我们的祖国是中国"。广东台湾革命青年团成员林文腾、张深切、张月澄等更于1927年3月12日在广州散发传单，主张"台湾民族是中国民族，台湾的土地是中国的土地"。日本占据台湾四十年后的1936年，台湾人林献堂作大陆之行，在上海公开宣称"林某归还祖国"。我作为国民党迁台后的第二代，当飞机降落北京，我走出舱门，踏上祖国大陆土地的一刹那，心中的激动的确难以言表，这就是我们台湾人多年魂牵梦萦的心灵故乡啊！

现在，拙著《台湾史》能在"江山如此多娇"的大陆出版，呈现于广大读者的面前，这与海南出版社的黄宪萍女士、孙芳女士及尹响林编辑等工作人员的努力是分不开的，特此申谢。

戚嘉林

2010年11月2日

台湾版自序

　　台湾属于中国，是天经地义的事，也是国际所公认的事。如果台湾不属中国，那日本何须侵略中国，强迫中国割让台湾？如果台湾不属中国，那台湾人为何发动长达数十年的武装抗日，接着又从事数十年的非武装抗日？日据时期，日本殖民政府列为内部参考资料的《台湾总督府警察沿革志》中指明，要警惕部分台士进行带有显著民族运动色彩的活动，其思想言行之一就是"立足于对中国将来寄予莫大瞩望，认为中国不久将恢复国情而雄飞世界，必定能收复台湾。基于此一见解，于此刻到来前不可失去民族特性，涵养实力以待时机"。日本警方的分析，黑字白纸，很清楚地显示，日本占领时期台湾人认同的就是中国。

　　关于台湾属于中国一事，时下有欧美学者，或以将时间回溯数百年的方式诡谲论述，或借洋人所创的国际法长篇论证，称"台湾自古不属中国"。然而，我明郑政权已于1662年驱逐荷兰殖民者，清政府于1683年纳台湾入版图，对台湾进行了有效的合法统治。如果要将时光倒推至1683年或1662年，那美国、澳大利亚等国均尚不存在，难道美、澳两国应该解散，还政于原住民吗？

　　自鸦片战争以来，我国屡遭列强侵略，积弱不振。近半个世纪的内外因素交加，尤其是在美国、日本等外国势力的实质支持下，台湾出现分离主义。近一二十年来，台湾分离主义者启动行政机器的强大资源，炮制了人为虚构的"台独史观"，欧美、日本学者帮腔加持，增加其论述的正当性。他们建构的"台独史观"也从早期的粗糙，发展到近年"台湾主体论"的精致化，对人们的影响日增，潜移默化地误导或迷惑台湾居民的认同，并以实行民主为由，动辄发起事关台湾主权的公投，以便为未来"台独"提供合法说辞，其严重性迫在眉睫。不少学者或政治人物，也受到了影响。究其缘由，可能是隔行如隔山之故，例如政治学学者、国际关系学学者，虽各有所长，但对台湾历史却未能深入了解。要知道，1945年日本投降时，台湾人还狂欢庆祝台湾回归祖国，故仅仅半个多世纪前，"台独史观"根本不存在。"台独史观"可说是无中生有。因此，吾人绝不可被"台独史观"所迷惑。

"台独史观"的论述核心，主要有以下五点：一、将台湾与南岛语族联结，以多元文化为名，稀释台湾的汉民族主体性，进而称"台湾自古不属中国"。二、美化荷兰在台殖民，称其为台湾开启了先进的海洋文明。相对于所谓落伍闭锁的大陆文明，称澎（湖）荷（兰）初会是台湾全球化的历史开端。三、淡化明郑与清朝统治台湾的历史，并将明郑、清朝与国民党政府都打成"外来政权"，以建立其"台独建国"的正当性。四、将"二二八"事件转化为分离运动的催化事件，挑拨族群历史仇恨，联结陈仪政府的失政与国民党政府的白色恐怖，从而坐实排斥中国的正当性。五、美化日本人的殖民统治；丑化蒋介石与蒋经国对台湾的治理，淡化或抹杀其对台湾的正面重大贡献。

早在1980年前后国民党政府戒严时期，党外杂志提及台湾历史时，多将明清统一管辖与日本占领台湾的历史做颠倒黑白的诠释，显然企图以台湾史为工具，制造族群之间的怨怼。当时，台湾当局文宣主管单位似无心也无能力在台湾史论述上深入研究，只是以查禁党外杂志为能事；而台湾四百年的历史中，曾历经明末、荷兰、西班牙、郑氏、清朝、日本与国民党政府的统治与治理，时空跨越极大，且各有其时代氛围，故除非脚踏实地刻苦钻研，否则不可能在台湾史论述上反映客观历史的真貌。因此，我毅然投入台湾史的研究，希望能写一本叙述历史真相的台湾史，盼建构两岸同胞对台湾共同的真实历史记忆。

1985年拙著《台湾史》终于在台出版，时至今日，三十多年倏忽过去。世事沧桑，台湾政权更替，经济失落十年，"台独史观"进入了台湾高中的历史教科书。祖国大陆则迅速发展，中华民族实现了期盼百年的复兴，几代人的梦想已成真。然而，回首当时毅然投入台湾历史研究之际，尽管当时处于台湾戒严末期，两岸关系茫然若失，但我深信，神州必有振兴之日，不论经由何种方式，两岸必将统一。当时的心境，与前述《台湾总督府警察沿革志》中日本人所警惕的带有显著民族色彩的台士一样，基于此一信念，于国族腾飞世界时刻到来前，不可失去民族特性，孤灯黄卷，默默钻研台湾史，涵养台史实力，以待时机。如今，能有机会第三次增修并出版这本《台湾史》，心中百感交集，特借此再版序铭志。

戚嘉林
2007 年 7 月于台北

目录

增订版序言

推荐序

大陆版作者自序

台湾版自序

第一章　早期台湾 / 001

　　一　史前台湾 / 001

　　二　台湾澎湖 / 004

　　三　中国击退在台日寇 / 007

　　四　17世纪初台湾情境 / 009

第二章　荷兰、西班牙人侵占台湾 / 011

　　一　中国驱退澎湖荷兰人 / 011

　　二　荷兰人再度占领澎湖 / 012

　　三　荷兰人占据台湾大员 / 014

　　四　西班牙人占据台湾北部始末 / 017

第三章　荷兰人血腥征服台湾少数民族 / 021

　　一　荷兰人在台实力不足 / 021
　　二　荷兰人血腥征服台湾少数民族 / 024
　　三　荷兰人建立南北地方集会 / 027
　　四　宗教思想改造与宗教教育 / 029

第四章　荷兰人的残酷殖民统治 / 037

　　一　郑芝龙平靖台海 / 037
　　二　荷兰人在大员的转运贸易 / 039
　　三　汉人拓垦良田万顷 / 040
　　四　荷兰人防范、丑化汉人与分隔"汉番" / 045
　　五　荷兰人横征暴敛压榨汉人 / 046
　　六　郭怀一抗荷事件 / 053
　　七　荷兰人占领台湾之殖民本质 / 057

第五章　明郑台湾 / 062

　　一　郑成功驱逐在台荷兰人 / 062
　　二　明郑在台拓垦与海外贸易 / 067
　　三　明郑两岸分离政策 / 071
　　四　康熙统一台湾 / 072

第六章　前清汉人移民台湾 / 077

　　一　汉人开发台湾景观 / 077

二　台湾进入祖国沿海贸易圈 / 081

　　三　1721 年朱一贵起义与闽粤分类 / 083

　　四　吴福生乱事与流民疾苦 / 089

第七章　清朝前期台西"番情" / 092

　　一　清朝前期"番情" / 092

　　二　汉化、汉番交易与"番害" / 095

　　三　1732 年大甲西社"番乱" / 097

　　四　内附与减税 / 100

第八章　游民、械斗、民变与移民 / 103

　　一　游民、会党、分类与械斗 / 103

　　二　1787 年林爽文事件 / 106

　　三　福康安全面开放移民 / 111

第九章　清朝中期台湾社会 / 114

　　一　台湾与祖国大陆贸易繁盛 / 114

　　二　汉族水利农业革命、汉灾与"护番" / 117

　　三　罗汉脚、大哥、头家与械斗 / 121

　　四　1806 年海盗蔡牵与朱渍 / 123

　　五　1832 年张丙事件 / 125

　　六　1853 年林恭事件 / 127

　　七　19 世纪中期台湾景况每况愈下 / 128

第十章　戴潮春事件与台湾民变综论 / 130

　　一　1862 年戴潮春事件 / 130
　　二　民变规模与游民 / 132
　　三　民变原因多元化 / 135

第十一章　科举与任官 / 138

　　一　私塾、县学、府学与国学 / 138
　　二　秀才、举人与进士 / 141
　　三　特权与任官 / 143
　　四　科举录取艰难 / 145
　　五　清廷对台科举优惠 / 147
　　六　清代在台实施科举制度的影响 / 149
　　七　台湾人赴外省任官 / 152
　　八　外省人赴台地任官 / 154

第十二章　列强窥侵中国台湾 / 158

　　一　英国窥伺台湾 / 158
　　二　美国染指台湾 / 165
　　三　日本窥伺中国及其对台谍报活动 / 167
　　四　日本占领台湾恒春 / 170
　　五　沈葆桢开山抚番 / 176
　　六　丁日昌惩贪抚番与洋务 / 178
　　七　吴赞诚、岑毓英理台 / 185

第十三章　刘铭传抗法与新政 / 188

一　刘铭传台湾保卫战 / 188
二　刘铭传征剿与招抚 / 192
三　刘铭传近代化事业 / 194
四　晚清台湾经济社会 / 199

第十四章　日本侵略台湾 / 204

一　日军攻陷澎湖 / 204
二　"台湾民主国"的由来 / 206
三　日本占领台湾 / 209
四　义军壮烈抗日永垂不朽 / 214

第十五章　日军屠杀腥风血雨 / 217

一　扫荡、烧夷与屠杀 / 217
二　招降、诱杀与屠杀 / 221
三　罗福星与余清芳等武装抗日事件 / 223
四　理蕃杀戮血染青山 / 228
五　集团移住 / 232
六　雾社事件 / 234
七　日本殖民政府对蕃社的严苛统治 / 237

第十六章　农工发展、基础建设与压榨 / 244

一　改赋增税与掠夺 / 244

二　第二次农业革命 / 249
三　粮食丰产背景下的饥荒 / 253
四　工业发展 / 255
五　基础建设——电力 / 259
六　基础建设——铁路、公路与港口 / 262

第十七章　教育歧视 / 268

一　中日在台教育的消长 / 268
二　日台小学歧视教育 / 272
三　日台中学歧视教育 / 276
四　大学歧视教育 / 279
五　汉文传承台人祖国情 / 283

第十八章　非武装抗日启蒙运动 / 287

一　梁启超访台 / 287
二　台湾同化会、新民会与台湾青年会 / 290
三　台湾议会设置请愿运动 / 294
四　台湾文化协会 / 298
五　台湾民众党与共产党 / 302
六　地方制度改正 / 308

第十九章　"皇民"、军夫与征兵 / 312

一　"皇民化运动" / 312
二　思想信仰改造 / 319

三　军夫、"慰安妇"与"皇民奉公会" / 322
　　四　陆军特别志愿兵 / 328
　　五　海军特别志愿兵 / 330
　　六　全面征兵 / 332

第二十章　抗日战争与台胞抗日运动 / 337

　　一　台湾青年抗日团体 / 337
　　二　台胞投入祖国抗日战争的行列 / 342
　　三　悲剧性的"日化世代" / 351
　　四　"日化世代"的结果与影响 / 353

第二十一章　第二次世界大战期间物价飞涨与粮荒 / 357

　　一　美军滥炸台湾两百天 / 357
　　二　战前金属米粮物资极度匮乏 / 368
　　三　第二次世界大战期间粮食匮乏与物价飞涨 / 371

第二十二章　台湾光复 / 377

　　一　光复前台政设计 / 377
　　二　台湾光复 / 378
　　三　陈仪抵台受降 / 386
　　四　接收与遣俘 / 390
　　五　陈仪本土化政策 / 395
　　六　陈仪干部队伍 / 400

第二十三章　"二二八"事件 / 406

  一　游行频繁，社会动荡 / 406
  二　台北缉烟事件 / 407
  三　台北风暴八日 / 412
  四　镇压及整肃 / 416
  五　"二二八"事件定性 / 424
  六　深思：日本殖民当局发动粮荒经济战 / 428
  七　白崇禧与魏道明 / 436

第二十四章　蒋介石退往台湾 / 440

  一　历史转折 / 440
  二　蒋介石部署台湾 / 442
  三　蒋介石退抵台湾 / 445

第二十五章　国民党在台湾 / 447

  一　国民党政府南迁 / 447
  二　白色恐怖 / 448
  三　外省本省二元权力体制 / 455
  四　经济发展的起始条件 / 458
  五　经济建设成就卓越 / 462

第二十六章　国民党当局台湾化 / 466

  一　第一代台湾化 / 466

二　台湾分离主义 / 469
三　民主与台湾分离主义 / 472
四　蒋经国推动二代台湾化政治改革 / 477

第二十七章　20世纪末两岸关系 / 482

一　早期两岸关系 / 482
二　"一国两制" / 489
三　李登辉上台两岸关系恶化 / 491
四　1996年台海危机 / 497
五　文化、经济与军事 / 502
六　"两国论" / 509

第二十八章　21世纪初两岸关系 / 515

一　陈水扁从政之路 / 515
二　陈水扁当政时期的两岸关系 / 517
三　陈水扁当政时期的两岸经贸关系 / 522
四　连战率团访问大陆 / 524
五　亲民党的兴衰 / 526
六　马英九开创两岸新局面 / 527
七　两岸统一的中国意志 / 531

第一章

早期台湾

一 史前台湾

史前时代台湾曾与中国大陆相连 台湾位于我国东南的大陆架上,是属于我国的典型大陆岛。在距今三百万年至一万年前的几次冰河期,冰雪存积陆地,引起海平面下降,台湾曾数度与中国大陆华南陆地相连。

更新世以来,全球曾有四五次冰期发生。每次冰期,海平面都会下降100米左右。台湾海峡,一般深度为50～60米,甚少超过80米。因此,中国大陆有源源不断的华南动物群迁往台湾。日本学者鹿野忠雄就认为"台湾先史文化的基层是中国大陆的文化,此种文化曾分数次波及台湾"。

关于台湾少数民族的起源,迄今为止大体有两种说法:其一为西来说,认为台湾早期住民是来自中国大陆华南的南岛语族;其二为南来说,认为台湾早期住民是

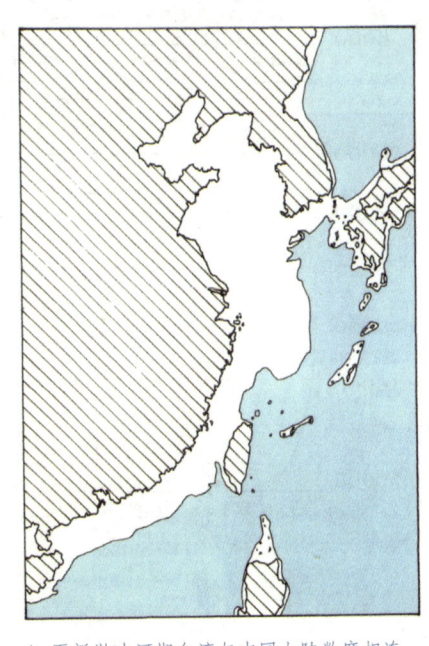

△ 更新世冰河期台湾与中国大陆数度相连

* 本书地图系原文地图。——编者注

来自南方海岛的南岛语族,该族分布于中国大陆华南、菲律宾、马来西亚及太平洋的密克罗尼西亚(Micronesia)与波利尼西亚(Polynesia)、西印度洋的马达加斯加(Madagascar)等地。唯从地下出土的石器、陶片以及若干古文物来看,台湾早期住民来自西面的中国大陆华南,属于大陆系的可能性较大。

长滨文化与网形文化 据考古学者的发现,台湾最早的史前人类文化,是分布于台湾东部及恒春半岛海岸的长滨文化(台东县长滨乡八仙洞)与台湾西海岸中北部丘陵台地的网形文化(苗栗县大湖乡网形伯公垄遗址),都属于旧时器时代晚期文化。这两处遗址出土的石器与我国广西新州、百色等地同期出土的石器有密切关系。

大坌坑文化与圆山文化 距今约7,000年前①新石器时代早期的大坌坑文化(今新北市八里区大坌坑),就是由大陆东南沿海移入的,故其文化范围涵盖今闽南与广东两地。新石器时代中期,距今约4,500年前,有绳纹红陶文化(花莲县寿

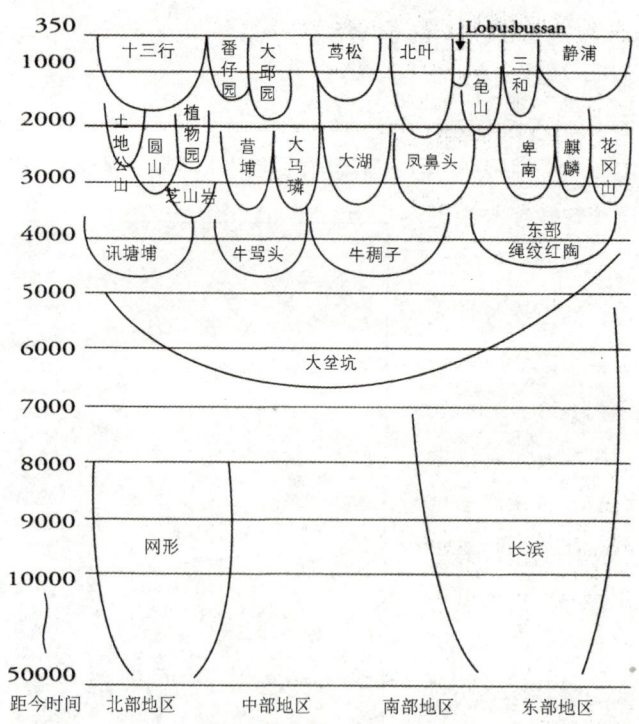

△ 台湾地区史前文化的时空架构

---

① 据《辞海》,大坌坑文化是约公元前4000—前3000年的一种文化,距今约5000~6000年。——编者注

丰乡大坑）与圆山文化（台北圆山）。前者例如凤鼻头遗址的绳纹红陶文化，就确实与福建同期的昙石山文化有许多共同要素和密切的来往。圆山文化则以台北盆地为中心，有各种陶器及磨制石斧，其文化极可能来自广东沿海海丰至香港之间。故台湾的新石器时代文化，可说均是受中国大陆沿海文化传入之影响而形成的。

十三行文化 至于进入铁器时代的十三行文化（新北市八里区十三行遗址），约始于距今1800年至800年前，该文化遗址出土有铁渣、矿石、煤以及炼铁作坊，说明居民已具备炼铁的知识与能力。当时，该地居民以种植稻米等谷类作物为生，但是捕鱼、采贝和狩猎仍然是重要的生活方式。

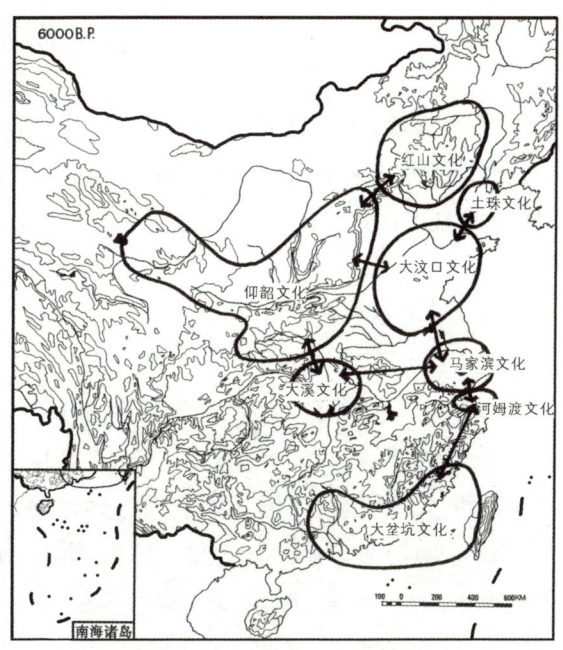

△ 中国新石器时代晚期文化互动关系图

△ 十三行遗址出土的唐宋等时期的铜钱

他们也与台湾岛内和岛外的其他人群（包括汉人）进行交易，交易的物品包括汉人的铜器、铜钱和瓷器，以及金、银、铜和玻璃饰物等。十三行遗址出土了200多件铜器，现在的证据显示，这些铜器都不可能是台湾本地生产制造的。此外，十三行遗址出土了九十几枚中国大陆的钱币，证明两岸间在古代时，就已存在着密切的交易。这些出土的钱币多是唐宋时代的铜钱，包括开元通宝、乾元重宝、太平通宝、淳化元宝、至道元宝和咸平元宝等。另外十三行遗址还出土了唐宋时代的铜碗和瓷片等考古器物。

二　台湾澎湖

台湾澎湖　三国（220—280年）时称台湾为"夷州"。黄龙二年（230年）春，孙权遣将军卫温、诸葛直，率甲士万人浮海征夷州，得夷州数千人还。吴国丹阳太守沈莹在其所著《临海水土志》中，有关夷州的记载如下：

夷州在临海东南，去郡二千里。土地无雪霜，华木不死。四面皆山（溪），众山夷所居。山顶越王射有的正白，乃是石也。此夷各号为王，分划土地人民，各自别异。人皆髡，头穿耳，女人不穿耳。作室居，种荆为藩障。土地饶沃，既生五谷，又多鱼肉。舅姑子父，男女卧息共一大床，交会之际，各不相避。能作细布，亦作斑纹布，刻画其内，有文章以为饰好也。其地亦出铜铁，唯用鹿骼矛以战斗耳。磨砺青石以作矢镞、刀斧、环贯、珠珰。饮食不洁，取生鱼肉杂贮大器中以卤之，历日月以啖之，以为上品。呼民人为弥麟，如有所召，取大空材十余丈，以着中庭，又以大杵旁舂之。声闻四五里如鼓。民人闻之，皆往驰赴会。饮食皆踞相对，凿木作器，如猪槽状，以鱼肉腥臊安中，十十五五共食之。以粟为酒，木槽贮之，用大竹筒长七寸许饮之。歌似犬嗥，以相娱乐。得人头，斫头脑，驳其面肉，取犬毛染之，以作须眉发。编贝齿以作口，出战临斗时用之，如假面状，此夷王所服。战得头，著首还，中庭建一大材，高十余丈，以所得头，序次挂之，历年不下，以彰其功。又甲家有女，乙家有男，仍委父母往就之居，以作夫妻，同牢而食。女已嫁皆缺去上前一齿。

上述对夷州的地理位置、气候、地形等的描述，均与台湾相符，尤其是对其居民的衣、食、猎首（将头颅剔肉存骨）、凿齿等生活方式，与男女婚姻、多社、各社不相隶属等社会结构的描述，均精确地与近代前台湾早期住民及其社会相符。我国学者凌纯声认为沈莹《临海水土志》中描述夷州的资料，就得自此次出兵台湾的行动；日本人市村瓒次郎与和田清两博士经详细论断，亦认为夷州就是台湾。

隋朝　大业三年（607年），炀帝令羽骑尉朱宽偕海师何蛮入海求访异俗。二人到流求（隋唐时对台湾的称呼），言语不通，掠一人而返。第二年，炀帝又令朱宽前往慰抚，流求不从。大业六年（610年），炀帝遂遣虎贲郎将陈棱、朝请大夫张镇州率兵万余征伐，掳数千人而还。

宋　朝（960—1279年） 中国大陆东南沿海的渔民已抵居澎湖。南宋孝宗乾道七年（1171年）岛夷毗舍耶人（Bisaya）突至澎湖，尽割所种，随后又在泉州沿岸杀掠。泉州知府汪大猷乃派军前往防备，然因换防劳扰，难以防守，遂于澎湖造屋

△ 十三行遗址出土的元代飞凤纹壶（右）、唐朝纹饰鎏金铜碗（中）与可能属于魏晋南北朝的五铢钱（左）
这些文物的出土证实了自魏晋三国、隋唐至宋元，均有大陆人抵台交易或交换，并也相对证实了我国自三国、隋唐至宋元各时代古籍所载有关台湾情形的真实性。

200间，遣军约200名长期驻守。1210年代海寇猖獗，澎湖百姓因惧招引盗匪入侵，甚至遇夜不敢举烟。当时，中国对澎湖已有相当的了解，王象之在其所撰《舆地纪胜》（1227年）中，即载称"自泉晋江东出海间，舟行三日，抵澎湖屿，在巨浸中，环岛三十六"。

元朝于澎湖设巡检司 元世祖入主中原后，于至元十八年（1281年）在澎湖设巡检司，以统辖其地。至元二十八年（1291年）世祖又命宣抚史杨祥、礼部员外郎吴志斗、兵部员外郎阮鉴，于次年经由澎湖往招留求（元人称台湾为"留求"或"琉球"。学界亦有一说，即以1372年为界，之前称"留求"，之后称"琉球"），但未成功。成宗元贞三年（1297年）再兴兵讨伐留求，亦无结果，仅擒130余人。1200—1300年前后，我国大陆东南沿海一带，已开始有较多的渔民聚居澎湖、白沙、中屯、渔翁及八罩等大岛上，他们主要是以捕鱼采贝为主，但也有畜养猪、牛、羊等家畜及种植农作物者。

约1340—1350年间，汪大渊（江西南昌人）曾随商船，远赴南洋及印度洋等地，并将见闻写成《岛夷志略》，其中除对琉球（台湾）的地理、气候均有正确叙说外，对台湾早期住民更有如下生动的描述：

　　……俗与澎湖差异。水无舟楫，以筏济之。男子、妇人拳发，以花布为衫。煮海水为盐，酿蔗浆为酒。知番主酋长之尊，有父子骨肉之义。他国之人倘有所犯，则生割其肉以啖之，取其头悬木竿。地产沙金、黄豆、黍子、硫黄、黄蜡、鹿、豹、麂皮。贸易之货，用土珠、玛瑙、金珠、粗碗、处州磁器之属。海外诸国，盖由此始。

此外，从现存的福建"永春岵山陈氏族谱"与"南安丰州陈氏族谱"中也都发现，元朝时已有族人迁台的记载。

郑和下西洋　1405—1433年间，我国伟大的航海家郑和（云南昆阳回族人）曾率庞大舰队七次出使西洋（明代约以文莱为界，东为东洋，西为西洋），其航程最远曾达非洲东岸。郑和的庞大舰队包括宝船、马船、粮船、坐船、战船等各型船只，每次分乘船舶一二百艘。那时，国人已知道彭湖（澎湖），台湾北方海域的钓鱼屿（钓鱼岛）、彭家（彭佳屿）、花瓶屿，东南海域的红荳屿（台东兰屿），及台湾本岛的鸡笼山（基隆）、北港、沙马岐头（恒春猫鼻头）等地的位置与航程。

海寇林道乾　明嘉靖四十五年（1566年）春，闽广官兵于安南万桥山澳大破海寇吴平，其余党林道乾等聚众3,000余人，于同年夏驾巨舰出入海南岛等地。隆庆二年（1568年），林道乾与曾一本同被官方列为首恶，有能斩获林、曾者赏银千两。后来，林道乾虽接受官方招抚，然万历元年（1573年）当他听说山寇荡平，官方准备乘胜对其进剿时，乃先叛出海，并于同年窜据澎湖，寻投东番（明代对台湾的称呼），不久远遁中南半岛。

海寇林凤　林凤是与林道乾同时代的另一巨寇。明万历二年（1574年）春，官方准备先攻朱良贤，次取林凤。林凤乃于是年夏，拥其党众万人东走，福建总兵胡守仁追之，无功而返。同年冬，林凤自澎湖逃往东番魍港，总兵胡守仁与参将呼良朋尾随追击，并传谕番人夹攻，林凤遂率众逃逸。是时（1574年），林凤率船62艘（男4,000人、女1,500人）南下吕宋（菲律宾）马尼拉北方之林加延（Lingayen，玳瑁港）驻扎，盼能长久定居，但为西班牙殖民总督黎牙西比（Lopez de Legaspi）率大军所败，而于

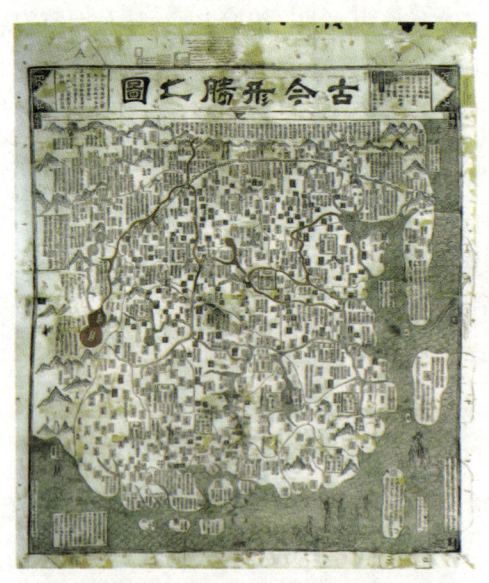

△《古今形胜之图》（明嘉靖三十四年）
此图原为我国印制，西班牙人至菲律宾后取得此图，菲律宾总督于1574年送回西班牙。（Archivo General de las Indias, Sevilla, Espana 总档案馆藏）

△ 明朝郑和舰队

1575年8月4日突围脱逃。1575年年底,林凤"复犯闽不利,更入广而留船于魍港为窟宅"。万历四年(1576年)初,总兵胡守仁追林凤党伙至淡水洋,冲沉其船20余艘,林凤乃逃亡西番。

三　中国击退在台日寇

盗贼借泊澎湖　自14世纪中期起至16世纪末止,倭寇大肆荼毒我国东南沿海。明朝洪武年间(1368—1398年),为防倭寇,朝廷曾禁止百姓入海捕鱼,或将海中孤山断屿之民迁往沿海地区居住。洪武二十年(1387年)明廷迁澎湖居民至漳、泉,废巡检而墟其地,唯永乐二年(1404年)时仍有流民(贫苦、流离失所的百姓)居澎湖。然而由于澎湖位于台湾海峡中间,地处要冲,故自明朝迁其民而墟其地后,澎湖乃成为不法之徒藏匿汇聚之处、海贼借憩之所,或倭寇往来停泊取水必经之地。

明朝防备日本征占台湾　明万历年间,倭寇扰犯澎湖,或同其伙船出没于台湾与澎湖,企图联势劫掠,但均为明朝官军所败。

1592年5月,日本丰臣秀吉遣大军16万横渡对马海峡,登陆朝鲜釜山,一路势如破竹,两个月内即占领朝鲜的京城、开城与平壤三大城市,7月时日军进抵中朝边界图们江岸之会宁。当时,我国出兵援朝,于1593年1月血战日军,攻克平壤,遏阻日军攻势,不久又收复汉江以南千里地方,朝鲜各地义兵亦风起

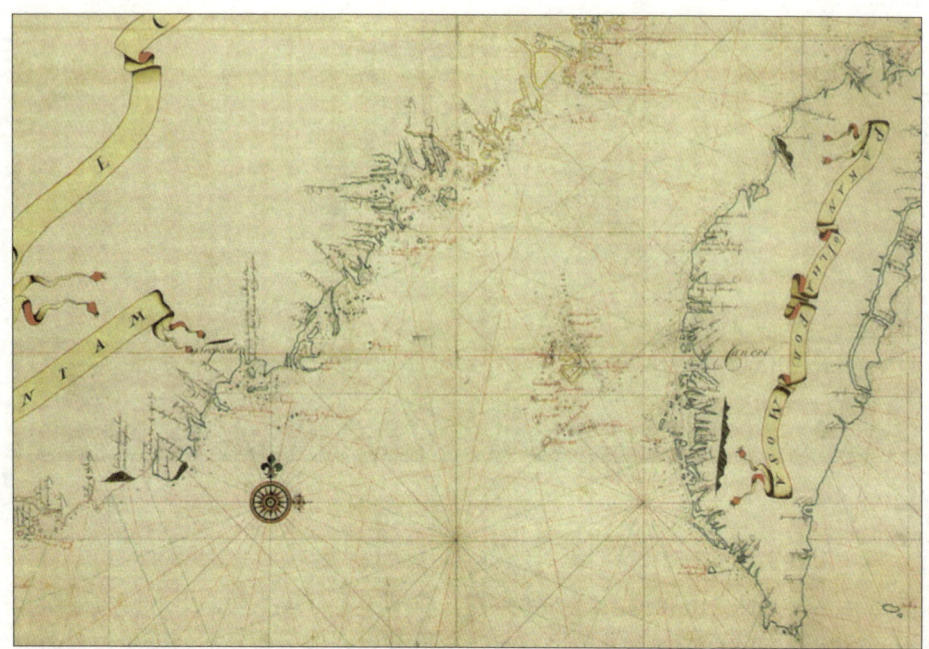

△ 台湾北港（Pakan）图（局部）
此图依据"出海王"波特（Balthasor Bort）的航海资料，约绘制于 1662 年。

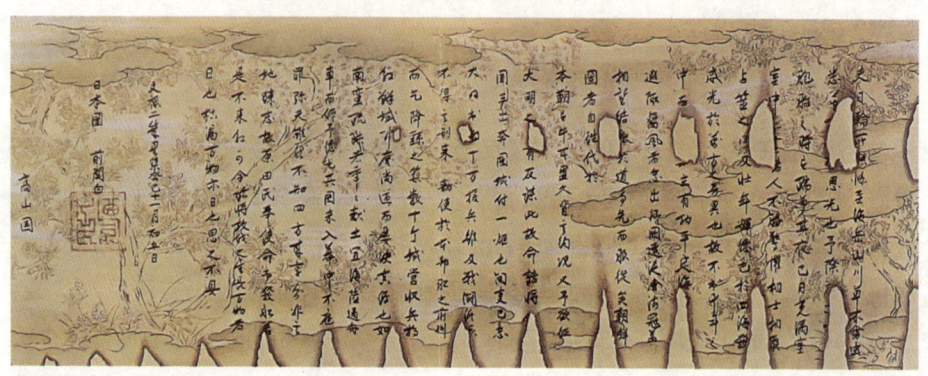

△ 丰臣秀吉于 1593 年招谕台湾"高山国"向日本进贡
当时台湾并不存在日人所谓"高山国"，此招谕文书暴露了丰臣秀吉对台湾的无知。

云涌。

1592 年，丰臣秀吉计划出兵进征台湾、吕宋与果阿（Goa，位于印度西岸），并于次年撰写致高山国（台湾）的外交文书。我国方面，由于朝鲜人韩应寅的密报，获悉日本人将犯鸡笼（基隆），乃派兵 1,600 人及船 40 艘驻防澎湖。后因日本人并未进袭鸡笼，不久我方即撤出澎湖驻军。1596 年，日本虽又计划占领台湾，然因当时北方和谈破裂，丰臣秀吉乃于 1597 年春再度发兵 14 万侵略朝鲜，局势再度紧张。我国于同年在澎湖设游兵 850 名、管哨船 20 艘，于春冬汛守，以加强防务。1598 年秋，丰臣秀吉病逝，日军陆续从朝鲜撤回日本。

沈有容击退在台日寇 万历三十年（1602 年）冬，倭寇再次占据台湾西岸沿海三个多月，四处剽掠，商贾渔民不得安生。巡抚朱公乃密令浯屿偏将沈有容（安徽宣城人）征剿东番日寇。沈有容乃率兵于 1603 年 1 月 24 日乘 24 舟出海，至澎湖遇台风，大浪滔天，仅存 14 舟，余皆散失。沈有容仍令士卒继续向东行，与潮俱没，与浪俱出，终抵东番。日寇出舟迎战，沈有容率兵与倭寇进行殊死战斗，纵火沉其 6 舟、斩首 15 级，大破倭寇，收复大员（台南安平），救回被掳漳泉渔民 300 余人，接着于 2 月 10 日班师离东番，从此海上平静达十年。

四 17 世纪初台湾情境

我国防备日本侵台 万历三十七年（1609 年），日本人有马晴信奉德川家康之命，率船往赴台湾调查台湾物产，并寻求贸易转接港口，但未成功。

万历四十四年（1616 年）夏，长崎代官村山等安动员 2,000 ~ 3,000 人南侵台湾，但据闻后来在琉球海边遇暴风雨分散而失败。明朝则于同年夏从琉球国中山王尚宁处，获悉倭寇造战船 500 余艘欲取鸡笼山的情报，当时福建巡抚、右副都御史黄承玄力主防备。万历四十五年（1617 年）倭寇突窜至龙门港，事后明朝恢复澎湖守军为 1,600 人，盼能全年驻防，但万历四十七年（1619 年）前又裁撤 800 人。

早期台湾、少数民族及汉番交易情境 沈有容征东番时，随行者陈第（福建连江人，时年 62 岁）乃将当时其亲睹台岛之人与事，撰成《东番记》一文。

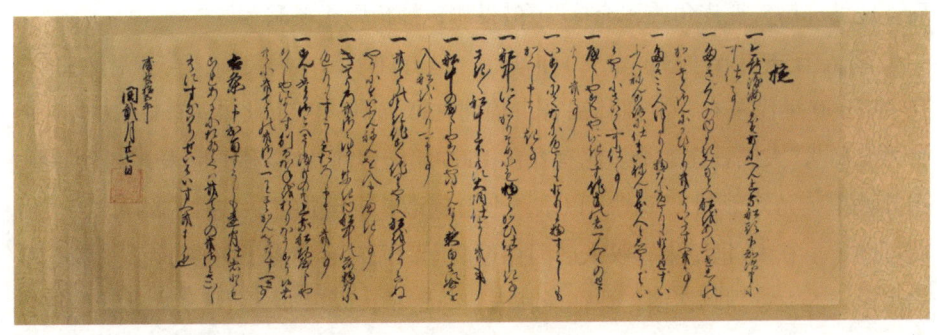

△《有马晴信台湾视察船桅书（规约）写》（1610 年）（台湾博物馆藏）

△ 17世纪往来东南亚的华商

陈第称东番夷人"居彭湖（澎湖）外洋海岛中；起魍港（台南北门乡一带）、加老湾，历大员、尧港（高雄茄定）、打狗屿（高雄港）、小淡水、双溪口、加哩林、沙巴里、大帮坑，皆其居也。断续凡千余里，种类甚蕃。别为社，社或千人，或五六百，无酋长""性好勇，喜斗""邻社有隙则兴兵，期而后战，疾力相杀伤，次日即解怨，往来如初，不相雠。所斩首，剔肉存骨（例如将其头颅置于桶中煮至皮肉脱离），悬之门，其门悬骷髅多者，称壮士"。

台湾"地暖，冬夏不衣，妇女结草裙，微蔽下体而已"，无揖让拜跪之礼，"男子剪发，留数寸，披垂；女子则否。男子穿耳，女子断齿，以为饰也""足蹋皮厚数分，履荆刺如平地，速不后奔马""无历日文字""交易，结绳以识"。当时台湾西南海岸平原早期住民社会为一母系社会，"女子健作；女常劳，男常逸"，夫以妻之家为家，男女"迨产子女，妇始往婿家迎婿，如亲迎，婿始见女父母，遂家其家，养女父母终身，其本父母不得子也。故生女喜倍男，为女可继嗣""伐竹构屋，茨以茅""器有床，无几案，席地坐""无水田，治畲种禾，山花开则耕，禾熟，拔其穗，粒米比中华稍长，且甘香""山最宜鹿，儦儦俟俟，千百为群""居常，禁不许私捕鹿；冬，鹿群出，则约百十人即之，穷追既及，合围衷之，镖发命中，获若丘陵，社社无不饱鹿者。取其余肉，离而腊之，鹿舌鹿鞭鹿筋亦腊，鹿皮角委积充栋""酷畏海，捕鱼则于溪涧"。

国人互市北港如鹜 1580年前后，已有许多闽粤人民前往台湾沿海捕鱼。16世纪90年代左右，海商林锦吾自福建往贩澎湖，互市北港（Pakan，当时指台湾全岛），人民日往如鹜。沈有容在1603年征台前，"尝私募渔人，直至东番，图其地里，乃知彭湖（澎湖）以东，上自魍港、下至加哩，往往有屿可泊"。由此可知，早在16世纪末，汉人已因往返两岸，而对台湾有了更多了解。"漳、泉之惠民，充龙、烈屿诸澳，往往译其语，与贸易；以玛瑙、磁器、布、盐、铜簪环之类，易其鹿脯皮角。"

第二章
荷兰、西班牙人侵占台湾

一　中国驱退澎湖荷兰人

荷兰东印度公司　万历二十四年（1596 年）夏，浩特曼（Cornelis de Houtman）率领船 4 艘并 240 人的荷兰船队，成功首航亚洲的万丹（Bantam，位于印度尼西亚爪哇西北部）与咬留吧（Jakarta，印度尼西亚雅加达）等地，接下来，荷兰船队相继航抵远东。

1600 年，英国成立英国东印度公司，由英国政府颁给特许状专利经营亚洲商务，这对荷兰商人无疑是一剂催醒剂。荷兰政府（联邦议会）于 1602 年，将当时荷兰人所有经营亚洲商务的各家公司，联合组成一巨大的贸易实体，即荷兰东印度公司（Verenigde Oostindishe Compagnie，VOC），总部设在阿姆斯特丹（Amsterdam，今荷兰首都），享有好望角以东与南美麦哲伦海峡以西范围内所有地区的贸易权利，在亚洲并能行使如开辟殖民地、与外国缔结条约、行使司法裁判与进行战争等职能。荷兰东印度公司于 1605 年占领安汶（Ambon，印度尼西亚马鲁古省省会），1610—1619 年间其中心即设在安汶（1609 年在日本平户设立商馆），该公司直至 1798 年方宣告解散，其累累债务则由荷兰政府承担。

沈有容谕退荷将韦麻郎　新成立的东印度公司，立即训令率领公司派往亚洲首批船队的指挥官韦麻郎（Wybrand van Warwijck），需再派船只前往中国。1604 年 8 月 7 日，韦麻郎率两艘大船航抵澎湖，当时我国驻守澎湖的驻军已撤，故荷

△ 沈有容谕退红毛番韦麻郎碑（澎湖天后宫藏）

兰人如入无人之境，伐木筑舍，作为长久之计。

当时，有久居大泥（Patany，马来半岛东北的北大年）的中国人李锦、潘秀、郭震等漳州海商，均与荷兰人熟识，其中李锦煽动荷兰将领韦麻郎以重金贿赂高寀（明朝于1599年复设市舶司于福建，派遣内廷太监高寀管理矿务）。当局获悉大惊，乃先后将前来的潘秀、李锦、郭震及翻译员林玉等逮捕入狱。福建总兵施德政并派上年初曾大破东番日寇的都司沈有容前往谈判。当时，荷船高大，约10倍于我方战船，但沈有容仍率船20余艘（或云50艘戎克船），于11月18日抵澎湖，亲登荷船会晤韦麻郎，解释无法通商的原因。韦麻郎在权衡轻重后，乃于1604年12月25日率船离澎湖，回航大泥。

二 荷兰人再度占领澎湖

中国甲必丹李旦 我国福建泉州商人李旦常年往贩吕宋，并成为华人在马尼拉的领袖。西班牙人因觊觎其财产，乃借故生事，将其下狱囚于船中。李旦设法逃脱，逃往日本。后来李旦创立了往来吕宋岛、日本列岛等地以及台湾岛的海上贸易事业，成为华侨巨富，并且是日本长崎、平户两地华侨所选出的甲必丹（captain，头目），从而以中国"甲必丹"闻名于东亚海域。当时，明朝文献称李旦为游棍、巨寇、海寇或海贼。

1614—1625年间，就已知记录而言，李旦与华宇二人派遣至海外的朱印船，即达23艘之多，航行目的地跨及东京、交趾、吕宋与台湾四地，其中前往台湾不下十次。当时英国东印度公司驻日本平户商馆馆长考克斯（Richard Cocks），称李旦与华宇二人是台湾岛最大的走私贸易从业者。

荷兰人再度占领澎湖 荷兰东印度总督柯恩（Jan Pieterszoon Coen）于

1619年在咬留吧建造新城，取名巴达维亚（Batavia，印度尼西亚首都雅加达）。在班达（Banda，今印度尼西亚西部），荷兰人最初虽与班达王签订贸易协定，但为了控制班达的豆蔻，总督柯恩率舰队并1,200名士兵于1621年航抵班达，突然登陆，对15,000名班达土著进行惨绝人寰的种族灭绝屠杀。

1622年4月10日，荷兰司令官雷尔生（Cornelis Reijersen）奉总督柯恩之命，率领1,024人，分乘8艘船舰，自巴达维亚出发（途中有4艘船加入），远征中国，以建立与我国的自由通商关系。雷尔生所率舰队于6月初驶抵澳门，并进攻澳门，但因葡萄牙顽强抗拒而失败。随后雷尔生率本队6艘舰船转而占领澎湖，而于7月11日登陆澎湖（当时澎湖居民约百人），并立即于澎湖本岛风柜尾处挖土筑堡。后来荷兰人请求通商被拒，续攻厦门也无重大成果。天启三年（1623年）初，雷尔生亲自前往厦门谈判通商，仍未能成。

雷尔生自厦门返抵澎湖后，即派人赴台湾大员勘察。当时以一艘日本戎克船前来大员的中国甲必丹李旦，建议荷兰人占据大员。后来雷尔生为了贸易上的方便，乃在大员狭长的小岛上建造堡垒，并派士兵驻守大员堡垒。

荷兰人在澎湖役死千名中国俘虏　1623年春夏，荷舰三桅大帆船（夹板船）"济里克泽"号及d'Engelcen Beer号，在马尼拉沿岸截击两艘中国戎克船，掠货掳人，并纵火焚烧其船，返航澎湖途中再截击一艘中国戎克船，共计俘虏800名中国人。此外，"格林宁根"号三桅大帆船也于澎湖附近劫获一艘中国帆船，掳

△ 澎湖港口图（1623年）
荷兰城堡呈正方形，长宽各约55米，城堡各角有外凸的棱堡，共配置29门大炮。

获 200 名中国人。是年夏，澎湖共有中国俘虏 1,150 人，荷兰人将其役死过半，另 571 人则于同年被送往巴达维亚，途中死亡 473 人，航抵巴达维亚后又有 65 人因饮水中毒丧生。也就是说，那些被荷兰人武装俘虏的 1,150 名中国人，在短短的一年间，仅 33 人幸存。然而，那 1,000 多名中国商旅、船员或水手，他们的父母妻子等亲人，今生今世也不知道他们的儿子或丈夫已遭荷兰人毒手，惨死他乡。当然，荷兰人的残暴非仅于此。例如 1622 年 11 月 26 日，荷兰人攻击福建沿岸的鼓浪屿，除抢劫丝织物品之外，还将岛上两座美丽村庄的许多漂亮房舍，及港边的大货船与战船等，均焚烧殆尽。

荷兰人也知道自己的残暴杀戮行径是不对的，当时曾任荷兰班达长官与台湾大员长官的宋克（Martinus Sonck）就坦称，通过在中国沿海的活动，他们（荷兰人）在别人眼里已成为杀人凶手、海盗、暴力者。对中国采取的武力行动，依他之见，也过于强硬与残忍，这样他们永远也无法获得与中国贸易的机会。

中国大军逼退澎湖荷兰人　1624 年 2 月 8 日，福建巡抚南居益下令由 40～50 艘戎克船所组成的船队，航抵澎湖最北方岛屿的外角。是月 20 日，南居益令守备王梦熊率军由吉贝突入镇海港，荷兰人遂退守风柜城。

当时，停泊在澎湖岛上的荷兰船只仅有 3 艘，兵力薄弱，故雷尔生屡次向巴达维亚东印度总督提交辞呈，并于 5 月获准。是时，南居益亲自督军，8 月 16 日中国大军兵分三路齐进。另外，南居益迫使李旦在福建的主要合作伙伴许心素往谕，要求李旦担任中间人，敦促澎湖荷兰人拆城另迁，诱使荷兰人前往东番大员。

荷兰新任司令官宋克于 8 月 3 日抵达澎湖，接替雷尔生。当时白沙岛的中国大军逐渐增加，8 月中旬时约有 1 万人、200 艘戎克船。8 月 17 日，荷兰人派李旦任中间人，为荷兰人与中国官员翻译斡旋。荷兰人也知道，即使将台湾大员堡垒破坏并调回其守兵，在澎湖的荷兰人的兵力仍不满千人。由于双方实力相差悬殊，荷兰人审时度势，乃决定在与中国大军交战前，撤离澎湖。司令官宋克于 1624 年 9 月 10 日，率荷兰船舰 13 艘远遁东番。

三　荷兰人占据台湾大员

热兰遮城与大员市镇　1624 年 9 月，荷兰人自澎湖迁往台湾西南沿海一个名叫大员的狭长小岛（约今台南市安平区），随即于其上方的北线尾岛（Bassemboy）开设商馆，并在已破坏的大员堡垒原址重新筑城，该城即是日后闻名的热兰遮城（Zeelandia）。热兰遮城经过数年的大兴土木，其内城于 1632 年竣工，外城则于 1634 年完成（原址即为今台南市的安平古堡）。

荷兰人又紧邻热兰遮城旁建造大员市镇。1639 年时，大员市镇约有 200 间房屋与 1,000 名中国居民。1650 年代时约有 5,000 人住在大员市镇，约有 1,000 人住在热兰遮城内。

△ 早期兴建中的"热兰遮城"

普罗汶蒂亚市镇与新城 由于北线尾岛是沙地，缺乏清水，不适合居住，故荷兰人于大员狭长小岛对岸的台湾本岛建立市镇。1625 年 1 月 20 日，荷兰人以 15 匹棉布向平埔族新港社购买赤崁地方（Saccam）并建立市镇，取名普罗汶蒂亚（Provintia），并令居于北线尾岛沙地的中国人迁往该地。

1652 年 9 月，赤崁地方发生郭怀一抗荷事件，荷兰人虽立即予以残酷镇压，但仍无法安心，故于 1653 年在赤崁地方以砖石建造新城，复命名普罗汶蒂亚城（原址即为今台南市的赤崁楼）。

此外，鹿耳门（Lakjemuyse）水道是出入台江的最重要的门户，故荷兰人于 1627 年在北线尾岛建一新堡垒，取名为海堡（Zeeburg）。为加强防御，荷兰人又在热兰遮城近海高地上，于 1635—1640 年间建了一座小堡垒，取名为乌得勒支（Utrecht）。

荷日商业冲突 荷兰人移据台湾大员后，一方面为筹措防卫及其他费用，另一方面为阻止日本人垄断贸易，乃于 1625 年 7 月决定向来到大员的日本商人征收 10% 的货物税。日本人对此大为愤怒，并拒绝缴税。

1626 年，平野藤次郎与末次平藏二人率两艘日本朱印船（当时须获得盖有海外航行许可之幕府朱印的日本商船，方可至东南亚贸易）航抵大员，并以其所携大部分资金购入约 6 万公斤以上的生丝、大宗鹿皮及其他中国货物，其中一部分货物尚需由中国商人补运至大员。当时台海间海寇郑芝龙势力强大,日本人请求代管大员的资深商务员韦特(Gerard Frederikszoon de With)借两艘船去中国大陆取货,未果。日本人极为愤怒,乃决意报复荷兰人。

船长滨田弥兵卫于大员附近的新港(Sinkan,台南新市)地方诱拐16名"土番"返回日本,称这些"土番"为台湾土人代表,因不能忍受荷兰人压迫而愿将台湾岛主权呈献给将军,并请求日本保护。但这16名新港"土番"在日本一直未能见到将军,日本政府虽赠送他们礼物并厚礼款待,但不接受他们所呈献的台湾主权。

荷日贸易的中断与恢复 1628年4月,末次平藏的船再度航抵大员,船长为滨田弥兵卫,船员有470人,船上有几门炮和两百支枪,新港"土番"亦随船返回大员。长官纳茨(Pieter Nuyts)获悉船上备有武器,乃扣留滨田弥兵卫及其随员,并拘捕生还大员的11名新港"土番",且没收德川家光将军赠予的礼物。

日本当局获悉此事后,极为愤怒,乃囚禁荷兰人质,并禁止荷兰人在平户贸易。

滨田弥兵卫乃于6月29日绑架长官纳茨,强迫荷兰人谈判,并于双方交换人质后,于同年7月25日返抵日本。

荷兰巴达维亚当局得知日本人的处置后,乃召回纳茨而改派普特曼斯

△ 长崎的"出岛"
日本于1636年将居住在平户的葡萄牙人全部迁至"出岛(在左上角)",1641年时荷兰人也被迫迁至"出岛"。

△ 滨田弥兵卫绑架荷兰大员长官纳茨

（Hans Putmans）出任大员长官，后几经交涉，荷兰人逮捕纳茨，并于1632年9月将其送抵日本受审，日本才恢复与荷兰人的贸易。

四　西班牙人占据台湾北部始末

西班牙人欲图台湾　1586年4月26日，西班牙人在吕宋马尼拉开会，曾建议国王：为扩大西班牙人传教范围，并谋求菲律宾安全起见，应攻占台湾、海南、爪哇、暹罗（泰国）等地。

1597年6月，地图绘制专家科罗内尔（Hernando de los Rios Coronel）曾上书西班牙国王腓力二世说，鉴于台湾物产丰富，且为中国与日本间的要冲，故建议政府占领台湾北部要港鸡笼（基隆），同时一并附上有关台湾的详细地图。

西班牙人占据台湾北端　荷兰人占据台湾大员岛后，对西班牙在马尼拉的贸易产生了相当影响。西班牙驻菲律宾总督施尔瓦（Fernando do Silva）乃于1626年5月派伐尔得斯（Antonio de Valdes）率船14艘沿台湾东海岸北上，11日经台湾东北角，并为此地取名为"圣地亚哥"（Santiago，台北县三貂角），12日抵鸡笼港，称为"至圣三位一体城"（Santisima Trinidad），并于5月16日在该港最大的小岛社寮岛（基隆和平岛）举行占领仪式，随即开始筑堡，命名为"圣萨尔瓦多"（San Salvador）。当时岛上千余名"土番"，因炮声震骇而四处逃散，接着该岛被西班牙人占夺，所留下的粮食也被西班牙人烧毁，幸赖随军教士耐心疏通，这些"土番"才归返鸡笼港内。

1628年，鸡笼西班牙守将伐尔得斯派军攻占淡水河口，并用泥土、竹子和木材

△ 西班牙人绘制的艾尔摩莎、福尔摩沙与中国南部海岸图（1597年）

△ 西班牙人所绘台湾北部鸡笼（基隆）图（约绘于1667年）

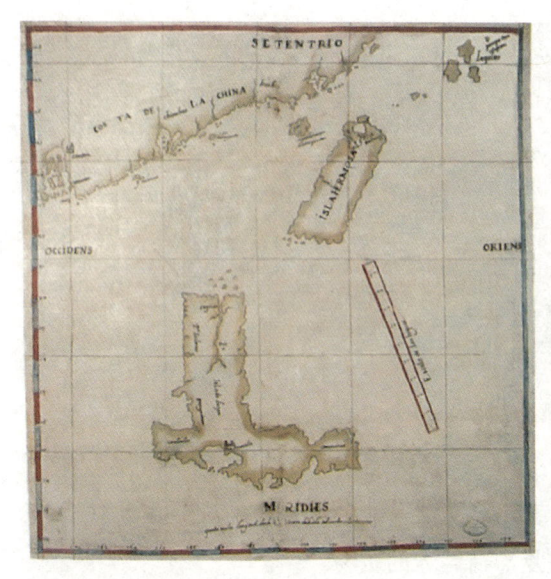

等简单材料建一要塞，命名圣多明哥（Santo Domingo）。1629年8—9月间，西班牙人击退来袭圣多明哥要塞的大员荷兰人舰队。

1631年3月，西班牙人派遣一支80余人的勘探队，溯淡水河上行，发现台北平原，复沿基隆河北上，发现至鸡笼的路线。是时，淡水河的北投村落（Kipatauw）蕴藏丰富的硫黄，故在西班牙人经过此处之前，就有许多先住民开采硫黄售予汉人。当年，汉人就载走约5,000担的硫黄。此外，在台北盆地这块土地上，几乎所有的"土番"，都将大量的水藤与鹿皮卖给汉人。

1632年西班牙人曾派兵征伐噶玛兰（Cabaran，宜兰），因"土番"力抗无功而返。是时，哆啰满社（Turoboan，花莲吉安一带）产金，故有"土番"前往以物换金，再售予汉人。1634年，军曹长罗美洛（Alonso Garcia Romero）抵达台湾成为鸡笼长官，他派遣200名西班牙兵及400名"土番"士兵前往征伐，噶玛兰诸社不敌乃降，事平后西班牙人留置若干兵士驻守该地而返。此次远征噶玛兰，使台湾东北海岸地方置于西班牙人的势力范围之下。

西班牙人传教台湾北部 在西班牙人占据基隆、台北与宜兰等地的十六年间（1626—1642年），传教士前来台湾居留者超过30人，如果包括欲赴中国大陆或日本传教而暂时寄居台湾者，则为数更多。只是自1635年后因经费问题，来台者渐少。

至于教化,西班牙人在鸡笼、淡水、金包里、沙巴里、奎柔社(Senar)及三貂角等各地均建有教堂,并驻有传教士。

到了荷兰人将西班牙人逐出台湾六年后的1648年时,不少台湾北部"土番"不但了解西班牙语,并持有教义书籍。1662年5月,意大利教士李科罗(Victorio Ricci)奉郑成功之命,前往马尼拉向菲律宾总督招谕。李科罗于是年8月的归途中,因候船修理而在鸡笼停留十天。当时就有许多来自山中的"土番"来见并跪伏于李科罗足下,称他们是教徒。有些"土番"家中甚至还保存有西班牙人所留下的十字架与圣像版画。

西班牙人退离台湾北部 西班牙人占据台湾北部的鸡笼与淡水后,中国大陆船只前来贸易者仍旧寥寥无几,远较西班牙人的预期为少。当时,居住于台湾的西班牙人,不乏因水土不服而患病死亡者。1633年时,多数的自由移民纷纷归返马尼拉。1637及1638年,西班牙驻菲律宾总督科奎拉(Sebastián Hurtado de Corcuera)率大军四处征讨菲岛的摩洛族(Moro),需要兵源,因此乃减少其

△ 西班牙人在台北大屯山勘探开采硫黄矿

△ 约 1626 年西班牙人所绘"大员岛荷兰人港口图"（大员岛，今台南市安平区）

在台湾北部的驻军，而于 1638 年下令破坏淡水要塞，移兵离台，并减少鸡笼驻军，毁损部分城堡。1640 年前后，鸡笼城仅留有守兵约 400 人而已。

荷兰人为使公司成为台湾岛的真正主人，企图将西班牙人驱逐出鸡笼。荷兰大员长官杜拉第纽斯（Paulus Traudenius）乘西班牙人在台湾北部防备薄弱之际，曾于 1641 年 8 月派上尉林加（Johan van Linga）率 3 艘船舰前往鸡笼，烧毁附近村落，并向鸡笼西班牙守将波特里奥（Gonzalo Portillo）劝降，但被拒绝。

1642 年 8 月，荷军上尉哈鲁斯（Hendrick Harrousee）率领 690 人乘船舰 7 艘，再度自大员前往进攻鸡笼。21 日下午抵鸡笼，登陆社寮岛，经过数日小规模的激烈战斗，西班牙守将波特里奥投降，于 1642 年 8 月 24 日与荷兰人达成协议献城。此役，荷方仅阵亡 5 人，伤 15 人，却俘虏圣萨尔瓦多城堡中的 446 人（其中 115 名西班牙人，余为菲律宾士兵、劳工、妇女、奴隶与儿童）。荷兰人在鸡笼举行了八天的庆祝胜利活动，并免除了这些俘虏的死刑，而将他们押解回大员，其中一部分人被送往巴达维亚。

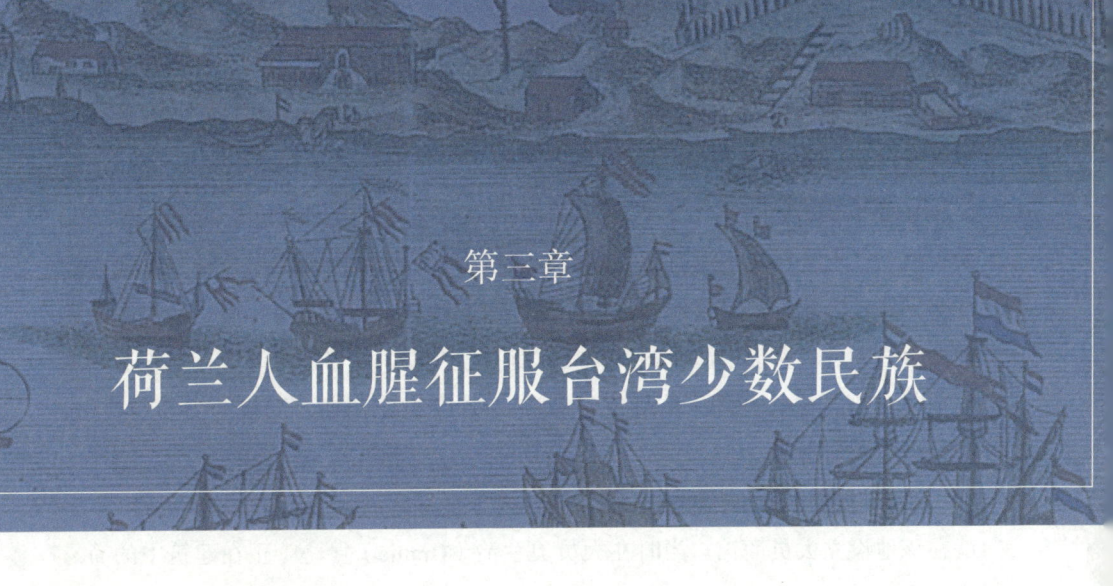

第三章
荷兰人血腥征服台湾少数民族

一　荷兰人在台实力不足

早在16世纪90年代左右，我国海商就从福建前往澎湖做买卖，在北港（Pakan，当时是指台湾全岛）互相交易，人民日往如鹜。1603年，福建漳泉汉人除知晓如魍港、加老湾、大员、尧港、打狗屿、小淡水、双溪口、加哩林、沙巴里、大帮坑等台湾地名外，还往往通其语言。他们渡海前来，以玛瑙、瓷器、布、盐、铜簪环等物，交换"土番"的鹿脯、鹿皮、鹿角等物。16世纪第二个十年，闽粤沿海渔民往来澎湖及台湾间捕鱼的船只，每年最少几十甚至上百艘。

汉番交易密切　万历四十四年（1616年），中国大陆东南"濒海之民，以渔为业，其采捕于澎湖、北港之间者，无虑数十百艘"；1620年代初，在台湾北端鸡笼已有汉人聚落；在台湾西部平原约有1,500名汉人。由于许

△ 热兰遮城鸟瞰图（约绘于1635年）

多人是暂时来台从事渔捞、打猎或与"土番"交易，故在台汉人人数会随两岸季风航期、渔期而增减。

1623年时，单是住在台湾西岸萧垅地方的闽粤汉人即超过1,000甚至1,500人。由于"土番"几乎没有航海经验，这些闽粤汉人就沿着海岸，从一个地方航行至另外一个地方，寻找他们进行交易，获取利益。当时，每年单是从对岸大陆驶抵台湾大员从事捕捞渔业的戎克船就有百艘左右，许多闽粤汉人还搭乘这些船只前往台湾，深入内陆采购鹿皮、鹿肉。故17世纪初期，汉番的交易与接触，已相当广泛与密切。

荷兰人登陆台湾强行征税　荷兰人于抵达台湾大员的第二年（1625年），就在该地设立大员商馆。当时在大员奥兰治（Oranje）堡垒（正在建筑中的简易城堡，后改名为热兰遮城）与"德弗特"号船上的荷兰人，总共才250人，居然就向来大员的其他商船（主要是一些中国商船和两艘日本帆船）征收船货的出口税，其行径如同强盗至陌生地方占山为王，就地强收买路钱。

然而，荷兰人在大员征税与否，是视被征税者的实力强弱而定。例如1625年荷兰人在大员征税的举措，引起在这里的日本人的反抗，荷兰人就准许暂免征税。1627年决定不向日本人征收关税，但次年（1628年）又决定要向在大员贸易的日本人征收费用。

对于"土番"，荷兰人初抵大员（1625年），为避免与台湾本岛的"土番"为敌，乃与他们保持友好往来。当时，荷兰人还用15匹花布向新港"土番"购买赤崁地方建立市镇（普罗汶蒂亚市镇）。也就是说，荷兰人承认"土番"的土地所有权。当时，巴达维亚方面曾要求大员长官向萧垅等社课税。但因"土番"经济情况不佳（处于原始生活状态），故大员商馆反对向"土番"征税。

荷兰人在台湾实力不足　1626年时，荷兰东印度公司驻守在东印度（远东）的白人，摩鹿加（Moluccas Is，印度尼西亚东部之摩鹿加群岛）约400人、安汶357人、班达300人，巴达维亚有士兵360人（商人和手工匠等除外）。以如此薄弱的人力，占领如此辽阔的地区，荷兰人也自知力不从心。是年底，荷兰人在大员的水陆人数总计仅240人，这些人除需派驻守卫城堡外，还需配置在三艘船上。故荷兰人在向其荷兰总部上呈的《东印度事务报告》中，就坦言其人力远不足以保护公司在大员地区的安全，并要求增派白人。此外，公司（大员商馆）当时还面临以下三大困境：

1. 中国沿海海盗猖獗，使得对中国的贸易难以展开。

2. 西班牙人于1626年占领台湾北部。

3. 滨田弥兵卫事件（1628年）所衍发的荷日严重贸易纠纷。

可见，那时荷兰东印度公司是陷于极为不利的处境。虽然荷兰人当时在台湾的实力不足，处境不利，但公司邻近大社，如新港（台南新市）、萧垅（台南佳里）、目加溜湾（台南善化）与麻豆（台南麻豆）等"土番"是各自为政，互不隶属的，故荷兰人乃利用其间恩怨，拉一社，打一社，分化周旋于各社"土番"的冲突纷争中。

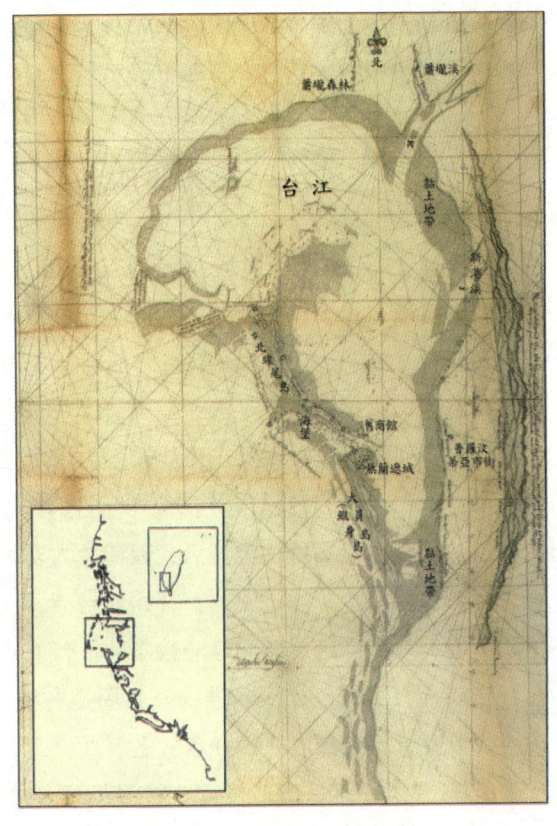

△ 1629年简·加布兰茨·布莱克（Jan Garbrantsz Black）绘制的大员一带海图

攻击目加溜湾 1629年6月，麻豆社袭击杀害至该地搜捕中国海盗的52名荷兰士兵，并视此次袭击为无上光荣，且向其他各社夸示勇武。那时，荷兰东印度公司虽痛感应惩罚该社，但因实力不足以远征麻豆，乃转而于同年11月23日派出230名武装人员攻击目加溜湾，并放火将该社大部分烧毁。是役，间接震慑麻豆社，故麻豆与目加溜湾两社于12月2日派员向荷兰人请求和好。

征伐小琉球 荷兰东印度公司"金狮"号于1622年10月在小琉球岛（Lamey，屏东小琉球）遇险，约50名船员逃生登陆上岸后，与该地岛民缠斗两天，杀死该地"土番"约40人，但最后自身也全部遭小琉球"土番"所杀。大员长官普特曼斯于1633年10月22日在福建金门料罗湾被明郑水师击败后，11月又率残兵征伐小琉球。因岛民逃入山穴，荷军仅将岛上小屋、园地及少量粮食焚烧破坏后便离去。当时除麻豆外，萧垅、新港及大员等地"土番"均曾随荷军出征，故荷兰人认为麻豆社不派人参与该役之举，及其之前曾杀害52名荷兰人士兵一事，均大为损害荷兰人在大员地区的威信，乃商议出兵征讨，但因兵力不足作罢，并决定待巴达维亚援军抵大员后再行征讨。

二 荷兰人血腥征服台湾少数民族

1634年时，荷兰东印度公司在东方的巴达维亚约有士兵600名、摩鹿加500名、班达350名、安汶500名、台湾大员200名、科罗曼德尔（Coromandel）150名，总计约2,300名士兵。由于兵力不足，公司在东方力不从心。1635年，在台湾大员，中国人络绎不绝地大量涌入，大员长官普特曼斯为维持公司在台湾的殖民地位，特别要求增加兵力，因为马尼拉中国人的反抗仍使荷兰人记忆犹新。

1635年 荷兰巴达维亚当局于1635年夏派475名士兵增援台湾。大员商馆在巴达维亚的援军抵达大员后，因荷兰人实力骤增，乃立即变脸，露出狰狞面目，以其所持步枪等先进武器，开始对台湾"土番"进行长达八年的残酷杀戮征服。就在荷兰人准备展开其延滞数年的征伐麻豆计划时，麻豆、萧垅与目加溜湾等社突然流行天花疫疾（新港社及其周遭各社则无），其中萧垅社有200名战士病亡，麻豆社也有200～300名战士病亡。

1635年11月23日，长官普特曼斯派500名白人士兵（新港人随军出征）攻打大员附近最大的部落麻豆社（据荷兰人1639年的报告，当时新港社人口共有1,047人，目加溜湾有1,000人，萧垅有2,600人、麻豆有3,000人，大目降有1,000人）。荷兰人当时除杀戮26名麻豆人外，并放火将麻豆整个村落烧成灰

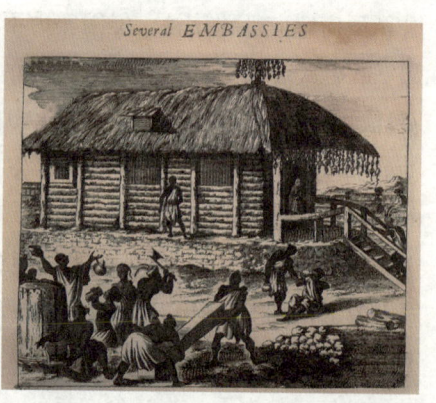

△ 早期台湾"土番"建造房屋及生活的情景
17世纪欧洲人对台湾原住民的想象图，见《第二、三次荷兰东印度公司使节出使大清帝国记》。

烬，全面摧毁麻豆人的生存空间，使麻豆人无家可归。麻豆人遭此空前浩劫，立即于12月18日请降，与荷兰人签约称"……我们将所有的一切献给荷兰联邦共和国的执政官，包括我们的祖先流传下来的和现在麻豆社以及平原地带的管辖区的所有财产，东至高山、西至大海，南北至我们的辖地""一旦长官先生与其他村社村民发生战争，我们永远自愿与荷兰人一同作战""我们对所有在魍港和其他地方烧石灰的中国人，以及在平原地带进行鹿皮等贸易的中国人不予以任何扰乱和伤害，随其所愿任他们通行……"。四天后（12月22日），荷兰500名白人士兵和400～500名新港人的大军接着攻打大员东南方不远处的塔加里扬（Takareiang）。1636年1月8日，接着攻打大员附近第二大部落的萧垅社。荷兰人以同样的残酷手段，将塔加里扬与萧垅两部落的屋舍全部烧毁。故萧垅、塔加里扬，甚至其他未遭荷兰人攻打的下淡水、大木连（Tapoliang）与塔楼（Zoatalau）等社，都随即依照麻豆社与荷兰人缔约的条件，与荷兰人签订降约。换言之，荷兰人就是直接要各社部落献上一切所有。而"土番"愿与荷兰人一同作战的应征参战条款，则是荷兰人借部分"土番"之力，以征服其他"土番"各社部落的手段。

1636年 1636年春夏，荷兰人对小琉球岛的"土番"进行种族灭绝式的屠杀。据荷兰人自己的记录，小琉球岛约有"土番"1,200人，其中遭荷兰人杀戮者超过400人，被掳获的小琉球"土番"中，能干健美强壮的男女小孩计191人，则分批送往巴达维亚，余则送到台湾本岛，男人为奴（两个两个地以铁链相互铐住），女人与小孩则配予新港人。此一残酷屠灭小琉球整个部落的事情，多年后辗转为公司最高领导机构"十七人董事会"获悉，成员们均相当吃惊，认为东印度公司的做法不当。

1637年 1637年10月，荷兰人攻打虎尾垄社（Vavoralang），1638年11月再次攻打虎尾垄社，及1641年11月攻打东螺社（Davole）与虎尾垄社的三次征战中，荷方均动员麻豆、萧垅、新港、目加溜湾等社，让他们出动约1,400名"土番"偕同征战。每次征战，除取对方部落居民之首级外，都还将对方部落全村屋舍、粮食烧成灰烬，不给对方部落留下生存余地。以虎尾垄社为例，为了报复虎尾垄社对公司的敌对行为（例如阻拦汉人在他们的土地上狩猎，无视狩猎者持有长官发放的许可证），公司议会建议征伐该社并将其房屋、米仓与货物一律烧毁。1637年10月25日，大员长官德包尔（Johan van der Burg）率300多名荷兰人士兵征伐北方大社虎尾垄（该社据云约有居民3,500人），牧师尤纽斯（Robertus Junius）则令新港、目加溜湾、萧垅、麻豆和诸罗山等社出动共约1,400人与荷兰人会合。大队人马于10月30日上午进抵该村，当时约有800名虎尾垄战士欲抗荷军，但他们一遇荷军发射枪弹，即行逃逸（是役荷方取得22颗虎尾垄战士首级）。于是，荷兰人放火烧屋。虎尾垄社村落有2,200座屋舍，储满了稻子和黍。当天，从上午11时到下午约4时，荷兰人忙着放火（从风头放火）烧毁屋舍和粮食。是晚，当虎尾垄人返回村落，看到他们的房舍、稻子、大麦和其他东西都被烧成灰烬时，虎尾垄的男人、女人和小孩都大声哀嚎、悲惨痛哭。荷军于11月1日返抵大员。此后，荷兰人在《东印度事务报告》中得意地自称，相信虎尾垄人及其同伙很快就会俯首称臣皈依基督教，并称这些人是台湾最易征服的人，因为他们的武器只有弓和箭。果如荷兰人所料，一个多月后的12月15日，虎尾垄社及附属该社的较小村社云林麦寮（Heiankan）与猫儿干（Vasikan，云林仑背）的5名主要首领来到大员，将他们的土地与财物献给荷兰东印度公司（荷兰政府）。

1638年 1638年底，虎尾垄人杀死两名、弄伤7名已向公司纳税并持有公司打猎许可证的汉人，并将所有汉民猎人从虎尾垄社的野地赶到魍港去。荷兰东印度公司为维持其威信并避免其他番社模仿，长官德包尔于11月27日亲率210名荷兰士兵征伐虎尾垄社，途中并与牧师尤纽斯已约好的新港、目加溜湾、萧垅、麻豆、诸罗山等社共约1,400人会合，前往虎尾垄社，放火烧毁该社150座屋舍及200处米仓。荷军于12月4日返回大员。

1641年 1641年11月20日，长官杜拉第纽斯亲率400名荷兰士兵与水手，搭乘舢板，出征东螺社及虎尾垄社，军队于23日在笨港溪口上岸。晚间，牧师尤纽斯率1,400名"土番"加入征伐行列。25日下午，大队人马行抵东螺社，该社村民虽在田野里列队反抗，终不敌荷兰人武力，阵亡约30人后，便溃逃他处。荷兰人乃将该社150间屋舍及400座谷仓悉数焚毁，并砍倒村社里的全部果树。由于参与征伐的"土番"为分赃而互相争吵，长官杜拉第纽斯只得将其中的1,200人遣返，然后率领余众于11月27日袭击虎尾垄社（该社当时有400座屋舍与1,000处谷仓），大肆放火。大火一直烧到第二天，该社几乎全部化为灰烬。荷军于12月2日返抵大员。此次荷兰人对东螺社与虎尾垄社的残酷镇压，使周围各社"土番"大为惊恐。

1642年 在东部探险金矿及招抚"土番"的荷兰人韦瑟灵（Marten Wesseling），于1641年9月左右在大巴六九社（Tamalakaw，台东卑南）遇害，使前项工作招致打击。1642年11月，长官杜拉第纽斯率353人亲自到台湾东部勘探金矿并讨伐大巴六九社。途经卑南社（Puyuma，台东市），于24日抵大巴六九社，与该社"土番"接仗（荷方阵亡1人，大巴六九社阵亡27人）。荷兰人继续逼近高山上的大巴六九社，村社奋起抵抗不敌，荷兰人乃将大巴六九社烧成灰烬。随后，荷兰人收兵卑南，并在附近探寻金矿，仍无结果，最后于次年2月23日返抵大员。在长官杜拉第纽斯离开热兰遮城后的2月14日，曾有数名虎尾垄地区的头目至大员，向荷兰人归顺并签订降约。

1642年8月　荷军攻占鸡笼社寮岛圣萨尔瓦多城堡，驱逐西班牙人，接着前往淡水勘查，于原圣多明哥（Santo Domingo）要塞建筑堡垒，取名安东尼奥（Anthonio）。荷兰人曾数度整修该堡垒，工期超过两年，1645年时派兵80人驻守。后来，淡水地方诸社反抗，荷兰人于1657年9月自大员派远征队前往讨伐，予以平息，但1659年又因事再次派远征队前来，将淡水附近的竹堑（Pocael）村社摧毁成灰烬。1661年4月30日，郑成功大军兵临鹿耳门，并开始长期围攻大员。荷兰人乃分别于6月、11月撤离鸡笼与淡水。

无论是麻豆、萧垄、塔加里扬、小琉球、东螺、虎尾垄还是大巴六九，荷兰人在台湾这片美丽的土地上，大肆屠杀、焚烧、征服，手段十分残忍。尤其是对不肯俯首就范的虎尾垄社而言，短短五年，荷兰人进行了三次镇压。荷兰人当时也扬扬得意地记录下前述屠戮、焚烧之惨状。例如1637年10月之役，将该社2,200座房屋及其所储藏粮食烧成灰烬。荷兰人记录称，虎尾垄人当晚返回村落见到其惨状，男女小孩均哀嚎痛哭。试想，当时台湾天气即将入冬，约3,500名虎尾垄人缺粮无屋，如何过冬？难怪虎尾垄人见状，连小孩也大声哀嚎。但次年（1638年）11月，荷兰人又放火烧毁该社150座屋舍及200多处米仓，这也显示头年虎尾垄社惨遭荷兰人摧残之惨，虽事隔一年，但仍远无法恢复元气，仅能再建房屋（150座）及米仓（220个），却又遭荷兰人放火焚烧。三年后的1641年11月，荷兰人再次镇压，又将虎尾垄人重建的400座屋舍及1,000处谷仓烧成灰烬。换言之，荷兰人就是要压迫虎尾垄人，直至其完全臣服为止。

三　荷兰人建立南北地方集会

南北部落地方集会制度　自1635年起，历经荷兰人十年对"土番"的残酷血腥镇压，台湾各社"土番"大体相继被迫同意将其土地及其所有献予荷兰，并表示臣服。为进一步加强对各社"土番"的控制，大员长官卡隆（Francois Caron）乃于1644年3—4月在台湾赤崁举行首届北路部落地方集会（Landdag）

与南路部落地方集会，往后大致每年举行一次。

集会方式 以1644年首届南北部落地方集会为例，3月21日在赤崁举行北路部落集会，荷兰人由60名士兵护卫，以新港语宣达政令，由诸罗山人翻译成山地语言。4月19日则举行南路部落集会（程序如北路部落集会），荷兰人以新港语并另请人分别译成大木连语、卑南语等，用以宣达政令。当时北路20余社、南路30余社等代表，均偕同出席。在集会上，各出席代表对荷兰东印度公司表示效忠与服从，荷兰人也授予各代表象征权力标志并刻有公司徽章"VOC"的银冠权杖及其他物品。

荷兰人的南、北部落地方集会，自1644年起至荷据末期，除1649年外，每年都分别于赤崁各自举行一次。1652年，荷兰人在卑南举行首届东路部落地方集会，随后亦曾举行数次。荷兰人也曾于1653与1654年举行两次淡水部落地方集会。每次召开部落地方集会之前，公司驻各地的政务官与通事等，大体上常会巡回各个番社，提醒头目（酋长或长老）或代表前往参加，届时他们会翻山涉溪地前往与会。荷兰人劳师动众、大张旗鼓分别举行南、北部落地方集会，除令各社"土番"臣服，亲眼目睹荷兰人之威仪外，还借机一再确认公司与各社部落间的从属协约（降约）关系、部落应尽义务，及任命各社部落的头人。公司借任命各部落头人的派任制度，变相建构各部落内部的权力结构，布置其在各社部落的行政人员。也就是说，荷兰人借每年召开的地方集会，将荷兰大员当局与被征服各社部落所缔结的协约（降约）关系，扩张到各社部落之间，每年重新确认荷兰人统治的正当性，从而强化荷兰人对各社部落的统治权威。

荷兰人统治权威没落 经过长年征伐，荷兰人终于以武力在台湾西部平原建立起其统治权威。1646年部落地方集会时，据统计当时归顺者共219个部落、61,696人。这些臣服于荷兰人的"土番"户数与人口的数据，是荷兰人利用每年一度部落地方集会的机会，向与会各社部落头目或代表搜集资料，然后汇整所得的。大体而言，以今日台南为中心的南北附近海岸平原地区"土番"人口数据较详细；北部淡水与鸡笼便较粗略，因该地通译被

△ 17世纪台湾番社猎人（德国插图）

杀害，地方集会也仅举行过两次，尤其是噶玛兰三十六社的宜兰地方，往后便无通译报告该地情况，故记录完全不准。至于桃园、新竹甚至大甲方面，因"土番"反抗，荷兰人似颇感棘手。此外，荷兰人对卑南地方的统治力相当薄弱，故此地人口数据也非常不完整。

1650年前后是荷兰人在台湾权威最盛的时期，当时（1650年）台湾全岛向荷兰人归顺的"土番"计达315个部落、68,675人。然而，1654年时骤减为272个部落、49,324人；1656年更降至约162个部落、31,000人。此一数据似也反映了在1652年荷兰人为郭怀一抗荷事件屠杀3,000～4,000名汉人及1652—1655年间谣传郑成功计划进攻台湾的形势下，参与地方集会的各社部落头目或代表的人数锐减，荷兰人在台湾统治力量的日趋没落。

四　宗教思想改造与宗教教育

荷兰东印度公司占据台湾的主要目的是获取商业利润，也就是希望在可能的范围内，以最小代价获取最大成果，故命渡台的传教士兼任政务员，利用他们的语言能力以利其统治（直至1651年9月以后，在台湾的教会神职人员方不再兼负政务）。在荷兰占领台湾进行殖民传教的历史中，康第纽斯（Candidius）与尤纽斯（Junius）两位不但是血腥的传教士，而且是荷兰人的特务。关于传教，康第纽斯明言，他来台湾的目的就是要介绍基督教信仰，以取代"土番"的原有信仰。

以威逼利诱为后盾之宗教思想改造　就康第纽斯与尤纽斯对个别传教对象的微观策略而言，无非是威逼与利诱。早在荷兰人殖民台湾初期的1629—1630年，康第纽斯就曾直接写信给东印度总督，认为公司应使用武力，征服那些不顺从的"土番"部落，使他们承认公司权威。此外，他也建议公司应尽快引进法律，处罚不上传教课的"土番"，以阻止台湾人的异教习惯，使其皈信基督教。换言之，就是借用政治暴力进行改变"土番"信仰的改宗（改变宗教）运动。但长官纳茨与普特曼斯认为在尚属文明未开化的新港社，实施严刑峻法，恐怕新港"土番"负荷不起。故当时大员荷兰人当局对旷（宗教）课的"土番"，仅课以较轻处罚。到荷兰人殖民台湾晚期的1654年时，对旷课的"土番"则是罚其缴纳一张鹿皮，然而当时"土番"们多是穷得家里甚至没有足够的米来填饱肚子。故对"土番"而言，那是非常严厉的惩罚。另外，荷兰人又施以利诱。例

△ 大员热兰遮城及其市镇（约绘于1644年）

如1639年，尤纽斯在新港、目加溜湾、萧垅、麻豆和大目降等社部落，就以赠送稻米与花布的方式，鼓励"土番"将自己的小孩送到学校去上学。

以武力杀戮征服为后盾之宗教思想改造　至于推行改变"土番"宗教信仰的宏观策略方式，就是凭借武力杀戮征服。在这方面，康第纽斯和尤纽斯二人的观点是一致的。例如1631年年初大员荷兰人当局虽征伐麻豆失败，然而依康第纽斯和尤纽斯的意见，征伐是扩张基督教至新港和其他村落的最有效方法。

康第纽斯与尤纽斯二人与公司对台湾"土番"的残酷杀戮征服是不可分割的。二人深入"土番"部落了解其内部详情，例如康第纽斯抵达台湾，在与台南附近的西拉雅族相处年余后，即于1628年8月20日写信呈荷兰巴达维亚总督柯恩，提供麻豆人和目加溜湾人都是新港人不共戴天的仇人的情报；同年12月又撰写了一份有关新港、麻豆、萧垅、目加溜湾、大目降等社的作物、组织、战斗、宗教、法律与生活方式的详尽报告。以现在的观点来说，也就是一份有关台湾的详尽情报。1634年5月14日，康第纽斯写信呈大员长官普特曼斯时，更深入地分析称，如果台湾"土番"们经常互相争斗，将对我们荷兰人有利，因为：

1. "土番"将会因互斗而消耗自己的精力。
2. 这些部落之间，将会越来越仇视，未来我们可利用这样的形势，让某个部落站在我们这边，进行对其敌人的报复。

3. 这些被羞辱的部落将会寻求我们的庇护。

此外，1637年10月10日，尤纽斯就从新港至大员，向荷兰当局提供了麻豆、萧垅、目加溜湾等社"土番"会合约600名战士，欲与台湾北部的虎尾垄社人作战的情报。

传教士康第纽斯和尤纽斯的残酷传教行径　此外，康第纽斯和尤纽斯更是以随军行动的方式，实际参与对"土番"的征服杀戮。例如，康第纽斯奉长官普特曼斯与议会的决定，于1636年4月随荷军征伐小琉球岛；尤纽斯则参与1635年1月征服麻豆之役、12月征服塔加里扬之役，1636年1月征伐萧垅之役、同年夏征伐小琉球（之前从事侦察作业）之役，1637年10月征伐虎尾垄社之役，1638年11月再征虎尾垄社之役，1641年11月征伐东螺社与虎尾垄社之役。故尤纽斯可说是无役不与，其中1637年10月征伐虎尾垄社前，尤纽斯还和队长Jan Jurianese偕25名士兵搭乘舢板前往笨港溪（今北港溪），探查该溪河道情形，也就是从事战前的特务情报侦察活动。另外，在此役与1638年11月征伐虎尾垄社、1641年11月征伐东螺社和虎尾垄社的三次战役中，尤纽斯每次都动员新港、目加溜湾、萧垅、麻豆、诸罗山等社，每次都出动约1,400名"土番"，与荷军

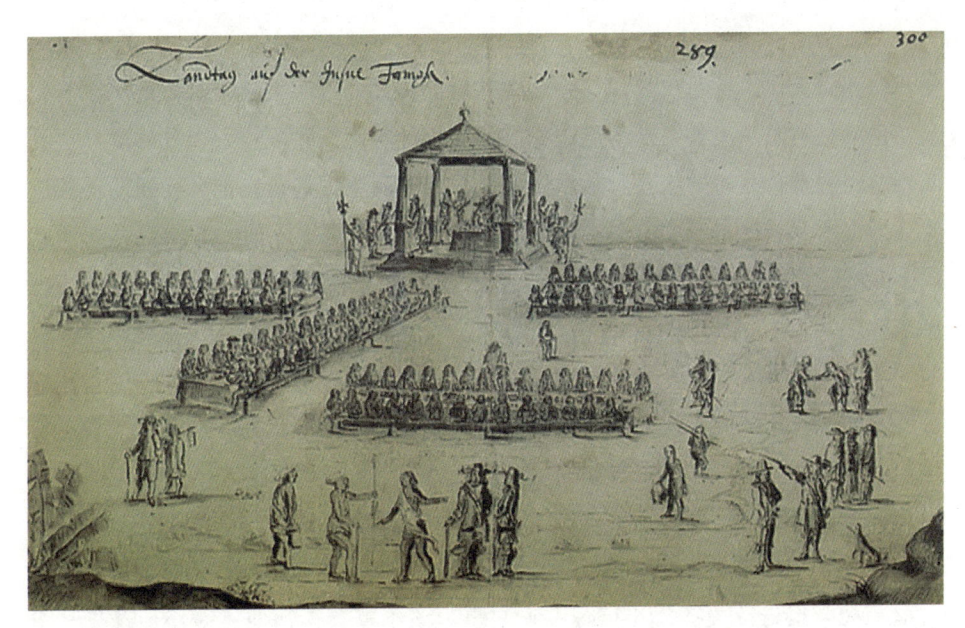

△ 台湾赤崁地方部落集会
图为德人Carspar Schmalkalden于1648年来台所见地方集会情况。（台湾历史博物馆藏）

△ 1644年荷兰人所绘《淡水与其附近村社及鸡笼（今基隆和平岛）略图》

会合，并肩征伐。且每次征伐，除杀戮外，都放火烧毁对方部落的全部房舍与谷仓，也就是不予"土番"部落老弱妇孺任何生计空间，手段可说极其残酷。更具讽刺意味的是，在对"土番"从事残酷杀戮与夷为灰烬的行动前，尤纽斯还假仁假义地向士兵传道。例如1637年10月30日征伐虎尾垄社前的黎明，尤纽斯就向士兵布道，但当天上午11时到下午约4时，荷兰士兵忙着放火和破坏，将虎尾垄社2,200座屋舍、储满稻子和黍的仓库，全部烧成灰烬。当晚，虎尾垄人返回村落见状，男人、女人和小孩均哀嚎痛哭。尤纽斯所参与荷军征伐"土番"的手段，与他宣扬神爱世人的基督教教义，实不相符。然而，尤纽斯却似无役不与地积极参与荷军对台湾"土番"的反复征伐。

以1636年残酷屠灭整个部落的小琉球岛之役为例，尤纽斯于1643年返回荷兰，1644年与同乡前大员长官普特曼斯向荷兰东印度公司最高领导机构"十七人董事会"报告有关征伐小琉球一役之事。该董事会得知他们对小琉球岛"土番"采取如此残酷行径，相当吃惊，故于1648年写信给巴达维亚总督，要求总督从现在开始，不要那样严厉对待台湾的倔强部落，像这样的惩罚，意味着"这些朴实之民的血流得太多了，……他们很朴实，不应一次要他们学太多东西，因为他们不了解我们的要求"。这说明了，牧师康第纽斯与尤纽斯在台湾的残忍行径，连远在万里之外的欧洲有良知的荷兰人自己都难以接受。

荷兰人流放"土番"的神职领袖 在西拉雅族内，扮演与神灵世界沟通的尪姨（女祭司），是"土番"传统文化的承袭者，其所代表的"土番"宗教信仰，在荷兰人眼中，是传播基督教文明的障碍。因此，康第纽斯与尤纽斯都要求大员长官普特曼斯将这些尪姨驱逐出去。1641年时，荷兰人将臣服于该公司的部落里的250名尪姨（其中麻豆社70人、萧垅社56人）放逐至诸罗山（Tirosen，嘉义市）一带。直至1652年，因这些尪姨要求荷兰人在她们临死之前允许她们回到故乡，能与友人或亲戚住在一起，荷兰人始赦准这些尪姨迁回故乡麻豆、萧垅、新港、目加溜湾与大目降等5个部落。当时，已有202人因年老或穷困而死亡，生还的尪姨仅48人，且荷兰人令她们答应于获释后，保证不得再从事西拉雅族原有的信仰活动。

在荷兰人如此威逼利诱与屠戮征服的强势改宗运动下，历经三十年，仍无法全面改变"土番"的宗教信仰。1658年，荷兰人对仍坚持荷兰人所谓"偶像崇拜"的"土番"，施以严酷的惩罚。荷兰人宣称"偶像崇拜者"最高将被判处公开鞭挞及驱逐出居住地的刑罚。荷兰人并将宣告翻译成许多部落语言，公开张贴于学校与教会。当然，荷兰人自己也知道武力逼迫改宗是难以令人接受的，例如台湾大员前长官费尔勃格（Verburg）在其1654年3月10日的报告

△ 图片中央是部落的神职人员尪姨（女祭司）
17世纪欧洲人对台湾先住民的想象图，见《第二、三次荷兰东印度公司使节出使大清帝国记》。

中，就称信奉宗教需其自身热情接受，没有谁是被武力逼迫而信奉某些宗教的。故回首荷兰人在台湾的传教事业，就个别对象的微观策略而言，是以威逼利诱为手段的；就整体的宏观策略而言，可说是以武力杀戮征服为后盾的宗教思想改造。

设立教会学校　荷兰人武力杀戮镇压与教化收编紧密结合，开启基督教教育在台湾的扩张之路。1636年5月，传教士尤纽斯于新港创设学校，三个月后该校有约70名学生（10～13岁或更大），随后大目降、目加溜湾、萧垅、麻豆等附近各社亦仿设学校。1638年时，南部的放索社与大木连亦设学校。17世纪

△ 台南土著公廨（西方人的想象图）
（见《被遗误的福尔摩沙》. 台湾历史博物馆藏号 2003.031.0010；《历史台湾》第6期，p.133.）

30年代末期，台湾西部海岸平原各地已建立少许教堂，实施基督教教育，其教化亦获得相当成果。

教授荷兰语　1643年时，新港、大目降、目加溜湾和萧垅等四社共有学生355人。1647年，四社学生共计1,219人，增加了2.4倍。

此外，一些传教士亦试图于学校推展荷兰语教育，当时宗教评议会即通知，自1648年2月起，倪但理（Gravius）与亨布鲁克（Hambroeck）分别于新港、大目降、目加溜湾、萧垅、麻豆、大武垄、哆啰咽及诸罗山等地开始教授荷兰语。是年传教士范德烈（Jacobus Vertrecht）至虎尾垄社，亦积极教授荷兰语。那时很多新港人于礼拜天穿着荷兰服装，甚至放弃原有名字，而改用荷兰化的名字。

到1659年，台湾岛上中南部受过读写教育推广的人数，已由十二年前（1647年）的320人，增至1,056人。同年，荷兰人又于萧垅开办了一所神学院，有30名"土番"小孩入学。荷兰人计划将他们培养成为神服务的老师。两年后，郑成功率大军驱逐在台荷兰人，摧毁一切此类事物，并严法禁止使用荷兰姓。

教化绩效见仁见智　据荷兰人于1659年底对中南部虎尾及新港两大语区20个村社教会学校所做的调查，显示荷兰人教化成效良好。该调查显示，当时这20个村社的"土番"共约1万人，其中懂教义者的比例达60%，在邻近大员的目加溜湾社则高达75.6%，新港社则更高达82.8%，而其他如萧垅、麻豆、哆啰咽、诸罗山、他里雾（云林斗南）和虎尾垄等社，平均亦达51.5%。唯当时所谓教化，仅为回答教理与唱祈祷文，对于内容究竟了解到何种程度，正确的评估势必有所困难。

但大员长官卡隆在其与巴达维亚的通信中称，大部分受洗的"土番"只是有名无实的基督徒。此外，长官费尔勃格在其于1654年3月向东印度总督及评议会提出关于荷兰人在台教化的意见书时，谓其以四年时间观察台湾的教化事业，发现成绩颇为悲观，青年有如鹦鹉说话，仅知暗记若干教义，对其真正意义不能理解，加以改编后的教条，就"土番"而言实在高深莫测，兼以传教士的死亡使传教士为数过少，每人负责区域过于辽阔，致未具成效，甚至使教化事业陷于荒废。又学校教师不知教养，在传教士的保护下为非作恶，而政务员不得处罚，导致"土番"憎恶荷兰人，造成统治上的阻碍。此外，虽然新来的传教士有高度工作热忱，却并不持续前人理念，而是导入新方法——每个传教士均喜欢自己的方式，从而中断原有教化理念或系统，致使台湾的基督教化无法真正结果。1658年3月，大员评议会在其向东印度总督的报告中亦谓，吾人已数度严肃训诚，但台湾许多"土番"仍然崇拜偶像，不义、奸淫甚或近亲乱伦之事屡禁不止。这是他们天性完全腐败堕落，或则为对于上帝律法，以及吾人带往此一国土的法律不甚了解之故。

教化影响　1661年4月30日，郑成功大军登陆台湾大员。次月，某些山地与平原上的少数民族与其老人，尤其是几乎整个南方"土番"，已经向郑成功投降，他们当时即不屑于荷兰人努力深植其心中的基督信仰，且因不用再上学而感到高兴，到处破坏书本与器物，并引入一些荷兰传教士视为异教之邪恶行为与习俗。当时，各种被荷兰人视为异教行为的偶像崇拜与通奸等罪行一再发生，甚至原本一度沉寂的女巫崇拜也重新秘密进行。当时，郑成功除驱离传教士外（至少有4名传教士死于严刑拷打），另严法禁止"土番"使用红夷（荷兰）姓氏。郑成功病逝后接着主政的郑经，亦曾巡访南北二路地方，所到之处，毁淫祠（意即拆毁荷据时期荷兰人所留下的教堂），崇正道。

另外，由于荷兰人教化之故，许多"土番"学会并使用荷兰人所编"土番"语言的拼音文字（例如新港文）。在郑成功驱逐荷兰人后半个世纪的1714年，冯秉正（De Mailla）、雷孝思（Jean Baptiste Regis）及德玛诺（Romain Hinderer）三位法国耶稣会会士，因测绘《皇舆全览图》而抵台湾安平（荷据时期之大员）。他们当时就曾找到好几位会念拼音文书，且常书写拼音文字的"土番"，甚至还在该"土番"手中找到几本拼音《圣经》残本。1720年法国传教士杜赫德（Du Halde）访问台湾时，也有类似经验。1720年代前后，新港、目加溜湾、萧垅、麻豆等四大社中，仍有会荷兰人所编拼音文字者，办理登记符檄、钱谷数目之事。该区及自大武郡、南社、湾里至东螺、西螺、马芝遴（彰化县福兴乡一带）等社"土番"居处，屋门还绘有荷兰人像。

18世纪40年代时，社中出入簿籍皆用汉字，社中"番童"甚至各执所读经书文章背诵以邀赏。

第四章

荷兰人的残酷殖民统治

一 郑芝龙平靖台海

中国甲必丹李旦 荷兰人于 1622 年 7 月入据澎湖，直至 1624 年 9 月方转往台湾大员。当时（1622 年 4 月—1625 年 7 月），李旦曾先后四次住在台湾，最后一次是 1624 年 2 月到台湾，其后除 9—11 月间曾去澎湖和厦门活动外，这一年多的时间均住在台湾。荷兰人刚迁至台湾大员时，李旦除于 1624 年 10 月写信给荷兰首任大员长官宋克外，还写信给在大员的颜思齐，请他款待荷兰友人。此外，李旦不久后便与长官宋克签订交纳 15,000 斤白生丝的契约，却又侵吞荷兰人准备向福建当局行贿的礼物。1625 年 7 月 3 日，李旦因病离开大员，17 日返抵日本平户，8 月 12 日于平户病逝。

郑芝龙少年俊秀 郑芝龙，小名一官，号飞黄，福建省南安石井人。芝龙少时赴香山澳（澳门）依亲，受雇于商家从事买卖，与葡萄牙人多有交往，习外语、信天主、受洗礼，教名为尼古拉斯（Nicholas）。在澳门，中国甲必丹李旦"往来日本，以商舶为事。芝龙以父事之"，后郑芝龙附李旦船往日本。当时，李旦在日本拥有庞大的海上事业，郑芝龙因少年俊秀，深受李旦信任，被派遣带船货至暹罗（泰国）、柬埔寨、吕宋（菲律宾）等地及台湾大员进行贸易。郑芝龙原有妻颜氏，其在日本时复娶平户藩士田川氏女，即翁氏，并于 1624 年 8 月生郑成功。

天启二年（1621年），有福建漳州海澄人颜思齐为东洋（日本）甲螺，引倭屯垦于台。郑芝龙附之，屡次出掠海上。1624年，郑芝龙曾在大员担任过荷兰司令官雷尔生（Reijersen）的翻译，后悄然离开。1625年8月，李旦死于日本平户，郑芝龙乃侵吞李旦的大部分财产。同年10月23日颜思齐死于东番，郑芝龙乃续执牛耳，统领其众。

郑芝龙崛起　1625—1627年间，郑芝龙家乡邻县同安地方发生严重旱灾，"饥莩载道，死亡横野""揭竿为盗者，十室有五"。当时"芝龙称兵海上，颇禁淫杀，不攻城堡，不害败将"，且所到地方，但令报水（勒富民助饷谓之"报水"），并乘荒年恤贫，如有彻贫者且给予钱米，故附者归之如流水。郑芝龙势力迅速扩大，从最初的十多艘船增至1626年的120艘船，1627年增至700艘左右，1628年郑芝龙在闽海拥有1,000艘帆船，其中包括外番巨船，徒众多达3万余人，称霸沿海。

郑芝龙集民移台辟土征税　那时，郑芝龙招集流民，倾家资，购耕牛粟麦分给之，载往台湾，令其垦辟荒土，而收其赋税，后来这项收税权力由其子郑成功继承。1651年，荷兰人才发现郑成功居然一直在向澎湖与台湾魍港地方的中国人收税，乃向郑成功提出抗议。郑成功在回复荷兰人的抗议时，言明他是延续自古以来的惯例，且这是其父移转给他的权利。

郑芝龙击灭李魁奇　1628年夏，郑芝龙受抚于新履之福建巡抚熊文灿，任游击（约今中校军官）。是年10月10日，郑芝龙与荷兰大员长官纳茨签订为期三年的生丝、胡椒等贸易契约；但郑芝龙随即因其部下李魁奇（福建惠安人）突然夺取约200艘船只叛离而顿受重挫。1630年2月郑芝龙摧败李魁奇于厦门，1631年3月则袭灭钟斌。当时，荷兰人曾将当时其先进的巨舰枪炮与军火支援或售予郑芝龙，从而帮助其剿灭李魁奇与钟斌，故芝龙德之，情缘难割，于是荷船岁岁泊中左（厦门）。

郑芝龙焚荷兰巨舰　正当官方庆幸郑芝龙就抚，李魁奇与钟斌相继覆灭时，另一股海盗势力刘香（福建漳州海澄人）崛起。1632年11月，官方除在厦门等地调集戎克船以对付海盗刘香外，也严密监视执行不许与荷兰人贸易的禁令。由于中方禁市，巴达维亚方面乃拟对中国沿岸使用武力，以开启自由贸易。大员长官普特曼斯于6月率船舰7艘进犯南澳攻击厦门，几乎彻底摧毁停泊在厦门港的所有船只。当时郑芝龙刚从广东回来，船只进港维修，故其在厦门的十余艘船只也一起被焚毁。

△ 金门岛及其城郭（1675年）

　　是时，福建巡抚邹维琏于9月抵漳州，大集舟师。1633年10月21日夜，普特曼斯亲率9艘巨舰，与海盗刘香所率的50余艘船只，泊于金门料罗湾。当时，邹维琏所集舟师共约150艘船只（其中50艘相当大，另为中小型戎克船），郑芝龙为先锋，于22日黎明对停泊在料罗湾的荷刘联合船队，发动猛烈攻势，大败荷兰人。中方计焚毁荷兰巨舰4艘、生擒荷兰人118名、斩首20人（荷方记录是阵亡83人），刘香则临阵脱逃。是役，中方大胜，为当时海上数十年所未有。

　　郑芝龙英风贯日歼刘香　自1634年起，台湾周遭的海盗活动逐渐销声匿迹。1635年5月，郑芝龙于田尾洋歼灭海盗刘香船队（大小船只约50艘），斩首622人、生擒147人。对于这场战役，当时明朝的公文记载，"主将郑芝龙英风贯日，豪气凌云""身为大将而身先士卒""冒矢石于波涛"，手持兵刃与部将奋力齐击，投元凶刘香于烈焰之中，功当首论。

二　荷兰人在大员的转运贸易

　　郑芝龙创造台湾海峡安全航行环境　郑芝龙相继歼灭李魁奇、钟斌与刘香等海寇势力，自此，海波不扬，沿海人民得以平安出海。那时，许多戎克船载运生丝、丝织品、陶器、米、砂糖、铁锅等货品驶抵台湾大员。1636—1640年间，台湾大员贸易颇为繁荣兴盛。

荷兰人在大员的转运贸易　荷兰人在远东的贸易，虽然是以其在印度尼西亚的巴达维亚城为枢纽，但台湾大员因其地理位置既介于东北亚的日本与东南亚诸地之间，又紧邻中国大陆东南，而当时又正值明朝实施海禁政策，故荷兰人乃以大员为贸易转运站。

当时，荷兰人除自中国大陆输入糖、茶、腌生姜、小麦、麻布、绸布、绢丝、捻丝、蚕丝、兰巾、白蜡、硫黄、瓷器、黄金等货物，然后再输往巴达维亚或日本外；也从中国大陆东南沿海直接进口砂糖、绢织品、瓷器等物至巴达维亚。台湾也自中国大陆输入汉人移民的日常所需物品，例如盐、粗瓷器、米锅、铁锅、砂糖锅、纸张、屋根瓦、砖瓦、木材、铁类、钉类等。

荷兰人除自大员向对岸输出台湾本地特产，如鹿骨、鹿肉、砂糖、藤、硫黄，及虾蛎、乌鱼、盐鱼等水产外，也自巴达维亚、暹罗将胡椒、燕窝、肉豆蔻、猪油、椰子油、米、鸟皮、象牙、犀牛角、水牛角、铅、香、丁香、沉香、梁材、苏枋木、檀香木等物运往大员，然后输往中国大陆或日本。

△ 荷兰"泽文·普罗维森"号
1665年下水，船长62米，宽13米，排水量达1,427吨，配置加农炮共80门，全体船员共743人。

三　汉人拓垦良田万顷

荷兰人欲以台湾为粮仓　荷兰人认为台湾天然环境良好，希望能在此生产其整个东印度公司亚洲驻地人员所需的米与糖，使台湾成为荷兰殖民地的粮仓。1635年，荷兰巴达维亚当局乃决定增兵大员，希望普特曼斯征服麻豆等社"土番"，从而使公司能在极短的时间内，获得一片富庶的殖民地。因为台湾气候宜人，土地肥沃，远非锡兰（Ceylon）可比。至于劳动力，荷兰人认为北港（Pakan，指台湾全岛）的"土番"贫穷、懒惰、无所奢求、愚昧无知。然而流亡至大员的中国贫民，则勤勉、认真、耐劳、好胜。由于当时（1635年）汉人络绎不绝地涌入，其数目之多，完全可以满足荷兰人的需求。因此，荷兰巴达维亚当局相信，在征服麻豆后，台湾的巨大变化将指日可待。

表1 在台汉人人数表

年份	在台汉人人数	摘要
1623	1,500	
1626		2,000人在大员城堡外面的沙洲上
1633		700～800人在大员荷人的管辖区
1639	8,000	
1640		3,568人在大员、赤崁和周围部落及农村
1643	7,000人领取人头税单	
1647		中国人首领10月时向公司表示愿自请每个月固定承担8,000张人头税单
1648	12,000 逾20,000壮丁	内战与饥荒导致大批汉人携妻儿逃至台湾，有500名妇女
1648年3月	14,000多人缴纳人头税	
1649	14,000～15,000	对岸开荒过后，大批汉人离开台湾
1649年春	12,000人缴纳人头税	
1650	15,000	
1650年11月	11,339人登记居留 其中835名女人	对岸汉人涌入台湾的潮流已见灭缓
1651	15,000～20,000 14,400人缴纳人头税	
1652年底	11,000～16,000	1652年9月，发生以郭怀一为首的农民反抗事件，约3,000～4,000名汉人遭屠杀
1654	预估10,300人缴纳人头税	
1655	预估11,315人缴纳人头税	
1657	预估14,229人缴纳人头税	
1659		1658年和1659年有很多汉人逃抵台湾
1661	25,000成年男子	

（据统计，1648年2月25日至11月2日间，共有371名汉人女子到台湾，平均每月约46人，故一年12个月可能约552人。因此，荷兰东印度公司在其1649年1月18日的《东印度事务报告》中，估计当时有500名妇女来到台湾，大体准确。此外，同期间仅有281名小孩到台湾，平均每个月约35人，则一年12个月约420人，但该报告中称有1,000多名儿童到台湾，显然过度高估，故本表略去小孩的数据。）

荷兰人鼓励汉人种植甘蔗稻米　在荷兰大员当局的鼓励下，汉人于1633年将甘蔗从中国大陆引进大员，这可说是汉人首次在台湾栽种甘蔗。1634年，荷兰人也鼓励在台湾的汉人种稻，但开始时并未成功。

1636年夏，德包尔出任台湾长官时，巴达维亚当局郑重训令德包尔，除扩展与中国贸易、加固城堡、加强宗教皈依外，就是督促在台湾种植大批甘蔗、生姜、茯苓和布的染料。这一年，荷兰人再度鼓励在台汉人种稻，但因缺乏水利灌溉设施，效果仍差。随后，荷兰人乃采取出租田地的方式，以推广台湾的稻米种植。

汉人大量移民台湾　郑芝龙平靖海上，为台湾海峡的安全航行创造了良好的环境，从而有利闽粤人民的赴台航行。据荷兰人的记录，自1637年6月17日至1638年12月12日，在此期间自对岸厦门、金门、安海、烈屿、福州等地驶抵台湾大员的商渔船只约630艘，其搭载来台人数共约11,400人；自大员返回对岸的商渔船只约420艘，自台湾返回对岸大陆人数共约10,800人。由此可见，当时汉人往返两岸相当频繁。

△ 赤崁地区农地与道路图
1644年荷兰土地测量师Symon Jacobsz, Domckens绘制。墨绿色为耕地，其余为荒埔。红色线条为道路。

当时，汉人移民争先恐后地来到台湾。据统计，1645、1646 两年，在台湾的汉人增加了约 3,000 人。1647 年，因清郑战争之故，对岸难民蜂拥而至。长官欧沃特瓦特（Pieter Anthoniszoon Overwater）于其 1648 年 1 月 9 日的报告中，形容"现在在这土地上的中国人比以前的任何时候都多"，他还估计当时在台湾的中国成人应该有 12,000 人。1648 年福建发生严重饥荒，据荷兰人估计，1648 年 5 月时，在台中国人约增至 15,000 人，年底时在台湾的中国成年男人已经达 20,000 人，另有超过 500 名妇女。1649 年，福建饥荒开始过去，很多汉人返回对岸福建，在台湾的汉人减少为 14,000 ~ 15,000 人。17 世纪 50 年代初，汉人移民台湾的人数又大幅增加。据长官费尔勃格的估计，1652 年时在台湾的汉人有 15,000 ~ 20,000 人。1652 年 9 月，因发生了以汉人郭怀一为首的农民反荷事件，3,000 ~ 4,000 名汉人遭屠杀。1654 年时，缴纳人头税的汉人预估不少于 10,300 人。随后数年，汉人移民台湾人数持续增加。1661 年初，在台湾的汉人成年男子达到 25,000 人。

汉人大量引进耕牛　随着汉人大量移民台湾种植水稻，耕牛也陆续被大量引进台湾。1639 年 8 月时，荷兰东印度公司已有耕牛 415 头。当时有很多耕牛被从澎湖运来台湾。1640 年底时，荷兰东印度公司和私人所拥有的耕牛已经超过 1,200 ~ 1,300 头。另据统计，单是 1645—1648 年间，汉人经澎湖陆续运来的耕牛，合计就超过 1,100 头。1650—1651 年间，汉人从澎湖运来台湾的耕牛，合计也超过 380 头。当时汉人于搭乘帆船渡海来台时，会随船载运数头、数十头或更多的耕牛，有时也载运少许猪、羊等家畜，甚至还不乏妇女、幼童随行。例如 1650 年 11 月，当时登记在台居留有案可查的 11,339 名汉人中，就有 838 名妇女。这也说明那时不少汉人渡海来台，是打算长期移居台湾的。

汉人拓垦良田万顷　荷据时期，就整个台湾的农业发展而言，主要是以米、糖为主，其中蔗田面积约占耕垦总面积的 20% ~ 30% 左右（余者仅为少量的茯苓、靛青、大麻、生姜、烟草、棉花、小麦等农作物），且主要集中在台南赤崁及其周边地区。由于对岸福建的战乱饥荒、台湾海峡海上交通的相对平静与荷兰当局的鼓舞，台湾台南赤崁及其附近地区的农作开垦，大约始自 17 世纪 30 年代中期，历经十年，于 17 世纪 40 年代中期初具规模。

1645 年，台南赤崁及其周边耕垦面积达 2,486 甲（1 甲为 0.9699 公顷）。1647 年，对岸清郑内战，难民蜂拥而至，使得台湾的植蔗和种稻面积大幅增加。是年耕垦总面积增至 5,608 甲，两年间增加 86.9%，1650 年增至 6,470 甲。

表2　汉人在赤崁附近拓垦耕地面积表　　　　　　　　单位：甲（morgen）

年份	蔗田面积 A	耕地总面积 B	A/B
1645		2,486	
1647		5,608	
1650		6,470	
1652	1,314	5,929	22.2%
1653	1,334	5,065	26.3%
1654	1,309	4,309	30.4%
1655	1,516	7,174	21.1%
1656	1,837	8,403	21.9%
1657	1,668	8,070	20.7%
1659		12,252	
1660		11,484	

赤崁地方人祸天灾　1652年赤崁地方发生汉人郭怀一起义事件。是役，该地有3,000～4,000名汉人遭荷兰当局屠杀。1653年突然流行异常猛烈的高烧与麻疹，很多人因而病亡，尤其是台湾南部的居民，更是大量死亡。就在1653年与1654年，台湾又遭逢猛烈蝗害，当时大员与赤崁的飞蝗从天而降，宛如乌云蔽日，地面全为蝗虫所覆盖。人们恐惧不已，稻谷、甘蔗和蔬菜全被吃光。1654年赤崁附近耕地面积计4,309甲，较1650年的6,470甲减少33.4%。

灾难过去后，1655年时赤崁附近耕地面积计7,174甲，1656年增至8,403甲。荷兰人统治末期，1659年耕地面积已高达12,252甲。1660年时为11,484甲（约

△ 在巴达维亚外港停泊的中国帆船

11138 公顷），恰如中国成语所言"良田万顷"。

四　荷兰人防范、丑化汉人与分隔"汉番"

经由对汉人的沉重剥削与压榨，荷兰人从汉人身上获得大量利润，也深知汉人的重要性。1649 年时，长官费尔勃格就称"公司与这岛上中国移民之间和谐的关系是非常重要的"；他认为中国人是台湾岛上"唯一提供蜂蜜的蜜蜂，没有这些人，尊贵的公司是无法在此生存的"。

防范汉人　荷兰人一面压榨汉人，一面防范着汉人。例如，早在荷兰人鼓励汉人移民台湾初期的 1634 年 5 月 9 日，荷兰人就规定所有中国人均不得在居所持有武器，违者惩办；1640 年 3 月 28 日又规定，所有人不得以任何方式将我方（荷方）火器交给居民，更不得教导他们操作练习，或售给中国人或其他人，违者枪毙；1642 年 5 月 21 日，荷兰人重申并扩充前令，所有中国人帆船在此地（热兰遮城）靠岸后，应交出武器，存放在公司的仓库，当他们要离开时再行取回。

分隔"汉番"　另一防范汉人的方法，就是设法分隔"汉番"，也就是管制汉人在番人村落的经济活动。荷兰东印度公司于 1641 年 4 月 3 日发表公告称，"所有中国人未获准许，不得于卑南觅各村或附近各村滞留。违者初犯处以 25 里尔罚金，再犯处以 100 里尔罚金"。两个月后的 6 月 5 日，又公告"未经我方（荷方）发放许可证，所有中国人不得于任何地方、港口或海湾与福尔摩沙本岛当地居民从事交易。违者没收其载具和承载货物"。同年 10 月 8 日，荷方再次公告"所有居住北路或南路各村落之中国人，应向敬爱的尤纽斯传教士登记姓名。由本地出发前往各地应先知会尤纽斯牧师。居留前述村落期间应于每月 10 日前向传教士尤纽斯领取一张单据，最迟须在当月 15 日前办理，否则处以 5 里尔罚金"。次年（1642 年）12 月 8 日，荷方颁布更严厉的规定，公告称"所有中国人以后不得借任何理由在北路诸村落——即麻豆与诸罗山以北者……设立任何居所。违者没收财产，处死。欲在该地从事交易者，应支付 1 里尔取得有效期一个月之许可证，以便获准驻留舢板继续交易活动，每个月应换取新证。违者初犯没收其舢板与所有承载物，加罚 50 里尔给予领主。再犯除上述罚则外并体罚之。南路各村——即大目降迄至福尔摩沙本岛最南端处……也不许居留。欲从事交易者，应依前述办法取得有许可"。上述荷兰人所规定的罚金货币单位"里尔"，在当时的价值大约是多少呢？1644 年荷兰大员当局就其在台湾种植蓝树制造蓝靛（一种蓝色染料）的情形，向荷巴达维亚总督呈报的一份会计报表内记载，当时荷兰人所雇 10 名中国人的薪资是每人每月 1 里尔，一名中国厨师的薪资是每月 2 里尔。

丑化汉人　荷兰人不但颁布法令，强行分隔"汉番"，并进一步在"土番"面前丑化汉人。如前所述，荷兰人在自己的内部文件中，明明认为汉人勤勉、认真、耐劳，并鼓励汉人移民拓垦，却又在各社部落头目（酋长、长老）或代表前，公然称汉人是下流的。为严防汉人入居番社，荷兰人甚至授权奖励逮捕未经同意而进入番区的汉人。

1644 年 3 月 21 日　在赤崁举行的首次北路部落地方集会上，荷兰人对与会的各社部落头目（酋长、长老）或代表称"我们曾经下令，中国人必须迁出大部分的村社，因为他们是下流的人，……"

1647 年 3 月 19 日　在赤崁举行的第四届北路部落地方集会上，荷兰人向与会的各社部落头目或代表称，所有来他们的村庄或野地交易或来往的没带银牌的走私中国人，都必须告知荷兰人，"然后把那些人带来此地城堡（热兰遮城），届时将每人赏五块花布"。

1648 年 3 月 10 日　在赤崁举行的第五届北路部落地方集会上，荷兰人向与会各社部落头目或代表称，如果看到没有佩带银牌的中国人来他们的村社交易或出入，他们可以在通知荷兰人之后，"随意将他们捉住送来这城堡（热兰遮城），每捉来一个可获得五块花布"。13 日在赤崁举行的第五届南路部落地方集会上，荷兰人也宣布了同样的规定。

荷兰人对汉人颁布准戒严令　荷兰人统治晚期，甚至颁布了极端歧视汉人的、形同准戒严令的规定，例如 1655 年 7 月 21 日颁布如下禁令，即"任何一个中国人，于晚间 9 时以后，若没有提着点亮的灯笼，就不许到街上走过六个房屋的距离。不过，若他们几个人互相靠在一起走路，则可只共用一盏灯笼。违者罚款 1 里尔。又任何一个中国人，在上述时间以后，若没有提着点亮的灯笼，而来到面向这城堡（热兰遮城）的该市镇最前面的房屋，将罚款 3 里尔"。

五　荷兰人横征暴敛压榨汉人

台湾岛各社部落当时（17 世纪 20 年代）是处于无文字、货币与政府组织的近乎原始的状态，荷兰当局也认为"土番""愚昧无知"。当荷兰东印度公司刚在台湾大员设立商业据点时，鉴于"土番"经济情况不佳，乃无意向"土番"征税。

荷兰人取消"土番"贡税 然而，随着荷兰人武力征服的形势演变，即各社"土番"陆续完全臣服于公司，荷兰人乃于武力杀戮告一段落后，于1643年开始向卑南、萧垅、麻豆、哆啰啯、诸罗山、大武垄、目加溜湾、新港及大目降等各部落每年征税（例如每年要"土番"缴纳4张鹿皮或2张水鹿皮或20斤稻子），作为各社部落承认荷兰人统治的象征。对于抗拒不肯缴税的部落，则以武力征服，例如东北部宜兰的Socher-socher及奇立板（Kakitapan）两社（后者拥有超过130座屋舍，里面堆满稻子和黍）。荷兰人于1644年9月22、23日出兵征伐该二社，放火将两个村落的屋舍及其屋里所堆存的粮食全部烧毁。荷兰人自诩"这样，这两个村社将会牢牢记住我们这趟出征，并且会相当悲伤"。又如1645年，荷兰人在台湾北端的三貂和金包里征税，在威胁要烧毁他们30座屋舍后，才收到贡税。

荷兰人此等行径实与强盗无异！再说，当时荷兰人在台不过千余人（其中约700人是士兵），主要驻扎于大员及其附近，遥远的东北部的宜兰与北端三貂等地各社，干荷兰人何事？荷兰人凭什么去征税？究竟是什么原因使得荷兰人不远数百里强盗般地北上去征税？更何况对仍处于近乎原始状态的台湾少数民族如此征税，从经济角度看也是没有任何道理的。除了增加其财富，更重要的原委，在荷兰人借着一年一度的地方集会（1646—1647年）向各社"土番"的反复宣称中暴露无遗，他们称公司要各社部落年年缴纳贡税，不是为了那些东西的价值，因为那些贡税的价值对公司而言（或云与公司的支出相较），是微不足道的。公司征税的唯一目的，是要确认各社部落对荷兰人的服从和情谊。换言之，荷兰人是欲借向各社"土番"征税，以彰显其对台湾的"主权"。然而，这种抽象的"主权"观念，对仍处于近乎原始状态的台湾各社"土番"而言，是难以深入理解的。因此，荷兰人自然不会为了区区的贡税，而恶化与各社部落的关系。1648年3月10日，荷兰人于第五次地方集会上宣布，取消各社部落一年一度的贡税，希望各社能更加服从公司。

荷兰人对汉人横征暴敛 对于汉人，在海上，荷兰人早就在台湾大员南部尧港、打狗与大员北部魍港等海域，对前来捕鱼的汉人戎克船，征收10%的什一税；在陆地上，荷兰人在其强力控制的地区，早在1629年7月28日时，就规定进口中国酒要向公司缴纳什一税。1630年2月时，则重申在目加溜湾与麻豆村落或附近居住的所有中国人，每三个月要至大员一次，领取新的人头税单。1634年5月19日，公司公告规定烧制砖块（在大员市镇及赤崁）要缴纳什一税。接下来的1635年夏，在台荷兰人于巴达维亚所派475名援军抵达台湾大员巩固势力后，自是年底开始对"土番"发动一系列的血腥屠戮，动辄使用将数千人的"土番"部落屋舍粮仓烧成灰烬的残酷手段，强迫各社"土番"献出土地。当时，荷兰人借着与麻豆等各社"土番"所签订的如下条款："我们对在平原地带进行鹿皮等贸易的中国人不予以任何扰乱和伤害，随其所愿任他们通行……"借机向在台湾岛上的汉人征税。

随着荷兰人势力的巩固及对"土番"一系列的血腥征服，荷兰人开始出台各种规定，对在台湾的汉人征收各式各样的税并独霸市场，例如：

1635年4月18日	不得出口或出售鹿皮等任何皮货予他人，必须集中售予公司，（违者）没收该批皮货。
1637年2月2日	所有中国人于出口鹿肉、大鹿皮、羊皮或獐皮前，必须缴纳什一税，违者全部没收。
1638年5月6日	公司公告重申有关征收中国烧酒进口什一税。
1638年5月31日	公司以中文和荷兰文公告，在热兰遮市镇（大员市镇）买卖房屋，买方与卖方都要缴纳什一税。
1639年起	公司对进口的盐，征收什一税。
1639年起	公司开始征收间接税，也就是将税权标售给出价最高的承包者。例如，是年12月20日，公司将一年期限的屠宰猪并在市场贩卖猪肉权、代（公司）征收乌鱼的什一税权、乌鱼子权、鹿肉出口权及中国烧酒进口权等标售给出价最高的汉人。
1639年8月13日	所有中国人不得任意采收甘蔗或将其运至大员食用，应将甘蔗全部炼制成糖，制成白糖后不得任意出售，应将其全部供给公司。违者除没收其全部甘蔗与蔗糖外，并视情节惩处。
1640年8月1日	自即日起，公司开始向汉人征收每个月0.25里尔的人头税，违者处以5里尔罚款。

1641年4月17日	所有舢板除（每月）应缴纳0.5里尔外，也应缴纳渔获什一税。
1642年	公司每月征收采蚵执照费和舢板费。
1642年3月29日	所有中国人自其他任何地方进口稻谷，每100袋稻谷须缴税5袋，或100担须缴税5担。（违者）没收其全部稻谷。
1642年4月30日	所有人于正式缴纳什一税前不得输出或输入薪材。违者除没收其薪材外，并罚款20里尔。
1642年6月25日	所有人于缴纳什一税前，不得将赤崁的糖浆、蔗汁或类似物品装运上船出口。（违者）没收其装船之糖浆或蔗汁，并（罚款）20里尔。
1643年3月11日	所有人于此地或其他荷方所辖地区往来进出口的货物，不得隐匿任何应缴予公司规定的什一税或其他税项。（违者）没收其隐匿之货物，并罚款100里尔。
1643年8月21日	公司决定以后对在鸡笼与淡水提炼过的硫黄征收什一税。此外，所有进口的谷物，无论是米、小麦、面粉、豆子等，都要缴纳什一税。
1643年9月25日	公司规定，将来要在台湾种植稻米的所有中国人，都须缴纳什一税（1643年年底，公司已经征收到北边大部分的稻米课税）。
1644年5月1日起	将通告中国人，为了增加公司的收入，对运来（大员）市镇及与"土番"交易的所有黑糖、中国蜡烛、烟草、粕酒（arack）、油、鱼油、各种油脂、台湾藤、珊瑚以及其他诸如此类的商品和杂货，都必须按交易所得缴纳什一税。
1644年	公司开始将部落村社、湖泊、河流等租予出价最高的中国人（为期一年，供其贸易）（即承包部落税权）；同样地，公司也将米的什一税权租予中国人承包。

1645年7月20日	公司决议，以后向每一艘舢板每个月征收50分（半荷值）。
1647年	公司将各渔区也租予汉人承包。
1648年	公司开始征收薪炭税（即冬天购薪柴、煤炭生火取暖时要缴税）及通行税（即舢板通过二仁溪时要缴税），并将此两种税权委由中国人承包。
1650年	公司再进一步开始征收蓝靛税（将种植过蓝靛的田地标售给中国人经营）与衡量税（官方设置专门的衡量所，于每次称重货物时收费），并将其税权委由汉人承包。

由上述数据可知，荷兰人是绞尽脑汁，逐年增加向汉人征收的各式各样的税费，除了主要物品如乌鱼、盐、鹿肉、酒、稻米等要征进出口的什一税外，汉人每个月还要缴纳人头税、采蚵执照费、舢板费，另外还有承包各种项目如在渔区捕鱼、称重货物、宰猪贩卖猪肉、购薪柴煤炭取暖等的税费，甚至连过二仁溪也要抽税。

荷兰人还将整个部落村社、湖泊、河流等，以每一年为期，租予汉人供其贸易。汉人虽然已经以高价标得在部落村社的贸易权利，但汉人在部落村社所购（或所猎）鹿肉出口时，仍须再支付10%的什一出口税，这等于变相对汉人实施双重收税。荷兰人将与"土番"整个部落村社贸易的权利标租予出价最高的汉人承包，1645年其租金为4,771里尔，随后每年骤增。1650年达64,680里尔，1645—1650年间增加12.6倍，连荷兰人在其内部的《东印度事务报告》中都自称无法想象中国人还有什么利润可取。同期（1645—1651年），荷兰人在台湾的兵力配置由629人增至943人，仅增加了49.9%，亦即公司的人事成本增加有限，由此可见荷兰人榨取之狠。果不其然，超过常理的过高租金，使承包商近乎破产。1651年6月，标得部落村社贸易权的承包商，无法偿付上一年度（1650年）租金的尾款，公司只有同意减租。1651年租金降为40,070里尔。

荷兰人对汉人加征人头税　　汉人另一沉重的赋税，就是每月缴纳的人头税。以郭怀一抗荷事件一年后的1654年为例，该年大员商馆全年租金总计89,141里尔，其中，部落村社贸易权的租金为全年30,970里尔，汉人人头税为全年36,300里尔，在赤崁屠宰生猪的税金为 2,200 里尔、在大员屠宰生猪的税金为 1,500 里尔，大员的衡量税为 5,350 里尔，大员海岸各渔区的税金为 1,900 里尔，在赤崁耕地上粮食作物的什一税为 10,921 里尔。1655 年时，大员商馆全年租金总计 84,571 里尔，其中在部落村社贸易权的租金全年共 20,880 里尔，汉人人头税为全年 39,600 里尔。也就是说，汉人人头税占荷兰人大员商馆在台湾所有税收的比例，在 1654 年时达 40.7%，1655 年时更高达 46.8%。

表 3　荷兰人在台人数表

年份	在台荷兰人人数	（其中在台兵力）	摘要
1624	134		驻大员城堡人员
1625	250		大员城堡内与 Delft 号船上人员
1626	1240		大员水陆人员的总和
1627	1330		大员城堡配置人员
1628	1377		
1631	1400	210	另有猎户 6 人、船上 90 人、工匠、商人与 4 艘戎克船的水手 94 人
1633		200	
1634		200	
1636	407		根据名册，驻在热兰遮城、魍港、海堡、新港与赤崁的白人，有 407 人
1638	586	355	另有商人 18 人、木匠 8 人、住院 26 人、铁匠 8 人、砖匠 22 人、其他 86 人
1639		322	
1641	600		449 名欧洲人
1642		633	
1644		701	
1645		629	
1648		984	
1650		930	
1651		943	
1652		958	
1653		910	
1654	约 1,800	1,050	1650 年代，荷兰人在台约有 1,800 人，其中公司职员约 250 人，士兵 1,000～1,200 人
1655	约 1,800	约 1,000	

（续表）

年份	在台荷兰人人数	（其中在台兵力）	摘要
1656	约1,800	约1,000	
1657	约1,800	约1,000	
1658	约1,800	约1,000	
1659	约1,800	约1,250	
1661	约1,800	1,500	1. 自1661年5月1日至11月20日止，死亡378人、在医院的病人280人、健康战斗人员950余人、妇女及男女奴隶共157人，另有200人搭船离台前往巴达维亚 2. 估计至少有1,200人阵亡（含上述378人） 3. 1662年2月，荷兰人共约900人离台

汉人所缴税赋十二年里增加了15.8倍 荷兰人殖民台湾前期，大体而言，台湾大员商馆大多年年亏损，自1647年至1659年，大体上虽年年盈利（除1653年5月1日至1654年4月30日），但其间差距颇大。例如1647年盈利f.596,898,06.05，1656年仅盈利f.117,513,08.06[①]，各年盈利差距颇大，亦即贸易情形相当不稳。然而，大员商馆总收入中来自台湾当地的收入（例如输出鹿皮税收、发给捕鱼许可证的收入、屠宰税收、出租部落村社收入、人头税收及各类税收等），时常是该年大员商馆盈利的主要部分。例如1652年（1651年9月1日至1652年9月30日）大员当地收入为f.302,180,14.12，盈利为f.341,435,18.10，前者占后者的88.5%。1653年（1652年10月1日至1653年8月31日）此比例为84.3%。

就绝对值而言，大员商馆每年来自台湾当

△ 中国船（1646年）

---

① f：当时荷兰人使用的货币单位 folrijn，可译为盾或荷盾。

地的收入，1639 年时（1638 年 10 月 1 日至 1639 年 9 月底）仅为 f.24,494,05.08，往后大体逐年增加，1650 年时达 f.388,311,19.09，较 1639 年增加了 15.8 倍。荷兰人从台湾所获得的这些财富，可以说全部是直接压榨汉人所得。但同期（1639—1650 年）在台汉族人口增加仅约 87.5%（1639 年时全台湾汉人约 8,000 人，1650 年时约 15,000 人）。换言之，1639—1650 年间，在台湾的汉族人口虽仅增加 87.5%，不足一倍，但荷兰人从汉人那里榨取的利益却增加 15.8 倍。由此可见，当时汉族被压榨得何等凄惨。荷兰人这种以征收税费为名的沉重剥削，终于激发了郭怀一抗荷事件。

六　郭怀一抗荷事件

1640 年 8 月 1 日起，荷兰东印度公司开始向在台湾的汉人征收每人每月 60 分（60Cent，即 0.25 里尔）的人头税，这相当于一名工人月薪的四分之一、一名厨师月薪的八分之一。那时荷兰人征收如此重的税，却并没有提供类似今日现代政府所谓的国民中小学义务教育、劳动保险、医疗保险或国民年金等制度所可以享受的福利。故此一人头税，可以说是相当于每个月替荷兰人白做四分之一的苦工，这对汉人而言是何等沉重的剥削！1651 年时，荷兰人为筹集热兰遮市镇的建设费用，将原来向汉人征收的 60 分人头税，调至 70 分，增幅高达 16.7%。这项举措更加激发了汉人的怨恨。

荷兰人欺压汉人太甚　就征收人头税的方法而言，荷兰人也是极尽欺凌汉人之能事。当时，荷兰东印度公司的士兵在各地以非常粗暴的方式查缉人头税。例如 1646 年 3 月 27 日，荷兰《热兰遮城日志》记载，"因为已有一段时间，我们数次听到怨言，说我们的士兵与其他荷兰人在赤崁的乡下遇到中国人时，常常拦住他们要检查他们的人头税单。遇到这种状况，那些可怜的人，无可怀疑地，好几次因为害怕（无论有没有犯错）都会让我们的士兵带走几只山羊，这种事情他们宁可违心地支付，也不想被带来此地（为避免造成他们更大的阻碍）"。因此公司决定，将在告示中通告，将来中国人不必向任何人出示他们的人头税单，只需向经授权带有特别标志的人出示。1649 年时，中国农民向荷兰人抱怨公司的士兵在收税和分发人头税单时，态度粗暴。议会承诺将注意改善。1650 年，公司税务官派出荷兰人士兵，不分白天或晚上、不分田间或民宅（尤其是夜间闯入家里），搜捕未缴人头税的中国人。士兵于每月执行搜捕行动时，滥用他们的权

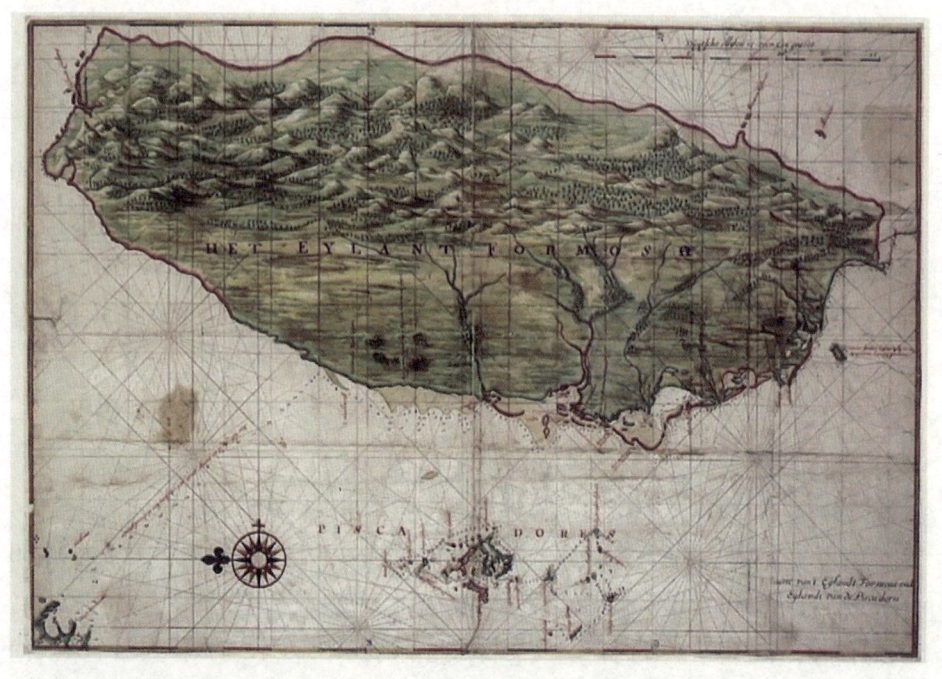

△ 台湾与澎湖群岛航海图（1636 年）
资料来源：Vingboons-Atlas 海牙荷兰国家档案馆地图部门 inv.nr.4VELH, 619.47cm×68cm. 比例 1:500,000

力，勒索中国人或对中国人施暴，从而激起了中国人对荷兰人的憎恨。长官费尔勃格对此情形是心知肚明，并称（1650 年 12 月 31 日）"最好是将控制他们（在台汉人）的绳索稍稍放松，比拉得太紧而爆发危机更好"（1650 年时，费尔勃格禁止士兵于夜间搜捕未缴人头税的中国人）。然而，1651 年 10 月 10 日，几名当地著名的汉人和头家（闽南语中"头家"是老板的意思）来到公司议会全体会议上，持陈情书述说，"士兵和代理稽查官的部属，于检查人头税单时，对此地各处乡下的一般农夫，横征暴敛，又敲诈勒索，已到无法忍受的地步。因此恳请制定一个良好又永久的命令，使得将来汉人在夜间和外出时，他们的房屋不再被那些人借口临检人头税单而侵入、偷窃，人也不再被踢、被打，等等"。1652 年，在台汉人曾扬言，荷兰东印度公司欺人太甚，希望中国能在台湾增加势力。

郭怀一率众起事 荷兰人对汉人残酷粗暴地压榨，终于激起了汉人的反抗。1652 年 9 月 7 日下午，有 7 名中国人头家，惊慌失措地赶到大员热兰遮城面见长官费尔勃格，报告他们获悉在本岛赤崁阿姆斯特丹（Amsterdam）垦地的郭怀一（当时著名的土地开发者），秘密组织人马，预定举事。费尔勃格等立即在傍晚太阳下山前，完成热兰遮城的各项防卫措施，另外还派一名巡员率4名士兵渡过海湾，前往对岸，骑马赴阿姆斯特丹垦区探查。当他们到达该地附近时，发现如蚂蚁般的中国人聚集在那里，他们手持末端烧尖、削尖的竹竿、锄头、镰刀等武器，正准备暴动。这名巡员于是晚半夜赶返大员报告此事。由于事态紧迫，人心惶惶，许多荷兰人携妻带儿，哀嚎着要求进城（热兰遮城）。公司不得已，只好准许一些妇女入城避难。

郭怀一于9月7日当天夜晚举事，进攻赤崁，焚烧赤崁房屋并行掠夺。拂晓时分，汉人高喊"杀！杀！杀死荷兰狗！"攻击普罗汶蒂亚（Provintia），抢掠、焚烧房屋和财物，各处被打死的、逃散的荷兰人共8人，还有若干黑人被杀死。那时，长官费尔勃格派上尉夏佛莱（Schiffely）率120名火枪手前往镇压。当时有4,000名以上汉人聚集海边，试图阻止荷军登陆。由于海岸平坦，船只无法靠岸。荷军士兵乃下船，在齐腰的水中前进，用毛瑟枪迎击，仅用一个半小时就渡水到赤崁，约上午11时终于登陆，登陆后立即组织力量向起事的汉人开火，迫使起事者自普罗汶蒂亚的街道后退。由于起事者都是未经训练及无作战经验的农民，荷兰人则是训练有素并配备枪械的军队，故荷军排开阵势，展开攻击后，起事汉人立即溃散四处逃窜。

荷兰人与"土番"大肆屠杀汉人　是时，长官费尔勃格下令新港、萧垄、麻豆、大目降及目加溜湾等社"土番"，带着他们的武器赶赴赤崁地方支援荷兰人。荷兰人承诺，将以花布及其他衣服酬谢"土番"。9月9日清晨，340名新港"土番"已开始出击，其他来自萧垄、麻豆及其他部落的"土番"也抵达赤崁地方，跟在荷军的后面行军追击，两天内约屠杀了500名汉人（他们大多躲藏在甘蔗园或是其他的农田里）。11日，荷兰人获悉有4,000～5,000名汉人聚集在离普罗汶蒂亚不远的小山脉下的大山谷。12日，荷军与"土番"共约600人向该地进发。两军交锋，汉人开始虽挥舞绑在竹竿上的无数旗子，勇敢地冲向荷军，但在荷军每排8名火枪手轮番开火四次后，便放弃抵抗，紧急撤退。"土番"见此情形，乃追击杀戮汉人。当时，该地留下了约2,000具汉人的尸体。是役，荷兰人将所掠夺到的所有起事汉人的补给品、牛车、营房等物品放火烧掉后，于13日傍晚返回普罗汶蒂亚。

整个事件前后持续十二天，造成了3,000～4,000名汉人丧生（其中有一些是无辜的）。荷兰人彻底平定了这次反抗。起事领导者郭怀一逃亡时，被一名新港"土番"用箭射中，荷兰人将其头颅悬挂在城堡前的木杆上。此外，荷兰人于交战中及战后共捕获6名汉人首领，经严刑拷打获得供词称，郭怀一于起事前曾

△ 北大年（Pattani，马来半岛东北）
郑成功及其部将于1656—1657年间曾发船两艘至北大年。

许诺，打败荷兰人后将与众人同分所得财物，而且不需再缴纳人头税，另还宣称中国将派出援军3,000条帆船和3万人，全副武装，预计于9月17日在打狗仔登陆，攻占大员城堡和整个台湾。

郭怀一事件的影响 在这次大屠杀中，荷兰人以许诺每颗汉人人头可获赏一匹布的奖励方式，动员新港、萧垅、麻豆、大目降和目加溜湾各社"土番"，大肆屠杀汉人，共计杀戮2,600名汉人。荷兰人也按照承诺，赏赐"土番"共2,600匹布。对于汉人，荷兰人也调整了其做法。为避免在征收人头税时汉人遭受荷兰士兵的虐待，荷兰人乃于次年（1653年）公开将人头税以每月3,100里尔的价格外包出去（也就是由汉人承包商向汉人征收，而非由荷兰人直接征收人头税）。此举，荷兰人认为"中国人极为满意"。与此同时，荷兰人为了防止再次发生类似的农民暴动，有效管制汉人移民区，乃在赤崁地方以砖石建造新城堡，命名普罗汶蒂亚城。

当荷兰人大肆屠杀台湾汉人的消息传到福建时，郑成功及其部下相当痛心成千上万的同胞在台湾遭到荷兰人屠杀，而向当时因所乘船只遭遇暴风雨而滞留在该地的数名荷兰人扔掷石头，并大骂ammokau（闽南语中为"红毛狗"的意思），以泄心中之恨。九年后的1661年4月30日，当郑成功大军经鹿耳门，在郭怀一等汉族群众遭荷兰人屠杀的油村（Smeerdorp，台南永康市洲仔尾一带）登陆时，有很多汉人推着车子在那里等候，帮助明郑大军把武器、头盔、铁甲等物运往赤崁。对这些在台湾的汉族群众来说，终于盼到祖国明郑大军来解放他们了。

七　荷兰人占领台湾之殖民本质

荷兰东印度公司具有政府职能　荷兰东印度公司经过半个世纪的经营，17世纪50年代，该公司的商馆分布于日本的长崎、中国台湾地区、越南的北部地区、班达、摩鹿加（印度尼西亚东部之摩鹿加群岛）、安汶、巴达维亚、占碑、亚齐、满剌加（马六甲）、暹罗（泰国）、锡兰（斯里兰卡）、科罗曼德尔（Coromandel）、赫尔德里亚（Geldria，印度东海岸港口）、苏拉特（印度西北部港口）、波斯、模里西斯（毛里求斯）等地。作为荷兰人在东方众多商馆之一的台湾大员商馆，其目标与其他商馆一样，就是为公司创造利润，并且是不惜一切手段追求利润。根据荷兰联邦议会于1602年所授予特许状（Octrooi）的规定及联邦议会后续数次所公布的指令（Instructie），荷兰东印度公司在各地的商馆享有极大的自治权，其在各地所施行的单行法律，只要不危及公司的商业利益，则不需呈送回荷兰（对当时的荷兰总公司而言，最重要的是会计账务及相关的商务资料）。因此，各地商馆的行政，大致可分为三类：

1. 公司与各地订立一般条约相互合作的贸易区；
2. 公司与各地王公缔结排他性条约的贸易区，例如安汶；
3. 公司自行征服的贸易区，例如台湾、班达。

一般而言，公司愈是依条约与驻地对手确立商业关系者，其运作就愈接近单纯的商馆；公司对驻地各方面所能控制的程度愈强，其运作就愈接近政府。因此，就荷兰东印度公司在日本的长崎商馆而言，可说是一个正常经贸商馆的运作；但就台湾的大员商馆而言，经由对"土番"的血腥征服，其在台运作的方式与政府统治类似。

荷兰人对台湾"土番"的血腥杀戮与征服　荷兰在台湾，绝非美国学者欧阳泰（Tonio Andrade）美化的所谓"荷兰治世"（pax hollandica）。17世纪，掌握欧洲海上强权的荷兰，冒海上风涛之险，不远万里之遥来到东方，其核心动机就是为了营利，其工具就是获荷兰政府授予征战权的荷兰东印度公司，其方法就是不计一切手段获取利润以供应母国。因为，荷兰人自万里海外之遥的欧洲远抵今日南洋与台湾，如果仅为从事取决于供需法则的一般经贸，则荷兰人在南洋与台湾立足后，大可就地与当地"土番"及汉人从事一般商业活动。然而，荷兰人却在今日南洋与台湾等许多地方，以武力征服并殖民各地，在其对各地少数民族的征服杀戮过程中，荷兰人绝不心慈手软。例如为了控制今印度尼西亚东部班达出产的豆蔻，荷兰人于1621年对15,000名班达"土番"进行惨无人道的种族灭绝屠杀；至于对台湾各社部落"土番"，荷兰人于1635—1642年间，先后征服麻豆、目加溜湾、萧垅、塔加里扬、小琉球、虎尾垄、东螺、大巴六九等各社部落"土番"。在征服的过程中，除杀戮外，每次更是放火将各社"土番"数千人或数百人赖以为生的存粮、屋舍烧成灰烬始罢。台湾冬季天寒雨湿，数千人冬天无粮可食、无屋可居，"土番"饿死、雨淋冻寒染病致死者不知凡几。其间，1636年荷兰人对约1,200名台湾小琉球岛民进行了种族灭绝式的屠杀。在如此残酷的征服杀戮下，各社"土番"只有向荷兰人请降。

美国学者欧阳泰将荷兰人对"土番"的杀戮征服，诠释成各村社想与公司同盟。在荷兰人的残酷征伐下，试问台湾各社部落"土番"有不投降的权利吗？"土番"一旦请降，荷兰人立即迫使各社"土番"签订其愿将所有一切献给荷兰联省共和国的执政官，包括其祖先流传下来及其东至高山、西至大海及南北辖地现居地方的定型式降约。然而有学者从法律制度上"约定"的角度切入，认为荷兰当局对荷兰东印度公司所雇人员，是雇佣关系，对各社"土番"则是公司与各社"土番"所缔结的协约关系。然而，雇佣关系的本质是具有非暴力下的自愿的性质，而荷兰东印度公司与"土番"所签"约定"是在血腥屠杀的暴力下，各社

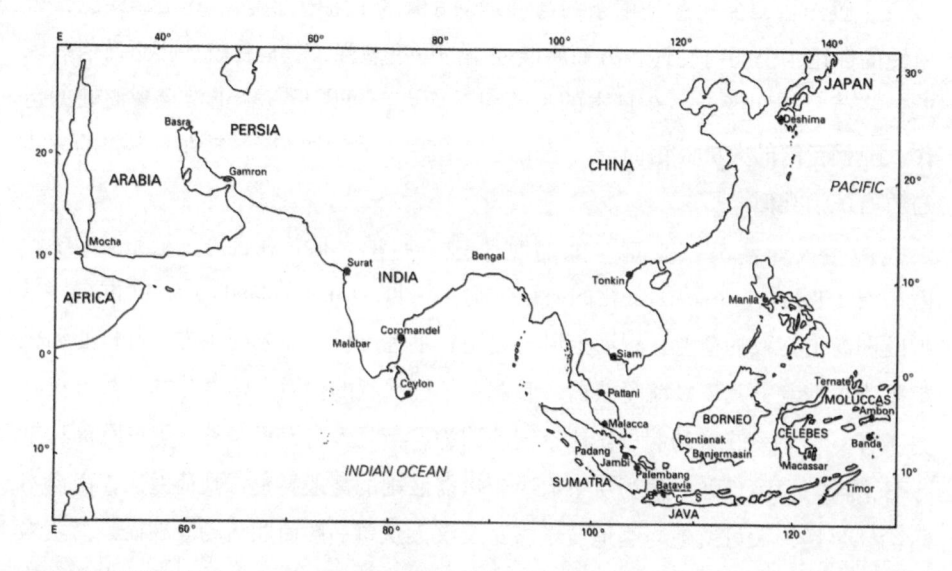

△ 17世纪荷兰东印度公司的东方商馆分布图

"土番"被迫与公司所签订的降约，不但是降约，而且是完完全全出卖部落一切所有的降约。当时台湾各社"土番"仍处于无文字、货币，不知日月及各社语言相异的近乎原始的状态，各社"土番"何能理解荷兰联省共和国？何能理解荷兰联省共和国的执政官？很显然，荷兰人之目的在于以各社"土番"所签的上述降约，取得当时欧洲文明定义下台湾每寸土地的所有权，从而便于其在这片遥远陌生的土地上，从事利润最大化的掠夺式压榨。

解析荷兰人所留当时档案，可知荷兰人在台对"土番"与汉人实行"一地两制"的殖民统治。对于各社"土番"，荷兰人认为他们"愚昧无知"，经济情况不佳。但荷兰人却自1643年开始向各社"土番"征税，甚至劳师动众，派兵至台湾东北宜兰地方征税，以彰显其对各社"土番"的统治象征。换言之，荷兰人欲借向各社"土番"征税，以彰显其对台湾的主权。然而，荷兰人所征的微薄贡税，与其所费成本不成比例，不符经济效益，且因以武力强行征税，也恶化了荷兰人与各社"土番"的关系。再者，各社"土番"当时是处于无文字与货币的近乎原始的状态，据此推断，他们是难以理解荷兰人所欲彰显的欧洲主权观念的。因此，荷兰人于1648年主动取消向各社"土番"征税。

另外，在宗教文化信仰上，荷兰人绝非温良恭俭让地在台湾办校传教，而是迫害传承"土番"部落传统文化的神职人员尪姨，不但将她们驱离原部落，流放他乡，并禁止她们传承"土番"的原有宗教文化。荷兰传教士一面摧毁"土番"原有宗教，将各社"土番"的情报提供给荷兰在台当局，并深入参与荷兰人对"土番"的征伐杀戮，一面设立简易教会学校，除利诱外，更辅以刑罚。虽然，曾任台湾大员长官的费尔勃格也知道，没有人愿被武力逼迫而信奉某些宗教，但荷兰人仍凭借暴力对"土番"进行强制性的传教工作，推动改变"土番"宗教信仰的思想改造教育，企图从文化思想心灵上，彻底地征服"土番"。

荷兰人鼓励汉族在台拓垦是为其自身利益　对于汉族，因汉人具有固有的汉文明与佛道宗教信仰，荷兰人难以对汉人进行改变其宗教信仰的思想改造。因汉人勤勉耐劳，故荷兰人对汉人是以课征各种各样的税赋的方式，不遗余力地压榨。开始时，荷兰人只对来台从事贸易及于近海捕鱼的汉人征税。此外，荷兰人不准各社"土番"扰乱及伤害前往进行鹿皮等贸易的汉人，然后再向从事出口鹿肉、鹿皮贸易的汉人征税。因为荷兰人认为汉人勤勉、认真、耐劳、好胜，且台湾天然环境适宜栽种，为了使台湾能生产整个东印度公司亚洲驻地荷兰人所需的米和糖，及为了使台湾成为荷兰人在东方的殖民地的粮仓，所以荷兰人自17

世纪30年代中期起开始鼓励汉人移垦台湾。故荷兰人鼓励在台湾的汉人拓垦，其动机是为了荷兰人之利益。

荷兰人对汉人横征暴敛式的压榨与屠杀　比利时学者韩家宝（Pol Heyns）认为，荷据时期荷兰殖民当局与中国企业家在台湾的经济活动，是一种"非正式的合作"（informal cooperation）；美国学者欧阳泰则称台湾是荷兰人与中国人在台湾的"共同殖民"（co-colonization），这实在是以曲解历史的方式，美化荷兰人在台湾的殖民统治。历史真相是，荷兰人对汉人横征暴敛式地征收各式各样的税赋。整个17世纪40年代（除1649年外），年年课征新税，最后汉人连过河（二仁溪）也要缴税。尤其是在缴了各种各样的其他税后，还要缴纳相当于一名普通工人月薪四分之一的人头税，这是何等沉重的负担！故至17世纪50年代初（1652年、1653年），大员商馆的盈利中，取自台湾本地的收入，约占85%以上。而荷兰人从台湾所榨取的这些财富，可以说几乎全部直接榨自汉人，尤其是在1639—1650年间，荷兰人以征税方式榨自汉人的财富增加了15.8倍，同期在台湾的汉人却增加不足1倍（仅增加87.5%）。

因此，所谓在台湾建立商品化经济，将台湾纳入世界贸易体系，实在是在美化荷兰人在台的殖民统治。事实上，在荷兰人未来台湾之前，汉人与"土番"间早就存在市场机制的贸易，而所谓将台湾纳入世界贸易体系，应该说是将台湾纳入荷兰人全球殖民的压榨经济体系，才符合实情。当时，汉人不但是被压榨的对象，而且是被压榨得非常凄惨。中国人明明是被殖民，且是被残酷压榨的殖民对象，怎会与荷兰人平起平坐地在台共同殖民？且自17世纪30年代末始，整整十余年，荷兰人针对汉人年年片面颁布新征课税的严酷规定，何曾征得或非正式地征得汉人企业家的同意，或与汉人企业家非正式地协商？1652年，汉人企业家郭怀一就是无法忍受荷兰人的压迫而率众起义的。是役，荷兰人更是屠杀了3,000～4,000名汉人（当时在台湾的汉人仅15,000～20,000人），亦即在台湾的汉人约每5人中就有1人遭荷兰人杀害，可说是极其残酷。

西方强权曲解台湾荷据时期历史　西方一些别有用心者，披着学术的外衣，以学术为名，立足欧美白人的角度，美化白人先祖在全球殖民时期所犯下的滔天罪恶。身为中国人，一定要有民族自信，探究历史的真相，更要有勇气披露那段残酷历史的真相。回首17世纪上半期，经由检视荷兰人自己所留下的那个时代的原始档案，可以发现荷兰人在尽力追求公司利润的核心动机下，殖民台湾的那段历史的本质——不仅是汉族被课以重税的盘剥史，而且也是"土番"与汉

△ 东印度新地图（1680年）
准确详实的地图绘制，体现了大航海时代荷兰先进的航海科技水平。

族同遭荷兰人残酷屠戮与压榨的血泪史。

看来世事皆前定，白日寒云不胜情　荷兰人殖民台湾仅三十八年（1624—1662年），最后人去影空，黄粱一梦。由于荷兰东印度公司对散处台湾南北、互不隶属的各个"土番"部落进行了长达十余年的血腥征服，建立了岛上的"中央"权威。故郑成功率军征台驱荷后，明郑政权也就取代了荷兰公司的在台权威。故就中国而言，荷兰人殖民台湾三十八年的历史意义，诚如《台湾外纪》一书的作者江日升所云，台湾"地将灵矣，欲入为中国之邦，天必先假手一人为之倡率，如颜思齐者，是为其引子；红毛者，是为其规模；郑氏者，是为其开辟。俾朝廷修入版图，设为郡县，以垂万世"。"看来世事皆前定，白日寒云不胜情。"

第五章

明郑台湾

一 郑成功驱逐在台荷兰人

郑成功 原名郑森，福建南安石井人，1624年8月27日生。父郑芝龙，先娶颜氏，继娶翁氏（日本人）、陈氏、李氏与黄氏，其中翁氏为郑成功生母。

明崇祯十七年（1644年），李自成陷北京，崇祯皇帝自缢于煤山，吴三桂迎清军入山海关，江南诸臣拥福王于南京。1645年，福王改年号为弘光。同年，清兵陷南京，挟弘光帝北去，郑芝龙等乃拥立唐王，改年号为隆武。是年郑芝龙带郑森晋见隆武，隆武抚其背曰"惜无一女配卿，卿当尽忠吾家，无相忘也"，并赐国姓朱，改名成功，封御营中军都督，赐尚方宝剑，仪同驸马，挂招讨大将军印，自此中外均以"国姓爷"称之而不名。

隆武二年（1646年）年底，成功父郑芝龙降清，其生母则在清军掠夺安平时自杀，郑成功乃与施琅、洪旭等愿从者90余人，乘两艘巨舰断缆而行，收兵南澳，得数千人。

△ 郑成功像

荷兰人唯恐郑成功攻台　当时（1646年，或1650年，或1652—1655年），在大员及日本均不断流传着郑成功计划进攻台湾的谣言。例如1652年的郭怀一事件，荷兰人即怀疑是郑成功或其他人物在幕后煽动或指导。

此外，由于郑荷双方商业利益相悖，故在东亚各地进行贸易的郑荷两方船舰，经常发生摩擦与冲突，郑成功乃于1656年7月9日发布断绝对大员贸易的严厉禁航令（以百日为宽限期，违者处死）。自10月16日起，台湾大员与祖国大陆间的船只往返，几乎完全中断约达一年之久，致使在大员的荷兰东印度公司陷于困境。因此，荷兰人乃派遣翻译何斌于次年7月6日抵厦门，请求与郑成功协商。郑成功随即于是年（1657年）8月14日解除禁航令，大员与对岸大陆间的船只往返又告迅速恢复。

1659年2月，何斌遭人诬陷，乃前往投靠郑成功，献上大员地图，告以水路变易情形及在台湾的荷兰人虚实，称台湾"田园万顷，沃野千里，饷税数十万""近为红夷占据，城中夷伙，不上千人，攻之可垂手得者"。

郑成功率军征台　明永历十四年（1660年）年底，郑成功令部将周全斌率庞大船队至潮阳角石登岸取粮，接着郑成功又在厦门及其附近大举集结战斗用帆船。1661年4月21日，郑成功率25,000名官兵，乘300艘船自金门料罗湾起航，次日齐抵澎湖候风，但因缺粮，乃断然于29日"风暴未息，风雨阴雾"之夜开航。

1661年4月30日上午，天刚破晓，浓雾迷蒙，明郑船舰300艘群集于大员近海鹿耳门（Lacjemue）水道外的北方停泊处。由于当天水涨数尺，故下午时仅40～50艘戎克船仍停泊在北方水道，其余船舰则已通过水道进入台江内海，在普罗汶蒂亚城北方七八千米外的油村（Smeerdorp，禾寮港，今台南永康市洲仔尾一带）登陆。这是汉人的伤心地，九年前的郭怀一事件中，许多汉人就是在油村惨遭荷兰人屠杀，血流成河。现在则有很多（几千）的中国人前来，以手推车及各种工具，帮助明郑大军将武器、头盔、铁甲等物资搬运登陆，运往赤崁。郑军一部分沿着海岸北进直家弄（Tikarang，台南安定）及新港溪（盐水溪）附近，另一部分则往南向普罗汶蒂亚城推进。

郑荷陆海激战　下午，荷兰大员长官揆一（Frederick Coyett）派队长黎英三（Joan van Aeldorp）率士兵200名，乘数艘舢板渡台江到对岸，以遏阻郑军于油村地方登陆。是时，荷军遭到约千人以上郑军的攻击，仅约60人能突围进入普罗汶蒂亚城中，队长黎英三只得率领残余的140人于傍晚折返热兰遮城。黄昏，郑军已于普罗汶蒂亚城北方登陆，不久即完成对该城的包围。是晚，郑军舟

△ 郑成功入台驱荷图

齐到,"泊禾寮港,登岸,扎营近街"。

5月1日上午11时,上尉拔鬼仔(Thomas Pedal)率250名士兵乘船抵北线尾西南角,遭到约4,000名郑军猛攻。拔鬼仔及荷兵110人阵亡,其余则逃回热兰遮城。是日,海上的荷兰船只"赫克托"号、"斯·格拉弗兰"号,通信快船"玛利亚"号及小帆船"德·温克"号也奉命出击,与明郑舰队中约60艘最大最坚固的船只交战。结果,"赫克托"号爆炸全毁,"玛利亚"号逃向外洋,"斯·格拉弗兰"号且战且退,冲出重围逃逸。

普罗汶蒂亚城投降　当时,郑成功派人转达其致荷兰大员长官揆一的招降信函。郑成功明告对方:

1. 澎湖诸岛距离漳州诸岛不远,因此隶属漳州。同样,台湾邻近澎湖诸岛,因此,台湾也应隶属中国。

2. 中国人自古即已据有这些土地,并已开垦。

3. 以前荷兰人西来请求通商时,在此任何地方都没有半块土地(无寸土之地)。其父(郑芝龙)出于友谊,才暂借台湾予荷兰人。故此次率大军前来,是占领原为其父所有之地,亦即复其故土,荷兰人不得续占此地。总之,郑成功要求荷兰人投降,退出全岛,拒绝任何其他解决方案。

因缺乏饮水和粮食，普罗汶蒂亚城城主猫难实叮（Jacobus Valentijn）于5月4日，亲"赴藩（郑成功）前投降"。下午约5时，普罗汶蒂亚城升起一面画有龙狮的中国黄旗，城堡内的28门大炮也被国姓爷接收。是日，郑军敲锣打鼓吹喇叭，热烈庆祝。5月6日傍晚，猫难实叮率军众约270人，撤出普罗汶蒂亚城，退到普罗汶蒂亚市镇。郑成功送去80袋米、10只活猪、10只羊及盐、酒等食物，供荷兰人生活之用。

热兰遮城围城战 当时，长官揆一将城外居民皆迁往城内，集中士兵900余人、妇孺250人及奴婢550人之众，闭守热兰遮城。往后半个多月，郑荷双方仅有零星接仗。5月25日拂晓，郑军全面炮轰热兰遮城，但终因无法攻破该城而作罢。

另外，巴达维亚当局获悉郑成功进攻大员的消息，大为震骇，立即派雅科布·考乌（Jacob Caeuw）仓促率舰队驶往台湾大员。雅科布·考乌的增援舰队（途中加入2艘，共11艘）于是年8月12日航抵大员，热兰遮城的荷兰人狂喜。荷方随即以712人之众及数十艘船艇，于9月16日对郑军发动海上攻击，结果遭受重创。10月21日，荷方再次出动200人进攻北线尾，亦因遭遇郑军大炮与步兵的猛烈迎战而失败。12月3日，雅科布·考乌利用率船舰与清军合攻郑成功在内地的据点的机会，出海逃回巴达维亚，使得大员荷兰人军心大为动摇。

△ 1661年7月5日，明郑大军与荷方热兰遮城堡战情图

△ 郑成功在军帐中接见荷兰代表
郑成功大军登陆第四天，荷兰大员长官揆一派特使渡海前往赤崁与郑军谈判。（图说解释见翁佳音、黄验，《解码台湾史》，台北：远流出版，2017年9月，p.154.）

荷兰人撤离基隆与淡水　为补充粮食与军需品，在台江海战中脱逃的"斯·格拉弗兰"号与小帆船"德·温克"号，于6月10日自大员驶往日本，途中为补给而于13日停泊鸡笼（基隆），该地商务员与传教士等分析当时鸡笼粮缺、兵弱、城荒、民叛的形势后，乃决议撤离鸡笼。该地守备队全员及其眷属共170人，分乘前述两船，于6月19日起航往赴日本，7月5日两船抵长崎。

1661年11月11日，"德·温克"号自日本渡航淡水后抵大员。当荷兰人于6月离开鸡笼时，淡水堡垒尚留有88人，此时仅幸存35人，且多半罹病，他们此次乘机搭小帆船"德·温克"号返回大员，临行前破坏了大炮并烧毁了淡水堡垒。

荷兰人降约：中国17世纪接受的唯一的西方降书　1662年1月25日拂晓，郑成功发动最后攻势，全面炮轰乌特列支城堡，28门重炮总计发射约2,500发炮弹，摧毁并占领了该堡。在郑军炮火威慑下，荷兰人情绪不稳，出现了多人伤亡，伤者挤满医院，余者丧失勇气。27日晨，长官揆一召开紧急会议，会中一致决定，愿在合理条件下献城投降。郑荷进行了五天谈判，荷兰人决定退离台湾。

永历十五年十二月十三日（1662年2月1日），荷方揆一以荷兰文书写降约十八条，中方大明招讨大将军国姓（Teijbing Tsiautoo Teijtsiungcoen Coxin 闽南语发音）郑成功以中文书写条约十六条，由双方代表换约，完成缔约手续。

荷兰人投降离台　2月2日，郑荷双方互换人质，荷船开始入港装运货物。5日台湾本岛荷兰人开始被送回热兰遮城。9日荷方健康者及病人共约900人，全副武装，扬旗鸣鼓，退出热兰遮城。不久，即分乘8艘船只，于1662年2月17日撤离大员沿海，驶往巴达维亚。

郑成功在台设立行政区　1661年6月，郑成功于台湾设一府二县，即承天府、天兴县与万年县，普罗汶蒂亚城改为承天府官衙（后来国人所称的赤崁楼、红毛楼或番仔楼，原址即今台南市赤崁楼）。1662年2月，荷兰人投降离台后，郑成功则将热兰遮城改为安平镇（后来国人所称的安平镇城、安平城、红毛城、赤崁城或台湾城，原址即今台南市安平古堡）。

郑成功病逝，郑经继位　1662年6月23日，郑成功病逝（享年39岁[①]），其弟郑袭假造郑成功遗言，出告四方以拒其子郑经。郑经于是年11月底率军东渡台湾，平定台变，后于1663年2月率大军返回厦门。

二　明郑在台拓垦与海外贸易

明郑厉行农业垦殖　明郑大军于1661年4月21日出发征台时，每名士兵仅配给五天口粮。因缺乏粮食，30日登陆大员当晚，郑军立即夺取赤崁街（普罗汶蒂亚市镇）米粟，并于次日分发各军充作兵粮，估计约可供大军半月所需。5月20日，官兵缺粮，郑成功派人查察各乡社之荷兰人所积粟石及糖麦等物，发给兵粮，计粟6,000石、糖3,000余石。

是时，郑成功"随将各镇分派汛地屯垦"，令人"查报田园册籍"。6月14日，颁布严厉的拓垦规定。大军登陆未满一个月，郑成功就迫不及待地发给农具，将各军镇分派汛地屯垦。当时，有11,000～12,000人被派往北路，经哆啰啯（台南东山）、诸罗山（嘉义市）、他里雾（云林斗南）、猫儿干（云林仑背）、虎尾垄、二林（彰化二林），远至新港仔（苗栗县北）与竹堑（新竹市）；约6,000人被派往南路，远至凤山、观音山等地屯垦。郑成功分给他们上千头牛（那些牛包括所有公司的牛，以及荷兰政务员、牧师、职员和自由市民在赤崁的牛），以及很多锄头和其他农具，使辖区内每个人都能立刻开始耕种。

明郑缺粮，屯垦艰辛　8月，"户官运粮船不至，官兵乏粮""令民间输纳

[①] 本书所指岁数皆为虚岁。——编者注

△ 唐船图
日本人称来自中国的船只为"唐船",此类船长约45米,宽约10米,船上乘员可至百人。图上并标示日本至我国上海、南京、福州、厦门等港口及台湾、广东等地沿岸各港口的海道里程。

杂子番薯,发给兵粮"。据荷兰人的描述,9月下旬,原来派往南路的明郑官兵又回到普罗汶蒂亚(赤崁地方),但只剩下约三分之一的人,且大部分或因染病,或因饥饿,都很衰弱。他们由于得不到米粮供应,饥饿越来越严重,以致士兵逃亡也越来越多,逃亡者如果被抓回来,就立即被处死。至于原先被派往北路各村社的官兵,也有退回来的,驻于麻豆附近,但随即奉令开垦耕种,违者处斩。南路退回来的官兵也奉令南下拓垦。10月,"户官运粮船犹不至,官兵至食木子充饥""时粮米不接,官兵日只二餐,多有病没,兵心嗷嗷"。

1661年底,清廷厉行迁界,郑成功乘机招纳不愿内迁的沿海居民东渡,以助耕垦。1663年底,清廷攻陷金门与厦门。郑经于1664年初,率官兵及眷属6,000~7,000人抵台,同年夏郑经分配诸镇荒地耕垦,以寓兵于农。1665与1666两年,五谷丰熟。当时,明郑台田分为三种:

1. 官田(官佃田园):明郑官方将从荷兰人手中所接收的王田改为官田,耕田之人为官佃,其牛种、牛具与埤圳均由官给与官筑,佃丁则向官方纳税。

2. 私田(文武官田):郑氏宗党、文武官员及民间有力人士等各招佃丁,给以牛种,自收其租后再另向官方纳税。

3. 营盘:郑氏镇营之兵,就所驻地自耕自给。

明郑农地与荷据时期一样，仍分田、园两类，其中旱种者称为园，有水池贮水者则称田，然水田多属郑氏亲党及其部将所有。无论田或园，均再分上、中、下三等征税，而明郑官田税率与荷据时期之王田税率一样。

明郑海外贸易 郑成功的海外贸易组织主要为东、西洋船队，五商十行及独立之个别商家等，其间似无统属关系，全归户官监督。五商十行是指山五商及海五商的十行，前者是设在杭州等地的金、木、水、火、土五行，后者则为设在厦门等地的仁、义、礼、智、信五行。东洋船队是以航行日本为主，西洋船队则航行南洋一带。

1655 年，郑成功曾派遣 24 艘船只前往东南亚各地（其中前往巴达维亚 7 艘、东京 2 艘、暹罗 10 艘、广南 4 艘、马尼拉 1 艘）从事大规模贸易。1656 年 7 月郑成功下达台海禁航令，使大陆与台湾大员两岸间的贸易几乎完全中断约一年之久。1661 年 4 月郑成功的征台之役，其所动员船只多达约 300 艘。凡此，均是郑成功当时强大的海上实力之体现。

清廷迁界 自 1661 年年底，清廷在中国大陆东南沿海厉行迁界，就是将福建、浙江、广东等省沿海地方的居民，向内陆后迁 30 里，实行焦土政策，对在台湾的明郑进行严厉的物资封锁。此举对明郑军需及其海外贸易的打击非常大。17 世纪 70 年代初，东宁（台湾）与对岸大陆沿海间的贸易，仍严重地受阻于清廷迁界措施——大陆货源常面临断绝，而来自海外的货品也失去了大陆市场。再者，明郑亦害怕其船只在东南亚海域遭到荷兰人报复攻击。因此，明郑在台湾的海外贸易网缩至以马尼拉—东宁（台湾）—日本为主。1665—1672 年间，糖及鹿皮的销售利润极为丰厚，几达数倍，郑经乃向日本大量输出糖与鹿皮，其间由台湾前往日本通商的船只平均每年有 10 艘左右。

应郑经的邀请，英国东印度公司当局亦曾派船来台，推动郑英贸易，双方

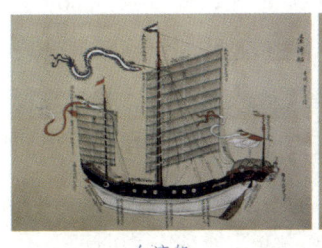

台湾船　　　　　南京船　　　　　宁波船

△ 17 世纪从台湾、南京、宁波前往日本长崎贸易的船

△ 明郑政权所铸的永历通宝铜钱

并于 1672 年签订郑英通商协约，因其间困难重重，故直至明郑覆亡之际，郑英贸易进展仍相当有限。

明郑怀服"土番" 郑成功大军登陆后第四天的 5 月 4 日，赤崁"各近社土番头目，俱来迎附"，新港、萧垅、目加溜湾及麻豆等社番长老，均前往郑成功处宣誓服从。郑成功"令厚宴，并赐正副土官袍帽靴带。由是南北路土社闻风归附者，接踵而至。各照例宴赐之，土社悉平怀服"。

此外，郑成功于谕令军民屯垦时，再三指示"不许混圈土民及百姓现耕田地"。8 月，营将杨高欺压剥削"土番"，大肚番阿德狗让乃杀杨高叛乱。杨祖与战，被伤败回。阿德狗让之锋益炽，欲出援被困荷兰人。虎卫右镇黄安设伏诱杀阿德狗让，平其余党。事后，郑成功除将酿成此次大肚番激变的后冲镇等部移驻南社外，并令兵都事李胤监制各军，不准侵扰土社。

至于教化方面，明郑初期南北二路"土民"多存荷兰习俗风尚。郑成功严法禁止"土民"使用荷兰姓氏，正当他要派遣官员对他们施行教化时，却因病逝世。后来，郑经巡访"土民"地方，所到之处，皆拆毁荷据时期所留下的教堂，并崇正道、定制度、别尊卑，民悉向化，知所率循。另为鼓励昔日受荷化教育最深的新港、目加溜湾、萧垅及麻豆等四大社接受汉文化，郑经乃令其子弟能就学乡塾读书者，免其应服劳役，以渐化之。

清荷联军与郑经败退台湾 荷兰人于 1662 年 2 月退出台湾后，荷兰巴达维亚政厅命司令官波特（Balthasar Bort，我国史籍中称为"出海王"）率兵 1,284 名、舰 12 艘，配备 139 门炮，自巴达维亚出发，于 8 月中旬驶抵福州，与清方商讨联合事宜，未果。波特于 1663 年 3 月返抵巴达维亚。

1663 年 6 月，波特又率船舰 16 艘、海陆官兵 2,600 余人，配备铁炮 369 尊前往中国，于 8 月底航抵闽海，直接与靖南王耿继茂等达成协议，同意于联合攻下金、厦两岛后，再继续攻取台湾，事成后清方将台湾岛交与荷兰人。福建总督李率泰等对此协议有言在先，说进兵的决策权属于朝廷，并非他们能决定，他们只能替荷兰人向朝廷呈报此事。

1663 年 11 月 18 日，清荷联军与郑军于金门乌沙港爆发海战，当时前者有泉州战船 300 余艘及荷兰巨舰 14 艘，郑经见寡不敌众，乃弃金、厦退守铜山

（福建东山岛）。1664年2月1日，波特率荷兰舰队，再度占领澎湖，并计划再进攻安平。当时，因清郑交涉略有进展，荷兰人期待清廷能依约移交台湾，遂未攻城而于2月21日驶返巴达维亚。

1663年底，郑经退驻铜山，其时人心不一，各军纷纷叛离。12月，南澳守将都督杜辉率官兵2,000余人及小战船62艘投诚，总兵吴升亦率官兵700余人及大小船只11艘投诚。郑经见众叛粮乏，形势危急，难于久驻，乃于1664年4月1日夜与陈永华、冯锡范等一起向东返航台湾。

1664年夏，司令官波特率船舰12艘第三次征台，8月27日再度占领鸡笼港。是年底，荷兰人遣使至安平，要求郑经交还大员及其所有城塞武器。几经交涉，郑经释放百余名荷兰俘虏，荷兰人则撤回原来的要求，但请郑经准许和荷兰人通商，结果双方未能达成协议。当时，荷兰人在鸡笼的贸易并不理想，故于1668年10月18日自鸡笼撤走。郑经随即派兵占领鸡笼，并留军驻守。1669年初，当荷兰船只途经鸡笼沿岸时，从海上望去，但见城塞倒塌，明郑已成为鸡笼的主人。

三　明郑两岸分离政策

郑经西征福建　康熙十三年（1674年）初三藩乱起，郑经乘机率军西渡厦门，攻取同安、泉州、海澄及漳州，因与耿精忠在势力范围上发生冲突，经吴三桂出面调停，郑、耿双方于次年（1675年）初议和，以枫亭为界。

郑经此后乃转而经略广东。1676年夏，郑经违背盟约，占领汀州，接着和硕康亲王杰书率军进入福建，当时广

△ 郑经画像

东尚可喜病重，耿精忠乃于是年底剃发降清。清军入闽后，长驱直入，所向皆捷。1677年年初，先后收复汀州、兴州、泉州、漳州，郑经又退守厦门。是年夏，广东尚之信降清，潮州及惠州两地亦相继归清。1678年战事再起，郑经节节失利，退至海澄。

兵败东归病世 1680年初，清军克复海坛。郑军节节败退，3月20日刘国轩奉命弃守海澄回援厦门，由于获报清廷水陆各军即将会同合攻厦门，一时全岛百姓鼎沸逃窜，局势再也没法控制。郑经见大势已去，乃于3月27日率军仓皇退回台湾。此后，郑经意志消沉，纵情花酒，整天作乐，于1681年3月16日病故，享年40岁，遗命传位于郑克臧。

恃海上风涛之险，约为兄弟之国 清廷在统一台湾的过程中，也曾力争经由谈判方式完成统一，故自康熙元年（1662年）郑成功逝世郑经继位始至康熙十八年（1679年）止，清廷与郑经当局先后进行过多次和谈，但均告失败。

清郑和谈失败的关键之处，在于郑经认为"今日东宁（台湾），版图之外另辟乾坤，幅员数千里，粮食数十年，四夷效顺，百货流通，生聚教训，足以自强。又何慕于藩封，何羡于中土哉"，故要求清朝"能以外国之礼见待""况今东宁远在海外，非属版图之中。东连日本，南蹴吕宋（菲律宾），人民辐辏，商贾流通。王侯之贵，固吾所自有，万世之基已立于不拔"，故坚持"比朝鲜不剃发，愿进贡投诚"。

对于郑经要求依朝鲜例的独立政策，康熙皇帝于1669年敕谕"朝鲜系从来所有之外国，郑经乃中国之人"，并采取只要郑经"果遵制剃发归顺，高爵厚禄，朕不惜封赏，即台湾之地。亦从彼意，允其居住"的宽大政策，但仍遭郑经拒绝。

清廷与郑经当局和谈，不但付出艰辛努力，并作过重大让步，但每次均告失败，其主要失误在于只注重和谈，而缺乏足以对郑经当局形成致命威胁的军事实力与战争手段作后盾，使郑氏恃海上风涛之险，一闻招安，便约为兄弟之国，企图使台湾独立于中土之外，最后迫使清廷动用武力，出师东征，攻克澎湖，方完成统一大业。

四 康熙统一台湾

施琅 号琢公，汉族，福建晋江南浔乡人，天启元年（1621年）生，出身于较富裕的农户，少年时曾拜师学经，17岁参军，后转入郑芝龙所部，并因功升任副总兵。施琅于顺治三年（1646年）随郑芝龙降清，但不久又加入郑成功的抗清行列。郑成功因隙于1651年夏杀其父施大宣与弟施显，施琅遂于当年再度降清。1664年9月，施琅出任靖海将军，于是年底及1665年5月两次率军出海东征，但均为风涛所阻。1668年5月，清廷调施琅入北京为内大臣。

1681年3月16日，郑经病逝，郑克臧继位，侍卫冯锡范联合反郑克臧的势力发动政变，将之缢杀，并于3月20日拥立年仅12岁的郑克塽（郑经次子）继位。福建总督姚启圣获悉后，认为此乃天亡海逆之时，乃于7月4日奏请乘机攻取台湾。是年9月10日，康熙皇帝任命施琅为福建水师提督总兵官加太子少保，前往福建，克期统领舟师，进取澎湖台湾。当时，明郑领导层刘国轩积极备战，选拔精壮，抽调佃丁民兵，使澎湖守军增至2万余人，于澎湖诸岛分遣官兵死守，有如"星罗棋布，坚如铁桶"。当时，在明郑统治阶层的强制下，谁敢二心？用现代的术语来说，就是借政权机器操纵民意，强制人民保卫台湾。

△ 靖海侯施琅将军像

一鼓平南，澄万里海波 1683年7月8日晨，施琅率领官兵2万余人、大小战船约240艘，自铜山（福建东山）出海，浪静风顺。9日下午抵猫屿、花屿，是夜船队泊八罩水垵澳，随后数日曾与郑军小船发生战斗。16日上午10时前后，施琅遣船50艘自东畔直入鸡笼屿，另遣船50艘自西畔入牛心湾作疑兵牵制，施琅本人则亲率大乌船56艘，分为八股，每股7艘，各作三迭，施琅居中，乘风前进，另有80余艘留为后援，对澎湖娘妈宫郑军发动总攻击。当时，郑军大炮船及乌船尽出迎战。

战斗正要展开之际，正刮着北风，清船逆向，郑船位居上风，清军恐惧不已。当时黑云乍起，忽然殷雷震动，风向南转，清船反居上风。是时水桶、火罐、矢石、炮火等相互交攻，有如雨点，咫尺莫辨，清军奋不顾身，拼命死战，勠力击杀，乘风纵发，决战终日，烟焰漫天，郑船相继被烧毁。黄昏时，郑军主将刘国轩乘小船自吼门逃出，其余明郑守军先后降清，施琅大军遂登陆澎湖。

此役，郑军惨败，船只沉失190余艘，约12,000人遭焚杀溺死，降清者计官165人、兵4,853人。

郑克塽纳土输诚 清军占领澎湖后，当地居民惊窜。施琅立即下令安抚，

△ 清军进攻明郑之"台湾略图"

禁止清军侵犯百姓，并于7月27日公布晓谕澎湖安民示，免除澎湖百姓三年的劳役租税。

对于5,000名降清郑军官兵，施琅不杀一人，并赏明郑镇营以袍帽，给众以银米，济带伤者以医药，且尽释所俘士卒归东宁（台湾）。这些被释放返回东宁的明郑官兵对施琅莫不感泣，争相传说，东宁人民因此都愿意归顺。当时的东宁"人心瓦解"，在"民心既散，谁与死守"的民意压力下，刘国轩也失去了战斗意志，虽有人主张南下吕宋，再建基业，但为刘国轩所阻。后终以众志瓦解，且知道施琅没有杀害他们的意思，郑克塽遂决定率众归顺。

10月1日，施琅配置水陆官兵3,000名、大小船只30余艘留守澎湖后，乃亲率1万名以上官兵，乘百艘左右的庞大船队自澎湖出发，3日抵台湾鹿耳门，刘国轩与冯锡范率明郑文武官员到军前迎接。10日，施琅公布安民告示，不许官兵占住民房、严禁兵丁侵吞糖蔗等民间物业、不许借称官办所需而侵取民间一丝一毫，依照民间市场价格购买大军所需的日用蔬菜。19日，施琅又下令严禁劳军，一经检举，定行严惩。

11月13日，施琅宣读敕诏，郑克塽等皆欢呼踊跃，望阙叩头谢恩。当时，施琅一面遣返各省难民，一面拨船配载官兵于11月下旬起，护送郑克塽、刘国轩及冯锡范等子弟诸文武眷口至厦门，听从安插。施琅见诸事已告就绪，乃令兴化总兵吴英驻守台湾，而于1684年1月8日班师内渡。

清廷纳台湾入我国版图　1684年3月6日，康熙就施琅所请设台湾镇守官兵事向大学士等征询意见，李霨谓"台湾孤悬海外，屏蔽闽疆。弃其地，恐为外国所据；迁其人，虑有奸宄生事。应如琅议"。康熙帝亦称"台湾弃取，所关甚大""弃而不守，尤为不可"。是年5月27日，清廷在台湾设一府三县，将台湾纳入中国版图。

施琅澄万里海波功在祖国　施琅以63岁高龄，依其15年前所规划的平台方案，乘风破浪，亲临阵战，一鼓平南，解除我国东南沿海及台湾长达20余年的战争状态，从此海波宁静，百姓安居乐业。施琅平稳顺利地统一台湾，使台湾成为我国的边海长城，锁钥天南，屏障祖国东南半壁。故就整个中国而言，施琅实为我国伟大的民族英雄之一，其拓土开疆之功，应永垂青史。

自古得天下者在能受降。当时，由于明郑当局与清廷敌对太久，双方军民间仇怨错综复杂，难免有许多人想公报私仇，甚至借机掳掠。但施琅于誓师东征之际，即向大军约法三章，一不可挟私报仇，二不许杀戮降众，三严禁抢掠奸淫。施琅受降时不对郑氏复仇，不施屠戮，极大地稳定了当时在台汉人民心，增强了他们对中央的向心力，对祖国平稳统一台湾有非常之贡献。

康熙三十七年（1698年）施琅去世时，已是施琅平台十余年后，且人死灯灭，身前荣华权势恩怨亦俱云消烟散。然

△ 清郑澎湖海战示意图

△ 图为施琅等大军抵台受降后，将军、督、抚、提、镇等大员召开会议，讨论召集离散百姓，安插新附官兵，并于险要之地设置防汛等事宜示意图（台北故宫博物院藏）

而康熙皇帝以天子之尊，在其所敕建碑文中，赞许施琅"排群帅以密陈，乘南风而破浪，六月于迈，一鼓而平。四十余年之巨孽悉除，三十六岛之残黎皆悦。戢兵而惟宣德意，受降而不复私仇。调度周详，朕深嘉叹"，也就是对施琅不计私仇，惟宣德意的为国胸襟，予以崇高评价。

建构新时代的"台湾新历史" 清康熙二十四年（1685年）纳台湾入版图，首任台湾知府蒋毓英旋于1688年编纂完成第一部《台湾府志》。分巡台厦兵备道高拱乾续于1696年刊印第二部《台湾府志》。1710年台湾知府周文元完成《重修台湾府志》。1717年《诸罗县志》完成。1720年前《凤山县志》与《台湾县志》也先后完成。1723年巡台御史黄叔璥完成《台海使槎录》。

第六章 前清汉人移民台湾

一 汉人开发台湾景观

清初台湾行政区划 康熙二十三年（1684年），中央于台湾设一府三县，改明郑之承天府为台湾府，万年县为台湾、凤山二县（以二层行溪为界），天兴县为诸罗县（以盐水溪与台湾县为界）。雍正元年（1723年）诸罗虎尾溪以北设彰化县，为一府四县。雍正九年（1731年），又分大甲溪以北归淡防厅管辖。

招募汉族移民拓垦 清廷统一台湾后，明郑文武官员、丁卒与各省难民，相率回归对岸大陆原乡，一年间近有其半。随后数年间，年年均有汉族移民返回泉州、漳州、厦门等地。当时，台湾汉人中的富商大贾与强有力者尽归大陆，所留者琐尾残黎（穷苦百姓）耳。因离台者众，故人去业荒，井里萧条，南北草地，一望荒芜。首任知府蒋毓英与各县知县乃大力招集流亡民众开垦。1685年，全台三县招集流亡民众3,500余人（当时全台湾汉人共3万余人）。1690年抵任的诸罗知县张尹，也继续招集民众开垦，多方抚绥，流民归者如市。

表4 前清在台汉族居民人口表

年份	人口
康熙二十五年（1686年）	30,229

（续表）

年份	人口
雍正十三年（1735年）	454,872
乾隆二十一年（1756年）	660,147

减税 清初统一台湾后，将明郑时期的官佃田园及文武官田一律改为民田，其赋额如依原先苏拜等大臣所议，则与明郑时期的赋额相近。但施琅认为明郑当时自称一国，自为一国用度，因其人地取其饷赋，未免过重，今台湾人民既归天朝，均属赤子，故奏请康熙以格外之恩泽，减以应需之赋。康熙准其奏，减旧有赋额十分之四，故清初台湾地方的赋税仅为明郑官方直接向农民所征官田税率的一半。

清廷一面积极招垦，一面大幅降低明郑田赋，大批闽粤人遂前往台湾开垦，从而加速了台湾的农业开发。1693年时，台湾不但恢复了人去业荒之

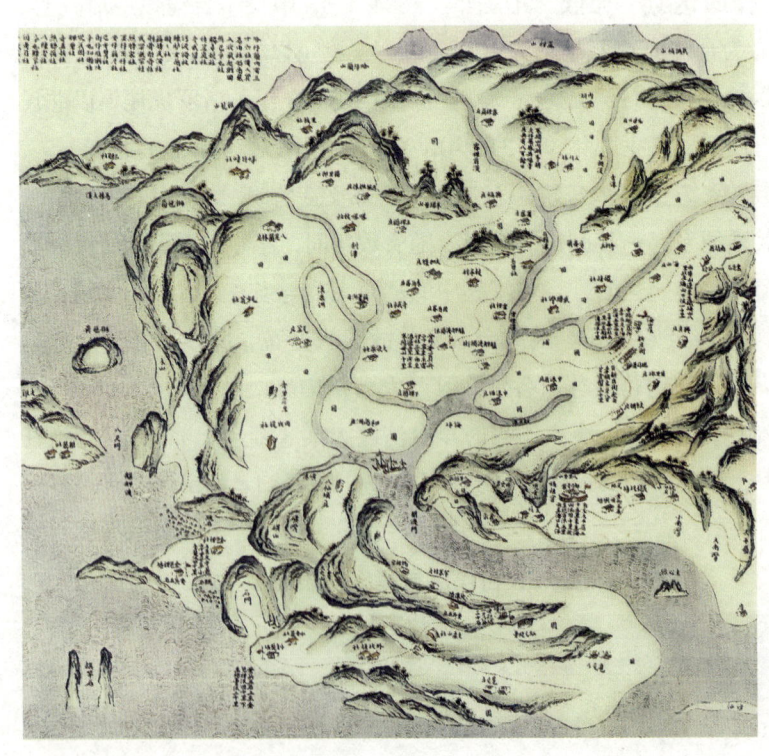

△ 康熙朝台湾图
（大台北地区）

田园，并新垦田园约 8,000 甲（约 7759.2 公顷），较十年前（1683 年）增加 43.4%。

南路流移日趋日众　南路是指自新港溪（盐水溪）以南至沙马矶头（屏东恒春鹅銮鼻）的平原陵地，清初行政辖区包括台湾县与凤山县。就当时官方观点，南路一带原先是有番无民的下淡水（高屏溪）、大昆麓、琅峤（屏东恒春）等地，1720 年前后开垦流移（迁徙民众），日趋日众，其间"汉番"杂居。淡水（高屏溪）以南，悉为潮州客庄，他们治坤蓄泄，灌溉耕种，颇尽力作。

中路鹿场悉为良田　中路是指大甲溪以南至新港溪以北的广大平原陆地，当时此区属诸罗县管辖。1684 年时诸罗县一眼望去，草木茂盛，民杂而贫，地疏而广。县治诸罗山（嘉义市）民少番多，流移开垦之众，极远不过斗六门（云林斗六）。18 世纪初，流移开垦已渐过斗六门以北，惟半线（彰化市）以北仍茫然千里，没有尽头，很少有汉人到达。1715 年前后，流移开垦之众，渐过半线、大肚溪以北。唯大甲溪以北，仍无市场店铺等，人死后没有棺木收殓，而以鹿皮裹尸埋葬。至于斗六门以南，或为番民鹿场，或为业户请垦，或为流民占耕，悉为良田。笨港地方，商船聚集，载运五谷货物，18 世纪 30 年代时笨港"行铺（商铺）特多"。

北路流民拓垦日多　北路则是指大甲溪以北至基隆的广大平原陵地。1697 年时，自大甲、竹堑（新竹市）至南嵌（桃园南嵌）沿路一带，不见一人一屋，只见群鹿出没其间。1715 年前后，竹堑过凤山崎一望平芜，至南嵌，时有"野番"出没。沿途无村落，行人也很少，孤身过客必须请"熟番"持弓矢保护才敢前行。18 世纪 20 年代前期，后垅至竹堑地方，流民开垦甚众，竹堑埔（约竹堑至南嵌之平地）却仍地广无人，"野番"出没。18 世纪 30 年代，竹堑"漳泉潮惠之民耕种生理（闽南语'生理'是经商的意思）者，日渐云集"。

至于大台北地方，1710 年，台厦道陈璸曾费时十数日，亲自北抵淡水地区巡视。1712 年调佳里兴分防千总移驻淡水八里坌，实际上只屯兵 50 人。1715 年冬，北路参将阮蔡文巡视淡水地方，但见淡水"寒风阴雾间荒冢累累，问之皆西来将士"的情境，淡水河"沿溪一水清，风被成文绮"的旖旎景色，及"通事作头家，土官听役使"的社会现象。是时，已有垦户结伙开垦上淡水大佳腊（台北盆地）、淡水港、麻少翁社及新庄平原等荒地，淡水地方亦流民日多。18 世纪 30 年代，淡水"内港两岸土田，宽阔肥美，居民增盛"。

表5 雍正十三年（1735年）台湾府属各县厅人口

县厅	户数	男女丁口	占总人口比例
台湾县	12,877	108,705	23.9%
凤山县	11,682	91,613	20.1%
诸罗县	18,520	202,458	44.5%
彰化县	8,030	34,653	7.6%
淡防厅	1,075	3,257	0.7%
澎湖县	1,731	14,186	3.1%
台湾府	53,915	454,872	100.0%

客家移民蜂拥渡台 施琅对惠潮之地素为海盗渊薮而积习未忘的现象很不满意，故严禁粤中惠潮之民（客家人）渡台，直至施琅去世（1696年），继任者渐渐放宽管制，惠潮之民乃得渡台。1720年以前，在台南府城四坊内租屋的客家人已不可胜数。当时广东惠潮民人远渡重洋，在台种地佣工或种田谋生，空暇时则入山伐木，运至城中售卖，他们聚集一处，每村聚居千人或数百人，谓之客庄。当时，客庄多分布于诸罗山以北及淡水溪（高屏溪）以南，台湾县则几无客庄。1720年，淡水溪以东地方已有客庄77处，丁壮多达万余人。中部地方自下茄冬（台南后壁）至斗六门（云林斗六），客庄漳泉民人相半，斗六门以北客庄愈多，混杂于诸番而各自为俗。

汉族流民归者如市 台湾昔日"有社无庄，南北千余里，草木茂密，各番以世相承，用资捕鹿，名曰'草地'，此疆彼界，社番自定。迨后地入版图，闽粤之人以次鳞集，或向番仆垦（租借番地），年贴社饷、社租，或向番价买，昔日荒芜，今（18世纪30年代）为沃壤矣"。

关于闽粤汉人移民台湾之事，文字形容，虽能予今日以当时开发景观的想象，但倘能辅以确切数据，则更能有清晰的轮廓。尹士俍所修《台湾志略》，为前清时对岸汉族民众大量移民台湾，填补了数据上的空白。尹士俍，山东济宁人，雍正七年（1729年）莅台，任台湾海防同知，1733年升任台湾知府，1735年升台湾道，1739年任满调补湖北郧襄道。尹士俍在台为宦十年，所修《台湾志略》成为当时珍贵的人口分布记录。就雍正十三年（1735年）时的情况来看，当时全台汉族居民分布，以人口密集度而言，最集中的地方是面积最小的台湾县，占当时全台汉族居民人口的23.9%，至于广阔的彰化县与淡防厅，仅占当时汉族居民人口的 8.3%。

二　台湾进入祖国沿海贸易圈

两岸间之区域分工贸易　18 世纪初，对岸闽粤人民大量移民台湾拓垦，虽使台湾西部地方迅速开发，然此一大批移民在台从事开垦之际，因受限于初期移垦农业经济规模及地区气候，很难生产自身所需的一般用品。1720 年左右，不但台湾的修船器材如桅木、大吉、杉木等料，以及钉、铁、油、麻、丝、网纱、篾片、蓬叶等，俱非台湾本地所产，而需远赴福州采买，即使布帛、田器、锅具及筑室之一木、一瓦、一石等，亦皆取自祖国大陆；另一方面，台湾所盛产的米糖又恰好为祖国大陆所需。因此，两岸逐渐形成一方供应农产品，另一方供应一般用品的区域分工。

1720 年前后，许多商人（尤其是漳泉商贾）以海船经营台湾与祖国间的贸易。他们从漳州载丝线、漳纱、剪绒、纸料、烟、布、草席、砖瓦、小杉料、鼎铛、雨伞、柑、柚、青果、橘饼、柿饼，从泉州载瓷器、纸张，从兴化载杉板、砖瓦，从福州载大小杉料、干笋、香菇，从建宁载茶等至台湾销售；然后从台湾回程时则载米、麦、菽豆、黑白糖饧、番薯、鹿肉等售于厦门诸海口，或载糖、靛、鱼翅至上海，复以小艇拨运姑苏行市，船回时则载布匹、纱缎、枲绵、凉暖帽子、牛油、金腿、包酒、惠泉酒。至浙江则载绫罗、绵绸、绉纱、湖帕、绒线；至山东贩粗细碟、杉枋、糖、纸、胡椒、苏木，回日则载白蜡、紫草、药材、

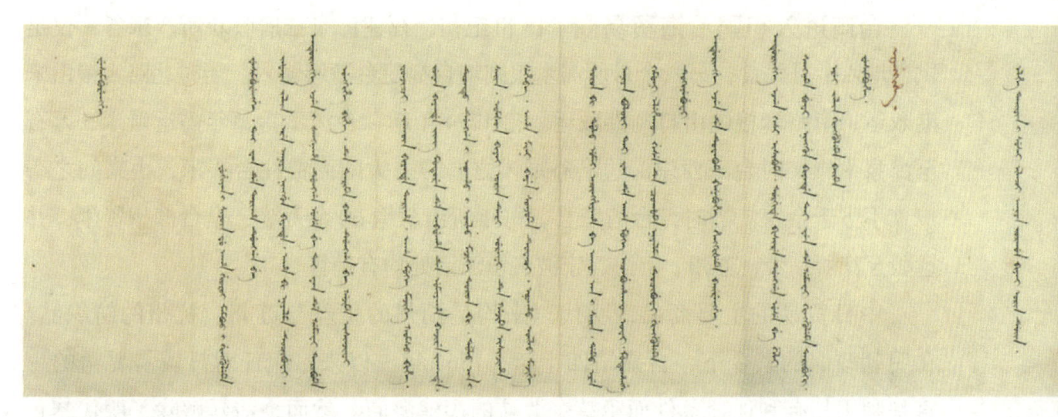

△ 福建巡抚觉罗满保满文奏折
此奏折内容为奏请台湾引进试种西瓜（康熙五十三年正月初九，1714 年 2 月 22 日）。

茧绸、麦、豆、盐、肉、红枣、核桃、柿饼；至关东贩卖乌茶、黄茶、绸缎、布匹、纸、糖、面、胡椒、苏木，回日则载药材、瓜子、松子、榛子、海参鱼、蛏干。

日本限制中国船只驶入数量　清廷统一台湾后，随即于康熙二十三年（1684年）解除迁界令，准许沿海居民返回原地，又取消海禁令，准许商渔船出洋贸易与捕鱼。康熙三十四年（1695年）前后，台湾植蔗为糖，年产50万~60万篓，向日本、吕宋等国出口，至于米、谷、麻、豆、鹿皮、鹿脯，运之四方者十余万篓。

△ 18世纪的中国商船
此种商船性能优良，北可到日本，南可抵菲律宾或巴达维亚（今印度尼西亚首都雅加达），载货量从800吨至1,000吨不等。

康熙二十四年（1685年）后，航日的中国船只激增至85艘，较迁界后期增加3倍。日本德川幕府因为担心货币无限制流出而造成经济危机，乃于1688年限制驶入长崎的中国船只总数为70艘，1715年限制为30艘，1720年后亦屡屡减少船数。日本对我国的此一严厉限航举措，无疑大量减少了台湾地区对日贸易，从而促使中国台湾地区于18世纪初进入祖国沿海贸易圈。

台湾进入祖国沿海贸易圈　18世纪初，福建漳泉二府收获所产米谷，仅足供当地六个月民食，另六个月所需米粮则均自福建台湾府输入。当时北路米粮由笨港贩运，南路米粮则由打狗港贩运。自1724年起，台湾奉旨每年需运碾米5万石至漳泉平粜，时台湾西岸海边磨谷取米之砻户（大陆商贾往台买米，由来问之砻户）不下千余家。当时，台湾三县，每年所出蔗糖60余万篓，全台仰望资生，并远贩至江浙一带，苏州、上海、宁波、镇江诸处均有销售。

中日贸易的主要商品，明代以来均是湖州的生丝与苏州、杭州的纺织品。在明朝政府的禁令下，自嘉靖四十年（1561年）以来，担任对日贸易要角的一直是利用其有利地理条件而犯禁令渡航的福建海商。然而，清廷解除了明代禁止通航日本的禁令，使得以中国为中心、环绕中国海域的交易活动圈又再度回归于宋元时代的传统贸易架构上，只是此时的贸易中心已有变动，对东南亚贸易是以广州与厦门为主，对日本贸易则是以宁波和南京为中心，贸易圈得到重新组合。

早先在海禁下，作为大陆物产对外贸易中继地而崛起的台湾，此时又落在国际贸易干线外，亦即从国际贸易干线转入大陆沿海贸易圈。换言之，台湾的历史，除进入由闽粤汉族移民为主的农业开发时代外，其对外贸易也从国际贸易时代转入祖国沿海贸易时代。

三　1721年朱一贵起义与闽粤分类

新移民问题　关于对岸新移民在台聚集日众及其衍生的问题，清廷官吏亦有所洞悉，并再三设法严缉，但新移民仍源源不断。

1710年前后，虽然只有良民（旧时士农工商四民为良民，奴仆及倡优隶卒属贱民）可以申请获得照单入台籍居，但许多无照之人，通过奸顽商船并营哨船只偷渡来台，每船百余人甚或多至200余人，俱是闽粤无产无业无家的游民。当时，流移者踵相接，多莫知所自，乃渐有非商非农潜窜里社，不务正业，张空拳思攫金以东者（空手东渡台湾淘金）。这些赤手空拳的新移民，与在台湾已有经济基础或甚富裕的早期移民相较，两者间财富与生活水平等的差距，势必成为当时台湾汉族社会的隐忧。

男女比例悬殊　18世纪初，大批冒险偷渡到达台湾的闽粤民人几乎均无家室。北路客家人亦然，其一庄有家室者百不得一。18世纪20年代，在台湾种地佣工的广东惠潮客家民人，其众数十万，皆无妻儿。当时，台湾仅台湾县一地有携妻儿之汉人，自北路诸罗、彰化以上，淡水、鸡笼山后千余里，汉族妇女总共不及数百人；南路凤山、新园、琅峤以下四五百里，汉族妇女亦不及数百人。

18世纪20年代，南路凤山八社（力力、茄藤、放索、下淡水、上淡水、阿猴、搭楼、武洛）地方，番女多与汉人牵手（女出而招之同居曰牵手）。凤山傀儡番，其归化番女亦有为汉人妻室者，往来倍亲密。至于琅峤一社，则喜与汉人为婚。

吴球与刘却滋事　吴球，居诸罗新港东田尾，好拳勇。另有朱佑龙者，诈称明朝后裔能遁法，数往来吴球家，暗中集结党羽谋乱。1696年夏，任职凤山县吏的吴球妹婿陈枢，因上级追查其侵占官粮，乃向吴球借贷告急。吴球此时已有招众图事之意，故告以不需还粮，吾即日事成，仓贮悉吾有也。陈枢大喜并藏匿于吴球

△ 巡视台湾监察御史六十七在台期间（1744—1747）命画工绘制《番社采风图》

△《六十七两采风图合卷》（台湾图书馆藏）

家中，尊朱佑龙为国师，招集渐众。其党余金声约保长林盛一同举事，林盛假装答应，却乘夜奔赴郡城，向官府检举。北路参将陈贵乃率官兵包围吴球住宅，擒获吴球、陈枢、余金声等为首者 7 人，侦讯得实，皆予杖毙。朱佑龙则逃逸不知所踪。

刘却，诸罗县人，任臭佑庄（台南白河附近）管事，以拳棒自负，常与无赖恶少交往并歃血为盟。久之，其党有欲谋不轨者，乃推刘却为首。刘却则在家中地窖私制刀枪等械，并于 1702 年 1 月 4 日率众举事，击溃附近下茄冬地方的 80 余名驻军后，乘夜南下至繁华的茅港尾（台南下营）抢掠财货，然后向北退屯急水溪，当时乱民及诸番亦乘机四出劫掠。北路参将白道隆闻讯后即整众御之，镇道两标发兵支援。五天后，清军完成集结，与之战于急水溪，刘却等大溃，被杀者甚众，党羽陈华与何正等被生擒，刘却则逃匿山地，直至次年春方于笨港（云林北港）被捕，斩于市。

朱一贵起事 朱一贵，福建漳州府长泰县人，26 岁（1714 年）时到台湾道衙门当差未成，乃移居母顶草地（高雄内门乡光兴村鸭母寮）养鸭为生，其间有过访者，则款待尽欢。

康熙五十九年（1720 年），台湾知府王珍代理凤山县事，其次子奉令至凤山收粮，苛厉勒派骚扰不已，故有人借为口实，摇惑人心。1721 年 5 月 14 日，朱一贵等 52 人于黄殿庄（高雄内门乡光兴村）结盟竖旗，随即各自集结人手，共得 1,000 余人，砍竹为尖枪，旗书"激变良民""大明重兴""大元帅朱"字样，夜出冈山（又称大冈山，海拔 312 米），袭劫塘汛。

杜君英竖旗 杜君英，广东潮州府海阳县粤民（客家人），41 岁（1707 年）时来到台湾，在新白寺（屏东内埔乡丰田村）地方租田耕种，并替人催缴地租。1721 年 4 月，杜君英获悉知府王珍苛厉，民众怨恨生变，乃于 5 月 5 日于山内竖旗，在槟榔林招集粤东种地佣工客民等 1,000 余人，又听说朱一贵在冈山起事，故于 5 月 16 日派杨来、颜子京率众百人前往与朱一贵联系。

5 月 16 日，警报至郡（台南市），总兵欧阳凯派右营游击周应龙，率兵 400 名前往捉拿，并调集新港、目加溜湾、萧垅、麻豆等四社"土番"随往。然而当时因承平日久，兵番战栗不前，未能及时将其平息。19 日，周应龙传令兵番，杀贼首领一名赏银 50 两、杀贼一名赏银 3 两，然而"土番"却杀良民 4 人，纵火焚烧民房，复毙 8 人，闻者恐惧万分。当时远近贼党借兵番杀掠为辞，煽动沿途村庄，胁迫居民，分别授以旗帜，于是各乡纷纷响应，竖贼旗，投顺朱一贵者达 2 万余人。26 日，朱一贵与杜君英合众数万，冲杀春牛埔地方

△ 台湾北部（今基隆及大台北地区）（约 1723—1727 年）

△ 台湾以台南为中心的西岸地区（约 1723—1727 年）

△ 台湾高雄屏东地区（约 1723—1727 年）
原图为《台湾图附澎湖群岛图》，据台湾故宫博物院文献处卢雪燕考证，此图系首任巡视台湾监察御史黄叔璥（1682—1756，北京顺天府大同人）绘制。此图所载汉人聚落多达 170 余个。（见《故宫文物》月刊 370 期、371 期）

（台南市东门城北）2,000余名官兵，并攻破台湾府城，28日续陷诸罗县城。

客家人尸首填塞街路血流盈渠 变民26日攻陷台湾府城时，杜君英先入住总兵官署，朱一贵后入居台厦道署。杜君英入府时欲立其子为王，众不服而改立朱一贵，杜君英心中恼怒，常现骄狂之色。后来朱一贵因故整兵围攻杜君英，粤人尸首填塞街路，流血盈渠。杜君英遂率1万余名粤人，往北路逃逸。

朱一贵派人追袭杜君英，张缶带领4,000～5,000人追往笨港，江国论亦率众追杜君英至笨港，其众不过1,000～2,000人，然而他们一路上蹂躏客庄，杀戮客民700～800人。杜君英率万余粤人北走笨港，渡虎尾溪，至猫儿干（云林仑背）地方屯扎，剽掠村社，杀害闽人，半线（彰化市）上下，多被蹂躏，所未至者，惟南嵌（桃园南嵌）以北。

施世骠七日平台 当时，台湾逃窜各官及避难百姓，于5月27、28两日逃抵澎湖。水师提督施世骠（施琅第六子）见难民船至厦门，方知台湾有变乱，立即率军东征。闽浙总督觉罗满保5月31日得知台变，除立即于6月2日将台变及有关作战计划奏报康熙皇帝外，并于4日亲往厦门坐镇。觉罗满保9日抵厦门（施世骠已率军出港两日），先发兵淡水应援（前后共计1,700名）外，随即命南澳总兵官蓝廷珍总统征台水陆大军，带领将弁80余员、目兵丁壮8,000余名、船400余艘，至澎湖与施世骠会师。

7月10日黎明，400余艘船舰云集鹿耳门外。当时，潮水涨高八尺，清军遂夺天险鹿耳门，收复安平镇，百姓载道欢呼。11日，施世骠乘潮入安平，朱一贵遣众8,000余人进攻安平，没有得手。13日黎明，朱一贵遣变民数万，再攻安平，总兵蓝廷珍亲督大军，大败变民，死者千余人，尸填巨港。17日，蓝廷珍督大兵南下，清军威武奋扬，直捣郡邑，收复府城。

台郡既平，施世骠与蓝廷珍乃分派大军，续肃清南北二路。7月30日，朱一贵在沟尾庄（嘉义太保乡）被捕。是年底杜君英父子亦相继被捕。朱一贵、杜君英等首谋立即被押往北京，于次年（1722年）4月正法。

闽粤冤冤相报 朱一贵事件中，闽人曾对粤民（客家人）大肆屠杀。朱一贵率众围攻杜君英众伙，客家人尸首填塞街路，流血盈渠。6月中旬，江国论则率众屠杀700～800名客家人。7月初，数千闽南变民陆续抵新园（屏东新园乡）、小赤山、万丹（屏东万丹）、滥滥（万丹乡四维村）等地，图谋消灭客家人，连日互斗，各有胜负。7月13日，下淡水客家义民与闽南变民万人决战于河阔水深的淡水溪（高屏溪），变民大败，迭遭截杀，尸骸狼藉溪沙涧。

△《海国闻见录——台湾前山图》（雍正八年，1730年）
陈伦炯为施琅麾下武将之后，少习海疆事务，曾游历日本。康熙末年至雍正时曾两度来台，位至总兵，第一次离台后作《海国闻见录》，其中录有两幅台湾地图。"前山图"绘录清初台湾西部海岸、山川、城池、番社，对于中北部已有较多认识，反映出康熙中叶后汉人逐渐进入台湾，图中"水沙连"位置醒目，与其任总兵期间对水沙连之剿抚似有关联。（引自《地图台湾》，p.137.南天书局提供）

△《海国闻见录——台湾后山图》（雍正八年，1730年）
此图标示出台湾东部三貂角至花莲秀姑峦溪间一些重要港口、河川、番社聚落地名、东西岸地理对应关系等信息。表明"后山"在清雍正年间已经与外界有舟楫往来。图中对台湾东北噶玛兰地区、立雾溪口一带也有较多描述，其地图比例亦较大。（引自《台湾地图》，p.137.南天书局提供）

△《台湾舆图》(屏局部、台南府城十字街及安平)

百年后，台湾人林师圣论及朱一贵事件时称"嗣后地方安靖，闽每欺粤，凡渡船、旅舍、中途多方搜索钱文。粤人积恨难忘""仇日以结，怨日以深，治时闽欺粤，乱时粤侮闽，率以为常，冤冤相报无已时"。

四　吴福生乱事与流民疾苦

吴福生乘番变作乱　吴福生，福建平和县人，住凤山县浊水溪大庄。1732年1月21日，台湾北路营地方大甲西社番生变，杀伤兵丁，焚毁房屋，适值台湾镇总兵吕瑞麟巡抵该地，闻变即驻兵半线（彰化市），派人前往擒捕。2月，吴福生因北路番子做歹（闽南语"做歹"意为做坏事），府城空虚，乘机发动民变，抢夺富豪。是时，凤山汛守备张玉曾风闻吴福生要率众与汛对垒抢劫埤头（高雄凤山）市街，乃将此事上报。凤山知县熊琴，却称经仔细访查各处村庄，并无其事。

3月下旬，吴福生与林好及吴慎等人结拜为兄弟，并制作书有"大明得胜"字样的三角旗帜一面。4月23日，吴福生等28人夜袭冈山（亦是朱一贵起事处）。24日早晨烧旧社（台南县归仁乡看东村旧社），午后烧猴洞并沿途招人。26日早晨烧石井汛，当夜围攻埤头失利。27日抢劫埤头布店并火烧万丹巡检衙门，随后聚于凤弹山，赶人入伙。29日，吴福生等聚集十一二杆旗，每旗约有十余人或二三十人不等，共300~400人。

△ 康熙朝台湾舆图（台南地区）

客家义民军前勠力平乱 当时，前台湾镇总兵王郡，适统兵在南，于获悉吴福生乱事后，即亲率官兵于 28 日夜出发，29 日晨进驻埤头，随即分三路夹攻，吴福生等大溃逃散。王郡乃于次日班师回府。

此次吴福生之乱，导致十年前闽客对立历史重演。当时，南路客庄侯心富等纠集该地港东、港西二里客家义民万余人，分别防守八社粮仓。当变民攻打埤头兵营甚急之际，侯心富等挑选 900 余人渡河救援。4 月 29 日，总兵王郡率军与变民接战时，客家义民亦赶赴军前勠力前驱，变民见客家义民追截，乃纷纷溃逃，5 月 2 日时只剩 40 余人回浊水溪。5 月下旬，吴福生逃往斗六门。一个月后，吴福生于 6 月 23 日在斗六门被捕归案。

汉族流民饥寒穷苦 吴案中包括吴福生本人在内的 5 名首脑，其中仅四哥杨秦一人识字。吴福生等竖旗时，其中二哥林好甚至是以无字的蚊帐布为旗。根据审讯参与吴福生事件的 26 名案犯（吴案被捕伏法者 30 余人）时的一份原始供

△ 乾隆朝台湾舆图（台南地区）

词分析，其中 19 人无产业、21 人无妻子。又其中 20 余岁年轻人仅 4 名，其余 22 人平均年龄高达 41.6 岁。也就是说，参与吴福生一案者多为没有任何产业的穷苦高龄流民，其中 38 岁的郑尧，在起事十余天前，还因夜里饥饿而抢劫饭店。

  关于流民这一社会问题，早在吴案发生的四年前，闽浙总督高其倬即已关切，并谓台湾府所属四县之中，除台湾县外，诸罗、凤山、彰化三县，皆新住之民，全无妻子。此种之人，不但心无系恋，敢于为非，且聚二三十人或三四十人，同搭屋寮，共居一处，农田之时，尚有耕耘之事，及田收之后，颇有所得，任意花费，又因终日无事，只有相聚赌博、饮酒，遂致共谋窃劫。曾会同高其倬、台湾知府王士任等当堂审理吴福生案之巡台御史觉罗柏修（满洲镶红旗人）亦谓，台地流寓之人（流离他乡的无业游民），不是饥寒交迫，就是犯罪脱逃，他们单身独旅，寄寓台湾，居无定处，出无定方，往往不安本分，呼朋引类，啸聚为奸，考察台地数次变乱，皆系此等乌合之徒为之倡首。

第七章

清朝前期台西"番情"

一 清朝前期"番情"

台湾少数民族 台湾少数民族大体可分泰雅、赛夏、布农、邹、鲁凯、排湾、卑南、阿美及雅美等九族，1976年时其总人口约28.2万人，其中以阿美族的10.8万人为最、泰雅族的6.4万人及排湾族的5.5万人次之，布农族则仅3.1万人，余则均不满万人。少数民族各族间的语言文化也多有差异，例如在家系的承继上，阿美族为母系承继，卑南族为偏于母系，鲁凯与排湾为两可系，赛夏、布农及邹族则为父系承继。

台湾少数民族各族间语言隔离时间长 无论是阿美、泰雅、排湾、布农等现存的高山族，还是前述已与汉族相互融合的平埔各族，其语言多相异，只是几乎均属南岛语族，该语族分布于菲律宾、马来西亚及太平洋的密克罗尼西亚与波利尼西亚、西印度洋的马达加斯加等地，还有我国的华南地区。台湾少数民族主要各族间语言彼此差异大，同源字之比例又很低，故可显示各语言间的隔离时间颇长。

农垦 郑成功户官杨英曾于1661年10月奉命押米前往南社，"适登秋收之期，目睹禾稻遍亩，土民逐穗采拔，不识钩镰割获之便。一甲之稻，云采数十日方完。访其开垦，不知犁耙锄斧之快，只用寸铁刓凿""至近水湿田，置之无用"。

18世纪20年代前后,南部凤山之傀儡"生番",种薯芋黍米以充食,种时男女老幼皆往,无耕牛犁耙,惟用铁锥锄凿栽种。北部淡水至鸡笼(基隆)诸番无田器,耕以锄。中部阿里山及日月潭地区的水沙连社等地诸番,耕种用小锄短刀,掘地而种(以锄掘地,效率远不及犁,故云"铁锄掘土仅寸许,百锄不及一犁深")。西部沿岸的大甲西、双寮、宛里、吞霄、后垄、新港、中港、中堑等社,耕种犁耙诸器均如汉人。

1730年前后,中部的猫雾拺、阿里史、岸里、乌牛栏、旧社、搜拺等六社,即在其界内播种五谷(因无水灌溉致历年失收)。18世纪40年代时,有"熟番"学习闽粤移民开圳(田边水沟)耕垦,凡社中旧管埔地,皆割除杂草垦辟田园;有人为防旱涝灾害,亦学汉人筑圳,从内山开掘,疏引溪流,以资灌溉。

服装 "土番"初以鹿皮为衣,夏天炎热时结麻衣遮体,后来才慢慢换成布匹,或以达戈纹("土番"以苎麻或夹杂树皮所自织之布名)为之。1715年前后,新港、萧垅、麻豆、目加溜湾诸番衣裤,半如汉人。

18世纪20年代时,哆啰啯、诸罗山等社男妇系衣服黑白,俱短至脐,并以黑布掩蔽下体及束绑小腿。中部的他里雾、斗六、猫儿干、大武郡、东螺、二林、马芝遴、南投、北投、猫罗、半线、水里、大肚、沙辘、牛骂等社,则以白布、黑布或达戈纹为衣,短至脐或腰,下体则以布蔽遮。而往北的大甲西、双

△ 彰化县大肚、诸罗县萧垅等社"熟番"

寮、宛里、吞霄、后垄、新港、中港、竹堑等社，亦以布或达戈纹为衣，且以围布二幅蔽下体，惟其间亦有穿鹿皮者。

至于中部阿里山及日月潭地区的水沙连社等地，诸番衣用鹿皮、树皮横联于身，无袖，间亦有着布衫者。捕鹿时以鹿皮搭身，皮帽、皮鞋，驰逐荆棘中。妇衣自织达戈纹。大甲溪与大肚溪间离岸的猫雾捒、阿里史、岸里、乌牛栏、朴仔离等社，俱衣鹿皮，并以皮冒其头面，只露两目，脐下结一方布，聊蔽前阴，露臀光脚。南部凤山八社则女着衣裙裹双胫，男用鹿皮蔽体或毡披身或青布围腰下，俱赤脚，土官则有穿鞋者。至于加走山等社的傀儡"生番"，则不衣不裤，惟于私处以布围绕。

居处 17世纪末，郡治附近之新港、目加溜湾、麻豆等社，虽皆番居，然嘉木阴森，屋宇完洁，不减内地村落。18世纪20年代时，"番民"居处编竹为墙，盖以茅草，其状如覆舟。往北经大武郡、南社、湾里，至东螺、西螺、马芝遴等社，则填土为基，高可五六尺；编竹为壁，上覆以茅，茅草屋檐深深垂地。其右方之南投、北投、半线、水里等社，则以茅草为盖，以竹木为柱。沿岸之大肚、沙辘、牛骂三社，则以木为梁，编竹为墙，状如覆舟。

割首、文身、贯耳、染齿与缺齿 当时，诸番以杀人为雄长，相互攻击，或依密林，或伏莽草，或伏小径，等候落单者擒而杀之，割其头颅携归社内，将其烹煮剥去皮肉，带在身上向别人炫耀，以其多寡区分勇健高下，并将其传之子

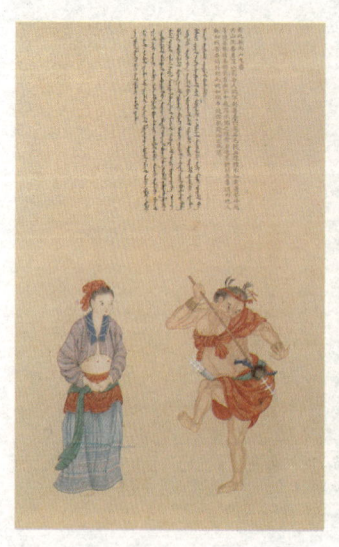

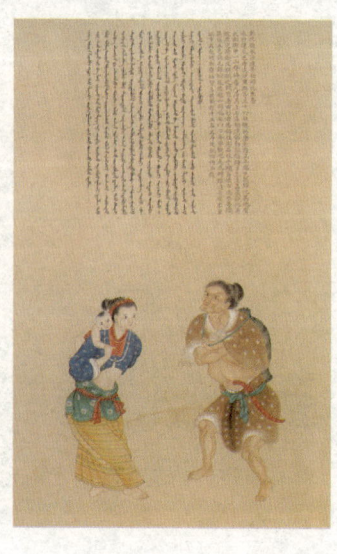

△ 左图为彰化县内山生番，右图为彰化县水沙连等社归化生番

△ 18世纪40年代巡台御史六十七（满洲镶红旗人）令画工所绘当时台湾西部"番民"的生活情形，左图为捕鹿，右图为猱采

孙以为故物。

北路诸罗番社，有文身者，其身遍刺蝌蚪文字及虫鱼之状，或袒于胸膛两臂，惟不施于面。至于岸里、乌牛栏、阿里史、朴仔离等社，则绕唇刺以青色细点，一般亦称黥面。南路凤山傀儡番之土官、副官、公廨，至娶妻后即于肩、背、胸膛、手臂、两腋，以针刺花，用黑烟文之；北路诸罗他里雾以北，如东西螺、大武郡等社，男女都喜欢穿耳；北路诸罗大武郡及半线以北地方，男女以涩草或芭蕉花擦齿令黑，已婚妇女则拔其旁边两齿，以与未婚妇女区别。南路凤山社则每日取草擦齿，愈黑愈固。

二 汉化、汉番交易与"番害"

"熟番"汉化 18世纪30年代，台湾道张嗣昌（山西浮山人），对"熟番"圈耳、文身、绣面、裸体、披发的习俗，通令禁绝，另亦下令男番不准再携带弓箭、刀镖随身，更不得滥饮生事。30年代末，南北各"熟番""多戴冠着履，身

△ 台湾阿美族"生番"黥面妇女　　　　　　　　　△ 台湾泰雅族黥面穿耳妇人

穿衣裤""且多剔（剃）头留须，讲官话及漳、泉乡语，与汉民相等""熟番则纳粮应差，等于齐民（与汉人一样）"。

汉文教育　台湾府首任知府蒋毓英（锦州人）于1684年在台湾县东安坊设社学两所，在凤山县埤埕设社学一所。诸罗县第二任知县樊维屏（山西蒲州人），则于1686年在受荷兰人教化颇深之新港、目加溜湾、萧垅、麻豆等四大社，各设社学一所。分巡台厦道王效宗又于1689年在台湾县镇北坊设社学一所。

18世纪初，北路营参将阮蔡文（福建漳浦人）于巡视淡水时，召社学"番童"问话，能背诵四书者即赠予银布以表扬之。18世纪20年代，分巡台厦道陈大辇（湖北江夏人）则声称，肄业"番童"中能有读四书习一经者，将给乐舞衣巾以为鼓励。1723年夏，台湾知府高铎呈报各社之读书"番童"，巡台汉御史黄叔璥即以酒食相慰勉，并各赠四书一册、历书一套。

18世纪30年代前期，台湾道张嗣昌曾亲自考查台湾县"番童"，结果全数都能恭诵上谕，字迹也颇端楷，衣冠拜跪亦悉遵汉民规矩。张嗣昌认为能有此成就，台湾县儒学训导薛云最为辛苦，应记功嘉奖。继任者台湾道尹士俍（山东济宁人）"每至一社，番童各执所读经书文章，背诵以邀赏，且有出应试者"。当时，南北各"熟番""遵设社学，延师教训番童，讲明礼仪，课读诗书。各县训导督率其事，按季考验，以励奖劝。淡属社学5处，肄业番童41人。台邑社少，设社学1处，肄业番童7人。凤邑社学5处，肄业番童20人。诸邑社学9处，肄业番童43人。彰邑社学12处，肄业番童56人。几同凡民之俊秀"。从前各社中"有习红毛字（荷兰人所编拼音文字）者，以鹅毛管蘸墨横书，谓之'教册仔'。出入簿籍，皆经其手，今则簿籍皆用汉字"。

"汉番"交易 当时，汉番之间已广泛交易。南路凤山山猪毛社（屏东三地乡）等傀儡"生番"（排湾族与鲁凯族）出山，以鹿肉干换取盐布米珠，遇有铁器及铅子火药，虽倾其所有来交换也在所不惜。在艰险地区，由于利之所在，亦有汉人前往与"生番"交易。例如阿里山，山高林密且"土番"剽悍，附近各社夏秋划蟒甲（独木舟），载鹿肉干、通草、水藤诸物，顺流出近社，与汉人交易。地处大湖中之水沙连社（日月潭地区）的加老望埔，更有通事于该处筑寮，将烟、布、糖、盐诸物卖给"土番"，而又用"土番"的鹿肉皮筋等项来代替他们的课饷。

"番民"杀害大陆闽粤移民 1702年初刘却作乱，诸番即与乱民乘机四出劫掠。1703年，有汉人招募福建汀州府县民至大杰巅社地之罗汉内门（高雄内门）、外门（高雄旗山）拓垦，从此往来渐众，耕种采集，但经常被"土番"镖杀，或放火烧死，割去头颅。

18世纪初，台湾内山"生番"以杀人放火为常事，究其缘由则多系汉人开启争端。例如业主管事辈利在开垦，不论"生番"或"熟番"属地，均越界侵占夺取，又勾引同伙进山搭建小屋，见到"土番"猎取的鹿，往往窃为己有，故多遭杀戮。此外，台湾的藤粗如绳、长数十丈，虽产在人迹不到的深林菁薉之区，但因其用途广而获利大，致番汉贪之，虽冒险亦无畏，故小民深入内山，抽藤锯板，为"番民"所害者亦有之。

关于番民杀害大陆闽粤移民一事，据闽浙总督高其倬于1727年之分析，其原因有三：

1. 开垦之民侵入番界及抽藤吊鹿，故为番人所杀。
2. 番社俱有通事，通事刻剥，"番人"愤怨至极，遂肆杀害，波及邻住之人。
3. 番社杀人数次，遂自恃强梁，频行此事，杀人取首，夸耀逞雄。

三 1732年大甲西社"番乱"

吞霄乱事 1699年3月，因承揽吞霄地区社饷的通事黄申，天天征派，各社被害得很苦。土官卓个、卓雾、亚生等乃鼓众大噪，杀黄申等十余人。镇道遣使诏谕不得入，乃发两标官兵及水师协标右营游击常太进剿，而以新港、萧垅、麻豆、目加溜湾四社"土番"为前部。卓个、卓雾等倚险拒守，四社"土番"伤

△ 雍正年间（1723—1735年）水沙连区域及各社分布图

死甚众。是时，岸里番尚未内附，乃遣译者入说其魁，多致糖烟银布。岸里番大喜，乃绕道吞霄山后，与官兵前后夹击，卓个、卓雾等逃入内山。岸里番安设埋伏，将卓个、卓雾等擒捕至郡（台南市），他们随后被处决并传首以示诸番。此役前后历时七个月，官兵因感染瘴气致死者数百人。

1699年6月，淡水内北投通事金贤，欺凌殴打其未来岳父（为土官冰冷亲戚）。土官冰冷怒而率众杀金贤及与贤友好者，随后遣使与正在作乱之卓个、卓雾等联系。8月，有水师把总巡哨淡水，闻悉此事，乃潜泊海口，遣其他社诱以货物交易，伏壮士缚冰冷即登舟，及邻近诸番出护，已挂帆而去矣。

水沙连乱事　1721年，阿里山及水沙连（南投县埔里盆地及日月潭两地周边地区）各社乘乱杀通事以叛。次年诸罗知县孙鲁多方招徕，示以兵威火炮，赏以烟、布、银牌。于是阿里山各社、水沙连南港与北港等土官均相继于1723年年初就抚，水沙连社就抚后，对原纳之310两银番饷分文不纳，地方文武则苟且不予深究，其番目骨宗等自恃山溪险阻，屡出杀人。

1726年3月，水沙连各社作乱，肆行焚烧民屋、耕牛并杀害汉人，台厦道吴昌祚等率官兵与"熟番"约2,000人，于12月底进剿，迅即擒获骨宗等20余人并获头颅无数，于是水沙连南北港二十五社相继就抚，依旧输课。

山猪毛社乱事　1729年1月，南路山猪毛（屏东县三地乡三地门）等社

"生番",杀害擅入深山引水灌田之庄民邱仁山等14人,随后又下山杀害"熟番"7人,并焚耕牛、草寮。同知刘浴与游击靳光瀚,奉命率兵350名及壮番200余名前往剿捕,施放大炮,迅即攻克番社平乱,并捕获在该社生事之通事张汉伯。

大甲西社"熟番"乱事 1730—1731年间,淡水同知张弘章意欲起盖衙门,派令大甲西社等部落男妇做工,拨遣"土番"上山砍伐林木,又拨"土番"妇女驶车载运,"土番"不肯,通事即以藤条鞭打。此外,衙役人等则将少年番妇有姿色者留夜宿,而汛兵民丁经过番社又需索饮食。故大甲西社"熟番"乃集番众举事(1732年1月21日—1732年5月),突然于1732年1月烧毁同知衙署,杀伤衙役兵丁,民人遇害甚多,北路汹汹。官兵随即进剿该社,沙辘(沙鹿)、后垄等社亦协助征讨大甲西社乱番。台湾镇总兵吕瑞麟于2月中旬率兵进山剿,惟山势险阻、林深密茂而无功。是年夏,南大肚、沙辘、牛骂(清水)等十余社,因台湾道倪象恺表亲诬杀大肚社于军前效力的"良番"5人,故愤而聚众焚掠肆扰各地。当时(1732年6月23日—1732年12月),大肚社乃联合牛骂、阿里史、沙辘、朴仔离等社2,000余人,围攻彰化县城,百姓奔逃络绎于道。

福建总督郝玉麟除命令奉调但尚未离台之前台湾镇总兵王郡亲往督征外,且先后从大陆征调官兵6,000余名(并一切钱粮、军火、器械及船100余艘)赴台协同剿办。1732年9月初清军败阿束社;10月中旬大军更兵分七路围剿,攻破水里社、搜剿牛骂及沙辘社;11月初官军进捣小坪山叛番巢穴,获牛千余头、马8匹、车数百辆,焚毁粮食400余堆(时岸里、后垄等社亦协助官兵进剿沙辘、牛骂各社);随后吞霄、大甲西、猫盂、双寮、宛里、房理等社土官率众俱降。

番乱灾后复原 战后,王郡将参与叛乱的大甲西、沙辘、牛骂等社"熟番"押解到省城,其妻孥(妻子儿女)600余口发交中北大肚、阿束、大甲东社领养。诸社以房舍早被官兵夷平无力领养为由,请求官府能酌拨口粮救济。台湾道张嗣昌遂命彰化县开仓赈济200余石粮食。这场战乱中,汉人遭"土番"焚毁的房屋约8,000间,被杀百姓约200人,被杀义民与衙役约30人。彰化"县治以南居民房屋,十去七八;县治以北,自大肚、猫雾捒直抵竹堑等处,几成灰烬",官方对这些地方也采取了积极的恢复措施。张嗣昌酌议对被焚毁房屋赈银二钱,被杀百姓赈银一两,被杀义民、衙役赈银二两。这些赈银于1733年1月28—30日发放完毕。当时,难民多散居在彰化县城、诸罗县城与台湾府城,官府开赈，大口每月赈粟六斗，小口每月赈粟三斗。官方并将大甲西社改名为"德化社"、将沙辘社改为"迁善社"、将牛骂社改为"感恩社"、将猫盂社改为"兴隆社"，以纪念其投诚之心。

大甲西社之乱可说是清代台湾中部沿海"熟番"举事时间最长、规模最大、灾乱面积最广的一次叛乱，也可说是1721年朱一贵乱事后，汉族移民的另一次浩劫。事平之后，闽浙总督郝玉麟奏台湾镇总兵官准，仿西垂边疆之例，改为挂印总兵官，并扩充台湾营制的规模达15营，官兵共12,784名。

四　内附与减税

番民相继内附　台湾自入我中国版图以来，凤山县之"熟番"力力等十二社，诸罗县之"熟番"萧垅等三十四社，早已内附数十年，其余南北二路"生番"，见内附"熟番"赋薄徭轻、食饱衣暖，故亦愿内附。

1716年夏，南路"生番"山猪毛等十社共1,385人及北路"生番"岸里、扫拣、乌牛栏、阿里史和朴仔离等五社（位于台中大度山右与大甲溪南丘陵山地）共3,368人内附。清廷训令地方官加意抚恤，应循习俗，令其照旧居处，仍用本社土官管束，毋庸另设滋扰，除"熟番"听其照常贸易外，大陆兵民毋许擅入番界生事及借巡查扰累，其南北二路每年各愿纳鹿皮50张，各折银12两代输贡赋，听其按年输纳，此外不得丝毫派扰，以彰柔远深仁。另外，诸罗知县周钟瑄因应岸里五社之请耕，乃于同年（1716年）底将约今台中平原地方土地批赏给岸里等各社耕垦。

1724年2月，凤山县加走山土官加率雷等率领八社"生番"倾心归化，每社每年缴纳鹿皮5张以代替贡赋。同年底"生番"兰郎等四社输诚纳贡内附。1725年3月，益难等六社"生番"归化，每岁照例以鹿皮代税。4月山后七十四社"生番"先后输诚归化，赍献土物、户册，愿附版图。6月"生番"巴荖远等四社、猫仔等十九社输诚归化，各造报户口，愿附版籍。1727年初，清廷平定水沙连社，当时该地各社男女归顺，情愿仍纳番饷者共4,045名。1734年夏，沙里社"生番"席由敏等199人愿归版图，纳饷供役。

然而"生番"的相继内附在当时又产生如下不良后果：

1. 因"生番"犷野难驯，从前内附之社每有行凶扰害地方，不行执法恐"熟番"效尤，逐加惩治又虑抗拒生事。

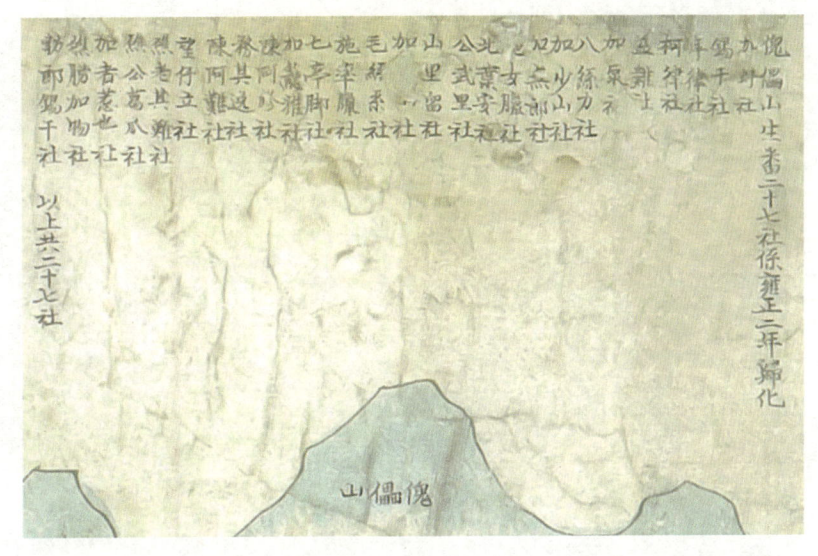

△《台湾地图》傀儡山生番二十七社（清乾隆朝）

2. 一经归化，汉人得以出入，犯法之徒走匿其地，捕获较难。故自1737年夏始，清廷对各社"生番"之归化听其自便，并严饬通事等不必诱其来归，以免致启日后争端。

课征番饷 清廷统辖台湾后，对"番民"不课征田赋，仅课以丁口饷（清律：男子16岁曰丁，女子曰口），亦称"番饷"，其饷率与对汉人所课者相异。

1. "生番"之输饷：清初因循荷兰殖民时期及明郑时期遗制，令社商代行征收归顺"生番"所得鹿皮（或征实物折价，或征收折皮价银），名之曰"输饷"。当时，社商将日用所需之物赴社易鹿作脯，代缴社饷，官方只按总额征收，"土番"亦无知，全年所捕之鹿与鸡、犬、牛、豕、布缕、麻菽等悉为社商所有。间有饷重利薄，社商不欲包输，则又推给通事，名为"自征"。通事额外之克扣，无异社商。

2. "熟番"之丁口饷：依丁口而定，教册（识荷文拼音字者）、公廨（管事头目）与番丁每名每年征米1石、壮番1.7石、少壮番1.3石、番妇1石。

18世纪初，清廷对凤山下淡水八社（力力、茄藤、放索、下淡水、上淡水、阿猴、搭楼、武洛等）征社饷米4,645石，较明郑时所征之5,934石减少21.7%，但诸罗社饷则未获裁减，仍为约7,700两银。然而当时诸罗县申报之耕垦田园（不包括隐田）面积却较明郑末期增加2.2倍。亦即许多昔日"番民"之鹿场麻

△ 福建巡抚黄国材"奏报彰化县内山生番归化情由折"

地,已为业户请垦,或为流落寓居之民占耕。相对而言,诸罗各社的生存空间迅速缩减,这对以捕鹿为生的诸罗"番民"而言,负担变相大幅加重。自清朝治理台湾以来,每年维正之供7,800余金,花红8,000余金,官令采买麻石又4,000余金,放行社盐又2,000余金,总计一年所出共21,800余金。中间通事、头家假公济私,何啻数倍,"土番"膏血有几,虽欲不穷得乎?

巨幅减税优惠　　1736年,乾隆皇帝谕令将台湾四县丁银,悉照内地之例酌量裁减,由每丁征银4.7钱减为2钱。次年,乾隆又下谕称:"朕思民番皆吾赤子,原无歧视,所输番饷,即百姓之丁银也。着照民丁之例,每丁征银2钱,其余悉行裁减""务令番民均沾实惠"。

是时,台湾地方府县严格地执行乾隆皇帝的命令,"熟番"每人改征银2钱,南从放(屏东林边)、茄藤、力力,经目加溜湾、萧垅、麻豆,北至牛骂、半线、岸里、竹堑、淡水等共60余社5,000余名"熟番"之应征饷额,由1737年以前的7,808两降至1,018两,减幅达87%。另外山猪毛社、傀儡山、琅峤、阿里山、崇爻、水沙连、哈仔难等归附"生番"的应征饷额,则由3,781两骤减至198两,减幅高达94.8%。

第八章

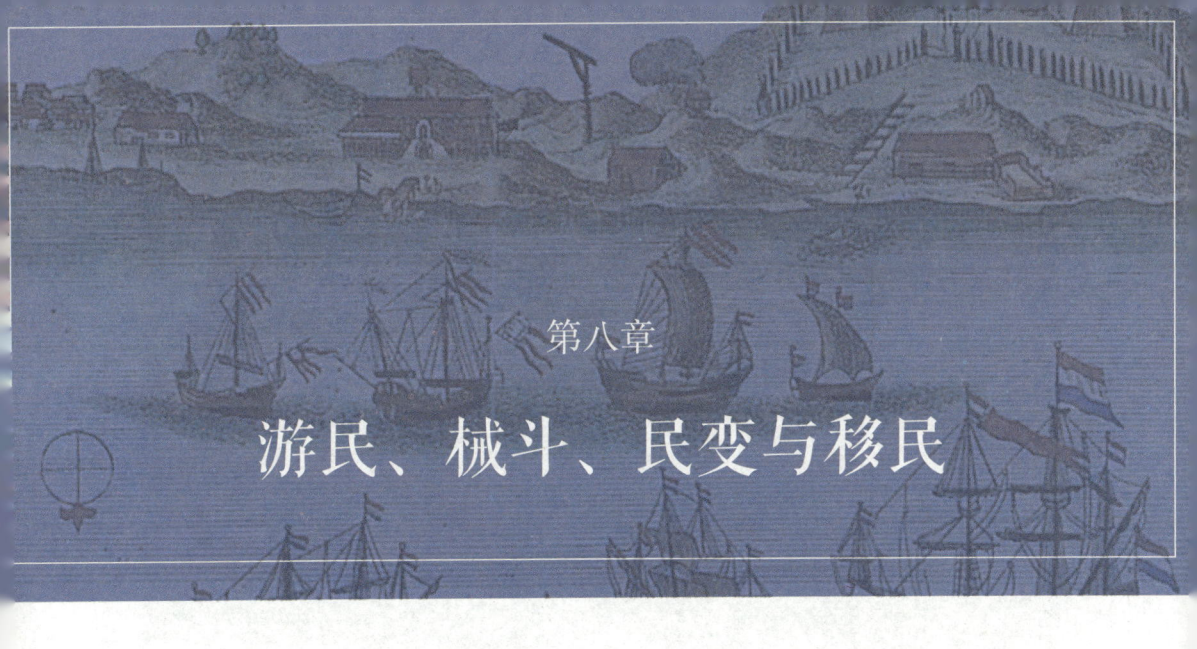

游民、械斗、民变与移民

一 游民、会党、分类与械斗

游民与会党 1686年，台地汉人仅约3万人。1710年前后，汉人已大量移民台湾，当时除合法渡台的移民外，单是偷渡台湾者，每船便有百余人或多至200余人。18世纪20年代初，台湾的客家居民从无眷属，全台数十万无业游民，群萃其中，无家室宗族的牵累，想要他们不违法乱纪也难。

18世纪30年代，移民来台汉人达45万之众。当时，台湾少数民族人口少，而流寓之民多，且杂乱不安本分，常常呼朋引类，啸聚为奸。1744年，闽浙总督那苏图即奏称"台郡为五省藩篱重地，所当防维者，不在生熟各番，专在各处游惰之辈"。

18世纪60年代，闽浙总督苏昌奏称，偷渡过台之游民越来越多，昔年人少之时，投靠亲戚者无不收留安顿，近有人满之患，未能全部收留，此辈衣食无依，流而为匪，非鼠窃狗偷，即作奸走险，无所不为。当时，台湾各路无业游民极多，而渡台者仍源源不绝，此皆穷极无聊及犯罪逃之辈。及至到台又无以糊口，其性情凶悍狡诈，不能安分，遂致城市村庄游行飘荡，酗酒打斗，无恶不作，并结伙联群，借为声援，浑名称为"罗汉脚"。此辈鼠窃狗偷，到官罪止枷责，即释之后，益加凶横，实为乡里之祸害。1768年黄教事件发生时，各路流寓游手即乘机抢夺，并参与乱事。

1772年，台湾出现小刀会。当时由于彰化邑城内兵民杂处，兵悍民强，各不相上下，兵丁等短价勒买，结伙肆横，凌辱民人，当地居民畏其强暴，相约结会，各

△ 乾隆台湾舆图（局部）(台南安平与高雄打狗)(台北故宫博物院藏)

带小刀互相保护，故称"小刀会"。又因小刀会中人敢与兵丁抗衡，故一般人视其为"大如王爷"，而又有"王爷会"之称。据统计，1772—1781年间，台湾小刀会的零星抗官事件，见诸官方记载者即达11起之多，而且全都发生在彰化县境内。

1767年黄教事件 黄教，福建同安人，生长于台湾县大目降（今台南新化）地方，因纠伙行窃成为名贼。乾隆三十二年（1767年），黄教因大目降乡保许弼告发而被捕入狱，后获保出狱，乃将许弼之耳鼻割去。黄教自知罪重，难逃法网，乃于1768年11月8日率同伙夜袭北岸汛营房，又于10日凌晨以众击寡，袭攻冈山（又称大冈山，海拔312米）汛地。10日下午，府城获报黄教在冈山竖旗，但总兵王巍仅令刘国梁带领跟役兵丁27人于黄昏出城。11日下午，王巍与参将陈玉书方带兵500余人至康逢林。当时，王巍见天晚山深，乃下令扎营，12日早抵冈山，但黄教等众已四散离去。

黄教等人随后四处流窜招人，出没无常，行踪莫测。由于台湾山地重峦叠嶂，处处可通，黄教同党等又熟悉山径，捷于走险，东奔西窜，倏南倏北，聚散踪迹无定，且到处竖旗招伙，或虚或实，忽然东突，忽然西扰，到处袭击焚杀零星军官，抢夺军械火药，使官军疲于奔命。

当时，清廷分批调动陆路、水师官兵赴台。1769年2月初，台湾所有兵丁及大陆调拨赴台兵丁共达12,000余人。在大军的严密堵截及"生番"的协力搜捕下，是年5月3日夜，黄教终于在官材龙山内，被线民郑纯与周寅等杀死。此役，王巍在得知黄教于冈山竖旗不轨之事时,不迅速剿捕,及至领兵前进,又在途中宿营耽搁,纵贼窜逸,不亲身追剿,以致黄教等蔓延无忌。故清廷逮捕王巍,并将其送往北京受审。1769年6月10日,乾隆皇帝下令将王巍着即处斩。

1782年漳泉械斗 1782年9月29日,彰化县刺桐脚三块厝(今台中南屯一带)演戏谢神,有人设场聚赌,其中小刀会漳人黄添与泉人廖老发生口角,相互嚷骂而散。黄添之子黄旋追赶廖老并与族人黄弄将廖老拦住,围殴致死。廖老亲人报官,县令焦长发企图草草了事,未拘凶犯。于是引起廖姓不满,携尸滋事,邀纠族人十余名,前往近漳人家殴斗抢劫,遂发生两姓械斗。廖姓复于10月2日再往黄添家殴抢,漳人不满,亦拦夺泉人杂物,彼此成仇。

那时,泉人吴成与同乡谢笑一向熟识,告以小刀会漳人黄添等纠众攻庄,谢笑即倡议传帖知会各泉庄彼此相帮。黄添等因见泉人众多,恐难抵御,乃私约同籍漳庄大里杙(今台中县大里市)林姓于10月5日出庄,连攻番仔沟、过沟子、新庄子、鹿仔港(今彰化鹿港)等泉庄。泉人谢笑亦纠集人马于次日前往马芝遴与大肚(今台中大肚)等庄,焚抢报复。当时彼此焚杀,各有伤亡,死者各自收埋,伤者避匿不出,俱未报官请验,不肯示人以弱。

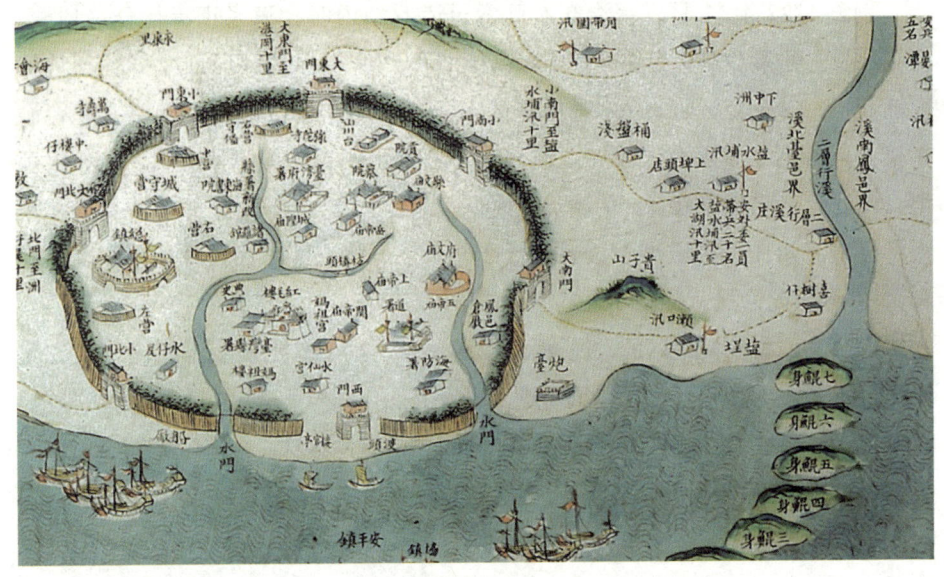

△ 乾隆台湾舆图(台湾府城)(台北故宫博物院藏)
雍正三年(1725年)台湾府以木栅筑城,雍正十三年(1735年)环城植刺竹,乾隆元年(1736年)各门加筑城座及城楼,乾隆四十年(1775年)台湾知府蒋元枢加筑小西门。此图未加小西门,冯明珠据以论证舆图的制作当在乾隆四十年以前。

当时，漳泉双方各自纠集其乡党，以神佛大旗为号，泉人大书"泉兴"二字，漳人大书"兴漳灭泉"，相互斗杀，从而引发全面性的漳泉械斗，历时月余，被扰大小村庄达200余处。当时，无赖棍徒借生事端，其遇漳人则称漳人被泉人焚抢殆尽，遇泉人则称泉人遭漳人残杀无遗。或于附近各庄扬言煽惑，在泉庄称漳人欲来杀害，在漳庄则谓泉人即来行凶，因而人心惶惶，庄外散居小户纷纷搬迁，匪徒乃焚抢难民所留空屋。那时，南路凤山一带，林弄与陈虎等则借机竖旗，惊吓南路庄民，乘机抢夺。漳人黄全攻泉庄时连杀7命，北港泉人吴妹攻伐漳人则连杀13命，而十八重溪漳人罗谕纠集众人攻抢泉庄时更是连杀19命。

当时，水师提督黄仕简一接到禀报，即带兵渡台查办，并亲赴下茄冬、哆啰啯、大崎顶、十八重溪、大武垄、笨港、东庄、土库、麦仔寮等各处搜捕要犯流匪，历时月余。

清廷不但未挑拨械斗，反而剀切开导劝和　本案是起因于聚赌口角，双方各自邀集漳泉同乡械斗的突发事件。开始时事件如何发生，即使是台湾地方官员也不知情，因此远在北京的中央政府更是无法知悉。故此次械斗事件，绝非一般人认为的清廷分化挑拨所致。当时，官方不但出面剀切开导劝和，还特此谕令审慎处理漳泉分类关系。

例如1782年11月，台湾知府苏泰至诸罗城内时，漳泉正流行分宗划派，相互敌视。苏泰乃召集当地士绅与年高德劭者，剀切开导训以利害，次早该地就商铺开张，漳泉交易如旧。水师提督黄仕简于11月19日带兵渡台，乾隆皇帝谕军机大臣等谓"朕思黄仕简亦系漳州人，恐泉州民人以提督偏护同乡，心生疑惧，此处亟宜留心防范。着传谕黄仕简查办此案，应先行晓谕，以本提督系漳州人，必将漳州庄民内滋事不法者先行严办后，再将泉郡凶民按律惩治，以示公正"，并令将此谕加急传谕知之。

此次1782年彰化地区的大规模民间漳泉械斗，虽迅速被平息，但由于官方在此一民间械斗中，是扮演一镇压者的角色，故势必恶化其与大里杙（今台中县大里市）林家大族、会党及该地百姓间的关系。此外，械斗事件本身，亦势必培育当地百姓、会党等的战斗经验与力量，这与五年后（1787年）爆发林爽文事件或有密切关系。

二　1787年林爽文事件

林爽文起事　林爽文，福建漳州平和县人，乾隆三十八年（1773年）时

第八章 游民、械斗、民变与移民 107

△ 生擒林爽文图及局部图
（图内绘土番身影）

17岁，随父母到台湾，迁居于彰化大里杙（前依重溪，后为岸里社，当地为漳州庄且林姓族大丁多），赶车度日，素喜交结，曾任县衙捕役。1783年，天地会漳州平和县人严烟渡海来台，在彰化阿密里庄（今台中县乌日乡光明村）开布店并宣扬天地会。林爽文闻知会内人众，患难相救，乃于次年4月从其同乡严烟入会。1786年9月，林爽文邀平日意气相投的林泮、林领等人结盟入天地会，并约会各处村庄，互相传习，入会者日多。林爽文平时为人爽快，得来银钱肯济助他人，因此大里杙一带会党视其为老大。此外，林爽文一向带领弟兄在附近村街纠抢。

乾隆五十一年（1786年）年底，新任知县俞峻抵彰化县上任，因听闻大里杙会党恃险抗官，准备乘岁末结伙抢劫，而主张严办。差役则借机索诈，林爽文堂兄之子林泮等会党之房屋均被兵丁焚毁。林泮等遂纠集会党抗官拒

△ 诸罗县城解围图

捕，并邀林爽文领导会党起事。但林家族长林石与林绕等，反对此种抗官谋反行为，除再三劝阻外，并将林爽文藏于山内粪箕湖地方，不许其出来，以免堂兄弟胁其出面领导（林石为台湾雾峰林家开台始祖，其第五代孙林文察于1863年因战功升任福建陆路提督）。1787年1月9日，俞峻亲自前往搜捕，庄众惊惧。16日夜，刘升等乃集结会党及庄民千余人，袭陷大墩军营，杀害俞峻等官员。接着刘升等沿途邀集会党与无赖并胁迫庄民同行，众至2,000余人，于17日夜陷彰化县城，释放狱中囚犯，抢劫仓库，并杀害台防同知刘亨基、理番同知长庚等官员。

刘升率众攻陷大墩军营与彰化县城后，以大盟主刘为名发出许多安民告示，但众人议论纷纷，多有不服，从而推举为人义气的林爽文为首。于是林爽文自称盟主大元帅，号"顺天"，设官分职，以县署为盟主府，胁迫大小村庄顺从。当时林爽文31岁。

林爽文率众陷诸罗围府城 林爽文众伙于1787年1月24日攻陷诸罗县城（嘉义市），随即南扰下茄冬（台南后壁嘉苳村）、掠盐水港（台南盐水），沿途邀集纠结，至府城时几乎达数万之众。

庄大田起事陷凤山 庄大田，福建漳州平和县人，七八岁时（1742年）

随父庄二至台湾，原住诸罗县台斗坑（嘉义市中庄顶庄里），父死后始南迁凤山笃家港（屏东县里港乡卓加）。庄大田勤于耕种，家道小康，共有房10余间，田60余亩及甘蔗园，每年可收稻300多石与糖2,000余斤。由于庄大田时常接济居于其附近水底寮（屏东县枋寮乡水底寮）地方之群伙，故甚获彼等感念。

1787年年初，有陈天送者（福建泉州晋江市人，系天地会党人，只身在台彰化替人理发），南下凤山县阿里港（屏东县里港乡）寻其旧识庄大韭（福建漳州龙溪县人，只身在台开设鞋铺），自称系林爽文派其赴南路招人起事（惟据林爽文被捕后供称，其并不认识陈天送）。于是两人合招100余人，向阿里港各商家铺户敛钱打劫，并抢了数十匹布，做成旗子，令手下赴各处招人。陈天送、庄大韭原欲北上附从林爽文，但众人不肯远行，庄大韭乃转欲自为头目，然因无法服众，乃去找族兄庄大田。当庄大田听说众人要寻其抗官造反，曾一度躲至台湾县，但仍被彼等追回而硬推其做大哥，时已聚众2,000～3,000人。1787年1月30日，庄大田率众陷凤山县城，并杀害知县与典吏等官员。

2月上旬，林爽文与庄大田两股人马合力猛攻台南府城，但因杨廷理率兵民力抗而未能攻下。另外，总兵柴大纪于3月中旬收复诸罗县城。至此，官兵与林爽文等变民形成以诸罗县城与府城为主，以鹿港、凤山等地为辅的长期拉锯战。清廷乃抽调浙江、湖广、贵州、金川、北京等地共4万大军，分三个阶段增援台湾。

△ 乾隆五十二年（1787年），福康安遣海兰察（图中"海将军"）率领清军及包括岸里社在内诸番义民，攻克彰化县城的军事部署

△ 龟碑
台南赤崁楼墙下共有9座巨大龟碑，系清乾隆五十三年（1788年）为纪念福康安平定林爽文事件所立，原立于福氏生祠，后移大南门月城内，再移赤崁楼南面墙边。

福康安平台　清廷第三阶段增援时，由于战况无甚进展，乾隆皇帝乃派名将钦差协办大学士陕甘总督办理将军事务福康安、护军统领参赞海兰察、护军统领舒亮及普尔普等并5,000援军于12月9日抵鹿港，当地居民夹道拥观。

福康安抵台后，率军一路冲杀，16日援抵诸罗城。此外，福康安派统领普尔普南下进剿，25日至府城。28日，福康安挥兵回攻斗六门（云林斗六）。1788年1月2日攻克林爽文巢穴大里杙，杀林众200余人。1月中旬大军再乘胜追击，大败变民于集集埔（南投集集），歼灭2,000余人，河滩、山下尸体纵横遍地。25日攻克林爽文余党据险以守的小半天。2月3日追抵狮子头社，当时林众因"生番"的截杀，山沟内尸骸纵横遍地，数里不绝，河溪中淹毙尤众。10日在老衢崎（苗栗竹南附近）地方捕获林爽文。

福康安率军于25日攻取大武垄。3月12日出兵风港（屏东县枋山乡枫港村），并追至柴城，水陆并进，层层围杀，歼敌2,000余人，是日并在琅峤捕获庄大田。历经一年两个月，惊动全台的林爽文事变终告结束。

"福康安现系有功之人，一切过失皆可不问"　当乾隆皇帝得知福康安、海兰察于1787年12月16日收复诸罗城后，即谕令将二人由侯爵晋封为公爵。到获悉3月12日擒庄大田，平定乱事后，乾隆皇帝更是在其谕中写下"福康安现系有功之人，一切过失皆可不问"的赞许豪语。此外，乾隆皇帝亲制《剿灭台湾逆贼生擒林爽文纪事语》《福康安奏报生擒庄大田纪事语》及《平定台湾二十功臣像赞序》等三篇，详述用兵机要及赏功罚罪大端，以满汉文字书写，于台湾府城及厦门两地建碑碣三座，镌刻于石，盼海疆人民知晓乾隆勤政爱民、明慎用兵之意。

嘉赏民番　对在平乱过程中曾协助官兵义民分路堵截林爽文的"熟番"，乾隆谕令赏给"效顺"匾额；至于曾协助搜捕脱逃乱党的"生番"，则就其所喜欢的大陆物件，如布匹、盐、茶等物酌量从优赏给；对有功义首曾中立（文举出身）补放同知，黄奠邦（武举出身）亦授同知，刘逢春授湖北京山知县，张源懃授江南安庆府通判，林文凑授千总实缺等；台湾阿里山总社头目阿吧哩、大武垄总社头目乐吧红，傀儡总社头目加六赛、屋鳌总社头目华笃哇哨等，并曾于乾隆五十四年（1789年）初赴北京瞻觐。

三　福康安全面开放移民

鼓励汉族移民　清廷设置台湾府后，乃大幅减赋，并大力招集对岸人民前往台湾拓垦。1693年时，台湾不但恢复人去业荒之田园，并新垦田园约8,000甲。当时，流民归者如市。

台地屡荒，汉族移民生活艰难　18世纪初，台湾天灾频繁，稻谷歉收，台地屡荒，在台汉族移民难以维持生计。康熙四十七年（1708年），官方不但积极奖励向台湾输入米粮，以济饥荒，并动员官方船只，将在台湾生计困难又欲归无力的2,000余名汉族移民，载返对岸。

准允良民入台　对于清初台湾移民迅猛增加一事，康熙五十年（1711年），台湾知府周元文从农业增产远不及移民增加的角度，向朝廷反映，认为台湾"夫以此弹丸之地，所出地利有几，岂能供此往来无尽之人？匮乏之虞，将恐不免，且此辈偷渡者，具系闽、广游手之民，其性本非驯良，又无家室顾忌""倘此辈再为饥寒所驱，则地方隐害，又不知将何底极"，并奏请严禁不良分子偷渡，准大陆人民依法申请来台或赴台入籍。康熙五十一年（1712年），清廷准大陆往台湾之人，由该县给发照单，惟不允滥发，如有良民（旧时以士农工商四民为良民，奴仆及娼隶卒属贱民）情愿入台籍居者，依规定办理。

1714—1720年间，台湾中南部地方几乎年年发生旱灾、水灾、风灾、地震等自然灾害，这对空手来台的新移民而言，非常不利。康熙五十七年（1718年），清廷乃规定凡往来台湾之人，必令地方官给照，方许渡载，单身游民无照者不许偷渡。

移民渡台如水之趋下，群流奔注　康熙六十年（1721年）夏，台湾发生朱一贵民变事件。朱一贵半个月间聚众数万，其中大多是流寓在台湾的游民。官方虽迅速将乱事平定,但地方大臣却因噎废食,从此禁止大陆人民渡台。

清初台湾可说仍是一尚待开发的处女地,新垦之地土肥,不需施加粪肥,施肥则穗重下坠。故种植后听其自生,每亩收获仍数倍大陆,且蔗糖之利亦数倍大陆,因此闽粤人民宁肯舍祖宗之丘墓、家族之团圆,纷纷越洋渡台。然而面对闽粤移民的猖獗偷渡,以当时政府组织的人力与缉私船只设备,有点力不从心。那时,因闽粤沿海到处可以登舟,台湾沿海处处可以登岸,汛口官役难以查缉,虽日日处分数官,亦无补于事。此外,福建漳泉大陆无籍之民,无田可耕、无工可雇、无食可觅,一到台湾,上可以致富,下可以温饱,一切农工商贾以及百艺之末,计工给酬,比大陆多出数倍。因此那时汉族移民渡台,如水之趋下,群流奔注。雍正五年(1727年)时,台民比以前又增加几倍。

准允良民迁眷入台　雍正十年(1732年)夏,大学士鄂尔泰等奉旨,就广东抚臣鄂尔达所提准许良民迁眷入台一事议奏,认为"台地开垦承佃、雇工、贸易,均系闽粤民人,不啻数十万之众,其中淳漓不等。若终岁群居,皆无室家,则其心不靖,难以久安",故同酌议"查明有田产生业,平日守分循良之人,情愿携眷来台入籍者""准其搬移入台"。朝廷从之,乃于1732—1740年间,再度准允良民迁眷入台定居。这次长达八年的允良民携眷入台定居,使台湾汉族移民男女人口结构及移民社会之安定与开发均有明显改善。曾于1729—1739年任台湾府海防同知、台湾知府与台湾道的尹士俍,在其所著《台湾志略》中记述称"自奉旨搬眷,郡城内外居民多有父母妻子之乐。凤、诸两邑颇拟郡治。即彰化、淡水僻在北壤,亦差异于昔。且遵旨开垦,田土日辟,民尽得周于利,渐皆安土重迁,为守分编户之氓矣"。

及后,清廷的对台移民政策时紧时宽,曾于1746—1748年及1760—1761年两度开放,台湾汉人人口也自1767年的68.7万人,增至1782年的91.3万人,十五年间增加22.6万人。

福康安全面开放移民　乾隆五十二年(1787年)台湾爆发震动全台的林爽文民变事件,不久为钦差协办大学士陕甘总督福康安率军所平。事毕,福康安于1788年奏呈《清查台湾积弊酌筹善后事宜》,其中有关严禁偷渡事,福康安认为"内地生齿日繁,闽、粤民人皆渡海耕种谋食,居住日久,置有田产,自不肯将其父母妻子仍置原籍,搬取同来,亦属人情之常"。故福康安奏请"毋庸禁止,嗣后安分良民,情愿携眷来台湾者,由地方官查实给照,准其渡海,一面移咨台湾地方官,将眷口编入民籍。其只身民人,亦由地方官一体查明给照,移咨入籍"。由于福康安深获乾隆皇帝信任且刚立下平台赫赫战功，清廷自是从其所奏。至于当时在台湾无家业的游民，并未无端驱逐，只是若遇犯事到官，在笞杖以下者，则押送回原籍，以维护台湾的社会治安。

上述福康安准允安分良民移台定居并入籍的宽大政策，实深具封疆大吏的气度。因当时林爽文事件前后历时一年两个月，游民参与者数万，事态极其严重，如果福康安稍欲推诿或求任内无事，自可如往昔大吏义正词严地以维护台湾治安为理由，再行严禁移民即可。然而福康安却以前瞻性的远见，从人道立场切入，突破宁严勿宽的移民观，负起政治责任，不但开放良民移台入籍，并准许只身民人移台入籍。换言之，即接近全面开放移民，并允许移民申办户籍，这在台湾移民史上，是嘉惠台湾人的划时代大事。

表 6　前清在台汉族居民人口表

年份	人口
康熙二十五年（1686 年）	30,229
雍正十三年（1735 年）	454,872
乾隆二十一年（1756 年）	660,147
乾隆三十二年（1767 年）	687,260
乾隆四十七年（1782 年）	912,920
嘉庆十六年（1811 年）	1,944,737

前清在台汉族居民人口表　1686—1735 年间，在台汉族人口增加了 42.4 万人；接下来的二十余年（1735—1756 年）里，又增加了 21.5 万人；而 1756—1782 年间，再增加 22.5 万人，总数超过 91 万人。亦即 1780 年以前，台湾的汉人几乎以每年 1 万人的速度递增。至于 1782—1811 年间，台湾人口骤增至 194 万，当与福康安准允在台汉人携眷来台，及已经私渡来台者就地合法化的宽大政策密切相关。

清廷既已准允占人口绝大多数的良民及只身民人移台入籍，故约自乾隆五十五年（1790 年）后，官方对于严禁偷渡之事，似未再严厉查处。后虽于道光十四年（1834 年）及道光十八年（1838 年）再次重申查缉偷渡，惟严禁偷渡一事实已接近尾声。及至光绪元年（1875 年），光绪皇帝依沈葆桢所奏，谕内阁所有从前不准大陆民人渡台各例禁全部去除。

第九章

清朝中期台湾社会

一　台湾与祖国大陆贸易繁盛

通商口岸增加　18世纪末以前，台湾仅有鹿耳门港是唯一的两岸合法贸易口岸，亦即凡由台湾航往对岸大陆的船只，均须先在鹿耳门港挂号查验后方能离港。1784年清廷加开彰化鹿港，1792年又加开淡水八里坌港，1826年再加开彰化海丰港及宜兰乌石港。

当时（直至1860年台湾开放与列强通商前），台湾上述五个合法口岸中，大抵以鹿耳门—厦门、鹿港/海丰港—厦门/蚶江、八里坌—五虎门、乌石港—五虎门/泉州等的对渡为原则，以利稽查船只出入。是时，往来海峡两岸的船只于航抵台湾或大陆时，必须先在指定的对渡口岸挂号，经相关官员查验后，方可继续前往其他港口。与此相对应，欲自大陆来台的船只，也必须先行在大陆各合法口岸挂验方可成行。

台南郊行林立　18世纪末以前，鹿耳门港是台湾唯一的合法口岸，自台湾航往对岸贸易的船只皆须取道鹿耳门，故台南商业繁盛。雍正年间（18世纪20年代）台南就已发展并形成大的行郊组织（趸货批发之集散商行的联盟，相当于今日的商会），即著名的"台南三郊（北郊、南郊与港郊）"。

当时，台南与祖国大陆的贸易范围是："南郊"对应对岸的金厦两岛、漳泉二州及南方之南澳、香港、汕头等处；"北郊"则对应中部的宁波、上海，并远及北方的天津、烟台、牛庄等地。南北二郊自祖国大陆输入的货物种类繁多，其主要项目计有天津棉花什货、四川药材、江西纺葛、苏杭丝带、宁波油缎与紫花布、中庄膏药与火腿、上海绉纱、龙岩州之纸、福州杉木、漳州生原烟与丝线、泉州棉布与砖瓦石、汀州条丝、厦门药材与瓷器、香港洋布什货、广东什货等。在输出方面则有白糖、青糖、樟脑、福肉、姜黄、菁子、鱼胶、鱼翅胶、豆机、苎、麻等。

19世纪中叶时，台南已有北郊、南郊、厦郊、泉郊及糖郊、绸缎郊、药材郊、纸郊、茶郊、杉郊、市郊、水郊、油郊等，与对岸大陆贸易的各类专业郊行林立。

鹿港风帆争飞 早在康熙五十六年（1717年）以前，已有商船到鹿港载运芝麻粟豆。雍乾年间，街市逐渐成为水陆谷米汇聚之处。18世纪30年代，鹿港"亦水陆四达之区，谷行、糖铺其盛侔于笨港，内多泉民，有晋江街、同安街之分"。鹿港尚属岛内港口，两岸贸易船只必须取道台南鹿耳门，极为不便，故不乏商船违令，直接往返两岸。1784年，清廷开鹿港与福建泉州蚶江为对渡合法口岸，鹿港日趋繁荣。19世纪20年代，鹿港街道纵横，其大街长三里许，泉厦郊商居多，舟车辐辏，百货充盈，台自郡城（台南市）而外，各处货市当以鹿港为最。那时，远来商贾以船只运载米粟糖油，行郊皆大陆富户之人，出资派人来鹿港，其"对航蚶江、深沪、獭窟、崇武者，谓之泉郊；对航厦门者，谓之厦郊"。

鹿港原无北郊，船户贩糖者仅到宁波、上海，甚少至天津者。1825年因天津歉收，清廷令船户运米北上，当时鹿港泉郊、厦郊商船赴天津者很多，往后每年北上天津及锦盖诸州等地之船渐多，间有糖船直航天津、上海等处，但不及郡治台南的北郊之多。又鹿港泉郊、厦商船原先仅运载米、糖、糁油、杂子等物至蚶江、厦门而已，19世纪20年代末则有深沪、獭窟小船航至鹿港，即在鹿港购买米、麦、牛骨等物，载往广东、澳门等处，回程时则采购广东杂货、鲢草鱼苗等返抵鹿港，此称为"南船"。当时，鹿港烟火万家，为北路一大

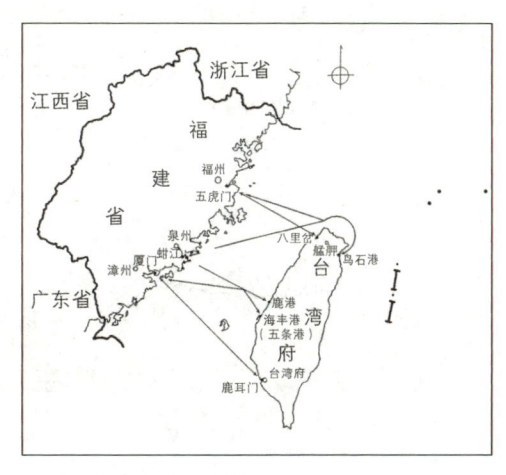

△ 清代台海两岸对渡港口

市镇，西望重洋，风帆争飞，万轮在目，波澜壮阔，接天无际。

台北八里坌港商船聚集　1792年，清廷开淡水八里坌港与福建福州五虎门、泉州蚶江为对渡合法口岸。19世纪20年代，台北艋舺（台北万华）民居铺户有4,000～5,000家，八里坌港则商船聚集，市街最盛。19世纪60年代，商旅群集艋舺。货之大者莫如油米、麻豆、糖菁。至于樟栳、茄藤、薯榔、通草、藤、苎之属，多出自内山。茶叶、樟脑，又惟内港有之。时商人择地所宜，雇船装贩，近则福州、漳州、泉州、厦门，远则宁波、上海、乍浦、天津、广东，凡港路可通，争相贸易。其郊户赴福州江浙者为北郊，赴泉州者为泉郊，赴厦门者为厦郊。

宜兰两岸贸易　1826年，清廷开放宜兰乌石港为两岸对渡合法口岸。当时，宜兰地区人口已达8万之众，但其日用所需几乎均依靠外来供给。当时台湾与对岸大陆各处小船，载民间日用货物或盐鱼或鱼脯（干鱼肉）等，乘春夏间南风之际，至宜兰地区溪北乌石港与溪南加礼远港两处，换载食米回航，每年进港商渔船只有100～200艘不等。此外，宜兰地区亦向大陆出口其所产食米、白苎、樟脑等物，以进口江浙之丝罗绫缎，上海之吉贝棉花，漳泉之干果、麦、豆、瓷器、金楮及各色布种，广澳之西洋布等杂色洋货。

台地出口商会专业化　19世纪初，台湾对岸的厦门已有洋郊、北郊、匹头郊、茶郊、纸郊、药郊、碗郊、福郊、笨郊、广郊等，号称"十途郊"。当时，台湾不但已出现专业化的出口商会组织"郊"，且其对社会亦具相当的影响力。例如1806年年初，海盗蔡牵率众进犯鹿耳门，台南三郊总义首陈启良即请于海口添建木栅防守，复募义勇随军剿贼。1818年，鹿港亦已有泉郊、厦郊、布郊、糖郊、油郊、染郊、南郊等各类专业出口商会，其中"泉郊"对渡于泉州之蚶江、深沪、獭窟与崇武，"厦郊"则对渡于厦门，"南郊"则是往来广东之汕头、澳门、

△ 一号同安梭船（1817年）
同安梭船是清代福建同安民间的一种海船，船体呈梭形，航速较快。同安梭船按大小分为一号、二号、三号以及集字号、成字号。

香港等地。1828年时凤山则有旧糖郊与鹦鹉郊。1838年竹堑（新竹市）亦已有堑郊金长和。

19世纪40～50年代，台南三郊与绸缎郊、药材郊、纸郊、茶郊、杉郊、布郊、水郊、油郊、厦郊、泉郊、盐水港糖郊等各出口商，曾各自先后参与该地天后宫、广慈院、旌义祠、元和宫、北极殿等的重修，惟自1850年后各郊对寺庙的重修，虽时有捐献，但数额甚微。

台湾与祖国大陆船运频繁的景观 19世纪20年代，台湾出口货物中以糖、米和樟脑为大宗，另亦有茶与盐。1824年官办输出之淡水盐即达14.7万石。次年台湾招商运米赴天津，出售米粮，接济民食，自台湾运米至天津的船只多达70艘，共计载米13万余石。19世纪30年代初，单就台糖输出而言，每年驶至天津的台湾糖船即多达70艘以上，至于载运台米输往闽浙两省所需船只，每年更是多达300余艘。由此可以想见，当时台湾与祖国大陆间的船运贸易是何等的兴盛。

二 汉族水利农业革命、汉灾与"护番"

第一次农业革命：汉族移民广兴农田水利 18世纪，台湾西部掀起兴建农田水利设施的热潮，尤其是中西部与北部。当时汉族移民在台湾兴建农田水利，动辄历经数年，耗资千万银两，从而完成具有相当规模的水利设施，促进台湾水稻耕作的普及，故此期间的农田水利兴建与水稻普及，可说是台湾史上的第一次农业革命。

周钟瑄于诸罗县广兴水利 1700年前，诸罗县已有7条陂圳[①]；1701—1713年间，陂圳增至30条。1714—1719年间，周钟瑄（贵州贵筑人）任诸罗知县，积极倡导兴修水利。周钟瑄除发仓借粮外，并捐银共100两，捐谷共1,870石，助庄民合筑或重修陂圳达32条之多。

施世榜（福建晋江人）以施长龄为户名，于康熙四十八年（1709年）获准开始在彰化平原兴筑八堡圳，引浊水溪的水，灌溉当时彰化县所辖的东螺东堡、武东堡、武西堡、燕雾上堡、燕雾下堡、线东堡、马芝堡及二林上堡等八堡共56庄。此工程耗资50余万，前后历时十年，于康熙五十八年（1719年）竣工，灌溉耕地面积约达19,000甲，为清代台湾最大的水利工程，其对台湾中部稻作

---

① 凡筑堤储水灌田谓之陂，不用筑堤而疏凿溪泉引以灌田谓之圳，就地势之卑下筑堤以积雨水曰涸死陂。此处所提陂圳系包括陂、涸死陂及圳。——作者注

△ 瑠公圳木制引水管（19世纪70年代）

△ 曹公圳水工程

生产力的提高，具有划时代的贡献。

郭锡瑠（福建南靖人）于乾隆五年（1740年）前至台北平原新店青潭口，破土凿坡圳，无奈地险番猛，树林阴翳，屡次兴工损失甚大。1753年继续开垦，每天与"土番"血战，历经多年，终于在1760—1765年间完成瑠公圳（青潭大圳）。后又于大坪林地方进行开凿，于乾隆三十八年（1773年）完成大坪林圳灌溉工程。

道光十六年（1836年），台湾南部地方百余里遭遇旱灾，其平原高阜之田，往往行数十里而不见有沟渠之水以供耕者。次年春，曹谨（河南人）抵台接任凤山知县后，即集绅耆（邀集士绅及年高德劭者）、募工匠，由淡水溪（高屏溪）决堤引水，兴工凿圳。曹谨不辞劳瘁，历二载如一日，于道光十八年（1838年）冬终于完成此项工程，共计掘圳4万余丈，可灌田3万余亩，知府熊一本将之命名为"曹公圳"。

"生番"献图开辟，"全台无地非番" 18世纪初任分巡台厦道的陈璸即认为，台湾"各番社自本朝开疆以来，每年既有额饷输将，则该社尺土皆属番产"。18世纪40年代任北路理番同知的史密（山东人）也认为，"台湾之番与别省异，献图开辟，不自今始。全台无地非番，一府数县皆自生番献纳而来"。

有清一代，闽粤汉族多以智骗势占、租地典买、缴纳番租社饷、割地换水招垦、婚姻继承、武力夺取、杀番夺垦等各种方式攫取番地。例如嘉庆十九年（1814年），汉人郭百年等贪图水沙连地方（水里与埔里二社土地肥沃），乃诈取照示，拥众入山，还假冒高级官员，率民壮千余人至埔里社拓垦，垒土为城，黄旗大书开垦。

社番不服，相持月余。郭百年等乃诈称罢垦，官兵即日撤回，使壮番进山取鹿茸为献，乘其无备，大肆焚杀，以夺其地。"生番"男妇逃入深山，聚族而号者半月。郭百年等得番串鼻熟牛数百、未串鼻野牛数千、粟数百石、器物无数。

拓垦番地与汉灾五种 早在嘉庆元年（1796年），岸里社总通事潘进文就曾向官方陈情，谓有汉灾五种，可逼迫社番变成有田无租，甚至无屋可居，乃至被迫离社出走迁徙内山。此五种汉灾分别是：

1. 汉佃利用社番欠银乏用，给予典借，然后卷剥重利，将番租包收八年、十年，并写银到田还字样，以致社番空有田产却无租可收。

2. 汉佃在社番田园内盗葬填坟，稍后又以祖坟不便搬迁为由，继续占据番田，形同永佃。若有社番阻挠，反被捏控毁坏尸骸，导致讼案缠身，形成额外的负担。

3. 汉佃经常违禁私越土牛界外抽藤、烧炭及私采木料。一遇"生番"戕害，反而假冒受雇军工匠人名色，借口隘番保护不力，抬尸讹索，社番反遭控。

4. 汉佃借口讨债，私闯番社，诱奸番妇，进而霸占番屋。

5. 汉佃欺番愚昧，始则携酒煽诱，借居番社。盘踞日久，用银骗番，擅将社屋拆毁，希图辟田剥利，致使社番反无栖身之所。

严禁侵垦番地 朝廷保护"土番"，严禁汉人入侵、私买或侵垦番地。鉴于内山"生番"常杀害越界侵占或入山搭寮（小草屋）开垦之汉人，早在康熙六十一年（1722年），台湾地方官员即于离"生番"处所数十里的地方，竖石以限之，禁止汉人进入。

雍正朝 福建巡抚毛文铨与浙闽总督高其倬，分别于1725与1727年下令于番界处竖立碑石，禁止汉人擅入。雍正七年（1729年），清廷议准"台湾南路、北路一带山口，'生番''熟番'分界勒石，界以外听'生番'采捕。如民人（指汉人）越界垦地、搭寮、抽藤、吊鹿及私挟货物擅出界外者，失察之该管官降一级调用，该上司罚俸一年；若有贿纵情弊，该管官革职，计赃治罪"。往后，清廷仍再三严禁汉人侵越番地。

乾隆朝 乾隆四年（1739年），清廷饬令"地方各官严禁民人（指汉人）私买番地""所有私占番地，勒令归番"。1746年，清廷准"嗣后内地民人如有私买番地者，告发之日，将田归番，照律计亩治罪，荒地减一等，强者各加一等。其有潜入'生番'界内私垦者，照律严惩"。1758年，分巡台湾兵备道张挺因念"熟番"滋生日繁，谋生日蹙，几难存活，乃出示晓谕，以彻底清厘台地番业，"凡汉人典赎侵占田园，悉行还番管耕，内有该番不能自耕，许令民人承佃，按甲纳

△ 潘敦仔画像
潘敦仔是岸里社第三任总土官（1758—1781），曾协助清军平定大甲西乱事，受朝廷封赏。

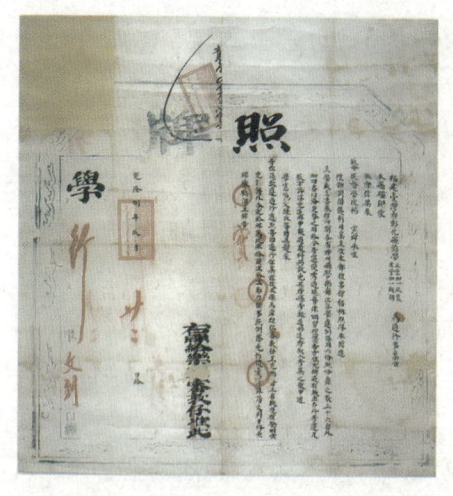

△ 彰化县儒学发给潘敦仔准充六佾乐舞生照牌

租，匀给众番口粮"。

1767年初，清廷鉴于"熟番"户口众多，乃于北路设理番同知一员，以彰化县淡水同知旧署为衙署，辖淡水、彰化、诸罗一厅二县。南路理番同知则由在台南之台湾府海防同知兼管，辖台湾、凤山两县。是时，台湾府北路理番同知管理淡水厅及诸罗与彰化二县"番社"一切"番民"交涉事件，毋许奸棍豪强购典"土番"、牵手"番妇"（娶"番女"为妻）、占据"番社"，不许官吏借采买需索"番民"，且须不时清查"番界"，防御"生番"。

筑土牛沟以护番产　1723—1738年间，清廷曾先后三次厘定"番界"，划定"生番"界址，甚至立石开沟，以禁民人（指汉人）出入番界或私买番地。1730年，巡台御史高山鉴于当时台地"'生番'群聚内山，'熟番'错居社地，汉民散处各庄"的分布情形，为使汉番"各管各地，不得混行出入，相寻衅端"，乃提出"使'生番'在内，汉民在外，'熟番'间隔于其中"的区隔汉民与"生番"之原则。

1743年，北部海山堡地方（台北莺歌）已开有土牛沟。所谓"土牛"，即挑沟堆土以为"番界"，由于土堆形如卧牛而名之。又因其侧有经挖土之深沟，复称之为土牛沟。此外最初划界时，在存档图册中，曾以红笔画线以示"番界"经过之地，故又称土牛红线。

以竹堑地区为例，虽然官方禁垦番

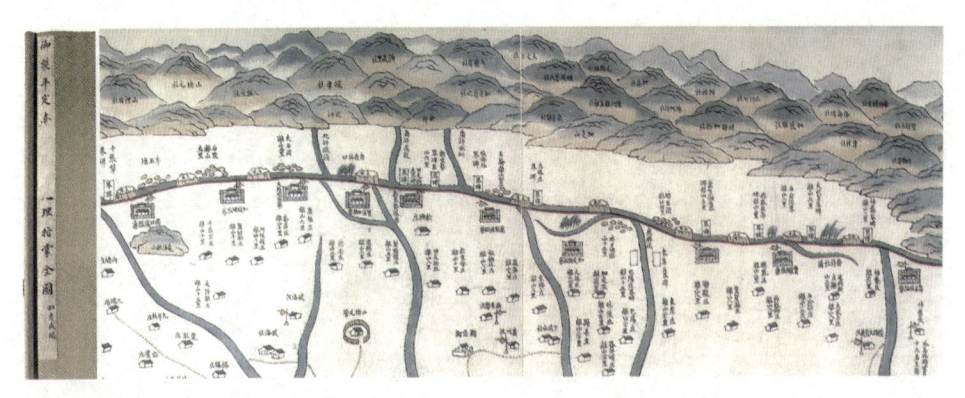

△ 凤山县的土牛与十座隘寮(1781—1787)
侯锦郎博士收藏、侯美智提供，《御制平定台湾□□地理指掌全图》(台北：台湾历史博物馆、南天书局，2017年11月，pp.16-17.)

地，但在大量移民的积极拓垦下，官府纵有护番之心，亦难有护番之实。1750年时，官府除奏请增添立石以为界址，禁止汉民越垦外，同时奏准让"熟番"在土牛沟番界以东地区，打牲耕种，以资生计。

1760年9月，闽浙总督杨廷璋奏准于淡水厅一带，酌量险要之地，以山溪为界，其无山溪处，则一律挑沟堆土为界。1761年2月，彰化知县张世珍于朴仔离（台中石冈）土牛沟处立碑，告示以土牛沟为界，永禁民人逾越私垦。是年春，福建分巡台湾道杨景素，以其经理台湾数载，惟北路番界尚未厘定，乃于卸任前驰赴彰化、淡水，亲率厅县官员督工厘定疆界。

三　罗汉脚、大哥、头家与械斗

罗汉脚、大哥、头家　台湾地方人口急遽增加，人多无业，大陆偷渡客民，始听人言以为乐土，到达后乃知不若所闻，遂流荡无归，遨游街市，以诈骗勒索为事，人称"罗汉脚"。

"罗汉脚"无田宅，无妻子，不仕不农不工不商，嫖赌摸窃，械斗竖旗，无所不为，单身游食四方，随处结党，且衫裤不全，赤脚终生，大市村不下数百人，小市村不下数十人。这类人惰游无根，稍不遂意或犯法，则逃逸无所顾忌，若操之稍急，又鼓噪成为民变。一旦不逞之徒（犯法作乱者）啸聚，则皆附逆。罗汉脚等游手无赖或以讹索为事，其有求索于富户，不得则大书富户姓名，竖谋

△ 台湾"番界"局部图
此图绘于1749年。图中红线为土牛红线，蓝线为新"番界"。

反逆旗于其门首，如果官府未查明真相，就旗中所书人名搜拿，往往使富户倾家荡产而后获释，而造谣竖旗者反而逍遥事外。

闽粤犷悍无赖之徒，大陆不能容，乃偷渡台湾与当地匪类结为一气，窝娼包赌，械斗抢劫，不知有官刑。社会一旦动乱，就数人或数十人结成一伙，四出作乱，从者称旗脚，倡者称股头，群尊股头为"大哥"。其人无勇无谋，竖大旗乘四轿，乌合之众勉强听从号令，劫仓库、抢富户、得钱财耳，及大军镇压，众人即各作鸟兽散。

台地富者极富，贫者极贫，与大陆迥异。全台田地大半归于富户，商贾生理（闽南语"做生意"的意思）之外，其次无田佃耕而食，其次无佃雇工而食，其下扛挑而食，又其下包娼窝赌贩鸦片，为抢为窃而食。富户称"头家"，上者数百万金、中者百万金、下者数十万金之富户所在多有。富户不重读诗书讲礼义，但对各级官员无不往来结交，左杂寡行者（操行不良的基层官员）结为兄弟，钻营考试，说合讼案，以此唬吓穷民，霸占田业，普通百姓敢怒不敢言。故历来匪民为乱，多起于拦米谷、抢头家。城市富户，倚官借兵自卫；乡间富户，见贼强即贿通贼党，摆饭敛钱，见其败，即为起义民义首。

闽粤分类械斗 台湾除漳泉械斗外，亦不乏闽粤械斗者。台湾平日地方安靖，闽每欺粤，凡渡船旅舍中途多方搜索钱文，粤人积恨难忘。逢叛乱，粤即合邻庄聚类蓄粮。闻警，则借义出庄，扰乱闽人街市村庄。于是仇日以结，怨日以深，治时闽欺粤，乱时粤侮闽，率以为常。

闽粤分类，其始稍有不平，一闽人出众闽人从之，一粤人出众粤人和之，最多不过是在交界处掳禁争狠，闽粤头家通知同乡防备而已。及台南械斗传闻淡北，遂有一日千里之势。匪人则乘机散布谣言，"罗汉脚"则借机生事。例如道光六年（1826年）中北部闽粤大械斗的相互大焚杀期间，逃至鹿港的难民有4,000余人。在后垄、中港两近海地方，则分别有闽人万名前往避难，并搭寮筑围以御。粤人则大半聚集在田寮（苗栗头份）、铜锣湾（苗栗铜锣）、三湾等近山地方。是时，淡水与小鸡笼（台北三芝）之接壤处，山中有粤人千余为闽人所困，粮食中断数日未食，幸赖噶玛兰通判乌竹芳（山东博平人）驰至该地解围，谕以好合，计口授米，粤人涕泣感激莫可名状。

就整体而言，闽粤以族群分类相互械斗，闽人往往大败。当时的人认为闽人习惯于蛮横，经常酿成乱事；粤人明于利害，不拒捕不戕官。闽人为叛民；粤人即出为义民，保护官长，卫守城池。匪人则乘此假公济私，肆横报复，遇闽人不问其从贼与否，杀其人、焚其室、劫其财，曰予杀反贼不计其为闽人也。

四　1806年海盗蔡牵与朱渍

神风荡寇记　早在嘉庆元年（1796年）年底，即已有海盗窥扰台湾。次年夏，海盗蔡牵船队抵台湾淡水厅八里坌沪尾（台北淡水）一带活动。嘉庆三年（1798年）秋，蔡牵船队复于台湾一带劫掠。嘉庆五年（1800年）夏"神风荡寇"事件后，蔡牵帮势力迅速扩张，自嘉庆七年（1802年）年底后，崛起成为往来于我国东南沿海的主要海盗帮派。

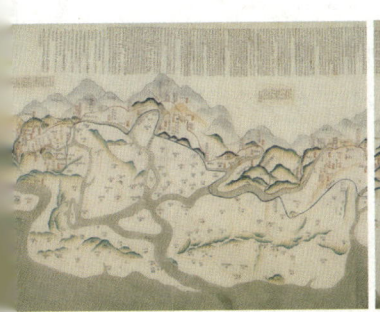

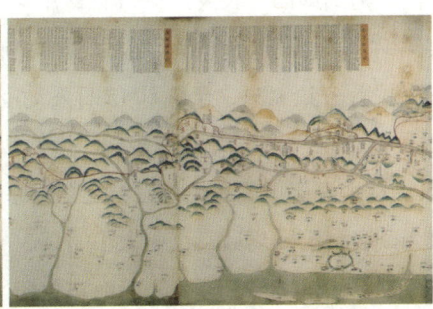

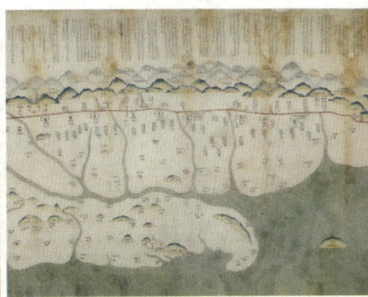

△ 台湾田园分别垦禁图说（节选）
此图北起三貂社，南迄今屏东县下苦溪，是乾隆四十九年（1784年）全面清厘番界内外的成果，舆图中多达14,000余字的图说，详细说明了各地界外田园的清厘情形，为清政府对原住民族的土地优惠保护政策留下珍贵史料。

嘉庆五年（1800年）夏，安南王贵利集团、浙江凤尾帮、福建水澳帮等海盗船队，有船100余艘，云集浙江太平县龙王堂洋面，而与其对峙的官兵船只却仅60艘，双方实力如此悬殊，官方海军的溃败似无法避免。但8月12日夜间，海上突起狂风，巨浪滔天，连续两天，海盗船损毁惨重。清文人焦循称此事件为"神风荡寇"。

海盗蔡牵入鹿耳门　嘉庆八年（1803年）夏，蔡牵帮船队大小三四十艘船只窜抵鹿港洋面，航游伺劫。次年夏，蔡牵帮盗船一再滋扰澎湖、鹿港、鹿耳门等地。当时蔡牵即曾率六七十艘船至鹿耳门海口，突入北汕寨，杀害官兵，抢劫船只及大小火炮，并将商船洗劫一空而去。1805年，蔡牵再次窜扰台湾西部沿海，当时并以西班牙币、令旗、印信，及军师、大元帅、将军、总兵、总先锋、先锋巡捕等各官职，在台招募游民约2万人。蔡牵同时令人以天时人事，散播谣言，自称"镇海威武王"。

1806年1月2日，蔡牵一伙乘船50余艘登陆沪尾，三天后复以30～40艘船共2,000部众乘潮大举登陆，陷艋舺（台北万华），并占桃仔园（桃园市），时总兵爱新泰领兵赴援。蔡牵却率60～70船人马南下，于13日入鹿耳门；18日占该地咽喉洲仔尾，遍贴告示，自称"威武王"；24日起连攻安平（郡西海中孤城屹立之赤崁城）与郡城（台南市）。2月上旬，蔡牵率众继续连番猛攻安平。在此形势危急之际，海上名将浙江提督李长庚于2月12日率水师援抵鹿耳门，随即反复狙击，予蔡牵一伙重创，后双方相互接仗。3月26日，在官兵的攻击下，蔡牵率众乘风潮，穿过北汕南汕，拼命冲出鹿耳门逃去。当时，蔡牵一伙自揣万无生路，故有用火药自焚者、有投海淹死者。是役，蔡牵船只被击沉烧毁计15艘，蔡牵虽又于4月4日复泊鹿耳门，但随即因李长庚之追击而离开。

1806年7月3日，蔡牵率海盗船再度窜至鹿耳门洋面航游，福州将军赛冲阿乃令王得禄、邱良功与义民等齐集船只，于7月15日发动围攻。蔡牵乃于次日黎明，召众船冲浪而逃。是役，官兵击沉海盗船多艘、生擒200余人、被击毙及淹死者达1,600～1,700人。蔡牵海盗集团在侵扰台湾之初，原有船只约80～90艘，然因屡被官兵攻毁，故当其自台湾败离后，仅剩大小船只30余艘。

海盗朱濆　嘉庆十二年（1807年）夏，朱濆海盗集团船只30余艘先后窜至鸡笼（基隆）洋面，经副将邱良功会合总兵王得禄督率舟师，于鸡笼与苏澳洋面痛剿而折损近半。朱濆随后率余船窜据苏澳，船队中还载有大批农具，意图占据东势（兰阳溪以南地方）作为陆上基地。当时台湾知府杨廷理（广西柳州人）获

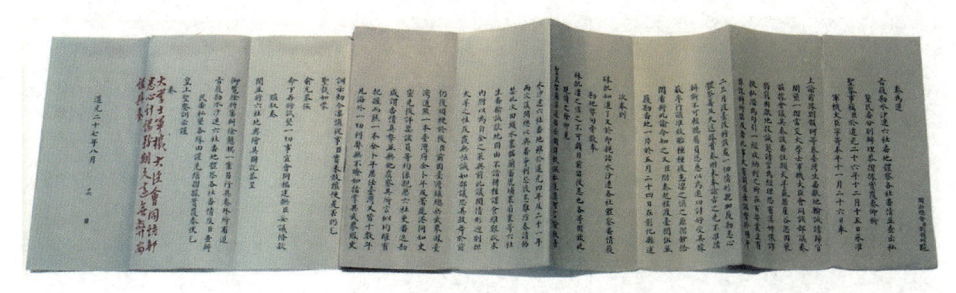

△ 闽浙总督刘韵珂奏报《遵旨履勘水沙连六社番地体察各社番情并查出私垦民番分别办理》（台北故宫博物院藏）

悉此事后，立即与南澳镇总兵王得禄定计，分水陆两路赴援。杨廷理由陆路疾驰入山捐款招募勇番，与王得禄之水师于苏澳港合力夹攻，朱渍等乃大败而去。

1809年初，朱渍于长山尾遭水师并力围攻而亡；同年8月17日，蔡牵则于定海鱼山外洋遭水师歼灭。

五　1832年张丙事件

张丙　张丙，居嘉义，为第三代移民，在店仔口（台南白河镇市街）以贩鱼为业，平日交游广阔，一呼数百人，颇有名气。

道光十二年（1832年）夏，闽省旱灾，漳泉米贵，商人抢购台米以运往对岸，致使台米价格暴涨。彰化首先发生抢米现象，当时各地开始禁米出乡，有陈壬癸者在店仔口购米50余石，因禁米出乡之故而无法运出，于是花钱请秀才吴赞护送，却为吴赞亲戚吴房伙同张丙、詹通等人于途中将米拦劫。吴赞及陈壬癸乃向县衙指控张丙涉案，嘉义知县邵用之除随即逮捕吴房并将其正法外，也悬赏捉拿张丙。故张丙与詹通恨之。

闽粤械斗　1832年，有住嘉义北仑仔庄的陈办，因其族人摘双溪口（嘉义双溪）粤庄客家人张阿凛之芋叶而被辱，陈办乃毁其芋田。11月2日，张阿凛率众焚毁陈办房屋，陈办于是约请张丙助阵。张丙乃与詹通、王奉等聚众约300人攻双溪口，不但未胜反为所伤。因闻总兵刘廷斌出巡，张丙一伙乃潜回店仔口，陈办与陈连等焚掠附近交平诸粤庄，张阿凛则焚陈连庄。11月17日，陈办抢夺大埔林驻军器械，总兵刘廷斌追至东势湖杀死两名抢掠者。此时北路协副将叶长春与知县邵用之亦至，两路人马一起夹击，陈办乃逃窜并与王奉会合，复攻埔姜仑

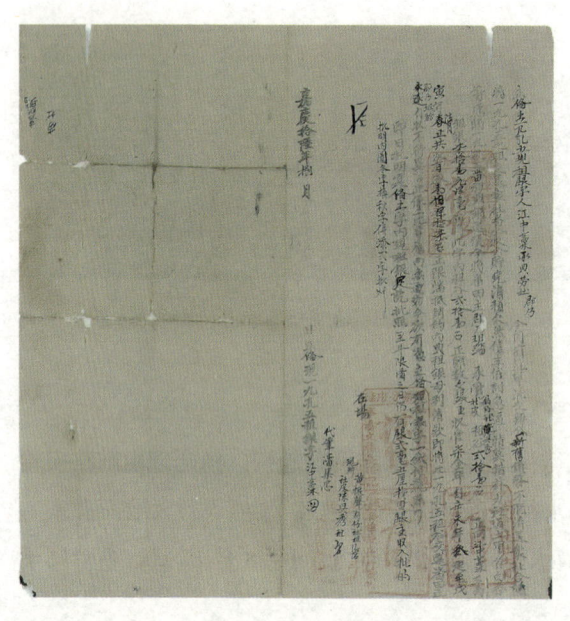

△ 嘉庆十六年（1811年）契约
此契约是已经印好固定格式的契约。

庄。然官兵猝至，斩其党羽，陈办等乃逃往店仔口邀张丙。张丙原本心怀愤恨，这下更认为官兵褊袒，专杀闽人，遂与詹通谋反，竖旗起事。

张丙率众起事 1832年11月22日，张丙率众劫盐水港佳里兴（台南佳里）巡检署，掠袭下茄苳（台南后壁嘉苳村）等各地军营，并杀害追捕的知县邵用之、知府吕志恒及县丞等其他官员。张丙等续于24日开始，先后进攻嘉义城、盐水港（台南盐水）、笨港等地，其间曾攻破盐水港。张丙自称开国大元帅，年号天运，大肆分封手下为元帅、先锋、军师等，另并派人四处骚扰勒索，逼胁附和。除游民无所得食者群趋附和外，各庄富民担心被焚抢，故领旗自保，贫民无力出钱派饭，则由总理庄者派人从贼。当时，由于嘉义县城及府城的积极防御，致使张丙等窥伺府城无果，嘉义县城亦屡攻一个月不下，只得舍城而去，并掠民庄以为食。北路彰化县，则有黄城于12月3日竖旗林圯埔，并于次年1月底攻陷斗六门，官兵被害者200余人，然由于官民联手防御，从而遏阻了黄城等的北窜。

闽人以灭粤为词竖旗 在南路凤山，阶无尺土的许成（绰号大肚成）于12月1日，以"灭粤（消灭客家人）"为词，竖旗观音山，终于激起客家人的强烈反击。当时同在南路凤山的粤庄监生李受，即聚集粤勇，制作六面台湾府义民旗，以自保为词，分别攻掠焚抢阿猴、万丹、东港、港里及噍吧哖（台南玉井）

等地闽庄，致难民奔逃郡城台南者达 1,800 余人。而北路的后垄、中港、桃仔园（桃园市）、竹堑、堑北等地，亦均发生闽粤居民相互焚庄之事。

清军渡海增援平乱 是役，福建陆路提督马济胜于 1832 年底率兵两千乘船 13 艘抵鹿耳门，金门镇总兵窦振彪也于两天后率兵 1,300 名抵鹿港。

马济胜因敌众我寡，故率兵自府城向北推进时，采取步步为营之策，先攻茅港尾（台南下营茅港村），再进兵铁线桥（台南新营铁线里）等处，均是以寡击众，连战皆捷。1833 年 1 月 11 日，清军大败张丙等众伙约 2 万人。当时，张丙一伙枪炮迭发，从早到晚叫阵不止，但马济胜均沉着应付，下令坚守阵地，并预备火弹枪炮，待至傍晚，突发炮火，张丙等惊骇大溃。马济胜率军续入盐水港，18 日抵嘉义城，与自鹿港南下的总兵窦振彪大军会师。随后，分兵四出搜捕，乱事遂平。

道光十三年（1833 年）夏，宣宗道光皇帝谕赞"若非马济胜身先士卒，有勇知方，能以少胜多，杀贼致果，则全局事势不堪设想"，故赏马济胜二等男爵世职。1834 年初，道光皇帝召见马济胜，再加恩赏晋二等子爵世职。

六 1853 年林恭事件

小刀会 咸丰三年（1853 年）春，太平天国攻陷南京。5 月，福建小刀会黄德美率众攻占海澄、厦门，会党多达万余人。小刀会于占据厦门次日，即分遣数千人前赴泉州及台湾等地，准备与各处小刀会会合行动。当时，小刀会会党吴阿班混入商船水手中抵台，与凤山县会党头领吴青策动林恭（曾任凤山县壮勇，但被知县王廷干解职，遂怀恨在心）起事。林恭复与台湾、嘉义两县的会党首领杨汶爱、张佑及赖棕等互通声气。

林恭起事 1853 年 6 月 4 日，林恭率众于蕃树寮（高雄旗山）竖旗起事，沿路抢掠至埤头（高雄凤山）。林恭起事的前一天，官方获警，南路营参将曾元福乃带兵出巡，知县王廷干则调三代皆为义首并娶番妇的林万掌进城。此时林万掌因赏赐薄少而怨恨官方，故林恭乃在义首林万掌的掩护下，打着义民旗帜，率众突入凤山县衙，杀害王廷干、掌理捕盗兼司狱的典史张树春及知县王廷干的幕客、门下、亲属、奴仆等人。林恭一伙占据县衙后，即掠仓库、纵狱囚、肆抢衣物财货，然后自称总元帅，下设元帅、军师、军锋、旗首等名目。同时派人与吴青等人密约，由杨汶爱等定期攻打台湾府城（台南市），联系张佑等会同进攻嘉义县城。是时，正在外出巡的曾元福，闻变后立即入城，官兵数百人夺守城东南处坚固宽敞的火药库。林恭等众伙虽分别以火攻与水淹等方式多次围攻，但仍未能攻下。

官民合力镇压　当林恭案发时，杨汶爱已率众在台湾县湾里（台南善化）举事，并于6月5日大败前来镇压的官兵，杀害知县高鸿飞等150余人，随即与林恭一伙会合，反复进攻台湾府城。是时，张佑与抢劫犯赖棕纠众多次围攻嘉义县城，惟因嘉义知县吕朝梁的坚守而屡攻不下。当时，进攻嘉义城的北路一伙有2,000~3,000人，合围台湾府城的一伙则有5,000~6,000人。当时（6月初至8月初），官民合力坚守台湾府城，城墙灯火如星列，义民壮丁数以千计，刀枪排列密如梳齿，昼夜出入其中，知府裕铎亦佩刀，亲自夜宿城上小楼。

7月4日，候补知县郑元杰与中营游击夏汝贤督带兵勇2,000余人、西螺壮丁1,000人、水师兵丁200余名奉命南征凤山，沿途连战皆捷。是时，自府城至凤山沿途均是贼庄，郑元杰下令，有将贼旗换为义旗者，官兵不得杀害，故大军出征后，贼庄皆改竖义旗。7月12日，郑元杰、夏汝贤与坚守火药库的曾元福内外夹击，一举克复凤山，林恭遂逃向风港（枫港）、琅峤（恒春）及水底寮（屏东枋寮水底寮）。郑元杰率众继续追击林恭，并驻扎东港，其父郑应璠对水底寮义首林万掌晓以利害。林万掌乃于8月31日擒林恭等，交与官方。与此同时，7月13日以后，官兵连次出兵剿捕北路贼众，23日后北路贼众声势渐衰，并分头流窜，各处庄民皆立义旗助剿。8月中旬，林案许多要犯先后被捕。

七　19世纪中期台湾景况每况愈下

台地景况　自嘉庆元年（1796年）以后，台湾地利尽辟，野无旷土，生齿日繁，民无余赀，情形已不如昔。嘉庆三年（1798年）至十三年（1808年）的十年间，蔡牵与朱渍两大海盗集团肆掠，台湾南北骚动；嘉庆十一年（1806年）与十四年（1809年）又分别发生漳泉械斗，双方相互劫掠焚杀，死者不可胜数，民日凋敝。道光六年（1826年），中北部复发生大规模闽粤械斗；道光十二年（1832年）彰化更爆发张丙乱事，大兵数次出动，官方仓库空虚，民间亦疮痍满目。

台米出口锐减　台地所生产的米和糖，一向是台湾对大陆输出获利的主要来源。19世纪30年代末，闽浙连年皆熟，大陆米贩没来台湾，台湾人苦于粮食有余而日用品不足，富家一切都不再讲究，小民则生活困难。19世纪初，厦门商船渡台年有300~400艘，19世纪20年代约150艘，19世纪30年代时却仅约 50 艘，1840 年鸦片战争前仅数十艘而已。

厦门衰落萧条 第一次鸦片战争时，英军于 1841 年 8 月底攻陷厦门。当时，台湾府城与鹿港两处郊商（商会），不但贸易多在厦门，且家也大半在厦门，故闻厦门失陷，一日数惊。战后厦门富商巨贾大半凋残。1844 年，原有行商十倒八九，贩货商船毁坏无力复制，地方萧索，较战前有天壤之别。1846 年夏，沿海厦门与台湾等处又屡遭台风侵袭，厦门各口被毁商船 170 余艘，致船只更为减少。1853 年 5 月 8 日，厦门复为小刀会徒众所陷，后虽收复，然而元气凋零，行郊贸户迁徙流亡，次年仍未复业。厦门既是台湾鹿耳门与鹿港的对渡口岸，又是大多数台湾府城郊商的故乡或经商地，因此厦门的衰落与萧条，自然不利于台湾贸易的发展。再者厦门小刀会事件又引发台湾南部的林恭乱事，从而予台湾经济更加沉重的打击。

19 世纪 30～50 年代台地每况愈下 19 世纪中期，由于英国将吕宋（菲律宾北部大岛）大米输往中国，夺取台湾大米在大陆的市场，致使台湾有时罕见大陆米船前来，甚至数月无厦门商船抵台，故台湾大米多贱售，以致商人因亏本而歇业，农民因亏本而卖田，民愈困矣。

另外，因吸食鸦片者众（不下数十万）而银日少，如此连续十余年，致使台地富者贫，贫者益贫，然而移民仍旧不绝，从而财用有去无来，流民有来无去。是时，不仅台湾民众生计日亏，头家富户亦且愁贫。当时任职分巡台湾兵备道的徐宗干，描述当时台湾的情形称"十年前之不如二十年前也，五年前之不如十年前也，一二年内之不如五六年前也"。

△ 台湾番社图，徐澍绘（嘉庆二十五年，1820 年）

第十章
戴潮春事件与台湾民变综论

一 1862年戴潮春事件

天地会 戴潮春,彰化县四张犁(今台中市北屯区)人,原籍福建漳州龙溪县,家巨富,世为北协署稿书。咸丰十一年(1861年)冬,戴潮春任北协署稿书,而北路协副将夏汝贤获悉戴家富有,乃罗织其罪,肆意勒索,戴遂卸职回家。及后,戴潮春招集旧党组织天地会,并请县令高廷镜给印,借团练之名,自备乡勇300名保路,声势浩大,使大盗敛手,且适值大陆太平天国为乱,台地人心惶惶,入会者众。后雷以镇接任彰化知县,仍非常倚重戴氏,惟会党党羽日众,其间亡命无赖甚至白日抢掠,但戴潮春已无力制止,地方治安亦为之恶化。

戴潮春起事 由于天地会活动日益频繁,官方乃派兵征剿。1862年4月15日,官兵行至大墩(今台中市)地方,遇戴潮春众伙数千人,兵勇接仗获胜。只因官兵突生内变,戴潮春乃率大批天地会会党,乘势于18日黎明攻陷彰化城,兵备道孔昭慈服毒自尽。戴潮春乃骑马率众入城安民,自称大元帅,并大肆分封其党羽为元帅、大将军、大国师、大学士、尚书、都督等官,随即开始向百姓抽银派饭。当初对戴潮春肆意勒索的前任北路协副将夏汝贤,全家被凌辱至死;曾对戴潮春信任有加的前任彰化县令高廷镜,则以清官为由,纵回鹿港。

彰化县城沦陷后，台湾[①]、凤山、嘉义等县变民乘机蜂起，杀害汛官，响应戴潮春，其重要头目先后有小埔心（今彰化埤头乡）巨族陈弄、水沙连（今日月潭地区）富户洪欉、嘉义严办等人。是年，鹿港、大甲、嘉义、斗六门等地均陷于纷争乱事，官民合力，一再击退来攻变民。

清军援台平乱　同治二年（1863年）2月初，清廷饬水师提督吴鸿源带兵3,000援抵郡城，并即于2月27日出师进扎盐水港，3月末战抵嘉义城解围。5月4日记名总兵北路协副将曾元福率台勇千名抵鹿港，不久后接替作战不力之吴鸿源的水师提督职务。10月21日新任台湾道丁日健抵沪尾（今台北淡水）口。11月24日，福建陆路提督林文察带兵登陆安平。

台湾道丁日健抵沪尾后，随即于11月3日移驻竹堑（今新竹市）城内，挑选各路旧部2,000以上，合省兵共约4,000人，督大军南下，进扎大甲，进驻鳌头（牛骂头，今台中清水），并于12月3日收复彰化；林文察则率大军北上，于12月2日抵嘉义，20日进驻他里雾（今云林斗南）。28日林文察督军奋力攻克约有戴党千余人的斗六土城，后继续北上，于次年（1864年）1月14日抵彰化城。当时，水师提督曾元福正率军进扎宝斗（今漳化北斗镇），命兵勇分数路进攻，剿毁附近戴党庄社。17日，各军环攻张厝庄，戴潮春率死党数百名，冒烟火窜逃芋寮仔庄。曾元福严督各军于1月26日猛攻芋寮仔庄。丁日健亦率军自彰化前往合攻，终于擒获戴潮春等32人，并将之处决。此外，林文察于1月23日离开彰化城，亲督大队，昼夜进攻北势楠（今南投草屯），大加挞伐，洪欉势力削弱。林文察接着亲领大军，包围戴案余众窜匿的四块厝（屏东地名），各军奋力围攻，枪炮如雨，终于在2月28日收复四块厝。

戴案余党败亡　至于小埔心地方，水师提督曾元福等军直至4月初亦仅攻破其外围。4月16日，林文察进扎宝斗与曾元福会攻小埔心。当时，大陆传来太平天国势力再度壮大的消息，故戴案头目张三显等千余人作乱，于5月4日凌晨进攻彰化县城，林文察闻警后，即自小埔心抽调兵勇驰援平乱，与弟林文明、知县凌定国共平乱事。另一方面，曾元福等仍率兵勇猛攻小埔心的陈弄，终于在是年（1864年）6月11日攻破小埔心，22日擒张三显及戴能（戴潮春之子），26日擒陈弄。

1864年年底，丁日健挥军攻剿地势深险的北势楠洪欉族众，12月8日洪欉遭官军炮轰震毙，众伙乃共立其胞兄洪璠为北王。丁日健续督各军分路夹击，且

[①] 今台南地区，约北起新港溪（今盐水溪）南至二仁溪，以今台南县市及高雄一小部分为大致范围区域。至17世纪中期，范围稍稍扩张，多涵盖内门乡以北的高雄地区。——作者注

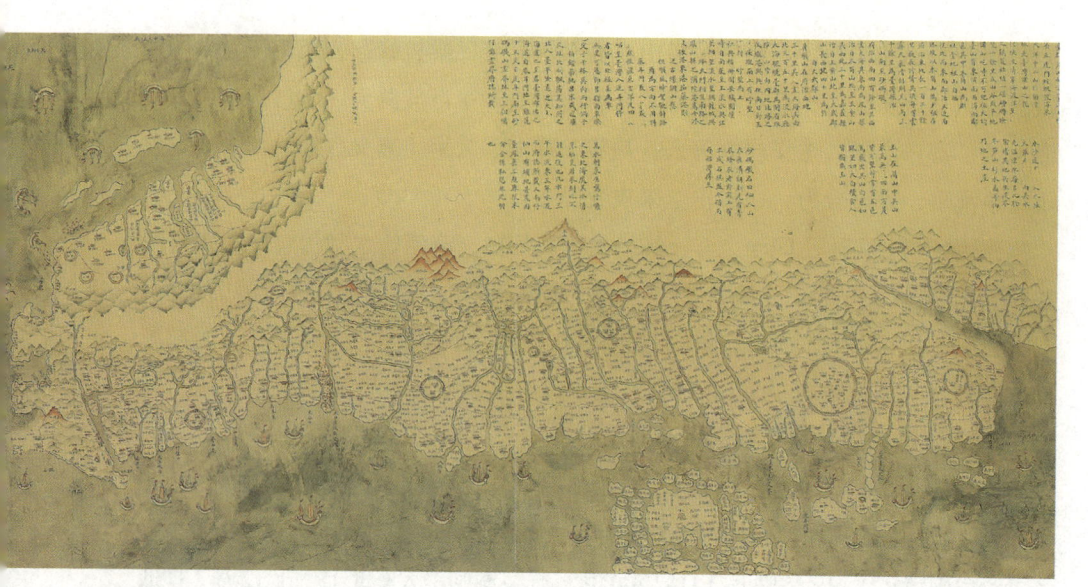

△ 手绘台湾舆图（约道光年间，1821—1850），164cm×81cm，秋江纪念博物馆筹备处藏

命义首、勇首等挖掘两处直通北势楠的地道。1865年1月18日，清军引爆地道火药直轰洪氏宅屋，各军枪炮火箭齐发，但见洪宅地方尘土蔽空，火光四射，官兵奋力猛进截杀，大破北势楠，洪氏族众四散奔逃，清军随后捕获洪璠，经提讯后极刑处死，传首示众。3月，军民会同剿捕，阵前斩杀焚抢掳杀的戴案余党严办。其余众则聚于二重沟，恃垒固巢坚守，企图死灰复燃。官军分路进剿，并于4月26日攻破二重沟，戴案遂平。

二　民变规模与游民

民变规模　清代统治台湾的两百多年（1683—1895年）间，虽说大小民变事件颇多，但民变规模的大小相差悬殊，故研析台湾民变事件，不宜将每次民变事件不分大小地等量观之。

就民变规模而言，首先，因民变时参与者众多、波及地区广、历时长、社会所遭破坏严重、清廷渡海增援兵力规模庞大，故朱一贵（1721年）、林爽文（1787年）、蔡牵（1806年）及戴潮春（1862年）等四次民变可视为大型民变事件。其中，蔡牵是当时活跃于我国东南沿海的大海盗，故有清一代台湾本岛所酿成的大型民变事件仅有三次,其间各相距七十年左右。

其次,虽率众攻掠军营或城市,然参与者则约数百名至数万名不等,历时月余,波及地区不广或多限于山区,并多于起事不久后即遭官兵平定,对当时台湾社会所产生的影响限于局部者,则有黄教(1768年)、张丙(1832年)及林恭(1853年)等三次中型民变事件。

至于仅数天或仅一个月即被击溃平定或首谋被捕的刘却(1702年)等小型民变事件,对当时社会秩序之破坏、清廷政权体制之挑衅的程度,实属有限。

汉族移民压力 17世纪90年代初期,台地汉族移民仅约3万人。1710年前后,汉人已大量移民台湾,当时不包括正常移民,单是无照偷渡台湾者,每船便有100~200人。1735年台湾汉族骤增至45万人,1756年增至66万人,1782年达91万人,即1735—1782年间,汉族移民在台湾几乎以每年1万人的速度在增加。尤其是在福康安于1788年允许在台汉族携眷来台及将已经私渡来台者就地合法化的全面开放政策下,1811年汉族移民更跃增至194万人。换言之,1782—1811年间,汉族移民台湾的人口高达100万,其增加速度是以前的3倍,这是何等的人口压力!因此,整个18世纪及19世纪前期,台湾均面临汉族移民的强大人口压力,而这庞大的移民群体,也衍生出诸多社会事端,许多官员也关注了此一社会现象,并留下了珍贵的观察记录。

移民与游民 闽浙总督崔应阶在其乾隆三十四年(1769年)的奏报中称,当时台湾一郡,除番子之外,绝无早期住民,俱系外来流寓。从前台郡地广人稀,赴台者有地可耕,易于谋食。今则人满为患,而渡台者仍源源不绝,此皆穷极无聊及犯罪逃窜之辈。及到台地,又无以糊口,其性情凶悍狡诈,不能安分,遂于城市村庄游行飘荡,酗酒打斗,无恶不作,并结伙联群,借为声援。

六十余年后的道光十三年(1833年),工部侍郎姚元之在其疏奏中亦称,台地沿海僻静处所,处处可以偷渡,大陆游手无赖及重罪遁逃之犯混迹其间,"台民利其佣不取值,多乐容之,及不足相养乃群起而为盗"。其中"台民利其佣不取值,多乐容之"一语,实相对反映新移民的穷困悲惨景况。当时,大陆客民偷渡,始听人言以为乐土,到达后乃知不若所闻,流荡无归,从而相聚而为匪。

游民与变民 闽粤汉族移民骤增所形成的大量游民,几乎始终为清代台湾社会安定的一大隐忧,也几乎在历次的台湾重大民变中扮演重要角色。例如1721年的朱一贵事件刚发生时,仅约千人,然而半个月间却聚众数万,参与的变民大半是流寓在台湾的游民。1832年张丙起事时,各地游民纷纷前往附和,

△ 大清万年一统天下全图（同治七年，1868年），116cm×121cm，南天书局提供

从者达2万人。

道光十八年（1838年），台湾道姚莹分析称，台湾地方"生齿日繁，无业可以资生，游荡无所归束，其不为匪者鲜矣""游手日多，展转聚处，倡乱奸民甫十数人，附和即可千百。附和者初无定见，匪类招之则为盗贼，官人招之则为义勇，惟利是视而已"。另外，摇旗呐喊，附和参乱，乘机劫掠，亦未必遭惩。诚如道光二十八年（1848年）台湾道徐宗干所言，抢掳之罪生死未定，尚在后日，号寒啼饥，目前别无恒业，流至海外，更无家可恋，不能坐守饿毙，只可铤而走险。

变民与纪律 林爽文于1787年起事之初，胁迫大小村庄顺从，勒派农民纳租。当林爽文率众南下府城时，声言破城之后，许众劫掠三日，子女金帛悉归众，于是游手无赖者从之，数日间聚众至数万，其中大半是流寓在台湾的穷苦民众。

1832年张丙起事竖旗，当时除四处骚扰胁迫民众附和外，游民则群趋附和，该案从乱者达2万人以上。是时，张丙变民以派饭分谷方式取粮，以勒索民众出银买旗保庄的方式取饷,且每户 2 人需派 1 人随从附和。及形势对变民不利时,他们即分掠民庄以为食,且对庄民责索无厌,稍不应即大肆劫掠,焚庄裹胁以去。于是富庶之庄,士绅出资建义民旗并力拒之,从而予张丙变民以相当打击。

民变与武备 清廷驻防台地官兵,不但体现了中央政府的威信,且扮演了类似现代警察维持社会安定之角色。1684 年清廷派遣约 1 万兵力驻防台湾,其中 2,000 名水师驻防澎湖,余 8,000 名水陆官兵则大半驻防今嘉南平原内。当时台地汉民仅约 3 万人,且多集中于嘉南平原。换言之,是时清廷驻台官兵人数与在台闽粤移民人数的比例约为 1∶3。

然而 1690—1720 年的三十年间,大陆闽粤民人大量涌向台湾,其中许多又移往凤山与诸罗南北二地,相对而言该地兵民比例骤降。故 1715 年前后,有志之士在忧虑北路武备情形时,称大甲以上官兵初至不习水土,又地方辽阔,塘汛寡弱,无事空抱瘴疠之忧,有事莫济缓急之用;而北路千里之 940 名官兵,更是合则陑塞多而不足以设备,分则形势绌而不足以建威。及 1721 年朱一贵于冈山起事时即已集众千余人,数日后聚众竟达 2 万余人,为南路营官兵人数的 20 余倍。

在历次重大民变后,清廷虽然均检讨并改进其军事部署,但驻台的总兵力并未按人口增长比例而增加。1732 年大甲西社"番乱"之前,驻台水陆 11 营,兵约万计;"番乱"平后,郝玉麟奏准扩增台湾武备,水陆仅 15 营,官兵 12,784 人(官 114 名,兵 12,670 名),但当时台地汉人已多达 45 万人,较清初的 3 万汉人增加了 14 倍。换言之,驻台总兵力虽微幅增加,但新移民骤增,兵民比例因而大幅降低。1811 年时,台湾汉族人口已骤增至约 194 万人,然 1810—1860 年间,清廷在台驻军仅 14,000 人左右,此时台地兵民比例降至 1∶140 以下,与清初的 1∶3 实不可同日而语。

三 民变原因多元化

民变原因多元化 台地民变迭起,或谓因政治腐败吏治不良引发,或谓因苛敛诛求施行暴政所致。

然而倘稍加深入分析,朱一贵案是直接源于官吏苛扰百姓含怨而起,黄教案是因作奸犯科法网难逃而起,林爽文、张丙、戴潮春等大案是因地方官处理不当而起，林恭案却是受大陆社会小刀会乱事而起，施九缎案则是因丈量土地不当而起，亦即导致民变的因素并非单一的暴政，而是多元化的。

暴政、义民与官民 再者，如果民变是因清廷实行暴政所致，民变目标是反抗清朝统治者的暴政等立论正确，那么几乎在每次民变事件中，何来如此众多自愿协同官兵，甚至牺牲生命，出力拼死，打击民变众伙的义民？他们的行为岂不是在以性命去支持施行"暴政"的清政权？

就以三大民变之一，发生于19世纪60年代初，历时最久、长达三年的戴潮春事件为例，其首脑戴潮春不但是彰化当地巨富，且与官方关系非常密切，其祖父戴天定于1832年张丙事件嘉义动乱之际，曾捐资募集义民护庄，从而以军功蒙赏八品顶戴，复以军功八品衔贡生身份参与纂修彰化县志的工作。戴潮春本人甚至还曾蒙官方给印，自备练勇300名保路，除受知于当时彰化知县高廷镜之外，继任知县雷以镇更视其为左臂，因此清廷对戴潮春而言，何"暴政"之有？至于戴案中造反的另一宗强族盛的洪欉，其祖父辈的洪登榜与洪必祥两兄弟，还因集族壮丁协助官兵剿平林爽文乱事，建有奇功而蒙皇帝赐恩授职赠匾，又据称其亲兄长洪璠在戴案发生的十六年前（1846年），还向彰化县官方争取拨款修筑洪氏家庙敦煌堂。

义民支持清朝统治者 义民团体乃针对变民而兴起，且为变民的对立团体，几乎在每次较重大的民变事件中，均有闽粤义民与官兵协同，出力拼死打击变民众伙，甚至左右变民众伙的存亡。

义民的成分虽常与漳、泉、粤的籍贯分类有颇密切之关系，但也含有闽粤尖锐对立因素。由于在台闽南人对客家人常故存轻视，凡渡船、旅舍、中途多方搜索钱文，粤人（客家人）积恨难忘，治时闽欺粤，乱时粤侮闽。故几乎在台湾历次较重大民变事件中，均有客家人组成义民团体，与闽南人变民众伙对抗。甚至在19世纪50年代以广西客家人为主体的太平天国冲得大清帝国摇摇欲坠之际，台湾客家人所组成的义民却仍协助官兵，坚决打击戴潮春等率领的闽南人变民众伙。

义首出身背景 关于义民领袖义首的出身背景，以林爽文、蔡牵及戴潮春等三大案件为例，其中约半数是拥有功名的士绅阶层，如退职官员、举人、监生、贡生、秀才、武生等，至于其余的平民义首中，许多是郊商代表，或以往曾充任义首有军功，或是地方上有名望的垦首，这些平民中的大部分与拥有功名的士绅，同属于当时台湾社会的上层精英。

台民自愿充任义民　　在台湾历次较重大的民变事件中，总有许多无名义民参与平定变乱。就以林爽文与蔡牵两大案件为例，当林爽文初以"诛杀贪官"为由起事之际，兼理台湾府海防同知的杨廷理亲自率人步行于今台南市市区，手执"招募义民"大字的黄旗，三天就募集义民 8,000 人。当蔡牵率众围攻台南府城之际，台湾知县薛志亮（江苏江阴人），不带随从，自海口步行至武馆街，开诚申大义劝众，得义首 250 人，义民逾万。由于依清廷地方官需回避本籍的规定，故杨、薛二人在台是属非闽南语系的异乡人，当二人至市区招募义民时，也许还需借重翻译！况且二人虽是地方官员，但并无权势强迫台南百姓为义民。然而却仍有如此多的台民愿充任义民，他们势必将冒生命危险，与同为闽粤同乡的变民众伙，从事短兵相接的生死战斗。事实上，如果他们不愿挺身而出，选择坐待观望，杨、薛二人亦无可奈何！

第十一章

科举与任官

一 私塾、县学、府学与国学

清代学校分中央与地方，其在中央京师者为国学，在地方者则有地方学、书院、社学及民学等，其中仅国学与地方学属于科举学校系统主干，兹分述如下：

民学（私塾或书房） 民学又称私塾或书房，是士子于家宅招生授课，或邻保宗族捐资，聘士子于其所授课，学生包括五六岁接受启蒙教育的幼童，或十几岁至二十几岁接受应试科考的青少年。

日据初期的1898年，全台计有私塾（书房）1,707所，教师1,707人，学生29,941人（其中女学生仅65人）。

社学（义学） 清代于京师与直省各府、州、县皆设社学，1651年礼部即题准每乡置社学一所。社师免其差徭，并量给廪饩养赡，受学政考查。社学亦称义学，清代官书将义学与社学并称而不加区分。如果严加区分，义学应属团体或私人捐资所设立，以教育贫家子弟，与附属于府州县学的社学有别。

关于清末台地社学规模，台东地方每塾学童13～15人不等，大甲义学生仅以16人为限，恒春义学则每塾以20人为度。

书院 各省省会及地方之府、州、县等均多有设立，以广学校所不及，其或受公帑或动公项，即使由私家士绅等出资，其所置产业亦属公产。书院受学政考查，书院院长也依例由各级官方延聘，但府、州、县学教官不得兼任。

有清一代，全台先后共设书院约 45 所（其中 10 所设于 1875—1894 年之光绪年间）。清末，全台仍有宜兰仰山书院、基隆崇基书院、台北学海书院、彰化文开书院、澎湖文石书院等约 30 所书院，学生包括生员（秀才）与童生，规模大小不一，或数十人或两三百人不等。日据初期，日本殖民当局将各地书院改为军队屯营、卫戍病院、野战医院、政府机关办公处所、官吏警察学校宿舍、公学校校舍等，亦即变相废绝传承中国文化的书院。

书院藏书　1826 年福建巡抚孙尔准（江苏金匮人，进士）来台巡视至噶玛兰厅（宜兰），见初创之仰山书院诸生，有向学之志，乃就福建鳌峰藏书中，抽拨《史记》《诸葛武侯集》《朱子文集》《周濂溪集》等 45 种约 170 册，运存仰山书院，以供诸生考查浏览。19 世纪 60 年代，淡水厅儒学藏书 48 种中，有 42 种与上述仰山书院藏书书目相同。

县学与府学（学官与提督学政）　府、州、县等地方政府所设之府学、州学与县学等各级学校为地方学，亦称儒学，其就读学生称"生员"，俗称"秀才"。

各级地方儒学学校皆设学官一名以课士，官称儒学正堂，亦称教官。在府学为教授、州学为学正、县学为教谕，其下各可设训导为副职。学官任用资格，依定制进士以教授用、举人以学正或教谕用、恩贡拔贡副榜以复设教谕用、岁贡以训导用。清初定制，教授为正九品，教谕与训导则不入流。嗣乾隆继位后，鉴于学官为士之表率，若不赏给品秩则与杂职无异，乃加给学官品级，教授为正七品官，学正与教谕为正八品官、训导为从八品官，以表示隆重师儒之意。

△ 台北澄瀛书院

△ 广州贡院

初建于康熙时期,有号舍5,000间。道光元年(1821年)两广总督阮元拓展院界,增加号舍至7,600间,图为同治十二年(1873年)前后所摄。

清代各直省置提督学政,由皇帝钦派,简称学政,亦称学台,督理学校、考核教官、主持童试。学政在地方,无论官阶高下,皆与督抚平行,其在交通困难地方,间以巡按御史或他职兼理。台湾地方依陕西延安与广东琼州例,1684—1726年间以分巡台厦道兼提督学政,1727—1751年间则改由巡台汉御史兼理学政,1752年由分巡台湾道兼理提督学政。

国学 亦称太学,即国子监,位于京师,其就读学生通称国子监生或太学生,其中又分贡生与监生。贡生从府、州、县学之生员(秀才)中拣选,贡至京师而入国子监,故称贡生,其间主要又分岁、恩、拔、优、副等五贡。监生则分优监、荫监、恩监、例监等。兹分述如下:

岁贡是从府、州、县学之资深生员依次选贡至京。

恩贡是遇有重大庆典如新君登基、大婚、平定变乱等所办理之出贡者。

拔贡则由生员内品行端方或在地方负有声望者中选拔,乾隆初年规定拔贡到京后,朝考列一、二等者拣选引见录用,三等送国子监就读,自乾隆七年

（1742年）始定每十二年选拔一次。

优贡为学政于三年任满前，例由各府、州、县学教官保举所属品学兼优的廪生或增生生员，送与学政会同巡抚考选。优贡与拔贡同，到京后亦须朝考，文理明通者入国子监，荒废者发回原学，由于优贡朝考后只入监无录用，故优贡多不赴京报考。

副贡乡试中试者为举人，然试中有优良却因额满而见遗者，乃将其列入副榜，谓之副贡。

优监是学政于三年任满前，考选优秀附生生员入国子监者。

荫监是高级文武官员或因公殉职者，可荫一子，不需考试，而入国子监者。

恩监是满汉官员或圣贤子孙，虽其成绩低劣，亦可通过考试入国子监者。

例监是援例捐纳钱财而取得监生资格者。

就读国子监的贡生、监生，有日课、月课与季考，在监肄业通常需时三年。国子监生无论期满或肄业在学，均可参加乡试。1851年太平天国兴兵前，全国约有贡生32,600人（其中岁贡20,000人，恩贡5,000人，拔贡3,500人，优贡500人，副贡3,600人）。

二　秀才、举人与进士

童试　童试为三年两试，依序由县考、府考与院考（亦称道考）三场考试组成，并分别由知县、知府与学政主持。

清制凡未进学而尚在应考童试者，无论年龄大小，从壮年到白首老翁统称童生，童生应考童试录取后为生员（秀才），高第者入府学，余入县学就读，惟依律奴仆或出身倡优皂隶者，不准应试。

生员俗称秀才，分附生、增生与廪生。附生即童生经童试录取后，初分发附入府、州、县学就读的生员。增生即增广生员，是由岁、科两试生员中之高第者升补。廪生即廪膳生员，为每岁领取俸米或折银钱的生员，亦即享有津贴的生员，由岁、科两试之高第者升补，倘无缺额，则先升补增广生员。

简言之，童生经童试初入府学、州学或县学就读者为附生，然后按岁、科两试成绩，依序升补增生与廪生。岁贡、恩贡均限廪生，优贡限廪生、增生，拔贡则不限附生、增生与廪生。

18世纪60年代，台地官方发给廪生每人每年廪粮银2.893两，当时府县

△ 清钦赐举人淡水厅郑廷扬"文魁"匾（1865年）

衙门差役如门子、皂隶、禁卒、轿伞扇夫等每人每年银6两。19世纪60年代，淡水厅学发给其廪生每人每年廪粮银2.893两，当时该厅门子、皂隶、禁卒、步快、轿伞扇夫等每人每年银6.2两。

1851年太平天国兴兵前，全国有文生员52.7万人（武生员21.2万人），岁、恩、拔、优、副等贡生仅3.2万人，文生员为贡生的16.5倍。

岁科二试　生员在学时的考试，以提督学政按临之岁、科二试最为重要。岁试三年一次，分别于子、卯、午、酉年举行，为学政考校生员的主要考试，凡府学、州学、县学之生员（廪生、增生与附生），皆需应考，以别文章等第，据以赏罚劝惩。其中高第者升补为增生或廪生，劣等者停廪降等不许科试，甚至黜退为民。岁、恩、拔、优、副等贡生则不需参加岁试。

科试则为录送生员参加乡试所举行的预备考试，也是三年一次，分别于丑、辰、未、戌年举行，由学政主持，生员必须先通过岁试后始准参加科试。凡生员科试列一、二等及三等前十名（大省）或前五名（中、小省）者，准送乡试。此外，在籍恩贡、岁贡与监生愿参加本省乡试者，仍须并同生员先参加科试。至于拔贡、优贡、副贡应考乡试前，则不须先参加科试。

乡试、会试与殿试　乡试是由各直省举办的省级考试，三年一次，分别于子、卯、午、酉年举行，中试者为举人，又称"孝廉"，家宅门上准挂"文魁"匾额。次年试举人于京师，即会试，中试者为贡士，然后皇帝亲策于廷，是为殿试（亦称廷试），中试者为进士，分三等，称一、二、三甲，一甲三名赐进士及第，依次为状元、榜眼、探花，二甲若干名赐进士出身，三甲若干名赐同进士出身。

进士功名是殿试后所授名衔，而贡士则是会试中榜但尚未参加殿试者的半途名衔，故两者人数几乎相近。清代1646—1904年间，会试共112科，录取贡士共计26,668人，进士共计26,747人（其中一甲共336人，二甲共8,956人，三甲共17,455人）。

三　特权与任官

地方官以礼相待并免差徭丁粮　1652年，清廷御制卧碑文，命礼部颁行直省各府、州、县刊刻学宫，以知遵守。碑文开宗明义云"朝廷建立学校，选取生员，免其丁粮，厚以廪膳，设学院学道，学以教之，各衙门官以礼相待"。

倘进士、举人出任学官（教授、学正与教谕），则除对主管之提督学政，因其具钦差地位而须行跪拜礼外，虽见提督巡抚亦不须行跪拜礼。此外，秀才、举人、进士等士绅拜会地方官员时，可不必行平民百姓所须行的特定下跪礼仪。

1736年，清廷复颁上谕"任土作贡，国有常经，无论士民，均应输纳。至于一切杂色差徭，则绅衿例应优免""嗣后举贡生员等，着概免杂差，俾得专心肄业"。也就是说清廷以政府公权力，除优免生员、举人等士绅的丁税外，还优免其服体力劳动之徭役，以免这些人承充官役自取其辱。有时某些地方免除差徭的特权，亦适用于生员的家族成员。

不得视同齐民扑责刑求　顺治十年（1653年），上谕"生员犯小事者，府州县行教官责惩；犯大事者，申学臣黜革，然后定罪。如地方官擅责生员，该学臣纠参"。康熙九年（1670年），复颁上谕"生员关系取士大典，若有司视同齐民挞责，殊非恤士之意。今后如果犯事情重，地方官先报学政，俟黜革后治以应得之罪，若辞讼小事发学责惩"。

清廷亦给予士绅免受吏卒冒犯的特权，例如依律吏卒骂举人，等同骂六品以下长官，律杖七十（骂平民仅笞责十下）。又诉讼中平民不得指名秀才、举人等士绅出庭作证，倘其本人直接涉讼，士绅与现职官员一样，不必亲自听审，只需派仆人到庭即可。

出任官职　举人如经殿试中式而为进士者，一甲一名除授翰林院修撰，二、三名除授翰林院编修，其余进士再经朝考，选考在前列者为庶吉士，入翰林院肄业，谓之馆选。未膺选者则分别用为部属或知县等职，大抵部属以用吏、户、礼、兵、刑、工六部主事（正六品，掌管章奏、文移及缮写诸事）与内阁中书（正七品，于内阁各房处任事，掌管撰拟、缮写、记档、翻译诸事）为主，外官则依序以用知州（从五品）与知县（正七品）为多。

举人于会试不中落第后，其愿就选者，得考授推官、知州、知县、通判等官，谓之拣选。1652年，清廷议定举人之拣选，以曾经三次参加会试者为限。1698年，吏部覆准远省不拘此限，直隶等近省仍有此限，大抵成定制。但拣选

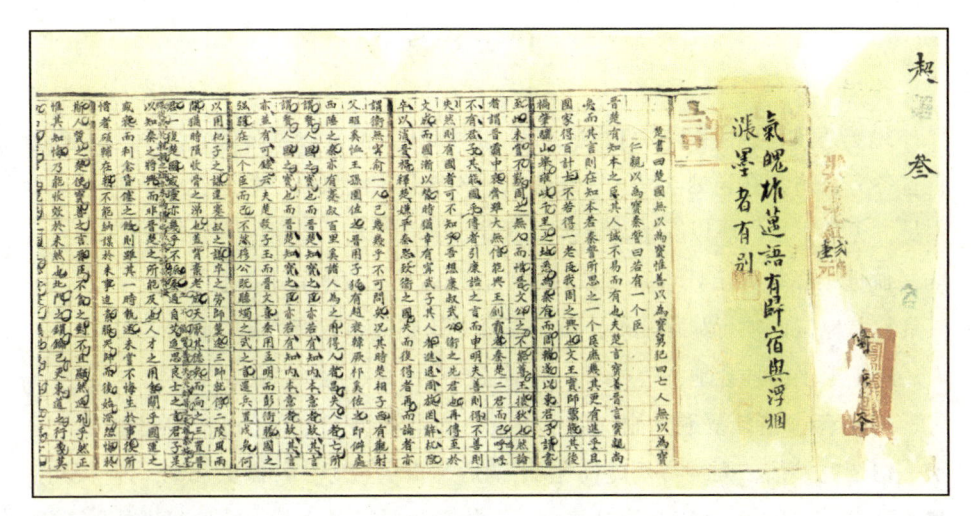

△ 清代台湾高雄士子在凤仪书院的试卷

也终限于知县。1725年，以直隶州州同一职归入知县班内，故举人也得补授州同。举人有愿就教或年老力衰者，准就教职，以州学之学政或县学之教谕用。

1725年，吏部议准恩、拔、副等年富力强贡生，可由各省督抚拣选报部入京引见，以直隶州州判用。1737年，再规定恩、拔、副等贡生以复设教谕选用，岁贡与优贡则以复设训导选用，其有学问优深、人品卓越者，乃由国子监荐举引见请旨，亦即国子监生可经由拣选、荐举、考职或参加乡试以出任官职。此外，贡监生期满后，亦可报由吏部考职，依等第分授州同、州判、县丞、主簿、吏目等职。18世纪90年代时，贡监候补已出现壅塞，故考职未被选用之员有千余人。

出任官职比率　兹以19世纪浙江衢州、河南睢州、浙江嘉善及江苏苏州四地的数据为例，嘉善与苏州两地的进士几乎均出任官职（其间有获派官职但由于个人因素而未出任者），举人则约有32.1%出任官职。衢州与睢州两地的贡生，则仅约有9.1%能出任官职（然而在1723—1795年间，出任官职的衢州与睢州两地贡生总数比例高达19.1%）。

任官与特权之影响　对秀才、举人、进士等在政治与经济上所享的种种特权，清初大儒顾炎武（江苏昆山人，1613—1682）认为"一得为此（指生员秀才），则免于编氓之役，不受侵于里胥，齿于衣冠，得以礼见官长，而无笞捶之辱。故今之愿为生员者，非必其慕功名也，保身家而已"。顾炎武身处明清之际，亲历明亡清兴的时代变易，身为汉族知识精英，其心境之无奈与沧桑，当可想见，且局限于其所处时代背景的视野,因而似从消极面体认科举制度。

　　回顾中国历史,以18世纪全国长期处于一统、国势宏伟远迈汉唐的盛世时代观之,那时国家以公权力予生员、举人、进士等知识精英如此特权与礼遇,且一旦选为贡生或高第举人、进士,就有机会出任官职,尤其是进士,则几乎都会取得正七品的知县以上官职。凡此种种,势必吸引许多人努力求取功名,从而凝聚全国各地知识精英在政治上对中央的向心力。此外,在教育不发达,且各省方言分歧、言语相异的近代社会,由于特权礼遇与任官的科举制度,吸引了无数民众努力向学,广泛深远地传承了中国文化,并凝聚了其对中国的认同。

四　科举录取艰难

儒学规模　童生通过童试(县考、府考与院考)后为生员(秀才),方可入

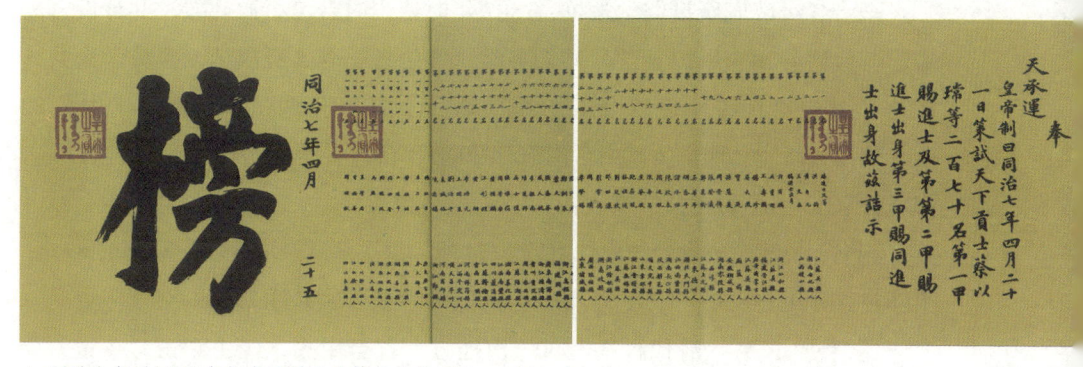

△ 同治七年(1868年)戊辰科大金榜(原件735cm×84cm)
资料来源:北京台湾会馆,《清代台湾进士碑帖图鉴》,北京:2013年8月30日。

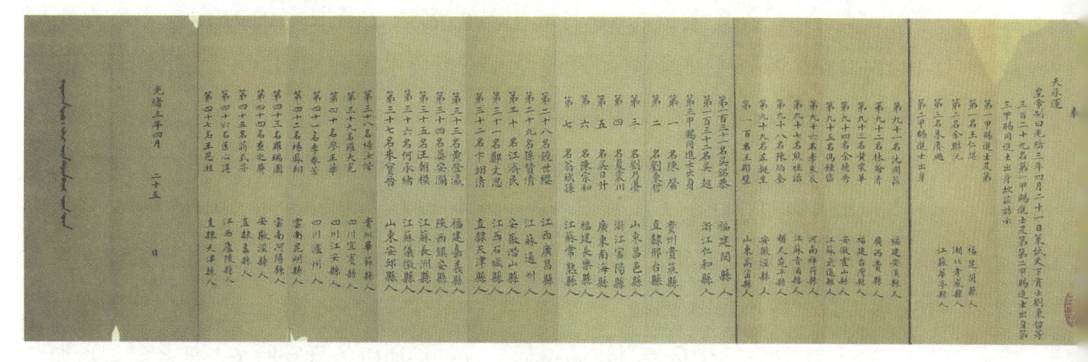

△ 同治七年(1868年)戊辰小金榜(原件436cm×34.5cm)
资料来源:北京台湾会馆,《清代台湾进士碑帖图鉴》,北京:2013年8月30日。

△ 考棚：庭院入口处　　　　　　　　　　△ 考棚：供奉文神（文昌）的塔

府学、州学、县学的儒学（官方学校）就读，生员录取名额大抵是按文风高下、钱粮丁口多寡，而有大、中、小三等之别。康熙九年（1670年），清廷定文生员学额（即录取名额）为大府 20 名、大州县 15 名、中县 12 名、小县 8～10 名。

全台各级政府所设儒学学校，1807年时依当时台湾行政建置，共计设台湾府学、台湾县学、凤山县学、嘉义县学、彰化县学等5所儒学，生员学额共计82名（其中粤9名，闽73名），亦即每次童试（三年两试）录取台士生员82名，就读台湾府县儒学（其中台湾府学30名，台湾县学13名，凤山县学13名，嘉义县学13名，彰化县学13名）。

当时，福建全省含台湾府计有儒学74所，每次童试录取生员学额计1,187名。大陆各省所设儒学共计1,741所，每次童试录取生员学额共计25,089名。

秀才录取率　清代科举考试，由地方、省至中央，经由童试、乡试、会试，逐级层层淘汰，竞争极其激烈。19世纪初，河南南阳每次有将近2,000名考生，竞争16名文生员与16名武生员的名额，录取率约为1.6%。道光年间（1821—1850年），江苏吴县（现改设苏州市吴中区和相城区）童试曾有近1,000名考生，竞争25个名额，录取率为2.5%。

台湾地方，19世纪30年代初时文风渐盛，应试者逐年增加，全台参加童试的童生计达2,000余人。当时，全台6所官学，共计取进文生员98名，录取率为4.9%。光绪十五年（1889年），全台应试文童4,000余人，共计录取文生员132名，录取率不足3.3%。

举人录取率　生员经科试甄拔后，方可参加由各直省所举办的乡试。参加乡试的录送名额也有规定，例如1645年规定各直省每额中举人1名，许送应试生员

30 名（录取率为 3.3%）。1744 年则规定直隶、江南、江西、福建、浙江、湖广为大省，每额中举人 1 名，准录送应试生员 80 名（录取率为 1.25%）；山东、山西、河南、陕西、四川、广东为中省，每额中举人 1 名，准录送应试生员 60 名（录取率为 1.67%）；广西、云南、贵州为小省，每额中举人 1 名，准录送应试生员 50 名（录取率为 2%）。1862 年时规定，直省乡试，即额定录取举人数为顺天 185 名、江南 152 名、浙江 129 名、江西 127 名、湖广 135 名、福建 128 名、河南 96 名、山东 89 名、广东 102 名、四川 92 名、山西 84 名、陕西 81 名、广西 55 名、云南 64 名、贵州 47 名（19 世纪末，每科乡试福建全省赴考的秀才计 9,000 余人，只是取中举人者仅 80 余名，实际录取率约为 0.9%）。

19 世纪中叶太平天国兴兵前，全国约有文生员 52.7 万人，文举人 1.8 万人（仅及文生员之 3.4%）。当时有武生员 21.2 万人，武举人 1.3 万人（为武生员之 6.1%）。

进士录取率 明代将进士录取名额按照固定比例分配予北部、中部与南方，以 1393 年人口统计数为依据，南方占总员额的 64%，中部占 8%，北部占 28%，此一比例随人口变动而不断地加以修正。清代则将进士录取名额分配予各行省。

清代各直省的取中名额大抵按应考人数多寡分配，至于边远省份，如云南、四川、广西、贵州等则有保障名额。一次录取的进士人数并不固定，平均录取人数是 240 名，以道光三年（1823 年）癸未科为例，录取人数为 221 人，其中满洲 9 名、蒙古 3 名、汉军 5 名、直隶 22 名、奉天 2 名、山东 19 名、山西 11 名、河南 11 名、陕甘 9 名、江苏 19 名、安徽 15 名、浙江 23 名、湖北 11 名、湖南 9 名、福建 12 名、台湾 1 名、广东 10 名、广西 6 名、四川 7 名、云南 10 名、贵州 7 名。每年取中进士名额虽微有增减，但各省录取名额比例大致相同。

19 世纪前期的 1820—1850 年间，大抵每科新中举人约 1,500 人，倘历届应考会试落第举人累计以四五科次计，连同当科应试者，则是时各科参加会试人数为 7,000～8,000 人，而当时每科平均取中进士约 220 人，亦即举人应考会试高第进士之比率约为 3%。

五　清廷对台科举优惠

进士保障名额 1738 年，清廷即议准，俟来京会试举人达 10 人以上时，给予 1 名进士保障名额。

1757 年，台湾诸罗县人王克捷首中进士。1766 年，台湾凤山庄文进续高第进士。道光三年（1823年）癸未科会试，应试台湾举人计11人，开单另请钦定中额，奉旨"台湾取中1名，嗣后台湾会试士子至10名以上，于题请中额本内声明"，是年台湾淡水厅人郑用锡，即依此保障名额高中进士，候选知县（正七品），官至礼部铸印局员外郎（从五品），不久因母亲年老乞求还乡。

举人保障名额　1687年，清廷批准福建、台湾府乡试另编字号，额外录取举人1名，以鼓励士子。然1697年因从总督郭世隆所奏而撤去另号，以使闽省额内一体匀中。1729年，清廷从巡察台湾兼理学政御史夏之芳所奏，台湾贡监生员仍照旧例另编台字号，于闽省举人额内取中1名。1735年与1806年，清廷复于闽省举人名额内，各加取台士1名，于是台湾共有3名举人保障名额。1829年，清廷予在台客家人1名保障名额。

1851年太平天国兴兵，1853年入南京，各州绅民守城及团练捐输出力者往往增额。清廷为筹措庞大军费，乃议每捐银30万两，增文武乡试定额1名，台湾因地处海外故减其半，且闽粤籍分别计数。结果闽人捐得15万两，故1855年起又增1名保障名额，不久又续捐军饷48万余两，1858年起再增2个名额。故自1858年起，台湾共享有7名举人保障名额（闽籍6名，粤籍1名）。1862年福建乡试举人录取名额共计128名，其中就包括7名台湾保障名额。

光绪二十八年（1902年）恩正并科乡试，参加福建乡试的考生共7,300人，

△ 蔡廷兰进士宅第
蔡廷兰，台湾澎湖人。道光二十四年（1844年），44岁的蔡廷兰进京会试中进士，即用知县签制分发江西省。道光二十九年（1849年）补峡江知县。咸丰二年（1852年）任江西乡试同考官，不久署南昌水利同知，翌年回任峡江知县，五年署丰城知县，六年升赣州同知，咸丰九年（1859年）病殁任所。

取中举人 192 人，录取率为 2.6%。

宽予台湾秀才名额，以广功名之路　1686 年，首任分巡台厦道周昌认为，台湾既入中华版图，推广文教自为海天第一要务，因台民尽属南闽之人，天姿多有聪慧，机智多有明敏，一经学问化同时雨，故宜广其功名之路，鼓舞作兴英才，因此建议在名额上给予台湾更宽松的政策。是年（1686 年），清廷几乎完全依从周昌的请求，批准从台湾录取 56 名文童生为文生员（其中台湾府学 20 名，台湾县、凤山县与诸罗县等三县学各 12 名）。1723 年，清廷又议准，彰化县学科录取文童生 8 名。

客家秀才保障名额　1741 年，清廷从巡视台湾御史兼提督学政杨二西（山西太原人）所奏，粤民流寓在台年久入籍者，台属四县均有户册可稽，时应试粤童已有 700 余人，准其另编为新字号应试，共取 8 名附入府学，以后再有续出应试者总以 8 名为额，故 1741 年全台共可录取 72 名文童生为文生员（文秀才）。

及至 1887 年，台湾建行省，置台北府、台南府、台湾府，与苗栗县、云林县、安平县等，各府学、县学名额亦行调整。是年全台共可录取 132 名文生员。

冒籍应考，获取功名　清初台湾刚刚开辟，汉族移民无暇文教，与对岸闽粤人多额少情形相较，自是易于获取功名，从而吸引闽粤士子冒籍来台应试。1725 年前后，在台湾参加童试者多为大陆童生，是时诸罗县学已建学三十年，其高中者多大陆寄籍之士，县学学生泉漳居半，兴福次之，少数民族寥寥。内郡之不得志于有司者，则东渡台湾冒籍应考，一旦取中，即衣锦还乡。

严禁冒籍　1727 年，总督高其倬奏请将台湾各学寄籍诸生改归本籍。是年，为保障台湾的汉族居民权益，雍正皇帝特颁纶旨，必生长台地及眷室有凭者，方得参试；然而台地流寓者多，冒籍弊端难稽。18 世纪 50 年代初，冒籍现象依然严重。赴台视察之巡台御史李宜青就认为"台湾四县应试，多福、兴、泉、漳四府之人，稍通文墨，不得志本籍，则指同姓在台居住者，认为弟侄，公然赴考""或两地重考，或顶名混冒，觊功令而窃荣名，莫此为甚"。1736—1765 年间，福建晋江市共有 10 名举人冒籍台湾生员名额应试高中。对此冒籍占用台湾名额事，台湾诸罗县士绅甚至于 1755 年愤而立碑，严禁冒籍应考。

六　清代在台实施科举制度的影响

清初武风盛行，晚清文教发达　清初半个世纪（1683—1735 年）间，台湾无人中文进士，仅 15 人中文举人；但高中武进士者计 6 人，中武举人者多达 67 人，合计 73 人，为文进士及文举人的 4.9 倍。清初台地汉人社会文风不盛，当因其为一新兴移垦地区之故，至于其武风颇盛，则可能与移民原籍习俗有关，因清初台地汉族移民中不少为福建漳泉民人，而其习尚武，好勇斗狠。

随着时间的推移，台湾因逐渐开发而文风日盛，及至晚清咸丰同光（1851—1895 年）的四十四年间，居然无人中武进士，仅 66 人中武举人；但高中文进士者则多达 22 人，中文举人者更多达 149 人（自 1858 年起福建乡试每次予台湾 7 名举人保障名额），合计 171 人，为武进士及武举人的 2.6 倍，此实显示晚清台湾文风已远胜武风。

文风自南向北扩展　有清一代，台地文举人中试者计 340 人，如以其出生地分析，台地文风当系由南向北逐渐扩张。清初康熙雍正年间（1683—1735 年），文举人以隶属台湾县与凤山县为最多。乾隆年间（1736—1795 年）则凤山、台湾、彰化、诸罗各县并进。嘉庆道光年间（1796—1850 年）隶属台湾、凤山、嘉义、彰化、淡水等县厅之人数相差无几。咸丰同治之世（1851—1874 年）共 74 名文举人中，隶属北部淡水与噶玛兰两厅的举人，竟多达 32 名，占当时全部台湾举人的 43.2%。

士子功名及身，亲族故里荣焉　清代科举制度，虽有如奴仆倡优隶卒等贱民出身者不得应试、冒籍顶名、科场舞弊等问题及不利贫苦家庭子女接受教育等种种缺失，但无论如何，科举制度对绝大多数人而言，至少是一种形式上公开公平的竞争制度，从而吸引了上自显宦富室，下至穷乡寒素家庭等子弟的热衷赴试。且无论是秀才、举人还是进士，一旦高中，国家公权力即予其法定的荣耀特权及其应获官职。因此，在近代前的清朝太平盛世，一般社会大众多肯定科举制度的公信力。

19 世纪中叶后，来台传教的加拿大籍神学博士马偕（George Leslie Mackay），就曾从外国人的角度，生动描述当时台士科举及第者荣归时的情景，称"如果一个青年考试及第，即使是最低级的，他的家里也会预备极盛大的庆祝，以欢迎他回来，非目击者不能想象其盛况。家里要大开筵宴，往往也请戏子做戏，派大队的人去迎接他。他非常得意，趾高气扬，近于愚蠢，还要去拜访亲友，亲友们认为他很谦虚，因此十分感激。这种风俗当然会使得考试及第的人变成虚荣骄傲的"。马偕可能不知道，这个最低级的"秀才"，录取率约为 3%，是极难考取的。而此一科举及第者获家人亲友所予荣耀之情形，可说具体反映了当时台民对科举考试的肯定。

强化台民对祖国的感情　清廷在台推行一如内地公平公开的科举考试制

度，并宽予台地秀才名额，特设台湾举人和进士的保障名额，以广台士功名之路，使台湾人有更多机会，经由参与国家考试取得功名，从而增加台民对祖国的感情。

例如1840年，宜兰地方黄赞绪应福建乡试高中举人，及其还乡会客，彩旗鼓吹，到处逢迎，耳目荣耀。是时，年仅14岁的杨士芳，正随父兄耕种，于田中望之慕之，乃立志读书。然因家境贫寒拖延，直至1842年4月春忙告竣，杨士芳才就学，发愤忘食，于1853年中秀才，1862年中举人，1868年赴北京应试高中进士，钦点浙江即用知县，遵领部照赴省禀到，不久告假回籍措资，值父丧在家守制遂未赴任。

杨士芳的真实事迹，表明即使务农而家贫如少年杨士芳者，只要刻苦力学，就能经由科举考试出人头地，晋升上层士绅主流社会。杨士芳的真人真事，除体现当时祖国在台科举考试的公开性与公平性外，亦势必激励台民对祖国的向往之情。

晚清，国家遭逢巨变。甲午战败，我国被迫割台之际，客家进士丘逢甲即积极从事保台救国运动。台南客家进士许南英更是追随刘永福抗日，直至1895年10月21日日军占据台南次日，方由渔人以竹筏引上轮船避居厦门。此外，苗栗客家人秀才吴汤兴、新竹北埔客家人武生姜绍祖、台南将军乡沤汪人文秀才林昆冈、五品军功丘维藩、邑绅萧光明等均率众组义军，与南下日军短兵相接，进行殊死战，忠心义胆，千秋永垂。

传承中华文化　据估算，文童生取中文秀才的平均年龄为24岁，取中举人的平均年龄为31岁，则1895年日本占领台湾时，全台约有近2,500名秀才与120名左右的举人，而1889年时全台应试秀才的文童生计4,000余人，亦即日本殖民台湾之际，台湾接受相当程度中文教育之台士，可能共有6,000~7,000人。这些人在日据时代，扮演着传承中华文化的重要角色。

例如日据初期的1898年，全台有教授中文的书房1,707所，其教师中约65%是清代童生或有秀才等其他功名者，时学生计29,941人（其中女性仅65人），是年日本殖民政府所设公学校仅76所，学生仅6,136人，亦即接受中文教育学童是接受日文教育学童的4.9倍；1904年时全台计有书房1,080所、学生21,661人，当时日本殖民政府所设公学校有153所、学生23,178人，接受日文教育学童的数量首次超过接受中文教育学童的数量。

日本占领台湾二十年后的1915年，全台仍有书房599所、学生18,000人（时日本公学校共计284所、学生66,078人），而前述众多接受中文教育的台籍学童，在1945年台湾光复时，年仅40余岁。这也是为何台湾光复时，那么多台湾人衷心欢迎台湾回归祖国的原因之一。此亦可见，科举教育对日据时期台士传承中华文化的深远影响。

七　台湾人赴外省任官

回避本籍　关于限制地方官任地制度，并非起自清代，明朝初年明太祖即规定南人任北官，北人任南官。清代对地方官之任地限制较明代更严格，吏部规定地方官须一律回避本籍，并且不得出任本籍五百里以内之地方官。根据李国祁先生与周天生先生以 53,274 名清代基层地方官为样本所做的量化分析可知，仅有极微小比例者出任其原籍之知府或知县。

台湾人赴大陆任官　依回避本籍的规定，有清一代台湾人考中文武进士或举人者，也是调至大陆为官。兹举数名 18 世纪台湾人中武进士，而调至大陆为官之例如下：

△ 浙江提督王得禄
王得禄，台湾嘉义太保乡人。林爽文事件时，其家甚富有，乃捐资募勇从征助平乱事，清廷赐花翎顶戴，迁千总。1808 年任福建提督，1820 年改任浙江提督，道光元年（1821 年）因病陈情休致。

1712 年台湾县人林大瑜授卫守备，约相当于今之上尉军官。

1713 年诸罗县人许喻授镇中营游击，约相当于今之中校军官。

1718 年台湾县人范学海授山东省兖州寿张营中军守备。

1739 年凤山县人蔡庄鹰则任御前正黄旗蓝翎侍卫，正六品。

1793 年竹堑人周士超则官至广东香山副将，约相当于今之少将军官。

1796 年彰化人吴安邦亦官至闽安副将。

至于 19 世纪的王得禄与林文察，则是赫赫有名的封疆大吏。王得禄为嘉义太保乡人，自 1808 年始任福建提督与浙江提督十余年。林文察因军功，于 1863 年升任福建陆路提督总兵官，次年与太平军于漳州附近交战时殉职，清廷加太子少保，入祀京师。

至于文官则有：

1693 年　台湾举人王璋即初为云南宜良，后升主事迁监察御史。
1771 年　彰化举人叶期颐则官至南宣威知州。
1823 年　淡水厅进士郑用锡官北京礼部铸印局员外郎四品衔。
1826 年　彰化进士曾维桢任湖南澧州石门知县。
1829 年　淡水厅粤人进士黄骧云亦官于北京工部营缮司郎中。
1835 年　嘉义进士郭望安官湖北知县。
1844 年　澎湖进士蔡廷兰官江西知县。
1868 年　宜兰进士杨士芳官浙江知县。
　　　　　淡水厅进士郑廷扬则为钦赐翰林院检讨。
1871 年　凤山县进士张维垣官浙江遂昌知县，是年并调同考官。
　　　　　宜兰举人李望洋赴北京会试，录取大挑一等，赴甘肃为官，历知兰州府渭源县、狄道州、河州，累官至河州知州，花翎四品顶戴，1885 年方告假归故里宜兰，在外为宦凡十三年。
1885 年　凤山举人陈日翔，官中国驻吕宋总领事。
1889 年　苗栗进士丘逢甲，官工部主事。
1890 年　台南进士许南英，官福建龙溪知县。
1898 年　淡水新竹进士黄彦鸿，官军机章京领班总管，兄举人黄宗鼎（彦威）官福建建宁知事。
1903 年　台湾末代进士汪春源（台南安平），官江西乡试（省级考试）同考官。

我国幅员辽阔，各地自然环境、人文风俗、语言等差异颇大，而边疆少数民族的文字语言，与大陆之汉文汉语相异。17～18 世纪交通不发达，又无今日电视、收音机等传播工具，各地人民交流相当不便，从而阻碍了我国各地人民间的相互沟通与了解。因此，就我国而言，清代此一地方官回避本籍制度，使得各省各族精英有机会相互交流，增加各省各族人民间之沟通了解，对促进各省各族人民间的团结，有其正面的深远历史意义。

八　外省人赴台地任官

清廷重视台湾　清廷一向处处重视台湾，诚如嘉庆皇帝所云，"台湾远隔重洋，在海疆尤为最要之区"。就以统辖台湾的最高军事指挥官——台湾镇总兵为例，清廷在全国共设有69个总兵，其中56个为陆路，13个为水师，清廷并依地方的重要性而将之分为"最要缺"与"要缺"，而福建台湾镇则与浙江定海镇及广东南澳镇同为水师最要缺，亦即全国最优秀的水师将领方有资格被派往此三处任水师总兵。

台湾总兵为水师中最重要的职位，其拣选方式初期甚至是特旨拣补（即由皇帝亲自选任），康熙中叶后改为论俸调补，再后则由总督具题请旨。至于文官，早在1729年时雍正皇帝即特谕吏部谓"台湾地方远隔重洋，全在道府厅县各得其人，而该员又须熟悉风土情形，殚心办理，于地方始有裨益""着该督抚于闽省大陆官员内拣选贤能之员，乘冬月北风之时令其到台"。

奖励台湾文武官员升迁　由于台湾与福建隔海相望，古时交通远较今日困难，且因新辟之地，繁华程度自不能与大陆繁盛省份相比，故清廷对台湾也与其对我国另外一些偏远地区一样，实施奖励升迁制度，以鼓励官员赴台任职。

1694年，清廷题准台湾各官"三年俸满如能称职，以应升之缺即用"。1729年，清廷从吏部所议"凡调往各员期满之日，政绩优著者准加二级，称职者加一级，以示鼓励。至府经历、县丞以下及教职等官，事务简少，毋庸委员协办，应照定例，三年称职，咨部以应升之缺即用"。1810年，清廷议准"嗣后台湾厅县等官五年俸满，除台湾应升出缺仍照例先尽用外，遇有内地应升之缺，即照广东琼州府属之例，先升台俸期满一人，次用内地应升一人，分班轮

△ 曾任浙江省遂昌知县的台湾凤山人张维垣与其夫人的合影

用"。整个清代在台将弁与大陆相较，其任期较短而升迁较速。

巡台御史事迹　1721年6月，台湾发生朱一贵事件，事后清廷检讨施政措施时，康熙皇帝谕曰"每年自京派出御史一员前往台湾巡查，此御史往来行走，彼处一切信息可得速闻，凡有应条奏事宜亦可条奏，而彼处之人皆知畏惧，至地方事务，御史不必管理也"，并随即自次年起派遣巡台御史。

△ 按察使衔分巡福建台澎兵备道兼提督学政杨廷理于乾隆五十九年（1794年）中秋所书"大丈夫"匾额
杨廷理（1747—1813），字清和，号双梧，广西柳州人，一生中三度抵台，多次出任台湾知府、台湾道，于任内设噶玛兰厅，趋走海盗朱渍，深受台湾人民爱戴。

由于清廷对巡台御史非常重视，故不少巡台御史多有所作为与贡献。例如首任巡台满御史吴达礼（满洲正红旗人）奏请于诸罗县北半线（彰化市）地方分设知县一员。清廷随即于1723年在诸罗分设彰化县，从而对台湾中部开发有所裨益。首任巡台汉御史黄叔璥（顺天大兴人）则于来台巡察后撰《台海使槎录》一书，内容详尽丰硕，其中番俗六考，更是就当时台湾南北各地先住民之居处、饮食、衣饰、婚嫁、丧葬、器用等六事分别加以考察并记载，故该书为研究前清台湾史之重要史料。其后巡台御史范咸（浙江仁和人，1745年任职）与六十七（满洲镶红旗人，1744年任职）亦合纂《重修台湾府志》。

巡台御史禅济布、丁士一、索琳、尹秦、赫硕色、夏之芳等人，在其上雍正皇帝之奏折中，处处显示他们对台湾田粮、收成、米价、田赋、自然灾害、政风、教育、军情、军纪、地方治安、汉番问题等皆有相当深刻的了解，并能迅速将实情直接呈报雍正，其中不乏具体并获清廷采纳之建议。

1788年4月9日，乾隆皇帝认为巡台御史职分较小，且不能备悉台地情形，殊属有名无实，乃下令将请派巡台御史之例停止。

文官素质万中取一　一如大陆其他地方，清廷派抵台湾的历任巡台御史、分巡台湾道、台湾知府、台防同知、淡水同知、理番同知，各县知县，澎湖与噶玛兰通判等各级行政官员，几乎均是贡生、举人或进士出身。教育系统的历任教谕与教授，几乎全是举人或进士出身。

如本章前述，各地童生经童试取中秀才的录取率为1%~5%，秀才参加

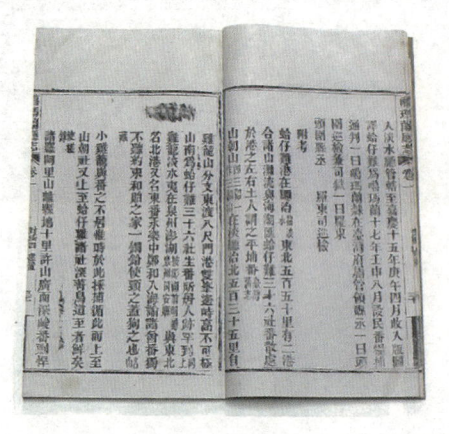

△《噶玛兰厅志》　　　　　　　△《噶玛兰厅地舆全图》(19世纪初)

各省乡试取中举人的录取率为1%～2%，举人参加北京会试高第进士的录取率则约为3%。换言之，如果是举人出身，即表示其在原乡在读童生中是以0.01%～0.1%的比例经激烈科考而出的。如果是进士出身，则表示是从全国在读童生中，经层层科考，以0.0003%～0.003%的比例脱颖而出的。无论举人或进士，均可谓全国各地方所选的知识精英，故有清一代各级文官，总体素质可说相当优异。

台湾向为清廷所重视之海疆重地，故清廷对台湾文武官吏的任用铨选与考核，均是经浙闽总督严密监督的。因此其出身履历大多不差，文官几乎都是贡生、举人或进士出身，且调往台湾的官吏以能力为遴选标准，加上回避本籍的制度，更使派往台湾地方的官员，对台湾各族群较易采取客观的超然立场。

台地良吏辈出　台地良吏，当以晚清在台推动新政的沈葆桢与刘铭传最为著名，惟在此亦略举其他二三例如后，供读者参考。例如1684—1689年间任台湾知府的锦州人蒋毓英，积极招集流民开垦。1710—1715年间任台湾道的广东海康人陈璸，则以"天下清廉第一"之誉屡受康熙皇帝赏识。1714—1719年间任诸罗知县的贵州贵筑人周钟瑄，大力倡导兴修水利，捐银捐谷助庄民合筑或重修陂圳达32条之多。1837—1841年间任凤山知县的河南河内人曹谨，不辞劳苦，集绅耆，募工匠，由淡水溪（高屏溪）决堤引水，兴工凿圳，终于1838年冬完成此项工程，计掘圳4万余丈，可灌田3万余亩，知府熊一本将之命名为"曹公圳"。曹谨于1841年升任台湾淡水同知，在任五年（1841—1846年），缮城郭、修衙署、勤听断，其离台临行前，为之饯行者达数千人。

又例如杨廷理，一生中曾三度抵台，在台前后为宦十六年，终始近三十年，曾率众阻却海盗朱渍入侵噶玛兰地方（宜兰县），又三番两次议筹终于促成噶玛兰之设官经理，另并倡议该地番民土地保留政策，以照顾弱势族群番民的经济利益。及其离去（时杨廷理已67岁）后，兰地人民思其创建之功与捍御之力，乃设杨廷理禄位于兰城（宜兰市）西关帝殿后之文昌坛，生为祀之。而首任噶玛兰通判翟淦（山东淄川人），亦素精强，事必躬亲，在任五年积劳成疾，而于1817年逝于任内，兰人感之，乃设翟淦奠位于杨廷理之右。杨、翟二人都属非闽南语系的外乡人，且人亡情散，然仍能享此殊荣，当可证明杨、翟二人确实是实心办事、有功于台湾地方的好官。

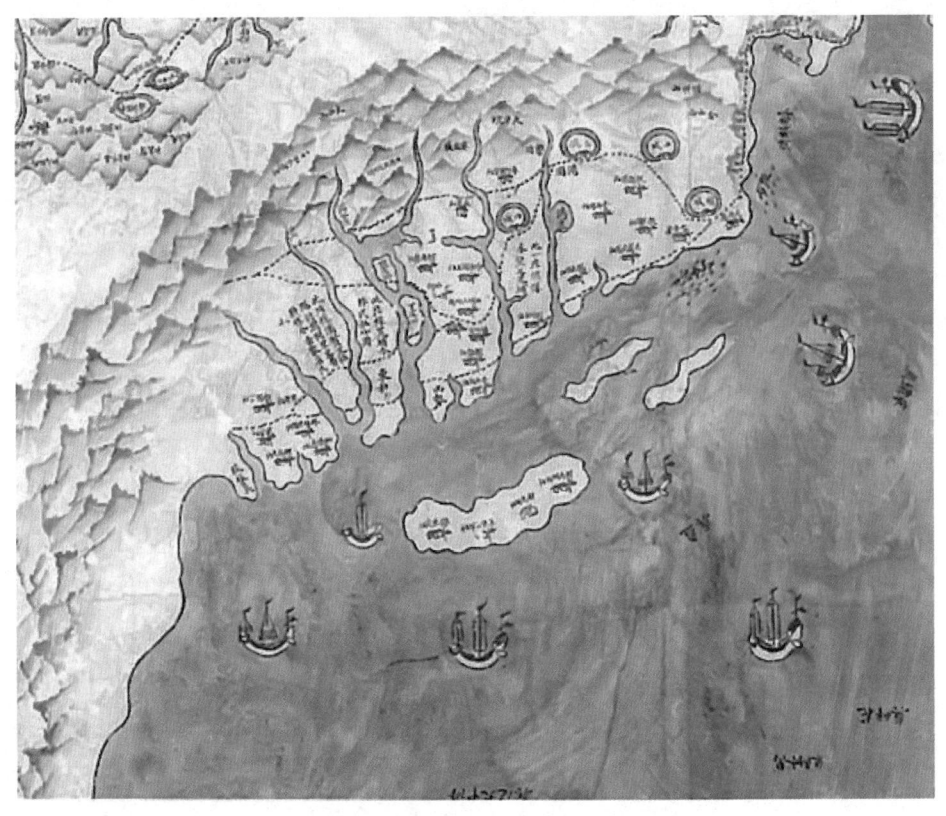

△ 道光台湾舆图（噶玛兰部分），1821—1850年（秋惠文库于昉提供）

第十二章
列强窥侵中国台湾

一　英国窥伺台湾

我国在台积极备战　道光十九年（1839年）夏，钦差大臣林则徐在广州厉行禁烟，是年年底中英海军在穿鼻海面发生炮战。

1840年夏，英国东方远征军（Eastern Expeditionary Forces）舰队抵达澳门，中英之战迫在眉睫。此时，身任我国东南海疆重地台湾的福建台湾道姚莹（安徽桐城人，时年56岁）已预料英方必将发动战事，乃会同台湾镇总兵达洪阿（满洲镶黄旗人）积极备战，动员弁兵3,481名及屯丁、乡勇、水勇等，布防于安平大港、四草、国赛港、树苓湖、番仔究、八里坌口、大鸡笼、苏澳等八处水势宽深口岸，及鹿耳门等九处南北路次要小口岸。

英船第一次犯台湾失利　1841年9月底，当英国舰队在舟山群岛附近洋面集结，并攻占定海之际，英军运输舰"纳尔布达"号自鼓浪屿驶往浙江洋面。9月30日清晨，"纳尔布达"号驶进鸡笼港内，并炮击二沙湾炮台，我国守军发炮还击。"纳尔布达"号被击中，桅折索断，不得不随水退出，惟港外海浪骤起，船身触礁破碎，船员纷纷落水，或溺亡，或泅水上岸，或乘舢板逃逸。当时鸡笼守军驾船合力追捕，击杀32人，俘虏印度黑人132人（船上20余名英军官兵则乘小艇逃脱），并捞获10门英炮。

英船第二次犯台湾失利　1841年10月19日上午，有一艘三桅英船在鸡笼

△ 187 名英人于 1842 年被处决前在台湾府遭监禁的谷仓
资料来源: W. Pickering, Pioneering in Formosa, 台北: 南天书局, 1993 年 7 月.

△ 英国人在梧栖的樟脑仓库
资料来源: W. Pickering, Pioneering in Formosa, 台北: 南天书局, 1993 年 7 月.

口外停泊，遣人愿以每人 100 元洋银的代价索还日前被擒俘虏，未获回复。是月 27 日上午，该英船乃突进鸡笼港，直轰二沙湾炮台，并派军登陆三沙湾。当时，我国守军开炮还击，击毙登岸的英军 2 名，英军始退，英船亦于 28 日中午退离。

英船第三次犯台湾失利 1842 年 3 月 11 日清晨，一艘自舟山岛驶往澳门、共载 57 人的英国商船"阿纳"号，航抵大安港附近海面。官方募渔民粤人周梓等诱引"阿纳"号触暗礁搁浅后，我军奋力攻击，船遂破沉。是役，生擒 18 名白人、1 名红人、30 名印度黑人，并夺得英炮 10 门。道光皇帝接获奏报，特朱批"全赖尔等智勇兼施，为国宣威，朕嘉悦之怀，笔难罄述"。

处决英俘事件 1842 年 7 月 6 日，姚莹与达洪阿遵旨将除头目外的 139 名俘虏均予正法。8 月 29 日，中英双方签订我国近代史上第一个不平等条约——中英《南京条约》。11 月 21 日，英国全权公使璞鼎查（Henry Pottinger）强烈要求中方惩办杀俘官员。清廷无奈，只得于次年 4 月 11 日将姚莹与达洪阿二人革职，解交刑部。当时，姚莹不惜微躯以全大局、以纾国难，甘愿就捕押往北京受审，并于 10 月 6 日入刑部狱。后道光皇帝命大学士查取亲供，详加披阅，加恩免其罪，并于 10 月 18 日令其出狱。是年底，姚莹出任四川知州、达洪阿出任哈密办事大臣。

英舰炮击台湾安平军营 咸丰十年（1860 年）英法联军侵华，火烧北京圆明园，逼迫清廷订立中英、中法《北京条约》，后者第六条"并任法国传教士在各省租买田地，建造自便"，使列强进一步取得在我国传教的权利。

△ 台湾岛图（1845年）

英国海军Collins船长派舰于1845年到台湾东海岸实地测绘海岸线及水深，并正式发行台湾全岛地图于其世界地图册中，图上注明"西岸根据旧海图资料，东岸根据Collins测量"字样。此地图的出版使整个台湾的形状终于为世人所知。（叶忠训收藏）

△ 台南府小北门一带（1867—1870年）
照片：Saint-Julien Hugh Edwards, 1867—1870.
王雅伦，《法国珍藏早期台湾影像》

△ 高雄港（约1870年）
照片：Saint-Julien Hugh Edwards, 1867—1870.
王雅伦，《法国珍藏早期台湾影像》

　　我国台湾地方也不例外，同治四年（1865年），英国长老教会（Presbyterian Church）派传教士马雅各（James Laidlaw Maxwell）抵台，于台南布教。基督教在台湾再度兴起，屡见穿凿附会的蜚言流传，一旦有谣言，教案即随之发生。1859—1867年间，台湾南部大小教案竟超过十起，几乎年年不绝，但都未构成严重的涉外事件。

　　1868年4月，凤山埤头发生传教士以符咒与药物迷人的传言，当地百姓乃聚众拆毁该地英国长老会教士马雅各的教堂。5月3日，华人教徒庄清风在左营地方，被多人指为耶稣教徒，常以药毒人，因而被众人群殴致死。当时，英国在台湾大肆偷贩私运樟脑，官方不得不严加取缔。甫于7月1日抵达台湾的新任英国驻打狗领事吉必勋（John Gibson），就我官方取缔英商偷贩私运樟脑事屡次交涉，未获结果，乃转向驻香港英国海军求助。驻香港英国海军高级官员司各脱

△ 19世纪70年代的台湾打狗港

"打狗港"之名源自高雄的古称——打狗,其语源为该地先住民马卡道族的称呼"takao",后汉人借闽南语音书写为"打狗"。该港口位于今台湾高雄市,为高雄港的前身。

(Charles Scott)遂率舰赴台协办,由于未达到他们的要求,吉必勋乃与司各脱分别报告驻华英使及海军司令凯帕尔(H. Keppel),力请派遣强大舰队,胁迫台湾地方官员就范。

11月21日,英海军少校茄当(Thornhangh P. Curdon)奉令率"爱吉伦"号与"布斯达特"号两舰驶抵台南安平。22日,茄当少校向安平协发出最后通牒,限十二个时辰内让出安平。吉必勋也于当天向福建兴泉永道曾宪德发出照会。在此剑拔弩张之际,曾宪德立即于24日与吉必勋展开协商,但是日下午茄当所率军队已进入安平小港。25日茄当下令开炮轰击,并再次通牒我方守军退出。26日晨四更(凌晨1—3时)后,茄当率兵登陆并突袭安平协署,放火焚毁该处三营军装火药局库,我国兵勇伤亡50余人,副将江国珍受伤后服毒自尽殉国。

在英国炮舰的威胁下,曾宪德几乎全部接受吉必勋所提要求,例如严惩涉嫌教案人犯,赔偿教堂损失,取消官方专卖樟脑权利等项。英军则候至各案办结后,始行退去。

△ 台湾岛图（1864年）
此图是英国驻中国台湾府副领事郇和（Robert Swinhoe）发表在英国《皇家地理学会期刊》文章上的附图。

《中国及其子民》（*Illustrations of China and Its People*，1871年）

1858年我国与英、法等国签订《天津条约》后，台湾也对外国开放通商。此后，不乏西方人（包括摄影师）来到台湾，英国摄影师 John Thomas 为出版摄影集《中国及其子民》即于1871年来到台湾拍摄，以下四张照片即反映了那个时代的先住民。

△ 拔马的平埔族（1871年）

△ 万金庄的平埔族妇女（1871年）

△ 老浓地区平埔族小孩（1871年）

△ 高雄内门木栅地区的平埔族猎人（1871年）

二　美国染指台湾

美军擅驻我台湾打狗港　咸丰五年（1855年），美国东印度舰队司令马休·C. 佩里（Matthew C. Perry）建议美国在台湾建立一处美国殖民地或居留地，作为美国发展其东方商务的中心。佩里认为台湾恰好位于中国沿海主要商港之前，不但足以掩护并控制那些商港，还可控制中国东北海面之入口，其形势正如古巴一样，只要由一个强大的海军国家掌握，就可控制佛罗里达南端美国海岸和墨西哥湾的入口。

1857年春，美国东印度舰队司令奄师大郎（James Armstrong）于征得美国驻华外交代表伯驾（Peter Parker）的同意后，派其所属水兵队长辛兹（John D. Simms），以调查前年在台湾南端失事的美国商船"飞鸟"号为名，赴打狗（高雄港）美商居留地驻扎，升起美国国旗，并搜集各种有关资料，作为日后美国在台采取行动的根据。

美国商船"罗妹"号事件　1867年3月9日，有一艘自汕头驶往牛庄的美国商船"罗妹"号，在台湾海峡南端遭遇台风而触礁，船主水手共14人至琅峤（恒春）尾龟仔角登岸，"猝遇生番，多遭戕害"，仅余一名华人水手幸存逃生至打狗报案。是时，当美国驻厦门领事李让礼（Charles W. Le Gendre）获悉此事后，即于4月18日渡海抵台湾府，照会台湾镇总兵刘明灯与台湾道吴大廷等，要求美军协同查办此案，但遭婉拒。

美军登陆中国台湾琅峤　1867年6月13日上午8时半，美国亚细亚舰队司令培尔（H. H. Bell）率旗舰"哈特福德"号及"怀俄明"号，抵台湾南端海湾停泊，美军181人登陆龟仔角，但被该处"生番"袭击，副舰长麦肯齐（A. S. Mackenzie）阵亡，美军无功而返。对于美军此次不经知会而登陆龟仔角一事，总兵

△ 54名琉球番民墓
1871年12月，69名琉球番民乘船遇风而漂至台湾琅峤东海岸的北瑶湾，其中54人遭当地"生番"杀害。此事被日本利用作为侵略台湾的借口。图即为54名琉球遇害者的墓。

刘明灯等获悉后，不胜诧异，乃积极设法防备。

当时，李让礼不断对中国方面施加压力，要求尽速查办本案。9月6日，李让礼乘闽省专轮抵台湾府催办。台湾镇总兵刘明灯乃于10日率兵500出发，李让礼及翻译等同行，于12日拔营进扎龟鼻山，且准备分路并击；但在英商必麒麟（W. A. Pickering）的安排及李让礼的威胁利诱下，十八番总头目卓杞笃于10月10日与李让礼达成和解协议，要点为以后如有船员遇风漂至该地登岸，由该番妥为营救。李让礼于15日照会刘明灯，略述其与卓杞笃的协议经过并请撤兵，恳免深究。刘明灯同意结束军事行动，并于23日率军北归，李让礼等随同撤退，于是年10月30日返厦门。对于李让礼的此行成就，美国亚细亚舰队司令培尔少将及美国驻北京使馆代办卫廉士（S. Wells Williams），均倍加赞扬。

美国唆使日本攻取台湾　1871年9月13日，我国钦差全权大臣李鸿章与日本钦差全权大臣伊达宗城于天津山西公馆，缔结《中日修好条规》。是年日本废藩置县，公布琉球属于改制后的鹿耳门岛管辖。同年12月，有69名琉球人因乘船遇风而漂至台湾南端琅峤东海岸的北瑶湾（即八瑶湾，屏东满州乡海岸），3人淹毙，66人登岸，其中54人惨遭当地高士佛与牡丹社"生番"杀害，幸存者被土民杨友旺所救，始得保全。我国官方立即妥为抚恤，并安排他们归返。但日本政府获悉此事后，却以其为侵台借口。

1872年10月16日，日本宣布将琉球王国收为日本帝国的一部分，当天日本外务卿副岛种臣会见美国驻日公使德朗（Charles E. De Long），通知其有关琉球入属日本的决定，德朗即趁机询问日本对牡丹社事件的态度。副岛种臣表示，日本正在考虑可能采取的各种行动方案，并详询美国1867年出兵台湾的经验。德朗乃乘机推介美国驻厦门领事李让礼诱导日本出兵台湾，因德朗认为倘能说服日本出兵攻占台湾，与中国交恶，日本将不得不放弃与中国结盟，从而增进美国的重大利益。

美国不惜一切手段破坏中日关系　德朗与李让礼二人为何一致力促日本采取攻台之策？其目的何在？驻日公使德朗在其当时上呈美国国务卿汉密尔顿·菲什（Hamilton Fish）的报告中阐释，因其唯恐日本于真正了解西方国家在日本活动并予协助的动机后，一旦发生变故，则日本又将回到闭关主义，并与中国、朝鲜结合，如此将使东方问题更难解决。故唯有设法鼓励日本政府于行动中彻底舍弃闭关主义，疏远中国与朝鲜，或与两国敌对，从而成为西方的同盟国。在当时的情况下，正是施展联日政策的难得机会，即使是采取战争手段，也可将其垂涎已久的台湾与朝鲜地区置于一个同情西方诸国的国旗下（借指日本），借以消除对各国商务之危害，并弭平日本内部动乱或内战的危机，以增进美国在日本的利益。

三　日本窥伺中国及其对台谍报活动

李让礼向日本提供大量有关侵台情报　当时日本政界与军人对台湾问题有各种不同态度，副岛种臣乃积极向各方推销其与李让礼及德朗三人所议构想。一个多月后，太政院即决定派遣特使团赴北京交涉，副岛种臣亦于1872年12月18日奉天皇敕令，成为赴华的钦命总理全权大臣，表面上是为中国同治皇帝成婚与成年视事之庆典活动祝贺，实则负有与中国谈判琉球与台湾问题的任

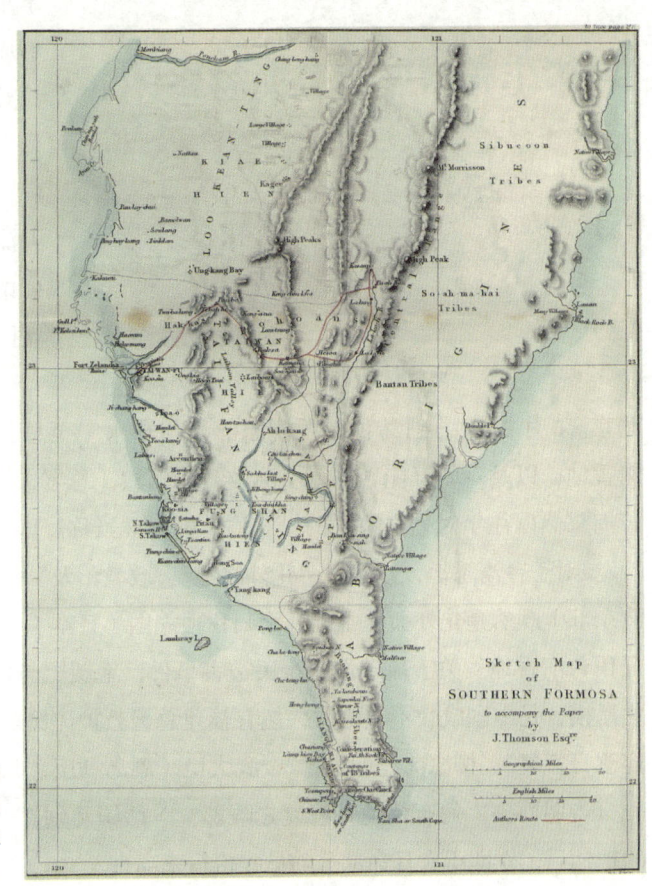

△ 台湾南部图（1873年）
此图描绘1871年英国摄影师John Thomas与传教士马雅各医生（Dr. James L. Maxwell）前往台南、高雄沿山一带走访路线。

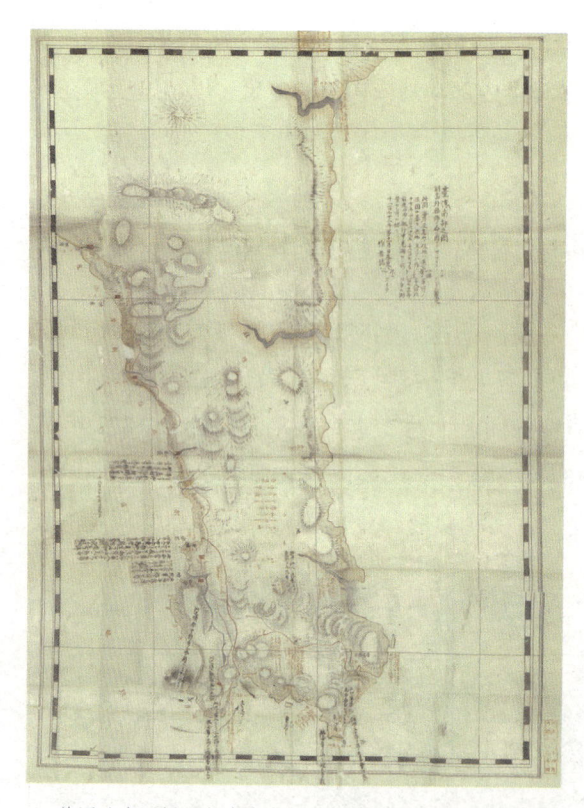

△ 美国驻我国厦门领事李仙得（Charles W. LeGendre）奉日本外务卿副岛种臣之命，于1872年所绘《台湾南部之图》供日本侵我台湾参考之用，图中标示有港湾地形、适合扎营处所、生番熟番部落人口、牡丹十八社总头目卓其笃厝等讯息（日本早稻田大学图书馆藏）

务。12月28日，日皇敕令任李让礼为日本外务省二等官。当时，李让礼先后向副岛种臣提出第一号至第六号备忘录，向日本政府提供有关侵略台湾之军事、外交等各方面种种具体建议及中国政教不及番地的理论根据。

副岛种臣赴北京套取中方语言把柄 1873年2月28日，日本政府派外务卿副岛种臣为特命全权大使来华，当时随行者尚有副使柳原前光、顾问李仙得（李让礼，其改名用意不明）。3月31日，副岛种臣抵上海。4月8日离开上海。20日抵天津。4月30日在天津山西公馆与中国北洋大臣李鸿章互换条约。

5月7日，副岛种臣抵北京。6月21日，副岛种臣派柳原前光与郑永宁至总署，询问中国对澳门、台湾番地，以及对朝鲜能否施行实际政教管辖权，总署二位大臣毛昶熙与户部尚书董恂果然以往年对列强答复的模式称，朝鲜"虽称属国，至于内政教令，皆无关旨"。对于台湾番地，则答以"化外之地""政教不及"等语。柳原前光则云"（台湾东部）既然是化外孤立番夷，则归我独立国（日本）处理"，亦即暗示日本有意征伐台湾番地。关于琉球漂流难民被害事件，毛昶熙与董恂则谓"不能制御生番之暴横，是中国政教不及之故，然有福建总督救护琉民之奏报等文件，犹待检查，容改日答复"。柳原前光即云："今我大臣（副岛种臣）归心如箭，惟思两国之好，一言告明而去，何有待他日答复之暇耶？"话毕乃别。副岛种臣套得中方语言上的把柄后，立即于次日命部分随员收拾行李离京。

当副岛种臣在北京展开征台外交时，其国内已兴起征朝声音。待副岛种臣使清回到日本后，见国内舆论沸腾，故也就转向支持以西乡隆盛为代表的武断派征朝。经过激烈的权力斗争，武断派被以大久保利通为代表的文治派斗垮。因此，副岛种臣亦于 1873 年 10 月 25 日随西乡隆盛等辞职。

日本特务至我国搜集情报　　当时，随副岛种臣来华的陆军少佐桦山资纪，于 1873 年 3 月自长崎抵达上海后，随即与日本留学生黑冈勇之丞、福岛九成、成富清风等见面，传达副岛种臣所下达的视察台湾的命令。桦山与黑冈并先于 3 月下旬同赴汉口，4 月 4 日回上海，由桦山资纪向副岛种臣提出汉口视察报告书，然后从上海赴台湾淡水，经陆路南行视察台湾南部，5 月 13 日返上海，30 日回北京。当时在香港留学的水野遵（1871 年起留学中国，中文流利），亦于 2 月收到副岛种臣下达的视察台湾命令，乃于 4 月赴台湾调查北部"大溪番"，至 5 月下旬离台赴上海，1873 年 6 月 15 日抵达北京，加入北京之征台侦察员行列。

桦山资纪侦察台湾东部　　当获悉柳原前光于 6 月 21 日获得了中国语言上的把柄时，桦山资纪意气昂扬，认为征台时机更加成熟，与副岛商量后，乃随即离开北京与成富清风等赴台侦查，7 月 3 日抵上海。桦山又招纳在华五年精通汉语的日本留学生城岛谦藏，与儿玉利国、成富清风等一行人于 7 月 17 日自上海起航，20 日抵福州，居月余，于 8 月 23 日抵淡水。当时水野遵已再次来台。随后桦山资纪偕同成富清风、儿玉利国等远赴台湾东部的苏澳与南澳活动。当时，在精通台湾番民情况的英国领事馆馆员墨西哥人彼得（Peter）的建议与协助下，桦山决定先探查台湾东部的南澳番地，他们自 9 月 5 日由淡水开船出发，经由鸡笼抵达苏澳，沿途调查番人情况，意图利用番人开辟的道路前往南澳并企图占领南澳，但遭清廷驻噶玛兰厅官吏干涉而中止，乃于 10 月 16 日返回淡水。待返抵淡水后，桦山仍未接获 10 月征台消息，因此商定由儿玉利国和成富清风赴香港，以便与日军联系。桦山资纪在停留淡水期间，伪装成商人以隐藏其日本军人身份，并假称其商号为朝阳号，且故意调查地方物产以为掩护。

1873 年 9 月，陆军少佐福岛九成返回日本，向岩仓具视提出台湾视察报告书，12 月 5 日向岩仓具视提交出兵建议书。次日，视察员海军大尉儿玉利国与留学生成富清风返抵日本，于 12 月 17 日获内务卿大久保利通召见，并听取二人视察台湾的报告。次年 1 月儿玉利国向海军卿胜安房提出征台建议书。

《台湾地方觉书》　　当时，成富清风在其所撰的调查报告《台湾地方觉书》中，就日本的立场，阐述台湾战略地位时称："台湾岛位于琉球番之西南，实吾皇国之门户也。如果该门户不能坚守，出则无法控制西南各国，入则无法捍卫皇国。昔者九州边境之民，据此岛西窥闽粤，南通吕宋及西南各岛屿，故欲将国威向外宣扬，占据此岛始可指挥西南各国。盖欧美各国之船舶，来往亚洲者，无不经过此一门户，而经过者必垂涎欲滴。如今该地唯三分之一属于清朝，而岛上欧美居民却不少，且皆在觊觎台湾，卧榻之侧，岂容鼾睡！"故其结论为"展缓一日则失一日之良机，唯仰乞尽速决定开辟台湾之议"。

桦山资纪、水野遵侦察台湾南部 1873年12月初，桦山资纪接获香港代领事信函，得知香港与日本间的联络一直中断，故桦山于12月10日赴香港，从而获悉西乡隆盛与副岛种臣等下台的消息。于是桦山乃转往上海并遇见日本陆军派至中国大陆的益满邦介、美代清元等7名侦察员，及乘"春日"舰抵上海的海军少丞仁礼景范，桦山从而更了解日本国内政情，并收到西乡从道的返国命令。但为实现征台，桦山乃决定于12月26日自上海乘"春日"舰再赴台湾（"春日"舰系奉命出发赴中国沿海侦察航路），途经宁波、福州马尾、厦门、香港与澳门等各地时多所停留。

1874年3月9日，桦山资纪乘"春日"舰抵我国台湾打狗港，并约该舰翻译官水野遵同行，赴台湾南部探察。于3月24日抵枋寮，随即侦察车城附近各社番地形势。4月1日自车城北转枫港、刺桐脚、东港、凤山、打狗、安平、台南、嘉义、彰化、大甲、后垄、竹堑、中坜等地侦察，于4月22日至淡水。当桦山从旗后（高雄市旗津区）口经枋寮，抵车城、社寮等地探勘时，还绘制了龟仔角山及沿海地图；水野遵更是携带前美国驻厦门领事李让礼往年所绘的地图，沿途查对。

1874年5月8日和10日，日军约2,000人登陆琅峤。当时，桦山资纪于5月9日自鸡笼登陆出发，经陆路于19日抵打狗，与经水路抵打狗的水野遵会合，于5月26日赶到射寮，28日晋见西乡都督及赤松参军，随后出任风港（枫港）指挥官陆军少将谷干城的指挥副官。

四　日本占领台湾恒春

日本征台准备 1874年2月6日，日本内阁会议决定征台。4月初，日本政府任命西乡从道为陆军中将兼台湾番地事务都督，陆军少将谷干城和海军少将赤松则良为台湾番地事务参军，大隈重信为台湾蕃地事务总裁，陆军少佐福岛九成为厦门领事，李让礼为台湾番地事务局准二等官。

1874年4月27日晚，陆军少佐福岛九成与文武官兵共217人乘辅助舰"有功丸"号自长崎出发。5月2日，"孟春"号与远征舰队旗舰"日进"号两舰及运输船"三邦丸"号与"明光丸"号，接着自长崎出发，船上载有陆军少将谷干城、海军少将赤松则良以及1,000多名士兵。台湾番地事务督都西乡从道亦率日军，乘"高砂"号与"社寮"号自长崎出航。

此次征台，日本政府以殖民局名义发布命令书，征台日军除常备军之外，尚包括征募选拔失业的健壮年轻人组成的殖民兵，他们没有服役期限，视其后情况和命令移民，另外还包括和尚、从军记者及供应军用品的500名各行业工匠。此次先期投入征台行列人数计达2,488人左右，侵台日军部队的行李中，甚至还有182种西洋植物。由上述种种，可见日本人征台计划之周密，及其侵略和占领中国领土——台湾之野心。

日本占领台湾恒春　1874年5月8日和10日，日军2,000余人登陆琅峤。当时日军军营各自"做成木屋、砖瓦、食粮、盐菜等件，以图久计"。是时，由于在鹿耳岛募集的殖民兵不顾军规禁令，以侦探为名，深入山谷村庄，致使数名日军士兵分别于19日、20日受伤乃至被杀。

5月22日，陆军中佐佐久间左马太率兵200人进入四重溪庄，深入山谷石门

△ 1876年沈葆桢所建安平亿载金城内的"阿马士庄"（Armstrong）大炮

《台湾风俗图》(1875—1876 年)

　　1874 年牡丹社事件，日本占领我国台湾恒春，清廷皇帝和军机大臣等急于了解台湾情形。1875 年 7 月 15 日军机处发出上谕，提及"福建内地并台湾所属各县及各番社，着详细绘图呈览；并着将各种番族形状另行详绘成帙，一并进呈"。8 月 8 日沈葆桢收到上谕，8 月 22 日沈葆桢乘船离台。1876 年 3 月 31 日，沈葆桢上呈奏折《进呈台湾全图并各番族形状风俗折》，提及"台湾全图及番族情状由臣葆桢绘呈"。本案，当时沈葆桢令船政委员张斯桂（1817—1888）督率船政艺生绘制地图与图画。(陈宗仁编撰，《晚清台湾番俗图》，见畏冬，《图册的典藏与制作》，中研院台湾史研究所，2013 年 8 月，pp.8—28.)

△ 台北凶番归化图说 　　　　　　　△ 台南生番归化图说

△ 生番炙鹿图说 　　　　　　　　　△ 生番杀人耀武图说

第十二章 列强窥侵中国台湾 | 173

△ 台南番社花卉图说

△ 台南番社瓜果图说

△ 台南番社杂木图说

△ 番社（汉番）贸易图说

△ 卑南生番围居图说

△ 番女嫁汉图说

△ 台湾道路开凿年代别
大正时期（1912—1926年）（王同茂先生提供）

要地（屏东牡丹石门）。该地两崖削立，箐谷狭水，天然绝险，日军乃鱼贯攀登。牡丹社"生番"约80人埋伏于此，伺机齐射，但日军最后仍成功攻占石门。是役，日军伤10人阵亡4人，牡丹社阵亡12人。当天都督西乡从道也率军抵琅峤，接着于30日动员1,300余名士兵及大炮，进攻仅400余人的牡丹社。日军又于6月2日兵分三路，分别由枫港、石门、四重溪等三处进攻，该地社番不敢拒敌，纷纷逃散。日军乃焚烧牡丹、高士佛、加芝来、竹仔等社，4日撤退回营。接着，日军即以琅峤龟山本营为中心，占领枫港、双溪口及东部的溪口港。

沈葆桢积极备战　5月29日，清廷授沈葆桢为钦差办理台湾等处海防兼理各国事务大臣，所有福建镇道等官均归其节制，江苏、广东沿海各口轮船准其调遣。

台湾南部虽以府城为本，但安平炮台颓废，轮船一炮可直入郡城，故沈葆桢于6月中旬抵台后一面派员赴琅峤与日军谈判，一面又调兵遣将积极备战。7月17日，沈葆桢饬令王开俊由东港带兵进扎枋寮，以戴德祥一营由凤山镇扎东港；18日，运输舰"济安"号从天津运抵洋炮20尊及洋火药4万磅（1磅约为0.45千克）。21日，运输舰"永保"号从广东运抵洋火药3万磅。

中国调遣精锐洋枪队援台　23日，李鸿章奏派远在江苏徐州驻防的提督唐定奎所部，具剿灭捻军实战经验之劲旅——淮军十三营洋枪队6,500人，拔赴瓜洲（江苏南大运河入长江处），分批航海渡台。8月初，帮办潘霨募集少数民族壮勇500人进驻凤山。当时，革职留任的福建陆路提督罗大春带亲勇108名东渡抵台，9月底其原部泉勇一营600人抵苏澳。是时，台湾镇总兵张其光与前南澳镇总兵吴光亮招粤勇2,000余人亦抵旗后。10月底前，淮军十三营洋枪队6,500人先后完全抵台。11月21日，历时四个月的台南市小西门官地军装局完工。次年（1875年）1月7日，历时五个月的小东门火药局也完工。

日本撤离琅峤　是时，侵台日军在8月中旬，十之八九均已罹病。此外，相对我国已于台湾南部增援劲旅洋枪队6,500人并所集其他兵勇所形成的局部优势等因素，日本政府困于在台日军疫疾与国力军备不足，乃决定撤退，以免全军灭亡（据日方记载，此役日本兵员共4,500余名，死于战事者仅12名，病疫者则达550余人之多）。1874年10月31日，中日双方议定《中日北京专约》，我国同意给银50万两。是年12月3日，日军尽行撤离台湾琅峤。

当时，总理衙门办理洋务的中兴名臣文祥（瓜尔佳氏，满洲正红旗人）即谓"现在日本借端启衅，欲肆侵吞，已有不能敷衍之势，且彼与中国最近，傥使其得志台湾，将来之患愈不可问"。而往后局势发展正如文祥所料，从1894年甲午中日战争至1945年日本战败止，日本侵略中国逾半个世纪，其时间之长久，侵略之深入，手段之残酷，几乎使我国濒临分裂与覆亡。就日本而言，时任大藏卿的大隈重信在其《开国大势史》中分析，是役"不但清廷承认琉球人为日本的居民，琉球群岛为日本的领土，且使各国认识日本的兵力，再加上自幕府末年即驻兵横滨的英、法两国，现亦因而撤退，故在明治外交史上，所受间接的利益是很大的"。

五　沈葆桢开山抚番

开山抚番移垦　同治十三年（1874年）日军入侵琅峤的事件，使沈葆桢深深体认到台湾海防孔亟，因此沈葆桢乃欲"一面抚番，一面开路，以绝彼族觊觎之心，以消目前肘腋之患"，其中又以后山（台湾东部）为最。因后山"尔来番社深险之处，皆有游历洋人来往传教，绘画山川，萌芽已见，涓涓不塞，恐成江河"，倘"后山一去，前山（台湾西部）何可复守！台地皆中土之藩篱也，藩篱既撤，则蜥蜴之毒将由背膂而入我心腹，今日犹云借地以居商，他日竟与我分疆而对峙，言念及此，为之寒心"。故沈葆桢乃积极推动开山事业，1874年7月至次年夏，开辟北、中、南各路如下：

北路（苏花古道）　福建陆路提督罗大春（贵州施秉人）亲集营勇、碉勇、土勇、料匠等共4,100余人，开辟自苏澳、东澳、大南澳（南澳）、大浊水、清水、新城、加礼宛（新城）、秀姑峦至花莲港北岸的道路，全长约115千米，后续延至吴全城（花莲寿丰）。

中路（八通关古道）　前广东南澳镇总兵吴光亮（广东英德黎溪人）率勇自林圯埔（南投竹山）、社寮两路向东分开，至大坪顶（南投鹿谷）合为一路，进至大水窟、茅埔、红魁头、南仔脚蔓、合水、东埔。另外，自后山璞

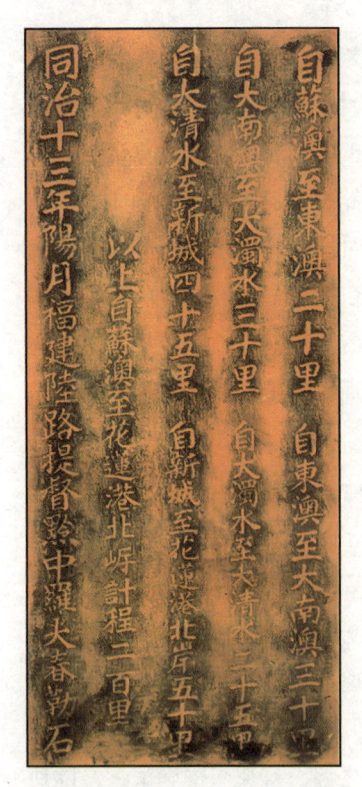

△ 同治十三年（1874年）福建陆路提督罗大春勒石北路里程碑文

石阁（花莲玉里）向西开凿。自林圯埔贯穿中央山脉，经玉山群的八同关（八通关）至璞石阁，全长约 150 千米。

南路（南回公路前身） 同知袁闻柝督导开辟自赤山（屏东万峦赤山村）、狮头山、昆仑坳至卑南（台东市）路线，此一凤山至卑南的昆仑坳古道全长 105 千米。台湾总兵张其光则率军开辟自射寮（屏东枋寮）、立里社、古阿仑、大猫里（台东大麻里）至卑南路线，全长约 120 千米。

开禁 为配合台湾全岛开发，沈葆桢于光绪元年（1875 年）初奏称"盖台湾地广人稀，山前一带虽经番息百有余年，户口尚未充牣。大陆人民向来不准偷渡［台湾自乾隆五十三年（1788 年）始已全面开放良民移台入籍。清代籍有良贱，士农工商四民为良民，奴仆倡优隶卒属贱民］，近虽文法稍弛，而开禁未有明文，地方官思设法招徕，每恐与例不合。今欲开山不先招垦，则路虽通而仍塞；欲招垦不先开禁，则民裹足而不前""际此开山伊始，招垦方兴，臣等揆度时势，合无仰恳天恩，将一切旧禁尽与开豁，以广招徕，俾无瞻顾"。1875 年 2 月，光绪皇帝谕令"所有从前不准内地民人渡台各例禁，着悉与开除，其贩卖铁竹两项，并着一律弛禁，以广招徕"。

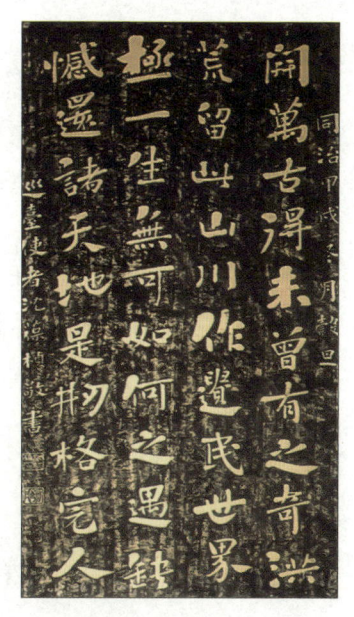

△ 沈葆桢赞美郑成功的木联拓本

增设府县行政区域 鉴于琅峤一带屡有洋人前往窥探，沈葆桢认为亟应乘时布置，以杜觊觎。光绪元年（1875 年）春，沈葆桢过南部之东港、枋寮，经刺桐脚，宿风港，抵琅峤地方，亲往履勘，并再度奏请于琅峤筑城设官，且取县名为"恒春"。清廷随即依沈葆桢所奏，于琅峤置恒春县。

19 世纪 70 年代，台湾北部已颇繁盛，当时淡北荒山穷谷栽种愈盛，开采愈繁，洋船盘运，客民丛集，风气浮动，嗜好互殊，淡南大甲一带与彰化毗连，习尤横悍。惟同知半年驻竹堑（新竹市）衙门，半年驻艋舺公所（台北万华），相去百二十里，因奔驰而旷废，势所必然，且命盗等案层见叠出，南北奔命，分身无术，枝节横生，公事之积压，巨案之讳饬，均所不免。因此，沈葆桢认为当时台湾北部形势，非区三县而分治之，则无以专其责成；非设知府以统辖之，则无以挈其纲领。1876年1月,清廷依沈葆桢所奏,准于福建台北艋舺设台北府,改噶玛兰厅为宜兰县,并新设淡水县,原竹堑地方之淡水厅则改设新竹县。

南北理番同知分别移扎卑南与水沙连 台湾府原设南北两路理番同知,南路驻扎府城,北路驻扎鹿港。但沈葆桢认为"今内山开辟日广,番民交涉事件日多,旧治殊苦鞭长莫及",因此"倘非躬亲坐镇,何以尽抚循之实,而期声教之同""朝廷因事而设官,任官者即宜顾名而思义,该同知既以理番为名,当以抚番为事"。故沈葆桢乃奏请将南路同知移扎卑南,北路同知改为中路,移扎水沙连(南投埔里),各加"抚民"字样,凡有民番词讼,俱归审讯,将来升科等事,亦由其经理。1876年1月,清廷同意台湾南路同知移扎卑南,北路同知改为中路,移扎水沙连,各加"抚民"字样。

六 丁日昌惩贪抚番与洋务

王凯泰抚番 1875年5月30日,清廷任沈葆桢为两江总督兼充办理通商事务大臣,至于台湾开山抚番事情,当时适值福建巡抚王凯泰抵台,沈葆桢乃奏请用心缜密、励行清苦之王凯泰就地经理,毋庸另派大员。

王凯泰于1875年6月20日抵台,当其登舟渡台之际,摒绝供应,随身仆从仅有二人,为向来大吏所未有。王凯泰勤求民隐,博访周咨,汲汲然惟日不足。台俗奢侈糜烂,即立为厉禁,政令一新;又为戒赌戒烟诸诗,编颁童稚播为歌谣,以挽积习。同时着手整饬书院考拔真才,而调度兵勇、筹度兴建、绥辑民番等事,每与沈葆桢往复商讨,则至半夜。其心思之缜密,态度之诚恳,沈葆桢往往称自愧不如。然王凯泰在台湾竟积劳成疾,兼感瘴疠,脚气肿胀,上侵股腹,饮食不进,而于同年11月8日扶病内渡,于是月20日病逝。次年(1876年)2月清廷追赠福建巡抚王凯泰太子少保衔,予祭葬,并于福建省城及台湾府城建立专祠,谥"文勤"。

丁日昌亲巡台地南北 1875年12月11日,清廷任江苏巡抚丁日昌(广东丰顺人,时年52岁)为福建巡抚。1877年1月2日,丁日昌抵鸡笼,同年初夏则因健康欠佳而返回福州。丁日昌东渡鸡笼后,曾亲往八斗与老寮坑察看开挖煤层情形。后先北巡,自鸡笼过三貂岭,悬崖峭壁,禽鸟声绝,舆马所不能通,则攀藤援葛而上,行三日抵苏澳。因军中瘴疫正盛,折回鸡笼,抵艋舺(台北市万华),由淡水历彰化、嘉义,驰抵台郡,所经之处,男女老幼夹道欢呼。后续巡察南路，由凤山周历枋寮、刺桐脚、狮头岭诸地，复由凤港南折，历柴城（屏东县车城乡）、恒春，至台湾南境。恒春下十八社番率徒众来谒，丁日昌谕以剃发归诚，勿轻杀人，赏以银牌哔叽布匹，皆欢跃以去。

整肃贪官污吏　丁日昌任职江苏时即因厉行整顿吏治，而引起江苏省官场的反感，却赢得了民心。当丁日昌在京陛见时，慈禧太后甚至面谕"尔在江苏，官场虽恨尔，然百姓却感激尔，我也知道"。又丁日昌在其任闽抚的两年多里，文武官员因营私舞弊遭其参革者，不下数十人之多，其中经办军火舞弊一案，更为脍炙人口。该案使补用同知文绍荣及补用直隶州知州沈纯等革去职衔，斩监候；福州将军兼署闽浙总督文煜、前闽浙总督李鹤年等高级官员，一并交部议处。

△ 丁日昌石像

关于丁日昌整饬吏治公正无私及不畏权势的魄力，即使放诸今日世界各国政坛亦不多见，或谓丁日昌不识为官之道，整人结怨于己无益，对此丁日昌亦有自知之明而云"骤欲除蠹，则谤书盈箧，众怨必致害身""虚与委蛇，恐萎靡成风，因循又将误国。但值此时事艰难之日，岂臣子怀安自便之时！惟有不避怨尤，实事求是""振刷一分精神，即以挽回一分风气"。

丁日昌调任福建巡抚后，认为台湾吏治暗无天日，衙役倚恃官势，吓诈乡里，所欲不遂，辄私押勒索，被害者往往卖妻鬻子，破产倾家。因此丁日昌乃严惩台地贪官污吏，其整肃官吏范围，涉及台湾各县高级官员。例如将彰化知县朱干隆严参惩办、嘉义知县杨宝吾革职查办及嘉义知县何銮行革职等，其在整肃何銮之际，同时饬令台湾道府，将各厅县税契陋规全行裁革，并由抚署出示勒石，永远禁绝。

由于丁日昌雷厉风行，竟使台地贪吏一时为之敛迹，上海《华北捷报》即曾报道，谓当丁氏在台湾时，所有官员都陷入极度困窘之中，任何压榨勒索均不敢进行，英国驻中国台湾署领事费里德（Alexander Frater）在其1877年的商务报告中亦称"在这一年中，丁日昌对台地官员亦很严厉，使部分官员不得不放弃

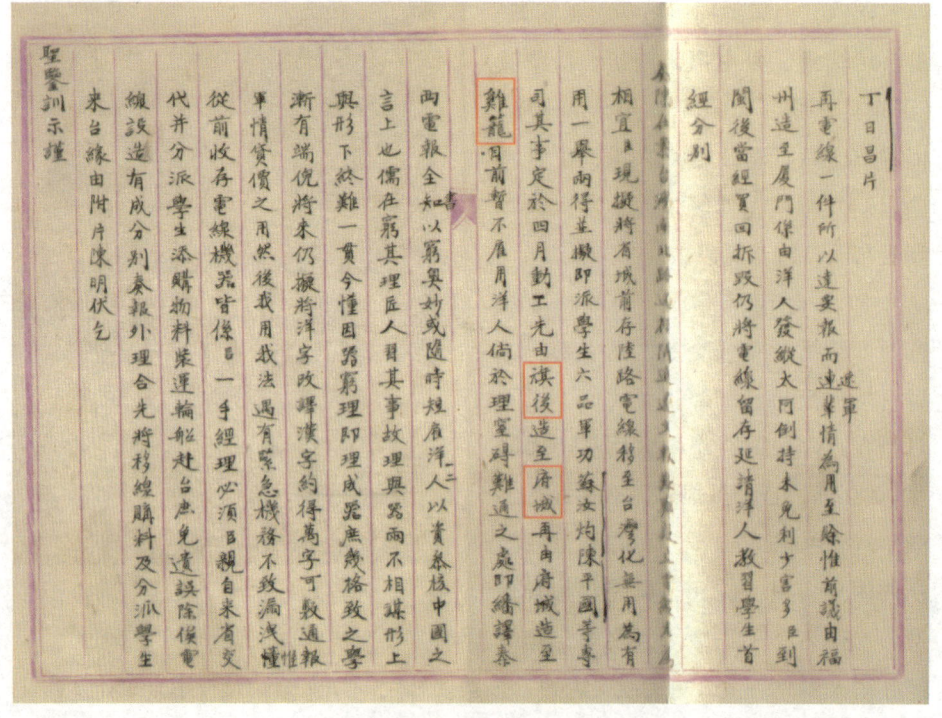

△ 1877年福建巡抚丁日昌奏报派员赴台架设电线事

其官职"。

抚番以杜洋人觊觎 丁日昌于1877年1月2日抵鸡笼后，随即亲往台湾东部苏澳，抚慰官兵鼓舞士气。当时，该地兵勇正苦于疫疾，总兵张升阶新带两营驻扎苏澳，不及月余，病者已200余人，死者复10余人，且该地"生番"仍常出草杀人。据降番供称，他们一向等秋冬季节出草杀人，能割取首级者，众番称为英雄，并敲折一齿以为号，番俗方肯以女妻之，至于平埔近海各番则易与洋人勾结。鉴于上述情由，丁日昌主张采取积极的抚番政策。丁氏认为，"我之所以抚番者，原以杜洋人觊觎之谋，若不大举剿办收入版图，万一洋人复重利饵番，曰吾取地于番也，非取地于中国也，我复何说之辞！故为目前计，得番地不足以为益，不得番地不足以为损。为大局计，得番地则可永断葛藤，不得番地，则恐难息窥伺"。

抚番情形 丁日昌于巡视南路凤山、恒春一带番界后，乃通饬全台文武官员于善良之番，善为抚绥，不准百姓稍有欺凌，通事稍有垄断。其原有田地，设立界址，不准百姓稍有侵占。并于每社各设头目，稍予体面，以资约束。其未经就抚之凶番，严禁接济军火，并不准百姓与之销售货物。受抚之番，有利而无害，则向化之心益坚；不受抚之番，有害而无利，则革面之心益笃。接着丁日昌于台湾府试中，特录取淡水厅属番童陈宝华一名，此为先住民中第一位获得功名者。

1877年春，丁日昌颁定《抚番善后章程二十一条》，具体规定各种办法，通令所属有关单位认真办理。同年初夏，水埔六社（台湾中部）番民因附近无猎可捕，又不善耕作，且田由汉民租种，其又以歉收而拖欠租谷，故致生计陷于困境。丁日昌乃饬厅县等一面为六社番民清理租谷，并于稻熟之前，按口不分大小，每人每日发给赈米一升，以资温饱；一面派人教其耕作，开浚水源，广设义学，以施教化，并拟雇其开路开矿，给以银两，以工代赈。对凶悍无常杀害兵民之"生番"，则设法惩治。例如台湾南路率芒社番人恃险负隅，丁日昌则派总兵张其光、道员方勋带兵破其巢穴，南屏、心麻等社亦因而归顺。又如台湾后山中路阿棉、乌漏两社凶番屡次杀害通事，攻袭官军营垒，纳纳社亦复与之相结互为犄角，丁日昌乃命总兵吴光亮、孙开华等进剿平之。

移民开垦　丁日昌一方面令地方官调查中路埔里各社、南路加鹿塘至恒春及东部八瑶湾至璞石阁（花莲县玉里镇）与成广澳等地，搜集各社丁口、界址、应留地亩、力所不及耕种地亩、离番社较远无主荒地、已垦与未垦数、每人以一甲计之可安置民人数，以及水田与旱田等资料。

另一方面，又奏请派员前往香港、汕头、厦门等处，设立招垦局招集客民，准其携带眷属来台，然后给予房屋耕牛农具。其中壮者勒以军法，使为工而兼为兵；弱者给以土地，使其垦殖耕种。丁日昌于1877年春派员在广东汕头设局，招募潮民2,000余人，以官轮载赴台湾，其中800余人安插于大港口及卑南等处开垦。只是据闻该等潮民，半系游手好闲之徒，不能力耕，故此一移垦计划乃行停办。然而，英国驻台湾署领事费里德在其1877年的报告中，则谓丁日昌所建立的专门办理移民福利的机构，表现良好。

改进赋税征收　核实征收叛产租谷：台湾府属抄封翁云宽、林爽文等各案之叛产，年额征收租谷缴价银53,800余两，以充台澎各营戍兵薪饷。丁日昌到台后，详查前项地产分隶各属，或近于海，或比于山，肥瘠不同，且数十年来未经厘查，更何况各县并无图册，因而租额虚悬，田亩日短。故丁日昌乃奏请由各厅县据实查明，凡承租者之田确为流失荒废者，准予免除其名籍，不需再缴谷银；如有在原地新垦成熟者，亦即升科纳租；因戴万生等案抄没，业主有凭据可资查证者，一律准原属之人领回。清理后租额或减或增，即照实征收不再计及原额。

免除若干繁琐税收　当时台湾杂饷名目繁多，例如征于蓄鱼所处之塭饷，蔗车、糖廊则征于种蔗与制糖之所（此类虽为苛细但仍稍有赢利），竹筏小船于水道可通处运载货物亦予征税，此外草厝、瓦厝、牛磨、瓦窑、菜园、槟榔、番檨等处亦莫不征饷，至于渔户则有罟、罾、箔、网、沪等税饷。上述杂税，全台共 5,000 余两，如以当时全台 200 万 ~ 300 万人而言，实是微不足道，但因名目繁多，纳之不胜其烦，不纳则违法背令，吏役借此勒索，穷民益增苦累，故经丁日昌奏请清廷，除塭饷、蔗车与糖廊（因其弊尚易厘剔）外，将其余各种杂税自 1877 年起一律免除，以减小民扰累。

计划在台兴建铁路　在英国人于 1821 年建造其第一条铁路的半个世纪后，我国方于 1876 年，由英商在上海闸北至吴淞口间建筑一条长 9 英里（1 英里约 1.6 千米）的小铁路，并于同年夏开始营业，但随即因故被拆卸。然丁日昌于是年底即已向清廷提出在台兴修铁路一事，及其于次年（1877 年）1 月 2 日抵台后，复上一折详析在台兴筑铁路的利弊，丁氏此一建议在原则上获李鸿章与沈葆桢的支持。

丁氏随即奏准将上年两江总督沈葆桢所拆卸吴淞铁路的路轨器材，全部运往台湾以备使用，同时还曾邀约负责规划吴淞铁路的英籍总工程师毛里逊（Gabriel James Morrison）来台湾商讨新建铁路计划，并进行实地勘察。丁日昌最初所拟方案是从台南至台北，然因经费不足而改变计划，拟用台绅林维让与林维源兄弟所捐的洋银 50 万元，修筑台南至旗后（高雄市旗津区）段的铁路。然而在 1876—1879 年间，我国山西、陕西、河南、河北、山东等省发生大旱灾，估计仅死亡人数即高达 1,000 万人以上。故该 50 万元洋银遂于 1878 年转为救灾捐款。

至于运抵台湾的原吴淞铁路路轨器材，则一直存放于高雄港一所仓库中，其大部分均于数年后由北洋大臣李鸿章派船运往天津，作为修建旅顺军港之用。据当时该港建港工程负责人袁保龄（河南项城人，袁世凯叔父）报告，该批原吴淞铁路路轨中，至少有 852 条路轨器材被用于旅顺建港工程，其余路轨器材则被留置于天津机器局作其他用途。

创办台湾第一座西式煤厂　1866 年左宗棠在筹建马尾船政局时，即曾考虑到就近用鸡笼煤炭作为船厂和轮船的燃料。1868 年夏，马尾船政局曾派矿师赴台勘查鸡笼煤矿。当时船政局用洋煤，尤其是英国煤居多。随着船政局各厂的建成与开工，需煤量不断增加，而英国出现煤荒，于是船政局迫切需要台煤。当时，福建当局苦于洋煤太贵，而以土法采出的鸡笼煤炭，又远不能满足船政局的需要，于是考虑使用机器开采台煤，方能保证供应船政局及其所造兵商各轮以充

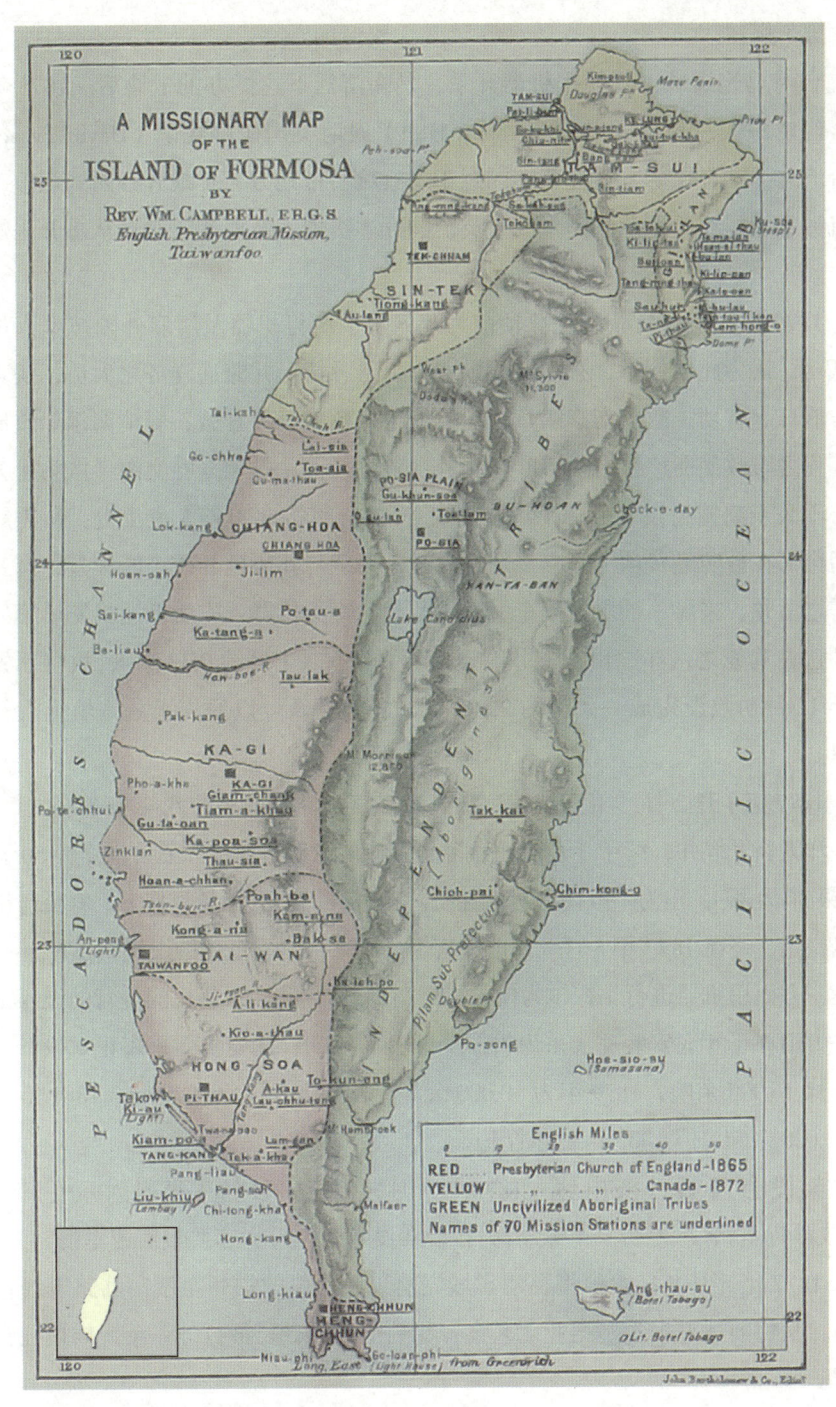

△ 台湾传教地图（基督长老教会教区分布图）
见《福尔摩沙岛宣教成功之记录》（1889年），作者为甘为霖牧师（Rev. William Campbell）。

足的廉价燃料。

台湾鸡笼煤矿正式使用机器开采,是在清廷下达试办的上谕后。1875年春夏,经由海关总税务司赫德(Robert Hart)雇请英国矿师翟萨(David Tyzack),至台湾北部勘查煤矿。后沈葆桢同意于老寮坑一带地方,择地开办西式煤厂,使用机械采煤,并派翟萨于是年底赴英洽购开矿机器,及雇矿工赴台从事开采煤的工作。

1876年,丁日昌获悉沈葆桢前为鸡笼煤矿所订机器及所雇外国技术人员均已抵台,认为此项创举,必须有朴勤廉干、熟悉情形并兼通洋务之大员,认真经理方能日起有功,故会衔李鸿章、沈葆桢与船政大臣吴赞诚,奏请调派船政局总监工程之布政使衔广东题奏道叶文澜赴台负责经营。是年夏叶文澜奉派为矿务督办,不久于鸡笼组设矿务局(后改为煤务局),直接向闽省大吏负责,所需筹办费用全部在台防经费项下开支。约8月时,翟萨与其所延开矿工匠等人,携开矿所需之凿井、采煤、油水、提车、通风及截木等类机器,先后抵达鸡笼。第一个煤井选在鸡笼之八斗,由于矿井高于海面百余尺(1尺约0.33米),故特别先于是年12月初敷设完成一条长约2,100米的轻便铁轨,以便煤车从铁轨上滑行到海岸。

1877年1月2日,丁日昌东渡鸡笼后,第一件事即亲往八斗与老寮坑察看,亲验洋人新开煤井,续于3月前劝导台北富绅林维让与林维源兄弟捐洋银50万元(合银36万两),作为举办矿务等事经费。在丁日昌之鼓励与督催下,官员与矿工均极奋勉,终在1877年5月上旬前于官煤厂开采出品质极佳的煤炭。1877年一年间,一方面用机器进行钻探(为便于机器凿井,封闭了12座民间经营的土煤窑),另一方面亦于年底安装完成采煤机器。1878年年初,鸡笼机器采煤正式投产,是年产煤16,000余吨,1879年为30,000余吨,1880年为41,000余吨,1881年更高达53,000余吨,但1882年后有所下降。

架设台湾第一条电线 1876年4月,闽抚丁日昌于福州创办电报学堂(招收学童40名,为期一年)。后为在台架设电线,以"达要报而速军情",丁日昌于1877年5月8日奏拟将福建省城先前买回拆毁的福州至厦门陆路电线移至台湾,又将前述电报学堂结业之艺童,除酌留电局专司报打外,余皆候拨往台湾遣用。

1877年5月下旬,派往台湾架设电线的人员,已即抵达,并从事勘察。7月,丁日昌于福州亲自安排,由运输舰"飞云"号(我国福州船厂制)将年前收购的电线电杆等运到台湾；8月，开始架设电线，先由台湾府城至旗后，继由府城至安平，全长95里。在电报学堂学生的主持下，终于在是年10月16日全部完成，并自次月起开始对外营业，由中国人自己掌管。自安平至台湾府城间的电报，每单位收费洋二角，以后便成为官商经常用以传递音信的工具。

七　吴赞诚、岑毓英理台

吴赞诚深入台湾东南地方巡视　1877年5月8日，清廷批准丁日昌回闽省疗养病体一个月，同时并谕令吴赞诚（安徽庐江人）立即暂行接办所有台湾防务。6月9日，吴赞诚乘运输舰"海镜"号（我国福州船厂制）抵台湾旗后，11日抵台湾府城接见镇道以下各官，于13日往安平巡视炮台。

吴赞诚认为彼时海防平静，台地事宜当以后山抚垦为急务，故为了解台湾东部情形，吴氏乃于6月下旬由陆路取道凤山、恒春，出入八瑶湾，北至知本社、大猫里（台东大麻里乡），7月8日行抵卑南。复偕自璞石阁（花莲县玉里镇）前来会晤之吴光亮，由卑南阿眉社循海岸北行，逾卑南溪至猴子山麓。吴赞诚此行正当盛暑，烈日当空，沙热如火，故当其经恒春、枋寮而于7月23日勉强返郡（台南市）时，已身罹疾病。9月1日吴赞诚乘"飞云"号内渡。次年（1878年）5月7日，丁日昌因病乞休获准，次日清廷以候补三品京堂吴赞诚署福建巡抚。

攻剿加礼宛社　1878年4月至5月间，台湾东部加礼宛社因土棍陈辉煌屡次勒诈，被逼难堪，乃决计反抚，屡围营垒，杀害民兵多人，形势益形恶化。吴赞诚认为若不予以惩创，不足以戢凶顽而靖边圉，故乃调总兵孙开华率兵分坐轮船驶赴花莲港，进剿严惩该社，庶冀安反侧而弭乱萌。是年9月28日，孙开华所率各营已陆续登抵花莲，随即于10月1日会督各营，攻剿巾老耶社与加礼宛社，四日间连战皆捷，共歼番200余人，附近如南势之豆栏、薄薄等社初犹观望，至是悉皆慑服。

吴赞诚二次巡台　1878年秋，吴赞诚再次渡台，并于9月30日抵鸡笼，10月10日抵花莲，随即连日会同孙开华与吴光亮亲赴加礼宛社等处，周历查勘，宣抚诸社，招回逃散的加礼宛社番众900余人，吴光亮并为之搭棚栖止，发给食米炊具，俟陆续到齐后择地分别安置。10月18日，吴赞诚偕孙开华返抵鸡笼，吴氏随后由鸡笼至艋舺，11月20日复起程陆行南下，道经竹堑、彰化、嘉

△ 从城墙上望嘉义城（19世纪70年代）
资料来源：见李仙得《台湾纪行》

义一带，29日抵台湾府，所过各处访求利弊，是年12月8日乘船内渡。

及后在吴赞诚和刘铭传之间任福建巡抚者则有裕宽、李明墀、勒方锜、岑毓英及张兆栋等人。

一代战将岑毓英　鉴于台湾内则屏蔽闽粤江浙诸省，外则控扼日本、琉球、吕宋诸岛，为我中国海防第一重门户，然而自丁日昌罹病去后，台事渐少讲求，自改为督抚轮驻，两年以来，未闻有渡台之举，绸缪未豫，何以弭外患而伐敌谋？且一旦东洋有事，台澎实当要冲，故李鸿章认为闽省督抚一职，需派知兵之威望重臣，随时亲临其地，相机筹布，乃于1880年密陈，以勋绩夙著之一代名将贵州巡抚岑毓英任福建巡抚，以督办台湾防务。

岑毓英，广西西林人，1856年率地方武装赴云南助攻回民起义军。1866年署理云南布政使，1868年任云南巡抚，1873年署理云贵总督，后转贵州、福建巡抚，1884年中法战争中奉命抗击法军。故论者谓自军兴以来，论边地人才，九牧同声推岑毓英为冠。

岑毓英抵台 1880年11月25日,福建巡抚勒方锜抵鸡笼,查勘台湾各海口与营务并民番情形,次年5月清廷调勒方锜为贵州巡抚,原贵州巡抚岑毓英则调为福建巡抚,并训令岑氏悉心规划台湾防务,严防日本借端生事。

岑毓英于1881年7月31日接任闽抚一职后,于9月初渡台,停留一个半月,12月28日再次渡台,停留三个多月。次年(1882年)因中法越南事起,清廷乃于5月底将岑氏调任云贵总督,并令前广东巡抚张兆栋接任闽抚,总计岑毓英任职闽抚约一年,其中四个半月系驻于台湾。

岑毓英在台主要治绩 闽抚岑毓英在台期间,往返南北,备极辛劳,其主要治绩如下:

(一)理民:岑毓英每至一县,均接见绅耆,探索民隐,若有胥吏舞弊,或土棍横行者,皆就地惩办。

(二)赈灾:岑毓英1881年秋来台时,见台地沿海地区遭风歉收,乃令台湾道督饬府县分别开仓赈济,以平价出售存粮。又是年夏,澎湖台风俱作并下咸雨,所有地瓜、花生全都枯烂,故岛中饿殍一片,满野哀鸣。岑毓英乃令从台地义仓存谷提出2,000石碾米运往澎湖散赈,令从福州增广义仓提出陈谷2万石碾成米,陆续装船运往澎湖,又令委试用通判李嘉棠(广东嘉应州人,1888年任台湾彰化知县时因清丈民田不当引发施九缎民变事件)携银500两,赴浙江温州采买薯丝、小米等运往澎湖。

(三)布防:裁并勇营革除积弊,将在广东所购收膛洋枪1,000杆及子弹等运抵台北,并在鸡笼、台北观音山及旗山等处修建炮台、碉楼等。

(四)建设:修建大甲溪河堤,划定台北府城界址,以鸡笼为渡海正口,以彰化桥孜图(台中市)为省会预定地,于安平港装设港灯一座。

关于岑毓英在台湾的建设,客观评估,实是败多成少,例如大甲溪河堤及各地方所建炮台、碉楼等,均因狂风暴雨肆虐而化为乌有,台北府城建筑计划则被刘璈修改。但吾人实难就此苛责岑氏,因岑毓英在台仅四个多月,在求好心切之下,推行前述理民、赈灾、布防及建设等一系列措施与规划,亦属难能可贵,若非干才过人,志虑忠纯,实难办到。

第十三章
刘铭传抗法与新政

一 刘铭传台湾保卫战

法国入侵越南 光绪八年（1882年）春，法国海军司令官李维叶（Henri Riviere）中校率军攻克河内，越南遣使向我国求援。次年（1883年）5月，我国黑旗军刘永福于河内西郊纸桥处大败法军，法军司令官李维叶等50人阵亡。

1884年5月11日，中法签订《中法简明条约》五款（所谓《天津简约》），中国应允从东京（北圻，今越南北部）撤军，法军则同意不要求赔偿，且其未来与越南议约时决不插入伤碍中国威望体面的文字。然此约却激起政坛弹劾李鸿章的风暴。李鸿章遂未敢上奏该约内关于中国军队撤出东京的日期。6月23日，法军中校杜森尼（Dugenne）率兵约1,000名前往中越边境谅山接防，然而当时驻守观音桥的我国军队并未接获撤退命令，双方乃发生激烈武装冲突，中方

△ 台湾首任巡抚刘铭传像
△ 刘铭传（1836—1896），安徽合肥人。清末重要将领，著名抗法民族英雄，同时为台湾近代化事业之先驱。

伤亡 300 余人，法军亦受重创（官兵伤亡共 99 人）而退。三天后的 26 日，法国集合东京舰队与中国海舰队，由海军中将孤拔（Courbet）指挥。并于 7 月 12 日向我国发出以 8 月 1 日为限期的最后通牒，要求巨额赔款及履行《天津简约》，逾期法国将恢复其行动自由，而且必要时将以占领台湾为手段，以迫使我国屈服。

刘铭传准确分析法军动向　在北京，慈禧太后改组军机处，重视李鸿章的醇亲王奕譞一跃而为当权派。李鸿章乃推荐与其关系密切的一代名将刘铭传，督办台湾防务。1884 年 6 月 26 日，清廷任前直隶提督刘铭传督办台湾事务，着赏给巡抚衔，所有台湾镇道以下各官均归其节制，刘铭传于 7 月 16 日抵台。

关于法军动向，刘铭传认为近值南风水涨，台南轮船不能泊岸，防务暂可稍松。海上一有战争，香港、日本皆以公法所关，不能济敌船煤炭，只有基隆（光绪九年改设基隆厅，鸡笼从此改为基隆）煤矿久为法国觊觎，故声言攻取。且口门外狭，船坞天成，不虑风涛胶搁，仿佛烟台。此一分析，极为准确，当时法国就垂涎基隆煤矿，并准备以基隆为补给中心。因当时法国海军一艘军舰通常无法装载超过 14 天用量的煤炭，而一艘煤炭用尽的军舰无疑是个漂流物。

刘铭传遏阻法军基隆凌厉攻势　8 月 1 日是法国所下最后通牒的截止日期。第二天，法国海军中将司令官孤拔奉命向基隆采取行动。4 日，法国海军少将李士卑斯（Lespes）向苏得胜及曹志忠发出撤除要塞防御的最后通牒，否则将于次日晨攻击炮台。5 日上午 8 时，法舰炮击基隆社寮岛（基隆和平岛）炮台。10 时许，法军陆战队约 400 人由基隆二沙湾登陆。由于法军海上炮火猛烈，故刘铭传下令滨海军队移至山后，避开法军以陆战。6 日，我军两路夹攻，法军不敌退离。法军虽被击退，但刘铭传深知法军船坚炮利，若再增兵增船，则曹志忠所守正营中营，因离海过近必难抵敌炮，故令其移驻山后以保存实力。此外，刘铭传续派人拆除八斗煤矿机器，将之移至后山，并将煤矿房屋烧毁，另则灌注煤油将约 15,000 吨存煤悉予焚弃。

8 月 5 日，法军开始进攻基隆时，淡水形势也非常紧张，当时奉命兼办淡水营务的浙江候补知府李彤恩，乃购船填石塞港。9 月，刘铭传令孙开华等将石船沉塞，以封淡水河口，使法船难以驶入淡水河。

法军重创福州船厂并占领基隆港　法人在基隆失利后，只留下旗舰在基隆外海，实行长期封锁。随后，孤拔奉命率舰队于 8 月 23 日，攻击重创我闽海舰队并毁福州船厂。10 月 3 日，法军在无抵抗情形下向前推进，占领基隆西部，

△ 我国第一代海军军舰造船厂——福州造船厂

孤拔登陆驻防。4日,法军复占领基隆南方各堡垒及市区。8日,法军进而占领狮球岭各堡垒,基隆自此全为法军所占。

淡水大捷 10月1日清晨,法海军少将李士卑斯率舰抵淡水港口,发出"今起二十四小时后将炮击沪尾(淡水)要塞"的信号,向港内英舰"金虫"号警告,并嘱其转达滞留沪尾的欧洲人。2日晨6时30分,晨雾稍散,法舰4艘罗列于淡水港外,法舰与岸上我方炮台立即相互大肆炮击,然而因火力悬殊,结果法方仅"德斯丹"号的桅樯稍损,我方沙仑炮台、中仑炮台(旧炮台,法人称白炮台)、油车口炮台(法人称新炮台)均被毁坏。当时法舰舰炮齐射,宛如百雷轰隆,由于绝大多数居民早已向山区疏散,故死伤甚微。是日,刘铭传认为基隆虽万分危迫,但淡水兵力不足,且离台北府城仅30里,而我方军装粮饷却尽在台北,淡水失守势必导致全局瓦解。刘铭传乃当机立断,仅于狮球岭留下精兵300名,余均于2日当晚星夜驰援淡水。随后数日,我国守军在淡水分伏海滨林莽,风餐露宿,不敢少休。

10月8日晨9时许,法海军少将李士卑斯下令陆战队600～700人,在各舰炮火掩护下,约于9时30分在沙仑东北海岸登陆,其主力部队(第一中队和第二中队)向新炮台(油车口炮台)方向进攻,预备队(第三中队和第四中队)则在后约200米处,随后亦立即与主力部队同时投入第一战线,向白炮台(中仑炮台)进攻,第五中队则负责掩护左翼。

是时,我国守军指挥官孙开华(湖南慈利人,45岁,后升任漳州镇总兵)亲督龚占鳌伏假港(公司田溪沿岸)、李定明伏油车口、章高元与刘朝裕等伏北台山后,土勇张李成之营则伏北路山间(大庄埔)。当法军渐近之际,孙开华所率伏军,自长条土堆上居高临下，分途截击。约 10 时 10 分，枪声大作，我国守军冒着法舰炮火，自东北方迅速蜂拥而下，冲向法军先头部队，两军遂在长达 1,500 米的战线上，展开射击，迫使法军五个中队（包括预备队）全部投入第一线的战斗。枪战愈来愈密，并进入疯狂状态。此时，法军因弹药将尽且伤亡迅速增加，被迫退向海边。中午 11 时 45 分，法军信号兵发出撤退信号，法军遂退离淡水。此役，法方阵亡 9 人、失踪 8 人、负伤 49 人（其中 4 人为军官），中方据报约阵亡 80 人、负伤 200 人。

淡水之役，对我国而言是一次振奋人心的战役；对法国而言自是一次沉重的打击，法方自称此次失败，不仅令人丧气，也永不再做占领沪尾的打算。

中方遇阻法军凌厉攻势　法军自 1884 年 10 月初占领基隆后至 11 月初间，除曾在基隆周围数千米范围内从事小型侦察外，几乎完全平稳无事，但为防止我国将军队及军需品送往台湾北部，孤拔乃下令自 10 月 23 日起封锁台湾。据我方统计，仅 12 月 21 日至次年 1 月 22 日的一个月间，在台湾洋面被法舰击沉或毁伤的中国船只达 99 艘之多，遇害则难以计数。

1884 年 8 月至 1885 年 1 月期间，我国先后计有大陆驰援淮军 1,300 人抵台，法军阿非利加第三大队援军 917 人也于 1885 年 1 月 6 日抵基隆。中法双方随后于 1885 年春在月眉山区展开激烈艰苦的攻防战。当时，台湾人雾峰林家林朝栋独备粮饷两月，募勇 500 人，赴援抗法。是时，正值台湾春雨季节，或是风雨绵绵，或是巨雨昏宵，将士冒雨忍饥，目不交睫，冻馁堪怜。林朝栋与清军将领曹志忠皆赤脚督战泥淖中，与法军在山区从事短兵相接的殊死游击战斗，遏阻法军凌厉攻势。法方也坦言，中国军队抵抗非常激烈。

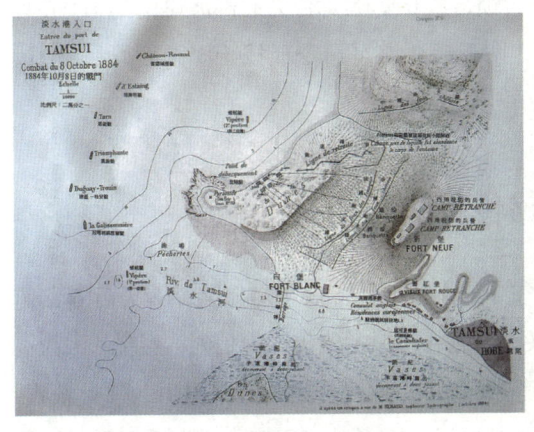

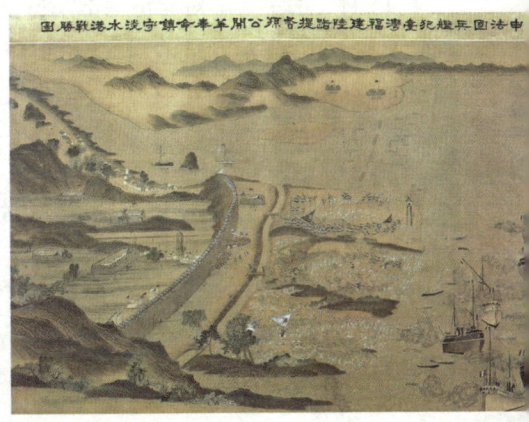

△ 1884 年 10 月 8 日中法淡水之役形势图　　　　△ 淡水大捷

△ 基隆再捷

3月14日，巴黎电告孤拔，以后不再新增援军，且法政府既定方针并无任何改变，占领澎湖后，如无新的命令，不能从基隆撤退。孤拔完全了解法国政府主张占领澎湖，其目的仅在润色往后的撤离台湾。3月29日，孤拔率军占领澎湖。

此时，在遥远的中越边界，法军准将尼格里（François Oscar de Négrier）率军1,500人，于3月23日清晨出发往攻镇南关。我国守将广东提督冯子材（时年76岁）告将士"宁死不忍见法军侵入中国境内"，遂短衣草履，率二子及守军与法军肉搏枪击，激战两日，大败法军，法军死伤五分之一（计阵亡74人、伤213人），尼格里也中弹身负重伤。

法军撤离台澎　当法军在谅山战败的消息传抵法国时，内阁总理茹费理（Jules Ferry）立即于3月30日被迫下台。此战败消息传抵基隆时，则在该地引起感伤，法政府亦随即训令孤拔准备自基隆及台湾北部撤军。4月4日，中法签订和议三条；13日，光绪皇帝批准《天津条约》，并命令我国军队撤离东京；15日，法军解除对台湾南部海岸的封锁，次日解除对台湾北部海岸的封锁。6月9日，中法议定条约，在天津画押；两天后法海军司令孤拔于澎湖病死；21日，法军全部撤离基隆。7月22日，法军退出澎湖。

二　刘铭传征剿与招抚

刘铭传抚番观点　侵台法军于1885年7月22日退出澎湖，七天后刘铭传即向北京条陈台澎善后事宜，其中关于抚番一事，刘铭传认为是刻不容缓，因为：

1. 台湾番族，从前多在外山，客民愈多，日侵月削，挤归内山，种类滋繁。而番民交界之处，土匪聚集成群，抢劫居民，或侵番族田庐，或诳番民财货。争端一起，械斗不休，奸民被杀，则诉冤于官，官则兴师剿办；番族被冤，则无官可诉，类多集众复仇。"番祸"一兴，杀掠"生番"者转得置身事外，而"生番"杀掠，多系良民，将恐积怨日深，终至民番俱毙。不谋招抚，必至陕甘回乱之忧。

2. 以防务论，台疆千里，防海亦须防番，万一外寇猝临，阴结番民，使生内乱，腹心之害，何以御之？诚令全番归化，内乱无虞，外患虽来，尚可驱之御侮。

征剿与招抚　由于刘铭传将抚番视为重点工作，故于法军撤离台澎后不久，立即积极开展剿抚。根据统计，清代理台的两百多年间（1684—1895年），番变总计约43次，其中光绪朝（1875—1895年）的二十年间即达30次，此可视为晚清在台开山抚番政策的结果。因为此一政策，在理番的规模与积极程度上，皆为历朝所无。

自1885年夏法军撤离台澎至1891年夏刘铭传离台的六年间，台地共发生番变19次，约占光绪朝番变总数的三分之二，此可视为刘铭传主持台政期间，大力推展番政的结果。复由于刘铭传较注重北路及中路地区，故此两地区的番变发生率较高，其主政期间的19次番变中有17次发生在北路与中路地区，而其中7次均集中发生在北部大科崁与三角涌（台北三峡）一带。

招抚政策方式与情形　1885年底，刘铭传就招抚"生番"一事，酌定章程通令各县所有未经归顺，情愿剃发归化之各社。每社百人以外者，立一社丁，月给口粮洋5元，春秋发给衣裤4件。500人以上者立一社长，月给口粮洋8元。1,000人以上之社长，则月给口粮银10两，春秋发给该社全家衣裤每季每人各1套。其各社长、社丁口粮，每月皆须亲至地方官衙门请领，务使日益相亲相近，

△ 准备外出打猎的台湾赛夏族人

两意浃洽，毫无猜疑，渐至永远诚服。

1886年春，恒春知县武颂扬即卷查前案，并令各通事、头人等查造户口清册。是年底继任知县何如谨与协镇张兆连向刘铭传呈报恒春抚番情形称，将该地高山牡丹、阿眉等二十二社番目齐传至恒春县城，分别示期犒赏牛酒。又经传车城总理及牡丹、加芝来两社头目到案，会同开导，将从前该两社与车城民人结怨仇杀之情事妥为解释，捐除旧嫌以敦和好，不准再生事端。复经派员分途入山招抚，牡丹、阿眉等大小四十三社男丁共计4,269名，一律剃发归顺。何如谨等即会同择立正、副社长，逐一点验，发给条教、历书、神位、衣裤等件，每月共拟给口粮洋183元，按月由县请领。

1887年6月，刘铭传更采纳埔里通判吴本杰之建议，下达防营界内如有"生番"杀人，先将失事防营员官议处的严厉命令。

抚番事业评述 对于刘铭传在台政绩，《续噶玛兰厅志》稿本有以下评述："刘抚台于生番，不可谓不竭心力。沿山驻扎勇丁，以制生番肆扰，欲使其地为吾民衣食之区，不欲弃其地为生番戈猎之薮。设通事，入山招抚，出降则赏以衣食，教以文字，欲使知人道之可乐，不终弃为野番。开拓番界之道路，讨伐生番之残忍，可谓锐意经营。然而，当时抚番系最紧要之事，又系最重大之事，未举行时，全局经费宜熟筹完备，方不致临时失绌，并定何为起点，何为终点，何年间为期，筹划何方里等，任用得人，各尽其职，可以确实达其目的。乃急切施行，力弱难继，碉堡设而番害无除，道路开而仍塞，番学立而寻废。有举行，究难奏功，其咎盖有由也。番害虽驱而难除，欲除番害，必须先除番割；欲除番割，必须先禁番货。番货易见，而番割难查，由易见之物，索其难索之人，虽极巧逃之术，亦遂难逸匿。及抚垦局员毫不加意于番割之潜行交换，漫不留于番货之公然贸易，且局员亦偷换自肥，上司不加审问，蒙昧隐蔽，相沿成习。刘公左右皆鸡鸣狗盗耳，而碉堡勇丁杀馘'生番'，动以妄杀降番，架词诬陷。抚垦局屡经变易，未见得策，况刘公去任，抚垦废弛已不报言状矣。"

三 刘铭传近代化事业

清赋事业 光绪十一年（1885年）夏，法军撤离基隆与澎湖，刘铭传为在台湾推动近代化建设，乃准备就地清赋，期于三五年后，以台地自有之财，供台地经常之用。1886年4月，刘铭传于台北与台湾两府设置清赋总局，督率推行

△ 台湾农民利用风车扇谷的情景
水稻是台湾重要的农作物，风车的作用是将稻谷中的杂草和秕谷分离出去（因杂草、秕谷比饱满的谷粒轻，风力一吹，就与谷粒分开了）。

量田清赋。清赋结果，台湾田地面积约为29万甲，较清赋前增加4.1倍。至于税收，清赋后的1889年，计征银共67.4万余两，较清赋前所征旧额实增36.3万余两，增加约1.17倍。

清赋事业评估 刘铭传之清赋事业，就被征税的全体对象而言，由于整体税收大幅增加，意味着纳税人需增缴税款，再加上可能有丈量不公、吏役催科、溢收或私吞等事情发生，势必导致纳税人的反感、抗拒、不平或敌视。然就技术及总体层面而言，刘铭传能在短短两年的时间内，大致完成全岛田园丈量，做成土地台账及地图，确定纳税者等事业，达成原先增加财政收入之目的，在台湾土地制度及田赋制度史上，实是值得特别记载的大事。当然，由于时间短促、人才不足、技术落后，可能难以获得正确地籍，而境界与面积计算、地位等则决定台账地图绘制等结果，可能都不能跟后来日本人运用近代土地勘丈技术所制作的相比，然而在当时条件下，能有此等成就，实已难能可贵。

日据初期，日本人曾一再研究刘铭传清赋事业的整个过程，以供土地调查局参考，并费时三年收集资料，编纂《清赋一斑》，使日本改赋当局在土地调查时有关权利决定与丈量方法等项，皆能充分参酌沿用清赋事业的方法与成果。1905年4月15日，日本殖民政府台湾临时土地调查局局长中村是公，在土地调查事业报告会中，谓清赋事业"使有关田赋的制度略具完整，由此始有制度形成，如详予评论，难免有缺点，但当时能有如此成就，且能建立财政基础，展开诸般经营的基盘，这是任何人所不能置疑的，其功绩决不可没，故如说在土地制度上开一新纪元并不为过"。

刘铭传近代化事业

兴建铁路 光绪十三年（1887年），刘铭传设铁路总局于台北，以记名提督刘朝干督办工程，以德国人贝克(Becker)为监督，以英国人麦瑟逊(H. C. Matheson)为技师，测量路线。设伐木局，创洋式锯木机，割制枕木以供铁路之需。另并以官兵为工役，于1887年夏自台北大稻埕起工，历经重重困难，1889年夏完成横跨台北淡水河长约460米的木架铁路桥梁。1891年11月，长达32.2千米的台北至基隆段铁路通车，其间狮球岭隧道长达570余米。

架设电线 台湾孤悬海外，往来文报，屡为风涛所阻，刘铭传乃安设电报线，以通音信，全部工程于1888年3月完成。陆线自台北至台南，水线（海底电线）则分别为台北淡水至福州川石、安平至澎湖。电报分官电、急电与平常电报等，并分华、洋文字计字收费。

兴办军火工业 1885年，刘铭传于台北府城北门外设立台北机器局。是年夏兴工至1886年3月，建成正侧各屋并小机厂117间，并在偏西地方建军械所73间，以储存军械。1886年，刘铭传向英方洽购31尊"阿马士庄"（Armstrong）新式后膛钢炮，并于1889年春运抵台湾。

创办新式学堂 1887年4月，刘铭传在台北大稻埕六馆街创设西学堂，先后甄录质美青年20余人。学生必修课程除国学、经典之外，还有英文、法文、历史、地理、测绘、算术、理化等。刘铭传复于1890年在大稻埕建昌街台北电报总局内创设电报学堂，主要招收前述西学堂学生及福建船政电信学生（员额10名），教授电信技术，以养成司报生与制器手。

施行新式邮政 1888年春，刘铭传公布台湾邮政局章程，设台北邮政总局，驿站分总站、正站、腰站、傍站四种。台北与台南设总站，两地一日路程的驿站为正站，其间为腰站，支线驿站为傍站，并以兵勇递送公私文件。当时主要邮政路线：一以台北为起点，经由新竹、彰化、嘉义、台南、凤山，抵达恒春；另一以台北为起点，经由基隆、顶双溪、大里简、头围，抵达宜兰。

建设台北府城 刘铭传除在台北府城设立电报总局、邮政总局、新式学校、机器局等外，并环城建筑坚固城垣，重新规划街道并铺以石块，于城外及大稻埕开辟数条大道。在台北巡抚行台内外及主要街道，装设电灯。在台北与各通商口岸设立清道局，负责清扫城内垃圾。聘技师来台凿井，将"自来水"供给附近的商家民户。邀集江浙商人合资，在台北大稻埕创办大型客栈"兴市公司"，以招

△ 台湾早期铁路交通中曾使用的机车"掣电"号

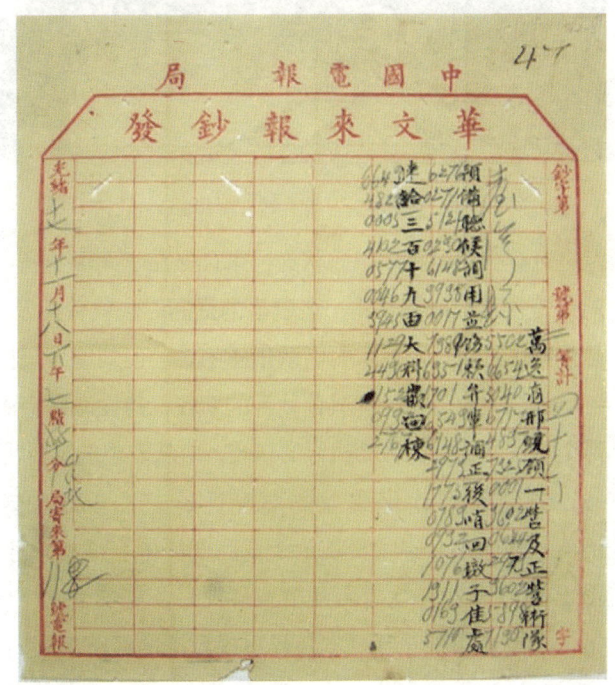

△ 印有"中国电报局"字样的台湾电报（台湾雾峰林家林朝栋曾孙林光辉提供）

徕商贾。兴建铁路，设铁路总局，建成台北至基隆段铁路。

刘铭传近代化施政阻力 刘铭传在台推行前述大规模近代化新政，是在当时的政府组织与规模的条件下展开的，其工作量是十分艰巨的。因此，如果从微观的角度审视，刘铭传施政肯定有诸多缺失。更何况，当时大陆人员莫不视来台为畏途，即使来台，见台湾诸事孔亟，甚至有告假规避或潜逃者。

在那个时代，刘铭传在台推行近代化新政，还必须面对社会上各式各样的强大阻力。以兴修铁路为例，当时台人精英洪弃生居然抨击机器为无用之物，鄙视铁路

△ 台北城西门
（约摄于 1905 年）

及电灯等当代科技成果，认为国家自强在于无形，圣人制度为颠扑不破的利器。故刘铭传在某次回答日本一名领事的提问时，就曾提及中国人对新事务不知其效益，总是物议百出，因此推行新政倍感困难。但刘铭传仍排除万难，毅然清赋筹款，在各条战线上全力推行深具前瞻性的新政，建设海疆台湾。故身为后世的我们，回首那个时代刘铭传在台湾执行的新政，应从宏观的视野与格局来评价。

刘铭传近代化事业的高度评价　关于刘铭传的新政，与其同时代的台湾精英、美国与日本官员均给予了高度评价。日本外务省驻我国福州领事上野专一曾于 1881 年第一次赴台从事贸易视察，复于 1891 年第二次赴台视察贸易。1892 年，上野在东京呼吁日本各界重视台湾的经济发展时，称"台湾的进步实在有长足之势，该岛成为独立的一省已有六七年。而在此期间，诸般事业显著发达，尤其是著名的前台湾巡抚刘铭传在清法交战之际来到该岛，以锐意热心尽力开展拓地植民事业，敷设铁道，架设电线，创办商务局，建立英语学馆，培养英才之士，劝人民以蚕桑之利来求得军务贸易的巨大进步"。

1888 年 5 月 19 日，美国驻华公使田贝（Charles Denby）与美驻厦门领事欧卫里（Crowell）抵基隆访台。田贝在台湾期间，注意到台北府城的街道宽阔，按照西方的方式布置，城内已有电灯设备，巡抚衙门内电光通明。淡水至福州口间的海底电线已安设竣事，台湾境内的陆上电线，也已通至台北。台北府城附近设有机器局，专制枪弹武器。有西式机器设备的锯木厂，锯裁建造铁路的木材。台北府城内设有新式学堂一所，兼授西学。近复委托美商旗昌洋行（Russell & Co.）订购轮船两艘，准备开辟淡水与津沪间的航线。所有这些新政，田贝认为完全是出于台湾巡抚的开明措施，清廷不甚过问，由刘铭传独任艰巨，以实现其建设台湾、巩固海防的理想。田贝返回北京任所后，在其专案呈报美国国务院的报告中，认为台湾是当时中国最进步的一个省份。

刘铭传对台湾的贡献，首先在于他是卓越的军事将才，他以劣势装备，力抗西方列强现代化法军的凌厉攻势，保卫了台湾。其次，刘铭传在台所行之新政，许多都是长远利台的前瞻性宏伟事业。他不计个人毁谤，毅然决行，功在台湾。故台人精英林献堂即曾以"飘零看大树，还有鹤来无"之语，表达其对刘铭传的追怀之意。

四　晚清台湾经济社会

台湾西岸港口林立　台湾西海岸河海港口林立分散，而南北狭长的西岸平原或丘陵地，又被发源于中央山脉的大河切割成几段孤立的空间，致使南北交通不便。19世纪90年代，从台北至台南，走陆路至少需十天以上；但那时从台湾西岸任何一港口至对岸大陆，在顺风情形下两天即可到达。就社会经济而言，台湾与祖国大陆间有极密切的区域分工贸易关系，即台湾向大陆供应农产品，大陆向台湾供应一般用品。例如1890年时，每年往来台海间的船只就达4,000艘之

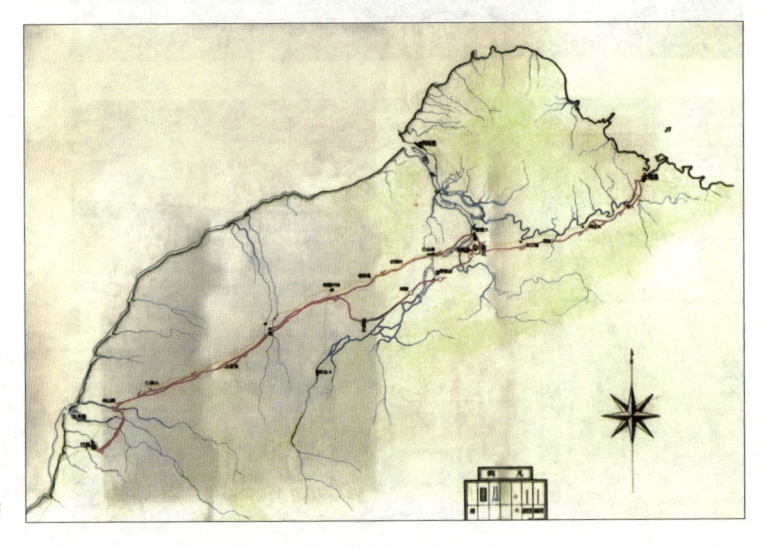

△ 清代铁路线路图

多,两岸间的贸易发达,也促成台湾港口的兴起。

19世纪时台湾西岸港口相当分散,当时主要港口计有基隆、淡水、高雄、安平、旧港、后垄、梧栖、鹿港、下湖口、东石、东港等11处,平均每35千米即形成一港口,市场贸易范围不超过20千米。

相关市镇兴起　　随着北部茶业与樟脑业的发展,在茶与樟脑生产或集散的地区,崛起了许多新兴的市镇,其中最显著者为大稻埕,由于其为茶叶加工及集散的中心,故由开埠时的一小小村落,发展成1895年全台湾的第二大城镇。有些开发较早的北部城镇,如宜兰、汐止、松山、新埔、中港、新竹等地也因茶与樟脑的转运而更趋繁荣。此外,由台北至南投的山区,也有一连串城镇因茶业与樟脑业的发展而兴起,例如石碇、深坑、大溪、三峡、关西、竹东、南庄、苗

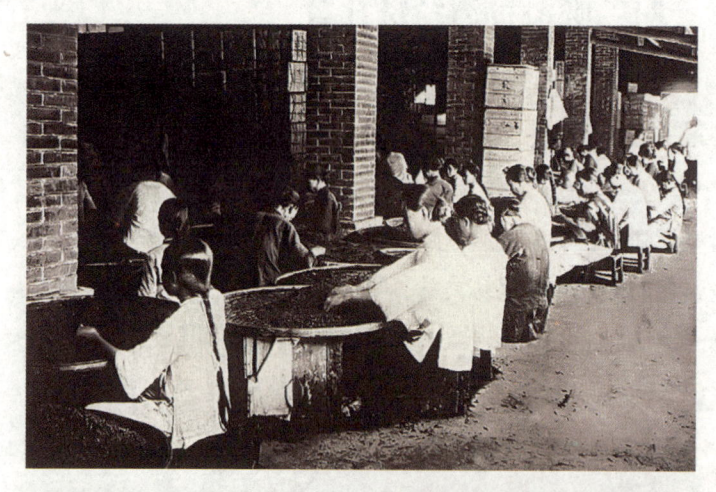

△ 晚清亭仔脚的选茶女

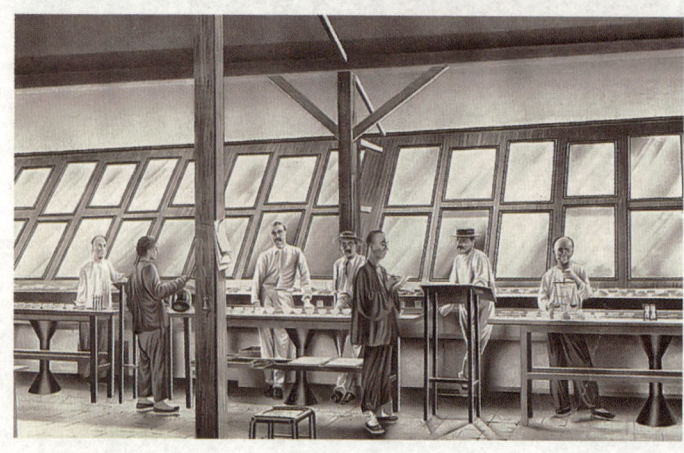

△ 19世纪末台北大稻埕洋行的品茶情景

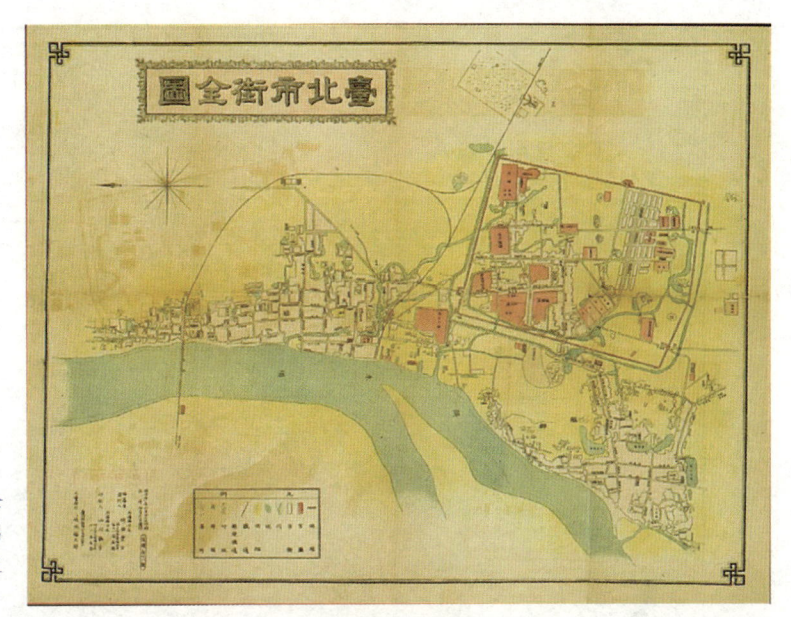

△《台北市街全图》（1898年出版）（台湾历史博物馆藏）

栗、大湖、三义、卓兰、东势、南投、集集等市镇。

1850年前后，台湾社会经济状况已因人口压力等种种原因而日形凋敝；但19世纪60年代的开埠，由于适时促成了台产茶、糖、樟脑等物的大量出口，从而促进了山区与南部的进一步开发，并提供了大量就业机会。19世纪末时，台湾人口尚不及300万，但当时直接从事茶、糖两产业的人口约有45万人之众，从而缓和了当时的人口压力。

晚清台湾经济重心北移 19世纪60年代初，因中英、中法《天津条约》之故，我国台湾的鸡笼（基隆）、沪尾（淡水）、打狗（高雄）、安平等四处（续广州、汕头、天津、福州、汉口、厦门等地）开放为通商口岸。

开埠前台湾出口货物以米、糖为大宗，而适合米糖种植的平原又主要分布于南部，故北部由于缺乏米糖贸易的凭借，相对于南部缺乏旺盛的外贸经济活动。然而开埠后，由于茶、樟脑出口增加，尤其是台茶出口激增，北部山区所产的茶与樟脑乃成为大宗出口物资，使得此一区域也纳入外贸经济活动范畴。自1881年起，北部出口已开始超过南部，1885—1894年间达到南部出口额的2.3倍，说明台湾经济重心已由南部移至北部。

生活水平提高 由于台湾本身日用品工业并不发达，故开埠前台湾主要是

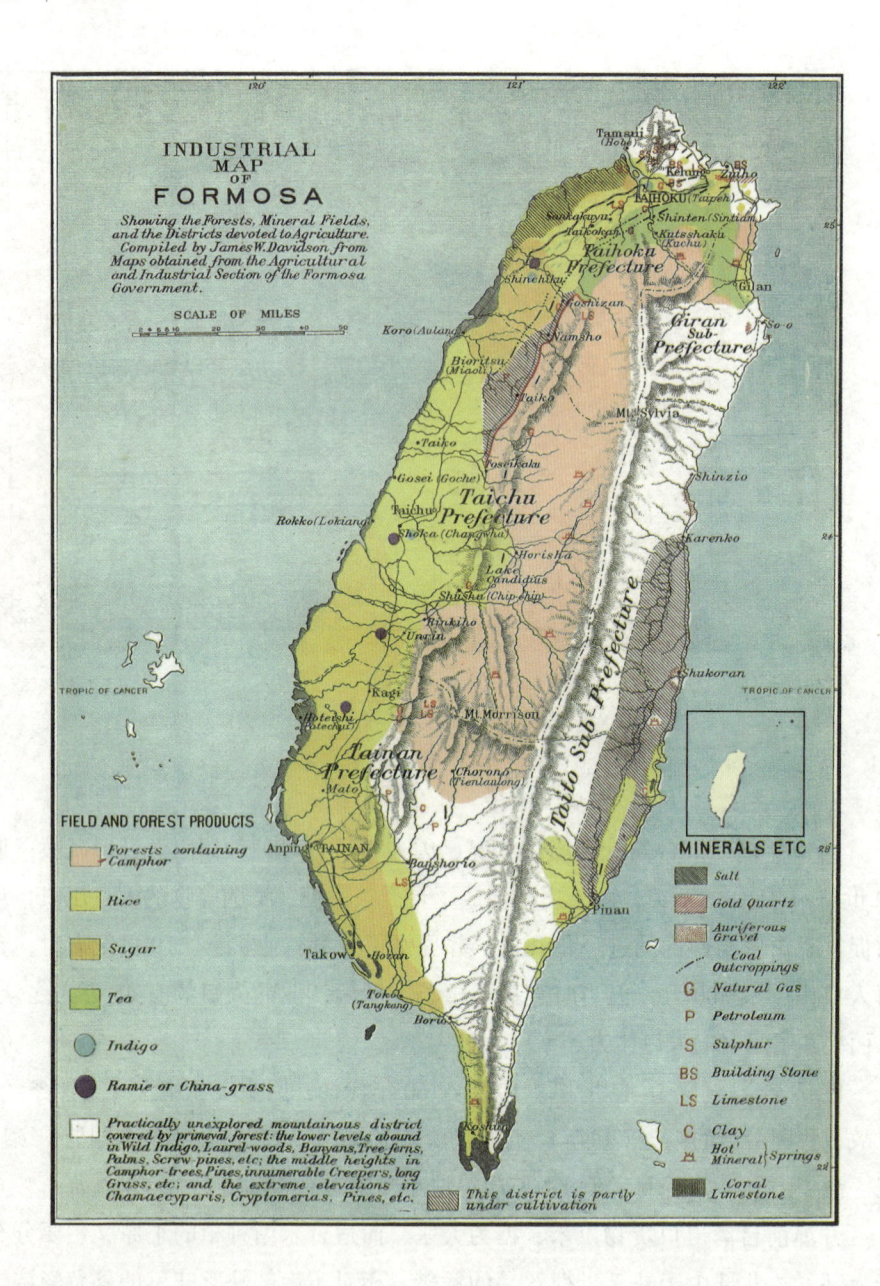

△ 台湾工业地图（1901年）

美国战地记者达飞声（James W. Davidson）经历甲午战争之日军侵台乙未巨变，于1895年底获美国政府任命为驻台湾淡水领事代办，1898年6月真除领事，1903年写成 The Island of Formosa, Past and Present 一书，此图系达飞声参考日本殖民政府农工单位提供之地图绘制。日本于发动甲午战争出兵朝鲜前后，是同步发动宣传战，收买媒体，秘密聘请美国《纽约论坛报》记者豪斯为国家宣传战的总指挥，包装中国与日本分别代表野蛮与文明，日本占据了所谓"道义"的制高点。此外，日本还派外相青木周藏到英国和德国担任公使，在他的推动下，日本军方同意西方媒体随军，随军记者达114名之多（见袁周，《甲午战争前日本的战略预置和作战准备》）。

向大陆出口米、糖，以易取大陆日常用品。开埠后，台湾日用品工业依然无所进步，某些地方如台北甚至还大量进口米粮，但茶、糖、樟脑的大量增产出口，则成为当时向外易取生活所需之凭借。1893—1894 年间，茶、糖、樟脑、煤的出口平均值，较 1868—1869 年期间增加 7.3 倍，同期华货进口增加 8.8 倍、洋资（不包括鸦片）增加 8.6 倍。上述华洋百货的大量进口，自当含有质的提高，而这种量与质的提高，势必提升台民的整体生活水平。

台湾在当时是中国最进步的一个省份　台湾自 19 世纪 60 年代开埠后，除 1874 年夏日军侵占恒春、1884 年秋冬法军侵占基隆及 1888 年秋施九缎的小规模骚动事件外，台湾大抵平靖了三十年，亦即在安定中前进了三十年。

1868—1894 年间，台湾外贸总值年平均增长率为 8%，远高于 3.4% 的全国贸易总值年平均增长率。同期台湾贸易总值占全国贸易总值的比例为 3.83%，1868 年时仅为 1.59%，但 1880 年则增至 5.25%，然而台湾面积仅及全国总面积的 0.3%。台湾此一迅速增长的对外贸易，不但缓和了台地的人口压力，提高了台民生活水平，且由于祖国在台的积极布防、开山、抚番、移垦，尤其是 19 世纪 80 年代中期后刘铭传在台的一系列近代化建设，如兴建铁路、铺设水陆电线、购置轮船、创建邮递制度、兴办军火工业、创办新式学堂等，台湾乃呈欣欣向荣之景。

然而在此期间，大陆却正苦于天灾人祸。例如 1867—1877 年间，清廷大军平定西北边疆危机，收复新疆。接下来的 1876—1879 年间，山西、陕西、河南、河北、山东等省发生了空前的旱灾，仅死亡人数即高达 1,000 万人以上，惨况难以想象。因此，1890 年前后台湾经济社会的繁富情景，实已非大陆许多地方，尤其是前述的华北与西北等地方所可比拟。诚如前面提及的，曾于 1888 年访台的美国驻华公使田贝，在其向美国国务院所呈的内部报告中，就认为台湾在当时是中国最进步的一个省份。

第十四章

日本侵略台湾

一 日军攻陷澎湖

台地防备与人事倾轧 1894年8月1日中日两国同时宣战，揭开甲午战争的序幕。是时，清廷派福建水师提督杨岐珍与抗法名将广东南澳镇总兵刘永福，率军渡守台湾（前者率军十营，后者率新募广勇二营），续命台湾布政使唐景崧与刘永福帮同巡抚邵友濂办理防务。是时，杨岐珍驻防台北，刘永福则前赴台南布置。

由于邵友濂与唐景崧二人不合，清廷乃于10月调邵友濂为湖南巡抚，着唐景崧署理福建台湾巡抚，并训令唐氏不得意气用事自以为是。然而据称唐景崧刚一接任，就准备将邵友濂所派各军统领全行更换，其间并征前台湾镇总兵吴光亮率所部2,000人为粤军统领，名其军为"飞虎"。此外，唐景崧也迫不及待地于次月令进士丘逢甲（台湾苗栗铜锣湾客家人）于中部地区招募义勇，台北淡水地方的指挥官则两个月内被更调三次之多。

日军攻陷澎湖 1895年2月12日，日军攻占山东威海卫，我北洋舰队覆灭。是时，日本当局于广岛以陆军大佐比志岛义辉出任混成支队（官兵共计5,000人，含佣役军夫2,400余人）支队长，与作为联合舰队主力的巡洋舰、海防舰、补给船、运输船、医疗船等各型船舰组成南征军，于3月15日自九州佐世保港起航，20日下午抵澎湖群岛南端的将军澳屿。

1895年3月23日上午9时30分左右，"浪速""秋津州""高千穗"等三艘

△ 日军攻占马公城图

日舰对澎湖本岛东南里正角湾的拱北炮台展开密集炮击。在炮火的掩护下，日军于里正角侧良文港等处登陆。随后日军2,900人，兵分两路向西攻占太武山。24日清晨攻占拱北炮台，中午续占马公。25日晨，圆顶半岛守军管带郭润馨率官兵588人投降，是日统领花翎知府朱上泮与总兵周振邦等亦相继乘小船逃至台南。3月26日，日军占领澎湖列岛，并于当天设置"澎湖列岛行政厅"。

中国被迫割让台湾与辽南 甲午战争中国惨败，历经反复外交谈判，清

△ 台湾五人上书反对割台
五人分别为台湾京官户部主事叶题雁、翰林院庶吉士李清琦、台湾安平县举人汪春源、嘉义县举人罗秀惠、淡水县举人黄宗鼎。

廷终于屈辱地于 1895 年 4 月 17 日在日本马关春帆楼，由全权大臣李鸿章与日本全权大臣伊藤博文签订《马关条约》，被迫将台湾全岛、澎湖列岛及辽南割予日本。当时清军惨败，清朝政府是连北京门户及其龙兴之地的辽南，也被迫并同割让给日本的。

甲午割台五年后（1900 年），八国联军闯入北京；九年后（1904 年），英国军队侵略并攻占我国西藏拉萨；十年后（1905 年），日俄在我国奉天交战；十六年后（1911 年），清廷覆亡，中华民国成立，中国陷于长期内乱。

二 "台湾民主国"的由来

法国对日本割占台湾的态度 在中日马关议和前，当时列强对日本欲索割台湾一事，不是未采取激烈反对态度，就是默认，甚至帮助日本。只有法国自 1885 年退离台澎后，便公然地表示其对台湾的兴趣，但因当时法国正在对其殖民地马达加斯加（Madagascar）用兵而无暇东顾。

当清廷准备割让台湾与日议和的消息传来时，全台震骇。统领全台义勇的工部主事丘逢甲，立即代表全台绅民于 4 月 18 日电呈清廷，谓愿誓死守御台地。5 月 8 日，中日双方就《马关条约》在山东烟台交换批文。当时，台地官绅士庶知和议已定，割台难以挽回，乃于 15 日以"台湾士民，义不臣倭，愿为岛国，永戴圣清"十六字电奏北京。清廷则于 20 日下旨"署台湾巡抚唐景崧着即开缺，来京陛见，所有文武大小各员，着即陆续内渡"。

当时，两江总督兼南洋大臣张之洞与唐景崧电请正在巴黎的王之春，与法国外交部协商有关保台之事。另外，法国外交部长阿诺托（Gabriel Hanotaux）也曾和我驻英兼驻法公使龚照瑗议谈保台事，龚氏乃电告北京法国已派出轮船护商，届时将有兵登岸。5 月 19 日，法国小巡洋舰"博唐·博普雷"

△ "台湾民主国"国旗——蓝地黄虎旗
△ "台湾民主国"的成立只是爱国志士为免台湾永陷沦亡的临时应变之策，其旗帜上的黄虎即取与清朝龙旗相应之意。

号抵台，副将陈季同（应唐景崧之请前来相助策划外交，陈氏毕业于福州船政学堂，精熟法语及政治法律，曾任我国驻法使馆参赞及代理公使）随即于21日拜访在淡水停泊的法舰舰长，商谈保台一事。法舰长称确有其事，然因日本态度强硬，且法国现正在他处用兵，欲出兵相助恐力有不及，但要达到台湾自立，则较容易办到。次日，法舰长拜访唐景崧时亦云"为中国争回土地则难，为台湾保民则易，必须台自立，有自立之权，法即派全权代表来台定约"。事后，陈季同立即散播台湾将可因自治而获得法国保护的消息，当时丘逢甲即曾受陈季同此一乐观消息所影响。

台湾成立临时"民主国"自保　5月25日，台地绅民公议自立为"民主之国"，举唐景崧暂主总统，以商结外援，图复台湾，但仍遵奉正朔，遥作屏藩。"台湾民主国"的官制与名称悉如清制，即唐景崧奏报清廷及行文各省的公文，仍用台湾巡抚关防，其年号"永清"（为永戴圣清之意），旗为"蓝地黄虎"（是取"龙虎"之意，以与清朝龙旗相呼应）。唐景崧在其于5月30日电告张之洞及各省的电报中，云"台民自立，万不得已""但有一线转机，仍归中国"。

因此，"台湾民主国"的成立，可说是当时在台官绅企图从日本手中抢救台湾的一项外交设计，其目的在于以台湾的权利作为交换条件，希望引借第三国插手干涉台湾问题，逼使日本放弃台湾。故此一诉诸第三国的干涉，企图改变《马关条约》割台条款的构想，是成立"台湾民主国"的一个根本理念，亦即唐景崧等以台地绅民名义成立"台湾民主国"只是一种策略，是想挽回台湾割让给日本之局面，待避过此一风头，"台倘幸存，自仍归中国"。

人心乱，盗匪兴　3月25日澎湖陷落后，败勇纷纷由布袋嘴、盐水港上岸，日约数百人。当时，全台震骇，调兵遣将，日不暇给，不少城市居民迁至穷乡僻壤，攘来熙往纷纷不已，彰嘉一带土匪则有蠢蠢欲动之势。

4月底，南投地方溃勇土匪相继而起，沿途抢劫，纷乱如麻。草岭、浊水一带不计其数。集集地方但见三五十人一阵，六七十人一队，携带军械，由街南北溪底过者不可胜数。当时，北至新竹，南至安平，匪徒充塞，途皆不通，5月初方渐次散去，此乃因北中南三郡均遣营沿途剿杀，台南且斩首40余名。5月底，如南投集集地方，仍有60~70名匪徒在荒郊蜂拥行劫。当时，巨绅大商由鹿港、梧栖等口，乘商船逃赴福建漳泉二州者不一而足，米石亦不守禁示，纷纷出口，各巨室所藏钱贯则装于米袋而去，人心不固。

5月25日，台湾藩司布政使顾肇熙、台北知府管元善、淡水知县李淦等，均于是日搭英国商轮"康姆萨"号，自沪尾起航内渡。福建提督杨岐珍亦率所部

△ 日军占领基隆右岸大沙湾炮台

12营于5月26—30日，自沪尾撤兵内渡。是时，台北城内外兵民纷纷惶惶，已成乱亡气象。

日军占基隆并攻陷狮球岭 1895年5月8日，中日双方就《马关条约》在山东烟台交换批文。是时，日本在京都大本营成立台湾总督府，于5月10日任命海军大将桦山资纪为台湾总督及台湾交接全权委员。5月底，桦山资纪率文武官员、近卫师团及常备舰队于28日晚航抵台湾，泊淡水港外。

5月29日下午，近卫师团开始登陆澳底，时我方土勇两营400～500人驻防，该营成军仅三天，遇日军不战而逃。30日，日军占领三貂岭，近卫师团长北白川宫能久亲王与该团12,000名日军全部完成登陆。

6月1日，北白川宫能久亲王率日军过三貂岭。2日黎明，日军兵分两路进攻瑞芳，内务督办俞明震（浙江山阴人）督率各军迎击，力战不敌（清兵阵亡逾60人，日军死伤18人），瑞芳终失陷。当时，中方代表李经方（李鸿章之子）乘船于1日下午4时抵基隆外海，2日晚9时与日方代表桦山资纪办理将台湾移交予日本的手续，随即于是日深夜驶离返归上海。

3日中午，日军攻占基隆，下午3时许虽大雨如注，日军仍然强行仰攻狮球岭各炮台，我方守军俯射猛烈，惟日军拼力冒死强攀山巅，终于攻陷狮球岭。是役，日军死伤30人，我方总指挥内务督办俞明震负伤，死伤百余人，被俘遭杀戮者41人，投降者73人。

"台湾民主国"瓦解　4日晨，俞明震见唐景崧，力劝退守新竹，就林朝栋与刘永福以图再举，未被采纳。当时兵不听令，将各思逃。是晚9时左右，"总统"唐景崧改装微服出署，奔逃沪尾得忌利士洋行（Tait），不久后化装躲乘汽船"亚瑟"号，于8日离台。

当时，台北逐渐陷于一片混乱之中，艋舺杂货商辜显荣（彰化鹿港人）于6日前往日营，告知台北府城虚实。台北大稻埕洋商李春生（福建厦门人，1838—1924，李氏于1865年东渡台北经商致富）、士绅刘廷玉与陈儒林亦请欧美英德商人先迎日军安民。当时美籍战地记者戴维森（Davidson）、英籍茶商汤普森（Thompson）、德籍樟脑商奥利（Ohly）等三名代表前往水返脚（台北汐止），请日军速赴台北以维持治安。

7日，日军进入台北城。9日，日军占领淡水，不久后将在淡水所俘约3,000名清军，遣返大陆。

三　日本占领台湾

日军占领新竹　1895年6月17日，总督桦山资纪在台北府原总兵衙门举行"始政纪念祝典"，同时也展开了南进工作。当时由步兵、骑兵、野战炮兵、机关炮兵、粮食纵列等组成的约千人近卫师团新竹支队，19日自台北出发，南下新竹，于20日抵中坜，途中桃仔园（桃园市）市街民家大多挂出小旗，以示顺从之意，及抵安平镇（桃园平镇）、杨梅坜（桃园杨梅）、大湖口（新竹湖口）等处，遭吴汤兴、徐骧、姜绍祖、胡嘉猷、钟石妹等所率义军猛烈攻击。当时，天干物燥，杨梅坜因战火所及，到处起火，大湖口200余户店坊亦于瞬间俱成焦土。6月22日，日军入据新竹（台绅义军统领丘逢甲与提督林朝栋相继于6月24日前弃师内渡）。

新竹城虽已为日军所陷，但城郊各庄镇以及新竹与台北间的交通线，仍为义军所控。故在新竹陷落后的十余日间，吴汤兴等各率义军，连番出没于新竹沿道山间，破坏铁路，并于安平镇、杨梅坜、湖口、新竹及其附近各地与日军交锋，其中安平镇庄之役尤烈。

三角涌、大科嵌客家义军忠勇撼天地　7月12日拂晓，日军近卫第二旅团长山根信成少将率山根混成支队本队约2,600人，自台北沿铁路线南下。13日夜宿中坜。14日攻陷龙潭坡（桃园龙潭），是时胡嘉猷及黄娘盛率义军激烈抵抗，义军战死者超过百人，胡嘉猷亦阵亡。另外，坊城俊章少佐奉山根信成之命，率所部894人于12日下午入侵三角涌（台北三峡）。13日晨4时半，坊城大队拔营南向大科嵌（桃园大溪），上午8时许行经福德坑庄附近的溪谷地，突遭义军数千人沿两侧山陵掩袭，伤亡枕藉，日军困守，是夜大雨滂沱。14、15两日，日军突围未果，乃派人求援。

16日，山根信成接到消息，立即亲率日军前往救援，并于傍晚占领大科嵌，纵火焚烧大科嵌及其附近房舍，随意屠杀乡民，其残存多数穷民，住无家屋，食无口粮，更无生业，景况凄然。17日晨，坊城少佐率队前来与山根支队会合，后坊城大队由福德坑回军三角涌，捕杀形迹可疑或奔走躲避者。是时，日军于撤返首府台北沿途，凡可焚者都不留余烬，皆付之一炬，客家人之遭诛戮者，难以计数。

19日，北白川宫能久亲王下令山根、内藤、松原三个支队，分别扫荡大科嵌、海山口（台北新庄）及台北等地。7月28日至8月2日期间，近卫师团又于杨梅坜、龙潭坡、铜锣弯、牛栏河、新埔、大湖口等地展开第二期扫荡，击溃此区义军。日军所至之处，肆行屠杀，焚烧民房，火烟覆天，中坜、新竹间的百姓陷入恐怖深渊。

日军破彰化，纵横屠斩 近卫师团长北白川宫能久亲王于7月29日偕僚属自台北南下桃园，30日抵中坜，8月3日抵新竹。是时，义军约7,000人，据险以守新竹竹东镇东南9千米处地势险要的尖笔山。8日拂晓，日军逐步向尖笔山推进，野炮与机关炮齐发，炮声枪声震山谷，义军不敌，节节败退。次日，日军攻陷尖笔山。是役，该区山路义军尸首不知凡几，新楚军统领蓝翎副将杨载云（湖南湘潭人）力战日军身死（后遗冢在头份山上，台湾人虔奉香火不绝。有古诗吊云：呜呼新楚军！统将谁？蓝翎游击杨载云）。

8月13日，日军经后龙，途中击溃顽强阻击的义军，于14日入据苗栗。是日苗栗失陷，黑旗军等

△ 日军登陆枋寮

退守大甲。台民不许其屯扎，故于15日退驻牛马投，16日退守彰化城及紧临其东侧的八卦山（最高点97米），当时该地守军兵力共12营，约3,600人。当时时局紧迫，各议弃守，然刘永福电令黑旗军统军吴彭年死守，并谓援兵随至。故吴彭年率黑旗军沿大肚溪巡缉以阻日军。8月27日刘永福所派援军黑旗兵数营（旱雷营及七星全队共四营）抵彰化，义军总兵力不下5,000人。

8月28日午夜，日军涉渡大肚溪，义军浑然不觉。29日清晨5时30分，日军对八卦山及彰化城发动总攻击，山炮16门与机关炮9门密集轰击，民房均着火，草木皆焚。上午7时许，日军即占领八卦山及彰化。日军破城后，纵横屠斩，肆意作恶，直至午后方封刀止杀，时城内街道死尸累累，鲜血滚滚。据日本宪兵调查，义军尸体仅城内即多达382具（又据当时新闻报道，仅东门一角所积死尸即约620具）。此役日军在短短两三小时内，即消耗炮弹127发、机关炮弹数不详、子弹27,000余发，但日军进攻苗栗两天间所耗枪弹却仅18,000余发，此亦反映当时战况激烈程度远较苗栗之役为甚。义军则黑旗军统领吴彭年、黑旗军管带汤仁贵、台湾客家人统领吴汤兴等均力战而亡。

乱世男儿忠义情 吴彭年（浙江余姚人，18岁中秀才为诸生，于广州为官）于光绪二十一年（1895年）春出任台湾县丞，抵台。刘永福久闻其才，聘为幕宾。吴彭年于彰化八卦山力战日军，壮烈殉国，其军需好友吴敦迎城破出奔，途中无意间发现彭年尸体，当时其所属祝丰馆"租赶"吴阿来催租，遭日军所俘，被逼迫埋尸。吴敦迎乃嘱咐阿来密埋彭年尸体。

陈凤昌（福建人，7岁随父至台，定居台南，为邑庠生）乙未（1895年）时任台南议院议员。吴彭年牺牲后，凤昌见大势已去，乃隐居不出，数年后，典卖家当，内渡厦门。陈凤昌素崇吴彭年殉难之忠义事迹，离开台湾前，至彰化寻得吴阿来，于八卦山麓取吴彭年尸骸，携护灵骨至广东顺德（吴彭年牺牲时年仅39岁，老母尚在，妻已去世，遗二子，长9岁，次7岁，家无恒产，依靠亲友帮助生活，景况凄然）。陈凤昌登堂拜见其母，奉还遗骨，并以百金相赠，始挥泪以去。当时，台人名士吴德功咏吴彭年"延陵季子真奇英，雍雍儒将愿请缨。统率黑旗镇中路，桓桓虎旅号七星""巨炮轰雷力劈山，榴弹雨下响匌匒。身中数枪靡完体，据鞍转战莫敢撄。血溅衣襟溘然逝，凛凛面色犹如生。君不见壮士五百人，就义从田横。人居世上谁无死，泰山鸿毛权重轻。慷慨激烈殉知己，至今妇孺咸知名"。

嘉义城破人亡，黑旗将士忠义泣鬼神 彰化城沦陷当天，日军在辜显荣的引导下，顺势占领鹿港。9月1日，日军至云林（云林斗六）、他里雾（云林斗南），次日进驻大莆林（嘉义大林）。当时，日军虽与义军反复攻防，惟突奉令中止南进，于9月11日前后归返彰化城。当时，日本当局任命陆军中将高岛鞆之助为台湾副总督。高岛随即于9月10日抵基隆，乃木希典中将率第二师团司令部亦于11日抵基隆。16日，日本人成立由高岛司令官所指挥的南进军，司令部设于台北登瀛书院，并于21日决定采用兵分三路进攻台南的作战计划。

10月3日，北白川宫能久亲王率近卫师团自彰化城南下，向嘉义挺进。6日，经西螺，途中遭约千名义军激烈抵抗，日军乃行纵火，西螺市街几乎全部化为乌有。7日，续行攻占土库，再行火攻，土库市街尽成灰烬；当天日军亦另分兵激战进占云林与他里雾。8日，日军乘胜进占大莆林，并于日落前行进至打猫（嘉义民雄），中方黑旗军统领杨泗洪阵亡，残部退守嘉义城。是时，但见嘉义城上数面黑旗及一面紫色大旗，在晚风中飘扬。

10月9日黎明，日军于嘉义城外会师。上午11时30分左右，日军数十门大炮同时炮轰嘉义城北东西各门，顿时炮声震天，天崩地裂，黑旗等义军虽拼死抵抗，但胜负已决。下午2时左右，仍有零星黑旗等义军甚至手持长矛或大刀，踩在城墙的死尸上与日军进行肉搏战。此役，日军参与兵

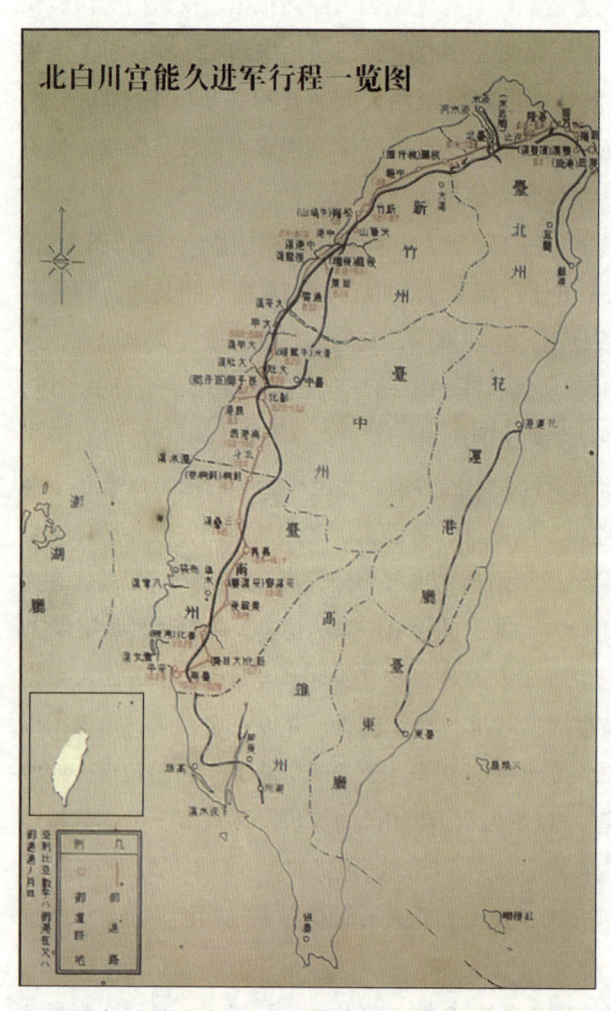

△ 1895年日军侵略台湾南下进攻路线图

△ 台南城（台南市）大南门（约摄于1905年）

员约4,200人，并配置15门大炮及18门机关炮，黑旗等义军约300人阵亡、400余人被俘。

日军占领台南城 10月10日，日军混成第四旅团5,460名兵员，分乘19艘运输船，于炮火掩护下在布袋嘴登陆，同日近卫师团前卫部队亦向台南推进。11日，乃木希典中将率第二师团6,330名战斗兵员与1,600名军用苦力，分乘20艘运输船，于枋寮附近登陆，随后占领茄苳脚，12日占东港，16日续北上进占凤山城。19日，混成第四旅团已南下进占麻豆。20日，第二师团本队与混成第四旅团，分别自南、北兵临台南城约10千米处。

是时，台南城中极度缺粮，各军因饥饿而溃散，富商多逃往厦门，人心惊惶。刘永福见大势已去，乃偕义子刘良成等十余人扮作商旅，于19日夜乘英轮"爹利士"号内渡厦门。20日，当民众获悉刘永福离去时，人心顿时散乱，绅民争相携眷搭船而去。是日傍晚，英国牧师宋忠坚（Rev. Duncan Ferguson）、巴克礼（Rev. Thomas Barclay）偕士绅陈修五等人至二层行溪，请日军入城维持治安。21日晨，日军第二师团进据台南府城。

当时，黑旗军等群集海口，不下8,000余人，浩渺沧波，无船可渡。日军占领台南安平后，许多人或因拒交武器财物遭集体屠杀，或因潜逃遭捕杀，或因不耐饥寒病痛而陈尸郊野，其幸存者不过5,100余人，日本人将之集中于安平港缴械。10月23日，日本派船将这些人遣送至福建金门。

△ 安平港炮台

△ 安平湾武器运送
日军占领台南城时，约有千名义军败走，日军将没收的枪炮集中运送。

四　义军壮烈抗日永垂不朽

刘永福勇赴国难　1894年7月，清廷谕电闽浙总督谭钟麟饬令南澳镇总兵刘永福酌带兵勇前往台湾协防。当时，刘永福旧部劲旅经粤核裁，仅存300人，并须留为粤防，故刘永福乃新募粤勇两营，未经训练，于8月1日成军。此新募两营粤勇，于9月4日抵台湾台南，后驻防于凤山东港至恒春一带，但唐景崧认为该两营不够展开布防，10月时商嘱刘永福派员回粤增募四营。次年1月，刘永福后续新募四营抵台湾。

刘永福所率援台的六营黑旗军，是未经训练的新募粤勇，也是应战争需要而临时招募仓促成军者。此与日本依照二十余年前即实施的国民义务兵制度，于1884年将当时警察与军队职能未明的镇台，改为近代野战师团的日军相较，实有天壤之别。

饷缺械旧难以想象　据英驻安平领事胡力穑（R. W. Hurst）所了解的情况，当时（1895年9月）直属刘永福指挥的部队有6,000多人，另散布于台南市郊的守军据称有1,100人，但其中400人已往安平北方逃亡。此外，由于富人大都逃亡大陆，募款日益艰难，大陆接济断绝，库款困窘，淮勇士勇大都未能领到薪饷，或只领到一点薪饷。这些人大都陷于饥饿匮乏的困境，有的甚至沦为盗匪，分布各地，对落单行人商旅构成危险，并为岛上居民所恐惧。是时（1895年4月），黑旗军司令部所在的打狗地方三块厝，竟是盗匪最多之处。

是时，由于枪械弹药没有着落，刘永福乃令打狗等各地方搜集锈坏不堪使用的枪炮，速运府城，以便集中检修，拼凑其可使用者。当时义军所用的枪支是火药枪，击发后烟雾弥漫，灰尘蔽日。

日军训练有素装备近代化　日军训练有素，交战时士兵成两排横队前进，前排射击后立即卧倒装子弹，后排即接着射击，如此循环形成绵密火网，且击发子弹均与肚脐同高。反观义军则皆未受过训练，而常自乱阵脚。草野农夫，散则为民，聚则为兵，只可应敌，未能调防。

日军在当时可说已是混合兵种的近代化部队，以南进军为例，该军包括步兵、骑兵、机关炮队、野战炮兵、野战通信兵、工兵、弹药队、辎重队、粮食队、架桥队、铁道队、宪兵队、卫生队、野战医院甚至测绘地图部员等。在武器的性能方面，当时日军是配备装填无烟火药的村田铳枪支，而近卫师团配备的改良式村田铳则可连发，其最大射程为3,112米。机关炮每分钟可射600发，平常随便射亦可达200～300发。野战山炮、榴弹与榴霰弹的威力则是前所未见。如此优势武力，义军黑旗军等实远非日军敌手。

刘永福义薄云天　当时，清廷业已谕令文武各员内渡，6月7日台北为日军占领后，唐景崧也迅速返回大陆。当时黑旗军是未经训练的新兵，且饷缺械旧，武器装备及训练与日军相较，宛如隔代。在此极端恶劣的形势下，刘永福仍留在台湾，力拒日军，其行义薄云天。

6月底，台南绅民再三推戴刘永福为"总统"，并呈上"台湾民主国总统之印"，但均为刘永福所拒。6月29日，刘永福在台南台湾镇署旁的白龙庵，与台南士绅歃血为盟，誓言"纵使片土之剩，一线之延，亦应保全，不令倭得""永福承天子命帮办台防，闻和议已成，遂终朝陨泣""改省为国，民为自主，仍隶清朝""为大清之臣，守大清之地，分内事也，万死不辞"。

△ 黑旗军在打狗港外布置水雷
此图为1895年英国画家手绘作品，刊登于当时的《伦敦画报》，描绘打狗港被日军占领前的情景。

△ 1895年中日两国文武官员仪容差距
（左）澎湖之役我国战败投降之文武官员。
（右）1895年5月13日，日军占领澎湖后举行新旧司令官交接。

义军壮烈抗日永垂不朽　当时，刘永福令黑旗将士与拥有近代武器装备及受过精良训练的日军，进行殊死战斗，不少人为保卫台湾，捐躯台地，尸骨散于台地荒烟蔓草。1897年，台湾人吴德功即赞咏"峻岭夕阳挂，荒烟纠战地""黑旗诸将士，遗骸埋何处，安得有心人，搜寻泐石记"。

义军（粤勇黑旗军，台民义勇，湘勇，闽客台勇，新楚军）于日本殖民当局在1895年平定全台各役中，动辄阵亡七八十人或百余人，甚至数百人，然而日军阵亡却仅数人，这也反映了双方武器装备是何等悬殊。但是义军在面对日军如此优势武力下，却是自三角涌、大科嵌、新竹尖笔山、苗栗、彰化八卦山、云林地区至嘉义等地，辗转反复血战日军。据统计，当时遗弃于战场的义军尸骸共6,760具，但义军实际阵亡人数必不止于此数。

依当时随日军行动的美国战地记者礼密臣（James W. Davidson）所见，由于仅有一定数量的受伤者被败退的义军战友救走，而很多受伤者爬至丛林里，有的无人知道地死去，有的投身于溪流而尸体被溪水冲入大海。礼密臣在几次战役中即亲眼看见，义军有时在丛林中、有时在山丘上为日军炮火所轰，在那样的地方是没有机会让人们去确认阵亡人数的，故6,760具尸骸只是战后在战场上发现的战死人数。因此，礼密臣认为实际战死义军人数可再增加1,000人。亦即于1895年10月前，日军先期侵台的过程中，义军身死战场者多达7,700人之众。

当时，义军与日军进行殊死战斗，他们或人亡家破，或身死异乡，无论本省之闽客台勇，还是外省之粤勇湘勇，均委诸白杨衰草，其反抗日帝侵略的英勇壮烈史实，当永垂不朽。

第十五章

日军屠杀腥风血雨

一 扫荡、烧夷与屠杀

北部扫荡烧夷诛戮 1895年12月28—30日，顶双溪（台北双溪）、瑞芳、深坑、金包里等地的日军守备队、警察派出所与宪兵屯所，分别遭数十人、数人或五六百人不等的抗日义民各军的袭击。

1896年1月1日凌晨，台北陈秋菊与新竹胡嘉猷等各率所部义民，会同大举围攻台北城。日军凭城发炮，义军屡攻不入，梯不能及，且枪械不足，下午新竹日军援兵抵达，义民无功，遂各自散去。

在宜兰，12月30日率众袭击宜兰顶双溪与瑞芳等地方声势极盛的就是林大北与宜兰秀才林李成。1月1日中午，300余名义民各军猛袭宜兰城西门。日军应援者450余人于4日抵达。7日，义军1,700余人（或云700余人）大举围攻宜兰城，日军于8日出城反攻，义军大败溃散。当时，日军混成第七旅团于12日抵基隆，其主力立即调往宜兰，并于17日击溃林李成与林大北等约1,400人的义军，占领礁溪，并续于19日占领头围。混成第七旅团于当时至1月28日止的讨伐行动中，共屠杀义民约1,500人、焚毁家屋约10,000户，宜兰平原大半化为灰烬。

混成第七旅团（主力调往宜兰）内藤大佐讨伐队于1月19日开往新店，烧夷抗日首领陈秋菊的居所。神田少佐讨伐队则续于1月23日至2月9日扫荡台北附近诸村,计杀获120余名抗日成员并烧夷其家屋。日军复于2月10—24日于台北三角涌、大姑陷(桃园大溪)、桃园、新竹、苗栗间,举行残酷的大扫荡,当时日军搜获败兵,随即烧毁其家屋,虽值雨季,日军也不分昼夜进行扫荡。

日本殖民政府严厉镇压政策 日本殖民政府旋于是年(1896年)3月30日公布第63号律令,规定台湾总督在其管辖区内,得制定具有法律效力的命令,亦即承认台湾总督的命令就是法律,其主要目的就是为对付抗日分子——"土匪"而制定的。

次日(31日),日本政府紧接着公布"台湾总督府条例""民政局官制""民政局各部分课规则",其中前者规定台湾总督在其管辖内拥有统率陆海军,以及总理行政、立法、司法等大权。

斯时,台湾总督府各种官制陆续公布,规划日本统治台湾的大架构,并使其在台统治迈向新阶段。日本政府亦开始寻找能胜任经营台湾殖民地的适当人选,并于1896年6月2日派陆军中将子爵桂太郎(1896年6月2日—1896年10月14日任台第二任总督)出任台湾总督。当桂太郎赴任时,内阁总理大臣伊藤博文、海军大臣西乡从道及卫生顾问后藤新平等皆与桂太郎同行,而于6月12日抵基隆,然后到台北和新竹等地参观,21日抵高雄,23日经澎湖抵厦门,7月2日返回日本,并向日本内阁提出意见书,认为"清廷之老朽积弊,不能永久维持其版图,已为列国虎视之处""一朝清廷启开事端,强国则竞争割据其领土,以遂多年之欲望,此时我帝国究应提出何种对策?如袖手旁观则罢,如欲乘风云伸张国势,则应事先有所准备",因此主张致力经营台湾对岸大陆,以为日本南侵基地。桂太郎并谓"欲确立经略台湾的方针,必须实施南清(指中国华南)经略,欲实施南清经略政策,必须有经略福建及厦门之实,欲得经略福建及厦门之实,则非有经略南洋之实不可",其间桂太郎对蚕食福建厦门更有相当兴趣。

关于台湾,桂太郎则视台湾殖民地的经营为日本国防政策之一环,殖民地台湾的安定应系最被优先考虑,故桂太郎对抗日分子基本上采取严厉镇压政策,并认为应当以警力直接镇压,因天皇军队不可轻易动员,像台民抗日此

△ 陆军大将桂太郎(1847—1913)

种"土匪骚乱",只需动员警察即可。是年,总督府在台湾急速建立警察机关及扩充警力,计警察署达 17 所,警部 193 人及巡查 1,200 人,共 1,393 人。

斗六屠杀血肉飞散 1896 年 6 月 13 日,云林(斗六)支厅在斗六搜索"土匪(抗日民军)",拘捕百余人通宵审讯。当晚,数名抗日成员夜袭距云林警察署约百米处的一家日本酒肆,次日守备队小队长中村中尉奉令率 27 人,于凌晨 3 时自云林向大坪顶山麓推进,途中骤遭约 500 人袭击,自小队长以下战死 6 人、失踪 11 人,仅 10 人逃命归还。

日军大队长步兵少佐佐藤常政于 18 日率部进入大坪顶。6 月 20、21、22 日三天,讨伐队、宪兵、警察、支厅员等沆瀣一气,扫荡散窜于各村的民军,当时"斗六堡东南面一半、鲤鱼堡及打猫东堡各地,凡兵烟之下无不尽成肉山血河,即不分良匪,复未辨薰莸,几千房屋竟付诸一炬,无数生灵顷刻间尽成斩首台上之怨魂。""九芎林庄成为焦土,村民血肉飞散,变作惨绝人寰之地狱","石榴班、海丰仑之杀戮烧焰,腥风卷烟阳光凄然",但见该地"残烟死灰未灭,满眸极其酸鼻,令人怅然自失,大有天柱将折、地维将裂之概"。

当时,以资望声势坐镇云林一带的简义,不顾龄过耳顺,不忍坐视日军虐杀无辜,乃起而号召。一时间,云林地区各村人民,蜂起响应,报复凌厉,连陷埔里、集集(南坡小镇)、林圯埔(竹山)、云林、莿桐(云林北部一乡)、北斗、他里雾(云林斗南)等地,日本人震惊不已。日本人不久即组成讨伐队反攻,于 7 月中旬时相继攻克上述诸地,民军溃走山间。据当时日本人的调查,是役云林地区家屋被焚者达 55 村,共计 4,947 户(其中包括庵古坑 505 户,斗六街 396 户,石龟溪 339 户)。

铁国山硝烟笼罩 内务部长古庄嘉门曾表示,其南下任务之一即为招降抗日民军领袖简义,然而因为当时辅佐古庄嘉门招降工作的鹿港人辜显荣欲从中渔利,故招降简义一事未成。后古庄嘉门离去,简义即表投诚归顺之意,古庄嘉门乃复再赴斗六,于 10 月 5 日招抚简义归顺。此外,斯时(1896 年 11 月),宜兰之林大北与林维新以下 370 人归顺日人,后并分别出任二结堡庄区长与叭哩沙区长。

简义归顺后,其他抗日民军派系并未随降,而各拥数百名部下的柯铁、黄才、张吕赤、赖福来等四派巨头,乃结义共组"铁国山"以抗日,并于 11 月底在斗六一带散发檄文,控诉日军暴行。

1896 年秋,日本当局任命曾于甲午战争时率第二师团入侵我国、复旋率军自我国东北抵台参与南进军征台的陆军中将乃木希典为台湾总督。乃木希典于1896年11月9日抵台赴任。11月14日，台湾总督训令日军各混成旅团长与宪兵队司令官，往后讨伐土匪时，不论良民或匪徒的家屋，一律严禁烧毁，倘因战术上不得不加以烧毁时，应具理由提出报告。是时，乃木希典见到台民仍然继续顽强抗日，内心感到军人未尽镇压之责而愤怒，乃于抵任次月（12月）即对柯铁为主的铁国山抗日集团发动攻势。1896年12月12日，日本殖民当局下达讨伐令，时任台湾守备第四联队队长的太田中佐，率军、警、宪数千人马组成的讨伐大队，直攻当时抗日团体所在地——大坪顶铁国山。由于该地山高险峻、溪谷错综、断崖绝壁、崎岖羊肠、竹薮荆棘，地势易守难攻。日军讨伐大队直至25日方占领大坪顶，其间抗日民军顽强抵抗，狙击袭击，日方也反复冲锋，并配以炮兵轰击，山谷震动，硝烟笼罩。是役，拥有绝对武力优势的讨伐队死伤亦多达109人。

凄惨除夕 1897年2月1日（我国旧历除夕），日本殖民总督府民政局长水野遵率众巡抵集集街（南投集集），但见该地除东兴客栈及其附近寥寥数户之外，全街无完屋，尽是破壁残墙。集集居民外出避乱尚未归返，故徒有岁暮虚名，寂然无声，不闻人语，灯火明灭似有似无，冷落荒凉啾啾迫人，而妇人女子在残垣断壁之间，编竹结茅寒灯守岁，实不胜怜恻。至于云林市街，则约四成遭焚毁。

七年后，日本于云林地方进行土地调查时，但见该地经连年讨伐，土地荒残，居民离散，甚至有数庄人烟灭绝，故不问土地肥沃与否，均榛莽满目，田圃荒废，行人瞩望乱后悲惨情景，转夕不胜鼻酸。至于盐水港厅辖下大甲地方，经过讨伐后百姓糊口之途断绝，饿殍遍野。

台澎居民去留决定日 根据《马关条约》的规定，台湾居民在1897年5月8日前可自由决定去留，届时仍留在台湾者则视为大日本国臣民。为预防台民在此期限临时动乱，日本当局乃于1897年4月16日，以天皇之名宣布在台湾实施戒严。当台民去留决定之日临近之际，抗日人士乃散发宣传文告，激发台民加入抗日行列，驱逐日本统治。

5月8日限期当天，决定离开台湾返回中国大陆者共约6,500人，其中台南县4,500余人，台北县1,574人。8日当天拂晓，台北发生陈秋菊、徐禄、詹振等率众600余人袭攻大稻埕的抗日事件。是役，詹振以下约200名抗日民众牺牲。五天后，又有抗日民众攻击三张犁，其中44人牺牲。

二　招降、诱杀与屠杀

招降　1898年3月，后藤新平出任民政长官，首先对抗日团体采取宽松的招降策略。即对投降的抗日民众不但不予杀害，不追究往事，还以利诱之，并向他们提供金钱与就业机会，例如临时性的开辟道路工作等，这样不但可节省下庞大的讨伐军费与讨伐后的救恤金，而且可乘机向投降的抗日领袖索取其他团体名单，以便掌握抗日阵营详情。

当时许多抗日成员，在前任总督乃木希典的镇压下，离开生长的村庄，逃入山区，与村庄隔离，致使人员与粮食的补给几乎中断。他们为求生存，甚至向一般百姓勒索粮食和物资。因此，日本当局的招降策略使抗日阵营内部发生变化，不少抗日成员接受了日方的招降条件。对于陆续归顺的这些人，日本当局除发给授产金外，亦请此前归顺的林清秀、李养等人，于是年（1898年）秋冬从事修缮或开辟士林、金包里、汐止等地道路的工作。为首者徐禄则在金瓜寮从事开垦工作。

"匪徒"刑罚令　日本当局一面在北部施展招降策略，一面也积极准备对中南部抗日力量进行大规模的血腥镇压与屠杀。1898年11月5日，第四任台湾总督儿玉源太郎以第24号律令《匪徒刑罚令》作为屠杀抗日民众的法律依据。依《匪徒刑罚令》规定，不问目的为何，凡纠合聚众以暴行或胁迫达成目的者，均以匪徒定罪，其中首魁教唆者、参与谋议者、指挥者、反抗官吏或军队者，无论既遂或未遂，均处死刑。

日本殖民当局虽如此混淆"匪徒"的定义，然而对于何者是真正的土匪，何者是出身于良民的抗日民众，是心知肚明的。1898年，儿玉源太郎对陆海军幕僚参谋长及各旅长训示时的内部讲话，就明确表示"旧时代的土匪是没有资产之徒，良民不与之。现在的土匪则不然，有产有资，甚至受乡党尊敬""顾思他们不得不参加土匪的情形，则来自误识良民与匪徒以及彼我心中之疑惑者为数少，终于使一般土民误会土匪乃日本人所制造。据悉，甚至有人认为如果日本人没有来，我们良民的父兄子弟当不至于变成土匪，并为此愤慨不已。由于情形如此，良民看待土匪不同于从前之卑视，不但不耻与土匪内通，宁可说没有憎恨的模样"。

中南部讨伐屠杀　1898年11—12月，日本人出动宪兵警察与第二旅团、第三旅团共同讨伐中南部抗日民众。第一期11月12—23日，对象是云林一带抗日义军。第二期11月27日—12月14日，对象是嘉义附近黄国镇所率温水溪一带抗日义军。第三期12月20—27日，对象是打狗及凤山一带抗日义军。据日本人统计，在此三期讨伐中，共杀戮2,043人，伤者无法计数，房屋全烧毁者计2,764户、半烧毁者计243户。

台北山区讨伐　1898年12月初，日警探闻得悉，台北草山（阳明山）与双溪地方，频频风传日军将于近日讨伐简大狮，故该地居民人心惶惶，甚至纷纷欲避难他处。12月11—12日，日军与警察联合，自金山、南势溪一路追经三重桥，追剿冷水窟，共计击毙众伙39人。

日本当局为索获简大狮及其众伙，旋复成立由警察官、宪兵与军队混合编组的讨伐队，分左右两翼。12月23—27日间，左翼遂自内湖、士林、北投，经拔仔埔、大稻埕、竹子湖，进向内双溪、草山、内寮，北向深入冷水窟、三重桥及金包里（金山）、南势溪。右翼遂自基隆火车站、八堵、七堵，经莺歌石、矿坑、玛陵坑、鹿寮、过大武仑澳、大武仑、中仑，入中福仔、二坪，及金包里马炼港内。铺天盖地地大肆密集搜捕，却并未逮获简大狮等首脑，甚至亦未能逮获其残伙，其间零星处决十余名"嫌犯"。

△ 台湾总督儿玉源太郎

△ 民政长官后藤新平

归顺仪式上的诱杀　日本当局一面血腥镇压，一面采取分化瓦解政策。在严酷的生存条件和日本人的分化瓦解政策下，部分抗日民众归顺。1899年2月北部抗日义军274人自首，3月中南部抗日义军领导人黄国镇与柯铁，5月林少猫等均先后率众归顺。对于北部归顺的抗日人员，日本当局先是巧妙地利用他们开辟道路，然后借机铲除。当1900年3月林火旺、简大狮等抗日首领被杀时，北部地区呈现异常宁静的状况，此乃因日本人在北部已掌握抗日成员生死大权，可以随时以任何借口杀戮，消灭其抗日活动。

1902年春夏，日本殖民政府又实行诱杀策略，威胁利诱抗日义军投降。当时，抗日团体面临粮食断绝，甚至吃草维持生存的困境，因此许多抗日民众乃纷纷归顺。是年 5 月 25 日，日本当局分别在林圮埔、斗六、嵌头厝、西螺、他里雾（云林斗南）及内林等六个警察派出所，同时举行归顺仪式，并借机一举将之集体屠杀。当天遭屠杀者共计 243 人。日军及宪兵随即于次日起，对其残存部分展开大搜索，直至 8 月止，杀戮残存抗日民众及涉嫌者 600 人左右。

屠杀林少猫抗日义军　归顺仪式上的诱杀后，日军与宪兵警察即于 5 月 30 日夜半包围后壁林，31 日展开山炮轰击，接着强行突破占领城堡，共计杀戮林少猫以下 122 人。接着日军以凤山与屏东为中心进行搜索与屠杀，至 6 月 4 日止的短短五天内，计杀戮林少猫部众或嫌疑者 400 人左右。

镇压尾声　由日本台湾宪兵队所出版的，象征日本军事统治的书——《台湾宪兵队》，以林少猫之死作为终结，表示日本台湾宪兵队已完成了他们的使命，谓"二百年来台湾之癌之土匪，至此全归绝灭"。

1902 年，台湾被处死刑者计 557 人，但据说被临时处分屠杀者竟达 4,000 人（或云 8,000 人），民间没收枪支则达 60,000 支。1897—1902 年间，遭日本当局杀戮的台人"土匪"总计多达 11,950 人，日本人得意地称彻底根除"土匪"，整顿治安工作告一段落，并自诩"于此全台和平之曙光与总督之威信一起辉映"。

三　罗福星与余清芳等武装抗日事件

小规模武装抗日事件　1907—1915 年间，全台不断发生小规模的武装抗日事件，其间重要者有：

1907 年 11 月	北埔客家蔡清琳事件
1913 年 1 月	客家华侨罗福星事件
1913 年 12 月	东势角赖来事件
1913 年 12 月	大湖张火炉事件
1914 年 2 月	南投陈阿荣事件
1914 年 5 月	六甲罗臭头事件
1915 年 8 月	噍吧哖余清芳事件

上述事件中，日警怀疑身在厦门的雾峰林家之林祖密，可能与张火炉、陈

阿荣、罗福星、余清芳等台湾抗日事件有所关联。

罗福星　罗福星，别名东亚，广东镇平县客家人，1886年生于印度尼西亚巴达维亚（今印度尼西亚首都雅加达），具荷兰与印度尼西亚人血统，故相貌酷似西方人。罗福星周岁时便返回故乡广东，10岁时随祖父再至印度尼西亚，就读于爪哇的学校，兼习荷兰语和英语，直至18岁中学毕业。罗福星中学毕业后次年（1903年）随其祖父抵台，居于今苗栗，其间曾就读于苗栗公学校。22岁时即1907年夏离台返回故乡广东。1911年3月，罗福星参加广州"三二九"黄花岗之役，幸免于难，不久逃往印度尼西亚，11月时复返广州。

△ 罗福星像

1912年8月，罗福星应北伐军联团局刘士明之邀，前往台湾从事抗日革命。是年12月，罗福星与其他11位志士一同游历祖国山川后，分别抵台齐聚台北。罗福星抵台后，即与其他11位志士分头招募会员。当时，罗福星负责专于台北与苗栗地方招募会员的工作，1913年4月初时已募得500余名会员。是年底，由于形势紧张，罗福星乃密谋偷渡返回祖国，却在淡水被陈金枝及其舅李烟山向日警告密，而于12月19日被捕，1914年3月3日在台北监狱被处以绞刑。

罗福星一案有其特殊的历史意义以及令日本人震惊之处。首先，罗福星案虽然在起事前就遭日人侦破，功败垂成，但罗福星是辛亥革命成功后，中国大陆首次派遣革命党人跨海到台湾本岛从事有组织的具体抗日行动。罗福星在台湾招募同志时，除对同志晓以民族大义外，还旗帜鲜明地向同志申明，其目的是驱逐在台湾的日本侵略者，使台湾回归祖国。故连办案的日本检察官也承认，"其目的非诈欺取财，乃真挚以革命不羁为目的"。这是中国民众在以行动昭示中国"收复台湾"的决心。其次，罗福星案涉及面相当广泛，全案遭逮捕者共计412人（其中6人死刑，6人被判刑期十五年，8人刑期十二年，25人刑期九年，43人刑期七年，135人刑期五年，3人刑期四年半，33人被判无罪，153人不予起诉），在第一次遭审判的169人中，有家眷者占73.4%，这反映出此一秘密武装抗日组织的成员，多是有家室的良民。此外，169人中，具备阅读能力者达42.2%，远高于当时台湾汉人的平均教育水平，其中包括地方上有学识、有资产与有名望的上层精英。例如遭处死的黄光枢与谢德香，前者是广东镇平县的前清秀才，后者是苗栗地方富有人家。被判处十五年徒刑的叶水全，也是大湖地方富有人家。被判处九年徒刑的吴颂贤，家学渊源深厚，祖父吴海烈为进士出身、父亲为私塾老师。也就是说，罗福星所领导的秘密武装抗日组织，可说是以高级知识分子为核心，成员具有"收复台湾"使命感的高度理想组织。最后，此案令日本殖民政府极其震撼的是，罗福星的组织中不但有许多人是台湾上层社会精英，据日本报纸《台湾日日新报》的描述，这些有学识、有资产、有名望的革命志士被捕后，泰然自若，毫无狼狈之情，态度傲慢，多无悔改之色，因为他们心中早已将生死置之度外。

东势角事件 东势角事件领导人赖来，住苗栗三堡圳寮庄，1911年曾与本案另一位重要成员谢石金（时年24岁）偷渡往赴中国大陆上海滞留数月，当时正值大陆革命运动，二人亲睹辛亥革命实况，归台后遂怀台岛革命思想，邀集同志，拟袭占东势角（台中县东势镇）支厅，掠夺枪械，出葫芦墩（台中县丰原市），进击台中，将占领台湾的日本人驱逐出去。

1913年12月1日夜，赖来于自家祭坛与詹墩等10余名志士，立誓缔盟，随即率众于次日拂晓袭击东势角支厅，战斗中虽斩杀巡查佐佐木市兵卫及巡查荻原政雄，但赖来与詹墩均当场遭日警射杀，致队伍意气沮丧，甚至心生恐惧，而相继溃逃。本案经移送临时法院审判的被告共计78人，其中不予起诉处分者56人，余者死刑13人、有期徒刑九年以上者8人、无罪者1人。

大湖事件 领导人张火炉，29岁，台中厅拣东人。是时张火炉感于彼时祖

△ 罗福星烈士及其手书墨迹

国的革命党革命成功，乃组织革命党，伺机于台湾中部起事，袭击官衙杀戮日人，进而请求中国革命党人应援，届时机械弹药均自中国补给，以排除日人在台的统治。惟因事机不密，该组织成员黄炳贵等于 1913 年 12 月被捕，张火炉本人则于被捕送审途中，在高雄港投海自尽，本案嗣有林投帽商黄炳贵与纪硊等 21 人，分别被处五至十二年不等的有期徒刑。

南投事件　领导人陈阿荣，30 岁，台中厅拣东上堡水底寮庄人，赞同当时盛行于台湾的革命主义，募集同志组织革命党，拟伺机在台湾中部起事，袭击官衙杀戮日人，进而与各地同志相互呼应，以脱离日本统治。惟本案于 1913 年 10 月至 1914 年 1 月间苗栗事件的大检举中，在起事前即遭破获。嗣 1914 年 2 月 28 日，新竹厅苗栗台湾总督府临时法院，判决陈阿荣死刑，余 28 人分处五至十五年不等的有期徒刑。

六甲罗臭头事件　领导人罗臭头，世居嘉义厅店仔口（台南市白河区）支厅的南势庄，因事携家眷避入六甲支厅管辖下之乌山岭中。时值总督府讨伐"生番"，令各地警察征集多数保甲人夫，企图逃亡者甚众，罗臭头趁机巧招逃亡者。为袭击日本官宪，掠夺枪器弹药，驱逐日人出境，原选定 1914 年旧历七月兰盆会的佳日举事，预定袭击六甲支厅。

后因部下擅自盗窃前大埔警察官吏派出所致使日警大举搜查，乃提前于 5 月 7 日夜袭冲六甲支厅，后因失败退走山中，伙众多人遭逮捕。是年（1914 年）

△ 被日人用脚铐铐住的台湾抗日志士余清芳　　△ 噍吧哖武装抗日领袖余清芳被捕后的示众照（徐宗懋提供）

△ 余清芳于1915年8月22日被日人从噍吧哖支厅押往台南监狱途径台南车站前（见《台湾写真帖》第12号）

△ 噍吧哖事件被告被从台南监狱押至临时法庭（见《台湾匪徒小史》1920年）

11月13日，日方以《匪徒刑罚令》于台南地方法院开审判庭。1915年2月12日，案经复审法院最后宣判，死刑8人，无期徒刑4人，有期徒刑10人，无罪1人，行政处分15人，在检察庭受不起诉处分68人。

噍吧哖余清芳事件（又称西来庵事件） 余清芳，1879年生。日本占领台湾时，年仅17岁的余清芳曾投身于武装抗日义军，1899年任巡查补，1904年辞职。1911年后，余清芳结识台南厅参事苏得志（又名苏有志），乃以西来庵为基地，邀集同志，以修筑庵堂为名广募捐款，后更以大明慈悲国大元帅名义对同志发布驱日谕文。

1915年8月3日天未亮时，余清芳率300余人袭击台南厅噍吧哖（台南玉井）支厅辖下南庄派出所，歼灭该庄日警巡查等并眷属计20余人，随后占据虎头山，准备攻击噍吧哖支厅，而与日警形成拉锯战。是时，口宵里方面之田丸分队还曾组成决死队（当时余清芳部众甚至多达 1,000 余人），而正在台湾中南部视察的台湾总督安东贞美获报，立即令第二守备队司令官大岛新，速派步兵炮兵前往镇压。日军日警协同攻击，迅速扑灭了此次事件，并击毙余清芳部众 155 人，日军警于后续围山搜捕的行动中又零星击杀约 150 人。

余清芳于 1915 年 8 月 22 日被捕，三天后即开始审判。是役，被告共 1,957 人，其中 866 名判处死刑，其残酷性连日本国会也认为失当。台湾总督安东贞美乃借大正天皇登极所颁布的大赦令，宣布减刑而将死刑改为无期徒刑，但当时已有 95 名死刑犯被处决。余清芳等殉难烈士临刑前皆从容就义，其状甚至连日本人亦不禁赞云"及至宣布执行死刑之际，毫无留恋不舍之状，首魁以下数十人，皆从容登上绞首台"。

余清芳等被捕牺牲后，同志江定及其部下数百人则退入山区，据险不屈。日警搜索队疲于奔命，徒劳无功，于是改以劝降方式，并动员地方士绅招降，江定等 272 人乃于 1916 年 4 月下旬陆续出降。俟诱降工作完成后，日本殖民政府乃出其不意地于 5 月 18 日逮捕江定等 56 人，至于其他 220 余人，检察官虽声称不予起诉，但他们被捕后均未见回家，据传全部遭日警坑杀。1916 年 6 月下旬，日本殖民政府判江定等 37 人死刑（后于是年 9 月 13 日在台南监狱绞首台执行）。

噍吧哖余清芳事件参与者多达数千人，仅 8 月 5 日日本军警以优势现代化武力攻击噍吧哖虎头山一役，阵亡抗日民众即多达 309 人。亦即在日本人残酷统治台湾二十年后，居然仍有如此众多台湾人不惜牺牲生命以抗日，这对日本当局而言，无疑极具震撼力。故日本殖民当局除于现场以武力大肆屠杀外，并于事后大规模地逮捕 1,957 人，并更进一步地以法律形式公然判处 866 人死刑，从而具体地反映日本当局对本案的震骇。但经日本再次大规模的恐怖血腥镇压后，台湾汉人武装抗日运动也渐趋终结。

四　理蕃杀戮血染青山

台湾总督府参事官持地六三郎，在其 1902 年底向台湾总督儿玉源太郎提出有关"蕃政"问题的意见书时，即认为"在日本主权下，惟有蕃地，而无蕃人""在法理上言，'生蕃'对土地并无所有权，蕃地全属国家所有也，然而熟蕃之土地所有，依旧惯须予以承认"。至于理蕃方式，则应先施威压然后抚育，前者为设隘勇线采取攻势前进，并调动军队协助讨伐，后者则以宗教教育行之。

隘勇线前进扩张　当时，台湾总督佐久间左马太自1907年开始推行理蕃五年计划，于蕃地内以武力向前推进隘勇线，其方法是先行绘图测量，明了蕃地地形，然后前进队依预定线前进，碎石伐木，开凿道路，于各要害地方配置炮火，构筑掩堡以控制蕃社，强制征调"蕃人"从事开垦、制樟脑、伐木等工作，如遇"蕃人"抵抗，则以武力征服。

隘勇线主要是由隘寮、隘路、铁丝网所组成。日据初期，清代所遗隘寮计80所，后日本殖民政府扩张隘制以控蕃，1900年时隘寮增至386所。隘路，是隘寮间的联络道路，依宜兰厅的作业标准，其路宽应达1.8米以上，隘线外100米的区域内，应伐除竹木杂丛，使"蕃人"无潜伏之处。至于电流铁丝网，则是通上高压电流，一触立即毙命，铁丝网与隘路平行，电柱高1.36米，上有4条电线，每条电线隔0.24米。1908年时铁丝网延长线达270余千米，送电线也延长了70余千米。此外，日本殖民政府复于相关地点埋设地雷，1908年时更是新制"踏落地雷"与以往"电气地雷"并用。

日本于"隘勇线前进时期"在宜兰、深坑、桃园、苗栗等各厅蕃界，共延长隘勇线428千米，他们视为残余的凶蕃，则被线内6,800余人的警备员所包围，但不归降的蕃社还是很多。

第一次理蕃五年屠杀　1906年4月，佐久间左马太陆军大将出任台湾总督，时年62岁（32年前佐久间左马太任陆军中佐时，曾参与日军侵略恒春之役，率军与排湾族牡丹社蕃于屏东牡丹石门村交锋并败之）。

当时，日本殖民政府对台湾平地汉人的镇压大体已告稳固，而糖及其他平

△ 日人以通电铁丝网围绕的隘勇线

地产业的发展基础也已告确立，故日本殖民政府认为其当务之急是必须冲破蕃地门户，特别是如樟脑、森林、矿藏的开发，都是以蕃地的太平为前提。因此，新总督以肃清蕃界为其统治台湾的根本方针之一，而采取强力镇压政策。

1907 年初，佐久间左马太制定理蕃五年计划，其大纲是以北蕃为主，即诱使"蕃人"甘心承诺在其领域内设置隘勇线（谓之"甘诺政策"），以促使"蕃人"自行从隘勇线外迁居线内。至于南蕃则采取渐进的"抚蕃"政策，亦即在蕃社内势力最大的头目所在地，设置抚蕃官吏驻在所，由员警从事抚育，其主要进行方式有二，一为从 1907 年起开始着手蕃地道路开辟五年计划，二为从 1908 年起开始着手隘勇线内蕃界土地调查五年事业。是年 5 月，日本殖民政府自深坑与桃园两端同时开始推动隘勇线，"蕃人"立即发现其规模宏大，影响蕃社生计，从而导致北部大科嵌蕃、大豹蕃、马武督蕃、马里可万蕃的联合抗日。10 月，再引发大科嵌地区的"蕃汉"联合抗日，汉人甚至竖起"去日复清"及"大谷王"等旗帜，"蕃汉"共计约 400 人，袭击桃园厅下插天山新隘勇线，杀戮日警 17 人。11 月，赛夏族大隘社与蔡清琳等客家汉人共百余名，袭击北

△ 日本殖民当局建立的发电所（输送铁丝网用）内部（1900 年代）

△ 迫击炮（1900 年代）　　野炮（1900 年代）　　山野兼炮（1900 年代）

埔支厅，杀戮日本官民 56 人，震撼日本殖民当局。惟日本人仅大肆报复杀戮客家汉人，但因理蕃缘故，仅令赛夏族谢罪。

第二次理蕃五年屠杀，血染中央山脉苍郁青山　理蕃五年计划成效不彰，佐久间左马太乃重新策划以 1910 年为始的第二次理蕃五年计划。在 1910—1914 年间的第二次理蕃五年讨伐中，日本当局动员正规军并同警察联合，大规模地讨伐大科嵌蕃、北势蕃老武高社、马利哥湾蕃、奇那之蕃、太鲁阁蕃等各社"蕃人"。

在上述讨伐中，以征伐太鲁阁蕃最为惨烈，当时太鲁阁"蕃人"约共 9,000 人，其中壮丁约 3,000 人，据中央山脉山高谷深的天险，持其武勇以抗日。日本殖民政府为征讨太鲁阁蕃，共计出动军警 6,235 人，连同附属工役等总计达 11,075 人，超过被征伐太鲁阁蕃的总人口数。自 1914 年 6 月至 8 月中旬，历经两个半月的惨烈攻伐，终于平定太鲁阁蕃。

表 7　第二次理蕃五年　日方讨伐中北部社蕃之动员及其伤亡数

	总动员（军警隘勇工人）	伤	亡	伤亡人员合计
大科嵌蕃讨伐	2,498	280	180	460
雾社方面讨伐	1,000 余人			
北势蕃讨伐	1,868			
北势蕃老武高社讨伐	4,519	135	127	262
马利哥湾蕃讨伐（1）	2,157	65	79	144
马利哥湾蕃讨伐（2）	2,385	280	205	485
奇那之蕃讨伐	2,778	147	98	245
太鲁阁蕃讨伐	11,075	126	76	202
合　计	约 28,280	1,033	765	1,788

第二次理蕃五年计划中，被讨伐的各社"蕃人"，虽奋勇抵抗，然而在日本陆军及警察的压倒性火力进击、非人道屠杀及密不透风的封锁下，均气息奄奄，非战死即饿死，最后为求一线生机，只好弃械投降，期间累计收缴枪支达 27,058 支（1909 年以前仅共收缴 1,280 支）。日本殖民政府终于完成其对各社"蕃族"的全面彻底降服，然而对中南部各社蕃而言，却是一场亘古未有的灾难。当时日

本殖民政府曾动用包括山炮、臼炮、迫击炮、速射炮、山野兼用炮各类型火炮及机关枪等近代武器，其整体战力与武器杀伤力，均远非社蕃所能比拟，然而仅是前述诸蕃讨伐中，日本人死伤即高达1,798人，故依常理推断，蕃人死伤人数自是远高于此，甚至数倍于此。

关于日本殖民政府理蕃五年讨伐对"蕃人"的血腥杀戮、血染中央山脉苍郁青山的人间惨剧，台湾总督府却美其名谓，是将文明之风吹入蕃界。而日本民俗学者柳田国男博士，以学者身份于五年讨伐结束后赴现场视察，发表报告称"此一对原住民施加武力之策，实为中止彼等武器之自由保管，并消弭猎人头之恶习，同时达成提高台湾原住民文化水准之前提，不可仅视为一种镇压手段"。日本学者森丑之助则将理蕃五年计划美化成"蕃人"迈向文明的第一步，认为对"蕃人"来说，这是一个新纪元的开始。

△ 日军警急造道路行军攻打太鲁阁族

五　集团移住

未来理蕃方针与持续讨伐　台湾总督于五年讨伐事业完成后，即饬令民政长官内田嘉吉宣示日本未来的理蕃方针，即在此后最少四五年间维持现状：

（1）饬令隘勇线各警备机关的警备人员严加警戒。

（2）振肃蕃务官吏的纪律，尤其是与蕃人授受物品时应加谨慎，且勿与

"蕃民"接近。

（3）收缴所有枪械弹药，勿使残存。

（4）取缔枪械弹药及其原料等之走私。

（5）开发蕃地，采取渐进方式。

（6）注意"民蕃"关系，以免酿成祸端。

关于切断民蕃"不正常"接触的铁丝网，则仍予以保留，1918年时计有铁丝网392千米，送电线350千米，往后渐减，后者至1924年时停止送电。

虽然经过五年讨伐行动的残酷镇压，日本殖民政府仍然未能完全征服山地少数民族。于是在1915—1920年间，仍继续施行讨伐"生蕃"政策。1926年时，除在高雄旗山郡深山里居住的26户250名山地少数民族尚未归顺外，台湾的"生蕃"全被征服。1895—1929年间，日本为推行理蕃政策，总共耗费8,700余万日元，费时12年的嘉南大圳，总工程费亦仅5,400万日元而已。

集团移住 日本殖民政府夺取"蕃人"土地的方法，除前述采用隘勇线迫进以缩小收夺蕃地之方法外，就是对"蕃人"进行"集团移住"，将"蕃人"驱离其先祖所留传的土地。集团移住约始于1919年，初始规模较小，惟自1925年以后每年都有数万元的实施预算，对象也扩大到"奥蕃"（指居住在离理蕃警察机关驻在所较远、交通不便、标高在1,500米以上之峻岭险崖深山的"蕃人"），另外采取散住形态"难期官意彻底"之布农族"蕃人"亦为实施对象。

以新竹州之"奥蕃"为例，1924年冬由于天候不顺，新竹州大溪郡作物歉收，"奥蕃"更因饥馑而出现饿死者。新竹州乃趁机令"北蕃中屈指可数，最为

△ 日本殖民政府镇压蕃人

△ 当年雾社聚落全景

凶狠的凶蕃"Kinazii 蕃和马里可万蕃交出枪支弹药相互和解,并立即进行集团移住。在1925年10月15日实施之移住宣誓式上,Kinazii 蕃47户、244人,马里可万蕃44户、194人,被集合于竹东郡东棱驻在所,郡守训示"蕃人"不得主张旧惯之土地所有权。

对"蕃人"而言,"集团移住"无异于征服者的土地没收政策。因此,"蕃人"对"集团移住"屡有激烈的抵抗,此种反抗蜂起一直持续至1941年。事实上,"集团移住"不单单意味着对蕃地的收夺,还将"蕃人"的故乡、生活手段甚至生活方式连根夺走。就此意义而言,可将"集团移住"视为"征服"完成或许比较恰当。

六　雾社事件

残酷的奴役　经过理蕃五年的血腥讨伐,"蕃人"对日本殖民政府实已无力抵抗,及后日本殖民政府对待"蕃人"虽说是恩威并济,但威加之有余,而恩施殊少,其对"蕃人"的榨取,是无所不用其极的。

例如在雾社分室管辖内,即增加23个派出所,自1929年起日本驻在所及其附属房屋的转移、改筑、修理、道路桥梁修补等大小九件工事,均动员雾社"蕃人"。当时,日警强迫该地"蕃人",以肩扛搬运深山内的巨大桧木,搬运量是按户分配，绝无幸免。由于伐木是在深山内，故倘一天被分配到一根，就要在天色仍漆黑的凌晨两三点出发，运完木材返家时已是晚上七八点。如果不擅肩扛而以拖曳方式搬运，而在地上摩擦致方角受损，不合日警要求，则辛苦劳动后所得是日警的斥责与鞭笞。

雾社事件爆发　1930年10月27日是台湾神社大祭典，雾社地方照例举行一年一度的盛大运动会，雾社小学校约50名日童、雾社公学校和8所"蕃童"教育所的汉童与当地"蕃童"共约300人参加。当天，能高郡守也应邀列席（参观的日本人多达百人），列席运动会时，大部分警察均不携带武器。

是日上午8时将举行升旗典礼之际，雾社"蕃人"一举杀害参加雾社小学校公学校联合运动会的日本人家长与学生共80余人，运动场上散布着无头、无脚、无手的死尸，狗群发出凶猛的低吟声，掏出死者的内脏，官舍四处散布着尸体，从雾社至荷哥社约三十分钟行程的路旁，尽是穿着日服的无头尸体。是时，雾社"蕃人"并乘势袭击雾社分驻所，占领所有军火仓库，抢夺180余支枪与子弹约23,000发，不久又袭击多处驻在所，杀害巡警的家眷，总计杀戮144名日

△ 军机出动轰炸
埔里临时机场出动轰炸雾社马骇坡岩窟的飞机。

△ 日本山炮部队炮击雾社山地

本人，占地区内被害日本人的60%以上。

日本殖民政府获悉雾社事件后，立即调动大批警察与军队，其中警察1,400人，军队1,300人（包括步兵二营、山炮一连、飞机三架）。在日本近代化正规陆军及警察等的进攻下，抗日雾社"蕃人"乃退守树林荫翳、猛兽成群、地形险要的马骇坡窟内。日军于是一面以友蕃协助进攻马骇坡，一面出动飞机，对马骇坡岩窟不断投下各种炸弹，其中包括爆弹、铅弹、榴弹、榴霰弹、手榴弹、山炮弹、照明弹、烧夷弹、催泪弹、曲射弹以及特制的瓦斯弹（用氰化物制的糜烂性毒瓦斯）。在飞机大炮的掩护下，日军逐渐迫近马骇坡岩窟，雾社"蕃人"见大势已去，乃以三四十人为一组，集体自杀。

结局凄惨（川中岛社） 此役，参与事件的雾社蕃，主要有马骇坡、荷哥、斯克、波阿伦、罗托夫、塔罗湾等社，总计1,200余人，其中战死或自杀者达644名，投降被收容者为564名。

次年（1931年）4月24日晚，在日警的阴谋策划下，前述投降被收容之500余人，遭陶渣蕃袭击而有200多人被杀，其劫后余生者男女合计仅298人，几濒临灭种。那些残存者于次月5日，在每隔十数米即配有枪剑的警官站岗下，被迫迁往雾社西边数十千米，能高郡北港溪右岸地方，命名为"川中岛社"，另并公告废止马骇坡、荷哥、斯克、波阿伦、罗托夫、塔罗湾等六个"峰起部落"。后残存者中约40名男子遭逮捕（相信是遭日本人处决）。此外，荷哥社则由塔乌查蕃迁入，改称"樱社"（即今之春阳村）。

雾社社蕃是当时"蕃人"中最开明者（其中马骇坡社还是模范蕃社），他们与平地街市往来频繁，二十年来接受有如日本本土一样的小学教育。雾社抗日事件发起人莫那鲁道29岁（1911年）时，日本人还曾施怀柔政策送其赴日本观光。故莫那鲁道等对台湾平地状况与日本的繁荣均应相当了解，且对无论其如何反抗也无法战胜日本之事，是非常明白的。形势尽管如此，但雾社"蕃人"仍然发动此次抗日事件，实是忍无可忍。由此当见，雾社"蕃人"被迫出此下策的悲壮心境。

中国共产党声援雾社起义 当时在大陆的台湾共产党系的运动分子也充分利用了大陆的特殊条件，进行声援雾社起义的宣传工作。

1931年5月31日，台湾共产党召开第二次临时大会，在新政治纲领的第十八项"对少数民族的工作"中明文规定了少数民族政策：

（1）在蕃人群众中宣传党的政治主张，其中应特别宣传国内民族一律平等的政纲；

（2）应确立无产阶级对蕃人运动的指导作用；

（3）建立与蕃人之间的密切关系；

（4）帮助蕃人建设蕃人的革命团体。

然而，随着1931年6月以来日帝对台湾共产党员的大肆迫害，以致台共至8月间已完全溃灭。台湾少数民族与汉族联盟的台湾少数民族解放运动，不得不延缓一段时间才在战后台湾迈开第一步。

七　日本殖民政府对蕃社的严苛统治

不把"蕃人"当人的法律　早在日据初期的1899年2月，台湾总督府就曾以秘密训令通知各法院检察官长称，"蕃人"罪犯不得适用普通行政法，不必提起公诉送法院审查。这是在法律上明确不依据普通法律处理"蕃人"，而是依行政命令任意处分。

在日本据台五十年的实际统治期间，日本的各种公私法规，如刑法、民法等，在蕃地并不适用。蕃地的所有法律，只是警察机关的裁量与运用。日本殖民政府称蕃地为"行政区域外"，也就是当作"特殊行政区域"。依其观点，"蕃人"的文化程度过低，还不能在公法或私法上享有"人"的待遇。因此，"蕃人"不能适用"人"所适用的法规。

日警是家长也是寨主　1900年，日本殖民政府以第7号律令封锁一般人民在蕃地的任何所有权或占有权。1917年，又以第34号府令限制一般人民与"蕃人"通商。1927年，第58号总督府令《蕃地取缔规则》规定，普通人不能进入蕃地。也就是说禁止汉人进入蕃地，实行"蕃汉隔离"。故蕃地除了"蕃人"外，只有警察。警察不但有警察权，同时还负责教育、授产及卫生等诸般事务，及民法、刑法等法律的实施。也就是说，在这个区域内只有"人治"，没有"法治"。曾于日据末期任台湾总督府主计课长的盐见俊二，即称在"蕃地"这一区域，可说是中世纪的独裁王国，也可说实行的是氏族式的家长制。日本的警察，就是国王，也是家长，也就是俗称的寨主或山大王。

1941年，台湾物资短缺，日本殖民政府在台实施物资配给制度。1942年8月以后，更进一步将幼儿、孩童、青少年、成人、老人等分级，就油、盐、糖、火柴、味精、猪肉、食米等实施非常严格的配给。随着战事的恶化，物资极度匮乏，各种配给不足，1944年时每人每月的米粮配给，最多仅能维持二十天左右。

由于米粮配给不足糊口,台湾人三餐通常只能食用汤汤水水的稀粥,后来连稀粥都吃不到,仅靠番薯勉强度日。在蕃地,警察本来就握有依行政命令任意处分"蕃人"的法律判决权与执行权,如今又握有物资的配给权,试问"蕃人"能不"绝对服从"吗?

日警无处不在 日据末期的 1940 年底,为控制仅 26,242 户、158,321 名"蕃人"(其中壮丁计 29,731 人),日本殖民当局共设置 479 个警察驻在所,配置 5,111 名警力(其中 1,944 名巡查,3,167 名警手),其与山区"蕃人"人口的比例竟高达 1 : 31,即每一名警察管 31 名"蕃人",管 5.1 户"蕃人"。故对"蕃人"而言,警察可谓无处不在。

当时全台人口(日本人与台湾人)共 6,077,478 人、约 1,038,883 户,共配

△ 台湾角板山蕃童教育所(今台湾桃园县复兴乡介寿国民小学)

△ 角板山番童教育所

置警力（巡查与警手）9,152人，即每一名警察管664人，管113.5户。换言之，日本殖民当局在"蕃人"山区的警力配置，约为平地的22倍。

塑造低层次"皇民蕃人" 1928年开始，依据台湾总督府总务长官所颁《教育所的教育标准》，"蕃童教育所"的修业年限为四年。1932年11月，台湾总督府在台召开第一届"理蕃视学事务打合会（商讨会）"，会中居然称"在蕃人子弟进入上级学校方面，鉴于过去的实际成绩与蕃地现状，必须相当考虑，目前除了特殊的场合之外，应注意不要胡乱劝诱奖励进入上级学校"。1935年5月，总督府又召开第二届"理蕃视学事务打合会"，会中提醒各职员应注意对"蕃社"男女生活方面全面指导，勿过于偏向智慧方面。也就是说，日本殖民当局在其主办的有关台湾少数民族教育会议上，明确指示老师不要鼓励台湾少数民族学童求上进，念初中、高中。换言之，日本殖民当局对"蕃童"的教育，只是塑造低阶知识的"皇民"而已。

"个人"与"政府"间信息的极端不对称 日本官方曾黑字白纸地记录下，日本殖民政府曾为夺取台湾少数民族的山地资源而残酷屠杀台湾少数民族，日警则严密控制台湾少数民族。然而，今日不少台湾少数民族精英在记叙其父祖辈对日本人统治的回忆中揭露，其父祖辈不但未控诉日本殖民当局的不义暴行，反而不乏正面评价日本在台殖民统治，甚至认同天皇、认同日本。究其缘由，主要是因台湾少数民族个人微观信息与日本殖民政府宏观信息间的极端不对称。

日本在台统治的五十年（1895—1945年）间，其殖民政府已是掌控现代科技与现代政府组织的国家机器，故其在台殖民的统治运作，也就更精致细腻。在政治宣传教化与行政保密措施的交叉运用下，不仅台湾少数民族个人，就是平地个别汉人，对当时的日本统治运作，所知也极其有限。兹简单列举如下：日据时代，日本殖民政府经由国家机器的人口统计调查，掌握着1906—1942年间，泰耶儿、

△ 日军对即将上战场充当炮灰的高砂义勇队队员及其家属进行宣传鼓动

萨塞特、不奴、兹欧、拔湾、阿美、耶美及其他各"蕃族"男女性别及壮丁的完整人口数据，甚至掌握着同期间各年各少数民族的儿童人口数据。试问这些用于统治运作的信息，当时的少数民族又怎么能知道呢？

再以佐久间左马太总督所享的信息为例，佐久间于1874年任陆军中佐时，曾参与日军侵略恒春之役，率军与排湾族牡丹社于石门交锋并败之。1881年升少将，任仙台镇台司令官。1888年任第二师团长。甲午中日战争时率第二师团入侵中国。1895年1月率日军于我国山东半岛荣成湾登陆，2月参与攻陷威海卫之役。1896年任近卫师团长。1898年升大将。1904年参加日俄战争。1906年4月11日任日本驻台湾第五任总督。佐久间的"军功"沾满了中国人的鲜血，他对我国的了解，岂仅限于台湾的各族"早期住民"，他可是十分了解中国的国情的。因此，吾人可想象，当时任何"早期住民"族群头目或精英，对那个时代所掌握的信息，与佐久间相较，可谓判若云泥。

时代巨变中的"高砂义勇队""皇民化世代"　在时代巨变中度过青少年时期的人，因在人格形成期有共同的历史经历，有共同的特殊记忆或历史烙印，故很容易形成"特殊世代"。当然，在同一时空中，因种族、族群的不同，或所处的地理位置的不同，自是存在着不同的"历史世代"。在台湾的近代历史中，对台湾居民而言，政治上曾发生过两次剧烈的历史变动，一是1895年乙未割台，二是1945年台湾光复。"高砂义勇队"的历史烙印，就是属于台湾光复前日据末期"早期住民"的一个特殊世代——"皇民化世代"的历史记忆。

"早期住民""皇民化世代"（约生于1918—1926年间）的特征，就是他们的青少年成长期，是在日据末期的最后十年或最后八年的"皇民化"时期。那个时代，往日的理蕃计划屠杀（1908—1915年）已事隔二十五年，离当时最近的雾社事件屠杀也已经十年了。在日本现代殖民政府的新闻保密制度下，以及在"早期住民"各族各自散居及文化相对落后，所形成的信息完全不对等的情形下，尤其是在最后八年，从学校到社会，在日本殖民政府如火如荼地推行"皇民化运动"的巨大宣传教化下，"早期住民""皇民化世代"的祖父母，虽受日本人屠戮与侵凌，但由于山区信息阻隔及在山地日本警察的严密监控下，可以想象，他们是无法向其子孙传承整个族人的苦难的；另一方面，下一代青少年，在经由学校、社会铺天盖地的单向"皇民化"教育影响下，也无法了解自己族人历史的苦难，他们所认知的世界，就是日本殖民政府所教导的"皇民化"世界。

日本人对"高砂义勇队"的再教育与监控　从1939年开始，日本殖民政府将"蕃童教育所"改称"教育所"。1943年4月，才将全台154个"教育所"中40个"教育所"的修业年限，由四年延长为六年。因此，日据末期在台所征"早期住民""高砂义勇队"的青少年，其教育程度普遍为小学四年级水平。

日据末期，"蕃人"青少年以小学四年级的知识，入伍"高砂义勇队"，接受日军军中"皇民化"的再教育，其个人"知识"信息实是有限。依常理推断，他们只是日本殖民政府强大国家机器宣传教化的接受者。即便是如此，日本殖民政府好似还不放心，居然还以1∶29的比例将警察配属于"高砂义勇队"，且大队长、中队长、小队长均由警察担任。例如第一回"高砂义勇队"500人，总督府共派出警部1人、警部补2人、巡查部长6人、巡查7人，共16人。"早期住民"当义勇队赴战场送死，日本殖民政府还要如此严厉监控，令人难以想象。

"慰安妇"与"高砂义勇队" 据估计，"早期住民"参与太平洋战争的人数应在8,000人以上，生还者可能不到十分之一，日本殖民政府借征兵将"早期住民"送往战场送死，这些"早期住民"生前从未享有日本人所享有的福祉与权利，在家乡的妻女却遭日本人强逼沦为"慰安妇"。

据"台湾慰安妇报告"，在台湾"早期住民"表白申诉的"慰安妇"资料中，一半以上慰安妇的父兄或丈夫，居然都是"高砂义勇队"的成员。而这些愿意出面指控日本人强征"慰安妇"的幸存"早期住民"老妇，只是冰山的一角，相信当时应有更多的"早期住民"少女，被迫成为日军的性奴隶。对"早期住民"而言，少男被送往战场九死一生，少女则被迫沦为"慰安妇"，人间惨事，莫此为甚。

日本殖民时期"早期住民"历史的建构 个人经验仅存于个人的人生回忆，我们应尊重每个人的人生回忆与经验。然而，就人世间的"正义原则"，例如路人甲被路人乙残酷迫害，甚至有杀父之仇，也许路人甲随着时间的逝去，会宽恕路人乙，但总不至于还感念路人乙，这是常识。

日本殖民当局是一个完全由日本殖民者控制的现代政府。通过对信息的完全掌握，例如行政保密与政令宣传的交错运用，日本殖民当局也就能进行更精致细腻的统治。而"早期住民"个人于学识及人生经历方面相当有限，当时只是十七八岁、小学四年级教育程度的青少年，相对日本人信息极端不足，故被日本人残酷统治还感念日本殖民者。然而他们的感念，让被屠杀、被迫害的父祖先人，情何以堪？在这一方面，政府与学者有责任，现今受过高等教育的"早期住民"精英更有责任从整个宏观角度，建构日据期间整个"早期住民"的历史。

臺灣史

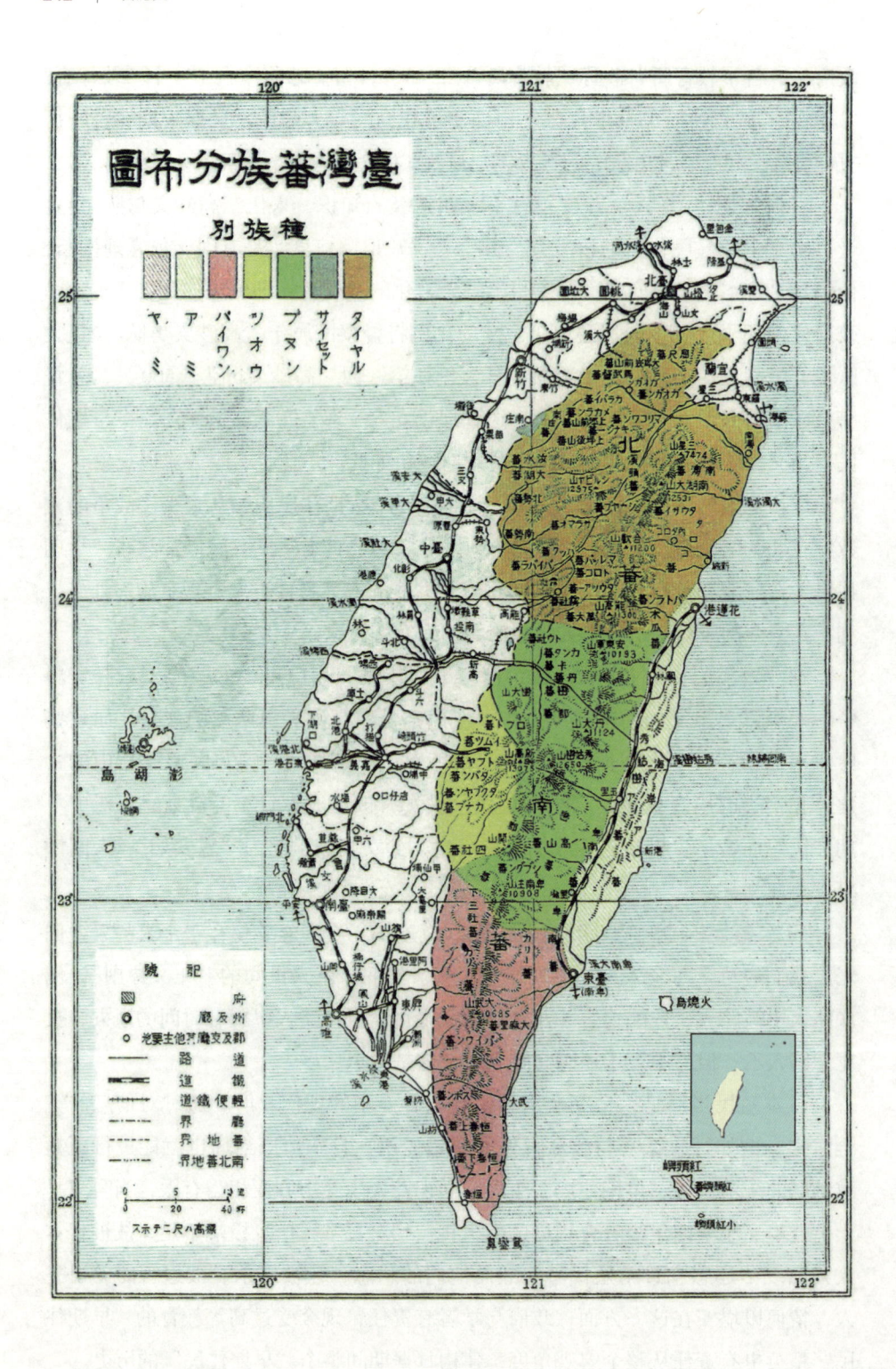

第十五章　日军血腥风杀屠　243

第十六章
农工发展、基础建设与压榨

一 改赋增税与掠夺

改赋增税 日本殖民统治初期，由于甲午战后的经营，需扩张陆海军军备及设立制铁所等，使日本中央政府岁出显著膨胀。1896年岁入不足额达9,260余万元，故创设登录税与营业税、设立烟草专卖制度、增加酒税税率等以辟财源，然而1898年时岁入不足额仍达2,100余万元。

当时日本中央拨予台湾的补助金也逐年递减，1896年为691万元，1898年减为398万元。因此，日本内阁决定改革台湾田赋，希望台湾财政能够自立。田赋改革的主要目的在于增征田赋，其步骤分为"土地调查""大租权补偿"与"租率改订"。

土地调查 1898年9月，日本殖民当局成立临时台湾土地调查局，不久积极展开土地调查作业，1904年2月完成调查及其整理，计整理出田地共60万公顷，为旧有35万公顷的1.7倍。

日本殖民当局还在完成土地调查的1904年5月，制定了关于补偿金的算法。例如，以农作物稻谷而言，其补偿金额在北部为5.4年的年收稻谷大租额、中部为3.8年的年收稻谷大租额、南部为3年，故大租户损失惨重。

日本殖民当局复于1904年11月10日公布台湾田赋规则，决定自该年下半年起以新租率征收田赋，次年日本殖民当局在台所征田赋即高达297.5万余元，为田赋改革前 83.5 万元的 3.5 倍（但经日本殖民当局土地调查，新田地面积仅为调查前的 1.7 倍）。这对饱受摧残的台湾农民是非常沉重的负担。当时，虽然台湾全岛各地农民不满之声沸腾，纷纷向日本当局陈诉，但均被改赋当局以强硬态度驳回。事实上，在日本殖民当局全面的残酷血腥的杀戮政策（1895—1902 年）下，台湾农民对增赋不满一事，最终不了了之了。

日本殖民政府改赋增税之掠夺性与祖国清赋事业之非掠夺性　日本殖民政府改赋增税时的土地调查，是巧妙地让农民自行申报土地权利，如果农民能提出充分证据书类即承认其私权利，至于未申报者则一律收归国有，然后再放领给日本资本家或日本移民。故日本殖民当局的土地调查事业，具有强烈的土地掠夺性。

然而晚清（日本占领前）刘铭传在台湾实施的清赋事业，是以课税体为对象的非申报主义，当局主动对各地方课税对象地的田目进行丈量调查。对土地业主权，则是凡持有证据书类者均予承认，其因遗失或开垦成功而无契字者先予丈量，并令添付邻地者的证明书，即给印单（相当于今日的土地所有权状）。因此，只要开垦成功而被视为缴纳田赋对象的土地，就可承认其权利。换言之，祖国清赋事业并无掠夺台湾农民土地的特性。

强夺土地，移转予日本人与汉奸　日本殖民政府将由法律形式掠夺的土地，再积极地以法律等形式，移转予日本人或出卖台湾不遗余力者。前者例如于 1902 年颁布糖业奖励规则，规定对于为种植甘蔗而开垦官有地者，无偿出借土地，种植成功后则无偿给予该土地的所有权。换言之，就是殖民政府赠送土地。后者例如将二林、鹿港地方的官有地 1,500 甲（1 甲约 0.97 公顷）及高雄地方官有地 10,000 甲，分别于 1902 年及 1905 年时转予日本人所谓的台湾"第一功劳者"辜显荣。

日本殖民政府另一移转土地所有权的方法，就是经由警察劝诱强逼，以帮助日本资本家廉价收购土地。例如警察常利用传票，招集耕地所有权人，对于不肯出售其土地者，则施以体罚或拘留。当时，中南部日本人制糖公司及私营农场等收买土地时，多曾得到此种官方的帮助，这种情形尤以土地调查结束后的 1908 年至 1909 年为最。

官有林地，无偿移转予日本人　在日军占领台湾十天后（1895 年 10 月 31 日），日本殖民当局即迫不及待地发布官有林野取缔规则，确立无主地国有的原则，其第一条即规定"凡无地契及其他确认可证明其所有权之山林原野悉归国

△ 彰化厅员林附近田地测量

△ 台中公园内三角测量原点

△ 台南办事处清水街分室的制图实况

有"。1899年，日本殖民政府又规定无主地的开发需得到官方许可，但擅自开垦、耕作、造林及夺取利用林产物的现象仍然继续存在。因此，台湾总督府乃费时五年（1910—1914年）实行林野调查，以区分官有林和民有林，确定林野的所有权。结果查定官有地75.2万甲，民有地3.1万甲，后者仅及前者的4.1%。

当时许多未经日本官方允许而被"蕃民"开垦、造林或采伐的土地，日本当局以原无足够的凭证可以承认其所有权为由，将其查定为官有地。虽然日本人在其自颁法律的形式下，将上述林地查定为官有地，但亦不能忽视这些"蕃民"长久以来的使用习惯，故总督府乃以保管林的名义征收保管费，而准许他们继续使用上述林野以收享利益。但此一变通措施，就日本殖民政府的立场而言，则无法确定林野完全的土地所有权，亦使得林野利用与处分不能彻底。

因此，日本殖民当局乃于1915—1925年间实施官有林野整理事业，将官有林野区分为"要保存林野"，及让民间承购的"不要保存林野"。区分调查总面积71.7万甲，其中"要保存林野"计31.9万甲，"不要保存林野"计39.8万甲，后者由日本政府出售予民间者计26.6万甲，而其中85%为日本政府以无偿或是极低廉的价格售予日籍企业家。

绘制地图 当时日本殖民当局除绘制征收田赋所必需的地籍图外，并同时进行水平测量及三角点之高度观测，后更绘制成1∶20,000的全岛精密地形图。另外，测量技师野吕宁则自1908年开始负责进行蕃地的调查与测绘。1909年10月，日军参谋本部亦派测量班进行地势测量，是年日本殖民当局亦首次实施蕃地

△ 台湾劳苦农民（20世纪30年代）

臺灣全島
樟牛樹及油樹分布之圖

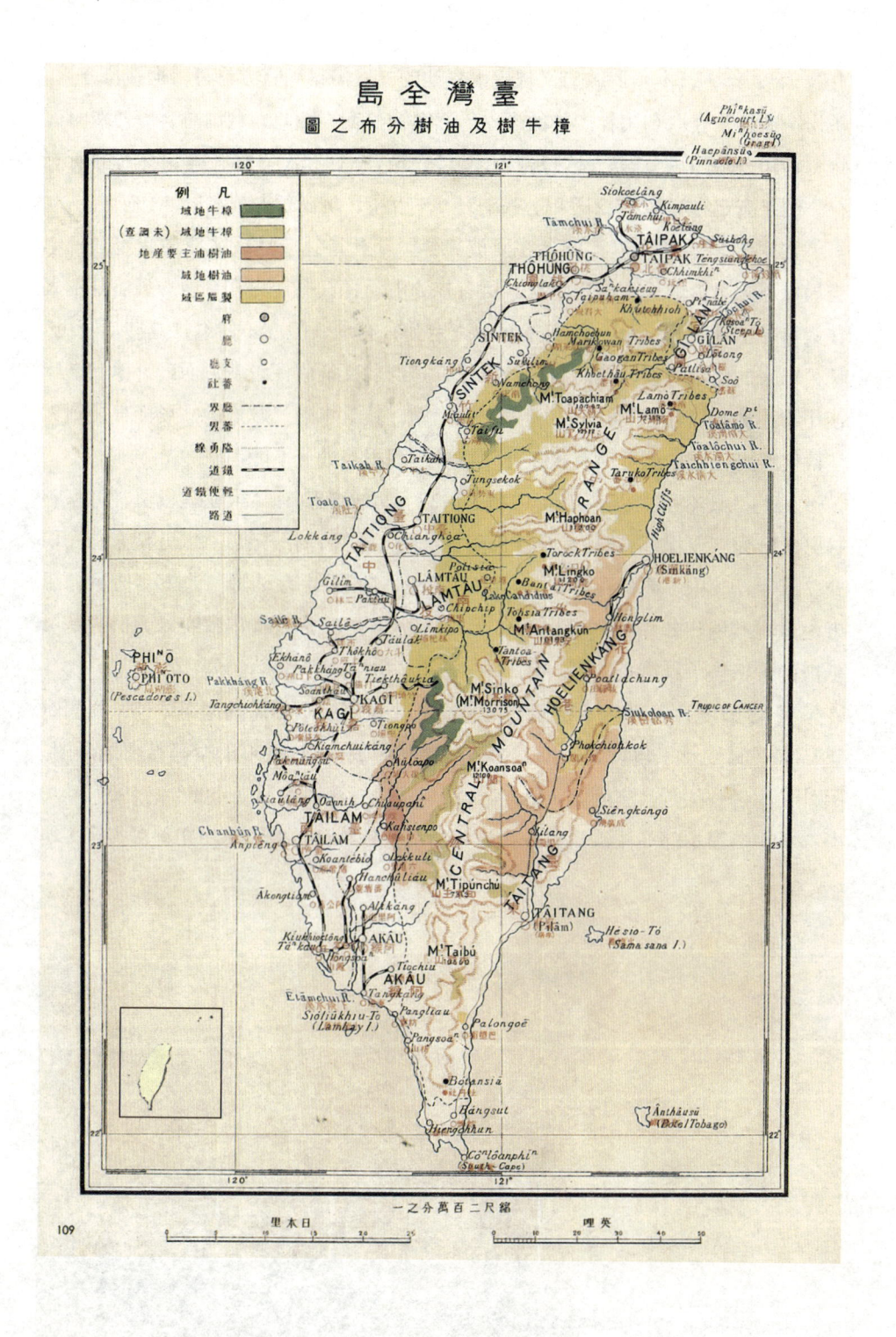

的农业状况、国土保全、矿物埋藏等调查。

人口调查 儿玉源太郎总督向来以确定地籍与人籍为施政的根本条件，在进行土地调查之际，即于 1903 年 9 月公布《户口调查》。1905 年 10 月 1 日，台湾总督府乃先于日本内地，在台实施第一次临时台湾户口调查，参与调查人员计 7,405 人，耗资计 18.5 万元，经统计当时台湾人口（不包括"生番"）共 3,039,751 人。1915 年，日本殖民当局在台举行第二次临时台湾户口调查，往后则每隔五年（即 1920、1925、1930、1935、1940 年）举行一次国势调查。

二 第二次农业革命

农业试验场 日本殖民统治初期对台湾农村造成的巨大破坏，将近十年方渐恢复，稻米生产直至 1904—1906 年间方告稳定。1906—1910 年间稻米平均年产量为 62.7 万吨（1900 年日本殖民者在台大肆屠杀时，稻米年产量仅 30.7 万吨）。20 世纪初，日本殖民政府业已努力于米谷的农业发展，期间设立农业试验场与成立农会机构的两项措施，为台湾农业发展奠定了良好的基础。

1908 年，日本殖民政府已在台湾的各行政区，如台北、新竹、台中、台南、嘉义和高雄等厅，分别建立农业试验场，每一试验场分不同的部门，分别研究品种改良、肥料效果、农业机械适应性、家畜饲养及虫害控制等课题；此外，为增加稻米产量，日本殖民政府也开始从事新品种的改良。1910 年时，台湾农民所使用的稻种多达 1,100 种，农事试验场乃为此规划试验，以求获得较佳及符合标准的品种，然后经由农会向农民推广。1915 年时稻米品种因而减至 390 种，1920 年初则再减至 175 种高产量稻米品种。

农会 在日军于三角涌（今为新北市三峡区）大肆焚烧与屠杀的五年后（1900 年 9 月），日本殖民政府于该地成立台湾第一个农会。1903 年后全台逐渐遍设农会，1908 年总督府颁布《台湾农会章程实施细则》，将农会的目标与活动予以系统化，日据时代典型农会运作情形如下：

（1）各州官先提出若干地主与富农，指导其组成农会并提供资金以购买土地及建立办事处。

（2）由会员选出会长，由其雇用员工处理会务。1902 年农会支出仅 0.15 万日元，1907 年已达 10 万日元，1913 年后每年支出已超过 40 万日元。

（3）农会与各州农业试验场保持密切关系，以便获取新品种与农业技术指导。

△（台湾）"蕃人"水田耕作

（4）农会常讨论农业新知识，并指导农民使用新品种与技术。

（5）农会尽最大力量传播新知识与新方法，1920年后农会更扩大其业务范围，诸如购买肥料、家畜、果菜、新品种及贷款等。

农会重要性 在政治上，农会实为日本殖民政府在农村地区的正式行政组织的辅助机构。由于农会具有推广农技、增加稻米生产的功能，故在第一个农会成立的十年后，一位日本领导官员即谓，在台湾虽然颁布许多法令以改进农业，但其中最重要的乃是农会的创立。此外，日本农业专家亦认为直至每一厅均成立农会后，日本的统治才能达到地方与政府力量的统一。20世纪初期，每一厅均成立该地的农会，当时台湾行政区域计有12厅（县）、87支厅（乡镇），但日本殖民政府地方厅官员涉及农会业务者高达620人。

推广蓬莱稻 18世纪汉人除在台湾引进及普及水稻耕作外，还在台湾西部掀起兴建农田水利设施的热潮，建成许多具有相当规模的水利设施，完成了台湾史上的第一次农业革命。

在台湾的中国人原来习惯食用在来米，1922年时台湾在来米种植面积高达41.4万公顷。但在来米不合日本人口味，因此日本殖民政府为适应其本土需要，乃以选择或创造输往日本本土的米种为目标，进行品种改良，并终于在1926年确定新的栽培品种，且将之命名为"蓬莱米"。

1922年，台湾蓬莱水稻面积仅400余公顷，但因日本殖民政府动员警察会同技术人员，对改良品种的采取、繁殖、交换、分配以至插秧等一切作业，及对该地域的全部农家，一齐施行有组织的指导及严格监督，因此，1924 年台湾蓬莱米稻田面积增至 2.4 万公顷，1925 年增至 6.8 万公顷，1928 年更增至 13 万公顷，占当时台湾米谷种植总面积 58.5 万公顷的 22.2%。1944 年，台湾蓬莱米种植面积则增至 40 万公顷，占当时台湾米谷种植总面积 60.1 万公顷的 66.6%。

使用大量化肥　另一影响稻作生产扩张的重要因素是化学肥料之使用与推广，试验结果显示蓬莱米新品种与在来米品种相较，前者对化肥的反应远较后者为高。据 1924 年日本人的试验结果，倘对上述两品种施以标准施肥量，在来种每公顷增产 11.8%，蓬莱种则增产 30%。若施以较标准施肥量高 50% 的化肥，在来种每公顷却仅增产 7.9%，蓬莱种则增产 54.3%，故日本殖民政府在推广蓬莱新品种时，亦自 1926 年后开始对稻作施用大量化肥，每甲水稻平均购买的肥料，自 1922 年的 151 斤，增至 1932 年的 437 斤。

1921—1930 年，日本殖民政府在台完成传统农业的转变，期间日本人对农业的资本投资占总资本投资的平均比例自 1916—1920 年间的 5.5%，突增至 14.5%，打破历史纪录（1931—1940 年间又降至 5.8%）。1921—1930 年间，日本人分别于 1925 年及 1930 年完成桃园大圳与嘉南大圳，1926 年后开始对稻作施用大量化学肥料。1930 年前后，台湾已完成近代农业的绿色革命，这也是台湾的第二次农业革命。当时，台湾农业生产所需的基本条件，诸如水利设施、品种改良等均已达到相当水平。

△ 建设中的台湾嘉南大圳工事

△ 嘉南大圳平面图（昭和九年，1934年）
资料来源：曾锦德，《海洋台湾——人民与岛屿对话》，台北：历史博物馆，2005年，p.73.陈远建先生提供。

1930年台湾稻米产量为105.3万吨，较1921年的71.7万吨，增加46.9%。1938年产量为140.2万吨，较1921年增加95.5%。台湾第二次农业革命成功的主要原因是农田水利建设、蓬莱稻的推广与化学肥料的大量使用。

日本殖民者压榨之狠毒远甚对嘉南大圳的投资　在农田水利建设方面，总督府对主要水利工程的补助，计有嘉南大圳、桃园大圳、白冷圳、狮仔头圳、吉野圳等，其中以桃园大圳及嘉南大圳为最。

桃园大圳，位于今桃园市中坜北部沿海平原一带，全部工程历时近十年（1916—1925年），工程费计774万元，灌溉面积达2.2万甲，区内每甲稻谷单位产量较工程前增加2.1倍。嘉南大圳，位于今云林县、嘉义县与台南市三地的平原地带，其中枢部分的乌山头堰堤工事，即使在日本本土也是当时前所未有的大工程。嘉南大圳工程亦历时十年（1920—1930年），耗资5,412万元之巨，灌溉面积多达 15 万甲，其每甲水稻单位产量较工程前增加 2 倍。

日本殖民政府在台的水利建设，使台湾灌溉排水面积从 1905 年的 20 万甲，增至 1937 年的 52.7 万甲，其占耕地总面积的比例，亦由 1905 年的 31.1% 增至 1937 年的 59.6%，占水田总面积的比例，由 1905 年的 64% 增至 1937 年的 96.9%。至于其贡献，根据 Rad 和 Lee 的报告，1922—1938 年间台湾稻米产量的增加，60% 以上应归功于灌溉面积的增加。

在台湾，不乏有人颂扬日本殖民者在台湾建设的桃园大圳与嘉南大圳，然而却不知日本殖民政府以法制、秩序、行政三合一的方式，对台湾人强夺豪取压榨剥削，其从台湾人身上豪取压榨的收入，远超过日本人投资于桃园与嘉南两大圳的支出。例如 1920 年时，全台排名前五的日本人制糖公司（台湾制糖、大日本制糖、明治制糖、盐水港制糖、东洋制糖），当年总利润就高达 7,600 万元。换言之，单是日本人在台排名前五的制糖公司（1915 年时此五大日本人制糖公司的糖产量占是年全台糖产量的 76.1%）一年的总利润，即为桃园大圳与嘉南大圳两者工程费合计的 1.2 倍。又 1920 年时单是台湾制糖一家公司的利润，就高达 2,212 万元，亦为历时十年的桃园大圳工程费的 2.8 倍。前述数家单一产业公司的天文巨额利润，在近代任何国家均是难以想象的，此亦证明日本殖民者在台湾压榨剥削台湾人是如何的狠毒。

三　粮食丰产背景下的饥荒

稻米产量倍增　在台湾的中国人习惯食用在来米，因此台湾在来米种植面积一度高达 41.4 万公顷。但在来米却不合日本人口味，因此日本殖民政府为适应其本土需要，乃以选择或创造输往日本本土的米种为目标，进行品种改造，并最终在 1926 年确定新的栽培品种，且将之命名为"蓬莱米"。日本人亦自 1926 年后开始对稻作施用大量化肥，每甲水稻平均购买的肥料，自 1922 年的 151 公斤，增至 1932 年的 437 斤。在推广方面，1924 年台湾蓬莱米稻田面积仅 2.4 万公顷，1928 年增至 13 万公顷，1944 年时更增至 40 万公顷，占当时台湾米谷种植总面积 60.1 万公顷的 66.6%。

由于日本人积极致力于稻米增产，故日据时期台湾稻米增产成就极其可观。就稻米种植总面积而言，由 1905 年的 44.7 万公顷，增至 1935 年的 67.9 万公顷（后因战争影响，1944 年时降至 60.1 万公顷），三十余年里增加 51.9%。至于每公顷稻作平均产量，1905 年时为 1.39 吨，1935 年时则增至 1.92 吨（1944 年时降至 1.78 吨）。由于稻作种植面积与单位产量均有显著增加，故全台稻米总产量亦大幅增加，1920 年时台湾稻米总产量为 69.2 万吨，1938 年时增至 140.2 万吨（此为日据时期的最高产量），十九年里稻米增产 203%，同期全台人口则仅增加 53%。

台湾人稻米消费量剧减 　就在日本人在台湾完成第二次农业革命、稻米产量飞跃增长的 20 世纪 30 年代，台湾平均每人每年稻米消费量却因台湾稻米大量输往日本而剧减。日据 1936—1938 年期间，台湾平均每人每年稻米消费量为 120.4 公斤，仅及日据 1911—1915 年期间，156.6 公斤的 76.9%，换言之，稻米消费量减少了 23.1%，但同期甘薯消费量增加了 38.1%。此外，据日本银行 1966 年所出版的日本经济百年统计（Hundred-Year Statistics of the Japanese Economy），台湾平均每人每年可用稻米消费量，20 世纪初时为 130 公斤，20 世纪 30 年代时则减至 100 公斤，降幅达 23.1%。另根据台湾总督府殖产局在台湾所做的农家经济调查，与米作农家生计费调查的两次抽样调查结果，1936—1937 年期间农民每人主食消费稻米量亦较 1931—1932 年期间减少 7.6%，甘薯消费量却增加 46.5%。1940 年日本殖民当局在台湾实施米粮配给，1942 年 8 月后更依幼儿、孩童、青少年、成人、老人等年龄分类制定严格的配给量。日据末期配给的米粮，一个月最多只能维持二十天。当时，因配给米粮不足糊口，通常三餐只能食用汤汤水水的稀粥，后来连稀粥都吃不到，仅靠番薯勉强度日。

表 8　台米产量、输日量及平均消费量

年期	总产量（年平均/万吨）	输日量（年平均/万吨）	输日量占总产量百分比（%）	米（公斤）	指数	甘薯（公斤）	指数
1911—1915	65.7	11.1	16.9%	156.6	100.0	217.5	100.0
1916—1920	68.2	12.7	18.6%	150.2	95.9	221.5	101.8
1921—1925	79.2	20.9	26.4%	146.6	93.6	252.6	116.1
1926—1930	95.4	33.4	35.0%	139.4	89.0	276.6	127.2
1931—1935	122.8	56.2	45.8%	131.6	84.0	291.2	133.9
1936—1938	136.2	68.7	50.4%	120.4	76.9	300.2	138.0
1939—1940	121.8	49.1	40.3%	121.5	77.6	232.0	106.7

由上述残酷史实可知，日本殖民时期日本殖民者在台湾对其母国所施行的米粮

输出，是不顾台湾人死活的饥饿输出；日本殖民者在台推动农田水利建设与稻作品种改良的目的在于为其母国日本提供米粮。这也就是台湾米谷大幅增产，台湾人稻米消费量却与日递减，并落得大量增食甘薯果腹之下场的原因。与日本本土的日本人相较，20世纪30年代时在台日本人平均每人每年可用稻米消费量却是台湾人的1.6倍。因此，日本殖民时期日本人在台湾致力兴建农田水利等农业发展的目的，是在为日本本土的日本国民谋福利，而非为虚有日本国籍身份的台湾人谋福利。

四　工业发展

破坏、恢复与初期发展　由于日据初期，日本曾在台湾全岛展开长期大规模的屠杀与破坏，1900年时台湾甚至约有44.4%的耕地荒芜，直至1905年后方渐恢复。相对于农业的原有工业，是时也势必同步遭到严重破坏，以当时作为台湾工业主体的制糖业而言，日据初期每况愈下，1898—1900年期间的糖产量甚至仅及日本占领台湾前夕1894—1895年期间的48.4%，约十年后方恢复战前水平。

20世纪初，日本人在台投资规模较大的工业多以制糖为主。例如1900年的台湾制糖、1906年的明治制糖、1907年的盐水港制糖、1908年的新兴制糖、1910年的帝国制糖与台湾肥料、1913年的台东制糖与台湾炼瓦等株式会社（股份公司）。日本人投资的新式糖厂，在日本殖民政府的大力扶持下，挟其雄厚资金与新式技术，迅速在制糖产业取得压倒性优势。1912—1913年，台湾新式糖厂产糖6.3万吨，占当时全台糖产量的88.2%。

工业生产总值由1914年的5,264万台元，增至1917年的16,681万台元，三年间增加2.2倍。第一次世界大战后，台湾工业仍持续发展，但1920年时工业生产总值突然降至13,393万台元，往后逐年增加，1929年方才回复并超越1920年的水平，而达24,675万台元，但是1931年又降至19,275万台元。

无偿扶持日籍资本家，禁止成立台湾人的公司　日本殖民政府对在台日籍资本家所给予的扶持，实令人难以想象。例如早在日本殖民政府于1902年颁布的《糖业奖励规则》中，就规定对于为种植甘蔗而开垦官有土地者，无偿出借土地，种植成功后则无偿给予该土地的所有权。及至1924年止，台湾总督府无偿贷予栽种甘蔗者的官有地达9,780余公顷，其中因种植成功而给予其土地所有权者计7,340余公顷，换言之，就是以法律形式，经由行政手段赠送从台湾所抢到的土地。

△ 台湾甘蔗机械化作业

△ 农民手工收成甘蔗

日本殖民当局对台湾人极尽歧视压抑之能事，甚至于 1912 年发布黑字白纸的第 16 号台湾总督府令，明令禁止成立完全由台湾人为股东的公司。此种以行政命令公然束缚殖民地人民经济活动的法令，虽于 1923 年被废，但在实际运作上，1927 年台湾人欲成立完全以台湾人为股东的股份公司时，仍遭受日本官方及其金融势力的多方刁难阻挠与迫害。1941 年时，资金 20 万元以上的股份公司，91.1% 由日本人资本所占，台湾人资本仅占 8.3%。

战争工业（1932—1936 年） 当时，台湾地方不乏大规模机械化的工业公司。例如 1935 年，资金在 1,000 万元以上的工业公司只有五家，仅占全部公司数的 1.7%，却占全台工业公司投资总额的 74%。规模小者则多为个人独资经

△ 台湾制糖株式会社工厂图

台湾制糖、大日本制糖、明治制糖、盐水港制糖与东洋制糖等五大日本人制糖公司 1920 年的利润合计高达 7,600 万元，为嘉南大圳与桃园大圳两者工程费合计的 1.2 倍。

△ 台湾制糖的屏东工场和甘蔗搬运车

△ 台湾樟脑盒包装图案（20世纪30年代）（左图）及凤梨罐头包装图案（20世纪30~40年代）（右图）

营，1935年工人数在五人以下的工厂，占总工厂数的59.2%。工业规模大者多是在台日本人经营，小规模手工业则多属本岛人所经营。

1932—1936年间，台湾工业生产总值从1932年的2.28亿台元，增至1936年的3.13亿台元，增加37.3%，平均每年增加7.4%。此期间成长最快的产业，分别是金属、化学、纺织、机械及器具工业，其中金属工业增加85.5%、化学工业增加80.9%、机械及器具工业增加76.3%。此外，电力事业扩张亦速，1932年以前全台发电总量仅4.3万千瓦时。后日本人兴建日月潭第一水力发电所（该工程始于1919年，但时停时兴，于1931年底复工而于1934年竣工，其总装机容量高达10万千瓦时）。1936年时，台湾发电量达5亿度，为1932年2.08亿度的2.4倍。

战时工业（1937—1941年） 1937年7月7日，日军在我国北平（北京）西南的卢沟桥进行非法演习，并借口一名日本兵失踪，而强行进入宛平城搜寻。是年7月底日军占领北平与天津，8月日军以水陆两路进攻上海，12月日军攻占南京。

此时，日本为适应战事发展，乃实施战时经济体制，台湾自不例外。1938年4月，日本公布国家总动员法，制订生产力扩充计划与物资动员计划，全面扩增日本及其所占我国东北与台湾等地的生产力，以满足战时日军所需。当时，日本殖民政府在台工业方面的主要战时经济措施如下：

（1）**统制资金**：使其优先用于工业，1937—1939年间台湾各类企业设备资金约75%用于工业。为迅速累积资金，又以强制手段征集民间财力，并厉行节约消费，将所得储备款项，半数用来认购日本国债，半数充作工业化所需资金。

（2）**统制劳力**：为保障军需及生产扩充部门所需技术人员及熟练技工等劳动力的充分供应，日本殖民政府于1938年开始下达一连串有关命令，例如学校毕业生雇用限制令、工场工作时间限制令等。

（3）**统制物资**：采用重点配给制度。首先限制设立新的民用事业，旧存事业亦从消费方面限制国民生活于最低限度并减少产量；重要器材尽量先配给军需相关事业，维持其生产，或更扩充之。

在日本殖民政府为扩大其军事侵略，全力扩增生产的情况下，台湾工业生产总值从 1937 年的 3.6 亿台元，增至 1941 年的 6.6 亿台元，增加 83.3%。在日本殖民政府的强力控制及其集中力量发展军需工业的情况下，1937—1941 年间的金属、机械及器具、化学等工业快速增长，例如金属工业生产总值增加 4.1 倍，机械及器具工业增加 3.5 倍，化学工业亦增加 2.7 倍，成长慢的食品工业仅增加 51.2%。

五　基础建设——电力

日本人惨淡经营台湾基础建设　日本殖民台湾五十年，由于当时其国势鼎盛，从未想过有朝一日会因战败而将台湾归还中国。因此，日本殖民当局虽然一面对台湾人进行二元化歧视与压榨的残酷统治，但也是将台湾视为日本国土的一部分，惨淡经营建设。例如台湾南北的基隆与高雄两港口，日本是以它当时先进国力的标准，断断续续建设了三四十年。其他如全岛的公路系统、铁路及其沿线车站、桥梁，以及全岛的电力系统等基础建设，可说成绩斐然。只是，对所有这些近代基础建设的努力，就日本而言，因其战败而成黄粱一梦。

发电装置容量　日本占领台湾后在其大规模持续血腥屠戮（1895—1902 年）告一段落的 1903 年，总督府乃开设台北电气作业所，筹建龟山水力发电所，该所于 1905 年竣工，总装置容量 600 千瓦。1910 年，连同龟山发电厂，台湾已有三所发电厂，总装置容量共达 4,120 千瓦，1920 年增至 10,450 千瓦，1930 年再增至 31,543 千瓦。

1931 年起，台湾电力事业呈飞跃发展之态势，1931—1940 年间，台湾总装置容量增至 194,215 千瓦，是 1930 年的 6.2 倍。1940 年时高达 225,758 千瓦，1944 年再增至 321,300 千瓦。1944 年，全台已建成的发电所共 34 处，其中水力 267,100 千瓦、火力 54,200 千瓦，其比例分别为 83.1% 与 16.9%。

日月潭水力发电厂　前述台湾电力发展的飞跃，实以日月潭第一水力发电工程的完成为转折点。1919 年 8 月，台湾殖民总督下令成立台湾电力株式会社（即今台湾电力公司前身），随后积极致力于建造日月潭第一水力发电所，惟时停

△ 台湾日月潭水力发电所

时兴，1928年决定再行续工，1931年底始正式复工，并于1934年7月竣工。

日月潭第一水力发电所（今大观发电所），当时置有冲击式水轮发电机五部，每部2万千瓦，故其总装置容量高达10万千瓦。日月潭第一水力发电所的兴建，曾克服种种恶劣自然环境与疟疾、恙虫病等的侵袭，施工铁路更是仅靠台车及小电车为运输工具，而工程总费用则高达6,297万日元，先后历时十五个寒暑，终于完成台湾电力史上此一划时代的巨大工程。

随后，日本人紧接着于1937年9月和1939年6月分别完成日月潭第二水力发电所、北部火力发电所两大工程，前者总装置容量为4.3万千瓦，后者为3.5万千瓦。1943年6月完成铜门发电所（位于花莲县木瓜溪左岸），其总装置容量为2.4万千瓦。

输电系统　水力发电厂受天然水力资源所限，多位于崇山峻岭之间，输电距离遥远，故先以变压器升高其电压成数十万伏特，使其易于输送，待输送至用电地点后，再经变电所将其电压适度降低，方可使用。

日据末期，台湾输电系统分为东西两系，西部平原设154,000伏的一次输电线路，贯通南北，长370千米，连接于此干线者，有一次变电所7个，降低电压至 66,000 伏、33,000 伏及 11,000 伏等，再由二次输电线路供给电流至分布各地的二次变电所。东部规模较小，输电最高电压为 66,000 伏。

电力资源分配悬殊不公　日本人在台努力从事电力建设，其主要目的自是为日本人民的福祉，而非为台湾人民。例如就建厂过程而言，工程总耗资达 6,297 万日元的日月潭第一水力发电所，其工程施工发包是以日本商社为主体，亦即在台湾兴建日月潭工程之同时，也繁荣了日本本土的经济。

就电灯使用情形而言，1936 年时台湾全岛有电灯 92.8 万个，其中在台日本人拥有 38.6 万个，占全台电灯总数的 41.6%，但当时在台日本人仅占全台人口的 5.1%。当时每 100 名在台日本人平均拥有 143.1 个电灯，但在台湾每 100 名台湾人平均仅拥有 10.8 个电灯，日本人拥有电灯数是台湾人的 13 倍多。故无论是在电厂的建厂过程中，还是在电厂完工后的电灯使用福祉方面，日本人与台湾人间之获益多寡，不只是不公平，而是绝对悬殊的不公平。

发电量　随着台湾各地发电所的陆续兴建，全台发电量也与日俱增，1919 年时为 0.159 亿度，1923 年时突增至 0.925 亿度，四年间增加 4.8 倍，1930 年时为 1.67 亿度，1935 年时为 3.5 亿度，1940 年时为 8.3 亿度，1943 年时更增至 11.95 亿度。

如果不区分台湾人与在台日本人的用电量差别，则就全台整体而言，1943 年时台湾每人平均用电量达 181.5 度，而 1981 年时印度的每人平均用电量仅 173 度，巴基斯坦则为 190 度，亦即较我国台湾地方落后近四十年，又缅甸 1981 年时则仅 34 度，不及 1930 年时台湾的 35.8 度，亦即落后台湾整整半个世纪。

日本人未完成之工程　日本人于第二次世界大战投降前夕，仍有数项规模宏大、艰巨的发电工程正在进行，该等工程亦随日本人战败、台湾光复而归我国，例如乌来、立雾、天轮、雾社等工程。

（1）乌来工程（位于南势溪及其支流桶后溪之交叉点）　1945 年 8 月停工，当时日本人已完成 95% 的土木工程。

（2）立雾工程（位于东部立雾溪下游）　原计划总装置容量为 3 万千瓦，1941 年 2 月开工，1944 年 4 月日本人已完成装置 1.6 万千瓦的发电机一组。

（3）天轮工程（位于台中白冷大甲溪右岸）　1941 年 1 月开工，台湾光复时日本人已完成约 70% 的土木工程。

（4）雾社工程（位于浊水溪上游支流雾社溪）　1939—1944 年间日本人已完成发电所电机、尾水道及输线铁塔等项，另一部分完成压力隧道及轮水管。

因此，台湾光复后国民党当局在台湾半个世纪的电力事业发展，实是立足

△ 下淡水溪（高屏溪）铁桥

于日据时期台湾电力事业的原有规模上的继续发展与累积，从而缩短了光复后台湾电力事业的建设过程，并为日后台湾工业的发展提供了丰富廉价的电力，也奠定了台湾经济发展的基础。

六　基础建设——铁路、公路与港口

铁路　日本殖民政府于 20 世纪前期在台湾从事大规模的铁路建设，筑路工程相继不绝。1920 年，台湾公营铁路的营业里程即已达 637 千米，日据末期的 1940 年，则近 900 千米（本线 722.3 千米轨宽为 1.067 米，台东线 174.8 千米轨宽为 0.762 米）。①

1. 纵贯线　基隆—台北—新竹—苗栗—台中—云林—嘉义—台南—高雄，全长 408.5 千米，耗资 2,880 万元，历时九年（1899 年 5 月—1908 年 4 月），其中基隆—新竹段是改造我国清朝刘铭传与邵友濂所筑者。

2. 屏东线　高雄—屏东—东港，长 62.9 千米，其中下淡水溪（高屏溪）铁桥长达 1,526 米，耗资 137 万元。

---

① 原文即如此。——编者注

3. 宜兰线 八堵—瑞芳—宜兰—苏澳，长98.8千米，于1917年开工，1924年底全线通车，总计耗资1,254万元，前后历时七年（1917年12月—1924年12月）而成。

4. 台东线 花莲—玉里—关山—台东，长173千米，1914—1926年间分期建成。

公路 1905年，台湾公路里程计10,600千米（其中77.3%路宽均未满3.63米）、桥梁计4,305座（总长计26,865米，其中98%的单一桥长未满36.4米）。

1940年，台湾公路里程增加至18,000千米（其中37.1%路宽均长在7.27米以上）、桥梁增加至10,001座（总长增至102,734米，单一桥长介于36.4～90米之间者计315座，超过90.9米以上者计104座），其中纵贯线上的下淡水溪（高屏溪）桥长1,700米，大甲溪桥长1,214米，至于桥长预定达2,070米的浊水溪桥，1941年时桥墩已建造完成（即1952年5月动工，历时仅八个月而于1953年1月建成通车的西螺大桥）。

道路标准与质量方面，除前述路宽大幅增加外，许多道路并改铺为柏油或混凝土。1946年，基隆、台北、新竹、台中、台南、高雄、屏东等都市市内道路均为柏油路面，基隆—台北段则为中央6米混凝土路面、两侧柏油路面（路面宽10～14米），台南州界—高雄间则为混凝土路面。日据时期主要公路线段如下：

（1）**纵贯公路** 基隆—台北—台中—台南—高雄—屏东，长461千米。1916

△ 东台湾临海道路

台湾史

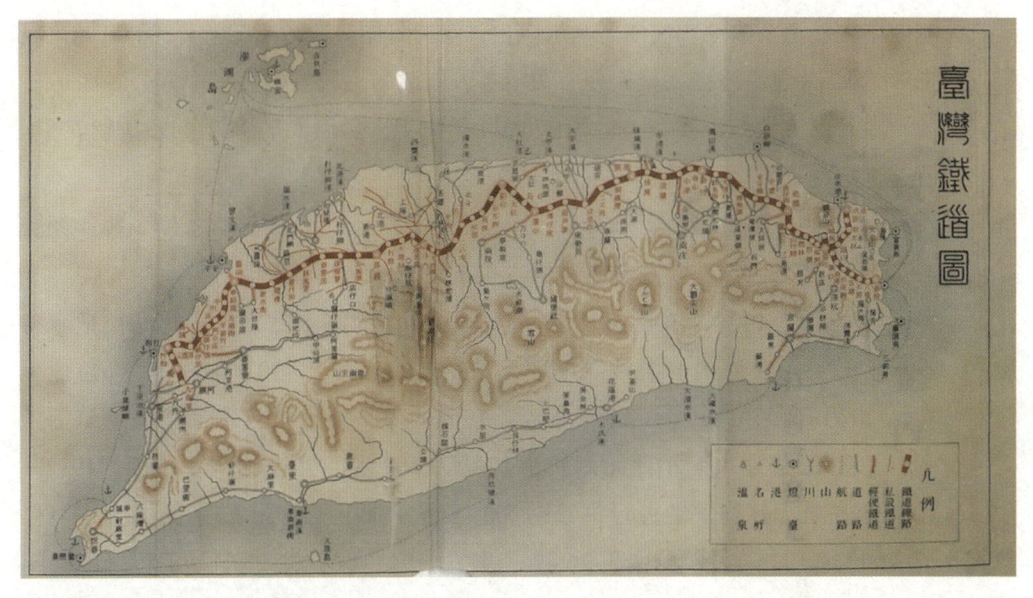

△ 台湾铁道图

年始名"纵贯道路",路幅规定平地部分为 14.5 米,1916—1925 年间平地部分大致完成。1943 年竣工时,除浊水溪桥(西螺大桥)未完成外,全线已通行汽车。

(2)**苏花公路** 苏澳-花莲,长 121 千米、路宽 3.6 米。清朝 1874 年起以兵勇开辟而于次年完成。1910 年时日本人乃循旧路稍加修筑,1924 年始成,1927 年起日本人又开始修改为汽车道路,1932 年完工。

(3)**南回公路** 高雄—枫港—台东,长 194 千米,1933—1939 年间完成,工程费计 187 万元。

(4)**花莲台东公路** 花莲—台东,长 175 千米。清朝 19 世纪 70 年代中期开辟,日据时期于 1930—1933 年间完工。

基隆港 是对日本及南方贸易的基点,故日本人不遗余力地经营基隆港。1896 年,日本殖民当局即对基隆的潮汐、气象、地形、地质、淤积、筑港材料等进行调查。1898 年,又决定将基隆建成军商两用港口。

1899 年始进行第一期四年筑港工程,耗资 244 万元,完成内港浚渫、栈桥铺设、浮标设置等工程。1906 年始进行第二期六年筑港工程,经费 620 万元,计完成港内锚地扩张、岸壁、防波堤及起卸货场。1912 年始进行第三期筑港工程,期间曾一度中断,当其于 1929 年完成时,基隆港内可同时容纳 1,000～20,000 吨之轮船共 18 艘。1929—1935 年间继续进行第四期筑港工程,经费 1,042 万元,当时港内航道及泊地皆浚深至 9 米以上，港内可同时容纳 1,000～20,000 吨之轮船 31 艘，并建筑海港大楼，使有关港务、航政与关税等机关集中办公。1936 年始再进行第五期筑港工程，原预定 1944 年完工，后因太平洋战争而中途停顿工程，惟已耗资源预算之 79.4%，计 1,125 万日元。

总计日本殖民当局五次筑港，先后延续长达约四十五年之久，共计耗资 4,618 万日元之巨。基隆港内港面积达 0.95 平方千米。

高雄港 1904 年，因纵贯铁路选定打狗港为终点站，打狗车站用地亟待扩充，乃借挖浚港内的泥沙以填埋车站用地，工程于 1907 年底完工，总工程费计 20 万日元，此可谓筑港之前奏。1908—1912 年进行打狗港第一期筑港工程，总工程费计 491 万日元，航道加宽为 109 米，可停泊 7 艘轮船。1912—1937 年高雄（打狗）港进行第二期筑港工程，总工程费计 2,736 万日元，可停泊 3,000～10,000 吨级的船只 26 艘。1937—1945 年为第三期筑港工程，1937 年 7 月日本发动更进一步的侵华战争，高雄港军运日繁，不敷使用，为配合战争需求，乃决定再实施第三期筑港工程，预算经费计 770 万日元，完成后预计可容纳万吨级船只 150 艘，1944 年又追加预算 1,250 万日元。

日本殖民政府自 1908 年起至 1944 年止，高雄筑港总计共耗资约 5,000 万日元，高雄港面积广达 1.55 平方千米。

基隆与高雄两港城市之发展 20 世纪初时，日本占领台湾已十余年，台湾对外贸易也转以日本为主要对象。当时（1911—1915 年），台湾外贸进出口总额中，日本所占比例已自日据初期（1898—1900 年）的 29.4% 骤增至 74.6%，亦即台湾对外贸易线由原先对祖国大陆的东西向，转为对

△ 高雄港码头上的仓库及起重机

△ 大台北鸟瞰图

日本的北向。复以此时台湾纵贯铁路与公路已告完成，纵贯交通打破横向联系，改变原有港口功能体系，而基隆与高雄两现代港口亦相继初步建成。因此，西岸原有港口乃逐渐没落，基隆与高雄两港则分别跃为南北唯一的主要贸易港口，而日本殖民者南进的企图，则更促成高雄港的建设。

1925年，基隆与高雄两港进出口货物价值，分别占该年台湾进出口货物总值的58.5%与34.7%，及后高雄港亦变得日渐重要，1940年时前述比例则为55.2%与42.1%。基隆与高雄两港口市镇集中于南北两侧的发展，对日后台湾南北双峰式发展具有深远影响。

第十七章

教育歧视

一　中日在台教育的消长

汉文教育的书房　书房即私塾，是秀才等士子将学生招至自己的私宅教学，或邻保宗族捐资提供场所，聘请教师，教读四书五经之处。随着台湾西部平原战事的渐趋平缓，私塾这种教育形式亦渐恢复。1898年3月，全台私塾计1,707所、学生29,941人，平均每间私塾约有学生17人。在1,707位书房教师中，具备秀才以上资格者高达814人，他们开设私塾招收学生原本是为了谋生，如今在异族统治下，则传授台人子弟汉文，维系传统文化，并作为民族精神寄托之所在。

日文教育的小学公学校　在近代正规小学教育方面，台湾总督府于1898年7月颁布《台湾公学校令》，以地方经费设立六年制公学校。1898年全台公学校计74所、学生7,838人，仅及该年就读书房学生29,941人的26.2%。当时，为鼓励学生就读公学校，日本殖民政府乃免费给予学生纸笔课本，甚至由教师挨家挨户，劝导家长让子弟就读公学校。当时一般民众以为台湾早晚会归还中国，故对新教育多采取观望及事不关己的态度。即使有少数父母愿让子女就读公学校，却担心受到其他台湾人报复而心存戒意。另外，对公学校课程认识不清，将歌唱教学当成是培养传统社会中被视为贱业的倡优人才，体操则被误解为训练作战士兵的预备教育，且民间私塾负责人也极力鼓励家长送其子弟入私塾就读，并

△ 日据时期的台湾书房（私塾）

△ 日据初期艋舺学海书院男童上课（高传棋提供）

传言入公学校将丧失发辫，或被带至日本过奴隶般的生活，从而降低了台湾人家长送其子女就读公学校的意愿。日本殖民政府于1898年颁布《书房义塾规程》，将书房纳入管理，规定课程中须加开日语及算术两科。

书房与公学校之消长　1902年，就读汉文教育的书房的学生增至33,600余人的最高峰。随着日本殖民政府在台湾的镇压屠杀逐渐告一段落，武力威慑确立，且1905年日俄战争结束后，台湾人见日本强大，意识到台湾归还中国的希望渺茫，乃愿接受日式教育，而公学校在台湾总督府的大力推动下，校舍建筑及有关设备亦见充实，台湾人送子女至书房就读者渐有减少。1905—1917年，就读书房学生人数平均每年仍维持在0.9万～1.6万人，1920年降至7,639人

△ 清水公学校开学式（1920年）（杨陈秦提供）

（仅及该年就读公学校学生151,093人的5%）。往后与日俱减，及至1943年台湾总督府颁布《废止私塾令》，书房乃完全停办。

在日文教育的小学公学校方面就读的台湾人学生，自1898年起年年稳定增长，1904年时达2.3万人，首次超越书房就读学生，往后每年缓慢增长，1914年时达6万人，1922年增为20万人。惟1929年时却仍为23.2万人，七年间仅增加3.2万人。1931年时为26.5万人，就学率为33.8%，仅及日本本土1873年的水平，亦即较日本落后半个世纪。

20世纪30年代，日本加速侵略中国。1932年在我东北成立其傀儡政权伪满洲国，1933年日军夺山海关、占热河、进出滦东，1937年占北平、天津、上海与南京。在日本全面展开侵略中国之际，也在台湾地方积极推广小学教育，1931年时公学校就学人数为26.5万，1942年时增至73.9万人，就学率为65.8%，1931—1942年间就学率增加32%，与1922—1929年间就学率仅增1.9%相比，实不可同日而语，更何况前者是在战时百物逐渐匮乏之际，此显见日本殖民政府在台推行台湾人子女小学教育，是取决于政治上的需要。

表9　台湾人与在台日人子女就学率对比表

年份	学龄儿童就学率 台湾同胞	学龄儿童就学率 在台日人
1904	3.8%	67.7%
1909	5.5%	90.9%
1914	9.1%	94.1%
1917	13.1%	95.1%
1920	25.1%	98.0%
1922	29.2%	97.8%
1925	29.5%	98.3%
1929	31.1%	98.5%
1930	33.1%	98.8%
1931	33.8%	99.0%
1935	41.5%	99.3%
1940	57.6%	99.6%
1942	65.8%	99.6%
1943	71.3%	99.6%

"蕃人"公学校　1905年，日本殖民政府将供"蕃童"所念的日语传习所改为"蕃人"公学校，修业年限四年。1906年时有"蕃人"公学校15所，1914年增至23所（学生2,557人）。1922年废"蕃人"公学校，并将其并入公学校中，修业年限仍为四年，有别于汉人子弟的六年制公学校（当时"蕃人"公学校有87所）。1939年开始，日本殖民政府将"蕃童教育所"改称"教育所"。

日本人小学校　对于在台日本人子女的小学教育，台湾总督府于1898年在台北、基隆、新竹、台南四地设立小学校，专供内地人（日本殖民者对在台日本人的习惯称谓，下同）子女就学，次年复于台中、沪尾（台北淡水）、宜兰设立小学校，是年全台共有8所小学校。1906年增至17所（包括3所分校）。1914年增至91所（包括32所分校），学生11,600人，就学率高达94.1%。1921年时在台日童学龄就学率再升至97.6%，1931年达99%，往后直至日据末期的1943年，在台日本人子女学龄儿童就学率均在99%以上。

二　日台小学歧视教育

变相严禁台童入小学校就读　1919年10月，新任总督田健治郎实施"内地延长主义"治台政策，强调"内台融合"及"内台无差别"，试行日台共学。惟是年12月却发布内训，规定本岛人入在台日本人就读的小学校时，需有某种程度的"内地化"（指日本化），且以学生教育情形、日语程度、父兄地位、资产、家庭状况、家庭教育程度等为考核事项。

日本殖民当局复于1922年2月公布新的《台湾教育令》，规定常用日语者入小学校，不常用日语者入公学校，且本岛人子弟欲入小学校者或在台日本人子弟欲入公学校者，均需经小学校或公学校校长呈请州知事或厅长（相当于今天的县长）的核准，始得入学。在如此种种限制之下，1926年时210,727名本岛人子弟中，仅1,136人就读小学校，占本岛人学童的0.54%，而24,833名在台日本人学童中则仅12人就读公学校，故1932年时台地小学教育的日台共学仍被讥为有

△ 台湾打狗（高雄）高等小学校
这所学校建于1907年，是专供日本人子女就读的小学。

△ 高雄第一小学校
（专供日本人子弟就读的小学）

△ 鹿港第一公学校（1941年）学生在操场上集合之情景

名无实。当时，彭明敏（"台独"首要分子之一）即就读于大甲的在台日本人小学校，那时该校学生约200人，彭明敏是该校唯一的本岛人学生。日后彭明敏在其回忆录中自称"我讲的日语完美无缺"。

公学校的强烈歧视待遇　在台日本人子弟就读的小学校的课程与日本本土相同，本岛人子弟就读的公学校的课程则是殖民地当局刻意改编的，二者不仅在程度上有很大差别，且阴毒地在内容精神上搞奴化教育。例如在小学校的课程中，对于日本名人故事的叙述，多半着重在其力争上游，最后出人头地成为社会各阶层领导人物的奋斗过程，在台日本人子弟被教育成创造自己命运的主宰者。但在公学校的课程中，对同一名人故事的叙述，则偏重于其人诚实忠顺、与家人和睦相处，终于被上司提拔，或强调其人在实业方面的贡献，但绝不提及其成为政治上的领导者。

在学校规模、经费等教育资源分配方面，即使是在日本据台四十余年后的1938年，日本人仍歧视台湾人如故，故小学校与公学校仍具强烈差异性歧视。例如1938年时，公学校每班人数为67人，教育经费平均每人25元；小学校每班人数48人（仅及公学校的71.6%），但教育经费平均每人高达50元（为公学校的 2 倍）。

表 10　1938 年台湾小学教育表

校　别	学校数	班级数	学生人数	每班人数	教育经费	每班经费	每人经费
小学校	143	940	44,758	48	2,227,282	2,369	50
公学校	661	7,616	512,777	67	12,804,523	1,681	25

资料来源：王诗琅，《日本殖民地体制下之台湾》，台北：众文图书公司，1980，p.54.

实施六年义务"国民教育"，以培养"皇国民素质"　日据末期（1937—1945 年），日本殖民当局在台推行"皇民化"政策，期间对台湾初等教育制度有两项改革，首先是在 1941 年 3 月修改台湾教育令，与日本本土同步实行《国民学校令》，并依该令将台湾所有小学校与公学校改称国民学校。

台湾总督府总务长官解释当时实施国民教育的原因系"鉴于皇国在东亚及世界的地位与使命，必须确立独自的教育体制，此教育体制的目的在于统合以往

△ 台湾总督府医学校
该校创立于 1899 年，1936 年与台北帝国大学医学部合并，今为台湾大学医学院旧馆舍。

△ 台中丰荣国民学校（1943年）
日本殖民统治四十五年后，专供台湾人子女就读的台中丰荣国民学校的学生仍是打赤脚。

△ 竹山寻常高等小学校
专供日本人子女就读，这些正在做体操的日本小孩服饰鞋袜整齐。

的教材，使修炼皇国之道归一，以培养国民之基础，从而扶皇运，培育下一代之大国民"。至于台湾"废除原有小学校公学校之分，而同时改为国民学校，使内台人都变成皇国民的大目标更向前迈进，这是本岛初等教育极大的进步，此项措施比内地具有更深一层的意义"。

1943年4月1日起，日本当局复在台实施六年义务教育，日本人称此为"世界殖民统治史上未有的例子"，其缘由与目标则可自小林跻造总督于1939年所发表之下列讲话中得知，小林称"培养皇国民的素质，应在施政上从各方面进行，然其首要者在于教育，而教育又以初等教育为根本，当此事件（即"七七事变"，又称"卢沟桥事变"）爆发之际，本岛居民已重新自觉为"皇民"，并希望其子弟成为善良有为之（日本）国民，近来岛民向学心已显著提高，对推行义务教育有莫大裨益。如今我帝国正排除万难，为达成建设新东亚大业迈进。当此之时，本岛不仅已成为帝国南门的锁钥，而且变成向南方发展的据点，故其重要性已日益加重。因此，无论在文化、产业、经济以及其他各方面都要顺应国策，进行创造建设工作。这种情势之下，本岛居民身为帝国臣民所应负的责任，既重且大。为达成此一任务，必须培养岛民之基本素质。今日我确信统治台湾的要项，是对本岛实施初等教育义务制，让岛民接受初等教育的下一代国民，对我国体有明确的认识，从而培养他们有顺应新时代的能力"。

国民小学教育差别歧视依旧　日本殖民当局虽于1941年在台实施国民学校制度，其课程内容却分第一号表、第二号表及第三号表，复规定常用日语家庭的子女入第一号表国民学校（即原小学校），其余则入第二及第三号表国民学校（即原汉人公学校与"蕃人"公学校），1943年实施义务教育后，学生入学限制仍依前述规定。当时，台湾人子弟绝大部分入第二号表国民学校，在台日本人则入第一号表国民学校，至于"蕃民"子女则入第三号表国民学校。

三　日台中学歧视教育

日本据台二十年仍不愿设普通初中　对于在台日本人子弟，日本殖民当局于1898年3月比照日本本土制度，于日语学校第四附属学校内附设寻常中学科（修业年限五年），1907年独立为总督府中学校，1914年改为台北中学校，同年并设台南中学校，另日本人亦于1909年设总督府高等女学校，以上诸校均专供在台日本人子弟就读。

至于本岛人子弟能接受的中等教育，日本当局于1899年设台湾总督府医学校，专供本岛人的子弟就读（1902—1906年共毕业46名台湾人）。1896年日本当局在台设立日语学校，分师范与语学两部。1902年夏日本当局复将该校师范部分甲乙两科，甲科以培养在台日本人教谕（中学教员）为主，乙科则以培养本岛人训导（小学教员）为目的。

当时，公学校教师通常只鼓励成绩较优的本岛人小学毕业生投考师范或医学校，对其余的多数学生，则怂恿其继承父兄职业，或劝其进入农、工、林、糖等短期讲习所，学习初级专业知识及简易技术。1914年，本岛人小学毕业生共3,699人，虽有1,381人报考医学校及日语学校师范部乙科及其日语部，惟仅录取237人。亦即日本据台二十年后，仍不愿设立可供本岛人子弟小学毕业后接受普通初中教育的学校。

是时，台湾名人林献堂等即发起捐款兴办招收本岛人子弟的私立普通中学。在本岛士绅的强烈要求下，日本当局乃于1915年5月在台成立"公立台中中学校"，招收修完四年公学校教育、年满13岁以上的本岛人学生，授以四年初中程度的普通教育，该校于1919年改为台中高等普通学校，1922年改为州立台中第一中学，即日后的"台中一中"。

中学教育受教机会悬殊　1919年，当时供353.8万本岛人的子弟小学毕业后升学的学校仅有11所，其中师范学校及医学专门学校尚且兼收日籍学生（且中学校与职业学校的修业年限及程度均在日校之下）。反观专供约15.3万在台日本人的子弟小学毕业后升学的学校却有10所（这还不包括前述兼收在台日本学生的师范学校及医学专门学校）。

1922年2月，日本政府分别公布新修的《朝鲜教育令》与《台湾教育令》，标榜"内鲜一体"与"内台一体"。新修《台湾教育令》的颁布，不但使台岛的内地人教育与本岛人教育渐趋一致，且使台湾与日本内地、朝鲜，甚至台湾与朝鲜等的学制，均达成相当程度的一体化。

关于新修的《台湾教育令》，台湾总督府谕告其特色是"撤销内台人间的差

△ 朝会（台南第二中学校，光复后改为台南一中）

别教育，全达均等地步"。然而实际运作上，初中以上教育差别化本质仍未有多少改变。例如：（1）设定日本学生独占的学校，不管本岛学生多用功，但由于教师的偏袒而不得入学。（2）升学考试试题是取自日本人就读的小学校教科书（本岛人学童就读的公学校，在课程、教学、师资或所分配经费等方面，均低于小学校，而本岛人学童进入公学校就读十分困难。如前所述，1926年时仅0.54%的本岛人学童能进入公学校）。（3）中学校招生是依事前预设的日台入学人数比例录取，而非依入学考试成绩录取。（4）由公学校教师分配学生升学的学校。（5）由于是以日语而非本岛人学童的母语考试，因此原本在日语能力方面即不如日本人学童的本岛人学童，升学考试时更无法与日本人学童在原本不公平的基础上竞争。（6）不顾岛内本岛人学生升学的极端困难，反而每年自日本本土，招收大批从未踏入台湾的日本学生。

在上述日本人的诸多教育行政歧视下，本岛人被剥夺大量的受教育机会。在日本占领台湾三十余年后的1928年时，全台中学在校学生共4,646人，其中本岛人仅1,908人，占全部学生人数的41.1%，日本人却多达2,738人，占全部学生人数的58.9%，但1928年时日本人仅占全台人口总数的4.8%。换言之，4.8%的日本人却享有58.9%的台湾中学教育资源。这种教育上的歧视，直至日据末期亦然，在1944年，本岛籍学生占中学校在校学生总数的比例亦仅47.7%，日本学生比例却高达52.3%（当时日本人仅占全台人口总数的6%）。

表11　历年中学校每年在校学生平均数

期别	人数			百分比（%）			在台日人占全台人口数百分比（%）
	台籍生	日籍生	合计	台籍生	日籍生	合计	
1921—1925	901	1628	2529	35.6%	64.4%	100.0%	4.6%
1926—1930	1826	2592	4418	41.3%	58.7%	100.0%	4.8%
1931—1933	2141	3151	5292	40.5%	59.5%	100.0%	5.1%
1936—1940	3657	4541	8198	44.6%	55.4%	100.0%	5.4%
1941—1943	6609	6529	13138	50.3%	49.7%	100.0%	6.0%

注：表中之数，系每一期之平均数。

北一女与北二女　上述数据只是平均值，如果就特定名校而言，则其差别化歧视程度更是令今人难以想象。以闻名全台湾的北一女（台北第一高等女学校）与北二女（台北第二高等女学校）为例，据1939年版《台湾事情》所载，是时两校学生共1,773人，其中台湾学生仅49人，占学生总数的2.8%，其余97.2%全为日本学生。

表12　1938年台湾各类中等以上学校录取率

学校		报考人数	录取人数	录取率
公私立男子中学（14校）	日籍	1925	1266	65.8%
	台籍	5248	724	13.8%
公私立女子中学（15校）	日籍	2610	1412	54.1%
	台籍	2244	676	30.1%
工业职业学校（2校）	日籍	516	254	49.2%
	台籍	1688	133	7.9%
商业职业学校（5所）	日籍	860	454	52.8%
	台籍	1733	194	11.2%
农业职业学校（5校）	日籍	268	182	67.9%
	台籍	2131	332	15.6%

上述种种统计数据，处处证实日本殖民当局在"日台共学"的幌子下，如何经由差别化歧视的小学教育与种种技术性的升学办法，巧妙地大肆剥夺台湾人子弟接受中学教育的机会，及维护在台日本人子弟升学的机会。诚如日本殖民学者矢内原忠雄所言，"名为教育制度之同化，实则近乎使台人被剥夺高等专门教育。至1922年止，是借降低台湾人的教育程度，使日人取得指导者与支配者的地位，而现在（1929年）则是在制度上名为平等，使台人亦得参加高等教育，但在事实上仍多方限制，俾更得确保日人的支配者地位"。

四　大学歧视教育

台北帝国大学，台湾人限念医科　1928年4月30日，台湾殖民当局举行台北帝国大学开校仪式，其首届入学新生共60人，其中台籍学生仅6人，余者皆为日籍学生。此一歧视现象，直至日据末期亦然。例如1943年，台北帝大学生计453人，其中台籍学生69人，日籍学生384人，占学生总数之84.8%，然而1943年在台日本人仅占全台人口的6%。是年台籍学生就读农学部与理学部各1人,文政学部3人,但就读医学部者则多达64人。

也就是说,对这么少的69名台籍大学生,日本当局还不放心,还设法使他们几乎全部念医科,不许他们念政治系、法律系等,避免培育台湾的政治人才。当然,日本殖民当局的这种大学歧视教育政策,使得日后台湾医疗事业特别发达。

日本人于养成国家未来精英的大学教育领域,歧视台湾人到这种地步,今日观之虽难以想象,但亦不难理解,因为台湾人在形式上或法律上,虽与在台日本人同具日本国籍,但其真实身份是殖民地人民。

日台学生大学教育机会差别很大 台籍学生就读台北帝国大学之所以会产生如此歧视性的悬殊差别机会,主要是台籍学生从小学升大学的过程中,在每一阶段均遭受不平等的差别歧视待遇。例如前述小学教育阶段中,公学校与小学校的不平等差别歧视,致使台籍小学生毕业后升学机会大幅减少。对于向往大学教育的台籍学生,日本殖民当局则早在台北高等学校及台大预科的入学阶段,就采取强烈歧视性的不平等录取方式,予台籍学生不公平的歧视性入学限制。

△ 台北高等学校讲堂内部

表13 台北帝国大学

年份	文政学部 台籍	文政学部 日籍	文政学部 合计	理学部 台籍	理学部 日籍	理学部 合计	农学部 台籍	农学部 日籍	农学部 合计	医学部 台籍	医学部 日籍	医学部 合计	工学部 台籍	工学部 日籍	工学部 合计	总计 台籍	总计 日籍	总计 合计
1928	3	16	19	3	33	36	…	…	…							6	49	55
1929	6	53	59	5	49	54	…	…	…							11	102	113
1930	12	80	92	8	80	88	…	…	…							20	160	180
1931	13	83	96	9	82	91	…	…	…							22	165	187
1932	14	67	81	8	87	95	…	…	…							22	154	176
1933	13	57	70	12	76	88	…	…	…							25	133	158
1934	16	49	65	10	53	63	…	…	…							26	102	128
1935	13	48	61	12	41	53	…	…	…							25	89	114
1936	14	39	53	11	32	43	…	…	…	16	24	40				41	95	136
1937	9	49	58	13	37	50	…	…	…	37	42	79				59	128	187
1938	11	54	65	12	36	48	…	…	…	47	67	114				70	157	227
1939	6	63	69	9	50	59	…	…	…	75	78	153				90	191	281
1940	5	81	86	5	85	90	…	…	…	75	69	144				85	235	320
1941	3	68	71	3	95	98	…	…	…	55	33	88				61	196	257
1942	3	166	169	2	155	157	…	…	…	64	67	131				69	388	457
1943	3	164	167	1	52	53	1	102	103	64	66	130				69	384	453
1944	2	30	32	1	40	41		74	74	80	77	157	2	47	49	85	268	353

严苛控制台湾人就读台北高校　1928年，台湾有10所中学校，1944年增至22所，中学校毕业须续读毕台北高等学校（或设于1941年的台北帝国大学预科），始能投考台北帝国大学。

台北高等学校创于1922年，简称"台北高校"。该校先设寻常科，招收小学毕业或同等学力者，修业年限四年。1925年增设高等科，招收寻常科毕业及中学修毕第四学年或有同等学力者，并规定其中半数招考，半数由寻常科毕业及各中学校长保送，修业年限三年（战时减为二年），毕业后始可投考台北帝国大学。一般提及"台北高校"时，是指高等科。

日本当局除规定台北高校（或台北帝国大学预科）毕业后始可投考台北帝国大学外，并对台籍学生投考台北高校（或台北帝国大学预科）的录取名额加以严格限制，（甚至）令其不得超过20%。在日本当局蓄意的歧视与控制下，台籍学生小学毕业后能考取台北高校寻常科者实寥寥可数。1922—1944年日据期间，每年就读台北高校寻常科的台籍学生平均仅17人，日籍学生则多达135人，台日学生各占学生总数的11.2%与88.8%；至于接续的高等科学生，自1925年进入该校的第一届起，到第二次世界大战结束的1945年止，台北高校毕业生共19届，共计2,479名，其中台湾人559人，日本人1,920人，台湾人占毕业生总人数的22.5%，日本人占77.5%，然而当时在台日本人约仅占全台人口的6%。

台北高校学生是一代台人精英　当时，日本有8所帝国大学，非高校毕业生无法进入该8所帝国大学中的任何一所学校。当时全日本共有38所高校，其中两所设在中国，一为"台北高校"，另一为"旅顺高校"，战后这两所学校均成废校，前者校舍由台湾师范大学承袭利用，至于在日本本土的高校则均升格为当地的单科大学。

日据时期，由于日本学制上唯有高校毕业生方有资格考进帝国大学，而日本的政界、官界、实业界、学术界，又是以帝国大学毕业者居于领导地位。换言之，高校就是培养下一代日本精英的学校，这就是为何日本当局处心积虑，高度歧视控制台湾人就读高校的原因所在。前述台北高校的日台毕业学生总数比例，除具体证明了日本人是如何歧视台湾人、剥夺台湾人受高等教育的机会外，相对地亦体现了台籍学生是如何历经严酷歧视的激烈竞争，方能击败同龄日籍学生，考入当时台湾唯一的高校"台北高等学校"。故日据时期"台北高校"毕业者，实在是那个时代的一代台人精英。

△ 乙丑年（1925 年）4 月 25 日，栎社（林痴仙创于 1902 年，在日据时代与北部瀛社、南部南社鼎足而三，为当时中部诗社的中坚）于林献堂宅邸举行春季小集后合影。前排坐者自左而右分别为张栋梁、张玉书、林耀亭、林献堂、傅锡祺、陈怀澄、林载钊、陈联玉。后排立者自左而右分别为丁式周、林竹山、王学潜、庄太岳、郑汝南、张升三、蔡子昭。

五　汉文传承台人祖国情

汉文书房教育　日据前期，尤其是最初的十年（1895—1905 年），教授中文的书房与教授日文的公学校相比，实可分庭抗礼甚而过之。例如 1900 年时，就读书房的学生多达 26,186 人，但就读日文公学校的本岛小学生仅 12,363 人（前者占总数的 67.9%，后者仅 32.1%）。及后就读公学校的学生稳定增长，1904 年时首次超过就读书房的学生人数。1905—1917 年间就读书房学生人数，平均每年虽仍维持在 0.9 万~1.6 万人之间，然而公学校在日本殖民政府的支持下迅速扩张，故其就学人数亦与日俱增，1916 年时达 75,545 人（前者占 20.4%，后者占 79.6%）。换言之，日本占领台湾直至 1916 年前的二十年里，尤其是前十年，书房培育接受中文教育的学生，仍占该期间学龄就学学童总数的相当比例。唯此一形势，随着日文公学校小学教育的扩张而剧降，1920 年时该比例减至

4.8%，1923—1930年间则仅维持在2.3%～2.5%之间。

当时台湾人学童亦有既接受日文公学校教育，同时亦就读书房以习汉文者。例如20世纪20年代初，偏远如后山花莲县玉里镇1915年生的陈金水，虽是公学校毕业，但也在书房就读数年，以习汉文。另花莲市1914年生的黄进财，外祖父是清朝海军士兵，曾驻守基隆炮台，幼承母训，夜间必须修读汉文，以不忘根源，其母在家亲自教授汉文，其就读中学期间，则于夜间进入私塾（书房）读四书、《史记》，并自《论语》起读至十八史略等。

中日文化并存 倘以年龄推算，则甲午战争时接受书房汉文教育的8～12岁学童，1945年时年约60岁；1900年接受书房汉文教育的8～12岁学童，1945年时年约53～57岁；至于1916年接受书房中文教育的8～12岁学童，1945年时年约37～41岁。因此，日本投降台湾光复之际，全岛仍有许多台湾人识晓汉文，尤其35岁或40岁以上受教育的台湾人中，不少均通晓汉文，而55岁以上老一辈受教育的台湾人中，会汉文者较会日文者多一倍。

至台湾光复日本撤退止，据统计，此期间160名活跃的文化人中，以汉文发表作品的作家计53人、日文73人，使用中日两种语言文字者计34人。

日本当局以诗赋笼络台湾乡绅巨室 日据初期，日本殖民当局一面以武力血腥屠杀镇压在台汉族，一面则开始以诗赋唱酬笼络汉族士绅遗老。1900年3月15日，台湾总督儿玉源太郎即邀集全台各地具有前朝进士、举人及秀才等功名者146人，于台北淡水馆（原登瀛书院）举行扬文会（扬文会旨取唐明皇《饯王晙巡边》诗"振武威荒服，扬文肃远墟"之意），并亲临会场，但实际出席者仅72人。

当时，总督儿玉源太郎与民政长官后藤新平，摇身一变为文人雅士，前者号儿玉藤园、后者号后藤栖霞，与台地汉族士绅酬酢。当时又正值日本明治维新后期，日本人对于汉学犹有相当修养，来台日本官僚亦不乏精于汉诗者，如水野大路（台湾总督府首任民政局长）、籾山衣洲（《台湾日日新报》主笔）、加藤雪窗、土居香国、冈本韦庵等人亦成立玉山吟社与穆如吟社等日本人诗社，与台人士绅诗赋唱酬，"以和乡绅巨室之心"，使"斯土人亦忘其为新版图之氓也"，惟其活动时期均不长，玉山吟社活动约至1903年，穆如吟社亦因其主持人籾山衣洲与儿玉总督不合离台而告终；及至第八任台湾总督田健治郎（1919年11月11日上任）时，又实施以往笼络策略，于1921年全岛诗人大会次日（10月24日）招全台诗社于官邸开茶话会，总计台湾人共十三社79名代表与会，盛况空前。及后十年，历任总督亦多采取此笼络政策，而于全岛诗人大会时，设席召宴诗人。

日本殖民当局之所以如此笼络，乃是对台湾人的下一代与上一代实行二元政策，即一方面经由日语中心的教育体系，同化下一代台湾人，一方面则以诗社笼络上一代台湾人，以安抚清朝社会领导阶层的士绅遗老，待遗老凋零殆尽，诗社自然自我消亡。然而，许多通晓汉文并具深厚国学基础的台籍精英，纷纷于各地成立诗社，整个日据时期全台相继成立的诗社多达270余个，从而维系了中文的传承。

汉文维系台湾人对祖国之认同　就台士而言，其间不乏或迫于当时日本占领台湾既成事实者，或迫于日本当局政治气氛压力者，也有以诗求取功名或衷心以皇国为荣者。例如1939年台北鹭洲吟社社员郑金柱，即编辑"爱国"（指爱日本）诗选集一册，盼能振兴"皇道"，并借以涵养日本精神，其中关于日本侵略中国之事情，该集即有诗咏"祝皇军南京入城"，甚至长篇歌咏"皇军破徐州喜赋"。

但亦有许多诗社，在汉文渐被禁绝的时代，坚持维系并保存汉文，且通过种种途径努力维系台胞的民族认同。例如栎社社员林献堂赋诗即明言"江海茫茫何处好，神州吾欲御风归"，其族侄林幼春1922年时游历祖国，即有诗题云"壬戌岁重游福州，去国四十年矣！折柳金城，谁能遣此？聊作数绝以纪之"，那时日本殖民台湾已二十七年，幼春年亦43岁，然而"去国"二字却体现其不改对祖国思慕之情。此外，栎社社员蔡惠如1925年春被日本当局迫害入狱，虽身陷牢狱，却仍赋诗"沧海曾经知世变，虚名浪得满人间。中原大地春如旧，绿水青山待我还"，表达其盼望台湾早日光复之心志。

△《台湾诗荟》系连雅堂（连横）编辑发行之诗刊，计共发行22期，为日据时期台湾诗文的重要期刊　　△ 连横著作《台湾通史》

△ 林幼春（1880—1939）　　△ 林幼春致梁启超信函
信中提及"幼春窃窃私喜以为祖国中兴"。

直到1940年，全台仍有诗社八十六个（1943年骤降至十七社），由于各诗社的绵延存在，且各社社员均能赋诗，到台湾光复的1945年时，上一代台湾人精英中不但仍有许多人通晓中文，且汉学根基深厚。

台士心系祖国　鹿港人施瑞星，曾任彰化县令李君之西宾（家庭教师），心怀祖国，日据时期生四子，乃以长江为中心，按排行分别命名江东、江西、江南、江北。台南人庄孟侯（光复时47岁，台湾总督府医学校毕业），日据时期即将其所生四个女儿，分别取名兴华、政华、安华、强华，即有盼中国兴盛、安乐、富强之意。嘉义人陈澄波（光复时50岁，曾赴东京习画及至上海任教，为画作入选日本帝展的首位台湾人），将其日据时期所生三女二男，分别取名紫薇、碧女、白梅、重光、前民。其中紫薇、白梅均系中国花名，而1926年所生长子则命名重光，意寓台湾必可光复摆脱日本统治，次子取名前民，意指非日本人而系中国人。日据末期，陈澄波并拒绝将其中文姓名改成日文姓名，以其在画坛上的成就，却仍为非日语家庭。高雄人林界（光复时47岁），1944年台湾光复前生长女取名林黎影，意盼台湾光复早日回归祖国，但当时台湾仍未光复，有如黎明前之阴影，故取名黎影。1946年生次女取名林黎彩，因当时台湾业已光复，意寓天已放亮黎明光彩之意。

日据时期，台湾处于日本殖民政府的严厉统治下，对岸祖国大陆亦正苦于日本帝国疯狂残酷的侵略战火中，在如此之时空背景下，台士却甘犯日本殖民当局的政治禁忌，借对自己儿女的命名方式，赤诚地表达其对祖国的思慕情怀。

第十八章

非武装抗日启蒙运动

一 梁启超访台

《马关条约》割台，1895年日军入侵台湾，国人坚不臣倭。乙未之役，台湾义军和黑旗军奋起抵抗，保卫台湾，保卫祖国。其中多有捐躯台湾者，尸骨散于台地荒烟蔓草，忠勇撼天地。接着是台湾志士风起云涌，持续发动长达七年之久（1896—1902年）的激烈武装抗日，及其后的零星武装抗日，前仆后继，气壮山河；1915—1936年间则实行非武装抗日。斯时，台湾志士深信祖国不久将恢复国情，收复台湾，于此刻到来前不可失去民族特性，故启动一波波的文化启蒙运动，以延续民族传承及对祖国的认同。

梁启超与林献堂 林献堂，台湾台中雾峰人，父林文钦1888年以清赋功加道衔，1893年高中举人。堂伯父林文察则官拜福建水陆提督，1864年于福建漳州与太平军交战时殉职，清廷加太子少保，入祀京师并建昭忠祠。堂兄林朝栋于法军侵台时，募勇亲赴基隆抗法，受知于巡抚刘铭传，统领栋军全台营务处。在日据时期，雾峰林家是全台湾最重要的望族之一。

林献堂于1881年出生于此一世家，1895年日

△ 林献堂（1881—1956）

本占据台湾时已 15 岁。是时，林献堂曾奉祖父母之命，带领全家 40 余口，内渡泉州晋江避难。林献堂 15～21 岁的青年成长期间，正值日本殖民政府于全台各地进行全面的血腥镇压与屠杀。

1907 年 4 月，27 岁的林献堂首次往游日本东京，曾至横滨拜访梁启超未遇，只是在奈良寓居某旅社时，邂逅梁启超。当时随行的甘得中任翻译，由于甘君的普通话不大高明，而梁启超的广东腔普通话亦实难懂，故间杂以笔谈。

梁启超初落笔即曰"本是同根，今成异国，沧桑之感，谅有同情""今夜之遇，诚非偶然"，其伤时怀世之情，几使林献堂等为之泪下。晤谈中梁启超告以三十年内中国断无能力救援台胞，警告台湾人切不可轻举妄动而无谓牺牲，最好仿

△ 梁启超寄赠台士林痴仙的照片
1911 年春，梁启超偕同汤觉顿及其长女梁令娴搭"笠户丸"船赴台，父女二人在船上留下合影。林痴仙，即林朝崧，其伯父林文察曾官拜福建水陆提督，堂兄弟林朝栋则统领栋军全台营务处。

效爱尔兰人对付英国的方法，即厚结日本中央政界显要，以先牵制台湾总督府，使其不敢过分压迫台湾人。梁启超此一掬诚相告与真知灼见，不但使林献堂铭记在心，并予其重大启发，奠定了他后来实行温和式社会文化运动的大方针。当时，林献堂还邀得梁氏来台一游。

梁启超"万死一询诸父老" 梁启超偕同汤觉顿及其长女于 1911 年 3 月 28 日抵台，林献堂邀连雅堂及甘得中等数十人迎于基隆码头，随即乘火车抵台北火车站，受到清朝遗老热烈欢迎。梁启超在台北共停留五天，期间曾至总督府各局所，了解日本统治台湾情形，观察市街建设及与遗老相晤。4 月 1 日晚，台北遗老百余名于台北故城的荟芳楼（即东荟芳），设宴热烈欢迎梁启超。是宴，日官民无一人参加，且侦探特务四伏，因隔窗有耳，梁启超演讲时乃辞意委婉，并赋长句四首以谢，现录其二首如下：

    侧身天地远无归，王粲生涯似落晖。花岛向人成脉脉，海云终古自飞飞。
    尊前相见难啼笑，华表归来有是非。万死一询诸父老，岂缘汉节始沾衣。

劫灰经眼尘尘改，华发侵颠日日新。破碎山河谁料得，艰难兄弟自相亲。
余生饮泪尝杯酒，对面长歌哭古人。留取他年搜野史，高楼风雨纪残春。

上述诗意往复苍凉，字字沾血，实乃梁启超发自肺腑之语，尤其是"万死一询诸父老，岂缘汉节始沾衣""破碎山河谁料得，艰难兄弟自相亲"，处处体现同为中国人之民族情怀，故该诗不胫而走，传遍全台士子。

随后梁启超即与林献堂、甘得中、连雅堂、林湘沅等人南下台中，参加台中栎社的欢迎会（该社系雾峰林家林朝崧创于1901年），4月6日起下榻雾峰林家莱园。次日梁启超即劝林献堂与林幼春不可"以文人终身"，应努力研究政治、经济、社会、思想等学问。梁启超寄寓莱园期间曾与林献堂、林朝崧、林幼春、洪月樵、陈槐庭等人咏诗唱酬，只是突然接到康有为电召，乃提前于4月11日自基隆乘轮船返日本横滨。当时林献堂、洪以南、魏润庵、郑鹏云等人均至基隆码头送行。

梁启超此行访台绝非普通访问，林献堂邀请也绝非一般之请，因当时梁启超不但是一高度政治敏感人物，更是位鼓吹民族民权新思想的祖国政论家，故其为台湾总督府所最疑忌。林献堂本人也深知此一禁忌，当时台地汉族武装抗日团体遭日军镇压，抗日人士几被杀戮殆尽，台士噤若寒蝉。当时，林献堂借其家族声望，突破此一禁忌，使得当时弥漫在台士间的恐怖气氛减缓不少。从民族运动的立场观之，这也是对日本殖民当局思想封锁的一种突破，并多少唤起台士已经

△ 梁启超手迹

明知此是伤心地，亦到维舟首重回。
十七年中多少事，春帆楼下晚涛哀。

梁启超于1911年春赴台途中泊船马关，曾至中日《马关条约》谈判之春帆楼凭吊，万感交集乃赋此诗。

冷却之心。对林献堂个人而言，梁启超访台除亲予其思想开导，播下林献堂未来从事非武装抗日文化运动的种子外，也予林献堂以大会全岛台士的机会，同时无形中提升或建立起林献堂在台士中的领导地位。

二 台湾同化会、新民会与台湾青年会

台湾同化会 林献堂于1913年秋前往北京拜访梁启超，随后转赴日本东京，经人引介面晤日本明治维新重臣板垣退助（时年77岁）。板垣退助对台湾人的处境表示同情，勉其与日本人亲善，并接受林献堂的邀请访问台湾。

板垣退助于1914年3月17日抵台4月6日离台，深受林献堂等台湾人与日本总督府官员的欢迎。板垣退助于是年11月22日至12月底再度来台，期间于12月20日在台北成立"台湾同化会"。板垣退助任该会总裁，出席者500余人。

"台湾同化会"可说是日据时期第一个具有近代意义的合法社团组织，会员共3,178人（其中日本人仅44名），台中最多，为1,109人，台北、新竹、台南各500余人，与会者大多是那时的台湾上流社会人士。当时，台湾人是打着"同化会"的名义，以争取其与日本人平等的待遇，彼此心照不宣。故旅台日本人亦对同化会内情多有怀疑，认为应从根本上修改同化会的章程，而以谋求日语普及、风俗矫正，与在台日人亲善为目的。

1915年1月21日，全台各厅厅长一致辞卸同化会评议员。几天后的26日，台湾总督府以"台湾同化会"有害公安为由，命令该会解散。

留日台湾学生觉醒 早期约1910年，台湾人留日大多为富家子弟，且年龄均甚幼小，故谈不上民族意识的觉醒，对社会问题或政治运动不怎么关心，因此常被中国留学生及朝鲜留学生嘲笑为"唯唯是诺屈从于日本统治下之愚者"。

1918年时，在日本的台湾留学生约有500人。当时，台湾留日学生从事学生运动的主要人物有林呈禄（新竹人，明治大学政治经济科）、蔡培火（台南人，高等师范学校）、王敏川（台中人，早稻田大学政治经济科）、蔡式谷（新竹人，明治大学法科）、郑松筠（台中人，明治大学法科）、吴三连（台南人，商科大学）等。他们拥立早已成为台湾知识分子先觉人物的林献堂、蔡惠如为其统帅，在其麾下结成团体，展开实际运动。

应声会 当时基于汉民族意识，台湾人一向在心里认同祖国，而台湾留日

学生乘地利之便，得与祖国大陆留学生密切往来，于是蔡惠如、林呈禄、蔡培火、彭华英等留日台湾学生，乃与留日大陆学生中的中华青年会干部马伯援等人，以亲睦为名，取同声相应之意，于1919年成立"应声会"。但因该会会员不多，且主要会员离散，故成立后不久即归于沉寂。根据日据时期日本殖民当局列为"不得携出"的绝密文件《台湾总督府警察沿革志》（第二编）的记载，当时与中国大陆思想团体保有密切联系，且从事指导台湾留日青年学生的蔡惠如等人之思想，深刻地支配着台湾青年学生的意识形态，如研究汉语，或在年号上使用中国年号，称中国为祖国，掀起排日气氛等。

林祖密，台中雾峰人，父林朝栋，号季商，台澎割让之日，愤而返回祖国参加革命。及后，据闻林祖密（林季商）事涉1913年后台湾发生之多起抗日事件，如大湖张火炉事件、南投陈阿荣事件及噍吧哖余清芳事件。罗福星则在其自白书中提及，其于1913年2月视察台南一带地方时，该地有林季商之会，四会（福、广、闽、林季商四党）联合称为抗日的"华民联络会馆"。林祖密1918年被中华民国海陆军大元帅孙中山任命为"闽南军司令"，1921年任大元帅府参议，1925年7月在漳州遇刺，为国捐躯。

启发会 噍吧哖事件（1915年）引发的血腥屠杀与大逮捕，让在台汉人，尤其是知识分子与士绅阶级产生无比震撼之感，他们又恢复从前噤口不言的状态，几乎都不敢再从事政治活动，林献堂亦蛰伏三年之久，方再度出面领导民族运动。1918年，林献堂偕其秘书施家本赴日小居，与东京的台湾留学

△ 雾峰林家林祖密　　　　△ 孙中山任命林祖密为闽南军司令的任命状（林光辉提供）

△ 新民会成立大会纪念
二排左二起为林呈禄、黄呈聪、蔡惠如、林献堂，右二为蔡式谷，最后排右二为吴三连、右三为蔡培火。

生开始密切往来。林献堂在东京有一别墅，名为"雨声庵"，该处即为当时台湾留日学生聚会场所。林献堂在东京时，每逢星期日雨声庵即高朋满座，宛若小型台湾同乡会。彼时因林家留学东京子弟有数十人，受林献堂资助留日者又数十人，故林献堂每年都例行至东京小住一段时日，既为访友，也为延揽青年、发掘人才。

1918年，林献堂于日本东京邀宴台湾留日学生主要人物20余人，就"台湾当如何努力"为题各抒己见，惟议论纷纭，莫衷一是。席间林献堂的秘书施家本谓，"六三法"是台湾人之枷锁，应速予撤废。此一建议立即获得与会人士的一致赞同，后成立"启发会"，并在该会名下设置"'六三法'撤废期成同盟会"，以林献堂为会长，林呈禄为干事。林献堂与蔡惠如等人于1919年底，以启发会为名成立了团体组织，在他们的支持纠合下，时拥有会员约100人，约占当时台湾留日学生总数的四分之一，其中后来较著名者有林呈禄、蔡培火、彭华英、王敏川、黄呈聪、吴三连、刘明朝、庄垂胜，然而该会因内部会员思想与情感上的对立等原因，成立后未见有何积极活动，而于同年即告废弛。

新民会 林呈禄自启发会解散后，深感缺乏一个组织以推动民族运动，乃建议蔡惠如于1920年1月在日本神田，取《礼记》大学篇"作新民"之义，成立"新民会"。当时众人公推蔡惠如为会长，惠如力辞，谓非献堂不可，于是众人要求蔡惠如权充会长，直至林献堂同意出任会长时为止。

1920年3月，"新民会"会员林呈禄、蔡培火、王敏川、郑松筠、彭华英、蔡伯汾（台中人，帝国大学学生）、新炘（台中人，庆应大学学生）、刘明朝（台南人，帝国大学学生）、蔡玉麟（台北人，明治大学学生）等人，议商该会方针为：

（1）为增进台湾人幸福，开始台湾政治改革运动。

（2）为扩大宣传启发岛民，发行机关杂志。

（3）寻求与祖国大陆同志多多接触之途径。

其具体行动为：①以个人资格自行参加"六三法"撤废运动，或于台湾议会设置

△ 第六次台湾议会设置请愿团
1925年在日本东京时，台湾留学生于火车站前的欢迎场面。

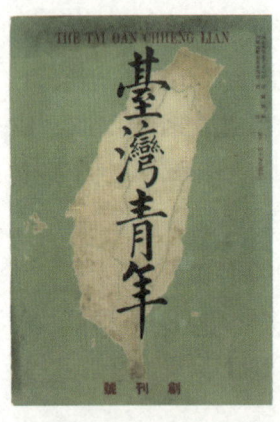

△《台湾青年》创刊号（杨永智提供）

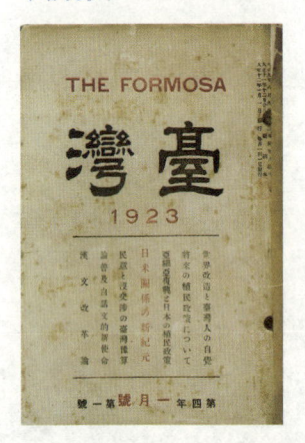

△ 1922年4月，新民会机关刊物《台湾青年》改为《台湾》

请愿运动。②发行机关杂志《台湾青年》。③由蔡惠如主持，派彭华英、林呈禄等人赴祖国大陆，联络国共合作时代的中国国民党左右派人物，致力于对台湾运动的培养。

关于新民会，《台湾总督府警察沿革志》称，"新民会表面所揭示的纲领，虽系专门考究台湾所有应予革新事项，图谋文化的提高，然当其实践则系立于民族自决立场，推进岛民之启蒙运动，俾伸张合法民权"。

台湾青年会 旅居东京的台湾留日学生，1916年时已组成名为"高砂青年会"的同乡睦谊团体，最初与政治运动无直接关系。1920年初"新民会"成立后，该会改成"东京台湾青年会"。当时，"新民会"的所有表面活动均移由"青年会"推行，"青年会"遂成为"新民会"的表面团体。当时正逢我国河北、山东、山西、河南、陕西等五省发生饥馑，灾情甚为惨重。是年9月，该会举行秋季例会时，由陈炘提议展开募捐救济运动，结果由台湾本岛募得3,450元，东京募得1,193元，汇齐交予中国驻日本大使馆有关机关处理。

台湾志士蔡智堪取《田中奏折》 蔡智堪，台湾省苗栗县后龙镇人，12岁随父到日本求学，后在东京落籍，开设"蔡丰源商行"，成为东京的台湾富商。1928年7月，蔡智堪携日本皇室书库专用的黄色册皮，乔装成修补图书的裱糊匠人模样，持牧野伸显伯爵所送的"皇居临时通行牌"，混进"皇室书库"，抄录《田中奏折》。后前往奉天（沈阳市）送交中方，公布于世，揭发日本人的侵华阴谋。

三 台湾议会设置请愿运动

"六三法"撤废运动 "六三法"撤废运动之主要目的，就在于要求撤废赋予台湾总督统治台湾大权的第六十三号法律，以使台湾人民得与日本本国国民同样接受日本帝国宪法的治理。

当时许多台湾知识精英之所以支持"六三法"撤废运动，根本原因是认为该法是台湾人的枷锁，在现实上乃是一切恶令的源头，例如最为人诟病的"犯罪即决例""保甲条例""匪徒刑罚令""台湾浮浪者取缔规则"等律令，都是日本台湾总督根据"六三法"颁布的，前述律令给予警察极大干涉人民生活乃至予以监禁的权力。例如依"犯罪即决例"，警官便可径行决定对台湾人施予最高 89 天的监禁。

日本明治大学毕业后留在东京，继续从事研究的新竹人林呈禄，则不赞成撤废"六三法"。他认为"六三法"撤废运动否认了台湾的特殊性，亦即无异于肯定大陆延长主义，因此应中止"六三法"撤废运动，而提倡设置强调台湾特殊性的台湾特别议会。林呈禄前述的精辟见解，不久便取得留日台湾学生的支持。于是主张撤废"六三法"与主张设置台湾特别议会以遂行自治的两派人士，或在林呈禄寓所，或在蔡惠如寓所，或在台湾青年社，举行多次辩论。1920 年末，林献堂复抵东京，与新民会重要干部 20 余人于神保町台湾青年社讨论此事。林献堂静听两方分析后，毅然裁决不再进行"六三法"撤废运动，虽然理应主张完全自治，然而政治改革需要实力，不能徒托理想，故以要求设置台湾议会为共同奋斗目标，且不公开标榜自治，以免过分刺激日本政府，表面上不提自治一词，先用台湾议会设置请愿方式采取行动，于是众人皆表赞同。1920 年 12 月，林献堂同意出任新民会会长。

台湾议会设置请愿　林献堂等随即展开台湾议会设置请愿运动，并于 1921 年 1 月 30 日由林献堂领衔 178 人签署，向第四十四届日本帝国议会贵族院

△ 蔡惠如（1881—1929，台中清水人）
台湾台中清水望族，日据时期祖国派的代表人物之一。1915 年后，甚至将财产变卖，移居福州仓前山，除将事业重心移往大陆外，还游历了祖国大江南北。

游北京万寿山有感
蔡惠如

西石离官创造艰，禁门深闭落花闲。
颐和园已成陈迹，青史惟留万寿山。
峨峨杰阁与长廊，虎踞龙蹯出上方。
二百余年王气尽，空留山色吊斜阳。

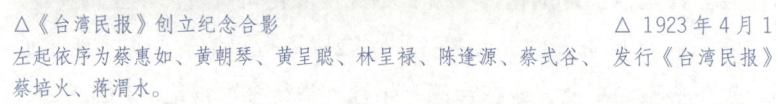

△《台湾民报》创立纪念合影　　　　　　　　　　△ 1923 年 4 月 15 日，文化协会
左起依序为蔡惠如、黄朝琴、黄呈聪、林呈禄、陈逢源、蔡式谷、　发行《台湾民报》
蔡培火、蒋渭水。

暨众议院提出《台湾议会设置请愿书》。此次签署者，除居住于台湾岛内的林献堂等 16 人，及居住岛外的蔡惠如等 2 人外，其他 160 人几乎全为台湾留日学生。惟本案在贵众两院均决定该案不采择（不予采议）。

1922 年 2 月，林献堂等第二次向日本帝国议会请愿，总计 512 人签署（岛内住民 350 人，台湾留日学生 160 余人），惟仍如上次一样无结果。是年底，蔡培火与蒋渭水等人磋商，筹组专以促进在台湾设置特别立法议会为目的的"台湾议会期成同盟会"，并于 1923 年 1 月 30 日提出该同盟会结社组织的申请，惟三天后的 2 月 2 日即被命令禁止结社。

治警事件　鉴于"台湾议会期成同盟会"干部积极参加文化协会活动与议会设置请愿运动，促进台湾人的民族意识和汉民族意识的觉醒，日本殖民当局乃决定以违警法加以检举。1923 年 12 月 16 日，在台湾总督府警务局的指挥下，宪警于北自宜兰南至高雄的全岛，同时展开大检举，扣押台湾议会期成同盟会会员及其相关人员，计有蔡惠如、蒋渭水、蔡培火、林幼春、赖和等 41 人，其他遭警方搜索家宅或遭传讯者则有林献堂等 58 人。一时间风声鹤唳，人人自危，此即有名的"治警事件"。此事因见诸东京的报纸《朝日新闻》，台湾总督府不得已停止搜捕，台湾社会方渐次恢复正常状态。本案经台湾殖民当局三审，于 1925 年 2 月判蒋渭水与蔡培火各禁锢四个月，蔡惠如、林幼春等 5 人各禁锢三个月，郑松筠等 6 人各罚金百元。

蒋渭水等随即收押入狱，其中蔡惠如于 1925 年 2 月 21 日自清水出发入狱时，即有当地民众多人跟其至清水火车站，甚至有同车送行至台中者。当蔡惠如由台中站步行至台中医院探望林幼春时，跟随的群众越来越多，甚至有沿途燃放鞭炮表示同情与惜别者，因此警察大为狼狈。台中警察署长亲自骑马赶赴现场，指挥警察驱散民众，然散而复集，跟随蔡惠如至监狱门口者仍有数百人，场面自是感人。为此，蔡惠如在狱中曾填词《意难忘》一首以谢，全词如下：

芳草连空，又千丝万缕，一路垂杨牵愁离故里。壮气入樊笼，清水驿，满人丛，握别至台中。老辈青年齐见送，感慰无穷。山高水远情长，喜民心渐醒，痛苦何妨！松筠坚节操，铁石铸心肠。居虎口自雍容，眠食亦如常。记得当年文信国，千古名扬。

蒋渭水、蔡培火等于1925年5月10日获得假释出狱，随即巡回全岛各地举办文化演讲，借以宣传台湾议会运动，同时亦通过台湾《民报》，予以鼓吹。

台湾议会设置请愿运动中止　台湾议会设置请愿运动前后历时十四年（1921—1934年），共计请愿十五次。1931年9月18日，日本在我国东北发动"九一八事变"，自毁沈阳柳条湖附近铁路，然后诬指中国破坏，借口攻陷沈阳、长春、营口。1932年强占我国东北，成立伪满洲国傀儡政权。1933年，日军夺山海关、占热河，进出滦东，加速侵略中国。日本国内军人也渐渐横行无忌，其

△ 1927年1月4日台湾文化协会活动写真（电影）部纪念（前排坐者，自右至左，分别是林秋梧、林幼春、林献堂、蔡培火、卢丙丁）

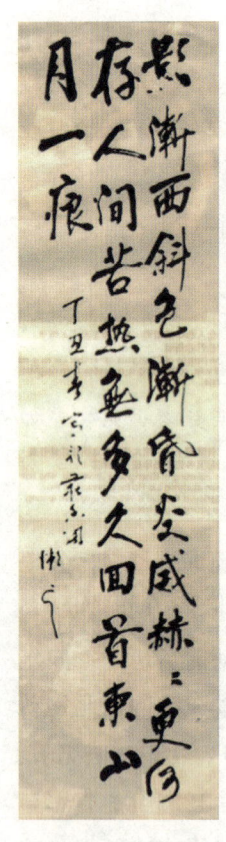

△ 赖和（1894—1943，台湾彰化人）
赖和，字懒云，医生，1921年10月加入"台湾文化协会"，因其强烈的反日民族意识，屡遭日本殖民当局搜家或拘禁。1941年太平洋战争爆发，赖和当天即遭下狱，五十余日后始因病重获释，1943年1月31日赍志以殁。

赖和手迹之诗词作品
影渐西斜色渐昏，炎威赫赫更何存。
人间苦热无多久，回首东方月一痕。

政治形势完全趋向法西斯主义，台湾总督中川健藏与警务局局长石垣仓治亦施强压，欲迫使该运动停止。在此政治气候环境下，林献堂等乃于1934年提出第十五次请愿后，中止台湾议会设置请愿运动。

在当时日本殖民统治下，站在日本人的立场，台湾议会设置请愿运动最终不可能成功是可想见的。然而该运动在启发台湾人政治意识，打破台湾总督府的封锁，将台湾统治的黑暗面暴露于日本本土，唤起日本舆论及日本中央政界的注意，改变日本本土有识之士对台湾人的观感等方面，自有其一定的贡献。

四 台湾文化协会

台湾文化协会 蒋渭水，台湾宜兰人，1891年生，9~15岁习汉文，16~19岁方就读宜兰公学校，20~25岁续就读台北医校，26岁（1916年）时

△ 1925年7月12日，陈南辉（坐者左起三）等苑里人士十数名，邀请蔡年亨、陈虚谷、杨肇嘉、林献堂、张聘三、叶荣钟、郑明禄在妈祖庙举行苑里初回文化讲演（郭木霖提供）

开始在台北大稻埕开设大安医院，悬壶行医。

1921年夏，受到林献堂首次台湾议会设置请愿的启蒙运动影响，蒋渭水与一向往来频繁的医校李应章（后改名李伟光）、吴海水等共同筹组台湾的第一个运动团体——台湾文化协会，其宗旨为"以助长台湾文化之发达为目的"。随后，蒋渭水于是年10月17日在台北正式成立"台湾文化协会"，推举林献堂任总理，蒋渭水为专务理事，会员有1,033人。

台湾文化协会在章程中，虽揭示了助长台湾文化发达的抽象目标，但其设立动机及目的则是促进台湾岛民的民族意识的觉醒，争取其地位。台湾文化协会的启蒙运动，主要有发行会报、设置读报所、举办讲习会、开办夏季学校、举办巡回讲演、放映电影、开设书局、演出戏剧等，其方法是以都市为中心，然后次第扩至地方村落。当时台湾并无有力的对立势力，全岛在统一指挥下进行的台湾议会设置请愿运动，巧妙地与此启蒙运动结合起来。

△ 1925年1月6日，蒋渭水所开设的大安医院　　　　△ 蒋渭水与三星党旗

　　1925年可说是文化协会讲演会的狂热时代，地方会员每逢有事即邀请干部开讲演会，并动员民众，大鸣爆竹，举行旁若无人的欢迎会，以壮声势。每次讲演，日本当局均派警察临场监视与记录，倘演讲内容触犯日本当局的禁忌，日警即行下令中止演讲。1925年冬，台北警察署对该地演讲的管制太严，主持人则大为光火，乃蓄意使王敏川一连讲一个多月，每晚在讲坛上坐着讲《论语》，一般听众心里亦知这是与警察斗法，故他们虽在凄风冷雨的寒夜，亦准时捧场无误。

　　由于地方民众的欢迎，文协干部遂以志士自居，反日气氛更加浓厚，尤其是每次介入地方问题或农民争议，他们推波助澜以收揽人心，倘遭取缔，则坚持采取讲演战术与示威游行，以示反抗，从而成为台湾农民运动与劳工运动的先驱。

　　文化协会举办的讲演活动，1923年时仅36次，次年增至132次，1925年及1926年两年进入高潮，每年均举办300余次讲演。1923—1926年，文化协会共举办讲演798次（其中59次遭解散处分），听众总人数约达29.6万人。故讲演活动可说是文化协会启蒙运动的中心工作，意义重大，影响深远，效果比任何活动都更为显著。因为"在一般民众智识程度甚低的台湾状况下，文化协会的启蒙运动，仅借图书则不免有缺乏大众性之憾，所以说它（文化协会）完全借讲演来达成其目的，亦非过言"。

　　台湾人"怀慕中国之情甚高"　　台湾文化协会具有强烈的祖国色彩，其领导人蒋渭水极端崇拜孙中山先生，并向往中国国民党。在日本殖民统治下，许多文化协会会员及其同路人，不但从事属于日本殖民政府禁忌的延续中国文化的工

作，甚至在对大众演讲时，亦提及令日本殖民当局难以容忍的汉族、中国、祖国等词。尤其是在大庭广众旁有日警监视的情况下，他们不但不畏日本殖民当局，并称自己为汉族，甚至直言"我们的祖国是中国"，充分体现了台湾同胞对祖国深切的孺慕情怀。故台湾总督府批判台湾文化协会"怀慕中国之情甚高，与中国人日益亲善，期待国权回复"。

鉴于文化协会对台湾一般民众产生了相当大的影响，为抵制文化协会，日本当局乃于1923年11月筹组"台湾公益会"，会员1,650人。1924年6月27日由台湾"第一功劳者"辜显荣等在辜宅召开首次全岛"有力者大会"，发表决议谓台湾议会设置请愿运动非本岛民中大多数人的意思。文化协会人士对此深表愤慨，乃由林献堂亲自指挥，于7月3日分别在台北、台中、台南召开"无力者大会"。是时，由于台湾公益会会员多无甚见识，缺乏热忱，无甚活动，终以虎头蛇尾结束。

台湾文化协会分裂 20世纪20年代初，台湾留学日本与在中国大陆学习的学生，均受当地无政府主义或共产主义思想影响，台湾文化协会的知识分子精英也受到感染，连温卿、蒋渭水等人也不例外。

△ 1927年，蒋渭水（左六），郑松筠（左五）参加北港读报社发会式（蒋渭水文化基金会提供）

当时，台湾文化协会内部主要隐伏三派。一为以连温卿、王敏川为首，奉行民族自决、无政府主义的激进派。二为蒋渭水领导，受中国革命影响而有强烈民族主义倾向的祖国派。三为以蔡培火为代表，致力于改良统治的合法民族运动派。由于总理林献堂在文化协会内的威望，各派尚暂能合作，但连温卿与蒋渭水两派势力日渐压迫蔡培火派，文化协会内部终于分裂。

五　台湾民众党与共产党

台湾民众党　文化协会旧干部蒋渭水、蔡培火及谢春木（后改名为谢南光）、廖进平、陈炘等25人于1927年7月10日在台中市成立台湾民众党，年底时成立台北、宜兰、基隆、汐止、新竹、桃园、台中、大甲、清水、南投、彰化、台南、嘉义、北港及高雄等15处支部，党员共456人。

当时，台湾民众党除反对上山满之进总督恢复官派而无民意基础的总督府评议会，要求推行地方自治制度改革外，并积极举办演讲及政谈演说会。自其组党后的下半年，该党在全台各地共举办127次演讲，听众共约52,900人；举办政谈演说会288次，听众约30,000人。

台湾民众党主要活动　1928年7月15日、1929年10月17日及1931年2月18日，台湾民众党分别举行第二次、第三次及第四次党员大会，该党于各期间先后有下列主要活动或要求：

（1）反对日本对华政策：1928年8月2日向日本内阁总理大臣、外务大臣等拍发电文，就日本内阁对中国国民政府废除不平等条约及解决东三省问题的立场表示反对。

（2）反对台北市敷设电车：因其路线均集中于日本人住宅区。

（3）废除专门针对台湾人的保甲制度：该制度强制居民对附近的个人犯罪负连带责任，为现代法律精神所不许，当时在台日本人则无须负保甲义务，日本本土亦无此制度。

（4）废除台湾人渡华旅券制度：此系日本殖民当局为对台湾人实施祖国隔离政策所加诸的限制手段，日本人渡华则不需旅券。

△ 廖进平，自1932年起，曾在《台湾新民报》担任编辑、记者以及社务委员。

△ 台湾民众党第一次磋商会纪念（1929年1月4日）

（5）实施行政裁判制度：台湾对于行政处分无任何救济机关，然而此一制度日本本土早于1890年即已实施。

（6）改革司法制度：改成与日本本土一样的司法独立制度。

（7）更新产业政策：如日本人的制糖公司强制收购土地，利用警察强制农民耕种甘蔗等。

（8）订定社会法律及废除恶法：如制定保护劳工与小自耕农等的法律，废除如《匪徒刑罚令》，及对失业者不但不予救济反而迫害的《浮浪者取缔规则》。

（9）完成地方自治制：台湾人居住日本本土一年以上者即享有选举帝国议会议员之权，而同为日本殖民地的朝鲜自1920年起，亦已实施部分民选的地方自治制，故要求立即施行完全自治制。

（10）实施义务教育：1929年时台湾人子弟学龄儿童就学率为31.1%，在台日本人则为98.5%，日本本土男童就学率则早在1911年时即已达98%。

（11）要求言论自由，至少准许台湾人发行日刊报纸。

（12）派代表参加南京孙中山先生的奉安大典。

（13）反对"始政"纪念日：因其系代表强横民族征服弱小民族，故要求日本当局废止该日的一切庆祝节目。

△ 1928年2月9日，台湾工友总联盟在台北蓬莱阁召开成立大会

（14）废止官吏加俸并实施减税：以减轻生活日趋穷困之台民的负担。

（15）致电拓务大臣、内阁总理大臣及日内瓦国际联盟，控诉日本人在台湾特许制造贩卖与吸食鸦片，国际联盟为此曾派员来台湾调查（1930年）。

（16）致电拓务大臣、内阁总理大臣等，揭发雾社事件中日警的贪戾不正与残忍处置（1930年底）。

由于台湾民众党是由蒋渭水与蔡培火等文化协会旧干部所组成，故该党从一开始即存在以蒋渭水与蔡培火为代表的两派对立暗流。蔡培火一派审视内外形势演变，不敢标榜脱离日本统治，仅借合法政治运动以期缓慢达成殖民地自主的目标。蒋渭水一派则深受中国国民党革命运动的影响，主张团结全体台湾人，进行民族运动及阶级运动，以造成大众党，并与世界诸弱小民族及无产阶级相互提携，与帝国主义斗争，以实现殖民地的自救解放，与前者思想大相径庭。故蔡、蒋两派关系有如南火北水，难以共处。

台湾工友总联盟 台湾民众党1927年7月成立后，即将扶助农工团体发展作为该党对阶级问题的指导原则，并在蒋渭水的助产与催生下，该党于1928年2月19日在台北蓬莱阁成立"台湾工友总联盟"，计有29个团体并6,300余名会员参加。

台湾工友总联盟的成立及其稳健急速发展，着实使蒋渭水逐渐信赖农工阶级，从而形成以农工阶级为台湾民众党的政策中心，放弃该党以往偏重地方士绅与知识分子的做法。但此举引起党内蔡派的极度不满，并导致蔡派代理人彭英华于1928年7月辞卸主干职务。然而，工友总联盟在蒋渭水的领导下进展神速，1929年2月时会员增至11,400余人。蒋派势力亦日益膨胀，并逐渐掌握台湾民众党的领导实权。

台湾地方自治联盟 当时，蒋渭水所领导的台湾民众党事事激进，林献堂、蔡培火、林柏寿、罗万俥、蔡式谷等乃择取当时台湾较可能实现的改革议题——"地方自治"为目标，并于1930年8月在台中市成立台湾地方自治联盟，与会者达 270 余人。台湾民众党乃于是年 10 月 1 日将蔡培火、陈逢源等 16 名自治联盟干部予以除名处分，台湾民众党乃完全分裂。

台湾民众党遭禁解散 激进民族主义者蒋渭水掌握台湾民众党的实权后，即积极率领该党从事反日活动。例如：(1) 1930 年 2 月，电告日内瓦国际联盟，控诉日本殖民政府在台实施的鸦片政策。(2) 6 月时，以"始政"纪念日系日本殖民者战胜弱小民族的纪念日而加以反对。(3) 1930 年底雾社事件后，复发出电文控诉当局违反国际条约，使用毒瓦斯杀戮弱小民族。(4) 不理会日本殖民当局的禁止，一再制作类似青天白日旗的党旗，聊慰其追慕祖国之情。此外，蔡培火、林献堂等右派与蒋渭水派分裂后，该党因无右派掣肘，其本部常务委员会甚至议决，台湾民众党本质是以农工阶级为中心的民族运动，亦即拟以民族运动为中心附带实行阶级斗争。上述种种事情，就日本殖民政府立场而言，其活动均一再违反日本当局在台统治的根本方针，并妨碍"内台融合"，甚至严重影响日本殖民政府维持台湾统治。故日本当局于 1931 年 2 月 18 日，在该党举行第四次全体党员大会时，宣布禁止台湾民众党结社，并逮捕其重要干部蒋渭水、廖进平、张晴川等 16 人，同时解散其全岛的 20 个支部。蒋渭水本人则于是年 8 月 5 日病逝。

台湾农民组合 1925 年初，因高雄市新兴制糖会社欲收回该社凤山郡内 730 余甲中 270 甲的被承佃耕地，该耕地的承佃佃农乃结成佃农组合以抗争自保，迫使新兴制糖让步。经此鼓舞，该地农民即于是年 11 月成立凤山农民组合，推简吉为组合长，组员 80 余人。随后大甲、曾文、嘉义等地陆续成立农民组合，而日本农民组合与劳动农民党等来台干部，亦予协助支持。1926 年夏，各地农民组合联盟成立"台湾农民组合"，简吉任中央委员长。

台湾农民组合成立后，广大台湾蔗农与日本人独占糖厂间，有关地租与反对总督府将土地售予日本人等的冲突剧增，1927 年达 431 次，参与人数 2,100 余人。1928 年减为 134 次，但参与人数增至 3,100 余人。其中由台湾农民组合所领导的冲突次数，1927 年有 344 次（1,469 人），1928 年有 80 次（2,745 人）。1927 年 11 月，台湾农民组合已有支部 23 处，会员多达 21,300 余人，1928 年底再增至 25,000 人。

△ 日据时期台湾农民运动的旗帜

台共主控台湾农民组合 谢雪红（原名谢氏阿女）于1928年6月2日在台获释，寄居其台中姊夫家中。当时，台湾农民组合本部及台湾文化协会本部均设在台中，谢雪红即积极参与台湾文化协会及台湾农民组合的活动，使台湾农民组合的重要干部如简吉、赵港、简娥、杨克培、张道福等人，成为共产党员或其同路人。是年9月，谢雪红在农民组合本部楼上成立"社会科学研究会"，研究讨论有关农民土地、抗日事件及无产阶级运动等课题。

1928年12月30日和31日，台湾农民组合在台中乐舞台戏院举行第二次全岛代表大会，全岛有40多个支部派代表与会，约有1,000名农民参加，场面相当热烈。大会虽遭日警干扰，但台湾共产党员如简吉、赵港、陈德兴、颜石吉等人，分别获选台湾农民组合的中央委员与中央常务委员，从而使台共能掌控台湾农民组合，并能借此公开合法的团体对外展开工作。

农民组合"二一二事件" 面对此一形势发展，日本当局认为不能听任公然宣传共产主义之台湾农民组合的存在，而于1929年2月12日拂晓，以农民组合分发宣传品违反出版规则及《治安维持法》为由，对全岛如台北、新竹、台中、台南、高雄等州各地台湾农民组合的本部、支部事务所、关系团体及主要干部住宅共300余处，展开全面搜索，拘捕59人。最后农民组合领袖简吉、杨春松、陈德兴、陈昆仑、颜石吉、张行、苏清江、江赐金、侯朝宗、谭庭芳、陈海、黄信国等，分别被判十个月左右及缓刑五年不等的有期徒刑。

在"二一二事件"中，日警虽未能发现农民组合与台共之间关系的证据，但经此打击，台共被迫更谨慎地进行活动，台湾农民组合则因无人主持，各地支部工作停顿，继而趋向终结。

中国共产党派谢雪红留学莫斯科 翁泽生（台北市大稻埕人，1903年生），1924年毕业于厦门集美中学，1925年就读于上海大学并加入中国共产党。是时，谢雪红、蔡孝乾（日后曾参加长征）、洪朝宗（台北人）、李晓芳、庄泗川、潘钦信等台湾人均就读上海大学（早期中国共产党名人瞿秋白、萧劲光、向警予、丁玲等人也在该校），即日后"上大派"成员。

1925年夏，谢雪红（彰化人）加入中国共产党，并很快与林顺木（南投人）一起接受中国共产党之派遣往苏联莫斯科东方大学学习。谢、林二人于1927年11月返回上海，即与中国共产党党员翁泽生（台北人）合流成立"上海台湾读书会"。谢、林二人续于12月底应日共之召，分别潜往东京，与日共中央书记渡边政之辅联系。

△ 谢雪红（左）
1937年11月23日摄于台北监狱。

△ 林日高（右）
台北板桥人，1928—1930年间为共产党党员，"二二八"事件后遇难。

△ 简吉（高雄凤山人）

1928年初，谢、林二人回到上海，与翁泽生共同审议相关的两份纲领草案。4月13日，基于中国共产党的建议，他们遂以"台湾共产主义者积极分子大会"为名，在翁泽生宅举行筹备会议。4月15日，台湾共产党于上海法租界霞飞路上的一家照相馆楼上，召开该党成立大会，出席者有谢雪红、林木顺、翁泽生、林日高等共8人，成立大会的领导人是中国共产党中央代表彭荣（即中共农民运动领袖彭湃）。当时，"上海读书会"因声援1927年朝鲜共产党人被捕事件，为日本上海总领事馆警察署侦知，日本殖民当局乃于3月逮捕数人，又于台共建党后的4月26日逮捕谢雪红等9人，后其中1人获释，其余谢雪红等8人则被解送台湾侦讯。结果谢雪红与黄和气因罪嫌不足获释，其余6人均被判刑两年。

中国共产党党员翁泽生等英勇牺牲　谢雪红于1928年6月2日在台湾获释后，与杨克培在台北合作开设国际书局以掩护共产党活动。是年10月18日，中国共产党在台北成立台湾支部，当时正式加入中国共产党或中国共青团的台湾人，计有王万得、吴拱照、刘守鸿、潘钦信、翁泽生等人。

由于农民组合公开宣传共产主义，故日本殖民当局乃于1929年2月12日对台湾农民组合进行全面检举。台湾社会运动各个团体的活动均陷于萎缩不振之中，经由大力运作，12月时台湾共产党已大致控制整个文化协会。而以中国支部为中心的共产党员则坚持要接受中共的指令，并于1931年2月3日成立"改革同盟"。

后台共因活动不慎，为日警侦知。1931年6月底至9月，日警于全台大肆逮捕共产党员，全案共有107人被捕，谢雪红等47人分别被判处两年到十五年不等的刑期，其中潘钦信十五年、谢雪红及翁泽生十三年、苏新与赵港等十二年。其中不少人在受尽酷刑后死在狱中或释放不久后死去，例如中国共产党党员翁泽生与洪朝宗即于遭日警酷刑后，在狱中牺牲。

△ 翁泽生（台北人）
中国共产党党员，照片摄于就读厦门集美中学时期。

六　地方制度改正

台湾地方自治联盟日渐沉寂　台湾地方自治联盟自1930年8月17日成立后，即展开广泛宣传活动，截至1931年1月31日，该联盟于全岛各重要市镇共举办23场巡回政谈演说，听众约18,000人。当时台湾地方自治联盟迅速扩张，分别于台中、嘉义、台南、鹿港、南屯、南投、员林、能高、屏东、北门等地设立支部，盟员总计多达1,100人以上。自台湾民众党于1931年2月强遭日本当局解散后，台湾地方自治联盟更显重要，同年底该盟盟员人数增至3,900余人。

及后，台湾地方自治联盟屡向日本提出自治制度改革方案，然而所要求的均未实现，联盟支部间对此渐有厌倦，内部酝酿不满气氛，部分盟员对自治联盟亦渐趋冷淡。

台湾地方制度改正　1933年夏，日本殖民政府发表总督府地方制度改革案大纲，台湾地方自治联盟即于同年7月下旬，分别在台中、台北、台南三地举行地方自治制度改革，促进全岛住民大会。虽各地与会者热情很高，惟日本殖民政府采取严厉政策，临监警察频频中止发言。当时有不少在台日本人均反对台湾实施地方自治改革，他们所持理由大致如下：台湾人缺乏自治自觉、同化尚未充分、日语尚未普及、台湾人在作为国民之资格上教育尚未普及、日本本土地方自治亦尚不理想等。在台日本人共计25.6万人，仅占当时全台总人口506万人的5.1%，故一旦实施选举，所选日人议员人数势将少于台湾人，届时日本人利益必然受损，台湾人有强烈民族意识，一旦实施自治制度，日台人之融合必将趋向恶化。

1935年4月1日，台湾总督府公布地方制度改正相关法令规则，其要点为：

（1）废州、市协会，州改设州会，市改设市会，均为议决机关，议决州、市各项经费及依法属于其权限之事项。

（2）厅及街庄则仍设协议会，为咨询机关。

（3）凡年满25岁以上男子、营独立生计、居住该市街庄六个月以上、年纳市街庄税五日元以上者，方具有选举与被选举权。

（4）具选举权选民直接选出半数市会议员与街庄协议会员，另半数则由州知事官派。然后再由市会议员与街庄协议会员间接选出半数州会议员，另半数则由台湾总督任命。

台中市有选举权的日本人居然多于本岛人　台湾总督府分别于1935年11月与1939年11月先后举行两次州、市会议员（今县市议员）与街庄协议会员（今乡镇民代表）的选举，惟州知事、市尹、街庄长等仍是官方任命。

1935年11月22日，日本当局在台举行首次民选议员投票，因须纳税五日元方有选举权的限制，以致人口比率与有选举权者不相一致，例如台中市人口，本岛人与日本人比率为5∶1，而有选举权的日本人计2,000余人，而本岛人仅有1,800余人。

祖国事件　1936年3月，林献堂偕胞弟阶堂及次子犹龙参加《台湾新民

△ 云林"斗六街协议会员选举会场"
1935年11月22日，台湾举行首次选举投票情景。

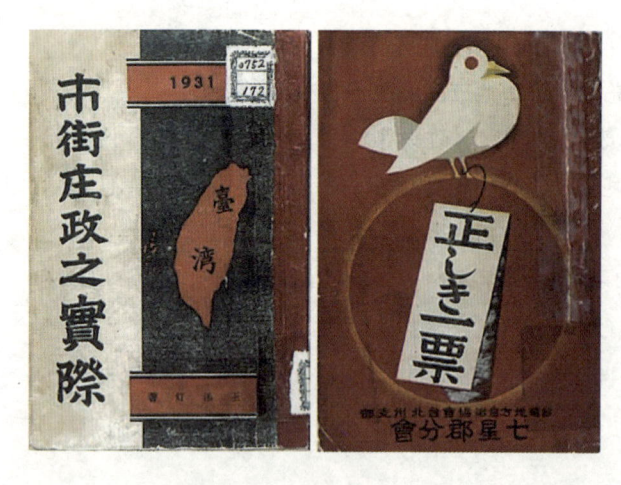

△《正式的一票》剧本封面《市街庄政之实际》(1931年) 总督府第一回地方选举教化剧

报》所组织的"华南考察团",历游厦门、福州、汕头、香港、上海等地,在上海对华侨团体致辞时,有"林某归还祖国"之语,为日本间谍获悉转报台湾军部。5月间,《台湾日日新报》揭发其事,对林献堂大张挞伐。当时日本军部气焰极其张狂,台湾军参谋长荻州立兵威势凌驾总督府,动辄干预政治,并意欲对林献堂羞辱以警告台湾人。他指使日本人卖间善兵卫于6月17日乘林献堂应台中州知事之邀,赴台中公园参加"始政"纪念日游园会时,当众殴打林献堂一记耳光,此即所谓的"祖国事件"。

台湾地方自治联盟解散　对于台湾总督府的地方制度改正,台湾地方自治联盟内部有人认为,原先由于不满现行制度而组成该联盟,现在制度既有相当改善,则应解散组织。为此该联盟于1935年4月14日在台中召开理事会,还推举林献堂等6人成立自治联盟存续问题特设委员会,讨论该联盟的存续问题,但没有结果。8月17日,自治联盟于台中举行第三次全岛联盟大会时,仍因议论沸腾,难得结论。当时对台湾汉族而言,政治气氛紧张,风声鹤唳,草木皆兵,一般知识分子人人自危,林献堂与杨肇嘉先后避难东京。台湾地方自治联盟于1936年8月召开第四次全岛大会时,宣布解散。

第十八章　非武装抗日启蒙运动

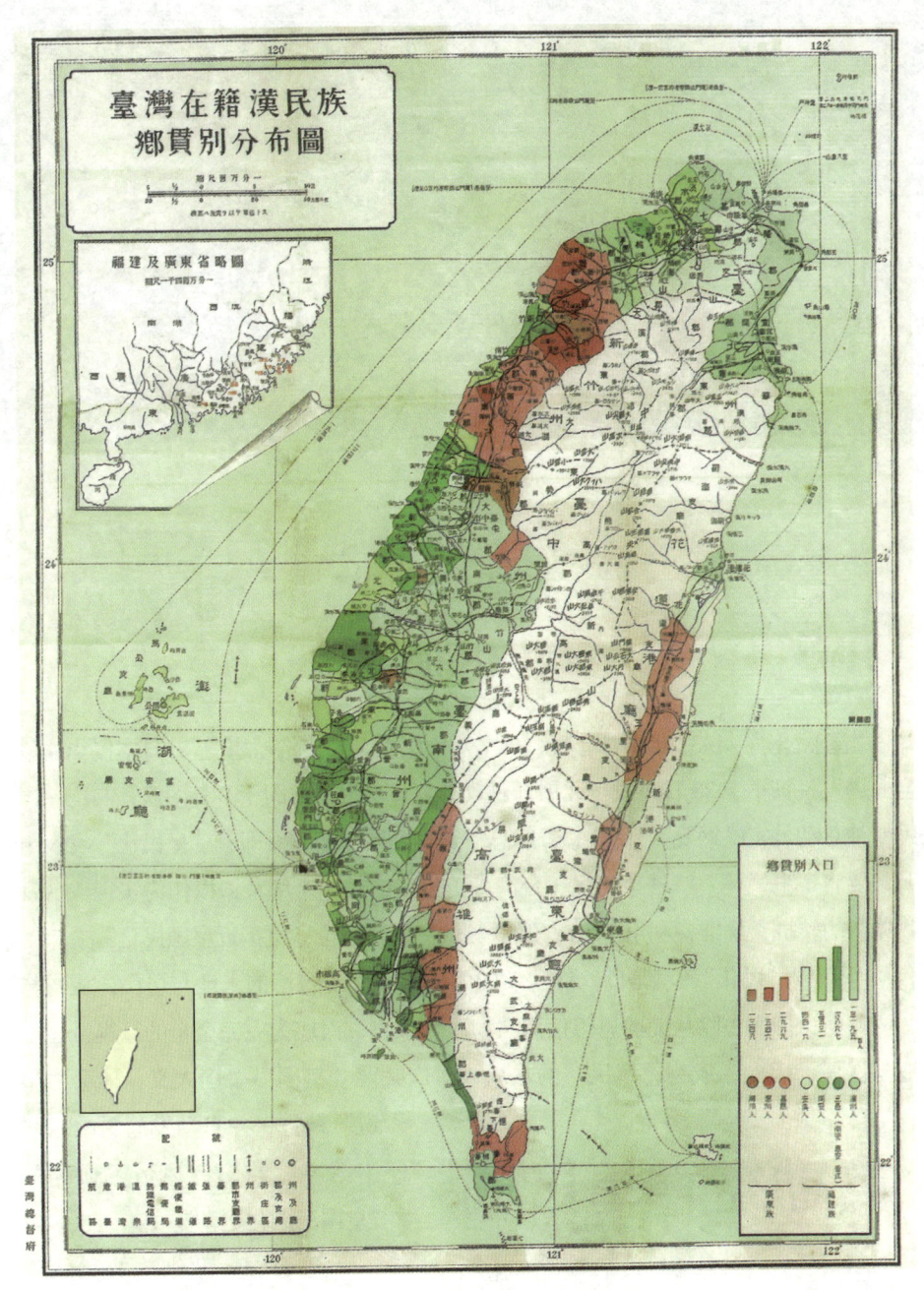

△ 台湾在籍汉民族乡贯别分布图
见台湾总督府官方调查课编，《台湾在籍汉民族乡贯别调查》。(见《测量台湾——日治时期绘制台湾相关地图》)

第十九章
"皇民"、军夫与征兵

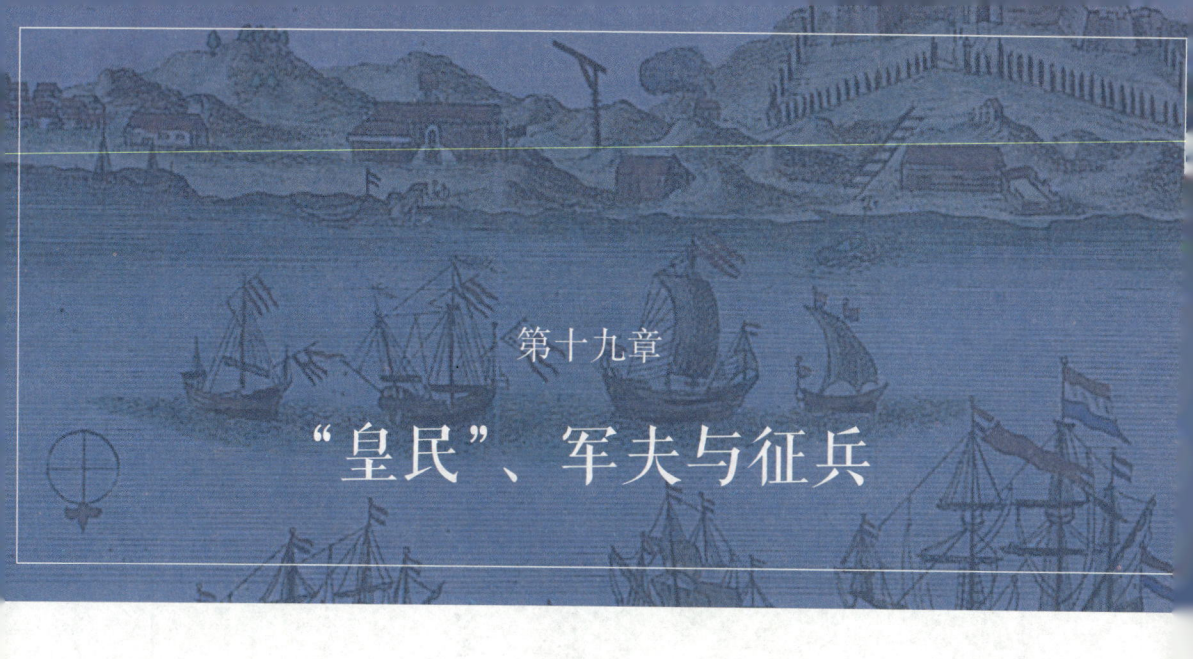

一 "皇民化运动"

"皇民化" 1937年7月7日，日本对中国发动"卢沟桥事变"，日本侵华战争全面爆发，日军于28日对我华北展开总攻击。日本近卫内阁于8月阁议，制定《国民精神总动员实施纲要》。台湾总督府总务长官森冈二郎，立即就"皇民化"发表声明，要将"皇民化"渗透至岛民（台湾人）生活的每一个细节，以作为实现"台日一体"的转机，且准备利用中日战争的爆发，"使台湾全岛更接近皇国民化"。

所谓"皇民化"，就是以八纮一宇的团体精神，对台湾的土地与居民，从物与心两方面，彻底去除从前的思想信仰与物质等状态，而成为完完全全的日本帝国土地与居民。因此，成为"皇民"的本岛人，应知晓"皇国"肇国大义，体会"皇道"精神，并自动发起更改以往生活方式与旧有风俗习惯等的"皇国民同化运动"。

至于"皇民化"的具体施行项目，则包括废止报纸汉文栏、终止闽南语广播、强制推广日语、更改日式姓名、烧毁祖先牌位、奉祀神宫大麻、废毁寺

庙、建造神社、遥拜皇宫、禁过旧历新年、禁演台湾戏剧（例如布袋戏与歌仔戏）、初等教育义务化、日语常用强化、习俗日本化等，范围相当广泛。但是总结一语，就是日本化思想改造运动。

日语运动　日本殖民当局认为，"日语是皇民精神的母胎""皇民锻炼、陶冶日本精神之涵养，无论如何要以懂得含有日本精神的日本语为先决条件"，他们坚信，"作为'皇民化运动'实施的有效办法，有待于日语的彻底使用"。

废止报纸的汉文栏　是时，日本殖民当局认为，废止在台湾发行的报纸的汉文栏，有助于日语普及，乃于1937年4月1日正式废止汉文栏。《台湾新闻》《台湾新报》《台湾日日新报》即自4月1日开始，废止汉文栏。《台湾新民报》（原为《台湾民报》）则从4月1日起，将原来四页的汉文栏减半，6月1日起开始全部废止汉文栏。

推行日语为常用语　台湾总督府于4月1日废止报纸内的汉文栏后，又乘机通令全台官公衙职员，无论公私生活，宜常用日语，并同时指示各州厅动员各教化团体，致力于家庭部落（小区）及市街庄的日语化，以期开启彻底常用日语的新局面。于是各州厅相继制定有关表扬日语常用者、认定日语家庭、建设日语模范部落等的具体方案。例如经认定为日语常用家庭者，则加以表扬并给予享有就读日本人小学校、中学校、担任官厅及街庄役场职员等的优先权。据统计，1942年4月时，台湾有日语常用家庭计9,604户共7.8万人，占当时全台599万本岛人的1.3%。

另一方面，日本殖民当局也大力推广日语讲习所。1937年，全台日语讲习所仅共4,367所，1939年跃升至15,126所，学生亦由1937年的26.3万人增至1939年的92.4万人，增加2.5倍。战争末期，日本当局更以奉公班为单位，设立日语夜间讲习所，遍及全岛各个角落，各种讲习所学生总数超过100万人。

1943年起，"皇民奉公会"进而展开常用日语强化运动，在全台各市支会及街庄分会设日语推进员，组成日语推进队，以督导各地民众彻底过上日语家庭生活。

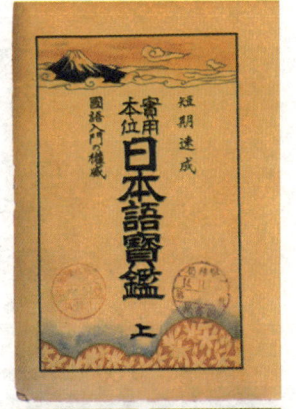

表 14

年份	日语讲习所	学生数	简易日语讲习所	学生数
1931	68	4,448	805	31,201
1932	185	10,919	702	27,675
1933	361	23,680	827	32,847
1934	960	63,024	882	35,634
1935	1,629	105,770	754	31,378
1936	2,197	131,799	1,735	73,415
1937	2,812	185,590	1,555	77,872
1938	3,454	214,765	3,852	257,277
1939	6,388	387,348	8,738	536,856
1940	11,206	547,469	4,627	215,794
1941	5,364	319,758	10,864	372,711
1942	5,011	285,553	10,509	146,192

台湾主要城市社会日趋日本化 就正规小学的公学校教育而言，城市普及率远高于全台的平均水平。例如早在 1930 年时，满 6~14 岁的全台台湾人学龄儿童就学率男童为 48.9%（女童仅 16.6%），基隆市男童为 60.8%（女童为 25.2%），台北市学龄男童就学率则更高达 73.7%（女童为 41.8%），1945 年台湾光复时，他们正是 21~29 岁的青年人。大城市正规小学公学校的就学率远较乡村为高，故日据末期大城市台湾年轻人的日语能力，尤其是作为政治、经济、文教中心的台北市，相对地势必远高于一般市镇与农村的台湾青年。

此外，日据末期在台湾有为数 40 万的日本人，其中在台北市者竟约高达 30%，次为分布于基隆市、台中市、台南市、高雄市等四城市者，平均约在 4.8%~7.2% 之间。他们分布于总督府与各城市的政府机关、商业部门、文教等领域，自然是使用日语。日本殖民当局早于 1937 年始即取消报纸的中文栏，中止闽南语广播，尤其在末期严峻的战争气氛下，殖民政府不但其宣传机器几乎全使用日语，且大肆强力推广日语。在此情形下，例如基隆、台中、台南、高雄等大城市的公共部门，自当以使用日语为主，尤其是 12 万日本人聚集的台北市，日语使用势必远较前述四城市广泛与深入。

征兵强化台籍男性青年日语能力 1932 年，6~14 岁的台湾人学龄男童

△ 台湾乡下村民被迫学习日语

△ 下横山第二国语讲习所青年部体操纪念

计 40 万人（女童 37 万人），其中就学男童计 20.3 万人（女童计 7.4 万人），亦即男童就学率高达 51%。1942 年时他们才 17～24 岁，不久正赶上日本当局在台湾大肆征兵。当时，日本殖民当局共计征调 20.7 万大致此一年龄层的台籍男性青年入伍。

前述 20.7 万台籍青年，在军营中接受各种不同的军事训练与军国主义课程教育后，分配到各日军部队（其中除 9.2 万人留在台湾各军事单位外，余者分别被派往中国大陆与南洋作战），他们与日本人朝夕为伍，其日语能力自然得到强化与提高。

懂日语的台湾人急剧增加之迷思　据日本人统计，日据时期懂日语的台湾人（不含在台日本人）占全台人口总数的比例，1930 年时仅 12.4%，然而两年后却剧增至 22.7%，往后每年乃小幅稳定增长，1940 年时增至 51%，1944 年时更跃升至 71%。

懂日语的台湾人的人数短期内急剧增加，此似非合于常理。又日据末期，日本当局虽广设日语讲习所与简易日语讲习所，但那时懂日语的台湾人的比例自

1942年时的58%，跃升至1944年的71%，也就是说，短短几年间，台湾人如此普遍地通晓与汉语截然不同语系的日语，实匪夷所思。

表15　台人日语普及率

年	日语普及率	年	日语普及率
1930	12.4%	1938	41.9%
1932	22.7%	1939	45.6%
1934	27.0%	1940	51.0%
1935	29.1%	1941	57.0%
1936	32.9%	1942	58.0%
1937	37.8%	1944	71.0%

日语与汉语是截然不同之语言　日文中虽广泛采用汉字，其中有些许用词与中文发音相近，然而绝大多数日语用词发音与汉语闽客方言相异，且日文文法与中文文法更是迥异。实质上，日文与中文分属两个截然不同的语系。例如中文中称"读书"，日文则是将名词"书"置于前，而说成"本を読む"（把书来读），其动词"読む"不但发音与汉文"读"字完全相异，且其须依未来式、现在式、过去式、中止形、条件形、否定形等而有所变化，另还有自动词（不及物动词）与他动词（及物动词）用法之分，甚至形容词亦有变换，外加副词、连接词、助词等的文法问题，故日语对台湾人而言实是一种外国语言。

小学日语教育质量低落　据台湾总督府统计，1944年时懂日语的台湾人占台湾人人口总数的71%，乍看之下颇为惊人，但详研之则未必全然如此。兹以1941年为例，当时全台台湾人共568万人，据日本当局统计其中57%计324万台湾人懂日语，其中公学校毕业者74万人、正就读公学校者69万人、日语普及机构结业者108万人、正就读日语普及机构者73万人。

对公学校毕业的台湾人而言，1920年时6～14岁的台籍学龄儿童，其就读公学校者仅25.1%共计15.3万人（男12.6万，女2.7万），1929年时则为31.1%共计22.4万人（男17.1万，女5.3万）。1941年时27～35岁年龄层的台湾人有25.1%共15.3万人，18～26岁年龄层的台湾人有31.1%共22.4万人，幼时曾接受四至六年公学校的国民小学日语教育。当时台湾人子弟就读的公学校日语教育水平本就较日本人子女就读的小学校为差，而他们1920—1929年间就读公学校接受小学日语教育时，退学率又均在 13% 以上。凡此种种，均可为那时台籍小学生文化程度（包括日语能力）欠佳的佐证。日本人国府种武 1937 年时即认为，台湾人小学毕业时已有不少人日语能力甚低，毕业后因遗忘而致日语能力低下者为数更多；至于正就读公学校的台湾人，其中刚念小学一二年级的小学生，甚至是三年级学生，日语仅刚初学或尚未深入。换言之，其中三分之一以上的小学生日语能力有限。

日语短期速成效果有限　1937 年时全台日语讲习所与简易日语讲习所共 4,367 所，1938 年增至 7,306 所，1939 年再加倍扩增达 15,100 余所，增加 2.4 倍，学生亦由 1937 年的 26.3 万人增至 92.4 万人，增加 2.5 倍。1941 年时略增至 16,200 余所，其中日语讲习所 5,300 余所，简易日语讲习所 10,800 余所。

在短短几年间如此大肆扩充，无论是师资或场所均当系一大难题，时值日本当局正推行废毁台湾人寺庙的整理运动，故不少日语讲习所即以寺庙权充教室。再者，日据末期台湾人日语普及率自 1940 年的 51%，跃升至 1944 年的 71%，1943 年时台湾人约 613 万，依此推算约增加了 122 万懂日语的台湾人，即使扣除那时约 42 万的小学毕业生，亦即短短的几年间，至少约有 80 万台籍

△ 台中火车站（1917 年 3 月落成）

△ 日据时期的台北景观

成年男女，经由业余日语速成班式的日语讲习所习得日语。

由于他们多系错过幼时学习语言最佳阶段的成年人，且如简易日语讲习所者，大多属于短期社会教育机构，实际上每周上课仅两三次，不但学习每多间断，又因多利用夜间上课，属业余性质，不但缺席可能性大，还因白天工作疲劳而无精神学习，故从时人的记载与回忆中均难确定其实效。

台湾人日常生活仍用乡土语言（闽南语或客家语） 如前所述，1941年时25.1%的27～35岁的台湾人、31.1%的18～26岁的台湾人幼时曾接受四至六年小学日语教育。换言之，1941年时18～35岁的台湾人中，约有72%幼时未接受小学日语教育，而余下的曾接受小学日语教育的人中，其幼年上学时退学率均在13%以上，且毕业后因遗忘而致日语能力低下者为数更多。因此1941年时，绝大多数18～35岁的台湾人，包括35岁以上台湾人，其日常用语自是使用乡土语言。

日据末期，日本人论及日语使用问题时，几无例外地交相指责台人教师、学生、官吏、职员等阳奉阴违，在学校或官厅使用日语，返家后却说乡土语言。日本人并抱怨在银行、公司、医院、车站、市场、公园等公共场所，仍常听到台湾人使用乡土语言交谈，而让人觉得有如置身外国。甚至日语常用家庭成员，在公共场合之外亦未必使用日语，在家中大多仍说乡土语言，且台湾人之间对常用日语者，每每加以冷嘲热讽。

因此，日本人乃纷纷建议总督府严格立法，绝对禁止使用乡土语言。其较悲观者，则看到社会一般民众未能自动地学习及常用日语，反而在一般集会或执行公务场所仍常见乡土语言公然流行，从而对推广日语运动怀有日暮途穷之感，并极力呼吁社会领导阶层，尤其是教师必须彻底"自觉"。总之，台湾总督府强制普及日语的结果，仅是使台湾成为一"双语并用"社会，台湾人始终欠缺自发性语言统一意识，此意味日本殖民当局的语言殖民政策并未能动摇台湾人语言生活的内部。

台湾人视日语为外语　日本人西冈英夫于其1940年5月所发表的《关于最近之国语（日语）问题》一文中即表示，虽然对当时已被日本殖民的台湾人而言，日语可说是"国语"，可是因固有的闽南语仍然存在，因而将日语当作外语，致使修习与活用均十分困难，而修习者每每都是为了日常生活的方便或个人利益，对日语未投注感情，即使懂日语，但未必具有日本人的心意，仍不足以成为日本人。

当时，由于台湾人将日语视为外语，因此台湾人公学校教师对日语教学，并未产生自发性责任感与使命感，从而并未强有力地灌输学生日本国家及日本国民意识，亦即并没有真正成为日本人的态度。

二　思想信仰改造

强迫采用日本姓名　日本当局认为如果让本岛人一直使用中国式姓名，则无法切断其对祖先之思念与对过去的眷恋。因此，姓名变更运动可说是"皇民化运动"的重要环节，也是"皇民化"最有效的手段之一。1940年2月11日是日本天皇纪元2600年的黄道吉日，日本政府就宣布这一天为本岛人与朝鲜人更改姓名的实施日。

日本殖民当局实际推动更改姓名时，可说是软硬兼施，无所不用其极。但我国汉族习俗非常崇敬祖先，俗谚中即有"大丈夫行不更名坐不改姓"之语。当时，不乏本岛精英如林献堂、林茂生（台湾人中第一位博士）、陈逸松（东京帝大，司法科高等辩护律师及格，台北市会议员）等坚决拒改姓名。至于有些更改姓名者，也是采取变通办法。例如海山郡吕氏举行恳亲会，决定将吕姓改为"宫本"，因宫字下部即为吕字。黄姓改为"广田"或"横山"、江姓改为"江元"。或以祖先堂号充作姓氏，例如陈姓改为"颖川"、黄姓改为"江夏"。但前述种种欺瞒方式很快为日本人发现，乃强

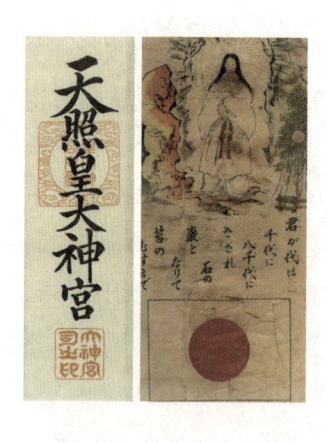

制规定官式姓氏，例如徐姓改为"大山"、陈姓改为"新岛"等。

1943年11月底，本岛人更改姓名者仅共126,211人，占当时台湾613万本岛人人口的2.0%。

强迫改信日本宗教 1936年7月，台湾总督府召开"民风作兴协议会"，主题为"振作国民精神与彻底同化"，会中做出"改革固有寺庙宗教并改善传统戏剧讲古"与"打破并改善婚姻祭祀葬仪及其他日常生活之弊端"等决议。

1936年底，日本当局即大肆强制本岛人各户于家庭中奉祀神宫大麻（日本国家神道中心伊势神宫主神天照大神的神符）。1937年神宫大麻的奉祀数急速增至56.9万尊。1941年更增至73.9万尊，奉祀神宫大麻的户数占该年全台107.5万住户（含本岛人与日本人）的68.7%。

与此同时，日本当局也展开强制改写或烧毁本岛人祖先牌位，及撤除或烧毁其神佛塑像的系列运动。当时民间信仰的神佛像与挂轴等，也需撤除或烧毁。日本殖民政府不久并推动更严厉的"正厅改善运动"，就是令本岛人在神案正面安置神棚，以奉祀大麻，左侧祖先牌位则改为日本式牌位。1941年12月底，全台奉祀神龛的本岛人约73.8万户，占当时全台95.9万户本岛人的77%。可见日本当局对改造台湾人的信仰思想，是雷厉风行的。

寺庙整废 此外，由于台湾寺庙所供奉的神，基本上都是中国神，故日本人认为寺庙使人所信仰者是中国神，如欲在台湾进行思想改造，此事势必处理。当时（1936年），台湾的寺庙多达3,403座，这绝非当时极力推行"皇民化"的日本殖民当局所能容忍的。当局因此进行大规模的废毁寺庙运动，以使本岛人从宗教信仰上彻底地"皇民化"。寺庙经过整废后，1942年全台寺庙总数降至2,327座，较1936年减少31.6%。期间计有361所寺庙被捣毁，819所寺庙移供日本佛教之用或改作日语讲习所等其他用途。

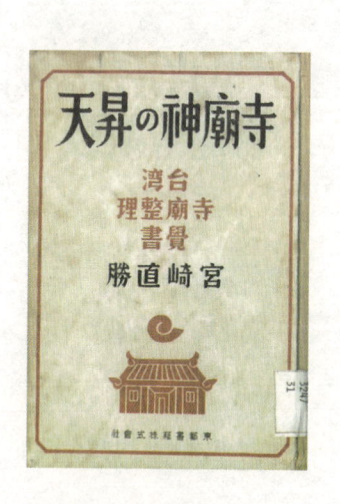

寺庙整废对本岛汉族而言，可说是信仰的

第十九章 "皇民"、军夫与征兵　321

△ 1930年代末期台南州蒜头地区进行正厅改善时焚烧汉人的祖先牌位

△ 建功神社
建于1928年的建功神社，位于今台北市植物园之一角。此神社与护国神社，都是靖国神社系统之一员，主要祭祀为日本战死的日本军人，因此一直为爱好和平的人们所反对。

抹灭。物极必反，即使在日本殖民政府的高压下，本岛人依然奋力抗拒，例如1939年初，中坜街仁海宫信徒发出反对寺庙整废的声音，并迫使中坜当局召开中坜街寺庙废止恳谈会，为日本当局的寺庙整废政策辩护。及后，台湾总督长谷川清了解到，寺庙整废对本岛人的民心造成了重大影响，如果强制执行，将造成本岛人强烈反抗，故原则上决定停止寺庙整废。

神社建造　相对于整废台湾寺庙，日本人在台湾更是大兴土木建造日本神社。1934年时台湾仅有神社26座，数量上非常少（且多是建在日本人聚集地）。然而1935—1940年间，日本人却密集地共新建神社34座。第二次世界大战结束前，全台共有神社68座。

日本人在台湾所建神社中，最具代表性者即为结合天皇崇拜与军国主义的"建功神社"与"护国神社"，两社都是靖国神社系统之一员，主要是祭祀战死的日军将校军士。建功神社完工于1928年，位于台北市南门町植物园内。1935年

△ 1938年岸里社公学校毕业学生与师长参拜　△ 皇民化时期学生的参拜仪式（洪聪益提供）
丰原神社

后，总督府更通令各州知事及厅长，规定于建功神社例祭当日，各地方均须举行遥拜式，以贯彻"义勇奉公"精神。台湾护国神社（即今台北市大直的忠烈祠）完工于1942年5月，奉祀靖国神社中与台湾有关的"护国英灵"。

当时，日本当局也强迫本岛人参拜神社。例如1944年时，台湾高雄市的高雄中学，就每个月都安排在校中学生集体武装步行至位于高雄寿山的神社参拜。

三　军夫、"慰安妇"与"皇民奉公会"

军夫　日本虽然早在1938年2月18日，即阁议决定并于同日颁布《陆军特别志愿兵》令。该令在朝鲜实施，但在台湾则暂缓实施。陆军省事务局军事课员认为此制度"对台湾同胞"不适用，因为"现正处于与其旧祖国——中国事变之下"。当时，日本当局在台湾只是征召"军夫"，但随着战事的不断恶化，日本迟至1941年6月20日才决定在台湾实施"陆军特别志愿兵制度"。及至1944底年，日本穷途末路，终于决定在台湾实施征兵制度。

1937年7月7日，日本于我国北京西南郊发动"卢沟桥事变"，自此揭开中华民族全面抗战的序幕。随着日军侵华战争的扩延深入，日本当局乃在台湾征召台湾青年充当军夫。当时，日本殖民政府规定只有日本本国臣民方有资格成为军人，故日本台湾殖民当局屡称台湾人没有兵役负担，因此应在其他方面多做贡献。然而对台湾人而言，不服兵役并非恩惠，而是担任地位远较军人为低的军属或军夫。军夫"是为军需品输送搬运而雇用的人夫"，也就是在战场上做搬运粮食、武器、伤兵及打杂勤务的工作，这是极不人道的民族歧视，故有人讽刺日本军队内的等级排列顺序为军人、军犬、军马、军属与军夫。太平洋战争后，军夫的名称变成"台湾特设劳务奉公团""台湾特设勤劳团""台湾特设农业团"，但其为"军人军属以外者"的身份则并无改变。

台湾农业义勇团 1938年初，日军中支（中国华中）派遣军为解决日军战线过长所造成的补给问题，决定就地栽种蔬菜，以解决粮食的供给，要求台湾总督府进行此一计划。台湾总督府乃决定以较好的待遇招募"台湾特设劳务奉公团"。1941年7月，日本进占越南。当时，日本侵略越南的法印派遣军也要求总督府提供1,000名军夫以从事体力劳务工作。总督府乃仿照"台湾农业义勇团"的方式征调。日本殖民当局于1942年10月派出第六回"台湾特设劳务奉公团"后，1943年成立"台湾特设勤劳团""台湾特设农业团"及"建设团"。直至1944年6月台湾与南方交通断绝前，"台湾特设勤劳团"派遣多达30回，人

△ 台湾仕绅被迫参拜神社

△ 1937年12月8日，日军在台湾征召台湾人当军夫时的一张纪念照　　△ 1939年3月11日，日军在台湾征召的青年参加侵略战争前的纪念照

数高达约28,000人。至于"台湾特设劳务奉公团"，则总共大约6,000多人。

军夫的征召方式　军夫的征召方式，可说形形色色，在当时殖民当局强烈的军国主义教育气氛鼓舞下，青少年中当然不乏自愿参加者。因为日本当局除宣传是为国家（日本）奋斗外，也提供月薪约110元（或150元）的高薪，其中安家费一个月70元、战地再领40元，而且后来不再称"军夫"而改称"奉公团"，日军同僚也不再称他们为"军夫"而改称"奉公员"。因此有不少因生计困苦，见其薪高而志愿报名，甚至争相报名者。另外也有为逃避被征召当兵而自愿参加者（认为军夫、军属工作较轻松且不需赴前线）。还有强制征召的方式，例如1937年9月上旬，日本在台南地区强征450名台湾人为军夫。当时第二连队兵队与派出所巡查到庄役场（乡公所），于半夜敲门进入民宅，出示征集状，命令五天后至第二连队报到。这批猝遭强征的台湾军夫，9月24日前已在中国大陆担任运输工作，日本当局将其命名为"白桦队"。

郭雨新、陈逸松、赖庆从、林桂琳　1938年，郭雨新奉调军夫，其母亲哭得很伤心。同期间，东京帝大毕业的台北市会议员兼律师陈逸松也接获军夫召集令，三天内必须出发，当时许多友人均送上书写了祝语的布条旗帜，其律师事务所前排满此类旗帜，入营当天他的母亲哭个不停。宜兰罗东人赖庆从当时见到日本当局要征调军夫，则吓得远赴东京神田，读书一年才返台。宜兰五结乡人林桂琳于1939年接获庄役场要其参加"台湾农业义勇团"的通知后，只得依通知前往参加。出发前众人于五结庄役场前集合，每人胸前均披着红色带子，上书

"台湾农业义勇团为国争光"字样，并有乐队欢送，不久乘军用卡车至罗东，这些人于聆听郡守训示后，再乘车北上基隆搭船出航。

早期被征调至台湾本岛外的军夫，通常都会在一定的期限后返台，例如于1938年4月底抵上海的首批"台湾农业义勇团"成员，即有720人于1939年8月返台。1940年9月，有各州"农业义勇团"自大陆华中返台。1941年2月在上海的"农业义勇团"高雄州队余部返台。但当时具海外经验的军夫，也有二度被征调者。

日据末期，日本大本营与台湾总督府均深深了解，当时日本是于其穷途末路之际，才以高薪诱使许多台湾青年前赴战场，故日本殖民当局对参加勤劳团等台湾青年军属所付的高薪，可说是买命钱。事实上，许多台湾青年在尚未到达目的地前，途中就因所乘船舰遭袭击，而身沉茫茫大海。即使侥幸不死抵达目的地，不久后则面临美军的强力轰炸与进攻，许多人又身亡战场。

台湾"慰安妇" 日军在第二次世界大战中所犯种种罪行，实罄竹难书，而其借由国家机器以暴力强迫或欺骗的手段，征召我国大陆与台湾地区、朝鲜（后期也征召东南亚）等地近20万名女性，为其随军"慰安妇"，也就是当军妓的可耻勾当，更是令世界震惊。日本殖民者以国家机器将强奸、轮奸合法化与制度化的做法，对近代日本国、日本军人与日本人民而言，是无法否认也无法抹去的耻辱。

日本当局自然也知道"慰安妇"措施与制度是见不得人的可耻勾当，故一面暗中执行，一面却处心积虑地掩灭证据。当时，日本军需大臣即手令，"慰安妇"属军需品，不得编号，不得建档。陆军情报部的密件并称，注意一切接近此

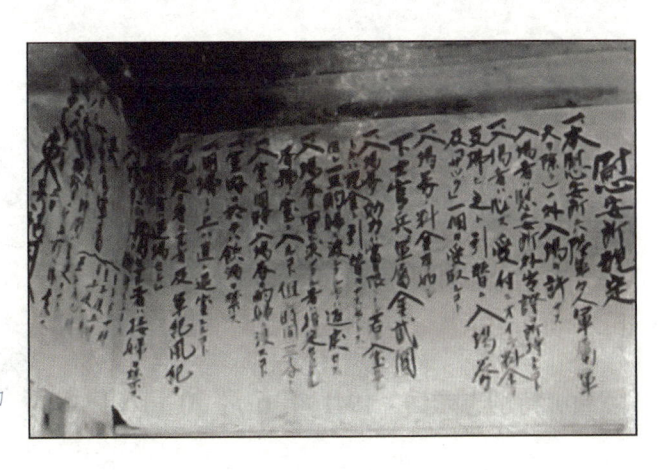

△ 台湾慰安所墙壁上所张贴的"慰安所规定"

情报的人，如有泄露者，格杀勿论。

在台湾本岛，日本特高警察寺奥德三郎在其所著《台湾特高警察物语》一书的《狱中手记忏悔录》中，就坦言承认战争期间他担任卫生主任时，曾应军方要求，在一年内开设了7处慰安所。每处慰安所以平均15名女子计算，就有100名以上台湾女子成为军妓。事实上，日本人早在1938年时即开始征召台湾女子当"慰安妇"，即使是战争的最后一年（1945年），日本人仍在台湾征召"慰安妇"。根据受访者的证词、已发现的日本军部记录及有可信度的当年日本军官或军夫的指证，台湾人"慰安妇"至少有2,000人左右，其分布地方包括我国台湾的南投、澎湖，广东的广州、汕头、河南镇、钦县，海南的海口、文昌、榆林，以及东南亚的其他地区，如马来西亚的沙捞越，菲律宾的马尼拉、怡朗、宿务，缅甸的仰光，印度尼西亚的三马林达（位于婆罗洲东南）、帝汶岛，新几内亚东部的拉包尔（Rabaul）以及新加坡等地，拉包尔离台湾直线距离约4,700千米。

在台湾人"慰安妇"被送往上述诸地的途中，其中不少人因其所乘船只遭美军炸沉而身葬汪洋大海。即使侥幸到达目的地，又立即与战场作战的日军士兵一样，面对战争的死亡威胁。因此，对日军将这些台湾本岛"慰安妇"送往如缅甸仰光、印度尼西亚帝汶岛，甚至新几内亚拉包尔等万里之遥的异域战场当军妓一事，以当时日军军力日蹙的战况而论，日本军方实无让这些台湾人"慰安妇"活着返回家乡的打算。

△ 皇民时局教典　　△ 皇民奉公会大雅庄分会

△ "皇民奉公会"嘉义支会结业合影（1942年）

△ 台中州竹山郡"奉公壮年团台中州支部第三团干部练成留纪念"

"皇民奉公会" 1941年4月19日，台湾总督府成立"皇民奉公会"（是时朝鲜成立"国民总力联盟"，南桦太成立"国民奉公会"，关东州成立"兴亚奉公联盟"），台湾总督长谷川清与台湾军司令官本间雅晴均亲临现场。该会由长谷川清任总裁，其目的在于建立"大东亚共荣圈"，彻底实践"皇民化"精神，为日本帝国尽忠。"皇民化运动"至此进入后期的"皇民奉公运动"阶段。

"皇民奉公会"于4月正式成立后，7月全台即一齐成立"皇民奉公会"各支会、街庄分会，并成立57,000个奉公班。1942年3月，"皇民奉公运动"各支部推进员突破21,000名。

当时，日本台湾殖民当局还于全台各地纷纷成立诸如"奉公壮年团""皇民挺身队""产业报国挺身队""报国挺身队""奉公挺身队""青年挺身队""挺身奉公团""学徒奉公队""台湾奉公医师团""商业奉公团""产业奉公团""文学奉公队""演剧挺身队""女子挺身队""女青奉公队"等各式外围团体，以"皇民奉公会"为轴心而运作，驱策人们去为"圣战的完成"而奋斗。

"义勇报国队" 1944年10月12日，日美双方空军约700余架军机于台湾近海发生空战，日本空军溃如花絮。随后，日美海军舰艇约共280艘（飞机约2,000架）决战于菲律宾雷伊泰湾（Leyte Gulf），日军惨败。1945年初，美军大肆轰炸台湾，并于2月16日大举进攻硫磺岛，3月22日美军完全攻克硫磺岛。

是时（1945年3月23日），日本内阁阁议决定成立"国民义勇队"，以将全部国民（男子65岁以下、女子45岁以下者）组织起来，分壮年队、青年队、少年队、妇女队、少女队，以防卫日本本土。6月23日，日本当局公布《国民义勇兵役法》。在台湾，日本殖民当局于6月17日"始政"纪念日当天，宣布废止保甲制度，解散"皇民奉公会"，改组成立"义勇报国队"。

"义勇报国队"在平时编制的情况下，是以思想战为主，例如指令第一号名为"晓天动地"，就是率领义勇报国队队员参拜神社，祈祷日本帝国武运长久。在紧要关头即变为战斗组织，可以应军官的要求，从事后方兵战勤务的工作，甚至在军方的要求下，也可以变成战斗部队。

四 陆军特别志愿兵

"皇民炼成"军事教育 日本殖民政府在台湾施政最大的失策之一，就是因歧视台湾人而不施行平等教育。1914年时，日本殖民者统治台湾近二十年，但台湾人学龄儿童就学率仅9.1%。

因此，日据中期，除了日本人聚集地区或行业，当时台湾整体社会仍是汉化的中国社会。1937年，抗日战争全面爆发，日本当局惊觉台湾同化政策失败，乃发起"皇民化运动"，推行使台湾人成为真正的日本人的国家认同思想改造运动。其中最重要的一环，就是教育。然而，如果说学校教育与社会教育是广义的教育，军事教育则可说是核心教育。关于军事教育的重要性，台湾总督小林跻造露骨地指出"首先需使岛民能彻底实践日本精神，其方法之一，就是要岛民在可称为日本精神熔炉的我军队中接受（皇民）炼成"。

陆军特别志愿兵　1941年6月20日，日本内阁决定将在台湾实施"陆军特别志愿兵制度"。台湾当局不久即开始举行盛大宣传。12月31日时，志愿当兵者仅8,000人，然而两个半月后的1942年3月13日申请日结束时，台湾人志愿成为志愿兵者（不含女性护理）居然高达42.1万人，此短短两个半月内违反人性常理的急剧增加的数据，可说具体地反映了所谓台湾人志愿成为志愿兵者，本质上是日本殖民当局导演的一场宣传闹剧。

台湾自1942年4月1日起实施陆军特别志愿兵制度，如有欲以"陆军特别志愿兵"身份编入兵籍者，必须先进入为此制度特别设立的"总督府立陆军兵志愿者训练所"受训，于接受完规定的训练课程后，始得编入兵籍。志愿进入训练所为学员者，即为"陆军特别志愿兵"之志愿者，年龄在19～23岁之间，其中有极少数为最低的17岁，最高为30岁。

△ "高砂义勇队"训练情景（20世纪40年代）

陆军特别志愿兵制度及其废止 1942年6月9日，台湾总督府发布第一回陆军兵志愿者训练所入所合格名单计1,020人（年龄多在19~23岁间，前期508名于7月1日入所，后期512名于次年1月20日入所受训）。1943年1月，开始募集第二回陆军志愿兵，截至2月10日，应募申请者高达60.1万人，5月31日总督府公布所录取的第二回陆军志愿兵合格者名单计1,030人。1942—1944年间，日本殖民当局以陆军特别志愿兵名义共计征召4,200多名台湾汉人。陆军特别志愿兵制度后因1945年日本殖民政府在台湾实施征兵制而废止，"总督府立陆军兵志愿者训练所"也于1945年3月废止。

高砂义勇队 日军自1941年起陆续以"义勇队"的组织，征召高砂族（台湾早期住民）青年前往战场。是年12月第一批"高砂义勇队"500人当军属，1942年7月第二批"高砂义勇队"500人入海军，10月第三批"高砂义勇队"600人入南方派遣军第十七军，1943年3月征第四批约600人，4月又征召第五批约500人至东新几内亚等地，后再征第六批约600人，7月征召第七批"高砂义勇队"约500人。1941—1943年间，日本当局以"高砂义勇队"为名，总计约征召了3,600名早期住民青年参军。

五　海军特别志愿兵

海军特别志愿兵 台湾自1943年8月1日起实施"海军特别志愿兵制度"，志愿参军者需至"总督府立海军兵志愿者训练所"受训，训毕结业后始得编入海军兵籍，分发海兵团服役，年龄需在16~24岁之间。及后，由于法令修改，海军特别志愿兵不必再经训练所完成课程，于招募录取后即直接进入海兵团服役（海军兵志愿者训练所亦于1944年7月废止）。

早在两个半月前的1943年5月12日，日本台湾殖民当局即已决定实施海军特别志愿兵制度，并于16日举行感谢实施海军特别志愿兵制度的祝贺式典。6月下旬，当局复派总督府课长、海军士官、新闻社干部等为讲师，纷纷赴全岛各地举办海军特别志愿兵制度趣旨宣传讲演会。海军特别志愿兵自7月1日开始受理申请，当天志愿者即达131,870人，二十天间增至316,097人。1943年12月中旬，应征海军特别志愿兵者共计高达759,276人。

海兵团的魔鬼集训 经过严格筛选，海军特别志愿兵第一期1,000人于1943年10月时进入"总督府立海军兵志愿者训练所"，受训六个月后，于1944

年4月再进入新设的位于高雄左营的海兵团，接受魔鬼式集训（其专业科目包括炮舰练习、机关兵教练与手旗信号等）。第一期许多学员的牌位也在靖国神社，其中包括在菲律宾马尼拉被炸死的岩里武则（中文名为李登钦，系四十余年后继承蒋经国出任台湾地区领导人的李登辉的大哥）。

海军特别志愿兵前后一共六期，自第二期起每期2,000人，前后共11,000余人，但受训期一期比一期短。1944年5月起，日本当局甚至修改海军特别志愿兵令，被征募录用者不必经过训练所训练就直接进入海兵团。故1944年5—7月间，自第三期起约共8,000人直接进入海兵团受训。六期中以第一期最为优秀，亦死伤最惨，该期有200人刚结束训练就因搭乘"护国号"军舰于前往日本途中遭美军飞机轰炸身亡，另被送往越南、菲律宾及印度尼西亚等东南亚国家作战的300人，后活着返回台湾者不到一半。第二期则仅有200人赴日本，第三至第六期的海军志愿兵则均留在台湾。

"海军特别志愿兵"的征召泪　台湾人卢永发，为海军特别志愿兵第三期学员。1943年，卢永发在台湾北部矿区的一所小学担任教职，某日因配合动员需要，协助军医办理志愿兵身体检查工作。中午休息时，有位海军军官，身穿雪

白的军官服，佩着短剑，非常威风地说："当老师的教学生忠君爱国、为国牺牲的教条，你有没有跟今天受体检的人一样，也有志愿从军的勇气？"当时即使身为独子的卢永发，也不敢说不，就这样被迫签上志愿书，成为第三期的海军特别志愿兵。

台湾人蓝金兴，海军特别志愿兵第五期学员，1927年出生，高等科毕业后入宜兰礁溪庄役场，担任部落（小区）书记兼农业指导员。上级见蓝金兴表现不错，乃将其由部落书记调去参加海军志愿兵，并先于郡役所武德殿体检，然后笔试。蓝金兴清楚记得当时只考了58分，警察课负责兵役单位将当时那些考不及格的人，分别叫进去问话。当时有一位巡查补询悉蓝金兴在礁溪庄役场工作，乃将其打到头肿了好几处，然后再发一张考卷，要蓝金兴写到及格，等于变相强迫参军。

六　全面征兵

动员台湾人感谢"皇恩"应征入伍　1944年6月，美国与日本爆发马里亚纳海战。是役，日本海军海上交通断绝。于是台湾变成战场的最前线，日军预测美军可能会在台湾登陆，作为攻击日本本土的跳板。对日本而言，即使无法阻止美军占领台湾，也必须让台湾像随后的塞班岛战役一般，以最惨烈的抵抗换取日本本土更多时间的决战准备。因此，台湾开始为变成战场预作准备，而且要战至最后一人。

日本殖民当局于1944年9月，发布台湾征兵制实施旨趣，并于各地举办征兵座谈会，宣导征兵制度的优点。当时9月号《台湾时报》即刊载《我等感激觉悟地迎接光荣的征兵制的实施》（《光荣の征兵制实施を迎て我等の感激と觉悟》）、《施行征兵制寄望于本岛妇女》（《征兵制施行に当り本岛妇人に望む》）等文，后者甚至称在推行征兵制的今日，作为"皇军"的妻子、母亲是幸福的，故要感谢"皇恩"的宏大。日本对台湾实施殖民统治达五十年，对台湾人的前期大肆杀戮与后期普遍差别化歧视施政，实难以尽书。然而最后一年，日本当局为力挽败亡，为保卫日本本土，终以征兵方式强行驱策台湾青年投入战场为日本卖

第十九章 "皇民"、军夫与征兵　333

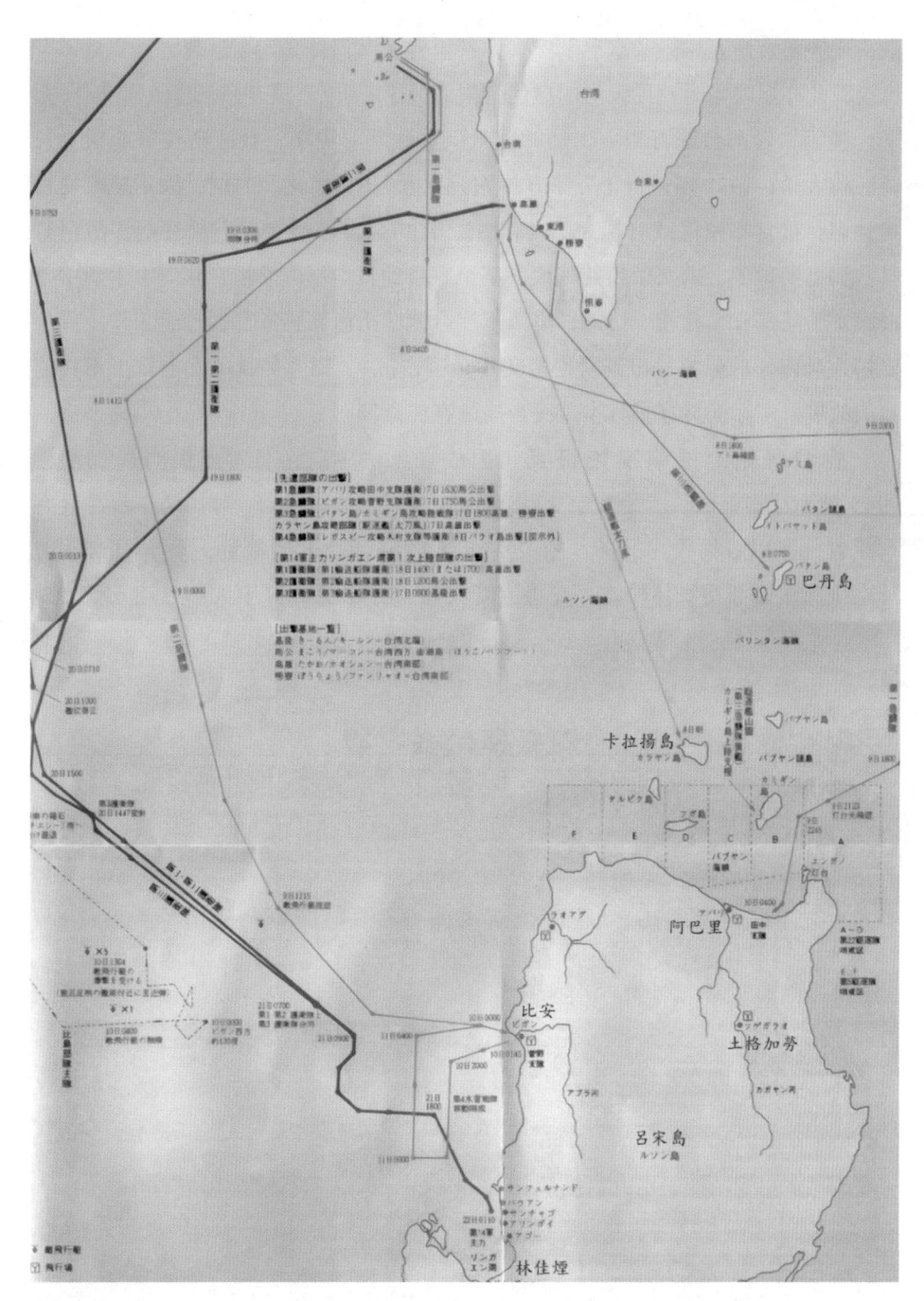

△ 北部比岸（菲律宾岛）上陆作战行动图
资料来源：桑田悦，《陆军第二十五军マレー进攻作战经过图》，东京：株式会社学习研究社，1995年，pp.71—78.

命，却还要台湾人感激"皇恩"宏大，甚至自认幸福。我们今日观之，实觉不可思议，此亦反映当时殖民统治的虚伪蛮横面目。

周百，台湾台北万华人，幼时曾入汉学私塾习中文，台北高校毕业后入长崎医科大学，1937年返台于万华开设医院执业。"皇民化"时期，因不愿改换日本姓名，被日本殖民政府视为不合作者，于1944年9月被征召前往南洋战区行医。周妻吴秋冬，携六子到处陈情，甚至直接到日本军部求情，获海军少尉中曾根康宏（后任日本首相）协助，得以留在台北圆山海军指挥部医疗组工作（周原要搭乘赴南洋的船只，出港后便遭美军鱼雷击沉）。周妻吴秋冬女士百折不挠的救夫故事，实际上拆穿了日本殖民当局的宣传谎言。

战局恶化，提前实施征兵 因战局无法等待，日本殖民当局提前于1945年1月实施征兵（原预定1945年4月开始征兵检查），对凡是在台湾设有本籍者，课以服兵役之义务。相关工作自1944年已开始准备，而于1945年1月在全岛实施征兵身体检查，受检查者共计45,726人，其中大部分均入营为现

△ 日本殖民当局所绘地图

据公学校毕业的高雄造船师傅台湾人许碾回忆,他在还未被征召当正式军人之前,有一次被日本当局抽调前往新社,当时计有18～35岁年龄者3,000多人被抽调,日本殖民政府命令他们赤膊淋雨检查体格,逐个检视,凡体格强壮又不因冷打战者,日本殖民政府即询以"你去当兵父母可同意?""你乐意去吗?"当时无人敢说"不"字。如此共挑选18人为正式日军的"大头兵"。当时凡是正式的日本军人,政府就在这些人家屋口的门板上,刻一代表日本皇室的菊花标志,即使日本警察见到此门板也要行礼,军夫与志愿军则无此荣耀。在新竹,由于许多被征调入伍的民众都是由警察局内的书记送通知单,因此人们看到派出所的人就会怕,生怕亲人被征调当兵。

穷途末路,征召娃娃兵 1945年春夏之际,日本殖民当局在台湾对14～15岁的中学生发出红色召集令。当时,基隆中学三年级计有150人左右,即于3月20日在教室里从老师手中接到红色召集令,随后校舍被编成特设警备519中队,在上级旅团的指挥下,进行基隆防卫及肉搏攻击等训练。这些学生于是年5月20日及8月5日,分两梯次入营。当时,台北一中、台北第一和第二师范、高雄中学等各学校的学生,也同样收到召集令。

死亡炼成 据日本政府厚生省发表的资料,日本殖民政府在台湾共征调20.7万台湾青年入伍(其中军人8万,军属、军夫12.7万)。但据日本厚生省1948年4月发表的资料,台籍日本兵死亡者共计30,304人。第二次世界大战末期,日本当局明知战况恶化,败象已露,却迫不及待地将台湾青年送往战场陪葬。对那些埋骨异域的台湾人而言,这是国家机器宣导与强制下的"死亡炼成"。

臺灣全圖

第二十章

抗日战争与台胞抗日运动

一 台湾青年抗日团体

台湾青年返归祖国求学 虽有台湾海峡的天险,及日本当局政治上的监控阻挠,但日据时期台湾人与对岸大陆同胞仍有相当往来。彼时至大陆定居的台湾同胞,1905 年约 8,200 人,1936 年时多达 59,000 人左右。第二次世界大战结束前,在中国大陆的台胞有约 10 万人,其中至少有八九万人散居在广州、香港、九龙、汕头和厦门,像同时期的大多数中国人一样,大半不热衷政治,宁愿为维持生计而费神。

然而日据时期许多返回祖国求学的台湾青年却不一样,1920 年底在中国大陆求学的台湾青年仅 19 人,1923 年 10 月时猛增至 270 余人(同年留日台籍学生包括小学生共约 860 人),其中许多热血青年不顾当时日本殖民政府的严厉政治控制,组织许多社团,前仆后继毅然地投入反日行列。

北京台湾青年会 1922 年,在北京的台湾留学生共计 32 人,他们受学生运动影响,逐渐在民族意识下参加反日运动,而于是年 1 月成立北京台湾青年会,并请北京大学校长蔡元培、前财政总长梁启超(1911 年曾亲临台湾并晤林献堂)、北京大学教务长胡适及前司法总长林长民等人为名誉会员。当时旅居北京的台湾人主要有林炳坤(海山人)、陈江栋(集集人)、郑明禄(台北人)、黄兆耀(台北人)、刘锦堂(台中人)、林子明(台北人)、林飞熊、范本梁(嘉义

△ 北京台湾青年会发起人摄影（1922年）
由左至右分别是陈文亮（南投人）、王悦之（台中人）、郑明禄（台北人）、林炳坤（台北人）、范一洗（嘉义人）。

人）、林瑞胆（雾峰人）、蔡惠如（台中清水人）、吴子瑜（台中人）、林松涛（台北板桥人）、廖景云、林焕文（竹东人）等人。

北京台湾青年会除发行会报外，并与台湾岛内文化协会会员联络，支持当时的民族主义启蒙运动及台湾议会设置请愿运动，屡次刊行反日文书，并将之寄发岛内及东京同志。1923年12月台湾议会期成同盟被检举后，该会即举办华北台湾人大会并发表宣言，控诉日军在台湾大埔林及噍吧年残杀无辜老幼数万，日警在彰化对无数良民处以酷刑，及日本殖民政府在台湾压迫掠夺与蹂躏的行径。

上海台湾青年会 1923年10月12日，蔡惠如集旅沪台湾青年学生十余人，于上海南方大学成立上海台湾青年会，推谢廉清、施文杞、许乃昌、许水、游金水、李孝顺、林鹏飞等为干部，1924年初会员约达50人。

上海台湾青年会主要活动：（1）该会在岛内台湾议会期成同盟被检举后，立即于1924年1月12日借上海务本英文专门学校举行上海台湾人大会，声援期成同盟，当时与会者包括谢廉清（彰化人）、许乃昌（彰化人）、陈满盈（彰化人）、连枝旺（彰化人）、甘文芳（彰化人）、李孝顺（台北汐止人）、林鹏飞（台北人）、张我军（台北人）、林琼树（嘉义人）、郑进来（台北新店人）、罗渭章（嘉义人）、张桔梗（台南人）等人。（2）参加5月9日国耻纪念日示威游行。（3）6月17日于上海务本英文专门学校寄发反对"有力者大会"的檄文。

1924年11月16日，上海台湾青年会在上海举行青年会秋季大会，但因该地军警干涉而改为座谈，席间有人认为该会不应限于学生，应改组成广为包括台湾人的团体，故决议解散台湾青年会，新成立旅沪台湾同乡会，并推陈北塘（彰化人）、陈绍馥（台北汐止人）、蔡孝乾（彰化花坛人）、郑进来（台北新店人）、陈炎田（宜兰人）、林剑英（嘉义人）、何景寮（旗山人）等为创立会员，但随后筹募资金并不如意，加上其他因素，遂渐式微。

平社 1924 年 3 月，台湾人彭英华、蔡炳耀（蔡惠如之长子），朝鲜人卓武初、吕运亨、尹兹英等于上海成立平社，随后发行机关报《平平》。创社不久后，该社以台湾议会设置请愿运动为时代落伍的运动，发表意见，传曾将此意转达予林献堂，并约定自第四次请愿后，他们将不再签署。

台湾自治协会 1924 年 5 月，台湾青年会干部及与平社有关系者成立台湾自治协会。6 月 17 日，在上海务本英文专门学校前的台湾"始政"纪念日反对集会中，蔡孝乾、林维金、洪缉洽、张深切及谢雪红等台湾青年参加，交相诅咒"始政"纪念日。是年该会数度参与上海反日活动，并凡有机会就散发各种反日传单或宣言书等，以纠合台湾籍民众，并加深大陆同胞对台湾问题的关心，策动在祖国援助下，发展台湾革命。

厦门尚志社 1923 年，台湾青年留学厦门者共达 195 人，7 月李思祯（嘉义人）创立厦门尚志社，于 8 月 15 日创刊机关杂志《尚志厦门号》，抨击日本殖民当局对台湾的统治，促进民族意识觉醒。是年底，岛内议会期成同盟遭检举，该社即于 1924 年 1 月举行厦门学生大会，做出反对决议书，并将之寄发台湾岛内、中国各地及东京的有关同志。

闽南台湾学生联合会 继台湾议会期成同盟遭检举而举行厦门学生大会后，以厦门大学李思祯（嘉义人）、中华中学郭丙辛（台南北门郡人）、王庆勋（彰化人）、集美中学翁泽生（台北人）、洪朝宗（台北人）、同文书院许植亭（基隆人）、中华中学教员江万南（台南人）、英华书院萧文安等人为中心，于 1924 年 4 月 25 及 26 两日举行闽南台湾学生联合会成立大会（至此厦门尚志社活动无形中止）。后于同年 11 月在厦门思明教育会馆召开联合秋季大会，控诉日本管辖后的台湾惨状，当时会员共计 60 余人参加，该会后因会员离散及形势推移而有名无实。

"中台同志会" 此系以南京为中心之台湾留学生与大陆学生合组的团体。当时，在南京的台籍学生吴丽水（罗东人）、李振芳（罗东人）与中山大学教师陈君起等人，邀集同志 40 人，于 1926 年 3 月成立"中台同志会"，其目的首先在于使中国大陆与台湾两地民众完全脱离日本帝国主义的羁绊，然后使中国大陆与台湾地区民众再发生密切的政治关系。"中台同志会"成立后，立即将其成立之宣言书及简章等资料寄发上海、厦门、东京、台湾等地，招劝各地青年学生加入。

1926年5月，"中台同志会"吸收上海大学附属中学蓝焕呈（罗东人）、上海大学学生翁泽生、蔡孝乾、何景寮等人为会员，并与厦门的郭丙辛、黄和气等人取得联系，另并获东京商业学校学生蓝阿婴（罗东人）为同志。7月，乘暑假返台之际，为设置台湾岛内分部，杨如松、黄天海（宜兰人）、吴丽水、蓝焕呈、陈招松、李振芳等人于7月23日在罗东李振芳宅相聚议事。只是他们的活动早为台湾总督府、日本驻厦门领事馆及警视厅等单位所侦知。日本当局乃于7月31日展开检举逮捕，全案经审，黄天海、杨如松、陈招松、蓝阿婴等4人免诉，日方并于1927年5月宣判吴丽水、李振芳各处惩役三年，蓝焕呈惩役两年。

广东台湾学生联合会（台湾革命青年团） 当时在广州的台湾学生，没有加入党派者很少，而加入国民党者居多。在中山大学校长戴传贤等人的策划下，洪绍潭、张月澄（台北人）、郭德金（台中草屯人）、张深切（南投人）、吴文身、卢炳钦（嘉义人）、林文腾（台中北斗人）、简锦铭、林仲节等20余人，于1926年12月借广东中山大学集合，黄埔军官学校政治部主任孙炳文、省市党部各主任暨戴传贤列席，举行广东台湾学生联合会成立大会。该会系以学生为主体，然未几其成员内分裂为学生与非学生，从而于1927年3月27日改为台湾革命青年团，以标示其为革命团体，成员与原联合会相同。在广州主要有两部分人，一部分是念文科学者（多为中山大学学生），另一部分则为黄埔军校学生。当时，台湾革命青年团的主要干部是张月澄、林文腾（黄埔军校学生）、张深切、郭德钦等人。

台湾的民族就是中国的民族，台湾的土地就是中国的土地 台湾青年黄呈聪在1923年1月号的《台湾》刊物撰文，提及"中国就是我们的祖国"。1927年3月12日，由台湾革命青年团署名的《为孙中山先生逝世二周年纪念日敬告中国同胞》传单中，有"台湾的民族就是中国的民族，台湾的土地就是中国的土地"（台湾の民族は中国の民族なり，台湾の土地は中国の土地なり）的口号。4月1日，台湾革命青年团发行其机关报《台湾先锋》创刊号。当时，该团会员经常鼓励劝导学生至广东，并代为斡旋进入中山大学或黄埔中央军事政治学校就读。

当时武汉与南京对立，1927年4月8日蒋介石宣布上海戒严，以白崇禧为上海戒严司令，4月12日始在上海大肆捕杀上海工人，三天内杀戮300余人、逮捕500余人，另有3,000（或云5,000）余人失踪。蒋介石同时亦密令李济深以广东省政府军事厅长身份，于4月15日将广州全城戒严，捕杀大批共产党人及

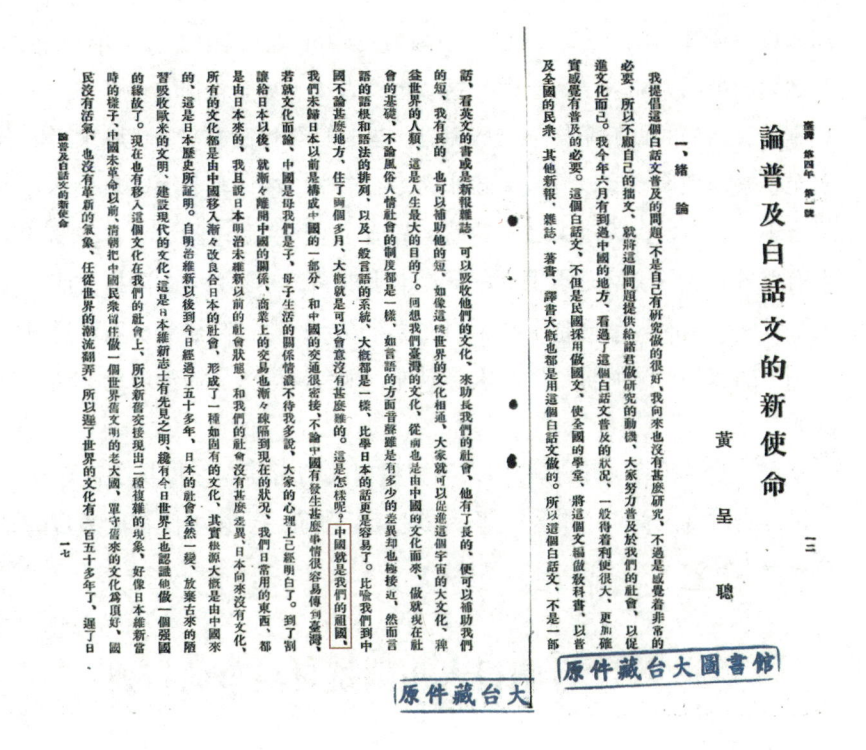

工人积极分子。

台湾革命青年团是台湾革命家的综合团体（几无任何其他党派色彩），广东当局亦明了此点，故该团在4月15日国民党开始清党时，几未受影响。然而6月初旬，广东政府认为台湾革命青年团为左倾团体，并检举首谋者一二人，下令解散该团，且严厉取缔。因此台湾革命青年团于6月中旬结束团务，留在广州的同志则四散亡命。

台湾革命青年团外交部长张月澄（台北人，广东岭南大学学生），曾于1926年6月在广东《民国日报》投寄《台湾痛史——一个台湾人告诉中国同胞书》一稿，控诉日本殖民者在台湾践踏压迫与摧残，宣扬台民解放运动，导致日方对张月澄及旅居广东的台湾人严加监视，并了解该团。1927年7月24日，日本上海总领事馆逮捕张月澄，将之移送台湾，且顺藤摸瓜于8月6日检举全部相关者，先后逮捕23人，经审判决张月澄、张深切、林文腾、郭德金、林仲节、林万振、林如全、吴文身、温幸义、简锦铭、卢炳钦等11人惩役一年至四年不等。

台湾青年历经重阻回归祖国求学　20世纪20年代，许多或受文化协会民族启蒙运动的影响，或不满日本殖民者统治台湾，或仇视日本殖民当局虐待台湾人民，或怀亡国之思，或思慕中国为民族祖国且以中华五千年文化传统为傲，毅然返回祖国大陆求学。当时，这些台湾青年（甚至包括家世良好者）均曾经历日本殖民当局的百般阻挠与严厉刁难。当时日警将欲赴祖国大陆求学的台湾青年召至警察局训斥，或以其赴大陆非为专心求学，或以其赴大陆想也不会用功等荒唐之理由，拒发台民赴大陆旅券以阻其前往中国大陆求学。日本当局甚至宁可容忍有反日倾向的"问题学生"赴日本本土求学，亦务必全力阻挠台湾学子赴中国大陆求学。当时，台湾学子甚至因无法获发台民赴大陆旅券，而取道日本再转赴中国大陆求学。又倘求学地在闽粤以外，则台湾学子尚需学习北京话以克服方言障碍。

前述台湾青年中，有许多人到了祖国大陆后便立即投身反日运动，故他们可说是当时台湾青年中的佼佼者，二十年后他们中许多人又都成为台湾光复前后之风云人物。

二　台胞投入祖国抗日战争的行列

台胞抗日运动与大陆抗战相结合　1937年7月7日，日本于我国北京西南郊发动"卢沟桥事变"，自此揭开中国全面抗日战争的序幕。抗日战争是近代中国人民抵抗日本侵略的一场民族保卫圣战，这场战争将祖国的抗日运动与台胞的抗日活动紧密结合在一起，也使两岸人民的联系更加紧密。因此，7月7日可说是台湾人民投入祖国抗战行列的一个关键日子。随着战争的展开，日本当局加强了在台殖民统治的力度与深度，发动了"皇民化运动"，也就是日本化的思想改造运动，但"皇民化运动"却更加激发了台湾精英奔赴祖国，投入抗战行列。

民族的传承与认同　自1895年日军侵入台湾以来，台湾同胞抗日运动风起云涌，前期1895—1902年是激烈的大规模武装抗日，及后是零星武装抗日，接着是1915—1936年间的非武装抗日。当时，被日本殖民当局列为极机密的《台湾总督府警察沿革志》叙称那些从事非武装抗日的台湾志士对中国未来寄予莫大瞩望，认为中国不久将重新振兴而雄飞世界，必定能收复台湾，基于此一见解，于此刻到来前，不可失去民族特性，须涵养实力以待时机。故日据时期，台湾人民一波接一波的抗日运动，实际上延续着台湾人的民族传承与对祖国的认同。

与此同时，日本当局如此歧视台湾的教育政策，使台籍精英情实难堪，亦自然引起台湾有志之士的不满。从当时台籍精英相关回忆著作或文章可知，日本当局在学校极度歧视台湾学生的政策与施教方法，及铺天盖地摧毁中华文化的"皇民化运动"，反而更加激发了台湾青年志士对祖国的认同，他们不惜冒险辗转各地，前仆后继地回到大陆，投入祖国抗战的行列。抗日战场，可分为与敌人短兵相接的实战战场与意识形态上的理论战场。先就实战战场介绍一些抗日台胞在我国华北、华中、华南、香港及海外各个战场的英勇事迹。

华北战场　台湾嘉义大林人林思平，1941年毕业于日本东京庆应大学医学部。1943年林思平夫妇二人放弃日本的优越生活，并动员白凤洋、黄仁和、杨泰山和杨丁铭等台湾知识分子，投奔祖国大陆，来到山西太原。当时，林思平在太原铁路医院当医生，并以医生身份，用当时奇缺的药品和医疗器械秘密支持华北抗日的八路军，及掩护中共地下党干部。1945春，因遭日本特务怀疑，林思平夫妇乃前往晋察冀解放区的张家口市，在白求恩所创的"国际和平医院"当医生，担负救死扶伤的工作。

台湾台北板桥人李子秀（原名吕芳魁），1940年入长春伪满洲建国大学，1942年欲投奔关内抗日，但逃到山海关就被学校抓回。1943年，李子秀被征调入日本陆军士官学校炮兵科，后以优异成绩毕业，任日军炮兵少尉，驻防日本和歌山县。1945年5月，逃离军营，返回祖国，入晋察冀解放区参加八路军，不久赴张家口市担任炮兵团教官。李子秀当时还从事编写反坦克教材，训练共产党领导下的抗日部队反坦克技术人员。1946年2月13日，李子秀于排除反坦克雷的一场意外爆炸中牺牲。现在，在张家口烈士陵园有李子秀的墓碑，墓碑由昔日晋察冀军区司令员聂荣臻元帅题词纪念。

台湾台南人杨诚，幼时随父母移民印度尼西亚，14岁时返回厦门集美学校

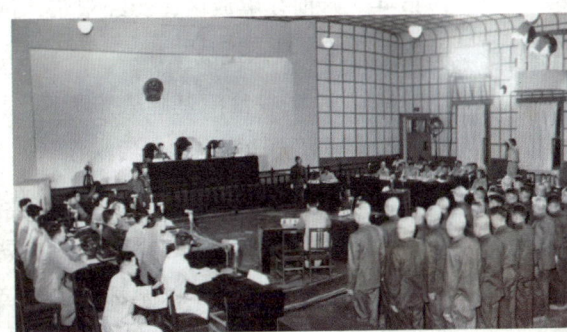

△ 内有冯志坚（女）、陈弘、纪朝钦、蔡明熹、陈妙龄、陈峰龙等台籍干部

△ 台湾人参与我国对日本战犯的审判

就读，1934 年入北京大学。"七七事变"后，杨诚赴延安参加抗日，并于 1937 年参加中国共产党。1940 年担任归国华侨救国联合会主任，1944 年出任延安外语学院英语系班主任兼系党支部书记。

台湾台南县人林栋，1943 年于日本名古屋大学毕业时，拒绝了老师及友人要他在日本就业定居的挽留，在毕业典礼当天下午，即毅然启程，回到苦难中的祖国。林栋归返祖国后，首先落脚山西太原，一面教书谋生，一面寻找联系朋友做向导。一年后，终于冲破日军封锁，抵达太行抗日根据地，成为一名八路军战士，参加抗日战争。

台湾台北人翁阿冬，经廖承志介绍，于 1938 年单身经新加坡、中国香港回到祖国大陆，随即奔赴延安参加抗日队伍。为避免累及台湾的亲友，她接受陈云的建议，改名冯志坚。当她得知已成为中国共产党党员的哥哥翁泽生在台湾牺牲的消息后，立誓要"把血泪变成锐利的刺刀，刺在每个敌人的身上"。

台湾高雄人杨美华，1941 年春于高雄州立高等女子学校毕业后，前往东京日本女子牙科医学院就读，1945 年 2 月放弃学业返回祖国，同年 8 月 16 日前往解放区，入渤海军区三分区野战医院。

△ 翁阿冬（后改名冯志坚）
这是翁阿冬 1931 年离开台北时的照片。

△ 李伟光（台湾彰化人）
李伟光是中国共产党党员，第一届政协代表。

台湾台中县梧栖港人陈文英（本名陈定澜），1944 年考上北京大学政治系，1945 年 1 月前往解放区，历经艰难，抵达中共晋察冀分局城市工作委员会所在地的阜平县，投入抗战工作。

华中战场 台湾基隆人朱天顺，1939 年自台湾抵华中武汉地区，1942 年初进入豫鄂边抗日根据地，后来在新四军第五师政治部对敌部担任针对日军的宣传、搜集日军情报、管理日本反战同盟第五支部等工作。

台湾台南白河人吴思汉（原名吴朝和），1943 年 7 月于台北高校毕业，10 月入日本京都帝国大学医学部。1944 年 4 月，吴思汉从京都搭火车前往下关，抵釜山，又经朝鲜、鸭绿江回到祖国，后经沈阳、山海关抵北京，入北京大学工学院，一面读书，一面寻找去重庆的门路。后来几经辗转，终于抵达重庆，加入国民政府的抗日行列。

李伟光（1897—1954），原名李应章，早年在台湾学医，为台湾文化协会创始人之一。1925年1月在家乡成立二林蔗农组合，领导农民抗日，同年10月被捕入狱，1928年1月出狱。1932年1月西渡厦门，4月加入中国共产党。1934年底到上海后，为躲避日方缉捕，改名李伟光，并开设诊所。1937年夏，方联系中共组织关系。抗战期间，在中国共产党的领导下，李伟光以医院为掩护，搜集日军情报，为新四军提供药品和医疗器械，掩护抗日革命同志。1949年9月，作为台盟五名代表之一，出任第一届政协代表。10月1日在天安门上参加开国大典，后出任台盟华东总支部主任委员。1954年，李伟光被选为上海市人民代表大会代表，同年10月病逝于上海。

华南战场 李友邦（1906—1952），台北芦洲乡人，曾就读台北师范学校。1927年时为在广州的台湾革命青年团成员，约1929年前后始与中国共产党有所牵系。1932年初在杭州被捕，1937年被释放，出狱后在杭州曾以教日语为生。

1937年7月7日，日本发动"卢沟桥事变"，抗战军兴。李友邦投入抗战行列。1938年3月，陈仪突然下令，一夜之间将200余名台湾人集中于崇安地方劳动。李友邦乃征得陈仪同意，将集中在崇安县的台胞带往浙江，于1939年2月在浙江金华成立以"保卫祖国，收复台湾"为宗旨的"台湾义勇队"，并先后成立第一支队、第二支队、第三支队及第一台湾医院（金华）、第二台湾医院（衢州）、第三台湾医院（兰溪）与第四台湾医院（建阳）。

台湾义勇队队员几乎全为台湾人，队员需接受为期两个月的短期训练，内容包括基本理论教育、组织教育与技术教育等。该队虽然注重政治训练，但也接受军事训练，队员虽身着平民衣衫，却都携有武器，军方还授予所有成年队员少尉以上官阶。台湾义勇队于1943年扩大为台湾义勇总队，李友

△ 李友邦（1906—1952，台北人）

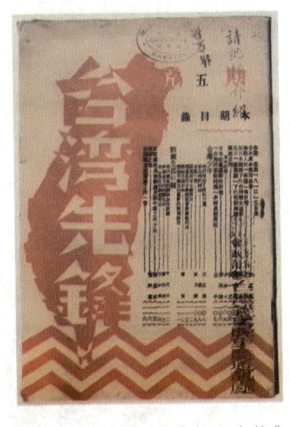

△ 李友邦创办的《台湾先锋》

邦升任中将总队长，直属于国民政府军事委员会政治部。

翁俊明（1893—1943），台湾台南人，其父思念故国情殷，禁止翁俊明幼时习日语，故其至15岁方停读汉文而入台南第一公学校，三年后考入台北医学校。后于1912年加入中国国民党前身中国同盟会，次年在赴日本的船上曾拜会孙中山先生。1913年，翁俊明自日本经大连、奉天至北京，拟以毒菌置于自来水中毒杀袁世凯，未果。返台后1914年毕业于医学专门学校，1915年转往厦门行医，1929年任同善医院院长，1938年日本占领厦门后乃转赴香港与重庆。

1940年初，经翁俊明与刘启光（台湾嘉义人，1905—1968，本名侯朝宗）居间协调，两大台湾人团体台湾民族革命总同盟与台湾独立革命党的领导人谢南光和李友邦在重庆商谈合作事宜。后同陈友钦的台湾青年革命党、广东柯台山的台湾国民革命党及厦门张邦杰（高雄人）的台湾革命党，于是年3月29日黄花岗纪念日成立"台湾革命团体联合会"。同年夏，国民党中央组织部部长朱家骅数次斡旋于各台湾人团体的负责人之间，终促成台湾革命团体联合会的各党代表大会议决，解散该会及所属各团体，于1941年2月在重庆成立"台湾革命同盟会"，宣称"夫台湾自古以来即为中华国土之一部分"。1942年6月，国民党中央组织部承认该组织，并按月提供资助与指导。

萧道应，台湾屏东佳冬人。1940年，萧道应于台北帝国大学医学部毕业后，

△ 台湾义勇队少年团（1939年7月摄于浙江金华）

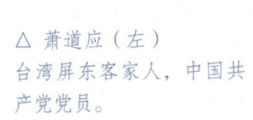

△ 萧道应（左）
台湾屏东客家人，中国共产党党员。

△ 谢东闵（彰化人）（右）
此为其1946年任高雄县长时的留影。

偕妻子黄素贞，与李南锋及就读明治大学的钟和鸣（后改名钟浩东）及其妻蒋碧玉等5人，先后自台湾潜赴大陆，参加台湾苗栗人丘念台领导的东区服务队，在广东近福建交界处的蕉岭与广东南部的博罗等地，从事艰苦的抗日工作。

1943年，中国国民党将中央直属的台湾党部设在福建南部的漳州。主任委员就是台湾台南人翁俊明，书记长为台湾南投人林忠，执行委员兼宣传科长为谢东闵。当时这个组织设计了各式各样的日文传单，大量印刷后，交由美军空投台湾。有时也利用交通船或渔船，将传单运往日军占领下的厦门。

在海南岛战场，台胞陈狮秘密将日军情报递交我军，后被识破，被捕囚禁，惨遭酷刑，后经我游击队救出，幸免于难。台胞郭耀传，也为我军传递情报及解救我方被俘抗日地下人员，后被日军识破，乃起义投入我军。台湾嘉义人杨坤荣等28人，于1945年1月19日，击毙日军50余人及生俘1人，起义来归。据悉，总计海南岛一地起义的台胞多达290人。

香江谍影　在香港，可用"香江谍影"来形容抗日战场。在这里，国民党政府借重抗日台胞的中日文双语能力，从事对日本的情报工作。第二次世界大战爆发后，英国政府在香港"邮政总局"内设立了"邮电检查处"，对经过香港的各国邮电书刊进行检查。尽管当时日本尚未对英国开战，但英国已感受到日本的严重威胁，乃加强搜集日本的情报，将日文邮电书刊列为检查重点。

当时，台湾彰化人谢东闵就在"邮电检查处"担任日文函电书刊的检查工作。英国政府对日文的邮电检查，是事先交给谢东闵一份黑名单，名单上有名字的往来日文邮件一律拆开检查。未列在黑名单内的日文邮件，检查与否，则由谢东闵决定。于是，谢东闵遇到有参考价值的日文邮件，就秘密抄一份，转交给当时在香港负责搜集情报的台湾云林人李万居（其前任为台湾彰化人谢南光）。李万居再将该情报转往重庆隶属军事委员会，直接受命于蒋介石的国际问题研究所处理。

当时在香港，还有另一个国民党政府的情报组织，那就是中国国民党中央组织部部长朱家骅布建的情报网。当时，朱家骅派台湾台南人翁俊明为驻香港部门的负责人。翁俊明当时在香港以行医方式掩护工作，期间曾派人回台湾搜集情报，转呈重庆。是时，台湾嘉义人刘启光为书记，台湾云林土库人陈哲生负责组织工作，并奉命潜伏在香港的日文报社工作，借机搜集情报。1941年12月日军占领香港，陈哲生仍坚持留港工作，不愿撤离。后来日军发觉他的真实身份，将他逮捕，送回台湾，后遭严刑拷打，壮烈牺牲。

海外战场 台湾台中雾峰林家的林正亨，于1937年抗日烽火燃起之际，投考南京陆军军官学校，毕业后随国军部队于1940年参加广西昆仑关之役。后部队调往湖南休整，任消毒连连长。1942年在重庆任国民政府交通司上尉副官。1944年，林正亨参加中国远征军，任步兵团指挥连连长，参加反攻缅甸北部密支那的战斗。在战场上，与日军浴血奋战，最后与敌人展开短兵相接的肉

△ 林正亨（1915—1950）
此为林正亨就读于南京中央陆军军官学校时的留影。

△ 林冈在贵州铜仁三中与前来探望的哥哥林正亨合影（林冈长女林力提供）

搏战，身负重伤，后虽在战地医院治疗四个多月，但左手落下残疾。林正亨的妹妹林冈（原名林双盼），1925年时随母返回台湾雾峰林家，1936年秋前赴大陆，并辗转至重庆。中共组织将林冈调到塔斯社驻重庆分社工作，后来与董必武的政治秘书鲁明结婚。及后鲁明曾任中国驻科威特大使，林冈随夫赴任。

台湾台南人黄朝琴，1923年早稻田大学毕业，留学美国。1925年加入中国国民党，1926年获美国伊利诺伊州立大学硕士学位，后回祖国于1928年入国民政府外交部，1935年5月出任我驻美国旧金山总领事。"七七事变"后，黄朝琴适时召集旧金山及其附近城镇的各侨领开会，成立金山华侨救国总会，推动爱国捐献运动，两年共募美金400万～500万元之巨。这对祖国的抗战，也是另一种形式的贡献。

台湾革命同盟会的伟大贡献　1942年夏，在一份美国军部内检讨用的备忘录中，就提及台湾的地位应予特别考虑，由临时托管机构予以掌控。同年8月，美国著名杂志《幸福》《时代》与《生活》的编辑，联合发表战后和平方案，其中就提出战后台湾应由国际共管的主张。

对于美国出现这样的舆论，台湾革命同盟会常务委员李友邦于1943年2月撰写专文予以驳斥。一个多月后的4月17日，台湾革命同盟会发表宣言，郑重声明"台湾土地原为中国领土……必须一致主张战后台湾应即归还中国"。同年11月23—26日开罗会议召开。台湾革命同盟会在同月21—28日召开第三届代表大会时，陈情国民政府"设立台湾省政府，以励人心而副民望"，使"五十年失地得以归依祖国"。此外，会中谢南光也提案并获大会通过，提案中提到"请以大会名义向英、美、苏各国领袖致敬，并要求其承认台湾归还中国"，支持政府在开罗会议光复台湾的立场。

因此，台湾革命同盟会的最大贡献是在意识形态的理论战场，对内不但更加唤起祖国各界有关收复台湾的舆论，并提供台湾归依祖国的台湾民意基础；对外则代表台湾人民向国际社会发声，宣示台湾人民回归祖国的强烈意愿。相信当时美国国务院驻重庆的外交官，对这些抗日台胞团体的意见自是了如指掌。合理推断，台湾革命同盟会对台湾回归祖国方面的贡献，也是国民政府向美、英要求收复台湾的重要原动力之一。

台湾抗日精英的三大特点　归纳上述抗日台胞的事迹，有三大特点。第一个特点，抗日台胞几乎都有显赫的学历。例如，林思平毕业于东京庆应大学，李子秀毕业于长春伪满洲建国大学并且是日本陆军士官学校炮兵科的日军炮兵少尉，杨诚毕业于北京大学，林栋毕业于名古屋大学，杨美华毕业于东京日本女子牙科医学院，谢东闵毕业于中山大学，谢南光毕业于东京高等师范学校，李万居毕业于法国巴黎大学，黄朝琴是美国伊利诺伊州立大学硕士，丘念台毕业于东京帝国大学，李友邦毕业于黄埔军校，翁俊明毕业于台北医学院，萧道应毕业于台北帝国大学医学部，宋斐如毕业于北京大学……他们都是高学历的台湾知识精英。

此外，抗日台胞中有人家境颇佳。例如杨美华，父亲是土木建筑技师，母亲是助产士。有人还是地方首富，例如黄朝琴，家中有田地约150余甲。有人更是一门忠烈，例如丘念台是丘逢甲的三公子，蒋碧玉是蒋渭水的养女，翁阿冬是抗日烈士、中国共产党党员翁泽生的妹妹，林正亨是闽南军司令林祖密之子（清末台湾抗法名将林朝栋之孙）。因此，总体而言，他们可说是那个时代台人精英中的精英。他们归返祖国投入抗日战争的行动，反映出那个时代台湾人民的心声。

第二个特点，他们不是单一的个人事件，而是许许多多的台胞精英，不约而同、前仆后继地投入抗日大业。他们在台湾都需躲避日本殖民当局的严密监控，自己设法隐瞒亲戚友人，秘密辗转西行，奔向人生地疏的祖国，大多经历坎坷。

例如李子秀是日本陆军正规军的炮兵少尉，部队驻防日本本土的和歌山时，他身穿日本军官军装，佩带军刀，借故逃离军营。他机智勇敢地摆脱了日本宪兵的追捕，经大阪，由下关坐轮渡到达上海，辗转抵达仍被日军占领的北平，经台湾同乡北大教授林耀堂与苏子蘅先生的引荐，突破日军重重封锁，抵达晋察冀解放区。萧道应等一行5人在广东惠阳因无良民证，身份不明而遭逮捕，险遭枪决，幸吉人天相，与丘念台联系上，才能参加抗日行列。由此可见，当时抗日台胞投奔祖国，参加抗日战争的信念，是何等的坚强。

第三个特点，他们加入了不同政党。由于当时祖国内部有中国共产党与中国国民党两大政党，而这些献身祖国民族保卫战的抗日台胞，因为概率的因素，也就分别参加了中国共产党与中国国民党，甚至中国青年党的抗日行列（李万居是中国青年党党员）。当然，就地理位置而言，抗日台胞如果是先回到华北，则多是加入中国共产党；如果是先回到华南，则大体上是加入中国国民党。

抗战期间，我国处于贫穷落后的状态，物质条件极差；抗战刚结束时，又发生国共内战，故历史记录工作不足，对台湾同胞的抗日运动没有太多的深入了解。今日，国家昌盛腾飞，回顾台湾同胞从事抗日斗争的艰苦卓绝历史，理应将他们的英雄事迹，永载我们民族的史册。

三 悲剧性的"日化世代"

"日化世代" 在时代的巨变中，人们因拥有共同的特殊历史记忆，故会形成特殊"世代"。对台湾居民而言，19～20世纪曾发生过两次剧烈变动，一是1895年乙未割台，一是1945年台湾回归祖国。对19世纪20～30年代出生的台湾人而言，可说是一日本化的"日化世代"。1935年时他们是6～14岁的学龄儿童，当时男童就学率高达56.8%。他们的童年适逢日据期间最安定的一段时间，求学阶段历经完整的日本中小学教育与军中教育。当时小学五六年级的历史教育，完全教日本历史。他们共同的语言是"日语"，共同的国歌是《君之代》，都会背诵明治天皇的"教育敕语"。作家叶石涛，台湾台南市人，曾就读台南州立二中（今台南一中），光复时19岁。叶君回忆，那时受教育的年青一代台湾人，大半都日本化，且在"皇民化运动"下，几乎完全相信日本人。当时，他对中国可说一无所知，并将中国历史当成东洋史的一部分如菲律宾史般看待，对中国历史也只是基于一种对外国史的了解。

1945年时，前述年代出生的台湾人正是17～25岁的青年，成为日本当局

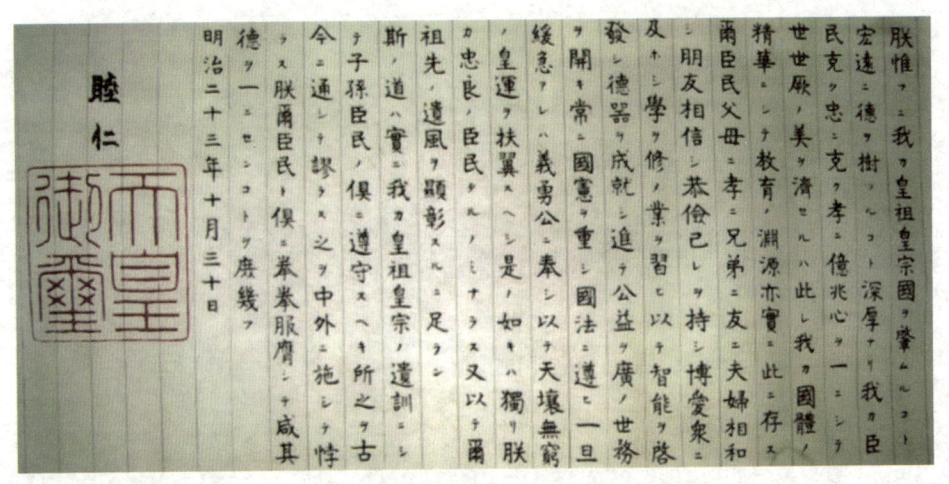

△ 日本明治天皇1890年颁布的"教育敕语"
为巩固统治，日本殖民政府在台湾推行奴化教育。日本明治天皇于1890年颁布的"教育敕语"规定，学校在朝会、集会及纪念仪式时，均须恭读"教育敕语"，并向天皇"御照"行最敬礼，另小学生在四年级以前，要能一字不漏正确背诵。

在台湾大肆征兵的对象,从而历经了完整"日本兵"的军事教育训练与对中国妖魔化的政治宣传。许多人都有在祖国大陆的残酷战斗经验。

台湾人不得佯装忠顺 "卢沟桥事变"发生后的第三天(7月10日),配属台湾宜兰农林学校的樋口少佐(少校)即当众问学生:"(中国)兵若攻占台湾,而你们的父母又投靠他们的话,你们将做何打算?"结果学生被问得不知所措,难以启齿。然而樋口少佐却要求学生必须背弃父母以效忠天皇。台湾总督小林跻造也于7月14日与8月16日向全岛官民发表"对中国华北时局的认识"(北支时局の认识に対し)及谕告第一号"尽臣民本分之秋"(臣民の本分を尽す秋),新上任的台湾军司令官古庄干郎亦于15日发表"告台湾全岛民"(台湾全岛民に告ぐ),严厉警告台湾人不得佯装忠顺,暗地里做出反日言行。

当时,每当日军在我国攻下重要城市,如沧州、南京、徐州、广州、武汉、汕头、香港等地时,台湾殖民当局即动员公家机关学校社会团体及一般民众,于全岛各地,白天举行盛大持旗队伍游行,晚上则举行盛大提灯队伍游行。例如,南京陷落次日的1937年12月14日,宜兰市日本殖民当局发动游行(晚上则提灯笼游行),学校放假一天。游行时,每人手持纸做的日本小国旗,且边走边唱日语军歌,也有人以日语高喊天皇陛下万岁。当时宜兰小学(公学校与小学校)

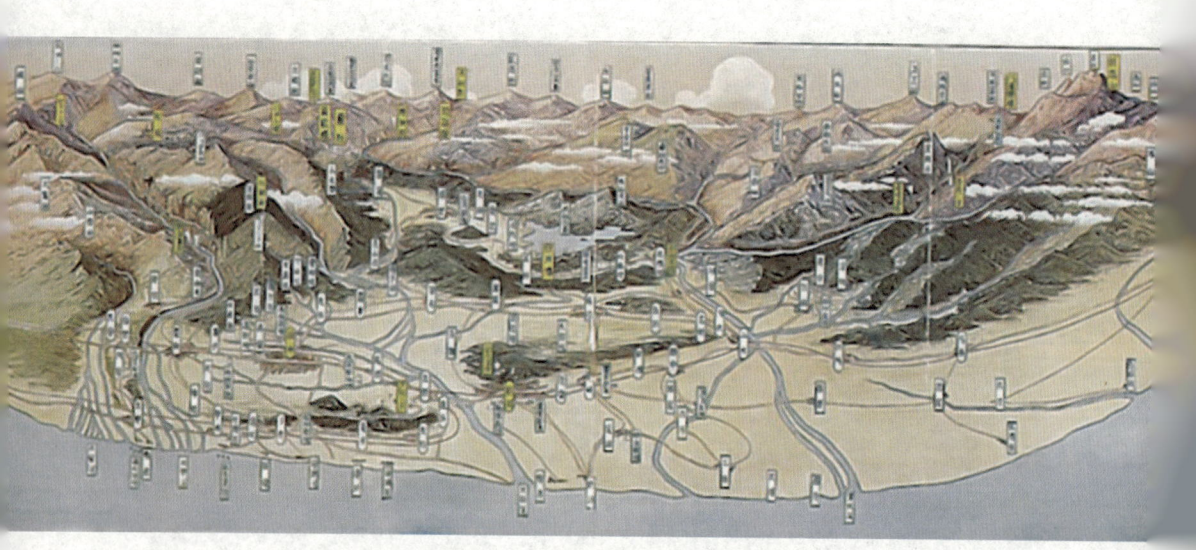

△ 新高次高合欢越雾社日月潭(昭和十年,1935年),左 20.5cm×20.5cm,右 39cm×21cm,李高雄收藏

三四年级以上的学生，则由老师带队参加。宜兰地区除宜兰市外，其他如罗东、苏澳、礁溪、头城等地，也都有游行（然而当时真相却是，日军正在南京大规模屠杀 30 万无武装的我国平民）。

没有叫祖国的自由　对出生于 1900 年前后或更早，幼时目睹日军在台湾蹂躏杀戮的中年以上台湾人，尤其是知识分子而言，自是莫名的悲怆。1938 年 10 月底，日军攻陷我国华中地区湖北省的武汉三镇，日本殖民当局除立即于 10 月 28 日在台湾全岛举行"战捷祝贺纪念式"外，还在全岛举行盛大持旗队伍与提灯队伍游行。然而，思念祖国并曾在日记中写下"最后希望埋骨于大陆"的台湾台南军人吴新荣（毕业于东京医科大学，时年 31 岁），当时还在其日记中写下"昨夜警笛鸣响，通报武汉陷落的消息，中国的心脏被攫夺。前此，脑袋部位的南京地方及两臂的北京与广东地方已丧失，中国仅存的是甘陕、云贵的两脚，今后如何走下去"。

客家作家吴浊流（本名吴建田），1900 年生，幼时居住的新竹新埔镇地方曾遭日军蹂躏，其家正厅三间奉祀祖先的地方，于吴浊流出生时遭日军烧毁，他自小就在听讲日本人可怕残暴的故事中长大。吴浊流生性懦弱，非抗日分子。作为一名台籍教员（时年近 40 岁），在当时是有口难言，但在战后 20 世纪 70 年代前期所著《台湾连翘》一书中，却深沉沧桑地忆述称，"七七事变后，实施所谓国民总动员，因此步入纯粹战争的时局里，全国上下揭起'暴支膺惩'的标语，但事实上是日本人侵略台湾人的祖国，表面上高举正义的旗帜，欺骗台湾人，展开'皇民化运动'，把'内台一致''灭私奉公''献身报国'向异民族的我们强制执行。在各部落里，把家长及主妇召集起来，开了'暴支膺惩'的演讲会，讲师则动员警官、保甲役员、役场吏员、学校教师等人。我们台湾籍教员，尝到无法说出口的痛苦，遭受了内心被针刺一般的经验。在殖民地下的台湾人没有叫祖国的自由，完全像奴隶一样，而且又被置身于不能不向祖国的敌人效忠的地位"。

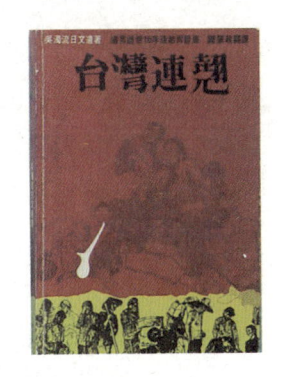

四　"日化世代"的结果与影响

死亡炼成　第二次世界大战末期，日本当局明知战况恶化，败象已露，却

△ 台湾总督长谷川清

△ 台湾军司令官本间雅晴

迫不及待地将台湾青年送往战场陪葬。但官方说辞却讲得义正词严，台湾总督长谷川清于1941年6月20日，就有关台湾实施陆军志愿兵制度发表讲话称"本着内台一如的统治，本岛官民不断待望已久的志愿兵制度，本月二十日阁议决定以昭和十七年为实施目标，进行准备。这个制度是授予本岛人崇高的大任，集合在代表日本臣民最高荣誉的军旗下，致上尽忠报国之诚，正可谓是本岛统治上划时代的飞跃，600万人皆庆祝，现今决定实施此制度，当然是因历代总督致力于施政、皇民炼成与岛民的自觉奋起所致"。台湾军司令官本间雅晴同日称，"这次的决定可以说是，在中国大陆有着祖先坟墓，一举一动都追随汉民族风俗习惯，并因袭传统，对一衣带水的对岸有执着倾向的台湾本岛人，经过日本当局多年来在物心两方面努力的结果。由整体来看时，已成为有着相当水平的皇民，现今可说迈入了炼成期"。对那些埋骨异域的台湾人而言，这是国家机器宣导与强制下的死亡炼成。

光复后台湾人对祖国认同的二分化 1895年割台，1905年时本省人学龄儿童就读私塾的有19,252人（就读日本殖民政府所设小学校者计27,464人），1915年时本省人学龄儿童就读私塾的有18,000人（就读日本殖民政府所设小学校的有66,078人），也就是说日本殖民者统治台湾初期的十年至二十年间，仍有这么多的台湾人接受中文教育。从所受的中文教育影响与幼时生活经历来说，他们属于"中国世代"。这些人光复时约40岁以上，他们幼时亲身经历日据初期殖民者在台湾的狠毒杀戮与迫害，这在那个时代的知识分子的回忆中随处可见，故他们热烈欢迎台湾回归祖国。

但随后一年，海外与中国大陆战场上"日化世代"的台籍前日本兵陆续回到台湾。因此，1947年初时，台湾社会存在着两个不同的年代，一个是年龄约40岁以上、接受过中文教育的中国世代；另一个是20岁左右、曾接受过正规的日本中小学教育与日军的军中教育的"日化世代"。正因为两个思想迥异的不同世代同时存在，所以在"二二八"事件时，台湾有那么多台籍年轻人与台籍前日本兵殴打屠杀外省人，但又有许多本省人冒险救助外省人。"二二八"事件时，海外归来的台籍前日本兵，甚至头戴日本军帽、身穿日本军服、口唱日本军歌、荷枪背刀，横行街上。台中的"二七部队"甚至以日语为口令，组织则采取日本陆军制度。这些现象，也从某种程度上反映了当时的时代，即日据初期与晚期，中日两种教育对台湾人的不同影响。

光复后的"日化世代" 对"日化世代"而言，在1945年日本投降时，他们除接受了完整的日本高中或大学教育外，还曾经历日本战时国力鼎盛的时代（在日本殖民政府严厉的思想控制与新闻管制下，当时年轻的"日化世代"仅凭个人生活经验与所获自殖民政府宣传的资讯，是难以从宏观整体的角度知道日据前期日本殖民者在台湾血腥杀戮二十年的实情，更无法了解日本殖民当局对台湾差别化歧视与压榨的统治手段的）。台湾光复后，先是"二二八"事件，接着是迁转台湾的国民政府在杯弓蛇影之际，在台湾实行了戒严统治，此一中日两国兴衰的特定历史经历，又结合了个人遭遇的冲击。例如，除了白色恐怖的戒严统治，国民党政府在台湾严禁日语，这使"日化世代"失去了运用以前所习日文以及附着在这个语言上的教育资产。在戒严统治下，他们被迫对外封存个人和群体的记忆，保持近乎绝对的"沉默"，但他们将"沉默"的怨怼传承予下一代，他们自己则于20世纪末本土化时代来临时再度活跃。

然而世间之事，诚如老子所言，祸福相倚。因日本汉字与中文相通，故"日化世代"的许多本省人能迅速使用国语（当时的国语多指北京话，下同）。由于"两蒋时代"，在政治权力运作上，是实行上层以外省人为主，地方以台

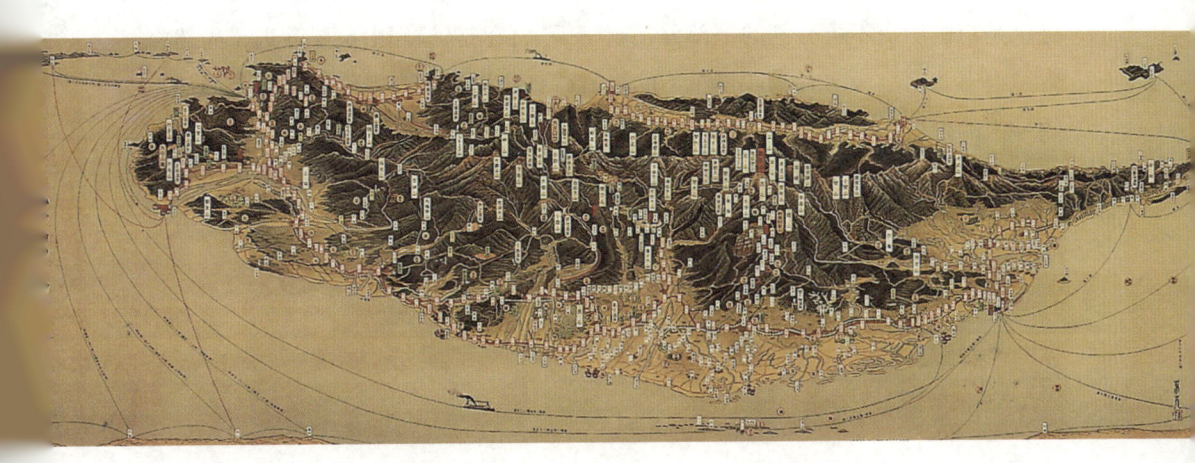

△ 金子常光，台湾鸟瞰图（昭和十年，1935年），210cm×38cm，苏明辉收藏

籍精英为主的二元分权体制，共同分享政治权力。因此，在地方上，"日化世代"的本省精英崭露头角，成为县市镇长、议员或议长，农会、渔会的理监事或总干事，进而问鼎台北政坛，如林洋港、李登辉等。此外，"日化世代"中很多人因曾接受日文教育，光复后不但会国语，而且精通日语。故"日化世代"于20世纪60～70年代台湾经济起飞时，经商时能与日本人沟通，获取商情、技术与资金，从而发财致富，成了台湾经济发展的最大受益者。

李登辉"血书志愿"参加"皇军"　日据末期日本殖民当局在台湾征召"陆军特别志愿兵"的过程中，曾出现"血书志愿"争取参军者。在当时的"血书志愿"样板中，居然有李登辉。1944年2月25日，《台湾日日新报》以"血书志愿的热诚结实"为标题，报道岩里政男（李登辉的日文名字）以血书铭志参军的事迹，称住在淡水郡三芝庄小基隆的岩里龙男（李金龙）的次子政男（李登辉），现年23岁，目前是京都帝大农学部经济科（农学院经济系）的在学一年学生（大一学生），前曾写出要击灭"鬼米英"（英国与美国）之热烈意志的血书，现已被录取为陆军干部候补生，光荣入营成为若樱（意为年轻的樱花，在台湾是指陆军特别志愿兵，在日本本土意为年轻的军人）学徒，其兄岩里武则也在1943年参加海军。岩里龙男表示，他们兄弟俩一起成为无敌"皇军"的一员，是无上光荣的事。他们出发时曾说，愿粉骨碎身为君国殉死，为击灭英美迈进，以报答广大无边的"皇恩"。

"日化世代"的最大影响　回首"日化世代"之际，当时投入祖国抗战行列的台湾志士的政治觉悟与胆识是以"血书志愿"投效日本"皇军"的李登辉之流完全不能相比的。他们对祖国的热爱，是以生命相许，他们的光荣事迹，是祖国历史不可分割的一部分。至于后来台湾当局经由层层筛选，居然将曾"血书志愿"效忠日本"皇军"的极右"日化世代"李登辉提携至台湾地方领导人的位置，实在是"日化世代"对台湾的最大影响。李登辉不但将中国国民党带向没落之途，而且还利用手中权力，在两岸交流间设下重重障碍，对统一大业造成相当深远的负面影响。

第二十一章
第二次世界大战期间物价飞涨与粮荒

一　美军滥炸台湾两百天

日本第十方面军　日本在东南亚的初期侵略虽势如破竹，并扩及南太平洋，但因综合国力远逊美国而逐渐败亡。1944年2月，美军攻占马绍尔群岛，7月攻克马里亚纳群岛的塞班岛，8月续占关岛，9月更进而占领菲律宾东南不远处的帕劳岛，迅速掌控西太平洋的制海制空权。

1944年9月22日，日军大本营为应对日益恶化的战局，乃将原台湾军扩编为"第十方面军"，以防卫南西诸岛、台湾本岛、巴淡岛、巴布延群岛。又于12月28日，将冲绳的第九师团移防台湾，以强化台湾防卫。方面军司令官由原台湾军司令官安藤利吉就任，12月30日接任台湾总督，完成战时台湾的军政民政结合体制。

日美台湾近海航空战　1944年10月12日拂晓，在台湾东岸仅约百千米处的美军第三十八特遣舰队航母出动约500架美机攻向台湾，当时100架日机在新竹上空与另130架日机在冈山上空迎战。是日清晨，美日700余架军机在台湾上空大战，首波交战，80架日机于瞬间惨遭击落；中午，第二波美机500架又至，仅30架日机迎战，日机又瞬间消逝在空中；下午，第三波美机抵台时，已无日机敢升空迎战（是日美机遭日机及日军防空炮火击落者共48架）。

12日及其随后数天的战斗被称为"台湾近海航空战"，日美双方共出动约

△ 1944年10月12日在台湾台东兰屿东方外海约148千米处，美军航空母舰"列克星敦"号正回收轰炸台湾的TBF轻型轰炸机，是役，美军第三十八特遣舰队全日出动攻击台湾的战机计1,378架次

4,320架次战机参战，是太平洋战争中最惨烈的一次海空大战，也是最后一次航空决战。此役，日军参战战机650架，战损492架（美军仅损失89架），从而丧失了在台湾的制空权。

美军滥炸台湾两百天 1944年12月12—17日的六天间，美军对台湾全岛进行大规模轰炸。期间台南、高雄、澎湖马公、台中、淡水、花莲等地的军事目标、工业中心、机场与交通线等均遭轰炸，其中尤以高雄及马公的船只与港口设施所遭到的轰炸最为严重。

自此以后，美军始逐渐频繁持续地空袭台湾诸如屏东、高雄、冈山、台南、台中、嘉义、花莲等各地方。例如1945年1月21日，在巴士海峡的美军第三十八特遣舰队，出动约1,160架次轰炸机整日轰炸高雄、马公、基隆、台南、花莲、新竹飞行基地及台北与屏东等地。例如3月1日，美军44架B-24重型轰炸机在台南市区投下387枚500磅（约226.8千克）的燃烧弹，全城陷入火海，当天台南市遭轰炸死亡者有2,000多人。又例如5月31日，美军出动117架B-24重型轰炸机轰炸台北市，当时轰隆巨响四起，黑烟笼罩，多处燃烧，入夜后火海映照夜空。5月30日至6月3日，美军也出动超过300架次的B-24重型轰炸机轰炸高雄港，使其几乎瘫痪。

△ 寿山（左上角）与高雄港

优先抢救受伤日本人 据台湾总督府警务局的资料，自 1944 年 10 月 12 日至 1945 年 8 月 10 日止，美军空袭台湾致台湾人死亡 5,582 人、失踪 419 人、重伤 3,667 人、轻伤 5,093 人，在台日本人死亡 518 人、失踪 16 人、轻重伤 5,570 人。

当时，台湾本岛籍人口虽是在台日本人的 15.4 倍，台湾人遭美机轰炸死亡、失踪人数是在台日本人的 11.2 倍，大致与两者人口比例接近，但台湾人受轻重伤者居然少于在台日本人，这具体体现了当时台湾的医疗体系是优先抢救在台日本人，也明明白白地说明了日本人视台湾人为殖民地的次等人民。

大地残破，工业瘫痪 据统计，当时全岛民宅遭美军轰炸全毁者计 10,820 栋，半毁 15,965 栋，民宅因轰炸延烧全焚毁者共计 18,371 栋，半焚毁者 1,162 栋，无家可归的流民多达 277,383 人。

自 1944 年 10 月美军开始空袭台湾至战争结束，全台火车头及车厢遭炸毁者计达 1,392 节（占原有全部火车头的 48% 及车厢的 20%），横跨浊水溪、大肚溪及曾文溪的所有铁桥及钢筋水泥桥全遭炸毁。全台铁路沿线票房、仓库、车站等建筑物遭袭受损者共 1,458 栋。高雄港遭美军飞机的猛烈轰炸，共计沉船 13 艘（指大型船只），基隆港港内沉船 32 艘（包括万吨级轮船 9 艘）。台湾遭美军轰炸破坏的工厂计 202 间，其中 152 间严重破坏、27 间中度破坏、23 间轻度破坏。

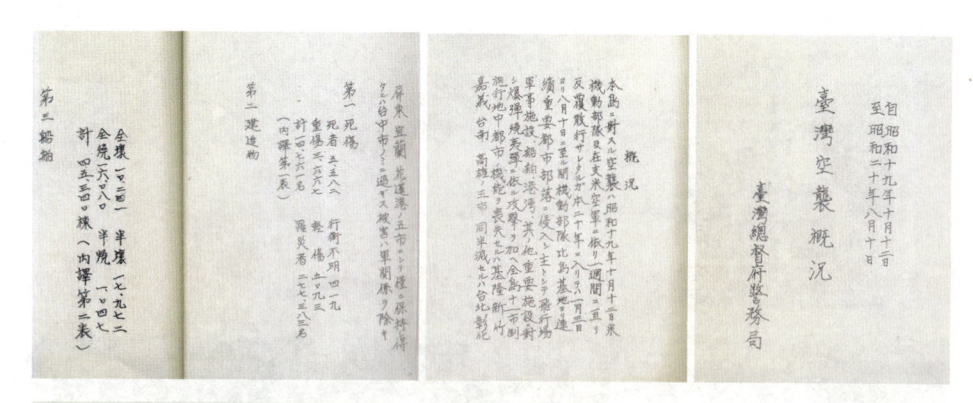

△ 1945年5月31日台湾总督府图书馆被炸后的断垣残壁景象　△ 总督府受空袭照片（李重耀提供）

△ 1945年5月31日台北大轰炸下台湾总督府受损情形

第二十一章　第二次世界大战期间物价飞涨与粮荒　361

△ 1945 年 5 月 31 日台北大轰炸中台北第一中学"红楼"的西侧遭炸，几成废墟

△ 1945 年 3 月 1 日台南大轰炸后的市区街道残破景况

△ 1945 年 3 月 1 日台南大轰炸后成为一片废墟

△ 1945 年 5 月 17 日台南市历史博物馆被炸惨状

△ 屏东市民族路中站两侧商店被炸惨状

△ 高雄戏院被炸后所余之残垣断壁

△ 1945 年 6 月基隆码头建筑物被炸受损情形

△ 基隆火车站
资料来源：USS Block Island Association

△ 1945 年 5 月 22 日台南六脚乡酒精工厂被炸，其中第二压榨室蒸汽机及蒸汽管等机器设备被炸惨况

△ 1945 年 5 月 14 日美军轰炸大肚溪铁路桥

△ 1945 年 5 月 31 日台北大轰炸

第二十一章　第二次世界大战期间物价飞涨与粮荒　363

△ 1945 年 4 月 2 日美军 B-25 轰炸纵贯铁路 照片中的火车头遭炸后与其他的车厢分离（NARA via Fold3.com）

△ 1945 年 5 月 17 日美军 B-25 轰炸嘉义火车站（NARA via Fold3.com）

△ 1945 年 5 月 29 日近百架 B-24 轰炸基隆港

△ 1945 年 6 月 17 日美军 B-24 轰炸基隆港

△ 1945 年 6 月 18 日美军 B-24 轰炸基隆港

△ 1945 年 5 月 17 日美军 B-25 轰炸竹南驿（NARA via Fold3.com）

△ 1945年4月16日美军轰炸台北飞行场 　　△ 1944年10月12日美军轰炸淡水飞机场（NARA via Fold3.com）

△ 1945年1月17日美军B-29轰炸新竹市及新竹飞机场，弹如雨下，图中上方分别为北大路与东大路（NARA via Fold3.com）　　△ 1945年1月17日美军B-29轰炸新竹市及新竹飞机场，图中为机场跑道东南侧（NARA via Fold3.com）

△ 1944年10月12日美军轰炸嘉义飞行场，摧毁日本97架军机 　　△ 1945年1月14日美军轰炸嘉义飞行场（NARA via Fold3.com）

△ 1945年1月18日嘉义飞机场，遭 △ 1944年10月12日美军轰炸基隆港（NARA via Fold3.com）
美军 B-29 轰炸后的景象

△ 美军轰炸高雄 　　　　　　　　　△ 1945年2月美军轰炸高雄

△ 美军轰炸高雄港 　　　　　　　　△ 1944年10月12日美军轰炸澎湖马公港

△ 1945 年 5 月 11 日美 B-25 轰炸嘉义市后飞机低空飞过嘉义车站（左上角）前市区时所摄（甘记豪提供）

△ 1945 年 6 月 4 日美军 B-24 轰炸高雄港的车场（NARA via Fold3.com）

△ 美军轰炸左营

△ 1945 年 5 月 15 日美军 B-24 轰炸新竹市区

△ 1945 年 3 月 20 日美军 B-24 轰炸台南市区

△ 1945 年 5 月 1 日美军 B-24 轰炸屏东市区

第二十一章　第二次世界大战期间物价飞涨与粮荒

△ 日本海军航空队冈山机场
1944年8月25日，美军侦察机所摄机密照片。冈山机场即今台湾空军官校所在地。

△ 1944年10月16日美军B-29轰炸冈山第61海军航空厂　　△ 美军轰炸新竹市区

△ 1945年5月18日美军轰炸台南市区　　△ 遭美军轰炸后的台湾民宅，完全成了一片废墟

在美军的饱和轰炸下，台湾的工业惨遭摧残，近于瘫痪。终战时的产值与战时最高产值相较，食品工业为战时最高产值的8%、纺织工业为战时最高产值的12.6%、制造业为战时最高产值的10.6%、化学工业为战时最高产值的8.9%、一般工业为战时最高产值的15.6%。如果以遭美军最后持续大肆轰炸后的1945年工业产量与1941年产量相较，则石油减产60.6%、水泥减产62.5%、发电量减少65.5%、铝锭减产95.1%、过磷酸钙减产97.7%。

二　战前金属米粮物资极度匮乏

献纳（搜刮）黄金　1941年，日本当局下令，民间在是年12月8日起至1942年1月31日止，要按规定缴出家中的金饰。例如在台中县龙井乡地方，日本警察所规定每村要供应的金子分量，不能打半点折扣，若不足则村长要受罚。故当时任龙井乡山脚村村长的林金炼，就因山脚村的金量供给不足，只好带着现款到台北搜购。事后，日本政府表示，此一阶段的捐金数是前一阶段的4倍，且据日本当局的分析，献金是"岛民的皇民意识，及对皇军感谢之念提高的原因"。

那时，日本当局以献金名义，尽量搜刮民间黄金，举凡金块、妇人首饰及其他装饰品，以至表壳，及凡含有金质者，皆在征用之列，并宣布暗藏黄金者是国贼，如不供出就要接受搜查，如果被发现藏匿不报，则将遭严厉处罚，故大家因担心被搜查住处而供出金子。当时，客家教员吴浊流的妻子，就只得将一双金手镯与结婚纪念的金戒指交出去，当吴妻要取下戒指时，不禁溢下眼泪。日本殖民当局如此搜刮，也从侧面反映了日本的困窘与必败的下场。

据日本当局公布的资料，1941年2—10月间，台湾人"赤诚"献金共计达405.9万元。自是年12月8日太平洋战争起直至1942年5月底，岛民复献金计189万元，两者合计594.9万余元。又据统计，自"九一八事变"至1942年12月，岛民捐献的国防恤兵献金总额高达766万余元、恤兵物品估值约600万元。

献纳（搜刮）金属及铜铁金属回收运动　1940年6月，美国禁止将废铁、石油、工作机械等物资输日。当时，日本也渐难自法属越南与泰国购得锡与橡胶，致使日本的铁、铜、锡、石油等战略物资日益缺乏。1941年始，日本当局在台湾发动金属回收运动，大肆搜购民间银、铁、锡等物，以用于制造飞机或其他武器。当时，甚至连铁窗都要锯下。戏团新乐轩为避免有银器和铜器的道具被搜刮走，还曾冒险将其偷偷私藏。1942年7月1日，海军武官府感激岛民"赤诚"献纳金属类约4万元。

1942年春，正当日本侵略势头达到高峰时，盐见俊二（东京帝大毕业，高等考试及格，台湾总督府主计课长）被派往南太平洋努萨安邦岛任施政官，临行前约其东京帝大学弟、台籍挚友陈逸松饮酒，席间私下分析战事形势，告以"我看不少美、英报纸杂志如《纽约时报》《新闻周刊》等的报道分析，单从经济实力来看，美国幅员广阔、资源丰富，开战以后，轿车的生产量没有减少反而增加，日常生活物品充裕，零售价格也没有波动。反观日本，在民生方面，粮食、肉类不足，实行配给，就连蔬菜也不够，都要排队购买；在重工业方面，单就制铁来说，原料严重缺乏，连在台湾都发动铜铁和贵金属收回运动，把建筑物中的金属器具、铁窗栏杆，甚至门圈、铜像都拆下来，送到兵工厂去制造飞机、大炮、军舰、坦克，这种状况发展下去，日本怎能维持长久，而美国就是再拖十年也不至于有问题。所以我看日本会输，现在我告诉你我的看法，你把它藏在心底，再仔细观察，看我的说法对还是不对"。战争的最后结局，确如盐见俊二的预测（战后，盐见俊二曾官拜日本防卫厅长官与厚生大臣）。

米粮配给与供米"报国"　日本长期陷于战争泥沼，物资严重缺乏，九州岛北部及朝鲜地方又因天旱歉收，造成日本本土粮食问题。日本政府乃于1939年4月12日公布《米谷配给统制法》。台湾总督府于5月公布《台湾米谷移出管理令》，复于是年10月7日公布《台湾米谷配给统制规则》，并自发布之日起实施。前者规定凡米谷皆由政府统一购入，非经政府卖出者，不得移出；后者则规定粮食生产者扣除经核准的自家食用粮食外，其余粮食必须全数卖予政府，一般人所需米粮均由粮食机关配给。

1940年7月，台湾总督府米谷局发表彻底节米谈话，当局于9月起在全岛展开战时粮食"报国"运动，鼓励代食甘薯或混食，实施节米供米（献米）增产方案。当时，日本殖民当局一面在台湾实施米粮配给以尽力节约米粮，例如1941年2月于全岛展开节米运动，3月开始配给甘薯；一面为求顺利推动配给业务，命各州供出稻米以将其配给缺粮地区，且动员警察保甲组织，彻底实施供米"报国"运动。

1941年4月，日本当局续实施《肉类配给统制规则》，7月实施青果物配给，12月公布《新鲜鱼类与介类的生产配给统制规则》。1941年，即使远在台湾东岸群山并列间的纵谷平原中的花莲玉里末广村（大禹里），日本当局也实施物资配

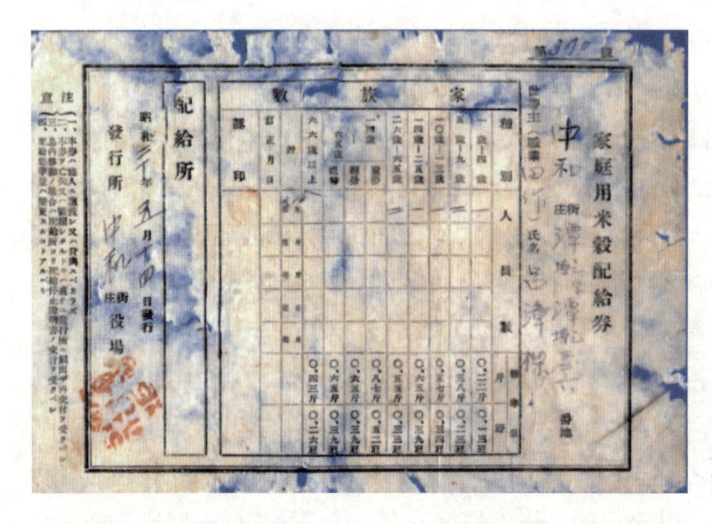

△ 家庭用米谷配给券
日据末期米粮极度匮乏，米粮配给是依照不同年龄配给不同的口粮。

给，包括日常不可或缺的油盐等物资。

米粮配给严重不足　1942年8月后，日本殖民当局修订基准消费量，除依幼儿、孩童、青少年、成人、老人等年龄分类外，另也分普通人、重劳动者、轻劳动者及孕妇等类别的基准量，并彻底防止双重配给。

一般而言，猪肉每名成人一星期配给约4台两（150克），其他日用品例如味精、油、盐、糖、火柴等也都实行配给，配给量都很少。至于大米配给，成人每人每日2.4合（240毫升），其中轻劳动者2.8合（280毫升），重劳动者5.2合（520毫升），每次配给十天分量。及至战争激烈时，九天配给要当十天用（1944年时的配给米粮，一个月最多只能维持二十天）。当时，因配给米粮不足糊口，通常三餐只能食得汤汤水水的稀粥，后来连稀粥都吃不到，仅靠番薯勉强度日。

日本当局严厉搜查匿藏米粮　由于配给的米粮不足糊口，有些人就四处张罗食物，例如设法购买暗米（指黑市买卖的米粮），但警察抓得很严，逮到非关即打，或刑求，或灌水。

当时，有的地方警察驱使保甲逐户搜查农家藏米，但因有保甲暗中回护，绩效不彰，故日本当局甚至动员山地"蕃人"下山搜查米谷。由于"蕃汉"利害不一致，所以搜米格外认真。农民若一旦被搜出所藏匿米粮，不但米粮要被没收，且要受处罚。故农民乃尽量设法掩藏米粮。中部是台湾的米仓，所以日本当局在中部农村搜米特别严厉。台中丰原近郊农民甚至在墓地造坟以藏米，因墓地顿时新坟丛生，而被日本殖民政府查获。

1943年，日本当局将台中龙井地区及其附近包括大甲在内的8个乡镇23个派出所辖下的壮丁组成壮丁团，其工作之一就是搜查藏米。当时，村民们有的将米藏在田头的水车间，有的用大酒瓶装米置入乱石堆中，也有的故意将米和粗糠放在一起。为了怕壮丁团成员徇私，成员间要互相更换地区搜查。当时，每个人都拿一根削尖的竹子，或到住宅，或到田里去搜查，只要见到可疑之处，就以尖竹刺入，若竹尖有米，自然就被搜出来了。一般而言，除了甘心做日警走狗的人外，壮丁团成员若是查到了私藏的米谷，会装作没看见，或者暗示藏者更换地点，以避免日警复查。如果不幸被搜查到藏米，则会受到日警严厉的处罚，米粮自然是难逃被没收的命运。

是时，在台湾其他地方也有农民因私藏些许米粮，被日本当局搜得，而且没收原该留下的全部米粮，致全家人完全无粒米可食。

三　第二次世界大战期间粮食匮乏与物价飞涨

日军强行搜刮鸡、鸭、鱼、牛、猪、米与蔬菜　不但如此，当时是连军队配给的米粮也不足糊口。例如，彰商三年级学生被征召，编入13870部队的一个中队，进驻大甲家政女学校当学生兵。学生兵的军需补给很差，可说没有一顿吃得饱，饥饿的学生兵只有在山上或海边，找些青蛙、蛇、田里的番薯

△ 军队慰问献纳蔬菜（1943年）

△ 金子常光，大屯山汇（昭和十年，1935），44.5cm×19cm，李高雄收藏

或甘蔗等来充饥。台湾苗栗人彭腾云于日据末期被征召服役，驻扎在凤山时，部队里的台湾兵就因吃不饱饿昏了，只有去凤梨园挖还没有熟的凤梨充饥。台北近郊新庄回龙乐生疗养院宿舍不远处，有约30多名学生兵部队驻防，那些学生兵也是吃不饱的。

1945年4月1日，美军在琉球登陆后，形势更加恶化。例如新竹新埔地方，不但米不够，甚至蔬菜也不容易到手，且日军大批开来，占据每一口池塘并抓光塘中的鱼，蔬菜则得依各保各甲各户分担供出（贡献）。此外，军队征用的物资也多得不可胜数，包括米、猪、牛、鸭、鸡、蛋、马草、相思树皮、塞麻头皮、月桃、供仔树子等多达20余种，其中有些是国策会社利用军部征收的。村民为了搜集这些摊派下来的供出物，都得从早工作到晚。当时，由于肥料不足，稻米普遍歉收，但日本当局要求的供出量一点也未减少，仍强迫台湾人供出，故全村都不够吃，每户农家都被逼到饥饿线上，只得找些豆子与能吃的野生植物补充，有的农家害怕供不出足量的摊派蔬菜而被警察传唤，甚至夜里结队到15千米远的新社去收购甘蓝菜与豆子。

日本当局残酷征粮 1945年8月15日这一天，正在念兰阳高女初三的冯守娥（宜兰罗东人），从为躲美军空袭疏散到乡下山脚下的临时小屋，返回她在罗东街（罗东镇）的家，走路约需一个半小时，途中经过一村庄，看到整个村庄的人都跪在地上。那时阳光炙热，烤得人都要发昏了，日本警察却因为庄人稻米缴得不够，不但罚跪，甚至还殴打他们。冯守娥看了非常气愤，一路上想着回到家要立刻写信到总督府抗议。没想到，一回到家就听见广播中传来日本投降的天大消息。

在肉类方面，当时猪都有印记，也就是农家所购的小猪都必须经政府指派的兽医检查登录，并在猪耳朵上打上印记以示判别。猪肉与米谷一样，必须于固定地点购买贩卖，且配给数额也有所限制，每人每星期4台两（150克），每月配给一两次。日本当局虽严禁私宰私卖，但仍有人私宰。例如，台南后壁乡有一个人找邻人私自杀猪被发现，遭警察逮捕，每经警察刑求一次，就说出一些人的名字，许多无辜的人都因此被拖下水，祸延全村近三分之一的人。

战前商店缺货，物资极其匮乏　至于其他物资缺乏也越趋严重，人们穿的衣服都是一些纤维代用品。1942年3月时，连拭布类也实行配给，接着的5月又公布实施《杂纤维配给统制规则》。当时，偏远地方如花莲玉里镇末广村（大禹里）地方有200多户，但布的配给只有35份，故要抽签，抽中的人始可购买。

据前台大医院秘书室主任赖麟征回忆，1945年4—5月，他因好奇走进台北的御成町市场（今台北市中山市场，当时对面是台北企业界日本大人物的住区，也就是今天所谓的高级住宅区），但见什么东西也没有，只有一群披着写有"爱国妇人会"肩带的妇人，在一叶一叶地剥着高丽菜、一片一片地切着南瓜并做配给，其他空无一人。作家吴浊流记述，当时"一切副食物都从市场销声匿迹，简直就成了饥馑状态"，及至8月日本投降时，"本省人的经济完全是空无一物，剩余的只有山河而已。停战当时的商店，几乎完全看不到商品，剩下的只有那商品架子和墙壁寂寞地立在那儿"。

战前物价飞涨　有基本经济常识者均知，商品物价的高低受制于商品的供给与需求，当供给大于需求时，物价即跌；反之，供给小于需求时，物价自然上涨。像终战前后台湾这样，物资匮乏得商店的货架上都空了，即使再暴力的物价管制与严厉的物资配给，也难以控制物价飞涨。例如，以1938年时首府台北市零售物价总指数为100计，那么1942年时这一指数为147.5，1944年时则升至500.6，1945年10月24日国民党派陈仪率员抵台接收时，物价总指数已飞涨到2,000以上，与1942年相较，三年间增长12.6倍以上。也就是说，台湾的物价飞涨，早已发生在陈仪抵台之前。两个月后，1946年1月，该指数更跃至4,341.1，增长为1942年的28.4倍。然而，台湾经过战争的巨大破坏，短期内生产仍难以恢复，商品仍极度匮乏。

这也是为什么日据时期，无论如何日本当局都要动用国家暴力，残酷地倾全力实施包括粮食在内的严厉物资配给与物价管制，以防止台湾经济崩溃。但不明了真相的人却误以为国民党统治台湾时所谓的物资匮乏、物价飞涨的原因就是国民党官员腐化，搜刮民脂民膏之故。

米粮极度匮乏　随着战事的不断扩大，日本本土的大多数劳动人口被军部征召服役，至于未被征召的人，也必须转移从事军需工业，全力生产军需用品，致使一般市民日常生活粮食与衣料等物资生产量严重下降，粮食尤其不足。日本政府乃于1941年4月公布《生活必需物资统制令》，首先自六大城市实施，接着在全日本本土实施米谷配给制度。1942年后，日本本土的粮食配给严重不足；在台湾，除如前述也实施米粮配给外，1941—1943年间，平均每年所产稻米的23%输往日本，即使是产量减少与战事加剧的1944年，仍有15.5%的台湾稻米输往日本。总计在1941—1944年期间，台湾所产稻米（糙米）于扣除输日量后，平均在台存量约为90万吨。也就是说，此一米谷存量在日本殖民当局食粮配给不足的情形下，仅可勉强维持当时全台军民（台湾人、日本人与日军）的最低生存所需。

表16　台湾稻米生产量　　　　　　　　　　（单位：吨）

年份	产量 A	输日量 B	余　量	B/A
1941	1,199,005	280,000	919,005	23.4%
1942	1,171,181	271,000	900,181	23.1%
1943	1,125,803	258,000	867,803	22.9%
1944	1,067,410	166,000	901,410	15.6%
1945	638,828	30,286	608,542	4.7%
1946	894,021		894,021	
1947	999,012		999,012	
1948	1,068,421		1,068,421	
1949	1,214,523		1,214,523	
1950	1,421,486		1,421,486	

第二十一章　第二次世界大战期间物价飞涨与粮荒

臺灣地方全圖

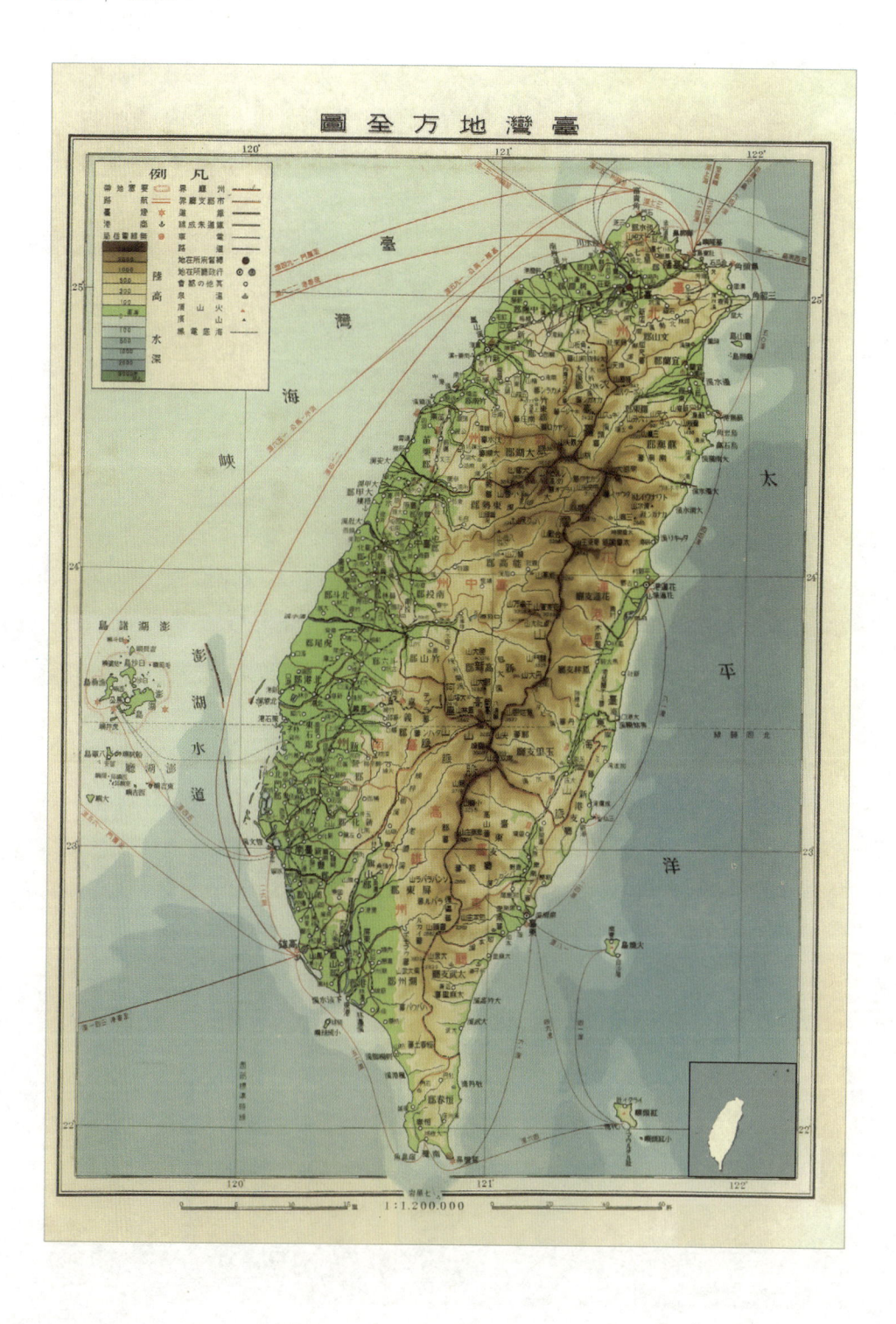

第二十二章

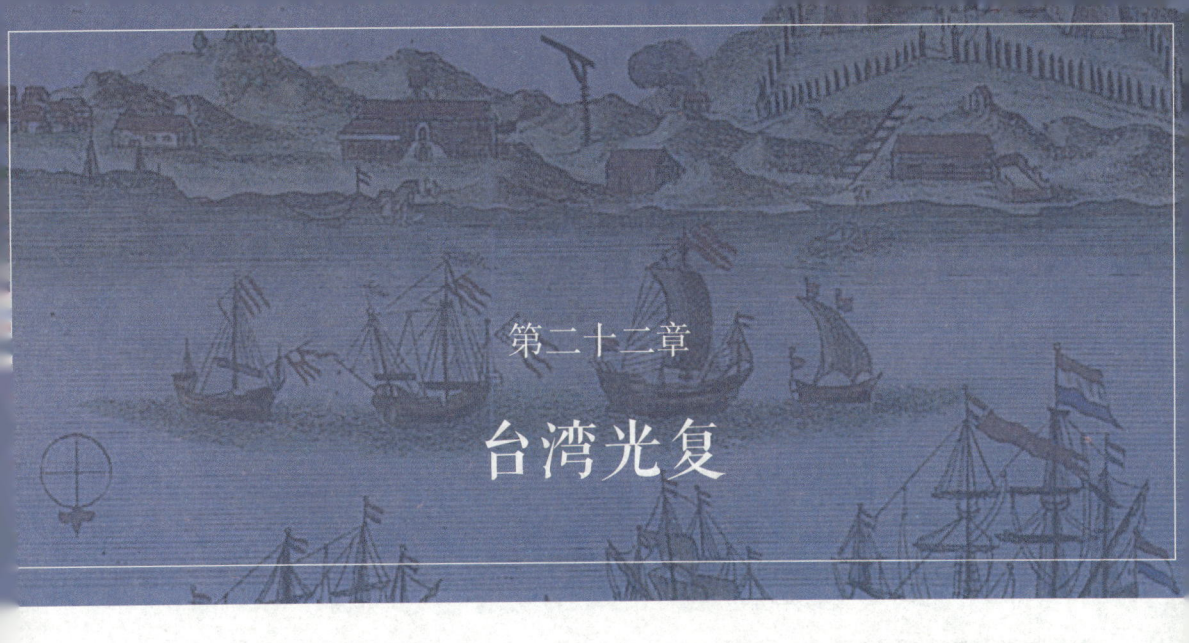

台湾光复

一 光复前台政设计

光复前台政设计 1944年4月17日，国民党政府成立台湾调查委员会（5月20日成立东北调查委员会），隶属于战时最高政治与经济设计暨审议机构——国防最高委员会的中央设计局，并奉蒋介石令，派陈仪为主任委员。6月调中央设计局专任专员台湾人林忠、8月调连震东至该会服务。是时续聘李友邦、李万居、谢南光、黄朝琴、游弥坚、刘启光（侯朝宗）、宋斐如等台湾人兼任专门委员。9月底再增派丘念台、谢南光、李友邦等台湾人为该会委员。

国民党政府中央设计局为准备收复东北及台湾后所需的党政干部，于1944年9月拟定在中央训练团内设东北党政干部训练班与台湾党政干部训练班，后者计划于各机关认真选拔优秀现职人员，施以为期四个月的训练。当时，台湾人黄朝琴对台湾干部训练班课程的编配、讲授科目、撰著论文及教材资料搜集等事，提供了宝贵意见。中央训练团于1944年12月25日—1945年4月20日间，开设第一期台湾行政干部训练班，计学员120名，最后结业者118名。

国民党中央警官学校也开办了台湾警察干部训练班（一般简称"台干班"，隶属于中央警官学校梅列第二分校），计分讲习班、学干班、学生班与初干班。为将来能顺利接管台湾，台干班乃选在福建招生，并且特别重视语言问题，会讲闽南语或客家语者优先录用。故台干班成员中福建人约占70%，其次即为广东人。

△ 台湾光复时台北延平北路街上的庆祝标语 　　△ 参加庆祝台湾光复大游行的台湾女学生

△ 8月15日,日台民众垂头聆听"玉音广播" 　　△ 1950年时岛内全家在客厅桌前聆听由农复会所配发的收音机（农复会拍摄、文建会典藏）

　　台湾调查委员会自1944年4月17日成立后,经过短短一年零四个月的紧锣密鼓筹划,从无到有,除搜集编撰出版数十种,计数百万言有关台湾的资料外,并培训1,000余名接收台湾的各类干部,且完成台湾接管计划纲要,以及教育、警政、金融、地政等其他分项接管计划草案,实属不易。这也可说是自1895年清朝统治者割台五十年来,中国重新开始认识台湾、注视台湾的起点。

二　台湾光复

　　日本投降　1945年8月15日中午,日本天皇通过电台作"玉音放送",宣告日本正式接受盟军无条件投降的劝告。

在台北，最初知道日本投降的人仍很有限，但经由亲友间的暗中走告及报纸号外，日本投降的消息迅速传开。但由于长期慑于日本警察威势，且街头到处仍都是日本军队，故这种喜悦最初只敢埋在心底，渐渐喜上眉梢，最后方沸腾奔放。于是，家家张灯结彩，户户祭告祖先，锣鼓喧天，鞭炮声响彻云霄，饱受战争洗礼的城市，终于汇聚成前所未有的乐观澎湃浪潮。为了祝贺，台湾人将长年匿迹的花灯、花篮、绣彩拿出来装饰，并大放鞭炮，台北全市化为欢呼旋涡。

△ 吴新荣（1906—1967），台湾台南人，台湾盐分地带文学的领导人

日本当局销毁"最后处置"名单 8月16日夜，台南佳里地方主管特务工作的日本人平柳，邀吴新荣至其官舍防空壕内坦言畅谈，告以日本军部曾拟定一项"最后处置"，计划改各街庄（镇乡）庙宇为临时收容所，于美军登陆台湾的最后阶段，将各地所有的"指导分子"（例如街庄长、大地主、地方有力者及政府黑名单人物等），予以监禁，甚至除去。平柳并告以佳里地方黑名单人物，第一名是吴三连，第二名是庄真，第三名就是吴新荣，该名单已于15日当天烧掉了。台湾人韩石泉（日本熊本医科大学博士，台湾省第一届省参议员）在其《六十回忆》的遗著中，也提及日本投降前，日本政府对于"注意人物"，曾命令相关单位要随时报告其避难场所，据闻日本政府曾发给日本特务一份黑名单，如果时局急迫且面临最后关头，准许随时随地处置黑名单中的人物。

在台日本人悲歌 当时，住在台北城内今博爱路与重庆南路一带的日本居

△ 1945年裕仁天皇的终战诏书（庄永明典藏）

终战诏书是昭和天皇于1945年8月14日亲自宣读并录音，次日透过日本放送协会（NHK）于正午12时，由播音员和田信贤向听众放出整点报时后，正式对外广播。当时台湾岛内的五大广播电台同步放送。这是日本天皇的声音首次向日本公众播出，天皇的录音被敬称为"玉音"。

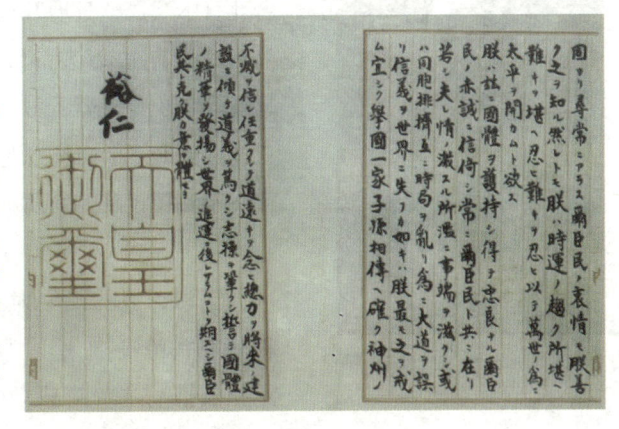

民，几乎每家都有性能良好的收音机。当他们于8月15日自天皇"玉音放送"中获知日本无条件投降的消息时，（有人）顿时呼天抢地哀伤欲绝。

当时，台北市有些无赖流氓恶作剧，放鞭炮时故意将爆竹扔向日本人脚边，日本人却只能默默地忍受侮辱，还有些愤怒的台湾人围打曾任职日本警察的台湾人或日本人官员。在台中，原先欺凌百姓的台籍刑警或宪兵因怕遭到报复而到处逃窜，甚至化装逃离原单位；一些战时制造事件邀功的日籍刑警聚于州警务部，以便人多势众，防台湾人报复。

那时，因官吏尤其是警察威信低下，9月以后台湾治安一路恶化，各地都发生了掠夺与对官吏警察冲突的暴行，已到非以（日军）兵力无以维持治安的地步。10月中旬时，因黑市交易横行，已导致向一般市民供给粮食有所困难。

日本部分文武官员渎职败德　在日本战败投降的混乱形势下，部分日军军官专门搞渎职勾当，将大批军用物资盗卖以获得不净之财，夜夜过着酒池肉林的生活。日本人伊藤金次郎就知道好几个军官将风尘女郎带进军营，开盛大酒宴到深夜，行止荒唐到极点。

至于在台湾复员的日本士兵，则沦落街头卖包子、香烟，或成为板车拉夫（日本人在台湾一直地位优越，在1945年8月15日日本投降前，台北没有一个日本人车夫），一些日本老师也当了车夫。此外，还有许多日本人在路边铺草席卖家当，例如旧衣、书籍、餐具、桌椅、旧鞋等，以维持生计或清理被遣返时无法带走的东西。

安藤利吉反对"台独"　当时，日本军方很难接受日本投降的事实，其中一些少壮军人悲愤地称"台湾军未损一兵一卒，岂可轻言投降"，声言誓死不降，甚至有人怀疑天皇文告的真实性。"玉音放送"的第二天，台北日本当局整日展开续战或投降的激辩，主战派认为台湾尚有17万装备精良的日军、30万日本居民及足够的存粮与武器，拟"宁为玉碎，不为瓦全"而誓死奋战到底。但台湾总督兼第十方面军司令官安藤利吉坚持和平投降，其属下军官最后接受天皇的投降决定。

当时，以林茂生为主积极推动的"台湾独立运动"在台湾岛内出现。辜振甫、许丙、林熊祥等，亦积极推动"台湾独立"，并联袂于8月19日向安

△日本殖民政府台湾末代总督安藤利吉

第二十二章 台湾光复 | 381

△ 庆祝台湾光复欢迎门（位于台中丰原，黄西辉先生提供）

△ 台中火车站前的欢迎门

藤利吉表达此意，但终因安藤利吉坚持遵守天皇命令，断然反对"台湾独立"而作罢。此外，8月21、22日时，也有日本人秋永大尉，邀集一些亲日御用台湾绅士，希望向中国政府租借台湾五十年，每年租金300万。

及后，前总督安藤因涉"对美军航空机飞行员不当处刑及虐待俘虏"之嫌，于1946年4月13日被捕，4月15日移送上海盟军战犯法庭准备接受审判。当时，安藤曾向台北铁道社长泉风浪表示"受外国裁判前，将先挑起责任"的暗示诀别之语。4月19日，安藤以预先暗藏在军服肩章中的毒药，在美军所管理的收容监狱内服毒自杀。

台湾人欢腾忘我　日本投降，李友邦即派台湾义勇总队副队长张士德（原名张克敏，台湾丰原人，中国共产党党员，当时是国民党政府军事委员会政治部上校督察）返台。9月1日，国民党政府军事委员会政治部上校督察张士德随厦门市黄市长（及三名美军上尉军官）及士兵等约百人抵台湾基隆。张士德返台后立即以"三民主义青年团中央直属台湾区团部筹备处干事"的名义任命律师陈逸松（宜兰罗东人，东京帝大毕业，高等辩护士及格，曾任台北市会议员，劳动奉公队第一队总务部长）为三民主义青年团中央直属台湾区团部主任。随后陈逸松陪同张士德分赴台北、淡水、三芝、宜兰、罗东、新竹、台中等地，所到之处，狮阵锣鼓喧天。当时陈逸松即乘势快速筹组了青年团台北分团，并运用各种人脉，陆续于各地成立分团。当时，各地许多热血青年或社会中坚分子均加入青年团，而中央直属台湾区团此一响亮名字，也使得每一投身该团者感到非常光荣与骄傲。

9月6日，蒋介石命何应钦转告林献堂、罗万俥、林呈禄、陈炘、苏维梁等人，代表台湾同胞赴大陆参加国民政府9月9日在南京举行的受降典礼。消息传来，全台振奋。据在台日本人形容，当时民众是不分昼夜地狂欢不已，普天欢腾到浑然忘我的程度。

唱国歌学国语　那时，台湾人不仅学唱国歌，也努力学讲国语。当时，在台湾会讲北京话的人不多，不过他们均非常热心，甚至义务出来教导，无报酬地开设讲习会，顿时汉文讲习会如雨后春笋般地林立。是时，台湾人不分男女老幼，许多人均自动自发地认真学国语，其积极学习精神令人感动。

例如在云林，时任《台湾新生报》记者的澎湖人谢有用，即于国军尚未抵台接收及日本宪兵尚未离台

△《国语正音说明书》封面（1965年）

△ 1945年10月11日，台湾青年举行欢迎仪式

△ 台北街头旗帜飘扬庆光复

期间，在云林县西螺、虎尾、土库、北港等地演讲，倡言我们都是汉民族，要回到祖国怀抱等。由于该地区治安仍赖日本军警维持，以致连日本宪兵也要其收敛一点，内容不要太激进。在高雄，当时于该地开律师事务所且担任高雄市三民主义青年团书记长的屏东万丹人王青佐，即掀起学中国拳与听京剧的大陆热。当时，台南师范学校汉文教师陈保宗（后任省立宜兰中学、省立兰阳女中校长）则作了一首《欢迎歌》，并由该校音乐教师周庆渊配曲。这首歌一时间唱遍了大街小巷，成为当时最流行的一支曲子，表达了台湾人民热爱祖国的心声。

台湾人衷心庆光复 当时，台湾省警备总司令部与台湾省行政长官公署在重庆成立该部前进指挥所。10月5日，前进指挥所主任葛敬恩偕副主任范诵尧、中央通讯社台湾特派员叶明勋及台籍人：

李万居　云林人，新闻事业专门委员（《台湾新生报》社长）
黄朝琴　台南人，市政专门委员（接任台北市市长）
林　忠　南投人，广播事业专员（任台湾广播电台总台台长）
李纯青　台北人，《大公报》记者
张邦杰　高雄人，秘书
苏绍文　新竹人，少将参谋主任（任警备总司令部副处长）
王民宁　台湾人，少将处长

△ 李纯青（1908—1990，台湾台北人），照片摄于1949年12月李纯青为中国共产党党员，历任天津《大公报》副社长、全国人大代表、全国政协委员。

△ 李纯青于光复初期主编的《台湾评论》杂志

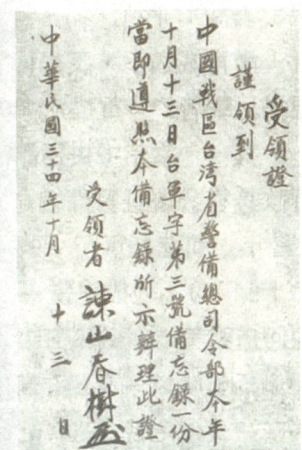

△ 台湾省行政长官公署前进指挥所主任葛敬恩抵台后第二天（1945年10月6日）即开始召见日方将领，并陆续交予《备忘录》

并美军官员等共71人，分搭五架飞机自四川径飞台北。是日下午6时前后，各机先后抵达台北松山机场。当天，前日本台湾总督安藤利吉与前日军第十方面军参谋长谏山春树等高级将领出迎，大多数日本人也手执中国国旗高呼万岁。对这些接收官员，台湾人更是十分欢迎，欢迎人群个个热泪纵横。

10月10日，是台湾光复后的第一届双十节，全省各地都举行庆祝典礼，其中台北公会堂（今台北市中山堂）的庆祝典礼更是属于历史上的大典礼。当天上午8时左右，无数民众集合于公会堂前面，诗文队、狮子队、各种乐队、武装大刀队，甚至城隍庙神的"范将军"与"谢将军"也聚集在一起，喧天的锣鼓声，浩浩荡荡的行列，接二连三地走过公会堂前面。10时整，大会开始，当时即由已内定为台北市市长的黄朝琴担任主席致辞，并续由出任《台湾新生报》社长的李万居，以国台双语发表讲话，场面至为热烈。

国军挑锅背伞军容不整 当台湾人获悉国军即将抵台后，台北与基隆两地由全岛集中的男女老幼有数十万人之众，各旅馆与亲戚朋友的家，都住满客人，无宿可住者，便在野外或路旁露宿。17日上午11时，第七十军军长陈孔达中将率该军主力乘40艘美军运输舰抵基隆（不久即派兵逐次向台北、宜兰、淡水、新竹等各要地推进）。是时，参加欢迎的台湾人但见祖国士兵多穿草鞋、背着雨伞，甚至挑着锅碗棉被，这与台湾人民习见的日军威武军容相异，也与台湾人民想象中赢得抗战胜利的军队不同。虽有台湾人在感情上自我为国军做种种阐

△ 中国战区台湾省受降典礼于1945年10月25日上午10时在台北公会堂（今中山堂）举行。

释，认为以如此军容仍能击败日本，应足以自豪，但亦有不少台湾人感到十分失望，觉得国军有如乞丐。

17日当天，台湾客家人吴浊流就生动地忆述道："台北市民不管男女老幼，全部出来，整个都市沸腾般的热闹。在长官公署前面，日本的中学生、女学生、高等学校的学生、民间团体、绅士，甚至大学教授等都出来，立在大马路两侧，乖乖地排列着。在这些行列前面，大鼓声、锣声以及长长的行列，浩浩荡荡地走过去。学生、各团体、三民主义青年团、狮子阵以及高举'光复'的旗子在前头，意气扬扬地往松山的方向前进。范将军、谢将军、唢呐、南管、北管，十多年来隐藏起来的中国色彩的东西接二连三地出笼了。至于那五十年间的'皇民运动'，只仅一天就被吹走了。"

三　陈仪抵台受降

陈仪抵台，欢迎声响彻云霄　10月24日，陈仪搭飞机抵达台北松山机场，前台湾总督安藤利吉陆军大将率日本人在机场迎接。

△ 1945年10月24日，陈仪（前排右四）初抵台北松山机场

当天清早，儿童们就起身，准备参加欢迎陈仪的活动，有的父子争着去，兄弟争着去，甚至全家都去参加欢迎。陈仪飞抵台北上空时，飞机场上的数万人们，怨恨着飞机故意要在天空盘旋，不马上着陆让大家瞻仰欢呼！因此鼓掌、狂呼，把整个机场都沸腾起来。陈仪座机着陆后，人民似疯了一般，数万双手，数万张口，鼓掌欢呼，响彻云霄，数十分钟不绝，老人们都欢喜得流下泪来。陈仪的汽车开动后，人民争先恐后地想与汽车竞走。这一股沸腾的热流，集结数万人民为一条长蛇，自机场直到长官公署，数里长的柏油马路上，人们笑谈歌唱，充溢着欣慰与狂欢，这完完全全是出于诚心诚意，没有政府的命令，也没有保甲长挨门挨户的拖拉。

中国战区台湾省受降典礼　1945年10月25日上午10时，中日在台北公会堂举行中国战区台湾省受降典礼。这一天的庆祝，较首届双十节更加盛大。30万市民参加了这个盛会，隐藏了几十年的古老武器，例如青龙偃月刀、铁叉等东西都拿了出

△ 陈仪（1883—1950）

△ 10月25日台北街头民众热烈庆祝光复（《台湾省受降特辑》影片，郑梓、王运星影像处理）

△ 1945年10月25日，台北市公会堂（今中山堂）内举行受降仪式时，正门前广场挤满了群众，群众场外庆祝

来，排成长长的行列，在喧天的锣鼓声伴奏下，走在公会堂前面，三呼万岁。

在公会堂内，我方参加人员如陈仪、秘书长葛敬恩、盟军代表顾德里上校、台湾人黄朝琴、李万居、林献堂、陈炘、杜聪明、罗万俥、林茂生等，及日方代表安藤利吉等5人，共180余人先后入场。10时整，鸣炮，典礼开始，身着军装的中国台湾省行政长官兼台湾省警备总司令陆军上将陈仪宣读受降书。毕后，身着军服的前台湾总督安藤利吉，脸色甚为苍白，俯身在受降文书上签字时，手颤抖不已。事毕，司仪宣告礼成。

是日，台北计有30万左右本省市民庆祝这一具有重大历史意义的日子。老幼俱易新装，家家遍悬灯彩，相逢道贺，如迎新岁，鞭炮锣鼓之声，响彻云霄，狮龙舞市，途为之塞，日本人只有缩着肩膀，在骑楼角落处悄悄观望。下午3时，台湾各界在公会堂举行庆祝台湾光复大会，陈仪亲临致训，勉励全台同胞为建设三民主义的新台湾而努力迈进。

第二十二章 台湾光复 | 389

△ 安藤利吉签署陈仪所颁"第一号命令"之《受领证》

△ 中国台湾省行政长官兼台湾省警备总司令陆军上将陈仪，代表中国战区最高统帅接受日本前台湾军参谋长谏山春树中将呈递降书

△ 受降仪式后陈仪发表广播（1945年10月25日）

大饥荒即将来临下的喜悦　8月15日至10月初，台湾人热情理想虽高，现实却不能超越。例如火车运输就很成问题，由于战时全台火车头及车厢遭炸毁者计达1,392节（占原有全部火车头之48%及车厢之20%），且又得不到补充，许多车厢乃由货车改装代用，加上战后很多人拥到台北，火车运输的混乱情形较战时严重得多。

当时，生产尚未恢复，到处物资匮乏，现实生活困苦。在此期间，上海商人很机敏地将衣料以及战时所缺物资运来交换台湾的砂糖，接着福州、厦门、汕头、香港等地商人也争先恐后地运来各种物资，尤其是在战时匿迹的肉类、腌鱼类、蛋等食品以交换砂糖。于是600万岛民就从战争期间的饥饿状态中暂时解放出来，陶醉在抗战胜利与光复的喜悦之中。然而，台湾人做梦也未曾想到，事实上是六十年来也未曾想到，日本在将台湾归还中国前就已经暗中启动的惨无人道的空前饥荒，正笼罩着台湾。

四　接收与遣俘

去日本化与中国色彩恢复　日本投降后，台北以及其他主要城市、各村落的日本色彩快速褪落，首先出现的是中文姓名的恢复。无论是城市或乡村，"皇民化运动"时曾取日本姓名的台湾人，全部恢复原来的中国姓名。

接着刷新的是店名、公司名的日本色彩，在陈仪政府的要求下，会社改为公司、株式改为股份、旅馆改为饭店、吃茶店改为茶房、料理屋改为酒楼或酒房、巴士改为汽车、汽车改为火车、映画改为电影、铁道改为铁路、驿改为站、台北公会堂改为中山堂。至于街名，中国人看得懂的荣町、西门町等维持原名，与日本侵台有关的如桦山町、明石町、儿玉町、佐久间町等以前台湾总督名字命名的街道，则一律改为中山路、光复路。此外，在"皇民化运动"下，曾经销声匿迹一段时间的神佛，已被供奉在上，祭祀道具更是无一或缺，各地庙宇的灯火也因而通宵未灭。台湾的街景与社会，一下子恢复中国色彩了。

行政接收　至于台湾地方机关的接管工作，则由长官公署的民政处主持。为处理全省各级地方的行政工作，乃成立八个接管委员会；办理州厅以下各级行政机构的接管工作。各州厅接管委员会应于三个月内完成接管，接收完毕，县市政府成立时撤销该委员会，有关人员则于11月8日起分赴各州厅办理接管。当时，地方机关由各州厅接管委员会所接管者，计有台北、台中、台南、新竹、高

△ 1945 年 11 月 17 日，国军陆军第七军一〇七师三二〇团第一营各级主管，在杨梅地方接收日军野战重炮的纪念照

雄等 5 州，台东、澎湖、花莲港等 3 厅，台中等 11 市，澎湖等 2 支厅，及各州厅市所辖的 51 郡、各州厅市郡所辖的 67 街、各州厅市郡街所辖的 197 庄。

接管委员会也于受降典礼后，即行开始接管省属各机关。至于接收方式，则是原有机构或业务一切暂时维持现状，以便行政不中断。另又改革违反人民意向与不合国情之处，例如将户籍归民政处办理、地政设置地政局、各级民意机关应由民选并限期成立机构等，有关接收作业自 1945 年 11 月 1 日至 1946 年 4 月 30 日顺利完成。

军事接收 1945 年 10 月 25 日，我国台湾行政陈仪与前日本台湾总督安藤利吉于台北公会堂举行受降典礼。台湾省警备总司令部于 11 月 1 日成立台湾地区军事接收委员会，其下分陆军第一组、陆军第二组、陆军第三组、军政组、海军组、空军组、宪兵组等七个组，立即开展接收，并先后于是年底与次年初完成接收工作。

以陆军第二组为例，当时是由六十二军军长黄涛兼任组长，共计官兵 200 余人。该组首先将日军第十二、第五十、第七十一各师团及第七十五混成旅团，分别集中于新化以东、潮州东南、斗六以东及苗栗附近各地区，并禁其擅自外出。复为方便起见，将接收地区划分为台南、高雄凤山、嘉义、台中四区，并于 12 月底完成接收工作，计第一次接收仓库 27 所、第二次接收仓库 78 所（其中

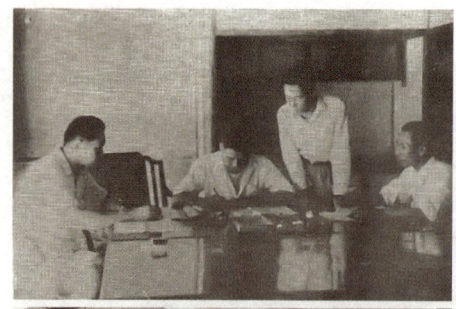

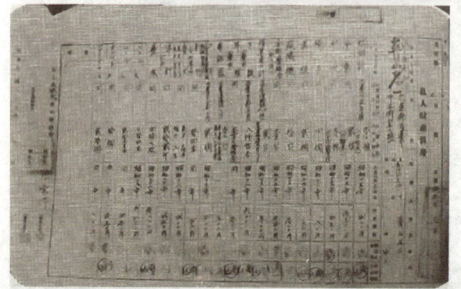

42处由所在地机关代为接收保管）。

警政接收 1945年10月25日受降典礼当天，台湾省警务处即接管原总督府警务局，27日复接管警察局及司狱官练习所，成立台湾省警察训练所。11月8日起，警政当局全面展开各州厅的接管工作，并于次年1月接收完毕。

警政部门接收过程顺利迅速的主要原因是日本人配合与警政基础良好（例如办理接管时，日本人皆已造具清册，从而使接收工作能迅速达成），及国民党政府接收时采取人地相宜原则。例如当时担任接收警政大员的首任警务处长胡福相，即是警官正科班出身且历任警务要职。此外，负责实际接收工作的台湾警察干部训练班成员，也以闽粤两省人士为主（福建人约占70%，其次为广东人），从而减少了语言不通的困扰。再者，来台接收警政的人员，绝大多数都年轻力壮，由于不准携眷的规定，因此虽然经验不足或欠缺，却因年轻单纯勇于任事，使接管工作如期完成。

△ 接受程序
依照规定：接收每一单位或个人，均由其负责人填送原始清册三份，由接收机关、接收人与被接收人分别加盖印章以资核转。图示：（上）填写清册情形。（中）原始清册。（下）清册之保管。

日俘遣返 军事接收开始时，台湾警备总司令部也于1945年11月7日召集长官公署各处及海空军各主管并做出决定，令日军战俘于缴械后返日前，从事战后恢复工作，以补偿我国损失。

以都市恢复为例，日俘恢复作业队施工分区如下：台北地区恢复作业队负责台北市，独立混成第一一二旅团负责基隆市，第九师团负责新竹市，第八飞行师团负责台中市，第七十一师团负责嘉义市，第十二师团及第五十师团负责花莲港与台中市。日俘于11月开展相关战后恢复工作，12月末因美军联络组通知集

△ 日俘从事清理街道废墟工作
我国台湾省警备总司令部于1945年11月下令日军战俘从事各项复原工作，此二图为日俘清理街道废墟。（中国第二历史档案馆典藏）

中待运，方停止工作，归原队集中待运。

12月16日，台湾省警备总司令部成立战俘管理处。在日俘相继解除武装后，我方准其成立台湾地区日本官兵善后联络部，由前台湾总督兼第十方面军司令官安藤利吉担任部长，所有日俘部队不分解其原建制，令其部长官自行负责管理，战俘管理处及各所仅间接予以督导管理和考察纠正。

为求台湾迅速恢复元气及解决粮荒并开始建设巩固国防，陈仪当局乃尽力于12月在高雄、基隆两地设立港口运输司令部，12月25日于台北市成立铁道运输司令部，令台湾地区日本官兵善后联络部于上述各单位及大城市分设联络支部，以协助输送日俘。至1946年2月27日止，已运至基隆的日俘计100,183人，至高雄者46,006人；自1945年12月下旬开始至1946年4月29日止，遭遣返的前日本陆海军人员总计16.1万人。

日侨遣返 在处理日俘遣返的同时，陈仪当局也于1945年12月底成立台湾省日侨管理委员会，办理遣送日侨及日本海陆军遗族并留守家属，各县市地方则设日侨输送管理站，由各县市长兼任站长。

为便利指挥及迅速集中，当局饬由各县市日侨输送管理站会同该地日军联络支部，将应遣日侨编组。当时并划定台北、基隆、新竹、台中、彰化等市日侨，向基隆港集中；台南、高雄、澎湖等县及台南、高雄、嘉义、屏东等市日侨，则向高雄港集中；至于花莲与台东两县日侨，则在花莲搭船径航东京。

台湾自1946年2月21日开始遣返日侨，截至4月29日，被遣返日本的日

臺灣地區日韓官兵僑民配置要圖

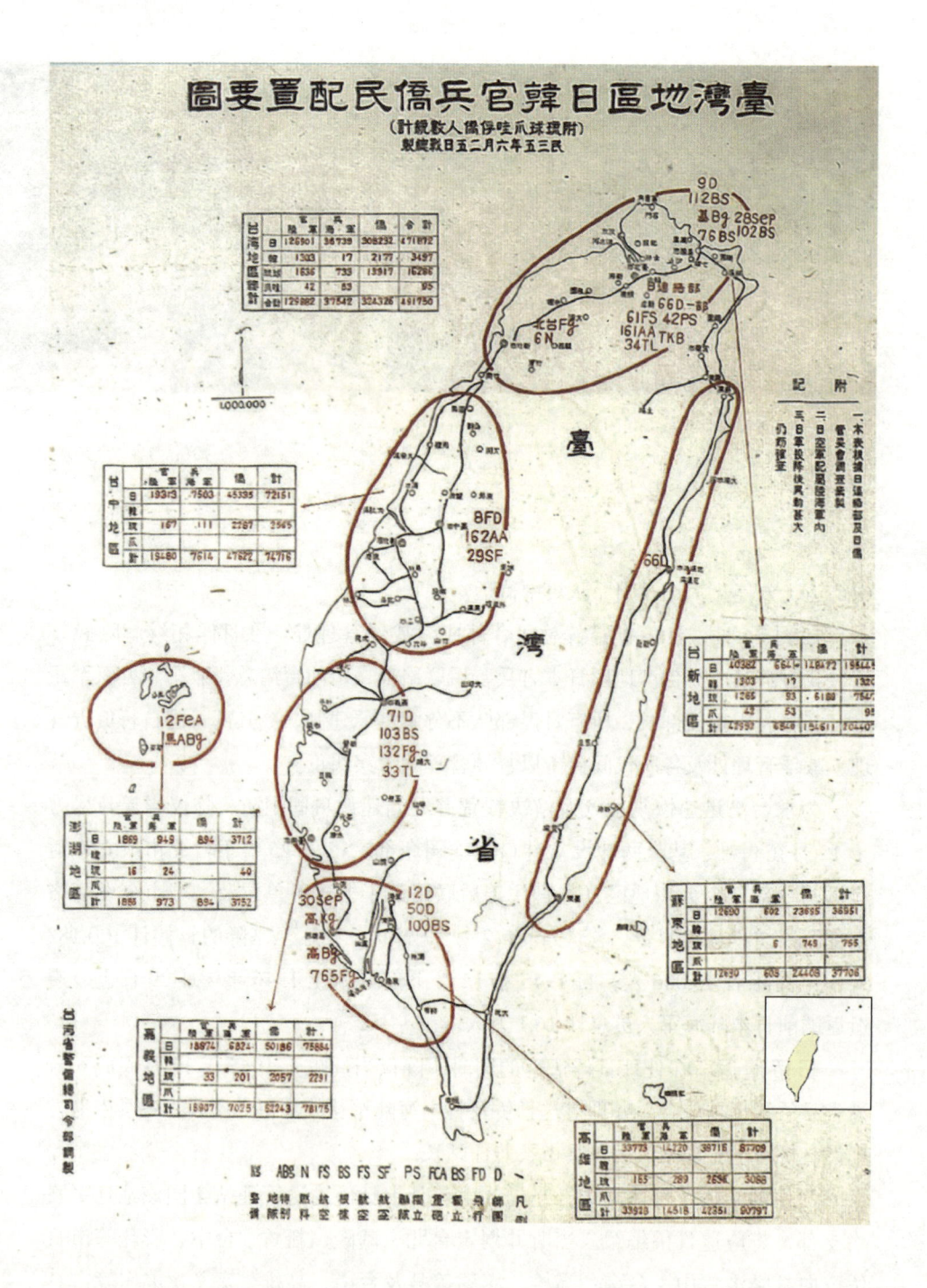

侨（非军职的民间日本人）总计 28.5 万人。是时，超过 95% 的在台日本人被遣返日本；剩余的包括留用人员与家属、琉球人、战犯等在内的 36,261 人，则于 1947 年 4 月后，也陆续遣返。

五　陈仪本土化政策

警政重建本土化　光复后，台湾省警务处除尽量留用前本省官警、按期淘汰日籍官警外，并招募训练本省新官警，截至 1946 年 11 月前，计新招训警官 496 名，其中本省人 417 名，占 84.1%；警员 2,215 名，其中本省人 2,167 名，占 97.8%；工矿警察与森林警察 375 名，其中本省人 361 名，占 96.3%。故在光复后的警察重建过程中，陈仪当局所推行的可说就是警察本土化政策。又例如，是时（1946 年冬，"二二八"事件前）资源委员会派糖业人才赴美深造，其中还特别为本省人保留名额。

民意代表本土化　行政长官公署于 1946 年 4 月在台湾举办选举，台湾省首届 30 名省参议员、30 名候补省参议员及 523 名县市参议员，全部是本省人当选，无一外省人。然而，日本总督府 1945 年 4 月 1 日在台湾举办选举时，全台 486 名州会议员、厅协议会议员与市会议员（今之县市议员）中，日本人多达 296 名，占 60.9%，但当时在台日本人仅占全台人口的 6%。此一数据具体说明，中国行政长官公署与日本总督府所举办的选举是完全不一样的，前者是视台湾人为骨肉同胞的真民主，后者是视台湾人为异民族的假民主，二者判若云泥。

县市首长与宣传机器本土化　陈仪在高层人事布局上，不但重用本省人，甚至还派本省人出任台北市市长、全台湾宣传媒体报社与电台的首长，其权力之大，影响之广，实远甚于"处长"之职。此外，就行政区域而言，当时台湾本岛的台北、新竹、台中、台南、高雄、花莲、台东七地中，就有三个县的县长由本省人出任。而行政长官公署所在地，并且是台湾首善之区的台北，则连续两任均派本省人出任市长。

黄朝琴　台湾台南人　台北市首任市长（1945 年 12 月 2 日）
游弥坚　台湾台北人　台北市第二任市长（1946 年 2 月 12 日）
连震东　台湾台南人　台北县县长（1946 年 1 月 16 日）
刘启光　台湾嘉义人　新竹县县长（1945 年 12 月 26 日）

△ 刘启光（1905—1968）
原名侯朝宗，嘉义六脚乡人。1929年2月因"二一二台湾农民组合"大检举被捕禁锢。侯朝宗出狱不久便归返祖国，改名刘启光，1936年初在冀察政务委员会任职。抗战胜利前，刘启光任军事委员会台湾工作团少将主任。1945年12月26日出任台湾省新竹县县长，1947年出任华南商业银行董事长，1968年因病逝世。

谢东闵　台湾彰化人　高雄县县长（1945年12月26日）
林　忠　台湾南投人　台湾广播电台总台台长
李万居　台湾云林人　《台湾新生报》的发行人兼社长

参议员选举本土化　在前述各项接收与恢复工作亟待展开的情形下，陈仪于抵台未满两星期的11月3日，在其首次国父纪念周演讲中即云"建立民意机关，给台胞以参政的机会"。

陈仪政府自1946年1月15日开始办理公民宣誓登记，截至2月15日，全省宣誓登记的公民共计239万余人，占全台20岁以上人口总数的91.8%。陈仪当局亦于同期举办台省公职候选人检核工作，当时台湾人有志参选从政者反应相当热烈，经初审复审程序后，合格者计甲种公职候选人10,665人（省县及省辖市参议员、区或乡镇民代表、县辖市市民代表候选人）、乙种公职候选人26,303人（县辖市市民代表、区或乡镇民代表候选人），共计约3.7万人，约占全省宣誓登记公民的1.5%，约为全省应选各级民意代表7,631人的4.8倍。

△ 杜聪明（1893—1986）
台北淡水人，1921年获京都帝国大学医学博士，为第一位台湾人博士，后出任国民参政员。

当时，3.7万候选人乃开展由下而上的层层角逐。首先第一阶段是1946年2月16—28日，由全省公民直接投票，自36,968名候选人中，选出7,078名最基层的乡镇民代表与区民代表。第二阶

△ 蒋介石与林献堂
1946年10月20日，蒋介石莅台巡视一周，于24日至台中访问时，林献堂在台中机场欢迎。

段的3月15日—4月7日，则是自前述7,078名代表中分别选出523名县市参议员（其中区域名额460人，职业名额63人）。最后第三阶段，是于4月15日由前述523名县市参议员自1,180名候选人中选出30名省参议员。首届省参议员当选者黄朝琴、王添灯、韩石泉、林连宗、郭国基、颜钦贤、刘传来、黄纯青、林日高、李万居、林献堂、林为恭、刘阔才等30人，全都是本省人。

国民参政员本土化 战后台湾回归祖国怀抱，重返祖国行政体系。祖国亦视台湾如赤子，即使在战后百废待举之际，亦无差别化地积极在台湾建立中央级台湾民意代表，以参与中央民意机构。1937年7月7日，"卢沟桥事变"爆发，祖国抗战军兴。1938年3月，中国国民党临时全国代表大会召开，制定抗战建国纲领，规定组织国民参政机关，团结全国力量，集中全国思虑识见，以利国策的决定与实行，并于是年7月成立国民参政会。当时国民大会因战事爆发而未能如期召开，国民参政会乃成为战时唯一民意机关。抗战胜利之初，国民参政会已经是第四届，该届参政员原本在1945年7月届满，后因故延长六个月，并依该

△ 1946年4月15日台南县参议会成立典礼暨省会参议员选举大会摄影纪念

会组织条例规定，台湾省补选8名参政员出席第四届国民参政会，复依规定已经成立省参议会的省份，则以省参议员为选举人。1946年7月，台湾省行政长官公署民政处奉令于一个月内，办妥国民参政员的补选。当时参选者共40人左右。8月16日投票，结果经确认后，是林忠、林宗贤、罗万俥、林献堂、林茂生、杜聪明、吴鸿森、陈逸松等8名本省人当选。

制宪国民大会代表本土化　1935年12月，中国国民党五届一中全会决议，定于1936年11月12日召开国民大会实施宪政。虽然1936年公布"五五宪章"，续公布《国民大会组织法》及《国大代表选举法》，惟代表未能及时办妥，抗战军兴，政府西迁，烽火蔓延，国民大会遂一延再延。

抗战胜利后，于1946年1月在重庆举行的政治协商会议，即通过决议新增台湾、东北等区域及职业代表共150名，其中台湾分配17名。后经国民党中央明令公布，台湾省长官公署即推荐51名候选人呈奉中央圈定。国防最高委员会为能使台湾省同胞普遍参选起见，特指示由省参议会选举，惟其方式却无明文规定。关于名额配置，则经台湾省民政处电请中央获复如下：本省八县各一人，台北市、妇女代表、高山族代表、农会代表、渔业代表、工会代表、铁路工人代表、商业代表、航业代表等各一人，共 17 人。此次国大代表竞选激烈，候选人是经各县市参议会及各团体推选，再经台省选举总监督审核，于 10 月 29 日确定共有 158 名候选人，此 158 名国大代表候选人是经过初步选举产生者。例如参加高雄县区初步选举的候选人有 96 名（其中高雄市 32 人，屏东市 22 人，高雄县 42 人），后高雄县、高雄市、屏东市参议员共同投票，从前述的 96 名参与初步选举者之中，先选出高雄县区的国大代表候选人计 10 名。因八县各有一个名额，故高雄县区也只有一个名额，也就是由前述高雄县区 10 名国大代表候选人中选出一名。

1946 年 10 月 31 日，台湾省参议会 29 名参议员在行政陈仪的监选下，顺利选出 17 名制宪国民大会代表。分别为颜钦贤、黄国书、林连宗、李万居、林璧辉、张七郎、郑品聪、高恭、连震东、谢娥、南志信、洪火炼、刘明朝、吴国信、简文发、陈启清、纪秋水，均为本省人。

台湾人肯定陈仪的本土化政策　那时，日本据台已五十年，而中日处于激烈实战的战争状态也已约十年，此前两岸往来基本断绝，祖国无法与当时台湾本地精英建立政治联系。再者，前述悉数返自大陆的台湾人，不但都是那时在大陆众多台湾人中的精英，且多是日据时期 20 世纪 20 年代前后，千里迢迢冒死归返贫困积弱的祖国，其中部分投入中国共产党、部分投入中国国民党，毅然加入祖国伟大的抗日行列，经过重重历练，脱颖而出，分别在两党各自崭露头角。日本战败，国民党政府接收台湾，其中投效中国国民党者，为国民党政府重用，实属情理中事。试想，当时国民党政府已与台湾当地精英中断政治联系半个世纪，陈仪政府此时初抵台湾，无法立即起用从未相识的当地精英也属情理中事；事实上，陈仪政府抵台后，经与台湾当地精英互动，也起用当地精英，例如命林献堂接收彰化银行，还于 1947 年 2 月 28 日派其出任彰化银行董事长。

关于陈仪政府悉数重用自大陆返回的台湾人一事，当时台湾人均持肯定观点。例如光复后半年，陈仪当局在台湾全岛举行完全自由开放的各级民意代表选举时，对参选的返自大陆的台籍精英如黄朝琴、李万居等人而言，以时下台湾选举经验当知，他们长期离乡背井，人脉远非当地精英可比，且无钱财，然而却都获选为省参议员，这就反映出那时台湾人对曾返回大陆报效祖国者的崇敬，现在可说是在用选票欢迎他们回到台湾。

日据时期整整五十年，本省人从未有过的政治权力与民主　光复后台湾本省人或出任掌控全台宣传机器如报纸与电台的第一把手实权主管，或出掌地方实权的行政首长（包括全台最重要的台北市长，台北县长，高雄县长），新招警官警察、各级民意代表，也基本上由本省人当选。这样一来，仅仅一年，本省人在政治与民主上就享有了空前的权力与地位，这在日据时期是无法想象的。祖国如此信任台湾人，视台湾人为同胞的骨肉感情，与日本异民族的残酷殖民统治实判若云泥。

日据时期五十年间，无一台湾人出任台北州、台南州、高雄州、台东厅、花莲港厅等七州厅（即台湾光复后的七个县）的知州事（县长）与市尹（市长）；又日本1945年投降前，相当于今日简任与简任待遇的敕任官，有166名日本人，而仅有1名台湾人（一年后的1946年12月时，本省人出任同级简任官者骤增至36人）；至于民主选举则是日本据台四十年后才开始的，但祖国是在接收台湾的第二年就开诚布公地举行选举。关于选举内容，日本人的选举是官方指派半数，余者方为民选。据统计1945年1月时，全台486名（官派270人，民选216人）州会议员、市会议员、厅协议会议员中，日本人居然高达296人（其中官派200名，民选96名），占全部议员的60.9%，当时在台日本人仅占全台总人口的6%；然而祖国所办的选举，却是各级民意代表100%全部由本省人当选。

然而无可讳言，祖国因连年征战，并遭日本殖民者残酷侵略半个世纪，综合国力屡弱，无法克服日本人离台前发动的一系列经济战所遗留的世纪粮荒与超级通货膨胀，完成当时的平稳过渡，甚至最终衍生1947年的"二二八"事件，这不但是台湾的悲哀，也是祖国落后的悲哀。

六　陈仪干部队伍

延揽优秀人才　陈仪执政期间因发生"二二八"事件，故有论述似将陈仪政府全盘妖魔化，将陈仪政府讲得似无一好人，不是贪污腐败，就是不学无术。实际上，那个时代台湾的基层公务员中，也不乏令人怀念的杰出优秀官员，例如孙运璿与李达海就是较知名者。在经济领域，孙运璿（山东蓬莱人，哈尔滨工业大学毕业）于1945年12月抵台，参与台湾电力的恢复工作。适值台湾电力约3,000名日本人被遣返日本，当时任电机处代处长的孙运璿带领着约200名外省、1,000名本省及70～80名日籍工作人员埋头苦干，抢修遭美军大轰炸严重破坏的台湾电力系统，功在台湾电力。工研院董事长李达海（辽宁海城人，西南联合大学化学系毕业），曾在甘肃油矿局老君庙任职三年多。抗战胜利后，年轻的工程师李达海奉派台湾，与其他外省本省同事努力从事高雄石油工厂的修复，功在台湾石油。

光复后，祖国除了派出孙运璿、李达海等这样的优秀官员来台外，陈仪也延揽了许多学历阅历俱优的人才来台湾，例如：

黄朝琴 台湾台南人，日本早稻田大学学士、美国伊利诺伊大学硕士，当时出任首任台北市市长。

游弥坚 台湾台北人，东京日本大学毕业，曾赴法国巴黎大学深造，出任第二任台北市市长。

连震东 台湾台南人，日本庆应大学毕业，曾任西安中央战时干部训练团少将政治教官，出任台北县县长。

谢东闵 台湾彰化人，广州中山大学法学院毕业，曾任曾任中国国民党直属台湾党部委员兼宣传科长，出任高雄县县长。

胡福相 浙江宁海人，浙江省警官学校正科一期毕业，曾赴外国留学警政，并著有《日本对于殖民地之警察设施》一书，出任台湾省警务处长。

张振汉 福建福州人，日本东京帝国大学毕业，出任台北市警察局长。

李万居 台湾云林人，曾就读上海民国大学，法国巴黎大学毕业，国际问题研究所港澳办事处主任，出任《台湾新生报》社长。

林忠 台湾南投人，曾就读日本京都帝国大学，于湖南长沙电台专门负责对日本及台湾之广播，出任台湾广播电台总台台长。

许寿裳 浙江绍兴人，日本东京高等师范学校毕业，曾任北京大学教授、北京女子高等师范学校校长，出任编译馆馆长。

刘晋钰 法国巴黎大学毕业，出任台湾电力公司总经理。

汤元吉 江苏南通人，德国明兴大学化学博士、中央研究院研究员，曾任泸县与遵义等酒厂厂长，出任台湾肥料公司总经理。

李国柱 浙江人，美国麻省理工学院化学博士，曾任沪江大学化学系

△ 黄朝琴（1897—1972，台湾台南人）

△ 连震东（1904—1986，台湾台南人）

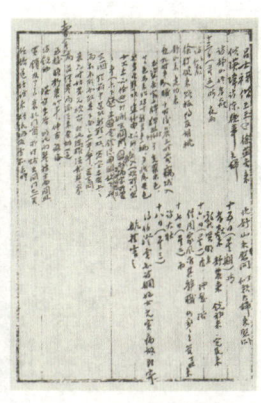

△ 许寿裳（1883—1948）及其日记

主任、江西苎麻厂厂长，出任台湾肥料公司协理。

夏之骅 安徽六安人，美国沃海渥大学硕士，曾任江西农学院化学系主任、福建农改处处长，出任台湾肥料公司协理。

蔡常义 贵州息烽人，武昌中山大学经济科毕业、福建闽南汽车管理处处长，出任台湾肥料公司协理。

方以矩 前浙江公立工业专门学校化学工程科毕业，曾任广东硫酸苏打厂工程师、印度达达化学公司电化厂外籍总工程师、资源委员会简任技正兼化工科科长，出任台湾碱业公司总经理。

谢明山 浙江鄞州区人，中央大学工学士、英国伦敦大学化工博士，曾任西南联大化工系主任，出任台湾碱业公司协理。

朱颂伟 浙江嘉善人，浙江大学电工学士、美国麻省理工学院机械硕士，曾任兵工署二十兵工厂工务处处长，出任台湾碱业公司协理。

上述许多人曾留学日本、美国、德国、法国、苏联，且不乏获博士或硕士学位之人。他们的学识经历，即使是以七十多年后之今日标准视之，也可说是优秀人才。这与一般以为当初来台湾接收的官员均属无甚知识或不学无术的认知，似有相当差距。此外，就当时祖国贫穷落后的国情，陈仪能物色如此优秀的人才来台，实也表明陈仪治台心切。

不宜将陈仪"行政团队"曲解为歧视台湾人 无可讳言，台湾光复之初，长官公署所属行政一级主管全是外省人一事，最为本省精英不谅。但此事似不宜曲解为陈仪政府歧视台湾人。首先，陈仪将全台湾的宣传机器（报纸与电台）负责人与台北市市长都任命台湾人出任，且在台湾办理完全民主选举，陈仪显然并无歧视台湾人之意。其次，前述长官公署所属的一级主管，实际上均是长期追随陈仪者，或是其在福建主政时的团队，例如：

秘书长葛敬恩 陈仪留日陆大同学，陈仪任浙江第一师师长时的参谋长，中央设计局台湾调查委员会委员

民政处处长周一鹗 陈仪主闽时的省府委员、省粮食管理局局长、中央设计局台湾调查委员会委员、中央训练团台训班副主任

教育处处长范寿康 陈仪主闽时的秘书与顾问

财政处处长张延哲 陈仪主政浙江时的秘书长

农林处处长赵连芳 周一鹗推荐的中央训练团台训班农林组主任

工矿处处长包可永 陈仪主闽时的省公用事业管理局局长，建设厅主任秘书、厅长

交通处处长严家淦 陈仪主闽时的建设及财政厅长

警务处处长胡福相 陈仪提拔，曾任台湾警察干部讲习班主任

现在的台湾，即使在民进党执政时的台湾地区行政管理机构，也是行政管理机构负责人的班底，或其所熟稔者出任其"行政团队"的部会首长。台湾媒体一会儿谢（谢长廷）团队、一会儿游（游锡堃）团队、一会儿苏（苏贞昌）团队，可见"行政团队"是首长为适应推动业务的需要而组成的。因此，陈仪当时可说只是物色其长期追随者或班底，组成"行政团队"，以助其推行施政。将心比心，吾人不宜将陈仪的"行政团队"用人，曲解为祖国歧视台湾人。

盼他日台湾人能体谅祖国当时的惨境 "二二八"事件的发生，有其历史背景方面的诸多因素，包括日本殖民者在将台湾交还我国前，接连发动陷台湾于社会秩序崩溃的大规模经济战。诚然，尽管陈仪用心物色了许多人才来台湾，祖国也派遣了包括孙运璿与李达海这样优秀的工程人员来台湾，但这些只是杯水车薪。整体而言，当时我国历经了半个世纪的战乱，综合国力极端落后，公务员与军队整体素质不佳或很差，似可想见。

当时，我国综合国力落后到什么程度呢？1941年日本对美英发动太平洋战争时，日本海军拥有战列舰10艘、航空母舰10艘、重型巡洋舰18艘、轻型巡洋舰20艘、驱逐舰112艘、潜艇65艘、其他舰只156艘，这样强大的海上武装

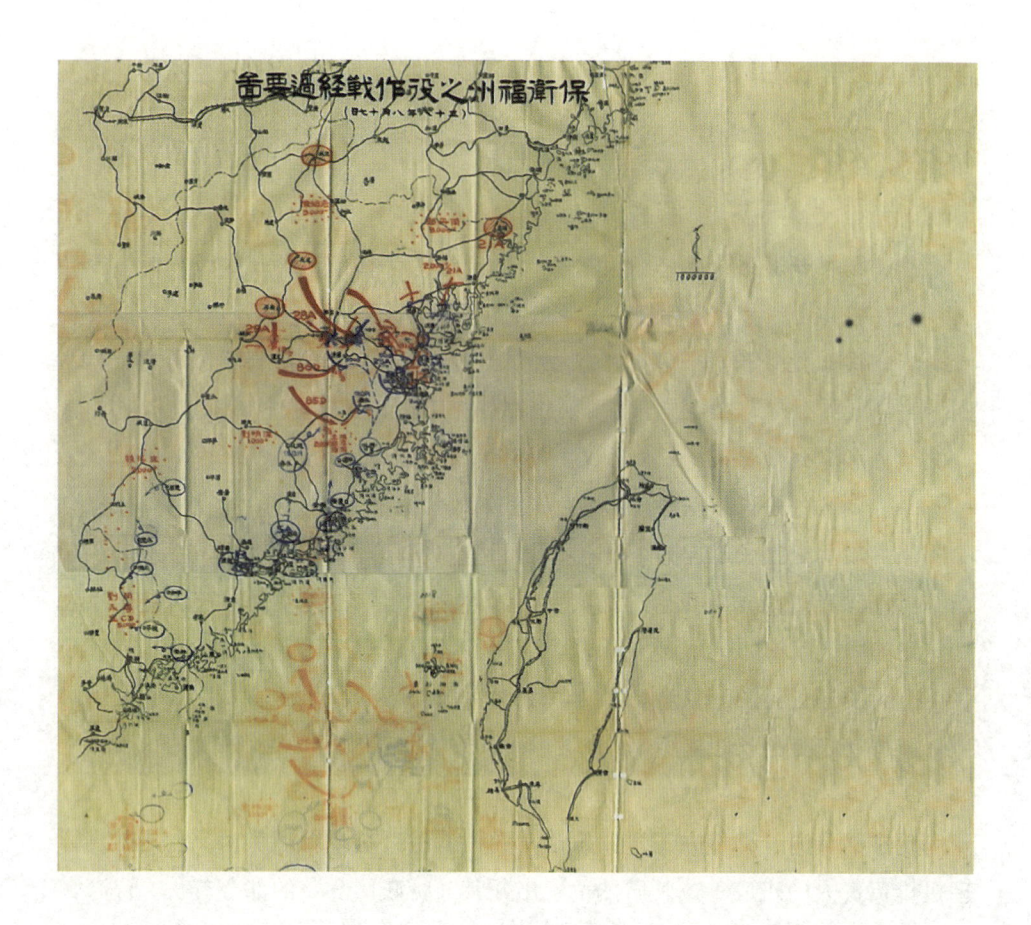

力量，是以庞大先进的国防工业、庞大优秀的科技队伍与俸给优厚纪律严明的高素质文官体系为支撑的，其综合国力远非当时的中国可比。当时祖国的工业能力是连一只手表也无法完全自制，故一辆坦克、一架飞机，或一艘军舰等常规武器更是无力自制。因此，当时中国军人是以血肉之躯力拼日军保卫祖国。战后，中国共产党本着"落后就要挨打"的血泪历史教训，全力发展国防工业，直至1971年才有能力自制常规动力鱼雷潜艇。而且当时的国民党政府腐败无能，再加上光复时中国大陆刚刚饱经蹂躏又面临内战，在此种情形下，祖国是没有能力派出整体素质优秀的公务员与军队来台湾的。

臺灣全島圖

第二十三章 "二二八"事件

一 游行频繁，社会动荡

中国国民党台湾省党部 1945年10月，国民党中央将中国国民党直属台湾党部改组为台湾省执行委员会，并派中央委员李翼中为主任委员。李翼中于10月17日抵台，全体工作人员于11月2日抵台，不久选定前日本警察会馆为会址。台湾省执行委员会于12月正式办公。1946年6月，台湾省执行委员会于台湾各县市成立党务指导员办事处，以推动各项党务工作。

此外，光复后，台湾义勇队有队员也陆续风光地返回台湾。12月8日，总队长李友邦率该队队员返台。但不久后，突然接到国民党政府当局命令，解散台湾义勇队。

台湾省政治建设协会 蒋渭川，1896年生，宜兰人（胞兄为创组台湾文化协会的蒋渭水）。1939年参选，当选为台北市会议员（该届台北市会议员共37人，其中官方任命议员20名，民选议员17名，后者中台湾人9名，日本人8名），台湾光复后的1946年4月当选为第一届候补省参议员。

台湾光复后，蒋渭川结集日据时期的台湾文化协会、台湾民众党、农民组合、台湾工友总联盟4个旧有团体同志，并联合台湾革命同盟会的张邦杰筹组民众党，1946年1月6日因故改为台湾民众协会，4月7日再改为台湾省政治建设协会，并在全省各县市成立24个分会，会员增至万人。

1946年5月4日台北首次大游行 1946年5月4日，为纪念五四运动而在台北市举行的大游行，是台湾光复后台北的首次大游行。此次游行是由台湾省政治建设协会所主导。由于当年农历过年时，台北发生了好几桩抢米事件，民众有钱也买不到米，所以政治建设协会乃以庆祝五四运动为借口，动员人民团体集体游行，抗议陈仪政府失政。

1946年12月12日反美学生大游行 1946年7月19日晚，在日本东京涩谷区附近发生了一起日本警官与台籍华侨的殴斗事件，结果2名台湾人死亡、14名以上受伤，且被美军国际法庭起诉。是年底，当国际法庭判决将前述台籍华侨驱逐出境时，郭琇琮等三人及原学生联盟各校负责人乃于12月12日领导了一场反美的学生大游行。

1947年1月9日反美学生再游行 惟不到两星期的1946年12月24日，北京发生美国军人强奸北大女生沈崇的事件，导致全国学生展开抗议美军暴行的大规模示威运动。美军暴行消息一传到台北，立即引起台北学生的愤怒。1947年1月9日，台北市全市大中学生1万多人，从四面八方集中至中山公园（前新公园），举行抗议大会，整个活动持续约四个小时方结束。

1947年2月13、14日市民反饥饿游行 1947年初，在全年稻作收获量势必锐减的预期心理下，米价更加上涨，无法控制。及至2月中旬，全台发生米荒。台东、花莲和其他各偏僻地区都发生了抢米风潮。当时，首善之区的台北市，不但百姓有钱买不到米，就连警察也买不到米。台湾省粮食局虽每日抛售千余包的平价米，但杯水车薪，无济于事。台北市民乃于2月13、14日集会游行示威，向台湾省行政长官公署和台北市政府请愿，沿途高喊："我们要米粮，我们要吃饭！"14日下午，陈仪于长官公署召开记者会发表书面谈话，欲借管制政策平抑物价，但米荒依然严重，物价依然高涨，全台笼罩在愁云惨雾中，好似"山雨欲来风满楼"。

前述一系列的大游行，不但更加抹黑了陈仪政府的形象，同时也为民间反政府力量蓄积了快速动员黑白两道与学生，举行大规模游行的能力。此外，由于陈仪政府对前述游行无力强制驱离，亦势必增加民间反政府力量，动辄以举行游行为能事。故如果台湾一旦有警，势必酿成巨变。

二 台北缉烟事件

缉烟事件经过 1947年2月27日上午，台湾省专卖局接获秦朝斌（本省人）密报，淡水街福泰山商行私贩香烟、火柴。专卖局乃派查缉员6人会同警察大队所派警员4人及密报者秦朝斌同行，于是日下午2时前往查缉。傍晚，他们转返台北，于太平町小春园用餐后，已7时左右，其中专卖局专员叶得耕因奉派查缉所获无多，而万里红酒店附近为烟贩经常聚集处所，乃命警察随往查缉，万里红酒店隔壁则是天马茶房。

当时是个天阴欲雨的傍晚，路灯初亮。当查缉人员步行至天马茶房附近查缉私烟时，查获100~200条烟，该处约20名烟贩立即哄然四散。只有40岁的寡妇林江迈因逃避不及被抓，查缉员等操本地话强行没收其50余条私烟与所售烟款现金6,000元，林江迈哀求发还，但查缉人员未允。此时，围观者众，纷纷为林江迈求情，争执冲突愈演愈烈（见南京第二历史档案馆馆藏林江迈等人的侦讯笔录原档）。或云查缉员掏枪想吓退围堵人群，枪管刚好碰到了急着冲上前找近旁女儿的林江迈头顶，一注鲜血立即顺着她的脸流下来。围观群众情绪更加沸腾激动，呼喊"阿桑，你流血啦，还不快倒下！""阿山仔（指外省人）打人喔！"（见当事人林江迈之女林明珠的回忆），同时将查缉人员包围，并高喊"阿山不讲理""猪仔（亦指外省人）太可恶""还给香烟"。

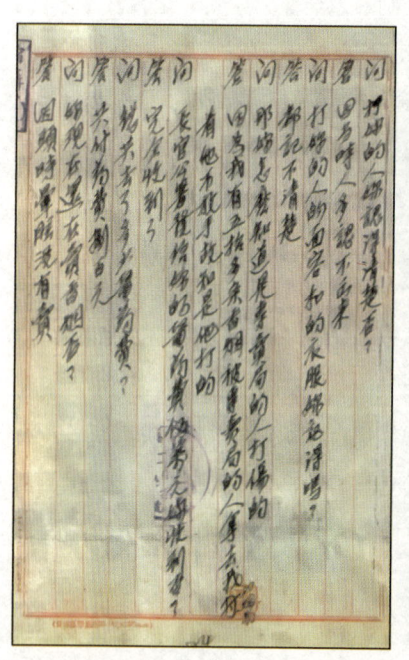

△ 林江迈供词原始档案　　　　△ "二二八"事件后，林江迈转往台北市太原路摆摊卖烟

群众围观肇事　上述过程中不知谁喊了声"打！"顿时群情激奋，喊打声此起彼落，200～300名愤怒群众逐渐围拢，查缉员与警员乃四散逃命。当时，一辆卡车遭焚，查缉员赵子健遭围殴伤重，傅学通则拼命奔逃到永乐町，但人群仍尾追不舍。傅学通突然被人抱住，万分情急下鸣枪一发，希望抱者释手，惟击中刚自屋内跨出的年约20岁的陈文溪（当晚11时左右伤重不治身亡）。众人突然受枪声震惊，追势稍松，傅学通即乘机冲出，后与闻警讯至出事地点查察的组长杨子才相遇。是日晚，傅学通与其他查缉员共6人被送往宪兵队看管。当群众获悉肇事者已被送往宪兵队时，原先团团围住台北市警察局的部分群众乃一齐涌向宪兵队。是夜，雨水时大时小，群众也随之时退时围。至于台北市警察局前的群众，直至天色破晓，武装警察抵达，才四散离去。

27日晚9时左右，另有部分民众涌至《台湾新生报》社，要求刊登此事，代总编辑吴金炼（台湾台北人）因奉有台湾省行政长官公署宣传委员会不得刊登此事的指示而加以拒绝。群众乃拟以汽油烧毁报社相威胁，吴金炼不得已请社长李万居（台湾云林人）出面。李氏应允刊登此事，群众始离报社，次日该报以五号字体，刊登百字左右的消息。

白道台湾省政治建设协会连夜密商实时煽惑　27日当晚，台湾省政治建设协会成员为此缉烟事件临时召开会议，决定次日举行抗议活动。台湾省政治建设协会当时受不少群众拥护，其中大部分是大稻埕及万华一带人士，有的是半流氓或地方角头（本案死者陈文溪即为人称"头兄"的大流氓陈木荣的弟弟，带有手下1,000余人），经联系后他们都准备次日参加抗议活动。另该会成员吕伯雄与廖进平（日据时期台湾民众党的组党人之一）一起草了抗议条文，后者复令其就读台北商业学校任学生自治会会长的儿子廖德雄于次日晨到校，召集各校学生于上午11时后至长官公署向陈仪抗议。

黑道流氓亲友聚众游行殴毙两名外省人　2月28日上午8时许，在台湾省政治建设协会的策动下，大稻埕民众聚集大桥头广场，由该会成员台北市参议员张晴川任总指挥。

是日一大早，流氓头子林秉足获悉其死党陈茂已的三叔陈文溪遇害，即出面找各路兄弟，率众自旧市场江山楼（当年为台北市有名的娼妓聚集地）一带出发，竖起抗议标语白布条。队伍约百来人，经迪化街、南京西路、延平北路、北门、忠孝西路、重庆南路，向台北专卖分局前进。是时，群众沿街敲锣通告罢市，全市商行立即响应，相率关门闭户。

另一方面，聚集在万华龙山寺的群众则游行至南昌街专卖局抗议，由于该局无人出面，部分激动群众乃进入专卖局将物资搬出焚烧，并殴打外省人。随后此批来自万华与来自大桥头的两路群众合流，浩浩荡荡向专卖局台北分局（位于今重庆南路）行进。将近中午，人潮冲进该局，见职员即殴，打死2名外省人，伤4人，并将该局内所存的各种烟酒及箱柜等物全部搬出抛至街上，置成小堆，以汽油浇灌焚烧，火舌足足有10多米高，浓烟直升晴空。

卫兵开枪击毙3名本省人 下午1时30分左右，由中山南路自行前来的群众及大稻埕与万华等地群众高举旗帜，其间亦有持日本军刀、扛铁棍、抓木棒，甚至有少数持土枪及手枪者夹杂其间，敲鼓打锣，高呼口号，蜂拥至台湾省行政长官公署向陈仪请愿。

当时，陈仪正与幕僚筹谋对策及寻找闽南语翻译人员，准备出见。惟请愿民众迫不及待地与守卫激烈冲突，喊打"阿山"之声不绝于耳，部分激进分子则拥向前冲破士兵警卫界线，夺取卫兵枪支（并开枪击伤1名守卫）。卫兵被迫开枪，当场打死3人、击伤3人、逮捕6人，群众听到枪声，四处逃散。

△ "二二八"事件时台湾专卖局台北分局（太平町延平北路）的火柴、香烟等存货被抛到路中央放火焚毁，火光冲天

△ "二二八"事件当天台北火车站前的动乱

台北大暴动：疯狂殴杀外省人　群众虽一时被迫驱散，但随即四处会聚，流氓乘势加入，呼啸纠合数千人，与请愿的万余群众以日语商议后乃四处散开。一时间，万人空巷，涌守各处交通要道、各地公共场所、各旅馆商店，见到外省人一律殴打，将仇恨倾泻于外省人的身上。于是大约自下午2时许后，大暴动开始，台北全市陷入极度混乱恐怖之中。

是时，本省群众不分青红皂白地围殴路上行走的外省人，有的被打得头破血流，有的倒在马路上奄奄一息，有的被打翻在地再被扔进街旁下水道里。由各地乘汽车、火车抵台北的旅客，凡是外省人，只要一下车就遭台湾人毒打。在台北火车站与万华火车站，被打死的外省人最多。

当时"外省人在民众咆哮、愤怒、憎恶、拳头、脚底、棍棒之下呻吟哀号、求饶、仆地流血、抱头鼠窜或者竟至毙命"。28日下午，台北市单是太平町中段（今台北市延平北路二段）被打死的外省人就有数十人之多。当天"台北城的每一个角落里，差不多到处都横卧着外省人的尸体，到处都流溅着外省人的鲜血"。据胡允恭描述，"外省人被打伤或打死数百人，马路上到处有鲜红的人血。打死

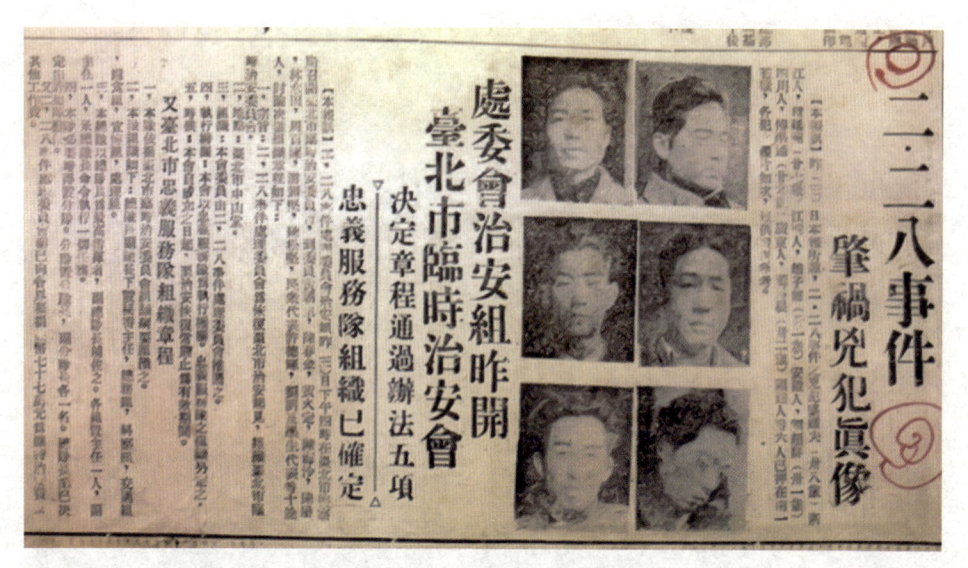

△ 1947年3月4日《台湾新生报》

'阿山'的怒吼声,被打得半死者的惨叫声,交织在马路上"。此外,"据估计就在28日这一天,外省人被打死的便有100多人,打伤的共900多人"。

陈仪派人访寻蒋渭川并密会许德辉　28日,宪兵团团长张慕陶奉陈仪之命,曾两次前访台湾省政治建设协会代表蒋渭川,请其出来收拾大局,惟适未遇。是日晚,蒋渭川回书答复张团长,谓"当尽能力所及而为"等语。

另一方面,保密局台北站站长毛简召许德辉,并延请保密局台湾站站长林顶立(台湾云林莿桐人)至互正公司磋商。许德辉于下午4时20分召集流氓头子林秉足与庄传生等13人(林秉足与庄传生就是28日当天清早率众自旧市场江山楼一带出发的流氓头子)开紧急会议。后林顶立经陈仪弟陈公铨引见,于是日傍晚率许德辉等人见陈仪。陈仪面准创立"忠义服务队",以配合宪警维持治安。

三　台北风暴八日

3月1日　殴毙外省人的事情仍层出不穷,例如自淡水至台北的火车运行中途,凡操外省口音者都遭痛殴。当时,台北车站月台上,就有数十具尸体。

是日,台北市参议会邀国民参政员、制宪国大代表及省参议员于上午10时在台北中山堂召开紧急会议,成立缉烟血案调查委员会讨论本案,并推举省参议会议长黄朝琴、省参议员黄纯青、王添灯,台北市参议会议长周延寿、参议员张晴川,及国民参政员杜聪明、林忠等7人,于中午联袂赴公署晋谒陈仪,提出撤销戒严令及释放被拘民众等五项要求。

下午5时,陈仪于长官公署首次向全省台胞广播,应允中午黄朝琴等所提的五项要求。陈仪广播后,乃派民政处处长周一鹗、交通处处长任显群、工矿处处长包可永、农林处处长赵连芳、警务处处长胡福相等5人代表政府,与台北市参议员、省参议员、国民参议员、国大代表等合组"二二八事件处理委员会"(以下简称"处委会"),以解决本案。

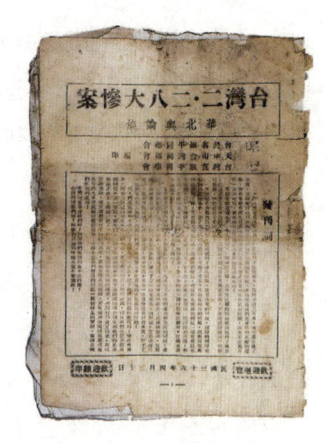

△ "二二八"大惨案

3月2日 上午10时许,台湾大学、私立延平学院、法商学院、师范学院及各中等学校学生千余人聚集中山堂,严厉抨击陈仪政府。

△.台北市中山堂
光复前为公会堂,二二八事件处理委员会于台北风暴八日期间的开会场所。

处委会政府代表新增参谋长柯远芬及宪兵团团长张慕陶。是时，民间代表则有林献堂、杜聪明、陈逸松、吴鸿森、林忠、林忠贤、连震东、黄国书、李万居、颜钦贤、刘明朝、吴国信、黄朝琴、王添灯、黄纯青、李友三、丁瑞彬、林为恭、刘阔才、林璧辉等人。他们于下午3时许，假中山堂举行首次会议，议论百出。此外，陈仪亦于下午3时第二次对民众广播，宣布凡是参加这次事件的人，准予从宽一律不加追究等四点宽大处理原则。

当天处委会委员王添灯却继续向民众广播，极力抨击陈仪政府，并赞誉那些杀害外省人及捣毁外省商店物件的人为革命先驱。

3月3日 处委会于上午再次在中山堂举行会议，与会者另有工会、商会、民众及学生团体等。当时会场有数百民众包围，其中有不少"友仔"（流氓或市井少年），场面极其混乱，议论纷纷，莫能集中。下午，处委会治安组在台北市警察总局召开台北市临时治安委员会会议，台北市市长游弥坚任主席，会中决议成立"忠义服务队"。傍晚6时，警总参谋长柯远芬向全省广播，宣布本日政府与各界人民代表会商所获"武装部队今日下午6时撤回营地"等协议内容。傍晚6时后，忠义服务队的人即臂缠白布，正式担任维持台北治安的责任。

3月4日 军队撤回营房。处委会黄朝琴等上午再借中山堂开会之机，议决通知各县市以参议会为主体，成立二二八事件处理委员会分支机构等诸多事项。其中有关另设分支机构一项，难免令人感到其动机并不纯正，将事情的焦点集中到限制国民党政府的权力，并且有意建立全岛处委会分会，似乎是在国民党政府体制之外另设一个政府机构。

3月5日 台北市内秩序逐渐恢复。蒋渭川所领导的台湾省自治青年同盟在中山堂举行成立大会。下午2时，处委会在中山堂分别召开小组会议。下午5时，处委会续开筹备会，先后通过该会组织大纲草案及台湾省政治改革纲领草案八条。是日下午，处委会也广播征召全省曾服务于日本海陆空军的人员，开始于老松学校及太平学校等处登记。另一方面，台湾省政治建设协会也确定了台湾省政改革纲要九条。

3月6日 上午，省级处委会借中山堂开会，同意受理台湾省政改革纲要九条。下午，省处委会续借中山堂召开大会，出席委员会成员及旁听民众达300余人，会上选林献堂等17人为常务委员。随后，王添灯宣读向中央及全国广播"二二八"事件真相全文及事件处理经过，内含震惊全台的三十二条要求。是晚

8时30分，陈仪向全省台胞第三次广播，开诚布公地宣布同意将行政长官公署改为省政府、各厅处长尽量任用本省人。

3月7日 台北市面盛传大批国军将至，人心惶惶。早晨，流氓及青年学生又开始四处搜查抢缴外出官兵的枪支，甚至搜索外省人住所。是日，处委会终日开会，旁听者极为拥挤，会中处委会内部派系的严重分歧也已表面化，当时王添灯即提出处理大纲及政治改革方案共三十二条，后在群众叫喊中又追加十条，共计四十二条。

是日傍晚，处委会委员黄朝琴等15人赴长官公署请见陈仪，将该四十二条方案面递陈仪。陈仪披阅未毕，忽赫然震怒，断然拒之，并严词训斥。

3月8日 王添灯与吕伯雄等人主张于3月15日以前接管长官公署各机关，以政务局替代长官公署，甚至将来再组设台湾省民主自治临时政府。是日，忠义服务队、台湾省青年自治同盟、民主同盟台湾支部等首脑借日华町学校，召集海陆空军负责人秘密举行紧急的联席会议，预备推翻处委会，重组台湾省政改革委员会以代替之。

当时，在台湾其他主要城市地方也出现混乱。

基隆 基隆市离台北很近，故台北缉烟事件消息于28日傍晚已传至基隆。是夜，部分激进分子袭击基隆市第一警察分局，并抢夺该局枪支，且有约400人四处殴打外省人。3月1日晨，基隆要塞司令史宏熹宣布戒严，下午基隆市参议会举行临时大会，痛责陈仪暴政。随后两三天，基隆市内及四郊，民众与宪警军队冲突的事时有所闻。4—7日，基隆市内秩序稍复，交通也逐渐开通，惟民众风闻国军与宪兵将来台湾镇压暴动，人心惶惶。

台中 3月2日，群众游行示威，包围警察局，全市搜捕外省人，殴打杀戮，洗劫焚烧，残暴嚣张。是日下午林献堂与谢雪红等10余人于市参议会会址（原市民馆）成立台中地区时局处理委员会。

3日，激进分子再次分散抢夺公务人员家属财物，搜索散居各处的外省籍军公教人员与家属，并将之拘禁于民众旅社、第八部队仓库、师范学校、市参议会、法院监狱等地。是日，谢雪红于市参议会成立台中地区治安委员会作战本部。

4日，谢雪红等接管台中市警察局、台中县警察局、台中市宪兵队、台中团管区司令部（第八部队干城兵营）、空军第六被服厂、台中军械库六处、台中广播电台、台中电信局、台中专卖局等政府机构，并将台中市内所有外省人强行全部集中于教化会馆。随后两三天，激进分子与学生复于所攻占的干城营区成立

"二七部队"（纪念2月27日的台北缉烟事件）。

当时，大部分外省人被迫集中于民众旅社、教化会馆、市参议会、监狱、第八仓库等地。若干集中场所早晚点名两次，点名及受审时外省人必须跪下作答，稍不称意则鞭足交加。

嘉义 3月2日上午，街上穿旗袍者均被殴辱，大小官员被打得屈膝求饶，自火车站至市中心皆是一片混乱。是日，激进分子在市内到处殴打外省人，恣意劫掠。3日，激进分子成立嘉义市三二事件处理委员会及防卫司令部，当天未能逃走的外省军公教人员及其眷属有约1,400人，全被捕集中拘禁于市参议会、中山堂、邮局及国民党市党部等处做人质，各处都有台湾人日夜监守，稍有反抗即予鞭打。

4日，驻守东门町的第二十一师独立团第一营营长罗迪光在市长孙志俊的要求下，欲率军进入市区镇压，以解救被困的外省人。然经协调，台湾人应允保护市内外省人，罗迪光亦守信于傍晚撤军。5日，嘉义市动乱未止，是时不仅学生兵在攻机场、红毛埤，许多流氓也趁机起而打劫。7日，激进分子攻取红毛埤军械库，惟其后续围攻嘉义水上乡机场的行动并未成功。

四　镇压及整肃

高雄市濒临内战 2月28日，高雄市市长黄仲图已获悉27日台北缉烟事件，即严嘱镇静处置，避免军民冲突。3月1日，高雄与台北的电话已不通。2日，高雄要塞司令彭孟缉于寿山司令部集中一个步兵大队的兵力，准备应付突发事件。

3日，由台北南下的百余人进入市区，掀起到处殴打外省人之风，激进学生并将逃避不及的外省人视为俘虏，全部集中拘禁于高雄第一中学，其家中物品则被劫掠或烧掉。当时，冒险相率投奔寿山高雄要塞司令部的外省人，多达1,000多人。市参议员及地方名流成立高雄二二八处理委员会。4日，市面殴打外省人之风越来越猛，皂白难分。5日，因本省200余名军警参加起事，市内全部军政机关都被占领，被集中的官兵多达700余人。另一部分激进分子则进攻高雄监狱，释放280余名犯人。是时，激进分子以日军遗留的多辆喷火车逼近寿山，喊话投降，扬言军方若不缴械投降，就用火攻。高雄要塞司令也立即以日语广播，饬激进分子放下武器，否则炮轰整个高雄市，以求吓阻，一面以8门七五炮集中轰击市体育场示威，激进分子始惊慌撤去喷火车，并喊话愿停战谈判。

第二十三章 "二二八"事件

彭孟缉断然处置 6日，市长黄仲图与议长彭清靠在涂光明等人的胁迫下，率范沧榕、曾丰明、林界、李佛续等共7人，前往要塞司令部与彭孟缉谈判。当彭孟缉见到涂等要求由处委会高雄分会负责保管台湾南部最大军械库——五块厝仓库军火的九条和平条款时，乃怒斥其为造反。此时，涂光明即抽出胸前暗藏手枪谋刺（涂光明是偷藏两把枪，一在胸前一在后面，上要塞时需缴械，涂光明只缴一支而留另一支手枪），当场被捕。

△ "二二八"事件时期，任台湾高雄要塞司令部司令的彭孟缉

形势急遽恶化，彭孟缉认为必须"趁乱源尚在滋蔓泛滥之初，迅速作有效的应变措施，尚有制止挽救的可能。……目前暴徒的气焰虽然嚣张，然而到底只是临时凑集的乌合之众，'数量'并不就是'力量'，判断其不会有多大的战斗力；反之，如果迁延时日，坐视其逐渐发展，……则其后果就不堪设想了"。

彭孟缉兵分三路 彭孟缉乃断然下令高雄要塞国军提前于6日下午，分三路进入高雄市区镇压动乱。当时，市政府大楼顶上4挺机枪自上向下扫射国军，国军乃行攻占市府。总计高雄市府之役，官兵伤亡15人、百姓死亡约50~60人，俘获主犯8名、从犯100余名。是时（6日下午1时），陆军第二十一师何军章团第三连，奉令自一〇五后方医院出发，向被激进分子占据的高雄火车站进击。当时，高雄火车站突然枪声大作，双方开火，官兵伤亡8人（学生颜再策在战斗中遭击致死）。车站内数百名旅客，惊慌地跑入月台地下通道躲避。国军士兵立即围住地下通道两端出入口处，并持续射击。旅客均仆倒在地，后纷纷举手表示投降。士兵见地下通道内无人抵抗，乃停止射击，惟封锁出入口。次日下午4时许，士兵从旅客中带走约300名男子，其余老幼妇孺则予释放返家。时地下通道内有1人死亡，5~6人受伤，火车站则有约10具尸体。高雄火车站之役，国军夺获机枪2挺、步枪5支、弹药3车、俘获人犯300名。6日下午，国军续攻高雄第一中学，遭学生狙击，官兵3人阵亡（其中四川人颜副连长中枪次日死亡）。当部队接近高雄第一中学时，却发现校舍各窗栏都有外省人被绑在窗口，当作人肉盾牌。如果国军攻击，则这些外省人正好是枪靶。故国军投鼠忌器，不敢进攻，只好调来迫击炮，于晚上向中学操场中心炮击，以威吓震慑。是晚，学生连夜逃逸。当部队进入第一中学时，学校已无激进分子，从而救出了全部受困的 600 ~ 700 名外省人。

在彭孟缉所部国军的猝然镇压震骇下，高雄市区的动乱迅速平定。高雄市政府于 3 月 9 日通告，自 10 日起全市各机关、各学校、各工厂、各商店，一律照常办公、上课、开工及复业。

镇压台北 3 月 8 日晚，驻闽宪兵第四团两营宪兵刚抵基隆，立即星夜驰奔台北。9 日上午 11 时，有激进分子 400 余人围攻台北水道町电台，形势一度危急，经增援后于下午 4 时始将激进分子击退。

9、10 两日，台北全市枪声此起彼落，昼夜不断，士兵任意射杀百姓。马路上，小巷内，铁路边，学校、机关内外，大街小巷到处都有被枪杀的尸首。11 日，市区满目凄凉，像是一座死城，武装军宪布满岗位严查行人，大街上如果有四五个人走在一起，即被开枪射击。12 日，劫后的台北街上，一切均显得凄凉，在"总督府"附近，有几具尸首横七竖八地躺在大马路上。

进驻台中 3 月 9、10 两日，台中地方表面无重大变化，但因援军抵台开始镇压，陈仪下令解散处委会，大肆逮捕民众的消息也不断传来。3 月 11 日晚处委会有两三名委员至该会搬焚有关文件，被群众拘押的国军也开始被释。是日晚 8 时许，处委会委员庄垂胜、黄朝清、叶荣钟、巫永昌、谢雪红等多人举行最后一次会议，大部分委员主张解散处委会，虽因谢雪红反对而无结果，该会也于无形中解散。12 日下午，"二七部队"撤离埔里，时约百人。

当时，时局处理委员会任务结束，善后事宜交参议会另设处理部办理，同时释放各集中所的外省人（例如台中市党部社会公寓所监禁的 136 名外省人）。此外，台中火车站前连夜搭建拱门牌楼，另并有人杀猪宰羊以迎国军。13 日下午，国军整编第二十一师进驻台中，于原干城营区处设置师部，官兵进占。14 日，二十一师第四三六团约 800 人至草屯地方，企图袭击埔里。下午 5 时，"二七部队"成员前往迎击，该团败退草屯。16 日，国军二十一师大举围攻埔里，"二七部队"抵抗，双方接战。当晚，"二七部队"成员各自埋藏武器后解散。3 月 17 日晚，国军获悉"二七部队"已解散，即行占领埔里镇。

进驻板桥、新竹与彰化 3 月 9 日，国军抵达板桥，民众多人被杀，百姓害怕而关门闭户不敢外出。处委会台北分会则立即解散，民众也告溃逃。新竹市则幸经市府人员沉着应变，及与驻市军宪精诚团结，迅速消弭暴乱，故未发生巨大流血惨剧。10 日，彰化市参议会联合地方法团开会，一致表示信任拥戴市长王一尘继续执行职务。处委会遵令于 11 日解散。

进驻台南 彭孟缉所部8日收复屏东与旗山。是日，彭孟缉也接获台北警备总部奖许并盼海陆并进嘉义的电报。10日拂晓，杨俊上校率领两个营与孙子衡中校率领的炮舰合攻台南，傍晚完成任务，其间除激进分子在该地指挥部（台南工学院）的抵抗较激烈外，进展尚颇顺利。11日晨，彭孟缉派所部进驻台南市，随即于上午10时左右宣布临时戒严。上午10时，国军围住台南市参议会，在场参议员、学生等被检查，韩石泉也被押上车。是日，国军开始逮捕肇事及涉嫌分子如汤德章、庄孟侯、柯贤湖、庄茂林等167人，其中汤德章于次日即押赴刑场（旧大正公园）枪决，余则送审严讯，并大举收缴武器弹药。17日上午6时起，复宣布临时戒严，举行户口总清查并实施连坐法，以清查"奸匪暴徒"及收缴民间藏匿的枪弹武器。

进驻嘉义 3月11日，登陆的国军二十一师一四六旅四三六团的一个营，空运援抵嘉义机场，南部防卫司令所派援军也抵嘉义。此时，处委会主任委员陈复志率卢炳钦等人前往军方谈判（临行前陈复志向人告以此行恐不能回来），其中省议员刘传来、市参议员邱鸳鸯、通译王钟霖等稍后获释，市政府职员林文树因太太营救，以钱赎命而于数日后获释，其余陈复志、卢炳钦、柯麟、陈澄波、潘木枝则被扣押。刘传来获释的条件则是先回市区安排欢迎市长及国军入市的仪式。12日下午，罗迪光营长率军攻入市区，释放被囚禁在市党部、参议会及中山堂三处的外省人。是日晚，彭孟缉所部先头部队也进抵嘉义。

当时，军方于11日逮捕陈复志等数人，于18日首先以卡车载嘉义市三二事件处理委员会主任委员兼作战司令的陈复志游街示众，然后于嘉义火车站前广场，由嘉义市指挥所（奉台湾省警备司令部电）将其就地正法，此似也反映出军方对陈复志的深恶痛绝。23日，嘉义当局则奉令将参与此次暴动者，如作战本部参谋长卢镒、作战本部宣传部长苏宪章等13人，拖至嘉义火车站前广场，以铁索捆缚成队，执行枪决。3月25日，复将参与此次"暴动"的主谋者（官方用语）陈澄波、潘木枝、柯麟、卢炳钦等4名市参议员，由嘉义市指挥所就地正法。

进驻高雄 在高雄要塞司令彭孟缉所部国军猝然镇压的震慑下，高雄市区的动乱迅速平定。高雄市政府于3月9日通告自次日起全市各机关、各学校、各工厂、各商店，一律照常办公、上课、开工及复业，并宣布以连坐方式令市民限期自动缴出藏匿的武器，全市分区清乡、全面清查户口、奖励民众秘密检举暴徒。

此外，涂光明6日挟持市长黄仲图要求军方撤离寿山并持枪意图行刺彭孟缉一案，凃光明、范沧榕、曾丰明等3人，是日即遭高雄寿山台湾南部防卫司令部内的军法处审讯，议长彭清靠则于当天亲笔致函彭孟缉，书面证明凃光明等的不法。彭孟缉经电奉准乃于3月8日将"共同首谋暴动"的凃、范、曾三人枪决。10日，彭孟缉复以林界聚集流氓胁迫缴械（3月4日，公举代表林界曾逼迫高雄市市长黄仲图至宪兵队威胁缴枪）为由，及以陈显光鼓动学生率众参加围攻火车站为由，电请"准予权宜枪决"。后获准，遂将林、陈二人于3月21日枪决。

进驻宜兰花莲 13日，国军进驻宜兰，街上立刻挂起国旗，宜兰人与青年学生多人被杀（包括省立宜兰医院院长兼处委会主任委员郭章垣），部分参加"二二八"事件的群众，则由清水、苏澳等港口逃往海外。

3月10日，国军进驻台北，陈仪广播各县处委会应即行撤销后，处委会花莲分会召开紧急会议，一致通过解散该会。11日，宪兵队派兵在市内维持秩序，各机关开始办公，学校、工厂也照常上课、上工。

"二二八"事件期间，凤林区成立花莲县凤林区处理委员会，推举制宪国大代表张七郎为主任委员。9日下午，处委会开会，选举县长候选人，结果张七郎、马有岳与赖耿松等3人当选为花莲县县长候选人。事实上，"二二八"事件期间张七郎正卧病终日缠绵于床笫间，但"花莲县二二八事变报告书"中，谓此次暴动首脑，花莲县方面有许锡谦（自任陆海空军总指挥）等人、凤林区则有张七郎等人。后许锡谦在南方澳遭军宪人员就地捕杀，另国民党军队进驻凤林后，张七郎及其子张宗仁、张果仁三人不久遭逮捕冤杀。2009年披露的档案使真相浮出水面，原来因张七郎是花莲县县长候选人，故花莲县县长张文成挟怨，报请当时在花莲负责镇压"二二八"事件的国民党军队二十一师独立团第五连连长董志成，将张七郎父子三人于凤林郊外的番社执行密裁（秘密枪决）。

△ "二二八"事件期间，任"制宪国大代表"并被推举为花莲县县长候选人的张七郎及相关文件

△ 王添灯（1901—1947）（左）
《自由社》社长，"二二八"事件期间失踪。

△ 阮朝日（1900—1947）（右）
阮朝日是台湾屏东人，曾任《台湾新生报》总经理，"二二八"事件期间失踪。

整肃记者　光复后，台湾的报纸如雨后春笋涌现，大大小小10余家，有官方的，也有民间的，并以后者居多。当时报纸从业人员无论本省人还是外省人，多富正义感，他们平时针砭时弊，揭露失政，并深深同情台湾人的处境，致当局相关单位恨之入骨。及至"二二八"事起，新闻界更是鲜明地站在民众一边，成为事件的代言人（就连某些官方报纸也出于派系恩仇，见风使舵变调），对"二二八"事件的迅猛发展，起了鼓舞与推动作用，从而更成为当局相关单位的眼中钉与肉中刺，必欲除之而后快。嗣国民党军队在高雄、台北两市镇压动乱，迅速控制全岛局势后，陈仪当局除于3月10日下令立即解散各地处委会外，自11日开始将镇压的矛头指向新闻界，大肆捕杀新闻界人士。

当时台湾新闻界被捕遇害者有：

　　　外省人艾璐生　　《大明报》副社长
　　　本省人宋斐如　　台南人，《人民导报》社长
　　　　　林茂生　　　屏东东港人，《民报》社长
　　　　　王添灯　　　台北人，《自由报》社长
　　　　　阮朝日　　　屏东林边人，《台湾新生报》总经理
　　　　　吴金炼　　　台北人，《台湾新生报》日文版总编辑
　　　　　邱金山　　　《台湾新生报》高雄分社主任
　　　　　苏宪章　　　嘉义人，《台湾新生报》嘉义分社主任，"二二八"事件
　　　　　　　　　　　期间任作战本部宣传部长

被捕者有：

外省人马锐筹	《大明报》主编	
本省人饶逸仁	《和平日报》嘉义分社主任	
蔡铁城	《和平日报》记者	

逃回大陆者有：

外省人周梦江	浙江平阳人，《和平日报》台中分社编辑主任
王思翔	现名张禹，《和平日报》台中分社主笔
雪　穆	即谢牧，《大明报》编辑
陈季子	《大明报》副总编辑
本省人苏　新	台南人，《中外日报》临时总编辑
吴克泰	宜兰人，本名詹世平，《大明报》记者
周传枝	台北人，时名周青，《中外日报》记者
蔡子民	彰化二林人，本名蔡庆荣，《自由报》总编辑

查封报社　3月13日，警总通令解散各地台湾省政治建设协会，"二二八"事起后各地民众成立的治安组织亦一并撤销。

当局大肆捕杀记者的同时，至3月底的十余天间，台北绥靖司令部以思想反动、言论荒谬、诋毁政府、煽动民心等理由，查封《人民导报》《民报》《大明报》《中外日报》《重建日报》《青年自由报》《和平日报》《经济日报》《工商日报》《自强日报》以及《大公报》台北办事处、民智印书馆、延平学院等报社与机构。此外，亦查扣如《中国近代史话》（211册）、《中日政局演变》（74册）、《新世界展望》（27册）、《日本革命运动史话》（9册）等激进刊物。

逮捕首要人犯　3月9、10两日国军陆续援抵台湾后，警察及警备部军士即施行报复手段，殴打及拘捕"暴徒"，台民恐慌异常。台省党部调统室曾送警备部一份"歹徒"名册，并建议该部应乘时将之消灭。警备部10日晚起开始行动，是日陈仪亦令宪兵驻台特高组，秘密逮捕国大代表林连宗、参议员林桂端、李瑞峰（他们是律师，曾联名接收高等法院）及"奸伪首要"曾壁中（外省人）。

10日复再戒严，当局特设别动队，林顶立为队长，刘明、李清波副之，陈逸松为参谋长，张克敏（即张士德）、高钦北、周达鹏为大队长，警务处则已改由王民宁任处长，以上全都是本省人。

3月13战栗日　3月12日晚上，陈仪召开重要会议，与会者有葛敬恩、严家淦、柯远芬等人。会议彻夜进行，却一直无法达成结论。13日凌晨3时，陈仪终于决定"凌晨4时开始行动，由我陈仪负全部责任，与'二二八'事件有关的嫌疑人士，不问姓名，当场处决"。由特务组成的行动队和宪兵第四团首先决定工作分配，按照准备好的黑名单同时行动，处决的刑场分两地，行动队在圆山右侧的大直，宪兵第四团在马场町的萤桥。

13日凌晨3时，陈仪发出紧急措施条例，4时开始行动，6时抓人。是日上午，《人民导报》社长宋斐如（妻广东人区剑华，宋氏夫妇是由孙中山之子孙科做媒成亲）即遭行动队逮捕至大直枪毙。《民报》社长林茂生也被送至大直枪毙。是时，由于陈仪在台执政期间，新闻界揭露抨击时弊不遗余力，"二二八"事件时更是推波助澜，故陈仪当局也将镇压矛头指向新闻界，大肆捕杀新闻界人士，例如外省人艾璐生（《大明报》社长）、本省人王添灯（《自由报》社长，"二二八"事件期间极力抨击陈仪政府并提出震撼全台的三十二条要求）、阮朝日（《台湾新生报》总经理）、吴金炼（《台湾新生报》日文版总编辑）、苏宪章（《台湾新生报》嘉义分社主任，"二二八"事件期间任作战本部宣传部长）。

△ 林茂生（1887—1947）

本省遇害人数扑朔迷离 国军自3月6日起在高雄强行武力震慑。8日夜援军抵达基隆，不久即南下台北于9、10两日平乱，接着大举逮捕。约至3月中旬后国军行动方逐渐停止，许多台湾人遇害。关于当时台湾人遇害人数，台湾分离主义者是唯恐遭人低估，而认为当时台湾人遇害者约17,000人。对此，前国军二十一师参谋长江崇林则持质疑态度："那时台湾共分为八县九市，除澎湖外，依如'两万人被杀'的传闻来除以16，每一县市平均要死一两千人，请问可能吗？"并说："谁能在任何一县市列出一两千位死亡者的姓名来？"

1948年1月12日，监察院监察委员丘念台的呈报中谓据其观察分析，"二二八"事件遇害台湾人"计有著名士绅被杀灭尸，并无宣罪者13人，被杀灭尸事后通缉者7人，无罪被杀尸首仍存者23人，至于其他调查未明之被杀之民众，全台殆不下二三千人"。据"财团法人'二二八'事件纪念基金会"（由政府依法设立，以财团法人性质接受政府委托处理"二二八"事件）受理"二二八"事件死难者的补偿登记（包括死亡、失踪与其他），自1995至2006年共计2,264

△ 台湾"大溪档案"

件，与监察委员丘念台当时呈报的死亡人数相吻合。

五 "二二八"事件定性

"二二八"事件可说影响深远，即使七十多年后的今天依旧，尤其是有关"二二八"事件的定性，可说争议难定，有论者认为"二二八"事件是起义，也有人说是民变，甚至是"台独"。事实上，有关"二二八"事件的定性，可说是因台北中枢长官公署与台湾一般群众所获的不同层次资讯，而有不同认知。也就是说，从不同的角度切入，有不同的定性，兹列举数种如下：

"二二八"事件是起义（不是"台独"） 日本人在归还台湾前，阴谋破坏台湾的经济，致使当时台湾社会处于大饥荒的崩溃状态，外加陈仪政府的贪腐，故从当时台湾人民的认知来判断，说"二二八"事件是反陈仪政府失政的起义，也是正确的。例如谢雪红在台中发动武装起义，目的仅是打倒贪污腐败的国民党政府与争取民主，"二七部队"还改名为"台湾与民主联军"。故中部地区未发生如台北2月28日那样的大规模不分青红皂白殴杀外省人的事情。

陈仪平变后，谢雪红及其众多的台籍同志，并未流亡日本，而是自香港北上回归祖国，谢雪红本人还在天安门城楼上参加了中华人民共和国的开国大典。故"二二八"事件诚如曾参与该事件最后埔里战役的台湾本省人陈明忠的分析，如果"二二八"事件是"台独"的开始，那"二二八"事件后，台湾青年（政治意识强者）应该是走向台湾"独立"，而非走向左倾。那20世纪50年代白色恐怖下的政治斗争诉求应该是台湾"独立"才对，但是那时候坐牢的政治犯，几乎清一色都戴的是亲中共的红帽子。而历经白色恐怖残酷迫害的政治受难者，他们无怨无悔，始终表露出对民族的热爱，这更具体说明"二二八"事件不是"台独"。

"二二八"事涉"台独" 如果说"二二八"事件与"台独"全然无涉，那也并不尽然。当时，在事件发生前一个半月的1月12日，有台湾省参议员于三民主义青年团高雄分团在青年馆举行的分团部成立典礼上，即席向800余名群众演讲时，称期望青年立志为台湾"独立"而努力，勿再受中国大陆之管辖，当场并获不少听众掌声。美国驻台北领事馆副领事特务葛超智（George Kerr）于1月15日收到一份约有150人签名代表超过800名台湾人的请愿书，要求联合国接管台湾。紧接着，英国驻我淡水领事馆首任领事汀格尔（G. M. Tingle）在其就任领事环岛七周后，于2月12日在其内部渠道上呈的一份视察报告中称，台湾人由热切欢迎国民党，转为遗憾与失望，台湾问题之解决，是从中国统治中解脱，即台湾人追求自治，在对日和约签订前，应举行公民投票，在此之前先由联合国托管等。

"二二八"事件时的3月1日，台北出现了"台湾独立"的标语。2日，居然有数百名台湾大学、省立师范学院与私立延平学院的学生集会，高举标语"拥护独立"。是时，台北"处委会"会议上，也已有人提出"联合国托管台湾"。前

△ 蒋渭川（1896—1975）
台湾宜兰人，台湾民众协会（政治建设协会的前身）的组建者，"二二八"事件期间任"处委会"委员。右图为其通过美国驻南京大使馆转呈蒋介石，恳请派员协调"二二八"事件的信件。

台籍日本兵复员军属亦高喊"台湾独立"。3月8日,美国香港总领事馆某华籍情报员以"台湾民主联盟"主席名义,向"联合国组织"通电称"我们有自治政府和直接受联合国组织监督的权利"。美国报纸立即以重要位置,报道此一消息,称"台湾人向联合国请愿托管"。3月14日,陈仪致电国民党政府文官长吴鼎昌,称台湾人民曾七次要求英、美托管。

上述岛内外的分离形势发展,只有台北中枢长官公署能了解整体势态,一般群众是难以全盘知悉的。当然,保密局和美国特务葛超智的报告虽不见得真实,或许其另有所图,但远在南京的国民党政府当局无以证实,只能判断其为真实。

"二二八"事件是民变　同样,就台北长官公署所获机密情报,28日当天台北外省人遭殴死伤数百,接着的一星期,全台行政机构多处于瘫痪,政令不出署门,二二八事件处理委员会成为实质性的第二政府。不但许多外省人遭杀害,还遭到大规模拘禁。处委会的四十二条中的第一条开宗明义就是要求政府在各地的武装部队缴械。台中、嘉义、高雄等城市,实际已处于血腥的内战状态。当时台湾人蒋渭川在其3月5日致美国驻我台北领事馆,请其经由美国驻南京大使司徒雷登转蒋介石的信函上,就称"二二八"事件为"民变"。

起义、"台独"、民变与平变　起义、民变与镇压是对立的,前者必然引发后者,古今中外皆然。何况,形势恶化至此,对世界上任何政府而言,除了平变,已别无选择。

此外,台湾所有大中城市陷于内战状态及前述岛内外有关台湾"独立"或台湾问题国际化的触目惊心形势,都不是当时台湾各地参与起事者所能了解的。但对陈仪而言,身为国民党中央派驻台澎的全台湾最高行政首长,能获知各渠道所呈报的各种情报信息,对当时的严峻形势应该了如指掌。其中最可虑者,就是台湾"独立"或台湾由联合国托管问题的国际化。一旦台湾内乱持续恶化,使美国借机使台湾分离问题浮出台面国际化,以当时我国衰弱的综合国力及处于内战边缘的情况来权衡,其结局难以想象。形势所逼,陈仪只有乾坤一掷平变,全力粉碎台湾分离的任何可能性。

因此,"二二八"事件如果从台北中枢与全岛地方不同层次的角度切入,就会有不同的解读与定位。但就整体而言,"二二八"事件可说是起义、民变与平变的综合体。

处委会未得饶人处且饶人　从"二二八"事件开始至3月4日,陈仪还曾密电行政院院长蒋介石(当时蒋介石为国民政府主席兼行政院院长),内政部张厉生，国防部白崇禧、陈诚，称"……两日来秩序渐较安定。江（3日）晚6时起，交通亦渐次恢复。……"未请调援军。是日（4日），陈仪复另以机密电报训令负责南部治安的指挥官彭孟缉，令其"应设法以政治方法解决"。5日夜，陈仪在其与往访记者详谈时仍云"武力不能解决今日之局面，徒然引起大屠杀、大流血，惹起国际干涉，遗患无穷。故余忍辱负重，择定和平解决之方式"。也就是说，至少直到5日，陈仪仍盼和平解决"二二八"事件。

在台北风暴的八天里，陈仪与本省精英间经由双方直接面晤的互动与协调，曾先后于3月1日下午5时、3月2日下午3时、3月6日晚8时30分，亲自三次向全省台胞广播。尤其是6日的广播，陈仪除同意将"行政长官公署"改为"省政府"外，甚至也同意于7月1日举行县市长的普选。综观陈仪的每次广播，均做出相当大的让步。回首历史，在上述三次广播后的任何时间点，处委会的本省精英诸君，如果能立即见好就收，局势的发展当可和平落幕。然而，处委会诸君却日日进逼，在陈仪每次让步后，均再大跨步地提出要求，得寸进尺。平心而论，陈仪让步让到上述的程度，可说仁至义尽。然而处委会诸君未能见好就收。处委会诸君不但未得饶人处且饶人，反而于第二天（7日）傍晚7时，向陈仪递交《处理意见四十二条》。

陈仪红线：台湾永为祖国领土的一部分　　当时，在台北不但有林茂生、葛超智、黄纪男等的活动，还有蒋渭川通过美国驻我使领馆的运作。故对陈仪而言，最可虑者，就是台湾由联合国托管问题（即台湾分离）浮出台面国际化。一旦台湾分离形势浮出台面，以当时我国综合国力的衰弱，其结局难以想象。陈仪深知其重要性，故只有乾坤一击，全力粉碎台湾分离的任何可能性。

3月5日晚，陈仪在其与往访记者详谈时，坦言全省当时仅有外省公教人员1.3万余人，他们均自工作部门退出，由台湾人取而代之，官方所能保有者，仅公署及军方而已，且政令不出署门，政权仅余躯壳。处委会实际成为另外设立的"民间政府"，该会的决议，即为今日的政令。陈仪深感此种局面已难以压服，且担心问题国际化，影响台湾领土主权。故陈仪苦思之下，为确保领土主权完整及避免共产主义化，提出只要台湾同胞遵守此两原则，他将允诺任何要求等语。

6日上午，陈仪与蒋渭川单独会谈半小时，蒋渭川承诺台湾永为中国的一省与台湾仍实行三民主义两抽象条件。陈仪也同意了蒋渭川所提的种种具体要求，且立即宣布其与蒋渭川决定之处理目前问题的两大原则：一、台湾绝不可离开中央（指国民党中央），永久为中国的一省份。二、台湾仍实行三民主义。是日晚

8时30分，陈仪再次向全省台胞广播，除同意将"行政长官公署"改为"省政府"外，甚至同意于7月1日举行普通直接民选县市长，至于过渡期间，现任县市长，如果人民有认为不称职者，陈仪同意由当地人士协商决定，共同推举三名人选，由他圈选一人暂行充任。但处委会诸君反而于第二天（7日）傍晚7时，向陈仪递交《处理意见四十二条》，其第一条开宗明义要求国军解除武装。从陈仪的立场看，这种要求形同叛乱。故陈仪披阅未毕，赫然震怒，随手将之掷地三尺外，离座，众人遥闻厉声。

陈仪戎马一生，乃镇守我国边疆一方的大员，肩负收复我国失地台湾的民族使命，当时竟然落得要以许多实质条件去换取蒋渭川允诺的两个抽象条件，其情之悲怆可想而知。不久，陈仪以其在国民党党内的地位与受蒋介石的器重，为民族早日统一、早日投入国家建设，甚至与中共地下党暗中联络，并策反其曾再三提携的京沪杭警备总司令汤恩伯，但事败未果。故显然，第二个条件是虚，是做给周遭非心腹者看的，免得在国共内争之际遭人诬陷；仅前者确保领土主权完整条件是实。也就是说，陈仪的红线实际只有一条，就是台湾永久为中国的一省份，亦即台湾永为祖国领土的一部分，越此红线，即意味着灾难与死亡。

六　深思：日本殖民当局发动粮荒经济战

在影响"二二八"事件的诸多原因中，粮荒大灾难可说是最重要的因素，或者是最重要的因素之一，其重要性远超过陈仪政府个别官员的贪污。

首先，粮荒大灾难可说影响到了台湾每个居民的生活及其自身利益，每个台湾居民对此都有切肤之痛。或谓国民党政府官员贪污，但正常社会对某种贪污程度会有一定抗力。国外一些国家，也有不少官员贪污，其数额甚至上百亿、上千亿，但这些个别高官所能贪得的财富，与一个政府或社会的财富相较，可谓是九牛之一毛。故某些重大贪污事件，在某种程度上，并不会影响正常社会个别人的生活。

其次，国民党政府的统治中，肯定有许多个别的贪污事件，但如要大肆贪污，总需要时间与机会。同样，国民党政府官员初抵台湾，人生地不熟，要形成普遍性的大肆贪污，也总要一段时间。然而，陈仪抵台后，才两三个月就发生了粮荒灾难。对本省人而言，日据时代虽是配给严重不足，但未发生粮荒。由于粮荒影响到每个人的生存，故粮荒灾难对陈仪政府的打击，远甚于官员的

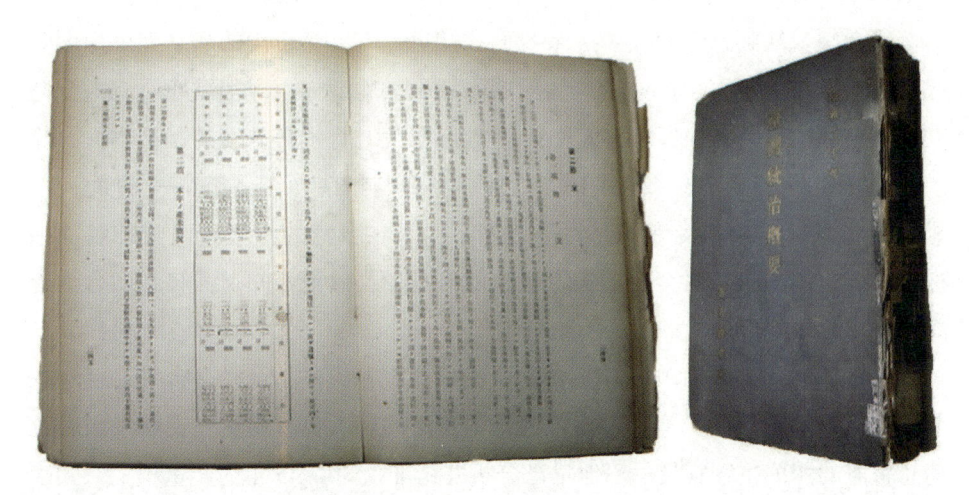

△《台湾统治概要》
台湾总督府于 1945 年 10 月 25 日正式走入历史，改为台湾地区日本官兵善后联络部，日方并另设残务整理事务所。总督府残务整理事务所在结束最后任务前，为对过去五十年在台统治进行交代说明，乃编撰《台湾统治概要》一书。

贪污事件。

最后，贪污也要有机会。如前所述，如果是中小学外省教员或低阶领薪水的外省公务员，则要贪污也无机会。更何况，当时的外省公务员队伍中，许多祖国派来的专家学者如孙运璿、李达海、许寿裳等，都是为那时台湾电力、石油与文教的恢复或建设而默默耕耘者。

六十年后中国人方解"二二八"粮荒大灾难之谜 当然，两个隔离五十年的社会，相互接轨，必然会产生许多矛盾。然而这种种的矛盾，却在粮荒的见证与冲击下，不断激化。尤其是为何国民党军队一来，短短两三个月，就发生连米都买不到与物价飞涨的事？当时接收的官员不解，记者不解，本省人也不解。

不但以前的本省人不解，就是六十年后的本省精英也不解。曾任台大医院秘书室主任的赖麟征（父赖尚和，日本京都大学医学博士，1952 年出版《中国癫病史》），在其 2006 年所撰的一篇文章中，回忆说"战争是结束了，好像就在'二二八'事件发生之前，我们都以为从此以后和平快乐，而且物资丰富的时代即将到来。但是突然间街上有钱都买不到米，……这种情形发生在光复后，而且是在战胜国的台湾就很奇怪。日据时代粮食管控得很严格，台湾是日本的米仓，应存有大量的战备米；而且农民还在持续生产中，米应该是有很多的，不可能会缺米缺到这个程度。后来我们才知道，有人将台湾的米拿到中国大陆贩卖，这样小的地方生产的米，供应中国那么大的地方，即使饿死所有的台湾人也不会够的"。赖麟征不了解，在1945年粮荒时将米粮外运的是日本人，除了于上半年将3万吨糙米运往日本内地、冲绳与华南外，是年6—7月间还一船船地将米粮运给东南亚的日军。当然，今天在台湾的一般居民与赖麟征一样，可能也不知道当时全台遭美军轰炸的惨况，当然更不知道美日在"台湾近海空战"的惨烈。

关于当时（1945—1946年）台湾所面临的粮荒灾难，可说是台湾三百年来前所未有。六十年后，笔者经由检视日本当时的出版物，赫然发现原来当时台湾总督府的相关主管官员，不但早已分析并精准预知1945年的严重粮荒，并于1945年夏确知台湾即将发生粮荒的大灾难。面对即将到来的灾难，日本人推波助澜，发动一波又一波的经济战，蓄意陷台湾于万劫不复的绝境。

日本殖民当局已知台湾米粮收成悲惨实况　台湾当时发生三百年来从所未有的大饥荒灾难，严酷统治台湾五十年的近代化日本殖民政府当然知道这一情况。台湾总督府在1945年日本投降离台前所出版的《台湾统治概要》一书中，就客观分析了影响1945年稻作的各项原因，并预估第一期稻作生产将"全岛普遍歉收"（全岛通ジ著シキ减收トナレリ）、"本期（第二期）的收获应该也会有相当大的减少，今后的粮食需求供给真是堪虑"（本期ノ收获モ亦相当ノ大减收トナルベク今后ノ食粮需给ハ真ニ忧虑スベキモノアリ），亦即日本殖民当局早已精准地预测到1945年的严重粮荒，知道此后粮食的需求问题令人忧虑。再者，1945年10月中旬陈仪抵台之前，日本殖民当局已办妥当年8月份缴纳米谷的分配。也就是说，日本殖民当局不但精准预知1945年的严重粮荒，事实上他们在1945年夏，更已经确切知道是年上半年米谷收成的悲惨情况。

台湾肥料产业基本仰赖日本进口　日据末期台湾米谷最高产量是1938年的140.2万吨，是年全台施用肥料计38.9万吨，台湾本岛所生产的肥料仅约3.4万吨（也是日据时期台湾本岛肥料的最高产量），仅及当时台湾岛内所需肥料的8.74%，其余仰赖从日本进口。换言之，日本虽然在台湾发展现代农业，但又紧紧控制非高科技的肥料生产，以利其控制台湾。战时海上运输断绝，肥料进口中止，故台湾极度缺乏肥料。又因美军的大肆轰炸，台湾的肥料工业仅存三个残破不堪的工厂，肥料生产几乎完全停顿。1945年台湾仅生产肥料400吨，这一年，全台肥料施用量为 1,958 吨，仅及 1938 年所施肥料 389,334 吨的 0.5%。

台湾农用土地因长期使用肥料变得好似吸食鸦片上瘾一样，若无肥料，则收获至少减少三分之一，甚至一半。因此，1945 年台湾的糙米产量约仅 63.8 万吨，可说较日本殖民官员的预估还惨，仅及 1944 年产量的 59.8%。但上半年日本殖民当局还将 3 万吨糙米输往日本、冲绳与华南。1945 年 6—7 月时，日本人还以台湾的粮食供应其在东南亚作战的日军，可是到了后来，运粮船一艘艘地被美军炸沉，连渔船运米也遭炸沉。故 1945 年，台湾岛内的可食用米粮存量必然低于 60.8 万吨。也就是说，即使依当时日本人的米粮配给不足正常需求三分之一的标准，台湾全年米粮消费量也需约 90 万吨，不足高达约 30 万吨。由于粮食稻作的生产为一年两期，即使再缺粮，粮食也无法立即生产，需待翌年夏天的收成。

台湾将有一半的人无米粮可食　故在 1946 年春，即使是实施日据末期米粮配给不足正常需求三分之一的严厉配给制度，台湾仍缺粮 32.4%；如果依正常消费标准，亦即如果米粮是在市场自由买卖，则台湾缺粮约超过一半。也就是说，如依正常的米粮消费标准，台湾将有超过一半的人在市场上是有钱买不到米的，无米粮可食，这可说是台湾三百年来从未有过的灾难。日本殖民当局也了解到，随着战争的结束，各种形势的急遽变化，预想今后对确保米谷的供出将愈加困难。故 1945 底的粮荒灾难，完全与日本殖民当局的精准预测吻合。此外，如前所提，日本殖民当局曾在陈仪 1945 年 10 月抵台前，已办妥是年 8 月份缴纳米谷的分配，故日本殖民当局完全知悉 1945 年台湾米谷收成悲惨的实情。

日本人优待在台日侨日军　台湾第一期稻作征收期，约在每年 8—9 月间。故台湾光复时，台湾总督府已征收部分稻米，并将其配发予在台的 70 万～80 万日军与日侨。不但如此，当时在台日侨还接获殖民政府的暗示，几乎每户均买留两袋米备用。故相对地又使台湾人的可消费米粮大幅削减。

日本在本土仍然实行严厉的米粮配给管制　日本战败前的两三年，日本本土的粮食配给严重不足，人民身陷饥饿之苦。1945 年 7 月，在车站或店铺里都买不到任何吃的东西，甚至在长途火车上也买不到食物。两三个月后的秋天，日本本土因气候酷寒，肥料缺乏与劳动力不足等因素，米粮大幅歉收，且突然有大批海外军属回到日本，粮食更加不足，故日本当局实施配给制度，严厉控管粮食。由于粮食配给不足，甚至发生有位法官因只接受配给而不愿在黑市购买粮食，最终饿死的事情。1946年春时，日本已成为粮食的地狱。也就是说，在战后的日本本土也严重缺粮的情况下，日本政府也勒紧裤带，严厉地管制米粮，实行配给不足的粮米配给。直至1947年秋季，日本粮食丰收，方帮助日本渡过了难关。

日本殖民当局在台湾阴谋放弃米粮的管制　然而在台湾，日本殖民当局于战前1944、1943、1942年米粮收成状况远较1945年为佳的情况下，在台实施严厉的米粮配给，甚至是实施配给量不足正常食用量三分之一的严酷配给。日本殖民当局在终战前的1945年春夏早已完全掌握台湾即将面临粮荒大灾难的信息，然而就在日本要将台湾归还我国前的9月上旬，他们居然连续颁布命令，解散台湾纤维制品、台湾再生物资、台湾橡胶制品、台湾皮革、台湾杂货、台湾纸文具统制等各种统制会社，废止鲜鱼、干鱼、蔬菜、牛乳、药品、水泥、玻璃、金属、木材、木炭等各项配给统制规则，放弃对米粮等各项物资的管制，这样一来，不但米粮的供出机关丧失机能，食粮营团各级机关也大都停止了配给工作，亦即配给机关也丧失其功能，这是日本殖民当局蓄意要陷曾遭其殖民统治五十年的台湾于绝境与灾难。

放弃米粮严厉管制使台湾社会突然物阜民丰　终战前四五个月，台北高级住宅区的御成町市场（今中山市场，当时对面是台北企业界日本大人物的住区）几乎没有任何东西可供出售，只有一群披着写有"爱国妇人会"肩带的妇人，在一叶一叶地剥着高丽菜、一片一片地切着南瓜，并做配给，其他空无一人。

战后的9月上旬，日本殖民当局下令解除所有物资与米粮管制。由于管制米谷的供出机关与配给机关丧失功能，原先紧绷的米谷管制一下子失效，就个别百姓而言，社会上不但突然粮米充裕，使得各地的餐厅（料理店和饮食店）如雨后春笋，而且米粉与酒的制造大增，不计其数，米粮消耗骤增。陈仪抵台前9月22日的《台湾新报》就报道称，台北到了夜晚，像涂了油彩似的充满朝气与活力，从万华车站到龙山寺间马路两旁的店家内，都高高地堆着牛、猪、鸡、鸭等肉在贩卖，市民们可以买到他们想要的商品。就整体社会而言，据估计，日本投降后一两个月民间所大肆浪费的粮食，可维持台湾半年的食用需求。就农产品米粮的生产特性而言，台湾米粮生产一年仅两期，稻米是无法立即产出的。虽然陈仪抵台一个月后的12月初，立即禁止用米谷酿酒制粉，台北市又开始配给食米，但为时已晚。据米谷专家们估计，依当时台湾现存米谷与第二期的收获量，到次年（1946年）的2—3月，台湾社会就将进入饥饿状态。

1945年11月，台湾米价已渐渐走高，12月初有的物价已较四个月前的8月中旬高出数倍，有的甚至高十数倍。11月中旬，曾私运大量货币抵台发放的日本人盐见俊二称，当时台湾粮食不足，生产停顿，抢劫横行，治安混乱（起因于粮食不足）。社会因物价高涨而造成的生活困苦情形，达到前所未有的程度，台湾正走向更混乱的局面。翌年（1946年）1月15日，联合国善后救济总署台湾省分署长钱宗起提及，他在台湾南部视察时，见恒春一带贫民就因米粮不足而以槟榔止饥。

日本殖民当局在台发放超额货币 日据末期至第二次世界大战结束前，即使在日本殖民当局严酷的物价管制下，台湾物价也早已飞涨。但日据末期曾任台湾总督府主计课长的盐见俊二经美方麦克阿瑟司令部的许可（未经我国许可），携带大量由日本银行印刷的台币于1945年9月9日搭乘专机（水上飞机）抵台，发给在台日本官吏（包括国策公司和一般公司）薪水，并预付至翌年的3月份，且包括到翌年3月止的退休金。至于盐见俊二专机究竟载了多少货币呢？台湾大学教授王晓波查阅，当时（1947年4月）出版的《台湾年鉴》称，台湾银行台币发行额截止到日本投降的1945年8月，有16.5亿日元，至同年10月接收开始，乃累进至28.9亿日元，"即两个月中发行额约增加一倍又半，查其原因，乃因战争结束，日本政府对复员工作，发给巨额之薪水，……"而对这些情况，当时的国人是不可能了解得清楚的。

△ 钟廷麟（钟川正夫）

△ 日本投降后立即从日本押运整整一飞机钞票来台湾的盐见俊二任南方海军占领地安邦司政官时与妻合影（1942—1943）

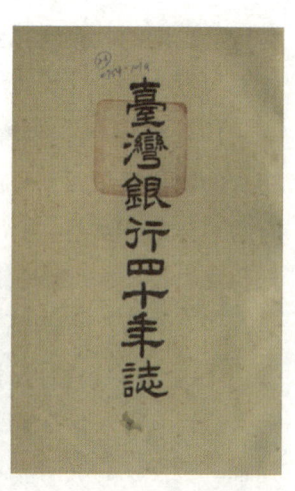

△ 台湾银行
第二次世界大战前日本是先进现代化强国，对台湾之金融了如指掌，但临行前却发动伤天害理的金融经济战，陷台湾于空前绝境。

　　日本人乘我国官员尚未抵台正式接收前，突然在台湾发放如此巨额的货币，使在台湾的日本人手中持有充裕的货币，有能力大肆采购市场上本已极度匮乏的米粮等各项物资，这对当时台湾的通货膨胀无异雪上加霜。果不其然，仅一个月后的10月中旬始，台湾的通货膨胀更加剧烈。当时，我方以为是"日本人由琉球偷偷输入多量日银银券来台湾"，另也发现台湾人购买力减退，但日本人购买力反而扩大的怪现象；次年（1946年）1月，中国国民党台湾省党部在其上呈中央的《台湾现状报告书》中，提及日本人使用台币在市场收购物品，"因而刺激黑（市）市场物价，最近物价飞涨，乃日本人手中之台币无法控制所造成之后果"。

△ 苏新（1907—1981）约1943年的留影
苏新是台湾台南人，"二二八"事件时任《中外日报》临时总编辑，中华人民共和国成立后曾于1950年任中国外交部亚洲司日本科科长。

日本殖民当局蓄意破坏台湾经济　日据末期曾任台湾总督府主计课长的盐见俊二，也就是将满满一飞机钞票运到台湾发放予日本人的盐见俊二，当然也深知台湾世纪粮荒的严重性。盐见俊二早在1946年1月17日，即陈仪抵台才两个多月的时候，就预言："粮食不足状态可决定台湾今后数年之命运，也可能发生将决定在台日本人命运的重大事态。治安混乱乃起因于粮食不足"，"今后的治安混乱将是非常可怕的"，"中国的警察力尚未能防止如此事态之发生"。也就是说，盐见俊二精准地预见了台湾未来将会发生影响往后台湾命运的重大社会事件。

然而，这位曾事涉日本在台湾发动惨烈经济战的总督府主计课长盐见俊二（盐见俊二自日本横滨搭机于 1945 年 9 月 9 日飞抵台湾，第二天就参加台湾总督府处局长会议与课长会议。10 日当天，台湾总督府命令废止鲜鱼、干鱼、蔬菜、牛乳、药品、水泥、玻璃、金属、木材、木炭各项配给统制规则等统制法令。接着，日本殖民政府在台湾向日本人发放盐见俊二所带来的满飞机的钞票），当他 1946 年 12 月离台前，本省精英如陈逸松（东京帝大毕业，国民参政员）、张汉裕（东京帝大毕业，台湾大学教授）、王白渊（文学家、诗人）、刘明朝（矿业巨子）、颜永贤（矿业界人士）、林坤钟（泰安产物保险董事长）、苏新（文

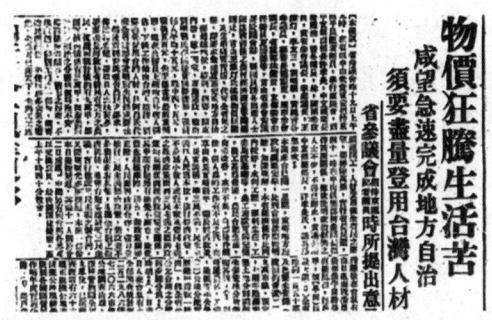

台湾趸售物价指数表（1941 年 1 月 100.0）

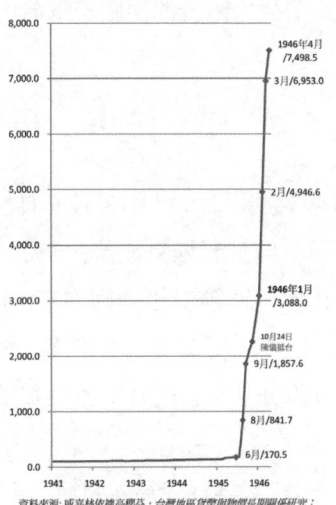

△ 战后日本当局于其日本本土仍执行严厉的粮食配给控管，但在台湾却蓄意放弃米粮等一切物资物价的控管，另经美方核准秘密自日本运进巨额货币发予台湾的日本人，9—10 两个月的货币发行量分别突增 35.2% 和 34.3%（11 月仅增加 5.7%）；双管齐下，制造空前通货膨胀，陷台湾于绝境。（资料系戚嘉林依据高樱芬，《台湾地区货币与物价长期关系研究：1907—1989 年》，1990 年 6 月，p.76 "台湾趸售物价指数"数据，调整以 1941 年 1 月为基期编制）

化人士）等，均纷纷与其惜别赠言。这些本省精英大概做梦也没想到，他们心目中的真挚朋友——日本高官盐见俊二，就在那时对台湾人民犯下了滔天罪行，策划参与了对台发动远比美军大轰炸影响更深远的经济战。

日据时期整整五十年，与台湾人同住台湾也长达五十年，虽然享尽了歧视台湾人的二元政策带来的种种好处，也从台湾榨取了滔天财富，后期更是口口声声地"日台一体"，但是当日本人明知台湾即将面临粮荒大灾难时，不但无一丝协助台湾人渡此难关之意，反而如此无情无义地落井下石，蓄意周密地发动如此惨烈的经济战，陷台湾同胞于空前的绝境与灾难。

七　白崇禧与魏道明

清乡绥靖　1947年3月8日晚，驻闽宪兵第四团两营宪兵登岸基隆，次日基隆奉令即日起恢复戒严。3月10日复奉令搜捕奸匪抚慰良民，当局即展开绥靖工作，国军第二十一师亦于10日抵达基隆，其四三八团第二营（两个连）驻基隆，归基隆要塞司令部指挥，军方不久即派兵肃清瑞芳、九份、金瓜石等地流窜的危险分子，并配合警方对基隆市区施行全市户口清查，捕获首要数名并当场枪毙。

"二二八"事件大局初定后，台湾省警备总司令部认为各地危险分子为避免军警宪兵的追查缉捕，莫不相率潜伏于乡间，伺机蠢动。为正本清源计，对该项危险分子必须加以肃清，遗留民间武器军用品必须全部收缴，台湾省警备部乃于3月20日宣布成立台北、基隆、新竹、中部、南部、东部、马公等七区绥靖司令部，分别由各地军事主管如宪兵第四团团长张慕陶、基隆要塞司令史宏熹、驻新竹一四六旅旅长岳星明、驻台中整编第二十一师师长刘雨卿、高雄要塞司令彭孟缉、驻台东第二十一师独立团团长何军章、马公要塞司令史文桂等任各地绥靖司令，各率其辖境内的陆军部队、宪兵部队及警察等开始清查户口、办理连保、彻底肃清奸顽，以执行清乡任务。

以中部绥靖区司令部为例，截至1947年4月15日，该部计拘捕奸暴人犯共118人（其中66人保释，27人在侦讯或解送中，25人已判刑），另收缴步枪778支、信号枪7支、各式手枪99支、轻机枪12挺、各式空用机枪66挺、各式重机枪11挺、机枪20挺、掷弹筒31具、高射机枪弹1箱、手榴弹681箱、迫击炮5门、山炮1门等。

白崇禧、蒋经国宣慰台湾 3月9日，国防部长白崇禧奉派宣慰台湾。3月17日上午，国防部长白崇禧将军偕三民主义青年团中央干事会第二处长蒋经国（蒋介石之子）等一行14人，自南京搭机于午间抵台湾台北的松山机场，随后与陈仪晤谈，知悉全台秩序大致恢复。下午6时30分，白崇禧向台湾全省广播其宣慰台湾之意，是夜电呈蒋介石称"台湾暴徒及少数奸匪现约2,000人，散往各处，刘（雨卿）师及宪兵并要塞守兵已足用，二〇五师可免调，以便应付他方缓急"。

蒋经国在台视察团务 18日下午3时，蒋经国除召集留台工作的中央干部学校同学举行座谈会外，还召集台湾支团部及台北分团干部训话，指示应发动台湾青年组织参观团前赴祖国观光，以与祖国青年接触，增进感情等语。是日蒋经国电告南京台变事情，蒋介石也电告儿子于2日或3日返南京。另一方面，陈仪因为此变故，乃决意引咎辞职，且于17、18日两夜，两度征请蒋经国出任台湾省省政府主席。惟蒋经国均坚决拒绝不肯应承，并于次日（19日）上午8时乘专机先返南京。

捕杀学生 国军援抵台湾后的8、9两日，即枪杀教员学生40～50人。当时，高中以上学生，因"曾参与维持治安，皆畏罪逃窜遍山谷，家人问生死，觅尸首，奔走于途，啜泣闾巷"。例如，3月下旬时，最高学府台湾大学学生1,800余人，50%以上逃走，延平学院的700～800名学生则全体逃走。陈仪下令称该校办理不善着即封闭，其他中学校学生亦逃走十分之三四。

白崇禧巡台 白崇禧于3月17日抵台后，由台北开始，分别至警备总司令部等党政机关视察，个别听取负责人的意见，并召集社会名流父老座谈。19日，白崇禧由警备总部参谋长柯远芬及基隆要塞司令史宏熹陪同，视察基隆及其要塞。20日返台北飞屏东，后巡视高雄要塞，续乘火车转赴台南、嘉义、彰化、台中（日月潭与大观水力发电厂）、桃园等地，沿途宣抚，25日返抵台北，不久召开绥靖清乡会议。

白崇禧宽贷学生 白崇禧于22日与26日对全台湾广播，27日上午在台湾大学法商学院广场对6,000名台湾大学及高中学生训话，及28日上午对台湾省县市各级行政机关首长与参议员等训话时，均一再表示，希望此次盲从或被胁迫参加"二二八"事件的青年学生从速觉悟回校上课，由家长保证悔过自新，当局既往不咎，并谓将负责饬令军警不许擅自逮捕学生。

28日下午3时，白崇禧召集警备总部参谋长柯远芬、该部第二处处长林秀栾、宪兵第四团团长张慕陶及二十一师四十六旅旅长岳星明举行会议，会中白崇禧指示下列四点：(1) 现所拘捕关于"二二八"事件的人犯，从速依法审判。(2) 今后拘捕人犯，必须公开依照规定手续为之。(3) 除台湾省警备总部以外，其他机关一律不得发令逮捕人犯。(4) 凡曾参加暴动的青年学生，准予复学，并准免缴特别保证书及照片，只需由其家长保证悔过自新，即予免究。

白崇禧弹劾柯远芬及陈仪失当 白崇禧于4月2日搭机返回南京，于14日向蒋介石呈报其此次奉命宣慰台湾的报告，建议将台湾行政长官公署改组为省政府。4月17日，白崇禧复向蒋介石报称警备总部参谋长柯远芬处事操切，滥用职权，对此事变举措尤多失当，且赋性刚愎不知悔改，故请予柯远芬撤职处分，以示惩戒而平民愤。另认为此次台变中，高雄要塞司令彭孟缉独断应变，制敌机先，俘虏滋事者400人，故请升彭孟缉为警备总司令。彭孟缉遂于5月初接任台湾省警备司令。

另一方面，先后抵台详察民变的福建台湾监察使杨亮功与监察院监察委员何汉文，亦于4月11日乘"台南轮"返南京，并于4月24日呈报蒋介石有关台地"二二八"事件全案的报告。是时（21日），蒋介石已致电陈仪，告以已决定由魏道明出任台湾省主席。

本省人徐庆钟等出任省府一级主管 1947年4月29日，国民党政府行政院举行政务会议，由张群主持，通过任命各部会次长案，也通过14名台湾省府委员人选，其中林献堂、杜聪明、刘兼善、南志信、丘念台、游弥坚、陈启清等7人都是本省人。此外，也有更多的本省人出任省府一级主管。1947年5月16日，台湾省省府改制之初，本省人徐庆钟任农林处处长、王民宁任警务处处长、李连春任粮食局局长、颜春辉任卫生处处长，本省人出任省府一级主管的比例，由长官公署时代的0提高至省府时代的25%。

魏道明解除戒严结束清乡 魏道明于5月6日晋见蒋介石，聆听治台方针后，于5月15日抵台，并嘱彭孟缉解除戒严，结束清乡。5月16日，台湾解除戒严绥靖清乡，撤销台湾省行政长官公署，成立台湾省政府。接着撤废台湾省编译馆，成立台湾省通志馆；撤销专卖局，成立烟酒公卖局；裁撤贸易局，另组物资调节委员会。

1947年11月21—23日，台湾举行国民党政府所谓的"全国中央民意代表及国民大会代表"的选举。1948年1月21日起，开始举行为期三天的"第一届立法委员选举"。当时的政治氛围，台湾作家吴浊流形容，"魏主席到任后，一连

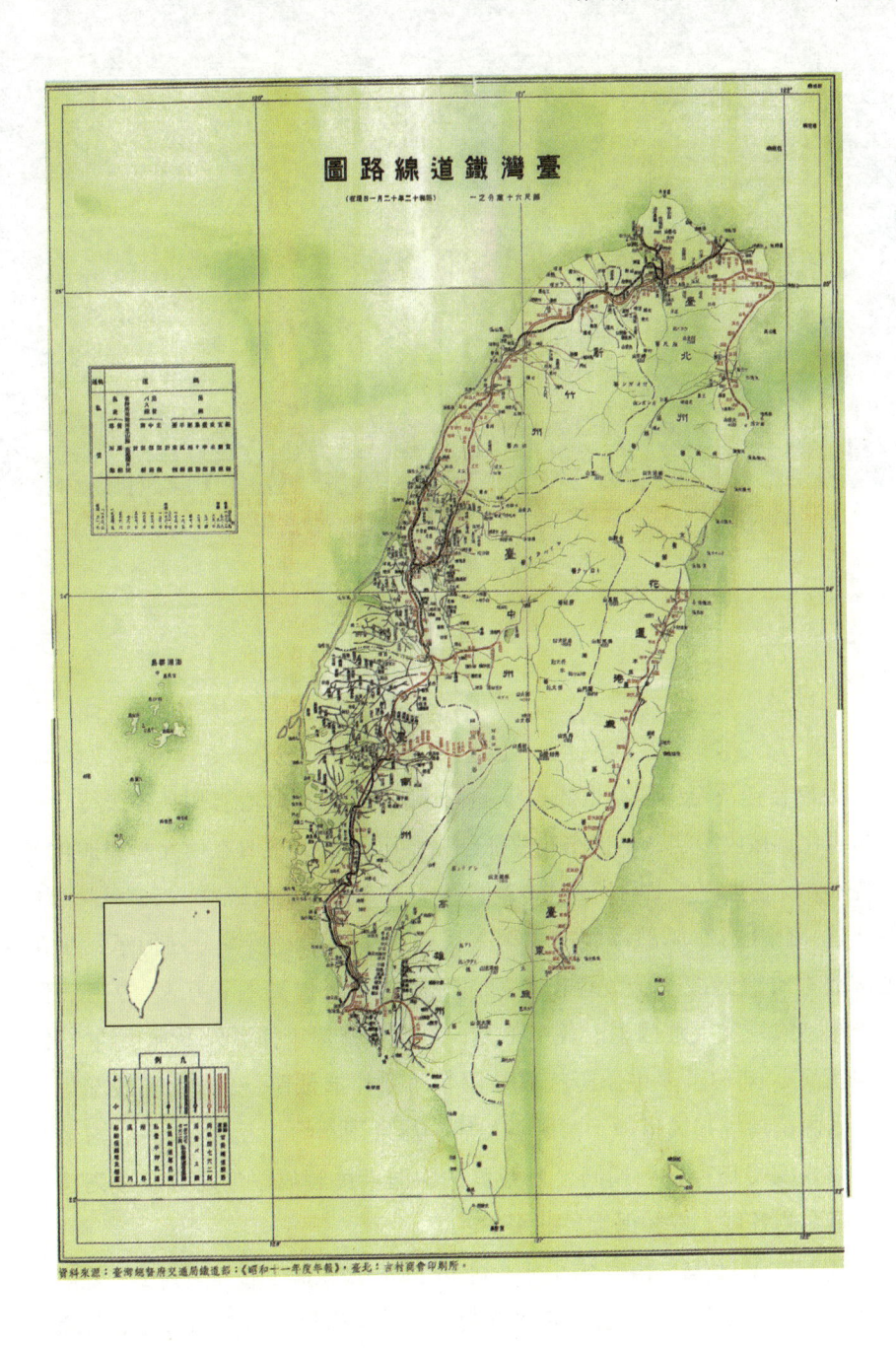

地有国大选举、立法委员和监察委员的选举，县市议员也轰轰烈烈地举办过，几个热闹场合下来，人心被卷进去，言论的取缔也不算挺严厉，隐隐地透露出正在朝民主政治的路上走的迹象，只有'红的'检举（即检举共产党）与大量征收稻谷的工作，丝毫未见放松"。

第二十四章
蒋介石退往台湾

一　历史转折

　　1947年是决定中国命运的一年。是时,蒋介石因师心自用,各级行政部门贪污腐化,接收不当,不但东北败征已见,而且2月25日在西北新疆迪化(今乌鲁木齐)发生"二二五"事件,2月28日又在台湾东南爆发"二二八"事件。

　　这一年1月,陈毅率领的中国人民解放军华东野战军,刘伯承的中国人民解放军中原野战军分攻鲁南鲁西,国民党军队损失约6万人。2月,陈毅率华东野战军又大败国军于鲁中莱芜,俘虏总指挥李仙洲以下官兵约5万人。3—4月间,刘伯承率中原野战军与国军争夺津浦铁路。5月,陈毅率华东野战军困国军精锐张灵甫师于蒙阴孟良崮,尽歼国军约2万人。6月,解放军在东北攻入四平街市区。期间,聂荣臻的中国人民解放军华北野战军则连下平汉铁路两侧各城,威胁保定、北平。

　　国军节节败退　1947年8月,刘邓大军经豫东南下直插大别山,陈赓部自晋南经豫西深入豫西南,鲁南陈毅部则入淮河迫徐州。10月,河北聂荣臻大败国军于保定之南,续于11月占石家庄。12月,刘伯承、陈毅与陈赓部占领河南许昌等城,陕西彭德怀攻下延安以南各城,晋南贺龙部攻下运城。相对而言,国军转处劣势,为统一华北指挥兼支援东北,国民党政府以傅作义为华北"剿总"司令,设总部于北平。东北熊式辉因穷于应付,一再求去。9月,国民党政府以陈诚代之，并裁保安司令长官部。陈诚虽意气至豪，但因求功心急，措置操切，反失军心民心。10月，因林彪于长春地区与辽西发动秋季攻势，国军损失颇巨。12月，国军复于林彪直逼沈阳近郊之冬季攻势中兵败白旗堡。国民党政府召回陈诚，以卫立煌为东北"剿总"司令。

1948年1月，东北野战军破国军于辽西，2月占辽阳与鞍山，3月占四平街与永吉，4月初陈赓占洛阳，下旬解放军收复延安，6月刘伯承与陈毅率军攻入开封，7月陈毅攻占山东兖州，陈赓攻占湖北襄阳。自1947年夏各地人民解放军发动全面攻势后，一年间国军处处失利，士气愈为低落，中共中央决定进行决战，夺取大城，从而发起了著名的三大战役。

辽沈战役 50余万东北人民解放军，于9月12日开始进攻锦州。10月15日占领锦州，国民党守军两师（滇军）投诚，东北"剿总"副总司令范汉杰以下7万人被俘。19日，长春守军一个军（滇军）投诚，解放军进入市区。21日，另一东北"剿总"副总司令郑洞国以下6万余人投降。10月27日，自沈阳西进的廖耀湘兵团被围，10余万人覆没，解放军直趋沈阳，卫立煌出走。11月2日，解放军入沈阳，国军10余万人，由海道撤出者不过3万。东北全部解放，国军被歼共40余万人。

平津战役 林彪在取得东北的胜利后，立即挥兵南下。是时，华北野战军与东北野战军的正规部队，归由林彪指挥，总兵力达89万人。是时，国民党政府华北"剿总"司令傅作义收缩战线，所部60万人，分别集结于北平、塘沽、张家口、新保安。

12月初，林彪部入古北口，聂荣臻部占南口。12月22日，聂荣臻部攻占新保安，24日入张家口，国军损失5万人。与此同时，林彪部围攻天津，于1949年1月15日占天津，国民党守军13万人被俘（塘沽港亦于两天后解放）。此时，傅作义在北平的20万部队已处于绝对劣势。1月22日，傅作义与林彪订立和平协议，将其部队和平撤出城外，改编为中国人民解放军。1月31日，解放军入北平。此役，国军折损近50万人，并丢失了两个最重要的城市。

淮海战役 1948年10月底，陈毅、刘伯承的华东野战军与中原野战军，分向徐州东西前进，兵力约60万人、民兵民工200余万人，采攻势。国军50余万人，由徐州"剿总"司令刘峙、副司令杜聿明指挥，以邱清泉、黄百韬、黄维的三个兵团为主力，采守势。

11月6日，战斗开始，徐州东路国军刚与解放军接触，便有2万余人投诚，西路与南路则各数千人投降。是时，解放军先围东路黄百韬兵团，阻击西路来援的邱清泉兵团。11月22日，黄百韬自杀，全军12万人尽覆，南路黄维兵团被围于安徽境内的宿县。11月30日，国军放弃徐州，刘峙南退蚌埠。12月15日，黄维部万人大都被歼。杜聿明、邱清泉部则为解放军与民工所掘壕沟围困，机械化部队寸步难行，天寒粮绝。1949年1月10日，杜聿明被俘，邱清泉自杀，所部7万人被歼，蚌埠不战而下。此役，国军损失约50万人的部队，其中30万人被俘，余者非死即伤。

野战军 1947年初迄1948年春夏，中共先后组建华东、华北、西北、东北、中原五个野战军，由陈毅、聂荣臻、彭德怀、林彪、刘伯承分任司令员。1949年春，中共将西北、中原、华东、东北野战军分别改称第一、第二、第三、第四野战军，由彭德怀、刘伯承、陈毅、林彪分任司令员。

二　蒋介石部署台湾

蒋介石的人事部署　在战势急遽恶化的压力下，蒋介石于1949年1月1日发表元旦文告，声言"个人进退出处无所萦怀，一切取决于国民之公意"，首次公开表示愿意下野之意。10日杜聿明被俘，15日解放军占领天津，国民党军队13万人被俘，北平的傅作义亦已向中共输诚。蒋介石在引退下野的前夕，最后人事部署如下：18日，原台湾警备司令部扩大为警备总司令部，陈诚以省主席身份兼任警备总司令，原警备司令彭孟缉任副总司令，汤恩伯专任京沪杭警备司令。1月20日，命刘政芸任"中央银行"总裁，原总裁俞鸿钧改任"中央银行"常务理事，朱绍良为福建省府主席。此前不久的1月12日，蒋介石派蒋经国率总

△ 台中雾峰北沟库房故宫文物箱

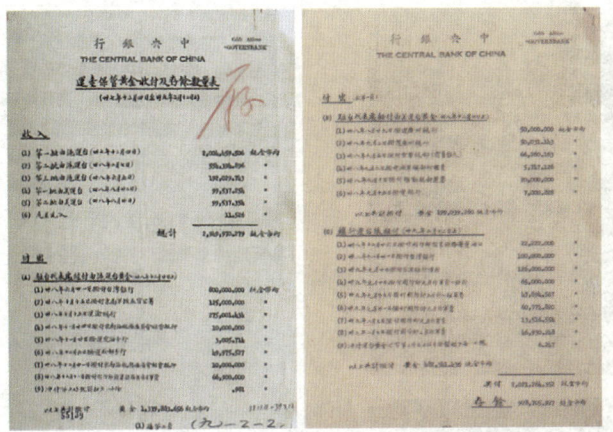

△ 国民党政府密运 294.9 万两黄金至台湾　　△ 1949 年 1 月 28 日俞鸿钧电蒋介石请蒋经国电话催办密运黄金事

统府第三局局长俞济时（浙江奉化人）等秘密到溪口，部署警卫通讯网，架设七部电台，预作指挥准备。

故宫文物运往台湾　1948 年底，面对迅速恶化的严峻局势，蒋介石一面表示欲行引退，一面积极地为其未来后路作部署。1948 年 11 月中旬，故宫博物院理事长翁文灏（行政院院长）、理事朱家骅（教育部部长）、王世杰（外交部部长）、傅斯年（中研院史语所所长）、李济，理事会秘书长杭立武，"中央图书馆"馆长蒋复璁等即密商，决定将故宫博物院文物运台。案经朱家骅向蒋介石报告奉准。是年（1948 年）12 月 22 日，海军总司令部派运输舰"中鼎轮"自南京下关起航，载运第一批故宫文物于 26 日安抵台湾基隆，第二批也于 1949 年 1 月 9 日安抵基隆。

保密局迁往台湾　1948 年 12 月 24 日，蒋介石任命吴忠信为总统府秘书长，为其下野预作准备。29 日，中国国民党"中央常务委员会"通过以蒋经国为台湾省党部主任委员，同日行政院任命陈诚为台湾省政府主席。蒋介石并于次日电令陈诚"克日接事"。

蒋介石引退前，除了部署人事、抢运文物黄金外，另一要事就是掌控特务机构保密局。1949 年 1 月，蒋介石召见国防部保密局局长毛人凤，令其立即将保密局从南京撤出，局本部和文件先运往台湾。

300 万两黄金密运台湾　当时，局势已对国民党政府极为不利，蒋介石乃密令"中央银行"将库存金圆券准备金项下的黄金运往台湾台北。1948 年 12 月 1 日午夜，整个上海外滩戒严，黯然无光，一片死寂，邻近码头的街上空无一

△ 1948 年 3 月上海发生超级恶性通货膨胀，图为中国银行旁的"黄金挤兑"

△ 1948 年 3 月上海发生超级恶性通货膨胀，图为银行发给上海电话公司职员的工资

人。在警备司令部的监控下，时任"中央银行"总裁的俞鸿钧秘密将已妥为装箱备运的 200 万两黄金及银币 400 万元，由挑夫挑箱装上停泊在专用码头上的海关缉私舰"海星号"，由海军总部派军舰护送，凌晨起航，出海直驶台湾，一天一夜后平安运抵基隆。1949 年 1 月 1 日，"海星号"再将黄金 57 万两运往厦门，后运往台湾。

1949 年 1 月 10 日，蒋介石派其子蒋经国赶赴上海，访"中央银行"总裁俞鸿钧，要他将"中央银行"现金移存台湾。俞鸿钧筹划部署，期间并与台湾省主席陈诚函电往返密商。1 月 20 日夜，海军总司令桂永清密令军舰一艘，停泊在上海外滩"中央银行"附近码头，"中央银行"附近街道临时戒严，一箱一箱的黄金，共99万两悄悄被运上军舰。天未亮前，该舰已驶出吴淞口，以最快速度驶向厦门（该款部分用于内战、部分运往台湾）。国民党政府自上海撤退前夕，蒋介石再派蒋经国于4月15日赴上海，密运"中央银行"的库存黄金。5月18日夜，上海南京路的外滩再度戒严，在京沪杭警备总司令汤恩伯的命令下，将19.8万两黄金（或云40万两）和120万银圆秘密运往台湾。

蒋介石引退返乡，逮捕陈仪 1949年1月21日，国民党政府"总统"蒋介石在南京宣布引退，22日即返抵家乡浙江奉化溪口。蒋介石一到溪口，溪口就取代了南京，成为国民党政治中心。是时，陈诚、俞鸿钧、汤恩伯、胡宗南、陈立夫、谷正纲、张群、黄少谷、郑介民等军政要员纷至沓来。

是时（1949年1月），浙江省主席陈仪痛见国民党政府失政，欲早日结束内战，再造中华，乃经由其旧属老友中共党员胡邦宪，与中共达成口头协议，欲策反其曾再三提携的汤恩伯。汤恩伯佯为应诺，但暗中出卖陈仪。当时中共地下组织在侦知汤恩伯背叛陈仪的情报后，立刻通过胡邦宪先后两次安排并忠告陈仪撤离。惟陈仪仍固执地相信汤恩伯的谎言，遂于23日被捕，1月27日押至浙江衢州。4月21日，人民解放军渡长江，23日入南京。1949年4月28日，汤恩伯派专机一架，将陈仪押往台湾台北，后转送基隆监禁。

赶建定海机场 蒋介石引退后，交蒋经国办理的第一件事，就是要空军总部尽快修筑位于舟山群岛的定海机场。当时，蒋经国尚不大懂蒋介石的用意，只能遵照命令执行。蒋介石对此事显得非常关心，差不多每星期都要问问，机场的工程已完成到何种程度。后来催得更紧，几乎三天一催，两天一催，直到机场全部竣工为止。及后淞沪弃守之际，汤恩伯部队就是靠由定海机场起飞的空军掩护，才能安全地经过舟山群岛撤退到台湾。

三　蒋介石退抵台湾

故乡别时容易见时难 1949年4月21日，人民解放军横渡长江。是晚，蒋介石、蒋经国等正在家乡武岭学校礼堂观看京戏。突然，有人来报，南京有长途电话，蒋经国即离座外出，接电话回来，同蒋介石耳语几句，蒋等即匆匆退席，顿时会场秩序混乱，锣鼓一停，中途散场。次日，蒋介石邀李宗仁、张群等于杭州举行会谈。23日，李宗仁飞往桂林，解放军入南京，蒋介石返溪口。24

△ 1949年4月,蒋介石父子在家乡祭祖,拜别祠堂后转赴上海,离开大陆

日中午,蒋介石交代"把船只准备好,明天我们要走了"(当时"太康号"军舰已在外海待命),侍卫人员则日夜荷枪实弹,双岗双哨,巡逻警戒。

1949年4月25日,天气阴沉,蒋介石偕蒋经国辞别先祖母墓,再赴飞凤山顶,"极目四望,溪山无语,虽未流泪,但悲痛之情,难以言宣"。下午3时,蒋介石等拜别祖堂,离开故里,乘车至万门附近海边,于象山口岸,上汽艇驳登"太康号"军舰,永别故乡。

蒋介石盘桓澎湖终抵台湾 4月26日,"太康号"军舰抵上海黄浦江之复兴岛。上海局势也日益危急,5月7日,蒋介石搭"江静轮"自上海复兴岛出航,经普陀,下舟山,泊定海。16日,蒋经国自上海飞往定海。17日,蒋介石偕蒋经国自定海飞往澎湖马公。四天后,陈诚、俞鸿钧、蒋鼎文来马公,晋谒蒋介石。5月26日,蒋介石自澎湖马公飞台湾冈山,转高雄寿山。

第二十五章

国民党在台湾

一　国民党政府南迁

国民党政府南迁台湾　自1947年夏至1949年1月，国民党的军队损失达150万之众，并丧失了北平与天津。1949年4月21日，人民解放军横渡长江，于四十天内攻占了南京、武汉与上海。在取得一系列压倒性的胜利后，毛泽东于1949年10月1日在北京宣布中华人民共和国成立了，国民党则于同年12月8日自大陆迁往台湾。台湾是一个陆地面积仅3.6万平方千米的海岛，位处我国福建省东南，距离祖国大陆最远处约220千米，最近处仅130千米。

中国南北分裂梦魇　国民党政府迁往台湾后，经由台湾海峡与大陆隔海相望，祖国大陆与台湾迄今未能统一，是近代中国的悲剧。然而，在那个关键的年代，苏联领导人斯大林曾强烈敦促毛泽东与蒋介石成立联合政府。1948年底，当中国人民解放军准备拿下北平挥师南下时，斯大林又派米高扬到中国，并带口信，要求毛泽东不要南下长江，让蒋介石能得生存。但以毛泽东为领导的中国共产党没有屈服于苏联的压力，毛泽东不仅没有屈服，反而于1949年1月1日发表了一篇《将革命进行到底》的新年献词。

1949年4月21日，毛泽东下令解放军横渡长江，以"宜将剩勇追穷寇，不可沽名学霸王"的英雄气魄，数月间即迅速解放了江南大片土地（除台港澳外），美苏想分裂中国都未来得及。假设当时毛泽东屈服于斯大林的要求，国共两党划江而治，那么，一个拥有数亿人口的文明古国，将被分割成两个人口与辖区相当的政权，那将是中华民族更大的悲剧。

外省人政治大移民　国民党政府于1949年自大陆迁往台湾，当时约有91万的大陆人随国民党政府一起迁居台湾。这些来自中国各省各地的大陆人，被台湾本地人称为"外省人"。

国民党政权曾于1911—1949年间，在法统名义上代表中国，并在不同的时期，治理过许多省份。因此，迁台的国民党政府，仍保持着国民党"中央政府"的体制架构，其中包括许多国民党"中央"级民意代表（例如全国各省各直辖市选出来的"立法委员"与"国民大会代表"）、国民党"中央"各部首长、局处长、各省府的高级官员、知识分子、企业家、军官与大批士兵等。在这次整体性的大迁徙中，当然也包括了原先全国性的庞大特务机构，例如保密局与调查局。

特务机构迁往台湾　20世纪中期，全中国最神秘最恐怖的特务机构，就是由蒋介石直接指挥的"国防部"保密局。1948年，保密局在册人员共10,238人。当蒋介石准备将国民党政权迁往台湾时，他首先于1949年1月下令将保密局本部及其文件移至台湾。那时，保密局约有2,000～3,000人转抵台湾。另一秘密情报机构"内政部"调查局，也迁往台湾。为加强侦防，国民党政府于1949年8月15日撤废台湾省警备总司令部，而于9月1日成立台湾省保安司令部。

当时，原为中国最小省份的台湾省，仅占全国土地面积的3%，却聚集了整个国民党政府的庞大特务机构。因此，就人口比例而言，当时特务人员占全台湾居民人口的比例是非常高的。此外，当国民党政权因丧失人民与军队的支持而迁往台湾时，同时也引发了统治合法性的危机。为了巩固权力及防止共产党渗透，国民党政府乃展开全面抓捕共产党员的恐怖行动。当然，特务机构本身的大量存在，尤其是保密局、调查局与保安司令部之间工作绩效上的竞争，更是加深了其统治的黑暗性与恐怖性。

二　白色恐怖

蒋介石再度掌控国民党政府　1949年是国共内战转折性的一年。是年1月，人民解放军攻占长江以北的地方，国民党军队则退守长江以南。那时，蒋介

△ 20世纪50年代的蒋介石宋美龄夫妇

石已积极着手准备将国民党政府机构迁往台湾,他下令将保密局本部与文件移至台湾,并命亲信陈诚出任台湾省政府主席,紧接着又于1月18日令陈诚兼任台湾省警备总司令。2月5日,国民党政府迁往广州。

1949年4月21日,人民解放军渡过长江,势如破竹。蒋介石乃于5月26日飞抵台湾冈山。接着,人民解放军长驱南下,残存的国民党军队分别从上海、厦门等地撤至台湾。10月15日,国民党行政机关自广州迁往重庆。面对严峻的战局,蒋介石于11月14日自台北飞往重庆。11月29日,行政机关迁至成都办公。12月8日,蒋介石令行政机关自四川成都迁往台湾台北。两天后,蒋介石及其子蒋经国自成都逃往台北。1950年3月1日,蒋介石在台湾复行视事,行使台湾地区领导人职权。

大整肃 1949年,对中国国民党掌控的国民党政府而言,形势急遽恶化。自4月21日起,短短半年多的时间,国民党军队失去了整个长江以南的地方。当时,国民党政府军溃败的速度难以想象,并不断发生投诚与叛离之事,政府高级官员甚至逃亡海外,国民党政府上下弥漫着一股失败的悲观氛围。然而在台湾,由于台湾是一个海岛,四面环海,军民无处可逃,因此,国民党政府连续颁布严厉的法令,在台湾实施恐怖的大整肃。1949年5月20日,国民党政府在台湾全岛实施戒严，规定造谣惑众者处死。接着6月21日实施"惩治叛乱条例"，规定意图颠覆政府而着手实行者、曾参加"叛乱组织"或集会者、散布谣言或传播不实消息足以妨害治安或动摇人心者、以文字图书演说而有利于"叛徒"之宣传者，处七年或十年以上有期徒刑。

1950年6月13日，蒋介石在台湾宣布实施更为残酷的"戡乱时期检肃条例"，规定：（1）治安机关对有嫌疑者即可逮捕；（2）人人均应告密检举"叛徒"或有嫌疑者，知而不报者（明知为"叛徒"而不告密检举或纵容之者）也将被捕判刑；（3）"叛徒"的财产应予没收，没收"叛徒"财产的30%作为告密检举人的奖金，35%作为承办出力人员的奖金及破案费用，至于无财产可供没收的"叛徒"案件，得由该管区治安机关报请上级机关酌情给予奖金，或以其他方法奖励。换言之，情报单位只要认为某人有"叛徒"嫌疑，即可逮捕，权力之大，可以想见。同年（1950年），国民党当局还宣传并鼓励"自首"。

△ 1949年初的张敏之（摄后旋出任烟台联中校长）

白色恐怖 就在国民党当局在台湾风雨飘摇的危困时刻，朝鲜战争于1950年6月25日爆发。两天后，美国总统杜鲁门下令美军海军第七舰队防范任何对台湾的攻击，同时要求在台湾的国民党当局也停止对大陆的所有海空攻击。换言之，就是将台湾海峡中立化。对台湾而言，形势一夕间转危为安，国民党当局乃在台湾大肆镇压杀戮可疑的政治异议分子。兹举数例如下：

（一）山东烟台联合中学总校长张敏之（山东人）冤案 在国共内战局势对国民党不利时，张敏之率8,000名山东流亡师生于1949年6月南下转抵澎湖。澎湖防卫司令李振清（山东人）与三十九师师长韩凤仪，为强迫该批学生参军，以补充其部队的兵源，乃对许多师生施以各种酷刑（其中有不知人数、不详姓名的学生被投入海中溺毙），百余名师生并遭处决。是时，澎湖防卫当局借清查"叛徒"之名义罗织罪名，强迫5,000名学生参军当兵（余者为2,000名女学生与少年学生）。总校长张敏之与校长邹鉴等人，于极不人道的酷刑逼供后，被押返台北。此案经时任保安副司令的彭孟缉与"东南行政公署"长官陈诚处理，张敏之等7人于1949年12月11日遭处决。

（二）前国民党陆军第七军中将军长李鸿（湖南人）冤案 李鸿1950年被

秘密逮捕下狱，与其同时被捕者尚有"陆军总司令部"营务处少将处长陈鸣人、少将副师长彭克立、上校团长曾长云等人，案经残酷刑求后，李鸿遭秘密囚禁达25年之久。李鸿之妻马真一女士等12人亦被捕，同遭残酷刑求，分别被判无期徒刑或十年、七年、三年有期徒刑不等。本案涉案16人全为外省人。

（三）前东海大学文学院院长吕士朋（江苏人）冤案　因同班同学陈良谋不堪酷刑乱供其名，致吕士朋于1953年11月下旬被捕，1954年11月获释，计被调查局羁押360天。1955年8月，吕士朋再度因台湾大学法律系同学王东山不堪酷刑，牵供其名而遭逮捕，1956年4月获释。此次调查局移送吕士朋之可疑罪状，是其阅读过吴晗所撰《明代锦衣卫与东西厂》，有讥讽情报机关的意图，因此不是没有嫌疑。

（四）孙立人将军（安徽舒城人）案　1952年，孙立人任"陆军总司令"兼台湾防卫总司令。同年8月台湾防卫总司令部中将副总司令段沄（湖南衡阳人）突然遭逮捕，不久被以"知而不报"的罪名起诉，1954年初遭处决。本案被处死的还有段沄之兄段复、堂兄段徽楷。1955年发生的孙立人将军案，依"国防部军法局"起诉的名单则有35人，全为外省人，其中15人被判无期徒刑或

△ 1950年6月10日，朱谌之在法庭栏杆前聆听死刑判决，旋即被绑押赴刑场处决

△ 台湾绿岛女政治犯的户外活动

据曾于 1950—1960 年间服刑的女政治犯冯守娥回忆，前后去过绿岛训导营（台湾东南海岸小孤岛）的女政治犯共有 99 名（因号码到 99 号），其他在保密局、军法处、台北监狱以及在生教所遇到的女难友，扣掉去过绿岛的人，最保守估计应有百名左右，故合计约共 200 名女性曾因政治问题入狱。

△ 台湾绿岛政治犯的户外体操

十五年、十年、八年有期徒刑不等，另外 20 人被判三年有期徒刑。但根据政界普遍说法，本案至少抓了 200～300 人，因牵连而致升迁受阻或前途全毁者，则无法统计。

无论是张敏之案、李鸿案还是孙立人案，由于全是无中生有的冤案，涉案者莫不遭受酷刑逼供。例如张敏之遭枪决后，负责调查此案的"总统府"中将参军张公度（清朝名臣张之洞的孙子），告诉前青岛市长李先良（张敏之的同学）称，张敏之是被九种酷刑屈打成招的。孙立人冤案亦然，均是以"叛徒"名义入罪，这在当时可说是"死罪"。然而涉案者在历经坐老虎凳、针刺指甲、辣椒水灌入口鼻、笔夹手指等酷刑后，虽明知是死罪，却违心认罪，以求解脱。

外省人所遭白色恐怖政治迫害，远超台湾人　据曾于 1953 年在新店安坑军人监狱服刑的林金春先生（台湾宜兰人）的粗略估计，当时在军人监狱的"犯人"，本省、外省人各占一半。1971 年，李敖先生通过国际特赦协会（Amnesty Internatioal，即大赦国际）秘书长马丁·埃纳（Martin Ennals）公之于世的"国防部泰源监狱政治犯"名单了解到，共计 511 名政治犯中，台湾人占 42.6%、外省人占 57.4%。是时（1965 年）外省人仅占全台人口的 13.6%。换言之，就人口比例与政治犯人数比例而言，白色恐怖时期外省人所遭受的政治迫害，远甚于或数倍于台湾人。

辽河的水，松花江的浪　当时，对遭白色恐怖逮捕的外省人而言，远离故乡，在台湾举目无亲，其悲哀实远甚于同为政治犯的台湾人。当时，有一名东北流亡大学生，在狱中作词作曲写下一首歌，名叫《母亲的呼唤》，歌词哀怨，1950 年时传唱于保安司令部的情报处，不但天天有人唱，而且终日有人唱，连看守监狱的士兵听后，也有啜泣或满面泪水者。兹将全部歌词转录于下，以让国人也了解当时在台湾的外省政治犯的苦难：

> 辽河的水呀！松花江的浪呀！那样的沉重，那样的悠长，拖载着千万个母亲的哀伤。母亲的心中像乌云遮蔽的太阳，母亲的眼睛常被泪水洗淌，母亲的心中丢掉了希望。孩子们呀！孩子们呀！母亲在念着你呀！孩子们呀！孩子们呀！母亲在呼唤你。家乡的月亮是分外的光呀！家乡的流水是分外的长，家乡的田地要你耕种呀！家乡的苦痛要你分担。孩子们呀！孩子们呀！母亲在念着你呀！孩子们呀！孩子们呀！母亲在呼唤你，像辽河的水呀！松花江的浪呀！那样的沉重，那样的悠长。

依据现存官方档案的记录，在 1950—1954 年间，仅是台湾省保安司令部所逮捕的涉嫌"叛乱"罪名的人犯就高达 7,987 人，这还不包括保密局、调查局、宪兵司令部等单位所逮捕的人犯。事实上，在白色恐怖的年代，许多案件并未留下记录。据历史学者的估计，在 1949—1958 年的十年间，因"叛乱"罪名被逮捕者约 5 万人，其中 1 万人以上被定罪，约 4,000 人被处死。

在那个时代，被捕的政治犯绝大多数都是中壮年男子。因此，可以假设上述被捕的政治犯是介于 20～49 岁的男性。而据统计，1956 年时，全台人口约 820 万人，其中 20～49 岁的男性约 155 万人。也就是说，就当时的中壮年男性而言，因各种政治

△ 柯旗化（1929—2002）
台湾高雄左营人，中学英文教师，著有《新英文法》，曾两度入狱共十七年半。

△ 林书扬（1926—2012）
台南麻豆人，因政治问题入狱达三十四年。

△ 陈明忠（1929—2019）
高雄冈山人，两度入狱共二十一年。

理由，每千人中约有32人遭逮捕，每千人中约有6.5人被判刑坐牢，每千人中约有2.6人遭处死。20世纪60年代的政治案件，虽已较50年代缓和，但乌云犹存。在这期间，至少发生了37起政治案件，涉案被捕者共208人，其中12人被处死、11人被判无期徒刑。

政治迫害极端残酷 20世纪50年代甚至60年代，在戒严令下，情报单位均严厉地控制着台湾。当时，台湾社会所弥漫的政治恐怖氛围，是现在年轻一代台湾居民所无法想象的。据曾一生为保密局工作的谷正文少将回忆，各情报单位在台湾抓到的真正共产党人仅约2,000人，其余大多数是冤案。也就是说，全部涉案者中95%以上都不是真正的共产党人。

当时，人们平日言行稍一不慎，例如与人聊天批评当局，或表达与官方宣传内容不一致的政治见解，或外省人怀念大陆故乡等，如遭检举，则立即被捕。谷正文回忆道，当时如果案件被判刑定罪，则被捕者财产的30%将当作告密人的奖金，35%作为办案人员的奖金。在如此鼓励机制下，情报单位制造了大量的冤案。虽然冤案的受害者包括外省人与台湾人，就外省人与台湾人各自族群人口的比例而言，外省人政治犯比例却又远高于台湾人。

然而，对外省人而言，如李敖、柏杨、崔小萍、胡子丹等知名政治犯，因其外省血缘的关系，也只有让时光褪去那段冤狱的阴霾；对台湾本省人而言，由于早期情报单位人员几乎全为大陆来的外省人，故台籍政治受难者及其家属亲戚，对外省族群产生了永生难忘的仇怨。例如柯旗化、蔡焜霖等，忘却历史，肯定日本殖民。蔡焜霖并成了日本右翼反华作家司马辽太郎的台湾友人，柯旗化更鼓吹台湾"独立"。1979年12月的高雄事件（"美丽岛事件"）中，本省反对国民党当局者在其所举办的大型反对运动集会中，决定使用的标语口号之一就是"反对特务统治"与"抗议残酷刑求"。当然，其中亦不乏有理想的本省知识精英，如陈映真、林书扬、陈明忠等，他们站在中国苦难的历史高度，能体谅那个时代的悲剧，坚定支持中华民族的统一大业。

白色恐怖与"二二八"事件境遇不同 白色恐怖虽然与"二二八"事件同为台湾近代史上的重大历史伤痕，但前者株连无辜之广泛、罗织罪名之牵强、镇压气氛之严肃、后续效应之深远，较诸"二二八"事件可说有过之而无不及。但由于二者的社会背景与成因发展大不相同，致使两者分别被贴上"统派""独派"的政治标签。白色恐怖中外省人所遭受的政治迫害，依人口比例远甚于或数倍于本省人。此外，本省政治受难者中，许多是追求祖国统一的统派。这就使白色恐怖受难者与"二二八"事件受难者在 21 世纪初台湾本省人的主流社会中受到截然不同的待遇。台湾许多城市都建有"二二八"纪念碑，台湾地区立法机构则通过补偿办法，将 2 月 28 日定为公众假日。每年此日各地举行追悼会，并举办音乐会、美展、图片展，或以系黄丝带、放水灯等各种方式，纪念"二二八"事件受难者。而白色恐怖受难者，却仅因为众多的受难者是外省人，就遭行政当局蓄意遗忘。

外省中下层悲歌无语问苍天 台湾于 1945 年回归中国，1947 年发生"二二八"事件，1949 年国民党当局迁台，故当时各部会中的高阶官员绝大多数是外省人，致使 20 世纪 50 年代的台籍精英对此愤愤不平。然而就外省人而言，当时随国民党当局迁台的 91 万外省人，来自全国 35 个省（当时国民党政府行政体制上是 35 省）。也就是说，35 省中各省的许多省府高阶官员一时间都逃难到狭小的台湾，而政府的高阶职位有限，许多原省份高阶官员，在台湾只能降级求职以求温饱。同样，军人也是如此，许多部队降阶缩编。尤有甚者，随国民党当局迁台的约 58 万名军人中，1960 年以前，以只发三个月薪俸的方式，强迫 12.2 万名军人退役，其中约 8 万人是低阶军官或士兵。在那个经济不发达的年代，这些身无一技之长的外省低阶军人，单身沦落至异乡台湾的社会底层。对这些外省人的苦难与悲剧，台籍精英似很难理解。

三 外省本省二元权力体制

"政权合法性"受到冲击 1951—1970 年的二十年间，蒋介石与蒋经国父

△《自由中国》　　　　△《自由中国》杂志社主要成员合影（1960年）

子统治台湾，稳住了政局，但政权仍由大陆来台湾的外省精英所掌控。然而，外省人占全台人口的比例仅13%，其统治合法性受到冲击。故以外省精英为核心的国民党当局，亟须获得本地台湾人的支持。因此，国民党当局一面举办民主选举，开放地方政权予本省台籍精英；一面大力开展经济建设，使广大台湾人在经济上受惠，从而获得广大台湾人民的支持，以维持并巩固其"政权的合法性"。

开放地方层级选举　1949年，国民党当局迁往台湾。当时，许多大陆各省的民意代表，都从大陆来到台湾。在法统上，国民党当局顽固坚持其对全中国的法统与代表性，而那些于1946年选出来的大陆中壮年民意代表，也就成为国民党当局维系其对全中国代表性的象征。故当时的形势下，国民党当局不可能进行改选，但国民党当局又需要台湾本地精英的支持及参与，因此乃开放地方选举。

1950年，国民党当局开放地方性的参政渠道。1950年7月，国民党当局办理第一届县市议员选举，8月及10月办理第一届县市长选举及第一届乡镇县辖市区长选举。1957年4月，国民党当局进一步开放省级选举，办理第一届省议员选举。

在台湾，绝大多数外省人集中居住在几个主要县市，台湾人则散居全岛。因此，经由民主的选举，几乎所有的镇长、县长、县议长、市长、市议长等地方首长都是台湾人。然而，台籍精英欲赢得上述主要县市长与议长的选举，在权威体制下，需要获得中国国民党的提名与支持，尤其是在候选人均为本地台湾人的时候，外省人选票的支持与否，则为能否胜选的关键。外省人是随国民党当局迁台的，且大多从事军公教行业的工作，故对中国国民党有强烈的感情，在历次选举中均能服从国民党的配票策略。因此，中国国民党对台湾地方县长、县议长、市长、市议长等地方首长的本省候选人仍有相当的制约能力。

二元分权体制 国民党当局在台湾执政前期，外省精英虽然承袭了绝大部分非经选举的高阶官职，但因他们不是本地人，且外省人不但人口仅占台湾全部居民的13%，且散居台湾各主要县市，票源分散。因此，外省精英及下一代外省政治人物不易经由选举渠道获得县长、市长、县市议长等领导层的首长职位。相对而言，台籍精英及下一代台籍政治人物，可经由选举获得如县长、市长、县市议长等领导层的首长职位，故台籍地方精英可说是此一时期（威权式）民主选举制度的受益者。至于掌握最高决策权的当权外省精英，虽属非经选举的群体，但他们也可说是（威权式）民主选举制度的受益者，因为民主选举为国民党当局提供了合法性，也就是为他们掌握台湾的行政权力提供了合法性。因此，外省精英加强其与台籍精英在选举政治中的相互合作，从而形成"中央—外省精英"与"地方—台籍精英"的二元分权体制，共同分享政治权力。

开放高层选举 在实际的政治运作中，在高层任职而未经选举的外省精英，与在地方任职而经由选举的台籍精英之间，可说是一种共同分享政治权力的政治交换。然而，此一选举制度的问题是，台籍地方政治人物虽赢得地方选举，却很难染指政府高层的权力。及至20世纪60年代，白色恐怖统治程度缓

△（新北市）板桥镇民投票（1961年）第五届县市议员选举

和、经济高度增长、受过良好教育的第二代台湾人精英崛起，台籍精英要求参与高层统治阶层的政治需求与日俱增，国民党当局乃陆续开放高层民意代表的选举渠道。1969年12月，国民党当局增补"国大代表"15名、"立法委员"11名、"监察委员"2名。及后，为进一步拓宽台湾本省人的政治参与渠道，国民党当局于1972年12月举行高层民意代表增额选举，使台籍政治人物能经由选举的渠道，爬升至最高权力阶层。

四　经济发展的起始条件

经济奇迹　第二次世界大战末期，台湾曾因美军大规模轰炸而遭受严重破坏。战争结束后，台湾开始恢复建设。当时（1943年），台湾岛上有613万台湾人与39.7万日本人。随后（1946年），在台湾的日本人被遣返日本，但1949年时又有约91万外省人移入。这些净增的91万（日本人39.7万人离台返日）中国大陆新移民，对战后正在恢复的台湾经济势必造成很大的压力。因此，当时国民党当局除以高压手段巩固其统治外，另一重要举措就是发展经济。经过国民党当局全力发展经济，台湾平均国民收入从1951年的137美元，升至1992年的9,591美元，是1951年的70倍，从而被誉为"经济奇迹"或"台湾经验"。

经济发展的基础　然而，无论是奇迹或是经验，20世纪后半期台湾经济的发展都是与台湾的政治环境和经济基础息息相关的。首先，在大环境上，蒋介石虽实行白色恐怖统治，但他自律甚俭，不尚浮华，从而为台湾提供了一个经济发展所需的重要前提条件，那就是安定廉洁的政治环境。其次，在经济基础上，台湾一是接收了日本在台湾半个世纪的近代建设成果，二是注入了中国大陆转至台湾的资本、人才、设备、技术与发展经济的经验。这些条件为台湾的经济发展奠定了坚实的基础。

日本人留下的近代建设成就　日据时期，虽然压榨剥削台湾人民无所不用其极，但为了日本自身的利益（主要受益者是在台日本人与日本本土的日本人），以及因当时日本殖民当局视台湾为其领土，故也努力经营，因此成就斐然。在硬件方面，例如每千人平均所拥有的电话机，台湾在1941年时已达5台，中国大陆于1983年时方达5台。台湾每人每年平均用电量在1943年时高达181.5度，而中国大陆于20世纪70年代前期方达此程度。稻米每公顷平均年产

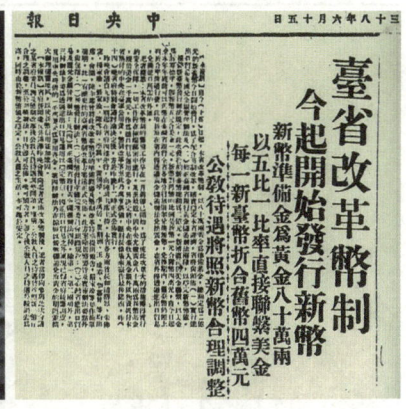

△ 发行新台币的准备金

量 1938 年时已达 2,242 公斤（1981 年时印度为 2,050 公斤，菲律宾为 2,106 斤）。小学教育普及率方面，1943 年台湾学龄儿童就学率已达 71.3%，但中国大陆直至 20 世纪 60 年代前期方达此水平。

虽然日本人在台湾的建设是为日本人自己，但由于日本的战败离去，日本人在台湾的软硬件建设成果也就留在了台湾。例如普及的中小学校舍，完整的电力输送、道路、水力等系统。在软件方面，日本殖民政府在台湾也留下了完整的近代各级政府组织（包括农会组织）、健全的金融体系、司法体系、邮政体系与详尽的户政兵役地籍等资料档案。就一个正在开发的地区而言，其重要性甚至远超过硬件建设。因此，就整体水平而言，20 世纪 40 年代初时，台湾在交通、道路、电力、农业、教育、金融、司法等各领域，可说领先中国大陆约三十年。虽然台湾的工业与农业在 20 世纪 40 年代曾因美军大肆轰炸而遭到严重破坏，但各级学校校舍，各级县市政府、银行、邮局等办公建筑，各级法院、监狱、警察局等机构大体完好，故战后经过短短数年的恢复建设，台湾的经济情况就恢复至战前水平。但相对地，抗日战争胜利后祖国大陆却陷于三年内战，烽火遍地。因此，1949 年时台湾与中国大陆间的经济差距，较 1945 年时可说是更加扩大。

自大陆注入的经济资源 国民党当局于 1949 年自中国大陆迁往台湾时，除曾将当时国民党"中央银行"国库所存黄金、白银与外币，约共折合 5 亿美元转移至台湾外，也将沿海大城市的一些大型工厂（包括资金、设备、技术、人才等）迁往台湾。例如，仅从上海一地，就有中纺、华南、大秦、雍兴、中一、台北、台元、六和、彰化、远东等 10 家大型纺织公司迁往台湾，

△ 大陆纺织业迁台，缔造台湾纺织工业

使得1952年台湾的棉纱产量高达13,576吨。这些纺织工业在20世纪50年代，除供应当时台湾民生所需外，并开始外销。纺织品外销占全部外销商品的比例从1952年的1%升至1958年的38%。20世纪60~70年代，纺织工业成为台湾最主要的出口工业。

自大陆注入的人力资源　1949年，上海及中国大陆沿海城市的许多工业资本家精英纷纷迁往台湾与香港。在香港，这些工业资本家精英为香港注入了商业活力，并将香港建设成一个重要的经济中心。同样的情形也发生在台湾，这些来自上海及其他城市的杰出资本家、企业家、专业人士等，也成为改变台湾社会、提升台湾社会的酵母。

此外，当时随国民党当局迁台的91万外省军民大都是有价值的人力资源，其中包括许多经济、财政等领域的技术官僚精英与许多受过高等教育的知识精英。例如，台湾光复后，日籍技术人才因遣返而全面离开台湾，但这时有许多受过西方科技教育的外省技术人才迁台，填补了此一技术人力空缺，从而为台湾的建设发展奠定了人才基础。

　　就以发展经济最重要的教育事业为例,日据末期的 1944 年,台湾仅有大专院校 5 所(台北帝国大学、台中农林专门学校、台南工业专门学校、台北经济专门学校与台北帝国大学附属医学专门部),教员共 319 人(日本人 305 人,台湾人仅 14 人)、学生 2,163 人(日本人 1,710 人,台湾人仅 453 人);然而,由于中国大陆的大批教授与知识分子随同国民党当局迁台,不但填补了因日本人教授离台所形成的师资荒,并急速扩充了台湾的大专教育体系。至 1955 年时,台湾的大专院校已增至 15 所、教员增至 1,662 人(是 1944 年时 319 人的 5.2 倍)、学生增至 17,997 人(较 1944 年时的 2,163 人,增加了 7.3 倍)。众所周知,教育是经济发展过程中最重要的因素之一。然而,如果没有大批外省高级知识分子的迁台,台湾的大专教育不可能扩充得如此之迅速。

　　中国人的勤奋节俭　　生产力提升与资本积累是经济发展中不可或缺的重要因素,前者就是勤奋工作,后者就是节俭储蓄。而勤奋工作与节俭储蓄正好是中国传统文化中的重要支柱之一。因此,无论是在台湾、香港还是中国大陆,中国人都认为平日要努力工作并节俭储蓄,以备不时之需。

　　直至 20 世纪 80 年代,为了能多赚些钱,在台湾,不乏有人在星期六、星期日也都努力工作,有人甚至从事两份工作。此外,台湾的储蓄率在 1955 年时仅为 11.2%,1970 年增至 23.7%,1972 年更增至 31.5%,除 1970 年外,整个 70 年代均保持在 30% 以上。如此高的储蓄率,积累了雄厚的资本,从而为经济发展提供了最有利的基础。因此,从宏观的视野来看,台湾经济发展的成功,可说与中国人的勤奋工作与节俭储蓄密不可分。

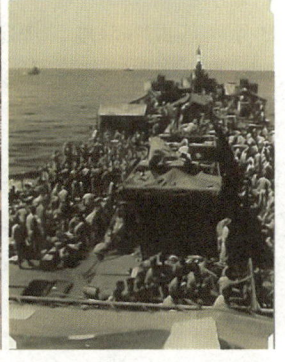

△ 秦皇岛、葫芦岛、营口大撤退（黄绍容提供） 　　　　△ 舟山大撤退（黄绍容提供）

美国援助 台湾经济发展的另一重要因素就是美国的援助。自1950年6月至1965年6月的十五年间，美援共计14.8亿美元，平均每年约1亿美元。据统计，美援金额约占1951—1960年间台湾进口金额的40%、台湾投资总额的38%、电力固定资本形成总额的50%、交通运输固定资本形成总额的40%。因此，美援不但直接增加了当时台湾的物资供应，并且对台湾经济发展所需基本设施的重建与新建，也提供了极大的帮助。

五　经济建设成就卓越

农业土地改革 在台湾经济发展的过程中，农业土地改革也被视为与美援、勤奋节俭、经济发展策略正确等同样关键的因素。

台湾的农业土地改革是分三个步骤进行的。首先是"三七五减租"，台湾光复之初，佃农缴租量占1948年其收获量的56.8%，且90%的租佃为口头契约，地主可以任意撤佃。换言之，台湾多数农民终年辛劳所获，大半需缴给地主，且无任何保障，这对佃农非常不公平。为消除此一不公平的现象，国民党当局乃于1950年3月在台湾实施"三七五减租"，就是将地租减为37.5%，并规定地主需与佃农订立书面契约，租期不得少于六年。其次是公地放领，1951年国民党当局将公有耕地放领给农民，其地价是按照该地主要作物产品全年收获量的2.5倍折成实物计算，分十年平均摊还，并准农民于缴清第一期地价后，就取得土地所有权，使农民可免缴佃租。截至1953年，放领公地共达83,977甲（1甲约0.97公顷）。第三是耕者有其田，1953年实施此一制度，规定地主（7,750户）可保留其出租耕地中的中等水田三甲或旱田六甲，超过这一限定的土地，则由官方征收，转让给农民承购。征收耕地的补偿标准是按各等级耕地主要作物产品全年收获量的2.5倍计算，其补偿额的三成是以公营事业股票发给、七成是以实物土地债券发给。

农业土地改革的成功及其原因 农业土地改革改变了台湾农用土地所有权的结构，使自耕地面积

△ 台北市南京东路施工前后对照（1960年前后）
1956年美方提供工程款，自台北市政府征购土地，拆迁房屋，1957年前后施工完成九条道路，包括罗斯福路、南京东路、敦化北路、仁爱路三段、松江路、民权东西路等道路，1963年竣工。（见《看见台湾历史》，p.142.）

占全省耕地总面积的百分比自1948年的55.8%增至1953年的82.9%，从而激发了农民的高度耕作意愿。在实行农业土地改革前的1948年，稻米年产量仅1,143,809美吨（short ton，美制1吨=907.2千克），但实施土地改革后的1952年，稻米年产量增至1,673,152美吨，增加46.3%。稻米的大幅增产，不仅为台湾提供了足够的粮食，也使农村得以稳定。

经济是政治的延伸，一项经济政策的推行成功与否，必然有其政治上的内外因素。台湾农业土地改革成功的主要因素，就与政治息息相关。首先，为解决

△ 李国鼎（左）与沈宗瀚（右）　　　　　　△ 孙运璿（山东蓬莱人）

大陆农村的严重租佃问题，中共于 1950 年在大陆农村实施农村土地改革，迫使当时新迁至台湾的国民党当局，在对岸强大的政治对比压力下，也积极强势地在台湾推动土地改革。其次，光复后的政权转移，使台湾农村土地改革的"政策制定者"与"土地所有者"两者分离。因土地改革的"政策制定者"来自大陆，是在台湾未拥有土地的外省精英执政者，至于作为台湾本地"土地所有者"的地主则因不是执政者，无政策的决定权，且与新抵台湾的外省精英间无商业利益与姻亲关系。由于政策制定者与土地所有者间无利益等关系的纠葛，故使得台湾的农业土地改革得以顺利推动。第三，1947 年 2 月 28 日，台湾发生"二二八"事件，国民党当局军队在台湾进行镇压，紧接着是戒严令下白色恐怖的政治压制，地主无力抗拒，也使土地改革得以顺利推行。诚如作家叶石涛的回忆："台湾的土地改革是在戒严令的枪杆逼迫下完成的，整个时代在充满着杀戮与血腥的恐怖下，台湾的地主哪敢去反抗。"

经济发展策略正确　20 世纪 50 年代，国民党当局根据台湾海岛型小规模经济体的特征，实施"进口替代"（Import Substitution）的经济策略。当时由于农村土地改革成功，农产品产量增加，政府乃外销剩余农产品，赚取外汇，以进口部分消费用工业产品及工业物资或原料。再以这些工业产品及工业物资或原料自行设厂生产工业消费品供台湾消费，以取代原先进口的工业消费品，从而建立台湾的初期工业。

20 世纪 60 年代，国民党当局奖励出口，实施以出口带动经济快速发展的"出口扩张"（Export Expansion）经济策略。当时（1960年），当局公布奖励投资条例，前瞻性地设立加工出口区（1965年设高雄加工出口区，1969年设楠梓与台中两个加工出口区）。出口扩张政策的实施，使得台湾的对外贸易持续大幅增长，1960年外贸总额仅4.6亿美元，1970年时已增至30.1亿美元。20世纪70年代则致力于规模庞大的十项建设以建设台湾；80年代，再度以更前瞻性的规划，推动电子信息高科技工业的发展，为台湾日后的经济发展奠定了坚实的基础。

蒋氏父子及外省精英的贡献 正确的前瞻性经济发展策略，是由一小群顶尖精英专门人才所制定，其推动则需依赖一批优秀的专业技术官僚与人员去执行。本省学者、台湾大学教授林钟雄就认为，这不得不提及1949年随国民党当局撤退至台湾的外省人中所包括的当时全国性的高阶精英专才及高中级技术人员。因为纵使有日据时期残留下来的基本设施及勤奋的人民，但如果没有优秀的经济决策者及技术人员，要从事战后经济重建也是极其困难的，更遑论日后制定正确的经济发展策略。

这些外省精英如尹仲容、徐柏园、蒋梦麟、沈宗瀚、李国鼎、孙运璿、汪彝定等与一批来自全中国的中高阶技术官僚与人员，建立起高效廉洁的行政系统，并在公营企业中从事经济建设，与本地人共同开创经济繁荣局面。当然，此处关键人物就是蒋介石，他虽然厉行高压统治，但不可抹杀的是他也重用了上述经济专才精英出任财经首长，并采行他们的政策，其子蒋经国也是如此。蒋氏父子两代重视经济发展，并重用经济专才精英，制定并实行了一系列的正确经济发展策略，这才创造了1950—1990年间台湾傲人的经济成就。

蒋介石逝世 1975年4月5日，蒋介石去世，结束了一个旧的时代。蒋介石掌控了台湾四分之一个世纪（1950—1975年），他在台湾实施了政治与经济分离的政策。也就是说，在政治上，一面实施高压统治，一面开放地方选举，实施"中央—外省精英"与"地方—台籍精英"二元分权体制，与台籍精英分享政治权力；在经济上，则尽全力发展经济。在蒋介石的高压统治下，约有4,000人遭处死，1万人被判刑入狱。台湾居民（无论是外省人或本省人）都陷于政治恐惧中。然而，具有讽刺意味的是，蒋介石的高压统治为台湾创造了一个稳定的社会，为台湾的经济发展提供了一个安定的环境，加上他所领导的国民党当局全力发展经济，因此1951年时台湾居民年平均收入虽然仅137美元，但到蒋介石去世的1975年时，已增至890美元，为1951年的6.5倍。

第二十六章
国民党当局台湾化

一 第一代台湾化

台湾化 所谓台湾化,简单地说,就是"台人治台"。精确地说,就是台籍精英主导台湾政治,如目前我国在香港与澳门所实施的"港人治港"与"澳人治澳"。我国自古即为一多民族所组成的大国,如何让地方精英参与中央与地方事务,一直是历代各朝的重要政治课题。距现在最近的清朝,则是通过科举考试的方式,将各省的府、县行政权下放予汉人精英,惟必须回避本籍,以防地方弊端。现今美国式民主方式,则是通过选举制度,由地方豪门主控当地的行政权,同时经由选举或考试等方式,让地方精英参与中央联邦政府的事务。

中国国民党的第一代台湾化 早在台湾回归祖国之初的1945年,国民党当局已在台湾实际推动台湾化。当时,台湾地方陈仪派李万居(台湾云林人)接任《台湾新生报》发行人兼社长(《台湾新生报》是由日据末期台湾唯一报纸《台湾新生报》所改组)、林忠(台湾南投人)接任台湾广播电台总台台长,也就是分别由台湾人掌控全台湾宣传媒体的报纸与广播电台。此外,黄朝琴(台湾台南人)、游弥坚(台湾台北人)先后出任第一、第二任的台北市市长,连震东(台湾台南人)出任台北县县长,刘启光(台湾嘉义人)出任新竹县县长,谢东闵(台湾彰化人)出任高雄县县长。就台北市政府的一级主管而言,也是台籍精英辈出,例如刘万枝为财政局局长、黄启瑞为民政局局长(后转任教育局局长)、高敬远为卫生局局长、黄介骞为第二任民政局局长、廖文毅为公用事业处处长、周耀星为公车处处长、黄炎生为参事，至于课长级职务，一般而言，不少也是由台湾人出任。警察台湾化方面，截至 1946 年 11 月，计新招训警官共 496 人，其中台湾人占 84.1%。警员 2,215 人，其中台湾人占 97.8%。选举方面，国民党当局举办公开公平的选举，1946 年所选出的 7,078 名基层乡镇民意代表与区代表、523 名县市参议员、30 名省议员等全部是台湾人。光复一年后的台湾化程度，是日本殖民时期台湾人所无法想象的（详见第二十二章第五节）。

综合国力不足，台湾化以"二二八"事件收场　日本殖民时期，日本人虽然强烈歧视台湾人，但日本综合国力强大，驻台日军足以威慑台湾人，加上强有力的新闻管制，严密的思想控制，台湾人敢怒不敢言，不满亦无由表达与串联，社会反而平靖。

反之，祖国大陆却因日本侵略，物资匮乏，综合国力衰弱，无法克服日本人离台前发动的经济战所造成的空前粮荒与通货膨胀。且国力衰弱，为台湾人所轻，倘遇有事，无以威慑民众。另一方面，又未能如今日"港人治港"与"澳人治澳"那样，将行政部门全面台湾化，却将拥有质询权的各级民意代表全面台湾化，于综合国力不足的情况下，实行日据时期五十年都不敢实行的西方民主，开放民间办报，放松新闻管制，形成拥有质询权的本省民意代表与拥有行政权的外省主管官员间的尖锐对立。更何况，当时台湾社会除承受了战后物价飞涨的经济萧条外，还存在着本省人与外省人间的族群隔阂、中日文化隔阂……因而无法完成平稳过渡接收台湾，最终衍生了 1947 年的"二二八"悲剧事件。接着，国民党当局迁往台湾时，高阶重要职位均为外省人所据。至此，光复后中国国民党在台湾的第一代台湾化无形中终止。

中国共产党的第一代台湾化　为培养台湾干部，早在 1925 年，中国共产党就派遣谢雪红（彰化人）、林木顺（南投人）与林仲梓（北斗人）三人赴莫斯科东方大学学习（林仲梓后因故未能成行）。也就是说，早在 20 世纪 20 年代，中国共产党就高瞻远瞩，将三名远赴莫斯科公费深造的珍贵名额给予台湾同胞。及至 1946 年，中国共产党派遣蔡孝乾与张志忠为其在台湾的最高负责人，前者为台湾彰化人，后者为台湾嘉义人。

在那个时代，中国共产党在台湾先后吸收简吉（高雄凤山人）、许强（台南佳里人，曾就读于台北帝大医学部，27 岁获博士学位）、吴思汉（台南白河人，京都帝大医学部四年级肄业）、萧道应（屏东人，曾就读于台北帝大医学部）、钟浩

△ 李苍降（台北芦洲人）
中国共产党早期台湾籍党员。

△ 叶盛吉（台南新营人）
中国共产党早期台湾籍党员。

△ 吕赫若（台中潭子人）
中国共产党党员，1946年10月14日摄于台北。

△ 简吉
高雄凤山人。1929年12月入狱一年。1931年底再被捕，入狱十年，1942年出狱。1949年10月出任中共台湾省工委会"山地工作委员会"书记，1950年4月25日被捕，后遭处决。

△ 谢雪红
摄于20世纪50年代中期。中国共产党早期台湾籍党员。

△ 谢南光（1902—1969）
彰化人，曾任第二、三届全国人大代表。中国共产党早期台湾籍党员。

东（屏东人，曾就读于台北明治大学）、郭琇琮（台北人，曾就读于台北帝大医学部）、李熏山（竹北客家人，曾就读于台湾大学工学院）、李苍降（台北人，曾就读于台北二中，因阅读反日书籍遭捕监禁五年）、叶盛吉（台南新营人，曾就读于日本仙台第二高校、东京帝大）、吴克泰（宜兰人，曾就读于台北高校）、吕赫若（台中潭子人，著名作家）、蒋时钦（蒋渭水之子）、陈炳基（台北人）及张克辉（彰化人，曾就读于台湾师范学院）等人，他们都是那个时代台人精英中的精英。1950年初，蔡孝乾所领导的"中国共产党台湾省工作委员会"遭侦破摧毁。同年5月，陈福星（台南人）奉命重建中国共产党在台湾的省工委组织。当时，中共华东局即指示要大力提拔台籍干部，省工委最高领导层的领导如曾永贤等，全部是台湾人。然而，在国民党当局的全面镇压下，在台湾的中共党组织几乎全被摧毁，中国共产党党员迭遭逮捕、监禁或处决。这样一来，中国共产党在台湾培育的一代台人精英，基本上退出了20世纪50年代的台湾历史舞台，从而结束了中国共产党在台湾的第一代台湾化。

二 台湾分离主义

台湾分离主义意识 蒋介石及其子蒋经国执政期间，也曾实行威权式的选举制度，并赢得台湾民众的支持，尤其是台湾本省人与客家人的支持，从而使蒋氏政权"合法化"。但是，在每次选举的过程中，随着民主化的发展（即政治控制的日益宽松）、本省人经济实力的壮大、受过良好教育的下一代台籍精英的崛起、台籍精英与外省精英权力配置的不公待遇的增多及"二二八"事件所造成的历史怨恨的累积，台湾人的分离主义意识逐渐产生。

权力分配与族群怨恨 族群怨恨，起因是历史遗留下来的权力分配不均，这是引发分离运动的最重要的因素之一，通常会形成分离意识，甚至发展成有组织的分离运动。

外省人是1949年迁到台湾的，台湾则是自1895年割予日本的。台湾人历经日本殖民统治五十年，故台湾人与外省人间的历史记忆相异。台湾回归祖国后又发生了"二二八"事件。接着，曾统治中国大陆的国民党迁至台湾，外省精英控制政治核心权力，尤其是20世纪50年代，外省精英占据了绝大部分的高层职位。台籍精英认为在政治权力分配上，他们受到了不公平的待遇，此事滋长并形成了族群怨恨。特别是台籍精英认为，这一政治上的不平等使台湾人丧失了决定他们自己命运的能力,并导致许多台湾人(实际上有更多外省人)遭逮捕与杀戮的政治压迫。

在蒋介石父子长达三十八年的高压极权统治期间,"执政党"是中国国民党,重大政策的决策机构是中国国民党"中央常务委员会"(简称"中常委")。1953—1956年间的七届全会中,10名"中常委"全部都是外省人;1957—1971年间的全会中,15～21名"中常委"中仅有2名台湾人;1972年的十届三中全会,21名"中常委"中有3名台湾人;1976年的十一届一中全会中,比例微增至22名"中常委"中有5名台湾人;1979年的十一届四中全会中,27名"中常委"中有9名台湾人;此一比例逐渐增加,到1984年的十二届二中全会,31名"中常委"中有12名台湾人;1986年十二届三中全会,31名"中常委"中有14名台湾人(见表17)。1988年1月13日,台湾地区领导人兼中国国民党主席的蒋经国去世,李登辉继任地区领导人及中国国民党主席。1988年7月14日,中国国民党举行十三届一中全会,在党主席李登辉的控制下,31名"中常委"中有16名台湾人,台湾人占全部"中常委"的51.6%,台湾人首次在"中常会"中成为多数。

表17　中国国民党"中常会"之族群组合

	年份	人数	台湾人	%	外省人	%
七届一中全会	1952	11	0	0.0	11	100.0
二中全会	1953	10	0	0.0	10	100.0
八届一中全会	1957	15	2	13.3	13	86.7
九届一中全会	1963	15	2	13.3	13	86.7
二中全会	1964	17	2	11.8	15	88.2
四中全会	1966	19	2	10.5	17	89.5
十届一中全会	1969	21	2	9.5	19	90.5
三中全会	1972	21	3	14.3	18	85.7
十一届一中全会	1976	22	5	22.7	23	77.3
四中全会	1979	27	9	33.3	18	66.7
十二届一中全会	1981	27	9	33.3	18	66.7
二中全会	1984	31	12	38.7	19	61.3
三中全会	1986	31	14	45.2	17	54.8
十三届一中全会	1988	31	16	51.6	15	48.4

△ 台湾公职增补人员选举（1969年）

中国国民党"中常会"成员中，台湾人与外省人间组合比例的逐渐变化，可说是反映了第二代台湾化的进程。自1976年起，台籍精英开始增加其在国民党"中常会"中的影响力，并于20世纪80年代开始分享核心政治权力。然而，1951—1975年间，台湾本省人虽占全部人口的85.3%，但台湾人精英在核心决策体系中，对重大施政方向可说是完全没有政治影响力。

语言政策与族群怨恨　语言相异是另一个分离运动的重要因素。在许多国家，语言是一个敏感问题，特别是多民族多族群所组成的国家。在台湾，国民党当局以北京话为"国语"（内地称为"普通话"）。当国民党当局统治中国大陆时，就在中国大陆推行国语很多年了。1949年迁往台湾时，91万外省人突然聚居台湾，他们来自35个省份，讲不同的方言。另一方面，闽南人、客家人与少数民族也有不同的方言。

为了促进各省各族群间的相互沟通，国民党当局在台湾推行"国语"，尤其是规定在学校须使用"国语"，但台湾本省人在日常生活（包括选举）中仍可讲闽南语。在台湾，由于从小学、中学到大学，老师上课都使用"国语"。因此，某些学童逐渐淡忘了他们习得的日语。台籍精英当然也了解这样的情形及推行"国语"的意义，这是常识。然而，20世纪80年代政治氛围宽松，本省政治人物希望在选举中赢得占人口多数的本省人支持，语言政策就成了本省政治人物用以指责攻击外省人的借口。他们不提"通行语言"给台湾各族群在沟通上带来的方便，不提许多先进民主国家如日本、法国、英国等也都在学校推行统一的国家语言，不提在一般生活与选举时,仍是通行闽南语,而是蓄意曲解政府的语言政策,并无限上纲地将其简化成是外省人禁止本省人说闽南语,是外省人欺侮本省人。

1994年3月,李登辉于接见日本反华右翼作家司马辽太郎时,就以台湾地区领导人的身份抨击当局的语言政策,鼓励人们使用闽南语,并称,他现在带头说闽南语,"已是非如此做不行了"。李登辉在语言政策上的这一观点,立即激起本省人与外省人间的强烈争议。然而,领导人像这样鼓励人们使用地方方言的例子,是极其罕见的。这也显示,在台湾,"语言"是一个相当重要的政治问题。

三 民主与台湾分离主义

下一代台籍精英的崛起 1949年随同国民党当局迁往台湾的外省人,占台湾全部人口的13%。这些外省人离开大陆后失去了在大陆的土地与资产。当时,除了极少数城市的资本家或企业家,外省人中绝大多数是服务于公职的军人、行政人员或知识分子。因此,外省人在台湾经济部门及私营工商领域中的影响有限。

至于台湾本省人,由于日据时期严厉的教育歧视政策,大部分精英未能接受高等教育。例如1943年时,台湾仅有台北帝国大学一所大学,其中日籍大学生384人,台湾大学生仅69人(其中64人学医科)。另外,日据末期在日本殖民政府的极端歧视下,台湾人出任中高级公务员者极少。例如1945年时,全台敕任官(相当于高级文官或将级军官)共167人,其中日本人166人,台湾人仅1人;奏任官(相当于中级文官或校级军官)共2,170人,其中日本人2,141人,

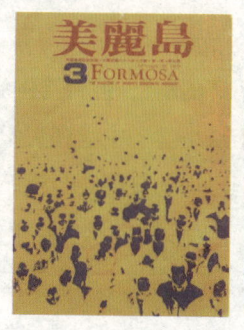

△《台湾政论》《八十年代》《美丽岛》与《春风》都是戒严年代的国民党党外杂志,其中《台湾政论》于1975年8月创刊,仅发行三期即被迫停刊

台湾人仅29人。因此，这些历史的因素也限制了本省精英在政府部门的发展。然而另一方面，由于本省人已世居台湾几代，故拥有土地、财富与技能，绝大多数的台湾人都是从事私营工商事务，故大多数的本省精英也是从事政治领域外的私营工商事务，他们正好成为1950—1980年间台湾经济快速发展的受益者。他们发展了自己的事业，积累了大量财富，最后在私营工商领域中具有重大的影响力，进而有能力影响政治。

如前所述，1949年国民党当局迁往台湾时，由于国民党当局将台湾视为中国众多省份中的一省，视台湾人、客家人及少数民族均为中国人，因此在教育政策上实施不分省籍、不分族群、一视同仁的公平政策。台湾本省学生、客家学生、少数民族学生与外省学生，一起参加考卷姓名密封的各阶段（小学升初中、初中升高中、高中升大学）联合招生，对大学生的科系组别也无任何限制，全按所填志愿与考试成绩高下分科系，故许多台湾本省学生也念政治与法律等科系。因此，20世纪70年代与80年代，受过良好高等教育的下一代台湾本省人崛起，其中包括许多政治精英。某些下一代台籍精英，也承袭了上一代有关"二二八"事件及曾遭外省情报人员迫害的族群仇恨记忆。此时，他们有政治方面的丰富学识与能力，有能力对台湾人权力配置不公及国民党政权合法性等敏感问题提出论述，并挑战国民党当局的权威。

台籍精英借民主建构分离意识　在20世纪70年代早期民主化时，台籍反"政府"精英打着民主、人权与自由的旗帜，与外省反"政府"（或云非当权派）精英合作，以缓和外省人蒋经国当局的强大政治压力。20世纪70年代，无论是外省人的反对精英还是外省人的高官，都曾在中国大陆成长、求学并开展过事业。他们离开中国大陆仅仅二十余年，实无法忘怀中国大陆是他们的故乡，故他们强烈地认同中国。在那个时代，外省人非当权派精英，例如胡适、雷震、殷海光、费希平等，虽追求民主，但也认同中国。然而，台籍反"政府"精英的真实动机，不仅是追求民主，而且也追求将台湾从中国分离出去。关于独立的目标，在当时的政治氛围下，台籍反"政府"精英间都心照不宣。因此，在台湾的政治发展中，台籍精英的民主运动与分离运动，是合而为一的连体婴儿。也就是说，台籍精英是以隐性的非暴力分离方式，推动实质的分离运动。

蒋氏父子在台湾借极权式的民主选举制度赢得台湾居民的支持，巩固其统治的"正当性"。但反"政府"的分离主义台籍候选人，则利用选举的宣传，以选择性地提出敏感性议题的方式凝聚台湾人的族群意识，建构分离意识。例

△ "美丽岛政团"核心合影（1979年7月30日）

如，他们抨击高层权力分配对本省人不公平，却不提及地方权力分配对外省人不公平。他们揭露本省人遭国民党当局的特务迫害，却不提及许多外省人也遭到同样的迫害。他们抨击"二二八"事件后期外省人军队屠杀台湾人，却不提"二二八"事件前期本省人对外省人的杀戮与迫害。尤有甚者，他们抨击国民党当局的语言政策，即在学校强迫下一代学习"国语"，从而使某些下一代台湾人丧失说母语的能力，但不提及母语非"国语"的下一代外省人也同样丧失了说母语的能力。总而言之，本省候选人在阐释政治事件时，总是将事件简化成外省人迫害台湾人。

民主与"高雄事件" 1971年10月25日，国民党当局被迫退出联合国，接着是中华人民共和国被承认作为中国唯一合法的代表。此一事件粉碎了国民党当局代表全中国的政治神话，并且也动摇了国民党当局的统治。

20世纪70年代中期，台湾"反对运动"崛起，受过良好教育的新一代台湾本省精英参加了反国民党的政治运动。为了能在选举中得到作为多数族群的本省人的支持，台籍候选人中不乏提及不公平（利于外省人，不利于台湾人）的政治权力配置、外省人（精英）主控的国民党当局歧视台湾人等敏感议题。台籍候选人进一步激发台湾人族群意识，以利选举中拉得本省人的选票而胜选。在1977

△ 1979年12月10日，高雄民主游行引发警民冲突

年的五项地方公职人员选举中，台湾"反对运动"候选人（全部为本省籍的台湾人）在选举期间相互串联助选造势，整合以往分散的力量，形成以"党外"（意思是中国国民党以外）为名的政团雏形，其总得票率达到33.3%，赢得空前胜利，此一声势于1979年达到另一高潮。该年，"党外"至少举办了十四次大型群众活动，并成立"中央民意代表党外候选人联谊会"，出版"党外"的政论刊物《美丽岛》杂志，以宣扬"党外"的政治理念。

1979年12月，国民党当局举办"增额中央民意代表选举"。12月10日是国际人权日（International Human Rights Day），"党外"计划于当天在台湾南部城市高雄举办台湾人"反对运动"的大型集会，准备以追求人权的名义抨击国民党当局的特务统治，另也准备了火把与木棍。而就在前一天，有两名工作人员遭警察逮捕并被刑求。此事激怒了"党外"群众，立即引发了游行群众与军警的暴力冲突，接着国民党当局逮捕了绝大多数的"党外""反对运动"主要人物，并经公开军法大审，将他们判决入狱。此事被称为"高雄事件"（又称"美丽岛事件"）。

"高雄事件"与分离主义意识 "高雄事件"在台湾近代历史上是一个转折点。"高雄事件"中绝大多数的台湾"反对运动"主要人物遭逮捕入狱并遭残酷刑讯后，才被无罪释放。20世纪80年代中期至90年代，这些本省"反对运动"的

△ 1980年3月18日，台湾军事法庭公开审理"美丽岛事件"

主要人物陆续被释放。然而，在那个时代，外省精英主控的国民党当局情报单位对这些台籍精英的逮捕与刑讯，无疑增强了他们对外省人及国民党当局永生难忘的仇恨。

在"高雄事件"的公开军法大审判中，一批为被逮捕的台籍"反对运动"主要人物辩护的律师加入"反对运动"，例如陈水扁、苏贞昌、江鹏坚、尤清、张俊雄等人。在当时媒体的公开报道下，他们成了新一代的"反对运动"明星。在接着的1983年区域增额"立委"选举、1985年地方公职（县市长与省市议员）选举中，"高雄事件"中的一些受刑人家属与辩护律师都高票当选。此一形势，为日后台湾的"反对运动"奠定了重要的组织基础。上述的选举中，本省人"党外"政策的关键之一就是"台湾前途应由台湾全体住民共同决定"。这可视为准分离主义的政治宣言。

1986年，台湾反对运动精英成立了民主进步党（简称"民进党"，以本省人为主要成员）。在1986—1989年间，民进党有系统地举办诸如演讲会、坐监惜别会、告别市民说明会等一系列群众集会（即街头运动），从而赢得了部分本省人的支持。这些群众集会中最敏感的诉求议题之一，就是"台独"。此一议题也更进一步刺激了台湾人与外省人间的族群关系。

一般说来，绝大多数的民进党党员都强烈认同台湾的本省人，民进党中的外省人是极少数。1987年4月，民进党通过"台湾是一主权独立的国家，不是中华人民共和国的一部分"的"台湾决议文"。民进党的政策就是把台湾从中国分离。然而，1988年12月，民进党创党的唯一外省人元老费希平，因不同意民进党的分离主张，怆然退出民进党。外省人创党元老费希平退出民进党，反映了本省精英与外省精英在国家认同上的尖锐对立。

四 蒋经国推动二代台湾化政治改革

1972年5月26日，蒋经国出任台湾地区行政机构负责人。1975年4月5日，蒋介石去世，严家淦继任台湾地区领导人。同月蒋经国出任"执政党"中国国民党主席。及后，1978年3月21日，蒋经国当选第六任台湾地区领导人。1984年3月21日，蒋经国续任第七任台湾地区领导人。

推动第二代台湾化 20世纪70年代，以外省精英为领导核心的国民党当局在台湾已二十多年。期间，国民党当局在台湾实施公开公平的教育制度。经由真正公开公平的考试制度，本省人下一代精英得以有公平的机会接受完整的高等教育。及后，随着白色恐怖政治氛围的放松，下一代受过良好高等教育的台籍精英，通过出版政论杂志的方式，突破言论禁忌，讨论敏感的政治课题，甚至族群问题。

自国民党当局迁台后，蒋经国即协助父亲蒋介石巩固国民党当局在台湾的统治。他曾任职情报部门第一把手、防务部门负责人、行政机构副职等重要职务，对当时台籍精英的强烈政治需求相当了解，也体会到国民党当局如果要在台湾继续巩固发展，则必须改变过去二十年所实行的"中央—外省精英"与"地方—台籍精英"的二元分权体制，实行"本土化（即台湾化）"政策，以强化国民党当局统治的正当性。

1971年时，台湾经过二十年承平时期的经济快速发展，台籍企业精英及受过良好教育的下一代本省政治精英崛起，他们参政意识高涨。其中，尤其是后者，他们以出版政论杂志的方式抨击时政，要求政治改革，并迅速形成舆论压力。1969年6月25日，蒋经国出任台湾地区行政机构副职，掌控实际上的政治权力。1972年5月17日，蒋经国更上层楼地出任台湾地区行政机构负责人。蒋经国由于长期实际负责政治事务，了解台湾社会动脉，乃顺应时代潮流，在政治上推动"台湾化"的政策。

蒋经国于1972年出任台湾地区行政机构负责人后，立即任命本省精英担任如行政机构副职，内政、交通部门负责人，台湾省省主席及台北市市长等政府首长职务。1978年，蒋经国当选第六任台湾地区领导人。那时，他就选择台湾人谢东闵为台湾地区副领导人，留下如果他任内去世则和平移转"政权"予本省人的机会。1984年，蒋经国参选第七任台湾地区领导人，他仍选择台湾人李登辉为台湾地区副领导人。以蒋经国当时健康欠佳的情形，很显然他已有未来将"政权"和平移转予本省人的意图。本省人"阁员"占"内阁"成员的比例，1987年时也已高达40%。

推动政治改革 蒋经国于1978年出任台湾地区领导人，1979年12月，台湾南部发生"高雄事件"，"反对运动"中的主要人物几乎都被逮捕入狱，暂时强行压制了本省精英的"反对运动"。1984年3月，蒋经国连任时，台湾的政治特征如下：首先，整个社会仍处于"戒严令"的控制下，人民的言论、集会、结社、出版及新闻等自由仍遭到限制。其次，国民党当局仍坚持旧有的法统，也就是维持原有"国会"的运作，并仍实施由上而下的精英统治。第三，有限度地开放选举，以满足本省精英的参政需求。就当时的内外政治形势而言，在相当长的一段时间内，国民党当局仍然有能力维持这样的政治运作。然而，蒋经国在生命中的最后两年，却进行解除"戒严"、解除报禁、解除党禁、保障人民集会结社自由及开放大陆探亲等五项政治改革。对台湾而言，上述的每一项改革，均有划时代的意义。

△ 1981年蒋经国视察新兰阳大桥途中即兴下车访农家　△ 1976年12月，蒋经国在中兴新村与谢东闵促膝闲谈

在此之前，本省政治精英虽然热切地希望能成立自己的政党，但限于党禁法令而无法组党。故蒋经国的上述政治改革的政治意义，就是准许占台湾人口绝对多数的本省人成立政党，也就是给予日后台湾本省人经由政党竞争，取得"执政"机会的可能。

开放民众赴大陆探亲　另一划时代的改变，就是于1987年11月2日正式开放民众赴大陆探亲。在此以前，前往祖国大陆是违法的，而此一准许民众前往大陆探亲的举措，为两岸人民的交往打开一道缺口，使得在台湾的外省人，霎时如潮水般地返回大陆故乡探亲，而且这种开放不久就提升至包括台湾人、客家人与少数民族赴大陆观光的层次。

民主与分离主义在台湾的政治经验　另一个重大的政治问题，是国民党当局实施的语言政策。世界主要先进国家如德国、法国、日本和美国等，都是单一语言为主的国家，所有候选人都是使用主要的单一语言与他们的选民沟通。然而，作为一个历史悠久的大国，中国不但是一个多民族组成的国家，并且是拥有许多民族语言、地方语言和强烈传统省籍意识的国家。如果完全实行西方的民主选举，则势将使候选人为了赢得同质选民的支持，而强调民族、族群与省籍的差异性与历史仇恨，从而加深民族、族群与省籍间的裂痕，甚至引发分离运动的灾难，在这方面台湾可说是具体的样板教材。

就整个台湾社会而言，20世纪80年代政治氛围有所缓和，本省候选人为了凝聚同乡本省人的选票，强调本省人认同台湾、本省人与外省人间的政治怨仇，及台湾是属于台湾人等的诉求。某些本省候选人甚至煽动本省人对祖国的仇视，并称"台湾应该独立"。本省候选人在选举活动中的这些演讲与宣传，在历次的选举中，一次又一次地重复着，从而产生了深远的影响，使得某些本省人对外省族群多有误解，并逐渐仇视外省族群，甚至开始认为台湾应从中国分离。就曾遭政治监控或拘禁而幸存的台籍政治犯而言，由于当时迫害他们的情报人员绝大部分是外省人，因此他们认为是遭到外省族群的压迫。

蒋经国当局的前瞻性经济建设　蒋经国自1972年正式全面地掌握行政权力以来，除了前述的政治改革外，他在经济上也交出了亮丽的成绩。如前章所述，1973年全球爆发第一次能源危机及油价大幅上涨，引发了通货膨胀与经济衰退。为应对经济困境，蒋经国乃以扩大内需的方式发展经济，并自1974年初开始，开展著名的十项建设，即南北高速公路、西线铁路电气化、北回铁路、台中港、苏澳港、中正国际机场、核能发电厂、大炼钢厂、大造船厂与石油化学工

△ 1977年4月，蒋经国参观炼炉厂

△ 1978年4月，蒋经国参观外销机械展

△ 1979年4月，蒋经国参观南投县鱼池乡民俗观光城，由当时任省主席的林洋港陪同

△《台湾省产业地鸟瞰图祝光复第一回博览会纪念品》（1948年）
光复后第三年，台湾省政府为让各界了解台湾及光复后三年绩效，乃于1948年10月举办台湾省博览会，并于10月25日光复节开幕。原图取材自1935年日人举办"始政四十周年纪念台湾博览会"中金子常光所绘之《台湾瞰图》。

业，总投资高达2,580亿台币。

为了促进台湾经济的发展，蒋经国当局早在1973年即前瞻性地成立了"工业技术研究院"，到他逝世前的1987年时，该院工作人员达4,500人，经费预算为2.1亿台币，内设电子、机械、化学工业、能源及矿业、工业材料、工业标准及计量等类。另一重要前瞻性举措是蒋经国当局早在20世纪70年代末就开始构想将半导体、电脑、计算机软件及通讯串联，制定1980—1989年信息工业发展方案，于1981年设立"新竹科学工业园区"，供国内外高科技企业在区内运营，经由官民一致的努力，终于建立了日后台湾引以为傲的高科技电子信息工业。

蒋经国时代的终结 1988年1月13日，蒋经国在台湾逝世。他的去世，象征着一个时代的结束。是年台湾平均国民收入为5,829美元，蒋经国虽然突然逝去，但因继承者李登辉执政初期的各项政策仍萧规曹随，故他所留下的政府机器仍正常运转，1992年时台湾地区平均国民收入达9,591美元，是其父蒋介石1975年逝世时890美元的10.8倍，是1951年时137美元的70倍。因此，如果仅就经济福祉而言，蒋经国（父子两代）于台湾功不可没。

第二十七章

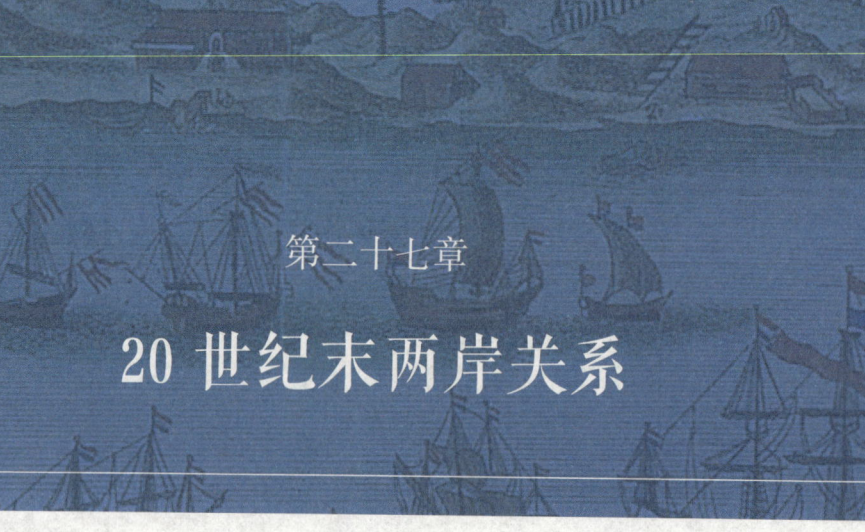

20 世纪末两岸关系

一　早期两岸关系

1950 年 5 月，中国大陆已着手统一台湾的战争准备。然而，1950 年 6 月 25 日朝鲜战争爆发，美国立即派遣第七舰队巡防台湾海峡，接着美空军第十三航空队也进驻台湾，阻止中国大陆以武力统一台湾，从而开启了两岸长期对峙的分离。1950—1978 年间，两岸关系大体可分下列三个阶段：（1）美国武装侵占台湾；（2）金门炮战；（3）美国武装力量撤出台湾。

美国武装侵占台湾　1950 年，中国人民解放军已在东南沿海集结重兵，准备渡过台湾海峡，彻底击垮国民党台湾当局。但因朝鲜战争爆发，美国介入两岸问题，以强大的第七舰队将台湾海峡中立化，当时中国大陆因海空力量落后，无法渡海东征。同年 10 月 25 日，中国政府应朝鲜人民民主共和国的请求，并出于拒敌于国门之外的考虑，乃正式出兵参加朝鲜战争。因此，中国的军事战略重点也从东南沿海转向朝鲜半岛。1953 年 7 月 27 日，朝鲜战争结束，中国政府再度将军事焦点转向东南沿海。

1954 年 6 月 27 日—7 月 21 日，台湾当局出动舰艇 14 批 25 艘次，劫捕大陆的商船渔船。当时，台湾与美国正酝酿签订共同防御条约。对此，中国大陆除予警告外，乃对台湾当局实施惩罚性打击，于 9 月 3 日对金门发动大规模炮击。不顾中国政府的反对与警告，美国与台湾当局仍于同年 12 月 2 日签订"美台共同防御条约",从而进一步推动了台湾与中国大陆的分离。对此,中华人民共和国外交部部长周恩来于12月8日发表强烈的反对声明,抨击美国是以防御为名,公开侵略中国的领土台湾和澎湖,美国企图借此条约将其武装侵占台湾的行径合法化。为了反击台湾与美国签订"共同防御条约",中国人民解放军乃于1955年1月18日攻占浙江台州湾外大陈列岛中央的一江山岛,迫使台湾当局放弃大陈列岛。在美国第七舰队70余艘各型舰艇的协助下,台湾当局将大陈列岛的所有军民撤至台湾。

金门炮战 20世纪50年代,中国大陆海空军落后,在美国强大武力的干预下,无力跨越台湾海峡。相反的,在美国的军援与支持下,台湾却常年派遣武装人员突击大陆东南沿海。为回击台湾对大陆不断的军事攻击,大陆方面于1958年8月23日,对金门发动更大规模的炮击,至10月25日止,大陆方面约发射62万余发炮弹。

此次金门炮战中,8月23日傍晚仅两个小时内,大陆向金门发射炮弹5.7万余发,造成金门巨大损失。在连续一个多月的炮击与封锁下,由于补给中断,金门正逐渐处于窒息中。此时对台湾而言,最重要的问题是如何补给金门。当时,金门的粮食弹药都已消耗将尽,防御工事也被基本摧毁,如果人民解放军发起登陆战,金门唾手可得。故解放军战士都以为下一步就是登陆,解放金门。然而,10月6日,大陆方面发表了由毛泽东起草的、国防部部长彭德怀署名的《告台湾同胞书》,宣称自10月6日起,暂停炮击七天,在这七天内,"你们(台湾)可以充分地自由地输送供应品,但以没有美国人护航为条件"。10月26日,中

△ 1954年美国军援台湾先进的F-86战斗机

△ 金门卫星空照图（2004年）

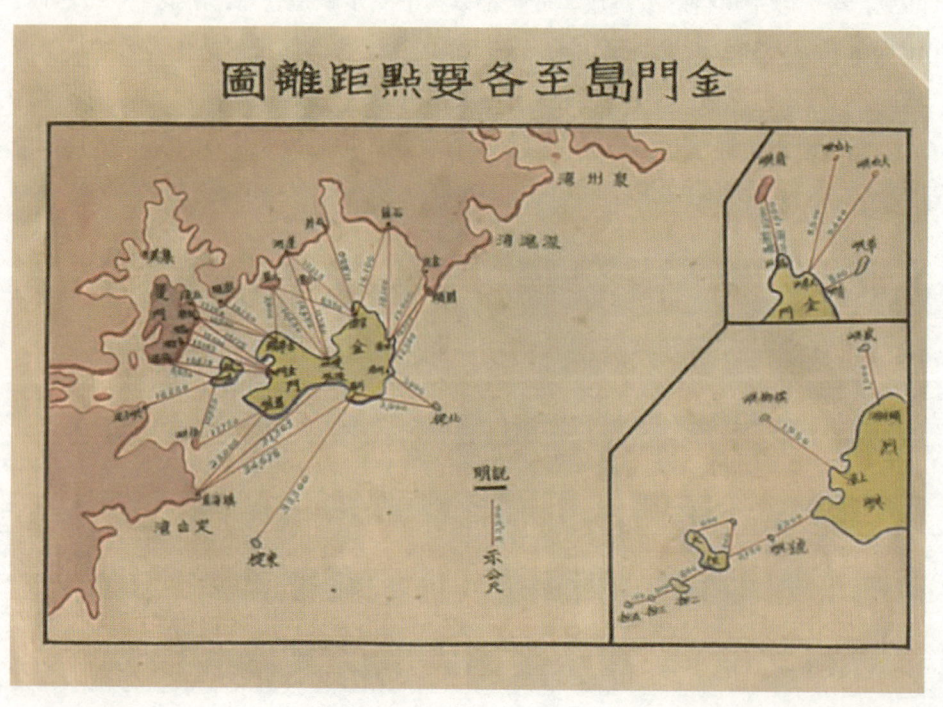

△ 金门岛至各要点距离（1950年）

△ 金门坑道中的弹药库

△ 金门坑道中的岩壁

△ 金门坑从花岗岩壁上凿出人行道

△ 九官坑道

△ 屠牛式导弹

共更进一步宣布，单日炮击金门，双日不打金门，以便让国民党当局能对金门补给粮食、弹药，以利台湾长期固守金门。

"单打双不打"的绞索政策 金门炮战中，中国有能力解放金门，而解放军战士也认为下一步行动就是登陆解放金门。然而，毛泽东却主动下令暂时停火，不久又下令单日打、双日不打，以便台湾能补给金门，长期固守金门。当时，大陆福建前线的解放军，包括前线指挥员叶飞，都无法了解其意义。后来，毛泽东解释这是"绞索政策"，叶飞等方才理解。

原来，毛泽东认为金门、马祖是套在蒋介石与美国脖子上的绞索。"绞索政策"的意思是以金门、马祖为绞索，套住蒋介石。换言之，就是使金门与马祖如同两根绳索牵住台湾。因为，如果中共攻占金门与马祖，则在美国武力的保护下，台湾与中国大陆将完全隔绝，行政区域上形同独立。由于当时人民解放军未攻占金门与马祖，今天台湾当局的实际行政管辖区仍含台湾、澎湖、金门、马祖。而解放军单日炮击金门的军事行动，后来只是炮击海滩，不打阵地和居民。台湾的国民党军队反击，也是炮击对岸海滩。双方形成一种不成文的默契，炮击实际上成为一种象征，却使海峡两岸长期处于内战状态，使内战长期化，也就是使台湾与大陆间的战

美驻台"屠牛士"飞弹射程涵盖要图

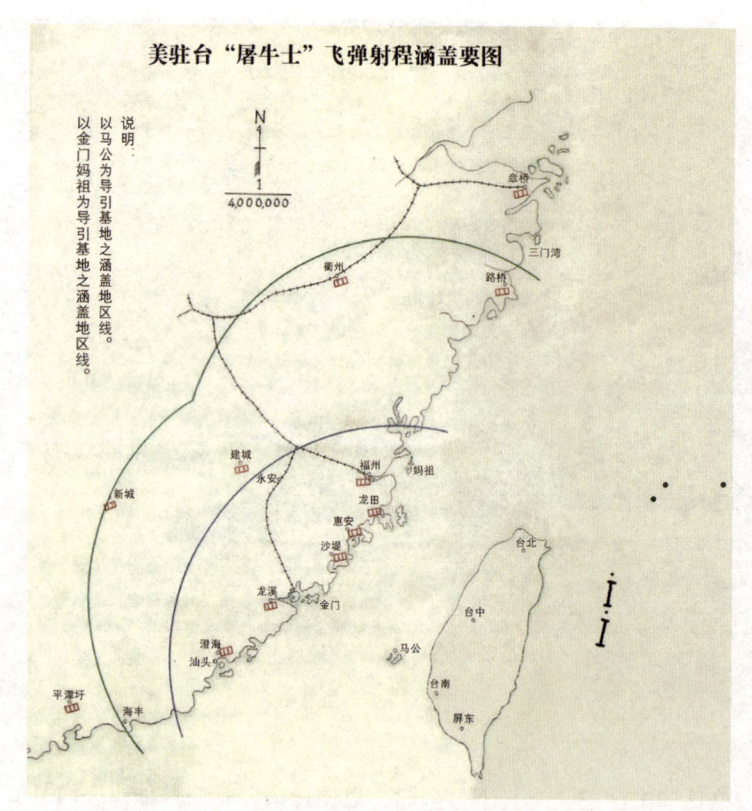

说明：
以马公为导引基地之涵盖地区线。
以金门妈祖为导引基地之涵盖地区线。

△ 美国曾于20世纪60年代在台储存核弹及可携带核弹头的"屠牛士"（Matador）导弹

争，保持在同一个国家架构与概念下，从而防止台湾从中国分离出去。

毛泽东关于两岸关系内战化的高瞻远瞩　地理上，金门岛距大陆东南沿海最近处仅2.3千米，但距台湾西南高雄港却达277千米。马祖岛距大陆东南沿海最近处仅0.9千米，但距台湾北端基隆港则达211千米。由于台湾当局占据金门、马祖两处岛屿，为了保卫金门与马祖，台湾每年须派大量部队驻守金、马。许多服过兵役的台湾人，都有被派往金、马驻防的军旅经验。金门与马祖是因内战遗留，而属于台湾的辖区，但金、马距离大陆又是如此的近，故在心理上，台湾与大陆有一种无法割断的关系。台湾与大陆不是两个国家，而是属于内战下的一个国家。如果当时（1958年）大陆攻占金门与马祖，则在地理的行政辖区上，意味着台湾与大陆完全隔绝。另一方面，即使是在20世纪90年代，台湾当局实行实际分离的两岸政策，并蓄意提出"中华民国在台湾"的政治口号，但也不得不承认其行政管辖权是包括金门与马祖的台、澎、金、马，亦即无力在地理的行政管辖权上，切断台湾与大陆的关系。就中国人而言，历史的发展具体体现了毛泽东关于两岸关系内战化的高瞻远瞩的雄伟战略布局的正确性。

台美断交　美国武装力量撤出台湾　1960 年 7 月 16 日，苏联突然片面撕毁中苏签订的援助中国的协定与合同，并撤回全部在华苏联专家，中苏关系全面破裂。1969 年 3 月，中苏在黑龙江中苏边界上的珍宝岛（Zhenbao Island，英文为 Damansky Island）发生小型军事冲突，震惊世界。整个 20 世纪 60 年代，中苏关系全面对抗，甚至濒临战争边缘。1969 年，理查德·M. 尼克松（Richard M. Nixon）出任美国总统。尼克松认为由于中苏交恶，中国正在改变其外交政策，乃欲借中国的协助结束越战，并牵制苏联的威胁，故尼克松乃推动美国与中国的和解。1972 年 2 月 21—28 日，尼克松总统访问中国，不久美国与中国发表《上海公报》，美方声明美国承认台湾是中国的一部分，并"确认从台湾撤出全部美国武装力量和军事设施的最终目标"。为了进一步改善中美关系，美国于 1974 年撤除部署在台湾的核武器、两个中队的 F-4"鬼怪"战斗机及 U-2 高空侦察机。原预定与中国于 1975 年春完成建交谈判，尼克松总统随即重访中国，宣布中美建交，但因"水门事件"尼克松去职而暂缓。

中美建交——两国关系正常化　1978 年 5 月 20 日，美国总统吉米·卡特（Jimmy Carter）授权国家安全顾问兹比格涅夫·布热津斯基（Zbigniew Brzezinski）访华，向中国表达美国反对苏联谋求全球或地区霸权的决心，美国实现与中国关系正常化的决心，及接受中方所提中美关系正常化三原则，即与台湾"断交""撤军"与"废约"（就是美国断绝其与台湾间的"外交"关系、从台湾撤回美国军队、废除与台湾的"共同防御条约"）。1978 年 12 月 15 日，美国发表与中国的《中美建交公报》，称美国自 1979 年 1 月 1 日起承认中华人民共和国是中国的唯一合法政府。自 1979 年 1 月 1 日起，美国结束与台湾的"外交关系"，终止与台湾间的"共同防御条约"，并声明在四个月内自台湾撤出美方余留的军事人员。

二　"一国两制"

"叶九条"——中国大陆对台政策九条方针　1979 年 1 月 1 日，大陆方面发表全国人民代表大会常务委员会《告台湾同胞书》，宣布从即日起，停止对金门等岛屿的炮击，实施和平统一台湾的政策。1981 年 9 月 30 日，全国人民代表大会常务委员会委员长叶剑英提出对台政策的九条方针，其内容主要是"建议举行中国共产党和中国国民党两党对等谈判，实行第三次合作，共同完成祖国统一大业。"两岸统一后，"台湾可作为特别行政区，享有高度的自治权，并可保留军队。中央政府不干预台湾地方事务。""台湾现行社会、经济制度不变，生活方式不变，同外国的经济、文化关系不变。私人财产、房屋、土地、企业所有权、合法继承权和外国投资不受侵犯。""台湾当局和各界代表人士，可担任全国性政治机构的领导职务，参与国家管理。""台湾地方财政遇有困难时，可由中央政府酌情补助。"1982年12月4日，中国《宪法》总纲中，明确设立"特别行政区"的法律，作为日后统一台湾，设立台湾特别行政区的法源基础。

"一国两制" 1983年6月26日，邓小平会见美籍华人杨力宇教授时，表示"我们不赞成台湾'完全自治'的提法。自治不能没有限度，既有限度就不能'完全'，'完全自治'就是'两个中国'，而不是一个中国"。台湾与大陆统一后可作为特别行政区，可享有其他省市自治区所没有的某种特殊权力，"可以实行同大陆不同的制度，司法独立，终审权不须到北京。台湾可以有自己的军队，只是不能构成对大陆的威胁。大陆不派人驻台，不仅军队不去，行政人员也不去"。1984年2月22日，邓小平更明确地提出"一个中国，两种制度"的想法，就是"统一后，台湾仍搞它的资本主义，大陆搞社会主义，但是是一个统一的中国"。

"一国两制"五十年不变 1984年7月31日，邓小平提及关于香港过渡时期的问题时，表示"一个国家，两种制度"这一构想，是中国为解决台湾问题与香港问题而设计的。在香港问题上，保证1997年香港回归祖国后，香港现行的资本主义制度和生活方式五十年不变。至于为何保证"一国两制"五十年不变？同年12月19日，邓小平于会见英国首相撒切尔夫人时解释称，五十年不变是从中国实情考虑的。因为中国当时制定了一个宏伟的经济目标，就是在二十年内使中国的国民生产总值翻两番，即增加4倍。但就算20世纪末能达到这个目标，那也仅仅是小康水平。中国如果希望接近发达国家水平，则还需三十年到五十年的时间，因此中国提出保证五十年不变。1987年4月16日，邓小平进一步阐释称，中国开放政策不变，到20世纪末，中国国民生产总值每人平均将达800～1,000美元，再过五十年，计划2050年时能达4,000美元。如果下一个五十年，即2050年时，能达成目标，则到那时更没有理由改变政策。也就是说，对香港、澳门、台湾而言，不但是保证五十年不变，事实上，五十年后仍然不变。邓小平表示，他相信未来"我们的接班人会懂得这个道理的"。

统一是民族的意志 关于两岸统一问题，邓小平称"这首先是个民族问题，民族的感情问题。凡是中华民族子孙，都希望中国能统一，分裂状况是违背民族意志的"。他还指出"中国的统一是全中国人民的愿望，是一百几十年的愿望，一个半世纪了嘛！从鸦片战争以来，中国的统一是包括台湾人民在内的中华民族的共同愿望，不是哪个党哪个派，而是整个民族的愿望"，再者，"台湾不实现同大陆的统一，台湾作为中国领土的地位是没有保障的，不知道哪一天会被别人拿去"。

邓小平的两岸统一理念 20 世纪 80 年代初期，香港、澳门仍未回归，台湾尚未与中国大陆统一。邓小平也知道，解决的方式只有两种，一个是和平谈判，一个是武力解决。因此，他提出"一国两制"的方针。当时（1984 年），中国正与英国就香港问题进行谈判。关于台湾问题，虽然中国坚持以和平方式解决，但邓小平也明确地指出："不能排除使用武力，我们要记住这一点，我们的下一代要记住这一点。这是一种战略考虑。"当然，邓小平也了解美国向来是介入台湾问题的，亦即介入中国的统一问题，故邓小平特别指出，如果美国认为对台湾问题采取强硬政策，中国会吞下去，这就错估了中国的决心。"中国不会吞下去，中国肯定要做出相应的反应，"邓小平明确地说，"即在台湾问题上，如果需要中美关系倒退的话，中国只能面对现实。"

邓小平是近代中国最伟大的政治家之一。邓小平在 20 世纪 80 年代执政期间，以艰苦卓绝的毅力，将中国带上改革开放的富裕之路。由于他对接班人的睿智选择，使中国避免了以美国为代表的西方国家唯恐中国不乱的强势颠覆，避免了苏联式的分裂。相反地，使中国得到连续近二十年（1989—2007 年）的经济高速发展，不但综合国力明显增强，还开启了鸦片战争后的中国盛世。在 20 世纪 90 年代初，西方主流媒体强势宣传，不应让一个自由的香港回归到一个"妖魔化"的中国。然而，由于邓小平坚定正确的政治判断与举措，香港最终和平回归祖国，接着澳门也和平回归祖国。香港与澳门的成功回归，洗刷了鸦片战争带给中国的百年国耻，并且证明了"一国两制"方式的可行性。因此，邓小平受到中国人民的广泛尊敬。邓小平对两岸统一问题的理念，除反映了中国人民的心声与愿望外，也对 21 世纪中国处理台湾问题具有指导性的意义。

三　李登辉上台两岸关系恶化

李登辉的两岸分离政策　李登辉是第一位本土台湾方面领导人，基于族群的情感，他获得了台湾本省人近乎无条件的支持。东京帝大毕业且唯一被任命为该校经济学院讲师的台籍精英张汉裕教授，生前即叮咛称"好歹李登辉是我们台湾人的第一位'总统'，不管如何，我们应该彻底地支持他"。基于政治的利益，李登辉的强力"台湾化"政策，使得台湾本省人士在政治经济各领域获得了前所未有的权力与利益，当时的政坛人事更迭，宛如"王侯公爵从根苗"，亦即实质的改朝换代。因此，李登辉获得了台湾人的拥戴。同时，李登辉是蒋经国亲选的接班人，故他的出任，也获得了外省人的支持。及后，李登辉虽然一面施行两岸分离政策，将分离主义者提携至党政军各要害部门的领导岗位，一面又打着两岸统一的旗帜，压制反分离政治势力对其两岸政策的质疑与抨击。

李登辉上任时，接收的是国民党极权体制。因此，李登辉有能力淡化老兵返乡探亲热潮及其形成的"大陆热"，压制岛内中国意识的扩张。李登辉打着"统一"的旗帜，设置"国家统一委员会"，通过"国家统一纲领"（以下简称"国统纲领"），成立"行政院大陆委员会"与"海峡交流基金会"。为了打击两岸统一的言论思想，李登辉甚至于1998年4月狰狞地下令要加强"政治侦防"，"安全局局长"殷宗文也坦承，支持两岸统一的民众将遭到该局监控。一时间，岛内风声鹤唳，宛如戒严时期的白色恐怖再现，舆论哗然，政坛掀起一片强烈反弹。此外，李登辉不但提出诸如"台湾第一""台湾优先"等政治口号，还指控赞成两岸统一者将出卖台湾，将"卖台集团"的污名加在统派的头上。

"国统纲领"的分离本质与机制　李登辉表面上打着两岸统一的旗帜确定与建立上述两岸交流机制与政策，但其真实目的是具体实施分离的两岸政策，以遏阻1990年时的"大陆热"与两岸朝向统一的趋势。例如1991年1月成立的"陆委会"，名为规划指导两岸事务，却制定一系列举世罕见的严苛的相关法规，变相阻挠两岸人民间的交流；2月9日成立的"海基会"，则是经由"公权力"的授权，成为对大陆交往的唯一民间机构。换言之，也就是变相剥夺台湾居民与大陆人民交流的一切其他渠道。

1991年2月23日，"国家统一委员会"通过"国统纲领"，也就是在统一的旗帜下，李登辉政府为统一设下重重障碍。例如，"国统纲领"中一再强调两岸必须在"民主、自由、均富"的前提下统一。然而"民主、自由、均富"的定义为何，"国统纲领"并未说明，李登辉也未说明。就以"均富"而言，至今世界上没有一个社会或国家是绝对的均富，况且台湾本身不但未达到均富，而且还是贫富相当悬殊，未来台湾也永远不可能达到均富。换言之，"国统纲领"是设下一个连台湾自己也达不到的均富条件，作为两岸统一的前提条件之一，从而作为两岸统一的技术障碍。李登辉"执政"期间，就以"总统"身份在许多场合反复强调，他的大陆政策是追求未来中国统一在民主、自由、均富的体制下（详见1995、1996、1997、1998、1999、2000年李登辉之言论选集）。

2002年5月17日，李登辉已是平民，这时他才坦白一切。李登辉称当时成立"国家统一委员会"与通过"国统纲领"，就是要求大陆先达到民主、自由与均富时，才进入讨论统一的第一个阶段。李登辉甚至称当时的"国家统一委员会"

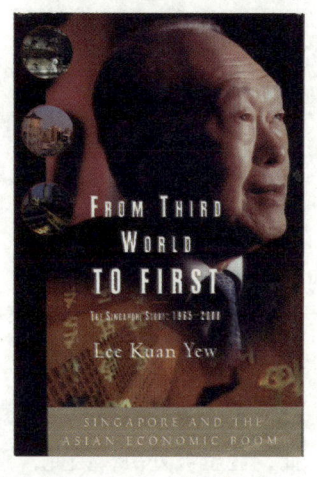

△《李光耀回忆录》（英文版）

与"国统纲领"是用来"逗弄"大陆的。他还进一步解释称，当时"国家统一委员会"每年开会一次，并非讨论统一问题，而是讨论中共对台采取的方针与策略。换言之，李登辉是在追求统一的旗帜下，推动实质性的两岸分离政策。

因此，新加坡前总理李光耀在他的回忆录中称，1992年，李登辉为统一开出条件，他把"一个中国"解释为"中华民国"，而非中华人民共和国。李登辉认为，国家统一必须在一个"自由、繁荣而民主的中国"的大前提下才能成立——换言之，中国大陆必须先发展成为跟台湾一样的民主社会。李登辉这样做并非设定商谈的起点，而是蓄意地把两岸锁定在一个从此难以衔接的位置上。

李登辉与司马辽太郎对话 李登辉与司马辽太郎的对话可说是1996年台海事件的前置性宣示。1994年3月30日，李登辉与日本反华作家司马辽太郎在台北"总统府"官邸倾心长谈，前后长达六个小时。台湾的《民众日报》与《自立晚报》于4月30日开始刊载其谈话内容，一经刊出，震惊台湾媒体。此对话后以日文刊登于5月5—13日的日本《周刊朝日》。这篇对话中，李登辉的关键谈话如下：

"中国"这个词也是含糊不清的。

中国共产党把台湾省归为中华人民共和国的一个省份。这是奇怪的梦呢！台湾与大陆是不同的政府，目前我只能说到此为止。

"这之前为止掌握台湾权力的，全都是外来政权"，最近我已不在乎如此说。

就算是国民党也是外来政权呀，只是来统治台湾人的一个党罢了，所以有必要将它变成台湾人的国民党。

生为台湾人，也曾有过不能为台湾尽一份心力的悲哀。

一想到牺牲许多台湾人的"二二八"事件，《出埃及记》就是一个结论。

李登辉与司马辽太郎的对话内容，一经披露，立即引起台湾本省人与外省人间不同政治立场的反应。对台湾人而言，尤其是对上一代的台人精英而言，李登辉上述某些分离意识观点，早就有人说过，但许多说过同样话的人，却遭到逮捕，甚至被处决，因此，李登辉"生为台湾人"的"悲哀"的说法，自有其历史意义——他说出了上一代许多台籍精英（尤其是政治受难者及其家属）的心声；对外省人而言，李登辉的反祖国、反外省人理念，则立即引起外省人的强烈反感。当时，即使是在政治斗争中，曾大力支持李登辉的外省人秘书长蒋彦士，也告诉李登辉不应这么说。外省人的主流媒体之一的《联合报》即抨击称，如果中国国民党"政权"是"外来政权"，则李登辉本人却固持此"外来政权"的法统与政权，岂不令人匪夷所思。如果中国国民党"政权"是"外来政权"，则中国国民党应交出"政权"，并废止"中华民国"的"国号"与"法统"，建立"新国家"。

两岸分离政策之政治宣示 事实上，在此对话内容刊登之前，《周刊朝日》曾将文稿交予李登辉本人作最后修订。因此，这篇对话的内容，可说完全是李登辉理念的体现，是李登辉内心深处的肺腑之言。当时，李登辉的幕僚、"总统府"副秘书长兼发言人戴瑞明（外省人），虽将李登辉与司马辽太郎的对话解释成是"非分离主义"的理念，但李登辉本人并未否认过他与司马辽太郎的对话中的任何一字。更何况，李登辉在其与司马辽太郎的对话中，提及关键句之一的"外来政权"时，就坦言"最近我已不在乎如此说"。换言之，也就是在此以前，李登辉还在意如此说可能引起的负面反应。李登辉自1972年从政起，历经"资政"、台北市市长、台湾省省主席、台湾地区副领导人及台湾地区领导人等职务，均不敢说出内心深处的两岸政治认同，直至此时（1994年）权力巩固，方敢以真面目示人。李登辉这篇对话的内容，主要针对未来台湾与大陆的关系。由于这是李登辉权力巩固后基于内心真实态度的讲话，故可说是两岸分离政策的政治宣示，其要点如下：

（一）间接否定台湾与大陆的统一目标。中国国民党当局于1991年2月23日通过的"国统纲领"，目标在于追求统一的"中国"。然而，李登辉却称"'中国'这个词也是含糊不清的"。换言之,也就是"国统纲领"的目标含糊不清,这是以模糊两岸统一基础"中国"的方式迂回否定"国统纲领"的目标。

(二)统一是梦。李登辉称,"中国共产党把台湾省归为中华人民共和国的一个省份。这是奇怪的梦呢"。中国的统一只是一个梦,而且是"奇怪的梦"。换言之,就是明确否定现实上的两岸统一。

(三)分离是结论。李登辉以"二二八"事件为催化剂,挑动台湾本省人敌视外省人,煽动台湾本省人追求分离,故他明白地说,"一想到牺牲许多台湾人的'二二八'事件,《出埃及记》就是一个结论"。《出埃及记》是《圣经》旧约里以色列人离开埃及至巴勒斯坦建国的故事。李登辉用这个旧约的故事,喻示他将领导台湾人民建立一个"新的国家"。

日后(1995—2000年)李登辉当局的实质两岸政策及其具体操作方向,例如提出形同要求大陆承认台湾"独立"的"李六条"、大陆方面视为公开鼓吹分裂的美国康奈尔大学演说、提出两岸关系是"特殊的国与国的关系"等一系列两岸举措,都与这次"对话"方向吻合。故李登辉与司马辽太郎的对话内容,可说是两岸分离政策的实际指导纲领。

李登辉处心积虑访问美国康奈尔大学 1950—1988年间,台湾与大陆间的关系,虽然是敌对与仇视,但除了1958年的金门炮战外,两岸关系维持和平已近三十年(1958—1987年)。然而,自1987年起,海峡两岸民间交往急遽增加,两岸关系却于90年代中期近乎摊牌,并于1996年引发中国与美国的军事对抗,其关键就是李登辉在康奈尔大学的演讲。

1994年,美国康奈尔大学希望请李登辉访问该校(李登辉曾获康奈尔大学的博士学位)。中国政府表示反对,并称美方如果同意台湾地区领导人访美,就是违反一个中国的原则。随后,李登辉未获美国政府同意。1994年,一个来自台湾的名为"李登辉之友基金会"的组织,捐款250万美元予康奈尔大学。1995年2月17日,康奈尔大学校长弗兰克·罗兹(Frank Rhodes)博士再次致函李登辉,邀请他于6月9—11日返回母校,于"欧林讲座"向康大师生发表演讲。同年4月,罗兹校长访问台湾时,向新闻媒体称上述捐赠"不是该校对李登辉邀访的交换与交易"(no exchange and no deal)。关于李登辉访美的性质,据当时(1995年4月3日)第三世界事务协会执行主任洛娜·哈恩(Lorna Hahn)的理解,李登辉访美仅是接受这所学校的表扬,并与校友讨论经济发展成就之道,并不是讨论台湾问题或其他的政治问题,也不是要会见美国官员。因此,中国的反对很难获得美国一般政治人物的理解。

台湾当局大肆付费游说 此外，台湾在美国的政治游说工作一向持续进行，这已是公开的政治常识。据美国司法部的公开资料，单是1993年9月—1995年3月间，台湾机构共计25次提供经费予美方"外国代理人"（foreign agents）[俗称"说客"（lobbyist），例如顾问、律师或公关公司等]。据美国司法部的公开付款记录，例如BAT服务有限公司台湾分公司（BAT Services Ltd Taiwan Branch）、北美事务协调委员会（Coordination Council for North American Affairs）、台湾电力公司（Taiwan Power Company）、台北经济文化代表处[Taipei Economic & Cultural Representative Office（TECRO）]和台湾研究所（Taiwan Research Institute）等机构，在前述的这一年半时间内，支付给美方"外国代理人"的主要经费（key expenditures）共计5,067,419美元（上述支出未特别指定基本的用途，其中有些也许与其他活动有关）。其中，台湾综合研究院（Taiwan Research Institute）委托卡西迪公关公司（Cassidy & Associates）负责为台湾对美国国会进行游说。合约始于1994年7月18日，每年经费150万美元，由台湾的"国家安全局"与中国国民党"党产管理委员会"支付，直至1999年时仍在支付。美国众议院国际关系委员会亚太小组主席道格·贝罗伊特（Doug Bereuter）称，游说团在华府活动的强度，台湾仅次于以色列。

《中华杂志》1963年8月创刊，总编辑为毛铸伦，1990年停刊。　《夏潮论坛》1976年3月创刊，后由苏庆黎任总编辑，于1979年2月被迫停刊。　《海峡评论》1991年1月创刊迄今，总编辑为王晓波。

△ 岛内主张两岸统一的月刊杂志

1995年3月，美国在台协会台北办事处处长帕斯科（Pascoe）曾面谒李登辉，据说曾就李登辉访美一事转达美方的不同立场，并向李登辉直接表示，近来美国国会大力支持本案就是由李登辉本人推动的。然而，同年5月2日，美国众议院以396票对0票，通过允许李登辉私人访美的决议案。关于国会的反应，贝罗伊特相信，主要是大多数国会议员认为没有理由不同意李登辉访美，也有部分是"台湾游说团"的影响。5月19日，美国参议院另以97票比1票通过此事，本案乃正式成为两院共同决议案。接着，美国《华盛顿邮报》（The Washington Post）、《华盛顿时报》（The Washington Times）及《芝加哥论坛报》（Chicago Tribune）等报，均先后发表评论，支持李登辉访美。在国会及舆论的压力下，5月22日，美国国务院宣布，美国同意李登辉以康奈尔大学杰出校友的身份于6月间赴美，从事私人访问，其在美期间将不会参与任何官方活动。国务院发言人尼古拉斯·伯恩斯（Nicholas Burns）并向记者重申，李登辉此次访美并非官方访问。

李登辉访问美国　李登辉6月访美之行结束返台后，在返台记者会上，李登辉称"这次访问是私人的访问，也是非正式的访问"。然而，自李登辉于6月7日抵达洛杉矶，至11日经阿拉斯加离美返台，全程所享受的美方提供的待遇与安保，相当于访美的其他国家元首。仅就安全而言，美国政府除出动州警力保护李登辉外，国务院外交安全局也派出上百名人员全程保护。李登辉这次访美期间，曾先后会晤包括参议院外交事务委员会主席杰西·赫姆斯（Jesse Helms）在内的三位参议员、曾任众议院亚洲委员会主席的加里·阿克曼（Cary Ackerman）等四位众议员，及通用电气（General Electric Corp）、波音（Boeing）和洛克希德（Lockheed）等美国大公司的代表。在报道方面，李登辉此行深受中外媒体的重视，随行采访记者约300名，《纽约时报》和《华盛顿时报》均大幅报道。此外，美国有线电视新闻网（CNN）、美国广播公司（ABC）、哥伦比亚广播公司（CBS）、国家广播公司（NBC）等媒体都大幅报道李登辉的访美之行，其中CNN国际新闻网还现场全程转播李登辉在康大的演讲。因此，李登辉此次访美之行，除了未能会晤美国政府官员外，就是实质性的正式访问。更何况，李登辉之行所受美国媒体的重视程度，更是远甚于一般国家元首的正式访问。

四　1996年台海危机

大陆方面对李登辉在康奈尔大学的演说反应强烈　1995年初，李登辉运用许多方法希望能访问美国。但是，自尼克松以来的美国历任总统，都不同意这样的访问。因为他们了解，如果给予台湾领导人在美国政治论坛发表政见的机会，势将破坏美国对中国政府的"一个中国"的保证，并刺激中国。然而，在李登辉的努力及台湾当局声称此系一"私人"性质的访问下，克林顿政府终于同意李登辉访问美国。大约是1995年5月20日，李登辉接获通知可访问美国。22日，美国正式宣布允许李登辉以"非官方的、私人的访问"，参加康奈尔大学的毕业典礼。大陆方面立即做出强烈反应。23日，外交部就美国政府允许李登辉访美一事，发表强烈抗议声明。26日，中国宣布推迟国防部部长迟浩田原定于6月对美国进行的访问。5月28日，决定暂停中美有关导弹技术控制制度与核能合作的磋商。

李登辉于6月9日在康奈尔大学的演说完全不提"一个中国"，只是强调"中华民国在台湾"，以凸显"中华民国"为一独立的"国家"。对大陆方面而言，该篇演说的主题实等同在国际社会宣告"台湾独立"。6月16日，国务院台办发言人发表谈话称，李登辉访美期间鼓吹国家分裂，宣扬"两个中国"，同时还连续举行针对中国大陆的大规模军事演习，"蓄意制造两岸紧张气氛"，故不能按原定计划举行第二次"汪辜会谈"，也就是暂时停止两岸会谈。次日，中国召回其驻美大使，对克林顿任命卸职参议员尚慕杰（James Sasser）为新任驻中国大使一事，则有意延搁其同意程序，形成自中美建交以来，首次出现双方在对方国家均无大使驻节的状况。接着，中国自6月23日起，连续四天，每日一篇，以《人民日报》评论员与新华社评论员名义，发表抨击李登辉在康奈尔大学演讲的文章，题目分别为《一篇鼓吹分裂的自白》《国际社会绝无"台独"的生存空间》《推行"台独"的政治迷药》《李登辉是破坏两岸关系的罪人》。依中国大陆的惯例，有关国家重大政策，常以《人民日报》评论员和新华社评论员联名评论的方式，向全中国人民宣示政府的政策。例如中国在参加朝鲜战争、中印边境自卫反击战、对越自卫反击战之前，均曾以《人民日报》评论员与新华社评论员联名的名义，发表严厉的评论文章示警。在《人民日报》评论员与新华社评论员联名发表评论文章之际，两岸关系也急遽恶化。

中共的分析判断正确 关于大陆方面对李登辉在康奈尔大学的演讲的强烈反应，曾任台湾大陆委员会主任委员的苏起称美国与大陆方面非常细致地计算"这篇讲稿里讲了几次'中华民国在台湾'、几次'统一'等"。然而事实上，李登辉的康奈尔大学演讲稿曾经进行过不下八次的修改，故该演讲内容可说是李登辉精心策划、字字斟酌过的，充分反映了他借由美国强大的电视与报纸等媒体，向全球宣示"台湾独立"的意图。他在讲稿中不但未提及身为中国人的"一个中国",反而再三提及"中华民国在台湾"与"在台湾的中华民国"。一般民众可能难以深入理解,但专业政治人物学者中,当时负责亚太事务的助理国务卿温斯顿·洛德(Winston Lord)就了解其真实政治意义。1999年时,李登辉终于坦白承认,他提"中华民国在台湾"的说法,就是要"将台湾的统治权限定在台湾、澎湖、金门和马祖,暗示不及于中国大陆"。他还指出:"我们目前将台湾定位为'在台湾的中华民国'。'在台湾的中华民国'具有国家的主体性,也保持了主权独立。"2003年3月16日,李登辉更进一步表明,台湾不但要重新制定"宪法",而且要将"中华民国"改成"台湾国"。因此,回溯1995年大陆方面对李登辉在康奈尔大学的演讲的理解分析可说是完全正确。

中国大陆1995年导弹演习　1995年7月18日,新华社公告,将于7月21—28日在以北纬26°22′、东经122°10′为中心半径10海里的海域(位于台北北方略偏东约155千米处)举行地对地导弹发射训练。

这是近四十年来大陆所举行的距离台湾最近的一次军事演习,故台湾和美国立即做出反应。20日,李登辉对大陆试射导弹一事发表谈话,称"绝对不可因中共的一两次演习就自己软起来",应坚强地站起来。然而19日,台湾股市却一天大跌229点(从5276.72下跌至5047.72点),跌幅高达4.3%。7月26日,大陆方面称演习期间所发射的6枚地对地导弹,全部准确命中目标,并公告"中国人民解放军进行的导弹发射训练已经结束",也就是提前两天结束演习。

大陆此次导弹演习是政治意义大于军事意义,其主要目的是显示不再容忍台湾当局与美国在两岸分离道路上实行"剥笋策略",逐步升级,而向台湾与美国公开亮出底牌,宣示如果台湾一旦"独立",则大陆方面即以武力统一台湾的基本立场。另一主要目的是打击李登辉,使其不能在1996年台湾地区领导人选举中轻易获胜。

中国大陆1996年导弹演习　1996年3月23日,台湾举行首次地区领导人直选。3月5日,新华社公告中国人民解放军将于3月8—15日进行地对地导弹发射训练,其弹着区分别为以下两处四点连线内的海域:(北纬25°13′,东经122°20′),(北纬25°13′,东经122°40′),(北纬24°57′,东经122°40′),(北纬24°57′,东经122°20′)(长32.04千米,宽29.53千米);(北纬22°37′,东经119°25′),(北纬22°37′,东经119°45′),(北纬22°22′,东经119°45′),(北纬22°22′,东经119°25′)(长32.41千米,宽27.78千米)。前一处距台湾东北的三貂角仅 35.2 千米，后一处离台湾南部的高雄港 51.9 千米，远较 1995 年 7 月大陆试射导弹弹着点与台湾的距离为近。大陆不久又宣布将于 3 月 12—20 日在台湾南部对面的福建沿海区域进行"海空实弹演习"，演习区域为北纬 23°57′，东经 118°06′；北纬 23°25′，东经 118°50′；北纬 22°30′，东经 117°30′；北纬 23°01′，东经 116°46′ 的四点连线形成的海域内。接着，大陆宣布将于 3 月 18—25 日在北纬 25°50′，东经 119°50′；北纬 25°32′，东经 120°24′；北纬 24°54′，东经 119°56′；北纬 25°12′，东经 119°26′ 的四点连线形成的海域内进行陆海空联合演习，此次演习距离马祖的东莒岛、西莒岛及乌坵均约 18.5 千米，是大陆历次演习中距离台湾驻军最近的一次。

大陆此一系列的演习，形势上较 1995 年更加严峻，尤其是导弹试射，距离台湾南北太近，故台湾行政机构负责人连战于 5 日当天就发表声明，表示严正抗议，但宣布地区领导人选举仍如期举行。1996 年 3 月 8 日凌晨，大陆方面发射三枚 DF-15 导弹，其中第一、第三枚落入高雄西边的目标区内，第二枚落入基隆东边的目标区内。当天上午，中共中央总书记江泽民于北京人民大会堂出席上海全国人大代表团全体讨论会时，表示"台湾是中国不可分割的一部分，今后的工作也还继续坚持'和平统一、一国两制'的方针，坚持一个中国的原则，绝不允许李登辉以及其他任何势力，以任何方式来改变台湾是中国一部分的地位"。这是江泽民首次公开点名抨击李登辉，也相当于宣示此次导弹演习针对的是李登辉的分离行径。

美国公开传递强烈示警讯号　3 月 7 日，美东标准时间上午 11 时（北京时间 8 日凌晨 0 时），中国试射导弹。当天，中国国务院外事办公室主任刘华秋率团抵达美国华盛顿。当晚，刘华秋赴美国国务院八楼的麦迪逊厅参加晚宴。美国国务卿沃伦·克里斯托弗（Warren Christopher）、国家安全顾问安东尼·莱克（Anthony Lake）、国防部长威廉·J. 佩里（William J. Perry）均一再告诉刘华秋，中国必须立即停止导弹试射。佩里并特别告知，如果中国大陆的武器击中台湾，将会导致严重后果（grave consequences）（按国际的认知，所谓"严重后果"的意思就是"军事反应"）。为了强调事态的严重性，克里斯托弗与莱克也轮番陈述同样的说法。佩里并要刘华秋将如果仍持续试射导弹，美国将有所反应的信息，当晚就送回北京。刘华秋虽一再批评美国对华政策的诸多不当，但第二天上午，美国情报部门向白宫证实，刘华秋已将报告送回北京。然而，美国卫星发现中国军队仍准备继续试射更多的导弹。佩里对中国人忽视他的警告，十分懊恼，故准备攻击中国。

3月9日，在美国的五角大楼，国务卿克里斯托弗、国防部长佩里、助理国务卿洛德及参谋长联席会议主席约翰·沙利卡什维利（John Shalikashvili）等美方官员，就中国试射导弹一事研拟对策，决定派遣两艘航空母舰至台湾附近水域。数小时后，克林顿总统批准此一方案。3月10日，国务卿克里斯托弗于接受国家广播公司（NBC）电视网《会见新闻界（Meet the Press）》节目访问时表示，美国"独立"号航母战斗群（carrier battle group）在未来几天将更接近台湾。克里斯托弗并称，美方已清楚地告诉中国，如果中国试图以武力解决台湾问题，对美国而言是一个严重事件。同一天（3月10日），美国国家安全顾问雷克在美国广播公司（ABC）的新闻访问中，也向中国发出强烈警告。美国驻联合国大使奥尔布赖特女士也在美国有线电视网（CNN）的节目上称，美国已向中国官员提出非常明确的警告，要求中方避免与美国对抗。

霎时间，美国政府权力核心的相关首长，以此十分罕见的方式，将美方的强烈警告分别经由美国主流电视媒体，直接传递给中国的领导层，其目的应该是怕经由正式外交渠道传递信息时，美方强烈反应的决心被稀释或淡化，导致中国领导层误判美国的决心，终致局势不可控制。

美国出动航母战斗群　3月11日，克林顿总统已下令正在波斯湾巡弋的核动力航空母舰"尼米兹"号，驶往台湾海峡附近。美国官员称，五角大楼11日将宣布"尼米兹"号航母战斗群于3月23日台湾地区领导人选举前进驻台海。3月12日，日本《读卖新闻》报道，美国已正式通知台湾当局，"尼米兹"号航母战斗群将于抵达高雄外海后，穿越台湾海峡。此外，美国国防部官员称，"尼米兹"号航空母舰预计将于3月19日抵达台湾附近，23日前将在台湾海峡内停留，24日离开台湾海峡，25日经过基隆外海。针对美国不断向台湾附近海域集结兵力的示威，中国也未示弱，于3月13日凌晨再度向预定海域发射了第四枚地对地导弹。3月15日，中国宣布导弹发射训练结束。

中国出动核潜艇　1996年3月14日，美国海军太平洋舰队发言人宣布，美国已向台湾附近航母战斗群增派3艘核动力攻击型潜艇。然而，另一方面，美国从军用侦察卫星自空中拍摄的照片分析，发现自3月13日以后，原本停泊在青岛核潜艇基地码头的中国海军核潜艇全部消失了。美国军方以此分析判断，中国核潜艇正赶赴台湾附近，以对付美国航母编队。3月20日，美国驻香港的海军联络官称，台湾海域局势已有所缓和。因此，美国"尼米兹"号航母战斗群已奉命减速航行。稍后,"独立"号航母战斗群一直在台湾以东200海里(约370千米)以外的海域徘徊,"尼米兹"号航母战斗群则在台湾南部200海里以外的海域徘徊。3月25日,美国国防部发言人宣布,美国两个航母战斗群将驶离该海域。

李登辉的曲解宣传 大陆方面自1995年7月发起军事演习,并以专文抨击李登辉的两岸分离政策后,两岸关系虽紧张对峙,但均未能使李登辉改变其两岸分离政策。最后,大陆方面乃在1996年3月台湾地区领导人选举前,再次举行更强烈的军事演习,其意味十分清楚,即意图借演习劝阻在台湾的投票者支持李登辉。但由于大陆方面在台湾无电视与报纸等媒体,无法向台湾居民传达其演习的政治信息,且此信息遭李登辉在岛内扭曲。当时,台湾社会虽然焦虑关切,但李登辉利用岛内媒体,强势反击大陆,甚至对大陆的导弹演习嗤之以鼻,以本省人的通俗选举语言,要民众"安啦!""要做个有骨气的台湾人""台湾人万岁",并嘲讽大陆"打的是哑巴弹""中共没有能力打台湾"。李登辉并巧妙地将大陆对他个人实行"台独"政策的不满,曲解成大陆方面威胁台湾人民。李登辉的曲解宣传,使台湾本省人产生强烈的被中共以武力威胁的感觉,从而激发台湾本省人的情绪。此外,李登辉还动员作为多数族群的台湾本省人的"族群意识"(即"省籍意识"),最终以54%的得票率当选。这种结果,反映了大陆决策层对当时台湾本省人的"李登辉情结"及台湾的省籍情结的不甚理解,同时也反映了大陆方面因无法影响台湾的电视台、广播电台与报纸等新闻媒体,而无法向台湾民众传递其意图,致使大陆方面的真实意图被严重曲解的情况。

五 文化、经济与军事

李登辉的"台湾实质独立政策"是其执政十二年的施政核心,其范畴涵盖了各个领域。例如两岸渔业劳工政策、两岸移民政策等,但其影响的强度与广度,均远不及有关两岸的文化、经济与军事政策。因为文化涉及台湾居民认同的意识形态,经济涉及台湾居民的实质利益,军事涉及达成独立的力量。故本节特就文化、经济、军事等领域,分析李登辉的"台独"政策。

文化"台独"政策 既然李登辉施政之核心政策是推动台湾的实质独立,他当然了解,要实现此一目标,前提条件是要将台湾居民对台湾的认同,从地方的层次提升至国家的位阶。因此,李登辉反复强调要重视台湾的认同问题,并称

"台湾的认同是极其复杂的问题，并不是建立'台湾共和国'或宣布'独立'，就能解决的"。李登辉还进一步指出"究竟是认同中国，还是认同台湾的族群问题，也必须厘清解决"。然而，由于中国悠久历史文化的深层影响，中国人的政治认同与文化认同常相互渗透而难以分割。有时，文化认同甚至是政治认同的重要基础，因为文化可说是族群意识形态的核心，是族群认同（ethnic identity）的重要基础之一。文化孕育了民族的自我意识与民族的认同，使精英为维护文化的存在或延续而献身。

习惯上的文化范围十分广泛，包括历史、文字、文学、语言、风俗、习惯与宗教信仰等，其中历史是人类的集体记忆，也是族群文化认同的重要因素之一，而灌输强烈集体历史记忆的最佳方式之一，就是经由学校进行历史教育。因此，李登辉早在担任台湾地区领导人副职时（1984—1987年），就曾详细翻阅台湾小学及中学的历史教科书，并认为历史教科书中，不应只是讲述中国朝代更迭的历史，而应增加有关台湾的历史。事实上，历史教科书中在整个中国的历史架构下，也有台湾历史（就如同美国学校的历史教科书内容是在美国全国的历史架构下，也包括加州史或夏威夷史一样）。1994年3月，李登辉在其与日本反华作家司马辽太郎的对话中，坦言"我（李登辉）要国民小学教育里多加些台湾历史、台湾地理，以及自己的根等等课程。过去不教台湾的事而尽是教些大陆的事，真是荒谬的教育"。2000年，李登辉在其与日本作家小林善纪的谈话中称"在台湾，很多人学历史都只学到中国大陆的事，可是都不知道台湾史"，续称"如果再这样下去，就无法孕育出身为台湾人的'认同'。我认为这样的认知一定要改正才行，所以动员大批学者编了《认识台湾》这本新的教科书"。该本新的教科书已由台湾教育当局于1997年出版。

然而，这本书的内容，在很大程度上曲解与淡化了台湾与中国大陆间的真实历史关系，并将清朝与中国大陆视为外国。另一方面，该教科书的内容高度颂扬日据殖民期间的成就，并极力缩减、淡化甚至忽略不提日本殖民政府在台的镇压大屠杀、种族歧视与对台湾人的剥削。该书的主要目的，就是提升下一代台湾人对台湾的认同，以建立一个"新的国家"。此外，为了达到修改教科书内容的目的，李登辉坦言，他曾将教科书编委阵容中有统派（主张两岸统一者）倾向的编委名单，提供给他的继任者陈水扁，并要陈水扁"把统派都换掉"。因为李登辉认为教科书是由编辑委员会编修的，如果编辑委员是统派，要他们修改教科书内容（即改成"台独史观"的内容）怎么可能？故如果要修改教科书内容，首先必须要更改编委的名单，换掉统派编委。

经贸"台独"政策　1979年1月1日，中国大陆宣布停止炮击金门等岛屿，实施和平统一台湾的政策，并呼吁两岸发展贸易，进行经济交流。同年（1979年）5月颁布《关于开展台湾地区贸易的暂行规定》，视两岸贸易是"台湾回归祖国过渡期间的贸易"，从而开启两岸贸易之门。当时，在法律上，台湾仍禁止两岸贸易，台湾商人（以下简称"台商"）乃透过香港间接与中国大陆进行贸易。据统计，台湾经由对香港进出口而与中国大陆的贸易金额，1979年时为0.78亿美元，但1986年时已增至9.56亿美元。

（一）控制松弛（1989—1993年）　1987年11月2日，台湾当局开放台湾居民赴大陆探亲，解除严禁台湾居民赴中国大陆的禁令。当时申请赴大陆探亲的民众，最初三个月就超过10万人。1988年1月13日，蒋经国逝世，李登辉接任。李登辉一时间权力未固，忙于内部争夺政权，故于两岸人民交流之事无暇顾及，两岸交流日益热络。两岸人民同文同种，台湾所使用的"国语"，即为中国大陆所推行的普通话，可通行于整个中国大陆。由于台商与大陆人民沟通无障碍，因而大幅降低了经贸交易的成本。外加其他因素（例如经济上有利可图），两岸间接贸易发展迅速。据台湾陆委会估算，1989年时两岸贸易进出口总额为39.2亿美元，1993年时遽增至150亿美元。台商对大陆的投资亦然，1988年时投资额为4.2亿美元。1989年时虽然外商不乏停止对大陆投资者，但台商投资仍稳定增长。据台湾经济部门的核准资料，1989年时投资额为5亿美元，1990年增至10亿美元，1992年邓小平南方谈话强烈表达了改革开放的决心。1993年台商对大陆的投资持续增加。

（二）南向政策（1994—1996年）　面对两岸如此强势成长的经贸关系，李登辉当局难以遏制。此时，适值东南亚各国正发展经济，需资金孔亟。1993年，李登辉当局制订"南向政策"，并提出"加强对东南亚地区经济投资纲领"，鼓励台商向东南亚地区（例如菲律宾、越南、泰国、马来西亚、新加坡与印尼）投资。也就是以避免台商投资过于聚集在中国大陆为由，鼓励台商赴东南亚投资，从而稀释台商赴中国大陆的比重，迂回地间接遏阻两岸经贸的快速发展。

然而1997年，东南亚地区爆发金融危机，曾响应号召赴东南亚的投资者，损失惨重，致台商对东南亚的投资意愿衰退。1999年印尼又发生排华暴动，许多台商铩羽而归，赴印尼投资的台商更是大幅衰退。另一方面，早在1988年7月3日，中国大陆即宣布对台湾同胞实施优惠政策，鼓励台湾同胞（简称"台胞")赴中国大陆投资,或与中国大陆贸易。1994年3月5日,中国大陆更进一步通过《中华人民共和国台湾同胞投资保护法》。也就是说,中国大陆对台商投资的优惠,从行政层次提升至法律的位阶。当时,两岸的间接贸易与台商对中国大陆的投资,均不断地持续增加。据统计,1994年时两岸贸易总额已达178.8亿美元,1996年时更增加至237.9亿美元,增加了33.0%。此外,1994—1996年间,台商对中国大陆的投资,也自9.6亿美元增至12.3亿美元,增幅亦达28.1%。很显然,李登辉当局所提出的"南向政策",仍无法遏阻两岸贸易的持续快速发展。

（三）亚太营运中心（1995年） 面向21世纪,为持续推进台湾的经济增长;为适应台湾本身经济结构上的变化,例如科技产业及专业服务取代传统产业的转变;为适应国际经济情势区域化,例如亚太地区经济的快速发展与迈向自然整合的趋势,尤其是两岸经贸情势的变化,台湾行政部门于1995年1月15日核定"发展台湾成为亚太营运中心计划"。

就企业层面而言,这项计划是为了吸引岛内企业与外资企业以台湾地区作为据点,从事投资并开发经营亚太地区,包括东南亚及大陆市场。就总体经济层面而言,则是为了加速推动台湾自由化的环境,吸引世界各国的厂商以台湾地区作为根据地,发展其与亚太各成员国间全方位的经贸关系,使台湾地区担负先进国家与发展中国家间经济"中继者"的角色。在当时的政治氛围下,不可言喻的目标,就是借台湾地区与中国大陆同文同种之利,扮演西方先进经济与快速崛起的中国大陆经济体的媒介角色,其具体规划是使台湾地区成为亚太的制造中心、海运转运中心、航空转运中心、金融中心、电信中心、媒体中心。

当时,台湾以其所累积的丰富的国际贸易经验、专业商业知识人才、加工出口业的高效率作业、已建立的全球营销网络,及介于东北亚与东南亚之间的地理位置,尤其是与中国大陆同文同种的巨大无形资产为后盾等因素,无论是推动岛内企业进军大陆市场,还是扮演西方商界进入中国大陆市场的"中继者"角色,其经济前景均无可限量。故此一政策可说是继"十大建设"后,20世纪90年代台湾当局最有远见、最有魄力的政策,但因后续李登辉的"戒急用忍"政策而毁于一旦。

（四）"戒急用忍"（1997—2000年） 20世纪90年代中期,李登辉已成功地牢牢掌握实质的"党政军特"政治权力,在台湾声望如日中天。1996年9月4日,李登辉干脆清晰地提出"戒急用忍"的两岸贸易政策,以遏阻台商对中国大陆的投资。李登辉当局并旋于次年（1997年）规定,投资中国大陆超过5,000万美元的投资个案，必须获得"政府"的核准。另并明确地禁止台商在中国大陆投资高科技、铁路、公路及机场、港湾、大型发电厂等基础建设，这实际上是正式动用公权力，以行政手段压制两岸间的经贸发展。

因台湾当局对中国大陆实施"戒急用忍"的经贸政策，对台商投资中国大陆的项目与金额施行实质的行政管制，致使1997年两岸贸易总额为263.7亿美元，较上年仅增加10.8%。1998年，受东南亚金融风暴等因素的影响，两岸贸易总额仅239.5亿美元，较上年减少9.2%。惟1999年时回升为258.4亿美元。2000年3月18日，台湾举行地区领导人选举，民进党候选人陈水扁胜选，并于5月20日宣誓就职，李登辉时代正式结束。当年（2000年），两岸间接贸易额骤增至312.4亿美元，较1999年增加了20.9%。

台湾经济停滞十年　李登辉于1988年接任台湾地区领导人，2000年卸任。十二年间，李登辉面对90年代中国的经济腾飞，及台商纷纷投资中国大陆的情势，不但未能利用台湾地区紧邻中国大陆的地理优势，及台湾地区与中国大陆同文同种的文化优势，发展两岸经贸；相反地，为了使台湾地区与中国大陆分离，以政治决定经济，先后实行了"南向"与"戒急用忍"的两岸经贸政策，并坚拒"三通"。由于不能"三通"，货物须经第三地转运，增加了运输成本（例如运费和时间），赴中国大陆投资的台商不便向台湾采购原料、零配件或半成品，而须直接在中国大陆当地采购以节省成本，致使台商在中国大陆"当地化"。此外，如果某产业链中的主要大厂赴大陆投资，其周边厂商如果欲自台湾供货，则因无法"三通"而须增加运输成本，只得陪同该产业主厂齐赴中国大陆投资，从而形成整个产业移往中国大陆的现象。据中国大陆对外公布的资料，至2000年，台商投资中国大陆的项目，累计共36,817项，实际投资金额累计高达242.6亿美元。

如前所述，由于台商在中国大陆投资"如在岛内"，因此台商在中国大陆投入了巨额资金，相对地就减少了在台湾地区的投资。此外，台湾地区由于与中国大陆同文同种，且近半个世纪经济起步及与西方接触均较早于中国大陆，原可发挥外商（包括华侨）与中国大陆间的中介角色。但因为不能"三通"及两岸关系逐年恶化，增加了两岸贸易的成本与风险，使得许多外国投资者与华侨选择直接赴中国大陆投资，相对又使得外国投资者与华侨减少在台湾的投资，从而形成经济上的恶性循环。相对中国大陆经济的蓬勃发展，台湾地区的经济逐渐走向边缘化。

回顾李登辉出任台湾地区领导人的第一年（1989年）的经济形势，也就是蒋经国所留下的蓬勃经济形势，当时台湾地区的实质经济增长率（Real Growth Rate）为8.2%、失业率仅1.6%、华侨及外国人投资年增长率为104.5%、人均收入增长率为19.7%。然而李登辉卸任后的第一年（2001年），台湾的实质经济增长率为-2.2%、失业率为4.6%、华侨及外国人投资年增长率为-32.6%、人均收入增长率为-9.9%。因此，与1989年相比，整个20世纪90年代可说是台湾经济失落的十年。大陆的经济腾飞，促使台湾地区与大陆在经济上加速融合。

军事"台独"政策 两岸无论是统一还是分裂，解决方式只有"和平"与"非和平"。后者往往是最后的解决方式，其核心就是双方军事力量的对比。统一固然需要有强大的军事力量，分裂亦然。就"台独"分子而言，拥有强大武力，是达成台湾"独立"的基本条件。就两岸关系而言，台湾地区与中国大陆间有台湾海峡相隔，1950年美国以第七舰队巡弋台湾海峡，遏阻中国大陆渡海统一台湾。当时，中国大陆军备落后，无可奈何。自1950年起，美国总是向台湾提供或出售足以对抗中国大陆的那个时代的先进武器，以维持台湾地区与中国大陆间的实质分离状态。后虽因全球战略形势变化，美中合作反苏，通过艰苦谈判，美国与中国于1979年1月1日建立正式外交关系。当时，美国虽然接受了中方所提"断交""废约""撤军"的三条件，但仍坚持继续向台湾地区供应先进武器，后经再三谈判，美国与中国于1982年8月17日发表联合公报，也称《八一七公报》，内容提及"美国政府声明，不寻求执行一项长期向台湾出售武器的政策，向台湾地区出售的武器在性能和数量上将不超过中美建交后近几年供应的水平，美国准备逐步减少对台湾的武器出售，并经过一段时间导致最后的解决"。往后整整十年，直至1992年，虽然台湾一直要求购买先进的F-16战机，但均遭拒绝。也就是说，美国在这段时间内大体遵守了《八一七公报》的承诺。

（一）**大量采购新式武器** 李登辉当局认为，由于中国大陆仍未放弃以武力作为解决台湾问题的手段，故视中国大陆为最直接的威胁，从而积极备战。然而，由于台湾地区经济规模小，人口仅2,300万，即使是一般常规先进武器如战机、军舰等也无能力完全自制，需向国外采购。由于现代先进武器的研发自制过程漫长，因此台湾当局以大量向国外采购武器的方式，使台湾军队能在很短的时间内，拥有非常先进的武器。

1989年美国制裁中国，中止对中国的军售。结果发展为，不但中止了美国对中国的军售，并且中断了美国与中国的军事关系。接着，1991年苏联解体，俄罗斯成为独立的国家，但经济极度恶化，急欲出售武器以赚取外汇。1992年3月，俄罗斯出售24架先进的苏27型（Su-27）战斗机予中国。

（二）美国背信弃义 售台军事武器　　当时，台湾空军主力战机是较旧式的F-5E型与F-104型战机。为反制大陆引入的先进战机，美国反应强烈地立即准备售予台湾150架先进的F-104战机。那时也正值美国总统大选期间，当时总统乔治·布什（George Bush）的选情陷于困境，为虑及航空业劳工的选票，布什总统于1992年9月同意出售约值60亿美元的F-16战机予台湾。这对李登辉当局而言，是一个非常好的消息。事实上，如果深入分析便可发现，某些美国官员就认为，如果中国大陆向俄罗斯购买Su-27战机，美国必将售予台湾F-16战机，总统选战只是影响出售的时机，相信下一任美国政府也同样会出售F-16战机予台湾。美国售台150架F-16战机一事，是美国公然违反《八一七公报》，出售超过先前所订标准的先进武器，但中国不想在美国总统选举期间造成布什总统的困扰，而未扩大反应。

在台湾方面，李登辉接任初期，也就是20世纪90年代初期，台湾军购费用仍然如往常一样稳定。1990年为5.1亿美元、1991年为4.7亿美元、1992年为4.7亿美元，但1993年突增至64.3亿美元（因为向美国购买150架F-16战机及向法国购买60架幻影2000型战机），1996年仍高达32.3亿美元。

台湾地区仅是一面积为3.6万平方千米的小岛，从北至南均为高山或台地，100米以下平原仅占台湾全部面积的31.0%，且其中大部分在西部。2,200万人大部分住在西部平原，尤其是台北与高雄两城市。由于台湾是一个人口密集的岛屿，其西部地区人口稠密，地理上全无纵深可言，故很难从事一场独立战争。相反地，中国大陆陆地面积约960万平方千米、人口有13亿多。也就是说，中国大陆庞大的战略纵深与众多人口，使得大陆相对有能力承受战争的破坏，而从事一场统一战争。

台湾另一致命的关键，就是岛内人民认同的分歧。台湾地区防卫部门在2002年的报告中指出，台湾的威胁来自中国大陆，然而除了中国大陆的军事威胁外，"还包括内部的不稳定因素，例如少数人民对台湾地区的认同有所分歧，会导致无法众志齐心一致对外的后果"。例如2000年的民意调查，33.0%的人赞成接受"一国两制"而统一。更何况，还有许许多多的台湾商人在中国大陆投资、经商、娶妻、生子，他们的利益与中国大陆相结合。试问他们如何会为台湾"独立"而从事一场需牺牲自己生命的战争？

既然即使有先进的武器，台湾也难以从事一场与中国大陆的分裂战争，那李登辉为何仍向外国（尤其是美国）采购大量武器？合理地推论，李登辉的目的之一，就是希望以购买大量武器的方式，加强与西方强权国家特别是美国的间接军事关系。美国著名智库兰德公司（Rand Corporation）在其一份相关研究报告中即指出，台湾的武器采购通常是由李登辉决定的，而许多向美国采购武器的决定，是政治考量大于军事需求，他也支持台湾加入计划中的"战区导弹防御"系统。李登辉将美国向台湾出售武器视为美国在军事上支持台湾的安全象征。

实际上，就台湾实行两岸分裂政策的立场而言，此一大量向美采购武器的举措，是确保台湾与美国的军事关系最有效的方法。台湾虽与美国无正式的外交关系，但却因向美国大规模采购武器，双方于2002年时在美国宾夕法尼亚州的匹兹堡（Pittsburgh）举行"2002年美台国防峰会（US-Taiwan Defense Summit 2002）"。2003年，双方又在得克萨斯州的圣安东尼奥（San Antonio）举行"美台国防工业会议（US-Taiwan Defense Industry Conference）"。也就是说，台湾成功地与美国建立起实质的军事关系。因此，2003年6月，台湾拟以高价向美国采购性能并非最先进的"基德级驱逐舰（Kidd-class destroyer）"时，即有民意代表抨击台湾如此向美国采购军备，有如"缴保护费"。此一"缴保护费"的说法，可说相当程度地反映了台湾向美国大量采购武器的本质。

六 "两国论"

李登辉秘密策划"两国论" 1996年3月的台海危机，几乎引发中国与美国间的军事冲突。两个月后，在就职典礼前夕，李登辉密会了一名来自中国大陆的台籍中国共产党党员朋友陈炳基。李登辉请陈炳基向北京传达他在未来的任期内不会推动"台湾独立"的信息。

事实上，李登辉讲的是一套，做的又是一套。1998年时，李登辉正在规划一个更加与中国分离的计划。是年某日，李登辉向"安全局局长"殷宗文提及，希望从国际上找一些法律专家，研究提出台湾不属于中国的"法理依据"。不久，殷宗文建议李登辉先请岛内专家提供资料，再请外国学者据以研究台湾的"主权问题"。李登辉非常同意殷宗文的建议，随即召蔡英文博士自马来西亚返台湾。蔡英文经与李登辉见面长谈后，决定接受此一任务。1998年8月，当局成立"强化中华民国主权国家地位"小组，由蔡英文主持，研究如何将"中华民国主权"与"一个中国"脱钩。1999年5月，该小组的研究报告初步完成，由蔡英文提报殷宗文同意后呈送李登辉。

蔡英文主持下报告的渐进实质分离 李登辉详阅该报告后，予以相当高的评价，并当即决定在其所剩的有限任期内，将之逐步推动。该报告认为，台湾自1991年以来，历经多次"修宪"，两岸关系的定位至少应该是"特殊的国与国的关系"。该报告建议台湾当局应以"修宪""修法"与废除"国统纲领"的方式，逐步完成与大陆的分离。"修宪"部分，修改"宪法"中有关领土的规定，例如将"宪法"第四条"中华民国领土，依其固有之疆域，非经国民大会之决议，不得变更之"的规定，改成"中华民国领土为本宪法有效实施地区"。"修法"部分，将所有"法律"，例如"国安法""国籍法""著作权法"等有关"自由地区""台湾地区""大陆地区"等的名词，更改成"中华民国"与"中华人民共和国"，公文内有关"中共""两个政治实体"等用语，也改成"中华人民共和国"与"两个国家"。至于"国统纲领"，则在实施过程中，先尽量不提"国统纲领"，未来再以"两岸纲领"取代"国统纲领"的方式废除"国统纲领"，以"终局解决"取代"统一"。

"两国论"的提出 1999年7月9日（星期五），李登辉在接受"德国之声"总裁迪特尔·韦里奇（Dieter Weirich）、该台亚洲部主任冈特·克纳伯（Gunter Knabe）及记者西蒙嫚索（Simone de Manso）等的专访时表示，"1991年'修宪'以来，已将两岸关系定位在'国家与国家'，至少是特殊的'国与国'的关系，而非一合法政府，一叛乱团体，或一中央政府，一地方政府的'一个中国'的内部关系"，这就是媒体与社会所简称的"两国论"。

台湾岛内的反应 "两国论"明确指出，台湾与大陆的关系是"两个国家的关系"。换言之，就是台湾与大陆分离，"台湾独立"。因此，"两国论"一经李登辉提出，次日即成为全台湾各大媒体的头条新闻，并激起岛内统"独"两派的相互批评。岛内"台独"的分离主义论者极力支持，民进党党主席林义雄就表示，欢迎李登辉接受民进党追求"台湾独立"的主张。另一著名政治人物，民进党参选人陈水扁（2000年时当选第十任台湾地区领导人）除表示支持"两国论"

外，更希望台湾方面能尽快"修宪"、修改"国统纲领"，以具体确定台湾与大陆是"两个国家"。

7月12日（星期一）上午，台湾当局安全事务主管机构秘书长殷宗文，在安全事务主管机构首次召开应对"两国论"的危机小组会议。会中决定由台湾大陆委员会主任委员苏起担任危机小组的对外窗口。为化解危机，当天下午，苏起举行"中外记者招待会"，在其回答记者的问题中，苏起称为避免大陆将"一个中国"的说法扭曲成打压台湾的帽子，台湾没有必要再继续接受原先所谓"一个中国"与"对等政治实体"的说法。将来在国际场合，台湾将使用"特殊的国与国的关系"来处理两岸问题。也就是说，就是今后台湾不再使用"一个中国"的说辞。这种说法经由媒体的报道，震撼了台湾内外。

美国的反应　李登辉"两国论"的发布，立即使海峡两岸的紧张关系升级。克林顿政府非常震惊与诧异，并迅速做出反应，反复声明美国坚持一个中国政策。当天（7月12日），美国国务院副发言人詹姆斯·福利（James Foley）称，美国的一个中国政策未变。第二天（13日），美国国务院发言人杰米·鲁宾（Jamie Rubin）重申美国的"三不"政策，即不支持台湾"独立"、不支持台湾加入任何必须由主权国家才能参加的国际组织、不支持"两个中国"或"一中一台"。同一天（13日）上午，美国在台协会台北办事处处长张戴佑（Darryl Norman Johnson）因任期届满，临行前向李登辉辞行，并于下午搭机返美。张戴佑这次会见李登辉的目的，除质疑李登辉的"两国论"是否表示原先的两岸政策已有所改变外，就是再次向台湾强调美国对一个中国政策的承诺，并希望李登辉就有关台湾与大陆的关系，有所澄清。

7月18日，美国总统克林顿与中国国家主席江泽民通了电话，克林顿表示他"提出与江主席通电话，是为了重申美国政府对一个中国政策的坚定承诺。他强调，美国在台湾问题上的政策没有改变，中方完全可以相信他就这一问题所发表的历次谈话"。江泽民则表示，台湾问题攸关中国主权和领土完整及全体中国人民的民族感情。中国解决台湾问题的基本方针仍然是"和平统一、一国两制"，但不承诺放弃使用武力。如果出现搞台湾"独立"和外国势力干涉中国统一的情况，中国绝不会坐视不管。

接着，7月21日，克林顿在记者会上就有关台海问题部分回答记者问时，除表示美方已于21日派人设法向台海两岸强调美国的立场外，并称一个中国政策、两岸对话及和平方式是美国政策的正确支柱。至于两岸目前并非统一——

事，克林顿表示中国人往往用长远的眼光来看这些事，大陆已表明对台湾存在的不同制度的体谅，以及设法配合的意愿，就如他们对香港的做法，甚至可能有过之而无不及。此外，关于李登辉的"两国论"，克林顿表示，他还不能完全确定李的声明想要传达什么信息。克林顿此次谈话，是美国总统首次在有关台湾问题的谈话中，提及中国处理香港问题的方式。此外，克林顿未再使用"美国的"一个中国政策，也就是未再将"美国的"一个中国政策与中国的一个中国政策加以区分。至于克林顿不确定李登辉"两国论"声明所要传达的信息，则显示美方官员在分析数据后，对台湾当局各种有关"两国论"的说辞与解释存在疑问。

为化解台海危机，美国政府派员分赴两岸　　当时，美国政府派国务院东亚事务助理国务卿陆士达（Stanley Roth）与国家安全会议资深主任李侃如（Kenneth Lieberthal）赴中国，再次表明美国坚持一个中国政策的立场，并请中国克制。另一方面，则派美国在台协会理事主席卜睿哲（Richard Bush）赴台湾。

卜睿哲于7月22日晚抵台，23日即拜会台湾的外事部门负责人胡志强、大陆委员会主任苏起、防务部门负责人唐飞与行政机构负责人萧万长等领导层官员。当天下午5时30分，卜睿哲会见李登辉，"资政"丁懋时、安全事务主管机构秘书长殷宗文，苏起、胡志强与林碧照等官员均在座。拜会中，卜睿哲重申克林顿"三个支柱"（一个中国政策、两岸对话、和平方式）的基本立场。李登辉除阐述其"特殊的国与国的关系"理念外，并郑重地称"我是坚决反对台独的"。那时曾在座的苏起回忆称，当时李登辉以坚毅表情与手势，反复地表示他反对"台湾独立"。经过卜睿哲在台湾清晰传达美方的一个中国政策立场后，24日晚台湾方面接受将"特殊的国与国的关系"解释成"一个中国、各自表述"的阐释。对台湾当局的这种说法，卜睿哲表示可以接受。此外，据了解，卜睿哲此行，台湾当局也向美方保证不会"修宪"、不会修改相关法律（诸如"国统纲领""两岸人民关系条例"等），以证明台湾的现行"大陆政策"并未改变。

7月25日，美国在台协会理事主席卜睿哲离台前，在中正国际机场记者会上发表离台声明，称他此行不是来调停或是施压的，而是来了解的。声明中解释称"会导致紧张升级、对话冻结和区域不安及冲突的"，就不是好步骤，并且清楚阐述美方立场称，一个中国原则是美国政策的基石。过去二十多年来的六任政府，四任共和党、两任民主党，都固守这个原则。最后并指出，如何确切地界定一个中国原则，以及如何具体地实现它，最好是留给海峡两岸在双方都能接受的基础上去决定。很明显，卜睿哲在其离台声明中，清楚地传达了美方的两岸政策是一个中国原则，同时也浅显清楚地解释，会导致区域不安及冲突的政策就是不好的步骤。也就是说，美方明确地表达了其不赞成"两国论"的立场。

中国政府的强烈反应　中共对"两国论"迅速做出强烈反应。7月11日晚，中共中央台办、国务院台办发言人迅速发表"严正警告台湾分裂势力，立即悬崖勒马，放弃玩火行为"的谈话。7月12日，海协会常务副会长唐树备在香港抨击"两国论"称，"把两岸的关系说成是'国与国之间的关系'是对一个中国原则的粗暴破坏"。7月14日，中共中央军委副主席、国务委员兼国防部长迟浩田发表强硬讲话称，"台湾是中国的一个省，中国的主权和领土完整不容分割，谁想分裂中国，制造'一中一台'都是不会得逞的。中国人民解放军将严阵以待，时刻准备捍卫祖国的领土完整，粉碎任何分裂祖国的图谋"。此外，自7月13日起，《人民日报》、新华社、《解放军报》分别以评论员名义连续两个月发表批李文章。由于"两国论"可说是相当于正式宣示台湾自中国"分离独立"，故上述中共的抨击，较上次抨击李登辉在康奈尔大学的演讲更为激烈。

8月13日，中共中央台办、国务院台办主任陈云林警告称，如果台湾方面"修宪""修法"，则"和平统一"将变为不可能。换言之，中国的底线就是，台湾当局如果将"两国论入宪"，就等同宣战。8月14日，海协会会长汪道涵于会见美国传统基金会（The Heritage Foundation）访问团时表示，"如果在一个中国的原则下对话，战争是可以避免的；如果他（李登辉）要独立、要分裂，战争是不可以避免的"。

"九二一"大地震　综观李登辉的"两国论"，远较其在康奈尔大学演讲的情形严重，依常理判断，大陆极可能有强烈的后续行动。然而9月21日，台湾发生了百年罕见的"九二一"大地震，逾2,000人死亡，数十万人有家难归。由于逢此世纪天灾浩劫，台湾全力救灾。在有关"两国论"的问题上，两岸也借此天灾机会下台阶，"两国论"也就不了了之。

李登辉：中华民国不存在　回首1990年7月，李登辉特别对外界批评他有"台独、独台"倾向一事有所解释，称那是极尽歪曲、毫无根据的说法。及

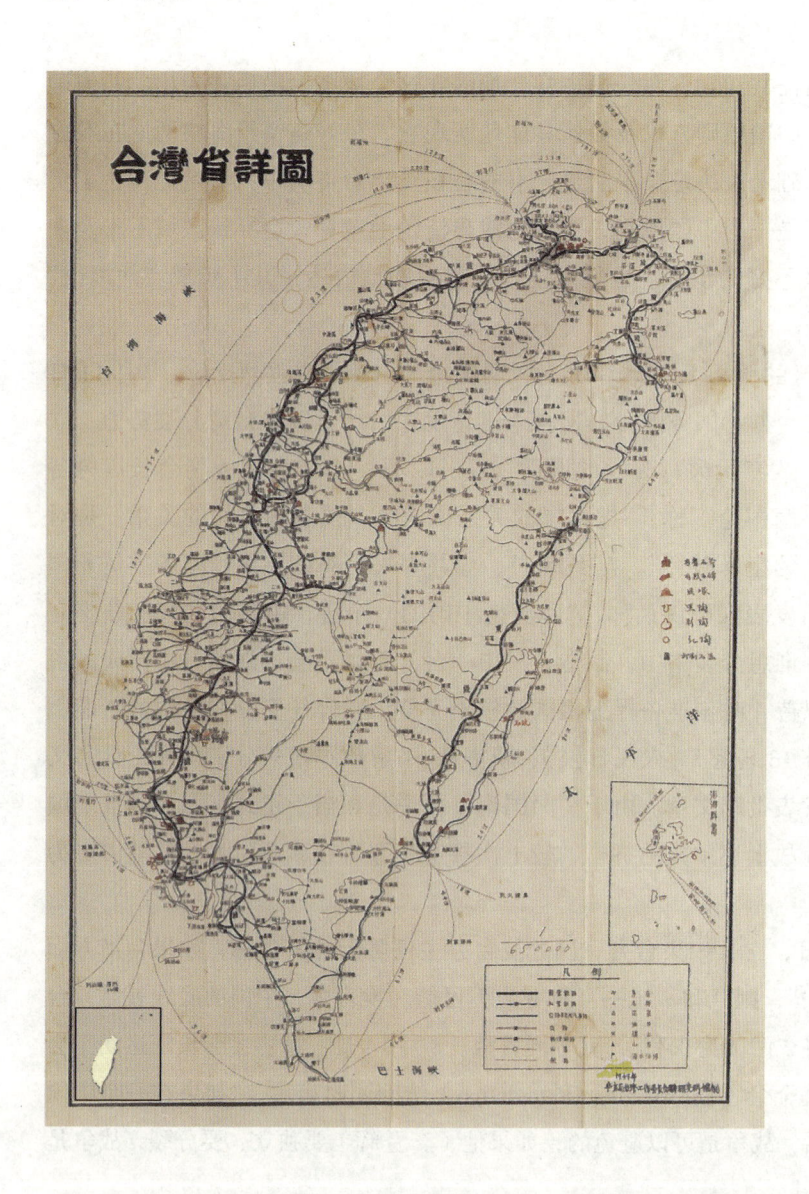

后，李登辉一再公开声称，他不搞"台独"，而是谋求与中国大陆统一，但仍有一些人不相信，认为那是官式说法。1995年10月，李登辉为澄清自己没有搞"台独"，在公开演讲中甚至说自己绝非"台独"，"已说了一百三十多次，不想再说了"。然而在私底下，李登辉几乎不提"统一"两字。在半公开场合，如果没有外省人在场，他便吐露心声。例如，李登辉在接见民进党人士时，就不止一次表示，我和你们的目的（"台独"）相同，不过我的方法比你们高明。当时似乎扑朔迷离，但事后众所周知李登辉是彻头彻尾的"台独"执行者。

第二十八章

21世纪初两岸关系

一 陈水扁从政之路

陈水扁，台湾台南县官田乡西庄村人，1950年生。父陈松根、母李慎，他们仅接受了三年不到或三年的小学教育。因受20世纪30年代日据时期的现实限制，"他们没有机会受教育，所以他们也没有机会改变出身，很难脱离贫穷"。

穷苦出身 陈水扁回忆称，他幼时家贫，是一个三级贫户的佃农之子。父陈松根曾打零工、当长工、割稻、捆甘蔗、喷农药等，为人海派好交朋友，并"爱喝点酒，有时失态，醉倒在庙前的广场，我（陈水扁）觉得很难过，妈妈也感慨得无地自容"，惟一生劳苦，辛勤过度，有时喝醉酒，再加上喷洒农药时没戴口罩，可能因而得肝癌去世。家里有四个小孩，收入有限，家里常入不敷出，欠别人的账和利息都写在墙上，那一面墙上，永远写满了粉笔字，写了又擦，擦了又写。幼时，陈水扁和母亲在别人犁过田之后，等地主把大的地瓜（番薯）挖走，他们再去捡地主不要的那些小地瓜。幼时不懂事，曾想过为何不能在犁田前就先去挖，但母亲告诉他那是偷窃。及长，陈水扁方了解"窃钩者诛，窃国者侯"的道理。

教育是穷人的机会 vs. 无所感念 陈水扁家境虽如此穷困，但父母仍借钱让他读书，父亲也愿帮他缴补习费。陈水扁一直告诉自己，告诉父母，一定会赚钱还清债务。作为一个佃农和贫户之子，陈水扁对父母从无抱怨之心，因为父母给了他受教育的机会。陈水扁称"回首从前，如果不是因为受了教育，自己的一生，会完全不一样。在当时，教育就是机会，尤其是穷人的机会"。但讽刺的是，当时为穷人子弟提供公平教育机会的国民党政权，日后陈水扁从政及执政八年，不但无所感念，反而不遗余力地污蔑国民党政权。

1961年陈水扁于台南县隆田小学毕业时获县长奖，1966年台南县曾文中学初中部毕业时又获全校第一名，旋直升该校高中部，次年转入台南一中。1969年复以全校第一名成绩自台南一中毕业，并考入台湾大学商学系工商管理组。后因志趣不合，于1970年8月再以唯一志愿且是系状元考入台湾大学法律系司法组，大三时以律师资格考试第一名成绩取得律师资格，大四时开始成为执业律师，后又以第一名成绩毕业。台湾大学毕业后，陈水扁于1975年娶医生吴崑池之女吴淑珍为妻，并执业认真赚钱养家，还清家中债务。此时，从小一直生活在贫穷阴影下的陈水扁，终于可以永久脱离贫穷。

从政之路开始——台北市议员　1979年12月10日，台湾爆发"美丽岛事件"。生逢白色恐怖的年代，陈水扁不顾其律师业务的影响，毅然决定为该事件主要被捕者黄信介辩护。在辩护的过程中，陈水扁称他逐步从档案卷宗里得知台湾民主运动的相关信息。及后与几名辩护律师如谢长廷、苏贞昌等人聚在一起，思考未来应如何。陈水扁"知道"，最好的辩护不在有形的法庭，而在无形的"人民良心法庭"。1981年国民党当局举行"第四届台北市议员选举"，苏贞昌约陈水扁"做伙撩落去吧！"（闽南语是"一起投入"的意思）。于是，苏贞昌去参选省议员，陈水扁与谢长廷、林正杰组成联合阵线，参选台北市议员，结果以第一的名次高票当选。

1984年，《蓬莱岛》杂志社刊登文章，论及冯沪祥等教授的论文《新马克思主义批判》涉及"以翻译代替著作"。冯沪祥控告陈水扁担任社长的《蓬莱岛》杂志社诽谤。当时，"北美洲台湾人教授协会"为此特邀7位非亲国民党当局的学者逐章评鉴，认为是冯沪祥抄袭别人的作品。1985年1月12日台北地方法院判决：陈水扁、黄天福、李逸洋各处有期徒刑一年。两星期后的28日，陈水扁辞去台北市议员职务，以抗议司法不公。9月28日，陈水扁获"党外"共同推荐，决定参选台南县长。11月16日虽获高票却仍落选，两天后因带队谢票，妻吴淑珍在关庙乡地方遭车祸，不幸下半身瘫痪（后吴淑珍选上"立法委员"）。

末代增额"立法委员"到台北市首任民选市长　次年（1986年）6月10日，陈水扁和黄天福、李逸洋三人入狱，共246天。9月28日民进党成立。1987年2月10日，陈水扁出狱，并于同月加入民进党，旋任民意代表吴淑珍的特别助理。1989年底,陈水扁当选"末代增额立法委员"。1990年出任民进党第一任台湾地区立法机构的党团干事长。1992年连任"立法委员"。1994年12月3日参加"第一届民选省市长选举",最终获选并出任台北市首届民选市长。

1998年12月参选台北市市长落败,后展开"学习之旅""乡土之旅"和"产业之旅",1998年8月时走完了全台309个乡镇。2000年,陈水扁在台湾地区领导人大选中获胜,成为台湾地区领导人。

政绩 vs. 贪腐 台北市市长任内(1994—1998年),陈水扁勤理市政,不乏建树。例如,除将行政"档案信息化""信息连线化"外,并推行"奉茶礼民"运动,督促市政府公务员必须以客为尊,将原先高120厘米的区公所与户政事务所柜台降低高度,且将相关工作模式向公开透明转变。但在意识形态上,则将原先具和乐氛围的台北市"新公园",改成"二二八和平公园",并提供场地,建纪念碑和纪念馆。且"二二八纪念馆"中的展示与诠释,抹杀了"二二八"事件中许多外省人遭杀害及迫害的实情。

陈水扁于台北市市长任内强调清廉,要求"市府不拿回扣",要建立"廉能"而有效率的政府。"廉洁"是陈水扁在1994年12月25日就任台北市市长时,公开宣示的"整治市政三愿"之一。惟日后任职有变,依台湾"最高法院检察署特别侦查组"检察官起诉书,在2000年5月20日至2008年5月19日期间,陈水扁贪污犯罪事实有"机要费案""龙潭购地案""南港展览馆案"和"洗钱案",主要涉案成员有陈水扁、吴淑珍、马永成(曾任"台湾地区领导人办公室主任")、林德训(曾任"台湾地区领导人办公室主任")、陈镇慧(曾任"台湾地区领导人机要专员")、李界木(曾任"科学园区管理局局长")、吴景茂(系吴淑珍之胞兄)、陈俊英(系吴景茂之妻)、陈致中(系吴淑珍之子)、黄睿靓(系吴淑珍之儿媳)、蔡美利(系吴淑珍大学同学)、郭铨庆(系力拓公司董事长)等。在"机要费案"中,陈水扁、吴淑珍、马永成和陈镇慧于2000年5月20日至2006年8月31日间,共同侵占、诈领公款机要费共计新台币104,152,395元。

二 陈水扁当政时期的两岸关系

2000年5月20日,陈水扁出任台湾地区领导人,曾意欲不排除两岸统一,但几经周折后,其施政主轴最终转向紧抓扩大岛内"国族认同"的矛盾。先是于2002年8月3日,突然抛出"一边一国论",称"决定台湾前途的公投有其急迫性",并相继提出"台湾正名""公投立法""防御公投""制宪建国""二二八牵手护台湾"等议题,万变不离其宗,这些不遗余力地撕裂岛内族群和制造两岸对立的行为,近程目标就是巩固占岛内人口绝大多数的本省人的选票,长期目标就是取得"台独"激进教主的地位。

挑动"台独"中枢神经 vs.SARS 2000年陈水扁胜选,出任台湾地区领导人。5月20日就职典礼演说上,在中国与美国的强大关切压力下,陈水扁称愿两岸"共同处理未来一个中国的问题",只要中央政府无意对台动武,则本人保证在任期内,不宣布台湾"独立"、不变更国号、不把"两国论入宪"、不举办涉及"统独的公投",以及不废除"国统会"及"国统纲领"等。陈水扁坦言,前者"是讲给中南海的那些人听的",后者"主要是讲给白宫那些人听的"。此时陈水扁在"台独"的路上,似颇节制。

2002年8月3日,陈水扁却以台湾地区领导人的身份在日本"世台会"上,正式向全世界宣布"台湾是一个主权独立的国家,不是中国的一部分,不是中华人民共和国的一省。台湾中国,一边一国"。8月5—12日的一周内,《人民日报》就有超过三十篇文章抨击陈水扁此一论述,警告他切勿"玩火",中国大陆不会"坐视不理"他的"台独"分离主义。但最后中央人民政府仍采取节制的举措。

借SARS煽动台湾社会仇中 陈水扁的"台独"之路不仅止于此,只要一有机会,就见缝插针。2003年春,两岸都爆发了"严重急性呼吸综合征"(Severe Acute Respiratory Syndrome, SARS)。海峡两岸关系协会(简称"海协会")于5月传真海峡交流基金会(简称"海基会"),表达要捐赠台湾抗SARS的医疗物资,但台湾当局一面拒绝,一面借机将SARS疫情无限上纲地与"台独"挂钩。台湾外事部门负责人高英茂称,中共如果真的对台湾关怀,就应该支持台湾加入"世界卫生组织"(World Health Organization, WHO)。陈水扁等民进党人一面拒绝大陆的援助,一面诋毁、抨击中共伸援为谎言,误导并挑起台湾居民对大陆中央政府的仇视。

美国新保守派怂恿台湾独立 小布什(George W. Bush)于2000年当选美国总统后,"新保守派"(neoconservatives)重新掌权,例如副总理查德·B.切尼(Richard B. Cheney)、国防部长唐纳德·H.拉姆斯菲尔德(Donald H. Rumsfeld)、副国防部长保罗·沃尔福威茨(Paul Wolfowitz)、负责政策的副部长道格拉斯·费思(Douglas Feith)和情报首长史蒂文·坎波恩(Steven Cambone)等人,企图暗中鼓动台湾政客宣布从中国大陆分离。

早在2001年，二十一世纪美国国家安全委员会（U. S. Commission on National Security in the 21th Century）成员共14人，共和党与民主党各占一半。委员会成员负责对美国国家安全问题向小布什政府提呈报告。在该委员会的第一次会议中，共和党女性议员琳恩·切尼（Lynne Cheney，副总统切尼之妻）发言，认为美国最大的威胁来自中国，美国迟早要和中国在军事上摊牌，这是无法避免的。第二次会议时也一样，当其他委员正在讨论恐怖主义、核武器扩散、失败国家的纷乱等议题时，琳恩·切尼却警告"中国正隐隐迫近"的威胁。第三次会议一样。最后，在遭到几次挫折后，琳恩·切尼退出该会。

2003年1月1日，美国政府任命"新保守派"国防部部长切尼的幕僚长劳伦斯·德里塔（Lawrence Drita）之妻夏馨（Therese Shaheen）出任美国在台协会理事主席。夏馨曾坦承，她在与陈水扁会谈时，曾鼓励陈水扁大胆推动"台湾独立"，不必担心中国大陆的反应，因为美国将会做陈水扁的"守护天使"。夏馨甚至公开重新解释小布什一再重申的一个中国政策，说布什政府"从未表示'反对'台湾独立"，一再怂恿陈水扁搞"台湾独立"。

"九一一事件" 幸好，天佑中国。"九一一事件"改变了"切尼帮"计划掀起美中战争（Cheney Gang planned war on China）的对华政策。据鲍尔两度国务卿任内的幕僚长劳伦斯·威尔克森（Lawrence B. Wilkerson）上校称，"新保守派"支持"台独"的活动"一直在搞"，"直至布什介入，要伦斯斐停止，并多次要他重建与中国的军事关系"。2003年美军入侵伊拉克之后，小布什总统更是亲自介入阻止"新保守派"，撤换伦斯斐等国防部官员，并要夏馨辞职（2004年4月夏馨请辞）。二十一世纪美国国家安全委员会联合主席加里·哈特（Gary Hart）深信"如果不是'九一一事件'的话，我们（美国）现在可能已经与中国军事摊牌了"（I am convinced that if it had not been for 9/11, we would be in a military showdown with China today）。

两颗子弹的荒谬：台湾地区领导人选举 2004年3月20日的台湾地区领导人大选，国民党的连战、宋楚瑜和民进党的陈水扁、吕秀莲两组人马竞争极其激烈，投票前TVBS的民意调查显示，连战以53∶47的比例领先陈水扁。

但就在投票前一日，发生了陈水扁和吕秀莲遭"枪击"的事件。3月19日下午1时45分，候选人陈水扁和吕秀莲在民进党"地盘"台南（也是陈水扁的家乡）扫街拜票。当时，道路两旁支持群众云集，鞭炮庆祝，陈、吕二人站在吉普车上突遭枪击，一颗子弹擦过吕秀莲膝盖，另一颗子弹则擦过陈水扁小腹，这个事件被称为"三一九枪击案"。

"枪击"事发后，流言四起，选情一夕翻盘，次日票选结果，陈水扁以0.228%些微差距胜选。因"三一九枪击案"疑点太多，例如当时街道两侧均为陈水扁的支持群众，且在一定范围内均有安全人员保护，"枪手"如何能在拥挤的人群埋伏、拔枪、瞄准、射击，并连发两枪，然后离奇地全身而退，且枪击居然仅擦伤腹部皮肤而已，这些都是不可思议的巧合。因此，连战的支持群众难以接受。

事后，台湾地区相关机构虽然成立了"真相调查特别委员会"，调查"三一九枪击案"的真相，却遭到民进党的全力抵制，且于事无补，因陈水扁仍出任台湾地区领导人直至2008年5月19日止。

"红衫军"反贪腐　陈水扁的贪污恶行，在台湾可说家喻户晓。2006年9月上旬，施明德以反对陈水扁贪腐为名，发动"倒扁风潮"，数以万计的中上层群众热烈响应。先是于9日在凯达格兰大道上开始静坐示威，15日续有百万群众走上台北市街头游行，以抗议陈水扁的贪污恶行。因为运动领导者呼吁参加示威者身穿红色的上衣，故媒体称示威者为"红衫军"。

那时，"红衫军"数万人于台湾地区领导人办公地点的前广场静坐抗议，甚至整夜雨淋不撤，并在台北街头游行示威，其纪律严明，规模盛壮，沸腾台北市，大有一鼓作气推翻陈水扁之势。但最终事与愿违，"百万红衫军倒扁运动"终因师老兵疲，以失败告终。

"绿头蓝身"虎头蛇尾不了了之　究其缘由，是"绿头蓝身"的矛盾使然。因为"红衫军运动"的领导核心施明德等人是台湾本省人，原本是民进党成员。再者，施明德是昔日台湾"高雄事件"（"美丽岛事件"）的主角之一，在全台拥有极高的政治知名度，故反对陈水扁贪腐的诉求由施明德号召，立即取得政治血统上的正当性，获得本省外省"蓝色"意识形态的中产阶级市民响应，短期即形成巨大风潮，致使以本省人为绝对多数主体成员的民进党一时之间措手不及，且无法诉诸省籍情结制约施明德。但随着运动时间的拉长，此一以"绿色核心"包装掩饰的"倒扁运动"，蓄意将运动局限于仅声讨陈水扁团伙的特大贪污罪行，却放过陈水扁特大贪污源头的"台独"本质原罪，且罪不及执政的民进党贪污集团，此一本质矛盾在运动中已数次引发群众内部冲突，从而丧失了群众运动大是大非的政治道德高度，因而虎头蛇尾，不了了之。

"入联公投"　2007年5月，陈水扁提出"以台湾名义参与世界卫生组织"，争取台湾参与"国际空间"。事虽失败，但6月18日陈水扁于接见美国华盛顿保守派智库传统基金会会长佛讷时宣布，将于明年（2008年）大选时，一并举行"以台湾名义加入联合国公投（简称'入联公投'）"，中国国民党中常会旋于6月27日通过"重返联合国及加入其他国际组织公投（简称'返联公投'）"，以扩展台湾所谓的"国际空间"。

（一）李登辉首创拓展"国际空间" 关于台湾要拓展所谓"国际空间"一事，主要是1995年6月李登辉借访美国康奈尔大学之行，在美国除反复昭告天下"中华民国在台湾"的"台独"论述外，并提出"中华民国"要开拓"国际空间"，台湾要拓展"国际生存空间"，甚至称因台湾"未获国际社会应有的外交承认"，而扬言要"尽全力向不可能的事物挑战"。回溯20世纪末，1988年元月蒋经国病逝，李登辉继任，次年李登辉即向美国外交官费浩伟（Harvey Feldman）询问，台湾要如何加入联合国。费浩伟答称台湾要从联合国周边组织着手，逐步参与联合国的工作，最后再向大会叩关。费浩伟还将他建议的这个战略，比喻成"农村包围城市"。但李登辉当时觉得这种做法"太慢"。四年后，李登辉渐掌实质权力，台湾当局乃自1993年起推动参与联合国案，接着，国民党与民进党联手倡导台湾应加入联合国以争取"国际空间"。

（二）本无"国际空间"议题的真相 台湾当局是1971年10月25日退出联合国的。换言之，1971—1992年间，台湾方面并未要求加入联合国，亦即台湾无所谓要求加入联合国的"民意"。也就是说，今天台湾当局所说的诸如"台湾有权加入联合国、有必要加入联合国""将台湾排除于联合国是侵犯台湾2,300万人的基本人权、2,300万台湾人民的国际人格"等抽象理由，在1971—1992年间是不存在的。因为在两蒋时代，蒋氏父子在台坚持一个中国的政策。即使在1995年6月的康奈尔大学演讲中，李登辉也坦称当时台湾"民众最关切的，就是民主与发展"。也就是说，当时（1995年）台湾居民并未关切什么"国际空间"，亦即台湾社会本无所谓要拓展"国际空间"的议题。显然，此议题是人为政治炒作的"台独"议题，其目的就是要以独立的"主权国家"名义与各国发展关系。

（三）"入联公投"的"台独"严峻性 所谓要以加入联合国的方式拓展"国际空间"，就是妄图借加入联合国，凸显台湾是一"主权独立的国家"。十余年来，经分离主义者李登辉与陈水扁当局的年年强力操作与倡导，方有"深绿"所谓拓展台湾"国际空间"的民意。当局大力操作的结果是，民进党发起"入联公投",其同路人即扬言"以台湾名义加入联合国是台湾成为正常国家的关键"。因为,根据《联合国宪章》第二章第四条的规定,其会员必须是"爱好和平的国家",亦即要成为联合国的会员,其基本条件有二,一是要"爱好和平",二必须是"国家"。故"以台湾名义加入联合国"的实质意义,是"台湾为国家",亦即迂回地以"台湾"取代"中华民国"。

此次陈水扁操作"入联公投",台防务部门要求所属公务车必须贴上印有推动加入联合国口号的贴纸,在营区要挂上支持加入联合国的布条。行政单位如"警政署""移民局"及"刑事局"等民政管理部门所属警察机关大门,也均被通令悬挂"牵手护台湾,加入联合国"的宣传标语,公务车前方旗座也要插上"公投入联"的小旗帜。至于台北地标101大楼,台湾行政机构出50万元作为连登四天的广告费,使"UN for Taiwan"字样跃在大楼西面灯墙上。亦即借着行政机器,以扭转乾坤的力道,操弄民意,制造"入联公投"的民意。搞得国民党也视此为"台湾民意",认为必须跟进,于6月底加码发起"返联公投"。

"公投台独"暂休　对于民进党发起"入联公投"的影响,美国深知其严重性,故强硬表态反对。美国国务院东亚副助理国务卿柯庆生(Thomas Christensen)甚至于2007年9月11日在华府近郊安那波利斯(Annapolis)出席"美台国防工业会议"时演讲称,代表美国政府,严词批评"入联公投涉及更改国号""是挑衅行为",并阐释称台湾在全球有许多派有专业代表的非官方办事处为台湾人民处理事情,从事(与各国)的沟通与合作,每天都在进行。且事实上,如果台湾没有广泛融入全球社会,台湾人民就不能在全球旅行,客货飞机也不能环球飞行,也无法成为世界举足轻重的知识科技产业来源,亦即台湾并无所谓的"国际空间"问题。柯庆生的论述,当时台湾媒体曾大幅报道,国民党与民进党并未强烈反驳。

2008年3月22日,与台湾地区领导人大选合并举行的"入联返联公投",因参与"公投"人数均未达法定成案门槛,遭到否决,本案暂告一段落。

三　陈水扁当政时期的两岸经贸关系

2000年台湾政党轮替,"台独"政党民进党执政,5月至次年(2001年)夏秋,仍延续李登辉时期的"戒急用忍"政策。2001年11月7日,陈水扁当局宣布采取"积极开放,有效管理"政策,间接终止了李登辉的"戒急用忍"政策。

"积极开放，有效管理"（2001—2005 年） 陈水扁的两岸"积极开放"政策，表面上是间接终止李登辉的"戒急用忍"政策，实质上仅执行"有效管理"，并且进一步缩小开放范围，更加严厉地执行李登辉所订的"在大陆地区从事投资或技术合作审查原则"。此外，陈水扁"青出于蓝而胜于蓝"，不但提倡"南向政策"，而且新加了"东向政策"，即鼓励台商到中美洲国家投资。然而众所周知，中美洲国家多使用西班牙语，台商不仅有语言障碍，且因中美洲相隔太远，加之经济落后，政变频仍，贪污腐败严重，华侨人少等诸多不利因素，故实质效果不彰。

在陈水扁政府实质"台独"贸易政策的强大压力下，台商似自求多福，但两岸进出口贸易受到的影响似乎不大，贸易总额 2001 年为 315.1 亿美元，2005 年时居然增至 763.7 亿美元，增幅达 1.4 倍。但在台商投资大陆方面，似有相当影响。据中国对外公布资料，台商投资大陆项目，2001 年为 4,214 项，实际金额为 29.8 亿美元；但 2005 年时减为 3,907 项，金额减为 21.5 亿美元。

自由贸易港区 20 世纪中期，台湾当局曾提出"亚太营运中心"计划，但因李登辉的"戒急用忍"政策，无疾而终。此时，在经济衰退的压力下，陈水扁当局花样翻新，于 2003 年 7 月 23 日由公布"自由贸易港区设置管理条例"，提出"自由贸易港区（Free Trade Zone, FTZ）"。自国外运入"自由贸易港区"内供营运之货物，免征关税、货物税、营业税、烟酒税等。自国外运入"自由贸易港区"内之自用机器、设备，免征关税、货物税、营业税、推广贸易服务费及商港服务费等。但于运入后五年内输往课税区者，应依进口货物规定补征相关税费。

2003 年 7 月"自由贸易港区设置管理条例"通过时，时任行政机构负责人的游锡堃夸称可吸引 1,000 家厂商进驻，为台湾创造 17 万个就业机会。但至 2005 年 9 月底时，基隆、高雄和台北港三个已经挂牌的"自由贸易港区"，合计进驻厂商不到 10 家。至于高雄港货柜装卸量全球排名，2000 年以前高雄港因地理位置和港湾条件优势，多年来均高居全球第三名，但自 2001 年起排名逐年下滑，2003 年降至第六名、2007 年更降至第八名。

"积极管理，有效开放"（2006—2008 年） 2006 年元旦，陈水扁于其演说中提出"四项重点"，其中涉及两岸关系的是"积极管理，有效开放"。亦即将原来的"有效管理"更进一步地定义为"积极管理"。陈水扁当局乃从投资前、投资后的管理以及提高裁罚三大方面加强管理。

2006年3月22日，台湾当局经济部门公布相关配套机制，修正"在大陆地区从事投资或技术合作审查原则"，并增订"在大陆地区重大投资案件政策面审查协调作业要点"，亦即明确规定重大投资案件为台商投资1亿美元以上，或累计投资额在2亿美元以上，或单次增资额在6,000万美元以上及电子高科技产业。有关重大案件之"政策面审查"，除由主管机关依项目审查并以书面会商相关意见外，还要由相关机关负责人组成跨部审查及监督小组，就该投资案对总体经济及相关产业之影响及其他重要政策事项进行审查，并协调投资人就财务规划、技术转移、输出设备、在台相对投资及对母公司之反馈、全球布局、雇佣员工等事项，做出承诺，以确保投资案对岛内经济之利益。

　　上述政策，简言之就是不但全面从严管理两岸经贸与人员的往来，有关重大投资案，在送"投审会"审查前，增设对台商投资大陆的"政策面审查"，即除项目审查外，先由相关部门邀请台商负责人，就企业财务计划、技术转移、输出设备、在台相对投资、全球布局等要项，做出具体承诺后，再出具同意接受当局"实地查核"的承诺书。亦即在整个审查过程中，台湾当局相关部门、单位只要有任何一名官员对其中任何一项有意见，全案将或胎死腹中，或冗长审议，此种审查方式，说到底就是禁止台商赴大陆投资。敌视大陆莫此为甚，难怪台湾有媒体认为，此举令两岸经贸政策"一夕倒退五十年"。

　　但就两岸经贸实际运作而言，一则传统产品及非高科技的电子核心产业影响有限，二则台商仍会自求多福，两岸贸易不但未减缓，反而大幅增长，2007年两岸经贸总额达1,022.6亿美元，较2005年增幅达33.9%。

四　连战率团访问大陆

　　2005年4月26日至5月3日，中国国民党主席连战，应中国共产党中央委员会总书记胡锦涛的邀请，率国民党大陆访问团访问大陆，这是中华人民共和国成立后国共两党第一次重要的交流与对话。4月29日，胡锦涛总书记与连战主席在北京举行会谈，双方就促进两岸关系改善和发展的重大问题及两党交往事情，广泛深入地交换意见。

　　连战率团访问大陆　连战首先表明国民党反对"台独""台湾正名""制宪""去中国化""一边一国""台独时间表"等"台独"的主张与活动，主张建立一个两岸关系和平发展的大环境，进而推动签署两岸和平协议，并表示希望建立两岸党对党的沟通平台，定期就两岸重大问题交换意见。胡锦涛在认真听取了连战的意见后，除论述近代中国人的艰苦奋斗实现民族伟大复兴外，又提出两岸应建立政治互信、加强经济交流、开展平等协商、鼓励两岸民众加强交往等四点主张。

会后，胡总书记与连主席以新闻公报的形式共同发布"两岸和平发展共同愿景"，共同促进快速恢复两岸谈判、促进终止敌对状态、促进两岸经济全面交流、建立党对党的定期沟通平台等活动。

历史意义：大陆印象的量变到质变　这次"胡连相会"，是六十年来国共两党主要领导人的首次会谈，于两岸具有重大的历史和现实意义，台港澳与海外华人与舆论多予高度评价（除台湾岛内"台独"势力外）。

在台湾岛内，无形的冲突造成的影响尤其深远。毕竟当时岛内仍是由持"台独"理念的民进党执政，外加之前十二年李登辉的实质"台独"政权，两者均强力控制报纸和电视等传播媒体，前后十七年对大陆妖魔化，台湾居民不乏对大陆的误解与隔阂。然而，这次连战八天七夜访问大陆一事，海内外铺天盖地的密集报道，突破了"台独"势力强力控制媒体的封锁，台湾居民六十年来第一次透过电视媒体完整客观地了解了大陆的建设成就及地方与中央各级官员以及国家领导人的坦率诚恳，这对大部分尚未到过大陆的台湾民众冲击尤其强烈。就台湾居民整体而言，其想象中的"大陆印象"或"大陆思维"，可说由"量变"产生了"质变"。

此外，连战不但籍贯上是本省人，且是台湾近代世家，在台湾具指标意义。因此，连战率团访问大陆，极具历史意义。随后，亲民党主席宋楚瑜亦率团展开九天八夜的大陆访问行程，更持续地让台湾居民认识大陆。

开启国共经贸论坛　依据2005年4月中国共产党中央委员会总书记胡锦涛与中国国民党主席连战会谈达成的"两岸和平发展共同愿景"中关于"建立党对党的定期沟通平台"之共识，国共经贸论坛原定同年12月下旬在台北举行，但因台湾民进党政府作梗，陈云林及其相关人员两次申请赴台均未获准。

第一届国共经贸论坛乃于2006年4月14—15日在北京举行，两党人士和两岸企业人士、学者专家、台商代表等共400余人出席。16日胡锦涛与连战在人民大会堂进行第二次"胡连会"。大陆方面在会后公布了数项开放措施，包括开放11种台湾主要蔬菜品种零关税输入、承认台湾高等院校学历、允许台湾医生在大陆执业、台湾投资者在大陆合资医院中的股份最高可占70%、制定大陆居民赴台湾旅游管理办法等。对大陆向台湾释出的善意，台湾民进党执政当局又进行了抨击，"胡连会看起来好像释放很多善意，其实都是包裹着糖衣的毒药，极尽笼络与统战手段"。陈水扁则称,这些国共论坛再怎么样,其实都是假象,不管是"国共论坛",还是"胡连再会",其实都是大陆方面"包藏祸心的遮羞布"而已。不过,当时在野党主席马英九则认为大陆方面释出的十五项优惠政策,台湾当局应该冷静沉着应对,"不要破口大骂"。台湾首富鸿海集团董事长郭台铭则认为,论坛跨出务实的第一步很重要,为了人民福祉,应该继续朝着正确的方向前进。接着,第二届国共经贸论坛于同年10月在海南博鳌举行。

五 亲民党的兴衰

2000年3月18日的台湾地区领导人选举,是台湾政治上的一个分水岭。这次的选举,在国民党李登辉的主政下一分为二,有宋楚瑜与连战二人参选,从而形成分裂的国民党与团结的民进党竞选地区领导人职位。

宋楚瑜:成也李登辉,败也李登辉 宋楚瑜曾于蒋经国逝世、李登辉接任之初,大力帮助李登辉巩固权力。故李登辉有所回报,特任命宋楚瑜为台湾省省主席,且助其参选并胜选首届台湾省省长。宋楚瑜在省长任内,特勤于省政,舆论不乏认为此一情势"功高震主"。再者,李登辉为落实其"台独"理念,于1998年突然提出"废省",并断然于1999年7月1日解构了台湾省政府,亦变相解除了宋楚瑜的省长职务。宋楚瑜婉拒李登辉为其安排之职务,毅然以无党无派身份投入2000年的台湾地区领导人选举。虽然宋楚瑜以其勤政政绩,选情遥遥领先,但李登辉领导国民党于选战最后关键时刻,以宋楚瑜在国民党秘书长任上的一项密账问题大做文章,抹黑了其廉政形象。因宋楚瑜未能在第一时间坦释案情,致使最后仅以些微差距败选。

亲民党成立 选后,支持宋楚瑜的群众在宋楚瑜竞选总部群集数日,热切要求"组党"。2000年3月31日,宋楚瑜遂以在台湾地区领导人选举期间的"新台湾人服务团队"为基础,成立亲民党。首任党主席是宋楚瑜,副主席是张昭雄,首任秘书长是钟荣吉,首任副秘书长是秦金生。亲民党创党之初,以宋楚瑜些微票差败选领导人的人气,于2001年民意代表选举后,在台立法机构内最多时拥有46席议员席位。2004年3月20日,宋楚瑜与中国国民党主席连战搭档竞选台湾地区的正副领导人,又因"三一九枪击事件"的影响而功败垂成。

宋楚瑜宣布退出政坛 2005年初,宋楚瑜未坚定其统一的理念,与陈水扁相会并获首肯,于同年5月5—13日率亲民党人员访问大陆。是时(5月下旬），因宋楚瑜是否宜与民进党陈水扁合作的统"独"路线之激烈竞争，党内民意代表李庆华、邱毅先后宣布退出亲民党，加入国民党，引发一波党内台湾地区民意代表出走潮。及后，民意代表周锡玮出走加入国民党，参选台北县县长获胜。此时基于胜选的利益考量，更掀起亲民党另一波的出走潮，出走的人纷纷加入国民党，从而引发亲民党的"泡沫化"。2006年12月9日，宋楚瑜参加台北市市长选举惨败，随后召开记者会，宣布自此退出政坛。

宋楚瑜食言复出参选台湾地区领导人 2008年3月22日，在马英九和萧万长胜出台湾地区领导人选举的祝捷大会上，国民党主席吴伯雄宣布与亲民党尽速讨论合并事宜。2011年2月19日，亲民党秘书长秦金生表示该党为了"国亲合作"丧失了政党主体性。2015年宋楚瑜曾应邀访问大陆并与习近平会面，2015年底又亲自披挂上阵参选台湾地区领导人，从其受邀参加"call-in"政论节目的谈话可见，其热爱台湾的程度似比"绿营"还"绿"。

六　马英九开创两岸新局面

马英九历经激烈选战，于2008年5月20日出任台湾地区领导人。是时正值陈水扁执政末期，台湾政坛贪腐情形前所未有，两岸关系剑拔弩张，经济发展陷于停滞。因此，民心思变，马英九以高于对手220万票的压倒性优势，击败民进党参选人谢长廷，当选了台湾地区领导人。

坚持"九二共识"开启和平红利 马英九执政之初，台湾不但顶住"金融海啸"实现经济复苏，甚至欣欣向荣，其关键之处就是改善了两岸关系。自2008年马英九执政以来，一改李登辉"戒急用忍"及陈水扁"积极管理，有效开放"的两岸经济紧缩政策，实施积极的两岸政策。

众所周知，"九二共识"是两岸交流的最大政治基础。若无"九二共识"此一前提，则两岸关系和平发展可说是空中楼阁，作为一个对选民负责的政治家，马英九精准地把握了此一历史机遇。在2008年选后数天的3月27日，马英九就明确表示将在"九二共识"基础上恢复两岸协商。在随后5月20日的就职典礼上，马英九重申今后将继续在"九二共识"的基础上尽早恢复协商，此后亦多次宣示"九二共识"是推动两岸交流的基础。在2010年的元旦致辞中，马英九再次宣示"在两岸关系上，英九一向主张在'宪法'的架构下，维持'不统、不独、不武'的状态，并在'九二共识'的基础上，推动两岸交流与合作"。同年7月2日在"ECFA时代新情势高峰会"上，马英九更斩钉截铁地表示，两岸不是"国与国"的关系。换言之，马英九的"九二共识"及"不统、不独、不武"的两岸政策，架构具体，论述明确，不但具可操作性，并为台湾带来了和平红利。

开启六十年来两岸交流的大门 马英九信守承诺，执政后积极改善两岸关系，首先实现扩大"小三通"，台湾本岛民众自6月19日起只要持旅行证件，就可经由金门、马祖转赴中国大陆。接着确定7月4日起航周末包机，同日实施人民币可在台湾全面兑换，7月18日又进一步准许大陆游客来台观光。同年12月15日，马英九当局启动两岸海运、空运直航及通邮，正式启动两岸"大三通"，"戒急用忍"的时代走入历史，开启了六十年来两岸交流的大门。

国共经贸论坛与CECA 2008年5月20日，中国国民党党员马英九出任台湾地区领导人，中国国民党重新执政。第四届国共论坛于2008年12月20—21日在上海举行，中国国民党荣誉主席连战、主席吴伯雄、副主席蒋孝严、林丰正及"经建会"副主委单骥、"金融监督管理委员会银行局"局长张明道、"民航局"局长李龙文、"观光局"局长赖瑟珍、"经济部投资业务处"处长邱柏青等各界人士140余人与会。大陆则有国务院台办主任王毅，副主任郑立中、王富卿、孙亚夫，海协会会长陈云林，中国社会科学院台湾研究所所长余克礼，中华文化发展促进会秘书长辛旗等产官学代表与会。两岸精英云集，论坛焦点则锁定在两岸经济合作机制的制度化安排及共抗金融危机两大议题。

全国政协主席、对台工作领导小组副组长贾庆林在开幕式上代表中央政府称"我郑重宣布，如果世界经济形势持续恶化，台湾方面提出缓解经济困难的要求，大陆方面愿意尽最大努力，提供协助"，另对于台湾方面（马英九）稍早倡议的希望协商签署"综合性经济合作协议"（Comprehensive Economic Cooperation Agreement，简称CECA）的构想，大陆十分重视，也愿予以认真研究。

国共论坛最初举办时，中国国民党是在野党。当时论坛达成的共识欲仅供民进党当局"参考"亦不可得，反招致讥讽，并被辱骂为"遮羞布"或"糖衣毒药"。然而时过境迁，2008年5月20日后中国国民党重新执政，执政后国共经贸论坛达成的共识，同样为台湾当局提供"参考"，共识的建议迅速落实，转化为实际的政策措施，国共经贸论坛可说终于开花结果。

ECFA和平红利 两岸关系改善，几经谈判，海基会与海协会两会最终于2009年6月29日在重庆签署两岸"经济合作架构协议"（Economic Cooperation Framework Agreement，简称ECFA）。因历史发展的诸多原因衍生的国族认同问题，致使现在的台湾社会是一个"分裂社会"，反对党民进党大肆歪曲 ECFA，甚至全党举行大规模的反 ECFA 游行示威，全力阻挡拖延 ECFA 的签署。马英九面对民进党排山倒海的压力，以坚忍毅力终于促成两岸签署 ECFA。

政策性大采购助台湾渡过"金融风暴" 以电子产业为例，2008 年发生"金融海啸"，全球共关闭了约 50 家晶圆厂，但台湾没有厂家关闭。因为 2009 年大陆家电品牌厂商组团来台采购了 34 亿美元的液晶体电视面板，2010 年至 2015 年间平均每年采购 42.2 亿美元（2010 年采购 43 亿、2011 年采购 40 亿、2012 年采购 44 亿、2013 年采购 45.7 亿、2014 年采购 35.2 亿、2015 年采购 45 亿）。大陆"采购团"的政策性大采购，不但使当时台湾工业园区放"无薪假"的员工能重新恢复工作，此后经济稍见复苏时，因为全球关闭了 50 家晶圆厂，所以全球新增订单大部分就都转移到台湾，使得台湾对世界的整体贸易总量激增。

前所未有的养殖业繁荣 ECFA 为岛内养殖业带来了巨大的经济效益，农民深受实惠。例如石斑鱼在 2006 年前销往大陆的份额只有 2,742 万元，2010 年时已增至 24 亿元，增加 86.5 倍。

学甲食品和大陆签署虱目鱼合作协议，另与学甲当地 100 家养殖户合作，以每斤 45 元的价格收购，每户收购上限为 3 万千克。因台湾方面一年要向上海供货 300 万千克，所以虱目鱼的价格以往常遭中间商打压，11 月时池边的收购价就跌到二十几元（因台南虱目鱼过不了冬天），但 2011 年的池边收购价比往年平均至少多了 5 元，且从来没有跌破过 30 元。此外，2010 年前高雄沿海大约 20% 的鱼塘是空的，隔年却是一池难求。

观光产业红利飙升 台湾是 2008 年 7 月才开放大陆旅客来台观光的，2009 年时大陆来台旅客仅 97 万人次，但 2014 年大陆（不包括香港和澳门）来台旅客居然高达 398.7 万人次，较 2009 年增长 3.1 倍，成长幅度居客源市场之冠，这在六年前是不可想象的。

例如陆客来台观光使得从事汉语导游的人数也跟着飙升，据岛内旅游管理部门统计，迄 2014 年 12 月 31 日止，甄训合格领取执照实际受雇于旅游业的汉语导游人员高达 26,278 人（是日语导游人员 2,957 人的 8.9 倍）。同时，许多司机自己筹资或合伙集资购买游览车，自己当老板，至于接待陆客的中小型旅馆（Hotel）则在台北等各大城市遍地开花。观光商旅兴旺，从而提供了众多的就业机会。但当两岸经贸合作不存在时，这些就都不存在了，诚如国务院台办原主任张志军所云，"不要等路灯熄了才感到路灯的可贵"。届时，只有透过两岸政经谈判才能解决问题。

"绿营"不但毫无感念之心，反而将和平红利污名化　无论是政策性大采购，还是养殖业与观光产业的繁荣，面对如此大的和平红利，"绿营"政治人物似无只言片语善意回应，反而将其污名化，将政策性大采购说成是财团图利行为，将观光产业兴旺说成是大陆财团介入观光产业一条龙投资，利益反而是大陆人所享。"绿营"怎可如此颠倒是非？难道那些导游是大陆人吗？难道那些游览车司机是大陆人吗？难道那些旅馆从业人员是大陆人吗？

"习马会"——统一新里程　2015年11月7日，习近平总书记和台湾方面领导人马英九在新加坡会面，岛内及全球主流媒体聚焦两岸，双方那一"世纪之握"开启了两岸关系的新纪元，是两岸具有里程碑意义的历史大事，也开启了近代中华统一的新里程。

习近平总书记赴新加坡进行国事访问之际，马英九专程赴会，没有各国政要参加，是第三地。此外，两岸前置作业过程中，双方在政治分歧尚未解决的情

△ 2010年5月7日，中共中央政治局委员、北京市委书记刘淇，全国政协副主席、台盟中央主席林文漪，中共中央台办、国务院台办主任王毅，中国国民党荣誉主席连战及夫人连方瑀出席台湾会馆重张仪式。

况下，依据一个中国原则，精心就称谓"先生"、双方与会人数、座次安排等有关"对等与尊严"的技术性问题进行安排，使问题最终获致解决。故"习马会"除体现了一个中国原则，也展现中央政府在一个中国原则下，对台湾要求所谓的"对等、尊严"的尊重。

马英九在公开致辞提及维系两岸和平繁荣现状的五点主张时，开宗明义地称："巩固'九二共识'，维持和平现状。海峡两岸在1992年11月就一个中国原则达成的共识，简称'九二共识'。"亦称"'九二共识'是两岸推动和平发展的共同政治基础"。

实质体现两岸是"中国国家内部的关系" 因"习马会"成为国际媒体的聚焦焦点，故"九二共识"也成为国际社会认知的事实。作为台湾地区领导人的马英九，在两岸领导人首次会面时，正式公开具体承诺了一个中国原则下的"九二共识"，清晰界定了"九二共识"的本质是一个中国原则，打破了中国国民党党内以往模糊"九二共识"定义的手法，对竭力不承认"九二共识"的民进党则是一记当头棒喝。再者，马英九此次不是以中国国民党主席身份前往，而是以台湾地区领导人身份前往新加坡与习近平总书记面见。换言之，"习马会"代表的意义已超脱昔日"国、共领导人会面"的格局，升级为两岸领导人会面，实质体现两岸是"中国国家内部的关系"。

就具体成就而言，"习马会"开拓了"九二共识"的更大运作空间，它不但定义了蔡英文反复提及维持现状时语焉不详的"现状"，使两岸"现状"往前大大地迈前一步，并引导未来两岸领导人会面朝常态制度化的方向发展，实质框限了台湾未来领导人的两岸政策。换言之，"习马会"不但提升了"现状"，也定义了"现状"，并使之更趋具体，立下两岸交流的新典范，功在统一大业。

七　两岸统一的中国意志

认同、两岸定位与两岸政治谈判 无可讳言，历经李、扁执政二十年，岛内民众族认同混淆，并不时有意无意地擦枪走火。"绿营"支持者不时以"国旗"制造事端，并以不了解台湾人对"国际空间"的渴望、与"长期被打压"的无奈为诉求，激起民众对大陆的反感。但台湾社会的实际生活，众所周知，"绿营"大型集会时一片绿海飘扬。每次于大陆官员访台、大陆运动员参赛场合，则不乏"绿营"支持以"国旗"抗议，"绿营"内外有别的卑劣伎俩实在令人不齿。

至于"蓝营"政治上宣示"独台"的"中华民国在台湾",学者专家已多所提及。因此,"中华民国"内涵已从昔日以中国自居,以中国为傲,异化成"独台",即广义的"台独",其图腾"国旗"所代表的意涵也就被许多人视为"台独"。在海外,由与孙中山先生同乡的许多粤籍老侨组成的、半个世纪来均坚定支持"中华民国"的中华会馆,不也改旗易帜,这就是具体例证,一切尽在不言中。

此外,就"国际空间"而言,昔日蒋经国、孙运璿等执政的时代,台湾人并未要求渴望"国际空间"。就"独派"论述而言,争取其所谓的台湾"国际空间",就是迂回地争取"建国",台湾社会历经二十年刻意的分离主义教化,台湾人的思维才有所谓的"国际空间"渴望。

实质上,两岸关系绝非两国关系,因此大陆才会予以台湾巨大的经济利益,台湾不可能在享受巨大经济利益时,默认接受两岸非两国关系的事实,却又动辄要求实质是"两国关系"的"国际空间"。因此,所谓台湾人渴望的"国际空间",其本质事涉现阶段及未来的两岸政治定位,故此事应及早经由两岸政治谈判解决。

祖国意识:"祖国团"归还祖国 依正常逻辑推理,两岸迈向统一的过程中,至少要有相当的台湾民众要认同中国大陆为祖国,这可说是不可或缺的必要条件。为此,本书作者戚嘉林博士自2009年起提出"台胞认同祖国化"的系列论述,且于2010年10月1日创办《祖国文摘》杂志,以立足台湾主体性之方式,通过"历史化"途径,传承台湾先贤视中国大陆为祖国之国族认同理念。

《祖国文摘》杂志不但正式上市,且在诚品、金石堂等连锁书店贩售,不乏读者肯定,并获"中华全国台湾同胞联谊会"邀访。《祖国文摘》特邀赐稿该刊诸君组成"祖国文摘学术交流团"(简称"祖国团")。团长为戚嘉林博士,成员有翁佳音、卓克华、卞凤奎、林金源、郭冠英、高雄柏、石佳音、吴启纳等学者专家及助理林洼翰一行10人于2014年1月19—25日访问北京与上海。自1949年起,"祖国团"是六十五年来台湾首次在"祖国"名义下赴大陆的访团。

回首日帝殖民统治台湾四十年后,1936年台湾先贤林献堂于其大陆之行在上海时称"林某归还祖国";两岸分断六十五年后,2014年"祖国团"归还祖国,不胜沧桑。

中国统一联盟 1987年11月2日,台湾当局开放(非公职)台湾居民赴大陆探亲,台民意代表胡秋原衡量岛内形势,乃与费希平、陈映真等41人聚会,会中一致主张成立统一运动团体,后邀主张统一诸君续商,历经五次筹备,议于

△ "祖国团"团长戚嘉林与国务院台办主任张志军

1988年4月4日成立中国统一联盟(以下简称"统盟"),并选陈映真为统盟创盟主席,胡秋原和余登发二人为名誉主席,故统盟是台湾第一个主张和平统一的自发性和本土性的政治团体。

依统盟创立主旨,统盟盟务主要有二:一为建构统一论述,引领岛内统派;二为发展组织,参与群众运动。统盟在历届主席陈映真、谢学贤、林书扬、毛铸伦、吕正惠、梁电敏、吴琼恩、王津平、陈钦铭、纪欣、戚嘉林的领导,及陈明忠、梁良齐、吴荣元等的关怀下,严守岛内相关规定,勤力推展盟务,发展迄今已有七个分会,盟员数千人,可说是岛内统一运动的先驱政治团体之一。

对于岛内历年来发生的重大政治事件,例如,反美军轰炸中国大陆驻南联盟大使馆、保钓大游行、反达赖喇嘛访台、欢迎张志中主任访台、反"马关割台"一百二十年等,统盟或发动或参与,但不知怎的均未获岛内媒体应有比例的报道,不乏论者认为统盟遭边缘化。创盟元老毛铸伦认为,可以合理地怀疑,有一个巨大的黑暗力量,密切地监视与禁阻台湾走上两岸和平统一的大道。

目前,统盟为突破遭边缘化的困境,力求在岛内媒体发声。兹以"光辉十月"

为例，因为 10 月 1 日、10 日、25 日的每个节点，都浓缩了我们近代中国追求国族振兴的光荣历史，故统盟循例每年十月都会举办纪念活动。2015 年 10 月 3 日，统盟于台北市举办"台湾各界庆祝光辉十月"活动，著名社会运动家陈明忠、新党主席郁慕明、劳动党主席吴荣元、统盟主席戚嘉林、统盟前主席纪欣、团结协会会长夏瀛洲、统促党总裁张安乐、新洪门党主席蔡龙绅等"左统"和"右统"多位统派团体领导出席。故次日（4 日）《旺报》以"庆祝光辉十月 恢复十月中国记忆"为主标题，以"台湾统派同声主张两岸早日统一 祖国雄飞世界"为副标题，大幅报道。

中国的国防现代化 对中国而言，其军事现代化的主要目标有二，一是成为世界强国，以洗百年迭遭侵凌的耻辱，恢复民族的荣耀。二是以武力为后盾，实现国家统一。关于前者，1978 年时邓小平就曾说过"如果六十年代以来中国没有原子弹、氢弹，没有发射卫星，中国就不能叫有重要影响的大国，就没有现在这样的国际地位"。然而，中国虽已拥有核武器、洲际导弹与人造卫星，但总体来说，仍是贫穷的国家。1975 年 1 月 13 日，周恩来总理提出，要使中国在 20 世纪末实现农业、工业、国防与科技的四个现代化。其中国防现代化，需花费大量经费，这对那时贫穷的中国而言，显然有困难。当时应集中资源，优先发展经济方为上策。因此，1985 年 6 月 4 日，邓小平指示军方称，"四化（四个现代化）总得有先有后。军队装备真正现代化，只有国民经济建立了比较好的基础才有可能。所以，我们要忍耐几年。我看，到本世纪末我们肯定会超过翻两番的目标，到那个时候我们经济力量强了，就可以拿出比较多的钱来更新装备"。

中国经济腾飞 中国自 1979 年开始经济改革，二十多年来成就辉煌。1990 年代的十年间，中国吸收外来直接投资超过 3,000 亿美元（仅次于美国）。这些外资，尤其是自 1990 年代中期始，如洪水般流入中国，单是 2001 年就有近 470 亿美元的外资直接投入中国，这些投资伴随着先进技术，不但使中国崛起，甚至重划原先以日本为中心的东亚经济版图。

1985 年时，中国的国内生产总值（Gross Domestic Product，GDP）仅 9,016 亿元人民币，1994 年时即达 48,198 亿元，是 1985 年的 5.3 倍，即提前六年完成邓小平对 20 世纪末时中国经济翻两番的预期。2006 年时，中国国内生产总值达到 210,871 亿元人民币，是 1985 年时的 23.4 倍；2013 年时，中国国内生产总值达到 568,845 亿元人民币，是 1985 年时的 63.1 倍。在对外贸易方面，中国外贸全年进出口总额，1985 年时仅 696 亿美元，邓小平预期 20 世纪末时，中国对外

△ 统派团体2015年10月25日在台北中山堂前纪念台湾光复节，为牺牲的抗日志士默哀

贸易总额将达到2,000亿美元。但实际上，2000年时中国对外贸易总额达4,742.9亿美元，已远超过一代伟人邓小平生前的期望。2004年时，中国对外贸易进出口总额突破万亿美元，2006年高达1.76万亿美元，2013年更高达4.16万亿美元。中国的武备发展，完全如邓小平的预测，经济实力的腾飞，使中国有能力加速国防现代化。

1996年台海危机加速中国的军事现代化 就战术观点而言，李登辉1995年访美并在康奈尔大学演讲一事，无可讳言是一成功欺骗美方的经典案例。当时李登辉打着统一的旗帜，以美式民主词汇隐藏其真实分离意图，动用巨额政府资源，进行密集游说与宣传。最后，李登辉说服美国改变决策，允许他访美，并可在康奈尔大学发表演讲。然而，就战略观点而言，李登辉低估了祖国人民的民族精神。他在康奈尔大学的演说，被中国政府视为"准独立宣言"，从而激发了1996年中国政府在台湾近海进行导弹试射的台海事件，并使美国出动了两个航母战斗群，驶抵离台湾南北各约200海里（370.4千米）处。

美国的军事干预使中国如梦初醒，诚如美国学者泰勒（Tyler）在其所著中所言，1996年台海事件中的中美军事对抗，使中国领导人深知，要完成国家统一，成为亚洲大国，中国必须有在军事上与美国对抗的能力。相信中国政府将下定决心，绝不会让这样的事重演。

十年磨剑的中国意志 就中国而言，1996年的台海危机使中国清楚地认识到，中国统一的先决条件是要有能力对抗美国的武力干预，甚至美日联合的武力干预。因此，为了尽可能地有能力对抗美国的下一次军事干预，中国倾全力加速其国防现代化。

自1996年始，中国积极从俄罗斯引进可对抗美国航母战斗群的各式先进武器，据媒体报道，有具极佳潜航静音、被誉为"大洋黑洞"的基洛级（Kilo-class）潜艇、苏制系列战机、配备射程达160千米以上SS-N-22 Sunburn"日炙"反舰导弹的956EM改良型现代级驱逐舰（Sovremenny Class Destroyer）。中国一面进口先进武器，一面全力发展自己的国防军工科技。至21世纪初，中国不但完

△ "嫦娥三号"着陆器与"玉兔号"月球车

全自制装备自产发动机的直-10武装直升机、运-20大型运输机、翼龙无人机、先进的歼-10战机及歼-15航母舰载机，并且已经成功试飞隐型的重型五代战机歼-20，成为继美国之后第二个同时试飞三种五代机的国家。

在太空，神舟号飞船在太空航行中与太空舱反复对接成功的变轨能力，显示出中国已掌握了小推量的空间火箭变轨技术。换言之，就是掌握了可使洲际导弹在太空中改变弹道的技术。2013年12月14日晚，"嫦娥三号"成功软着陆于月球虹湾着陆区，其软着陆过程及"玉兔号"月球车在月球上的运行与测月雷达工作等，涉及调变发动机推力和调整下降速度的软着陆技术、温差超过300℃的月面巡视查勘、对38.3万千米外的深空测控通讯与遥控等关键技术，使中国成为继美国和苏联之后第三个软着月的国家，"嫦娥三号"也是自1976年后全球第一个重返月球的人类探测器。

此外，中国已建构"北斗二代"卫星导航系统，2015年7月25日夜8时29分，一枚"长江三号乙/远征一号"运载火箭搭载两颗卫星发射升空，北斗卫星导航系统新增了2颗卫星，使得在轨道运行卫星总数达到19颗，足以覆盖西太平洋更多的区域。目前，"北斗二代"已经开始向中国及周边地区提供连续无源定位、导航、授时等运行服务，其平面定位精度约为10米、测速精度为每秒0.4米、授时精度优于10纳秒。

在海上，中国媒体报道称，第一代091型核动力攻击潜艇（SSN）相继退役，现在服役的是更先进的093型及094型战略导弹核潜艇（SSBN）。此外，明级、宋级及新型的元级等常规潜艇均先后配入解放军行列。2012年9月首艘航空母舰辽宁号正式成军，编入解放军海军行列，歼-15舰载机也成功于航母起降。此外，配备最新型相控阵雷达、L波段远程搜索雷达及垂直发射武器系统的新一代导弹驱逐舰052D型驱逐舰建造成功，这些都是中国海军建设的里程碑。

2015年"九三阅兵"三重威慑体系　9月3日的中国大阅兵中，27个装备方队按照体系作战编组，由地面突击、防空反导、海上攻防、战略打击、信息支援、后装保障六个作战模块组成，武器装备均为国产现役主战装备，84%是首次亮相。其中最引人关注的是中国战略威慑的核心力量——战略导弹方队。

与历次阅兵相比，"九三阅兵"中的受阅导弹武器装备规模水平有了较大变化，主要表现在四个"最"：

（1）展示最多武器型号：战略导弹部队以6个装备方队、7种导弹武器型号同时登场亮相，即东风-15B中近程战术弹道导弹、东风-16中程弹道导弹、东

风 –21D 中程弹道导弹、东风 –10（又名长剑 –10）巡航导弹、东风 –26 中远程弹道导弹、东风 –31A 洲际弹道导弹，以及东风 –5B 洲际弹道导弹。这是中国历次阅兵中同时展示导弹武器型号最多、枚数最多的一次。

（2）涵盖最全装备梯次：涵盖远中近、核常新等不同梯次的导弹武器。

（3）折射最高科技含量：信息化战略导弹部队正不断发展壮大。

（4）彰显最强打击能力：展示第二炮兵全时全域慑战、精确实施打击、连续火力突击等核心军事能力正在不断提升。

在这几种型号的导弹中，最被行家关注的应该是东风 –16、东风 –26、东风 –5B、东风 –21D。各方专家多认为，前三种导弹恰好是针对第一岛链、第二岛链和美国本土重要目标所打造的"三重威慑体系"；而东风 –21D 则是针对航空母舰的重要环节。

东风 –16 东风 –16 导弹的外形类似一枚子弹，其弹头部分是一个直径较小的上面级。而值得注意的是，此型导弹的上面级并没有安装类似"潘兴2"或中国东风 –15 的导弹控制翼面，说明它采用了与东风 –21D 相似的变质心控制技术，这使它的弹头机动路线更加复杂，大大增加了拦截的难度。中国国防大学军事后勤与军事科技装备教研部副教授付光文也认为，东风 –16 弹道导弹在射程上填补了东风 –15 和东风 –21 的空白。

东风 –26 东风 –26 是解放军第二炮兵部队的第四代中远程导弹，目前已经观察到两种不同型号的东风 –26 导弹发射车，都是 6 轴 TEL（运载、起竖、发射三用）车，具备较强的越野性能。从尺寸上来看，它明显大于东风 –21 导弹，而其另一个显著的外形特点是裸弹发射。在发射车机动时，导弹上有一个半封闭的盖子遮蔽导弹，以免导弹受到外界环境的影响。这种方式说明东风 –26 采用的是热发射方式，而不是东风 –21、东风 –31 或俄"白杨"的冷发射方式（即用火药将导弹从发射筒内弹射到空中，再点燃主火箭发动机）。从技术上来说，冷发射和热发射没有太大的优劣之分，这可能与该型导弹设计单位的技术传统有关。

随着现代技术的进步，装备常规弹头的东风 –26 导弹精度可能会达到 50 米级。此外，东风 –26 还具备攻击大中型水面舰艇的能力，是中国射程最远的反舰弹道导弹。

东风 –5 东风 –5B 核导弹为分导式液体洲际战略核导弹，被认为是中国国防实力的显著标志。上海外国语大学国际关系与公共事务学院特约研究员马尧说，东风 –5B 此次首次出场，证实了分导式多弹头的存在。其实，东风 –5B 是东风-5洲际弹道导弹家族的新成员。东风-5导弹全长32.6米,弹径3.35米,起飞重量183吨,采用二级液体燃料火箭发动机,发射井发射,最大射程12,000千米、15,000千米(东风-5A),可携带1枚3,000公斤的威力为300万吨~400万吨TNT当量的核弹头,或4~5枚分导核弹头(东风-5A),命中精度500米。

东风-21D 东风-21D常规导弹是东风-21型导弹的改进型,采用二级固体燃料火箭发动机,公路机动发射,最大射程2,700千米,具有反应速度快、慑控范围广、突破能力强、寻跟目标准、打击精度高等特点。分析人士指出,东风-21D导弹可成功袭击美国航母,至少能成功阻止美国航母靠近中国附近海域。为此,五角大楼军事专家把东风-21D导弹视为"反介入"武器,即这种武器系统可阻止敌方进入特定地区。中国国防大学军事后勤与军事科技装备教研部副教授付光文认为,东风-21D与2009年中国大阅兵中所展示的东风-21C相比,从打击精度、威力和作战范围等方面都有了较大改进。从理论上讲,东风-21D完全能够准确击中并击沉防卫能力很强的移动中的航母(刘甫.2015年九三阅兵/三重威慑体系.《祖国文摘》第31期,2015年10月1日,pp.2-2.)。

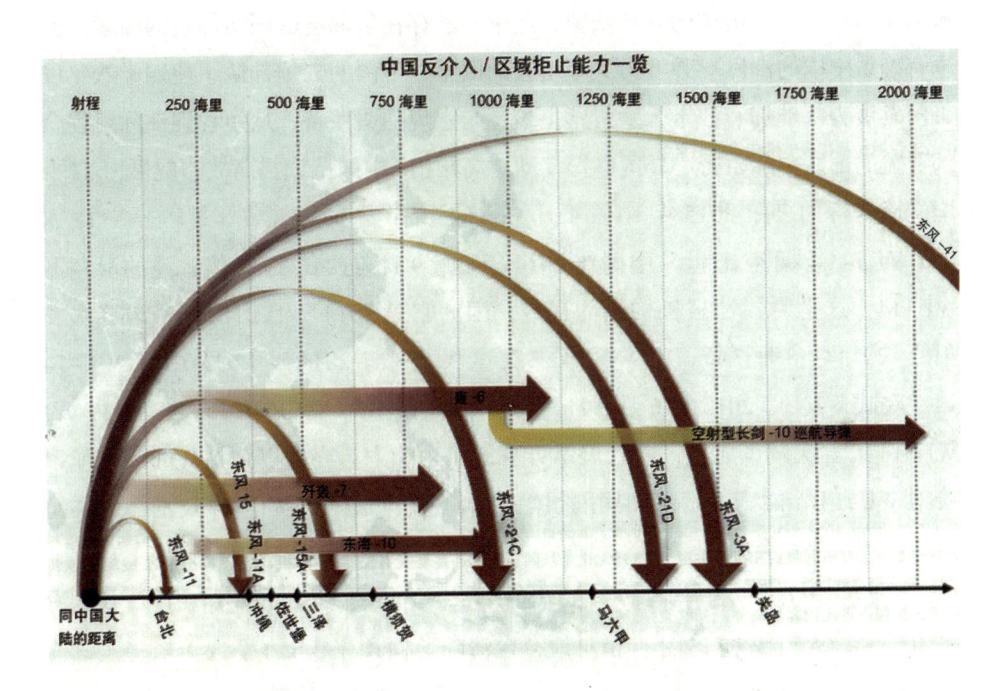

△ 中国反介入/区域据止能力一览

东风-41射程可达美国本土任何地点　曾经有很长一段时间，美国的情报机构估计中国只有25枚东风-5系列导弹能够抵达美国本土。所以美国认为只要拥有某种程度的反导弹能力，就能够拦截全部的东风-5号系列，就可以处于免遭报复的有利地位。

前述地位将容许美国任意挑衅并破坏中国的安全、经济等利益。美国F-22隐形战机服役后，美国甚至有人写出论文，宣称能够先下手在几小时之内消灭中国全部的洲际导弹，然后美军即可随意攻击中国任何目标。对于美国来说，幸运的是，美国的最高决策圈子没有轻率低估中国的洲际导弹实力。原来中国在1984年已开始研制固体推进洲际导弹接替东风-5系列，基本指标是新式导弹携带第二代核武器，能够多弹头独立引导前往相同或不同目标，而且射程必须足以抵达美国本土任何地点。目前通常称此种导弹为东风-41。

西方情报界在1992年已推测中国正在研制东风-41，可是长期以来对于东风-41是否已经服役、服役数量、性能如何等问题莫衷一是。到2015年8月上旬，西方情报界确认中国在过去三年内已至少成功试射东风-41四次，表明此种导弹即将服役或已经服役。有关方面估计东风-41最大射程为1.2万~1.5万千米，能够携带10个弹头，外加一些诱饵，甚至估计已有数十枚服役。美国某些人借此高喊中国对美国的导弹威胁，此中固然存在争取美国国防经费的因素，但也有确认中国的洲际导弹实力大幅增长的因素。中国的二炮部队组建四十八年以来已发展为一支拥有数十个发射营，核弹与常规弹头兼备，从短程到洲际射程全部覆盖的部队，吓阻野心外国不得妄动（高雄柏.中国持续提高战略威慑力.《祖国文摘》第31期，2015年10月1日，pp.64-65.）。

WU-14横空出世　中国在2014年1月9日首次试飞10倍音速的滑翔器WU-14（这是美国情报机构给的代号，因为它是2014年自山西五寨沟首次发射）。2014年8月7日，WU-14第二次试飞失败。2014年12月2日，WU-14第三次试飞成功。2015年6月7日，WU-14第四次试飞成功。2015年8月19日，WU-14第五次试飞成功，而且展示可观的机动能力，亦即以弹拦弹的反飞弹系统对WU-14无能为力。时间间隔很短的试飞成功意味着WU-14技术已成熟稳定，可能很快就会服役。

"来去自由""政治特赦"的大陆意志　目前，大陆陆地面积广达960万平方千米，人口超过13亿。相对地，台湾陆地面积仅3.6万平方千米、人口仅2,300万。展望未来，两岸完成统一，应该是合理的逻辑与现实。

在处理两岸事务上，中央政府的视野，可说展现了中央的气魄。早在1981年，大陆方面就对台湾同胞（外省人与台湾人）打开了政治上的大门，宣布台胞愿回大陆定居者"来去自由"，探亲观光更是"来去自由"。当时冷战尚未结束，两岸已对峙三十年，岛内仍处于白色恐怖晚期的戒严状态，"中共同路人"仍是非常严重的政治罪名。当时，台湾国民党当局内许多人（尤其是外省军公教人员），因公务监禁、刑求、杀害中国共产党人，或制定、参与反共之文教、经贸、情报等行为，害怕对岸报复，未敢奢望有生之年能重返故土。然而，中国共产党人跳出国共两党的恩怨，从全民族的历史高度，泯此恩仇，发出了相当于政治特赦的"来去自由"政策，且也确实执行并兑现了台胞赴大陆"来去自由"的承诺。

转相传诵，四十年政治教育一夕瓦解 这一"来去自由"的政策，不禁令人想起三百年前清朝的开国气势。当时福建总督姚启圣于福建漳州设"修来馆"，接纳台湾明郑来归将士，无论真伪，"听其来去"，致明郑阵营"转相传诵，人心携贰"。历史似在重复，中国共产党这一"来去自由"政策与清代"听其来去"政策前后辉映，同样展现"海纳百川"的气魄。20世纪80年代初，不少外省人辗转经由外国返乡探亲，果然是"来去自由"。故大陆方面的"来去自由"政策，在台湾岛内也"转相传诵"，大大消除了台湾人的"恐共"心理。这也就是1987年11月2日，当台湾国民党当局在法律上开放非公职台湾居民赴大陆探亲初期，台湾四十年来的政治教育一夕瓦解，外省人如潮水般申请返乡探亲的原因。当然，曾事涉国共恩怨的外省人赴大陆可"来去自由"，那与中共无恩无怨的台湾人，自然更可以安心地在大陆"来去自由"。如果说1945年台湾光复时，台湾人与祖国相遇是甲午战争后两岸的第一次接触，那么1987年后台湾人与祖国再次相逢，可说是第二次接触。

"二二八"怨怼应止于在台湾的中国国民党 就意识形态而言，李登辉之所以能实行两岸分离政策，就是利用六十年前台湾光复时，台湾人与祖国第一次接触的悲剧。1945年夏，台湾回归祖国，然而日本人离台前阴谋发动了一波又一波残酷的经济战，时值我国综合国力衰弱，中国国民党无力克服日本人临去前留下的世纪粮荒与物价飞涨的灾难，终致"二二八"事件爆发，加上日后国民党南迁所衍生的本省、外省权力分配不均与白色恐怖统治，埋下了台湾人对外省族群仇怨的种子。

中国共产党在大陆主政，不但未曾如国民党于"二二八"事件及白色恐怖时那样在台湾杀戮台湾人。相反地，共产党是以中央的豪迈气魄，早在20世纪

80年代初自身尚不富裕的情况下，便动用国家资源，给予台湾居民在政治、文化、贸易与教育上的各种优惠待遇。也就是说，就整体而言，中国共产党只有恩于台湾人，而无仇怨于台湾人。因此，大陆方面在未来的两岸关系的论述上，有关两岸近代历史的部分，更倾向于实事求是、适度地将台湾人对"二二八"事件及白色恐怖的怨怼，止于在台湾的中国国民党。

两岸第二次接触 自1987年第二次接触迄今三十多年，两岸密切交流，使得目前在大陆常住的台湾同胞，无论是住在上海、北京，还是广州、杭州、重庆，已多能客观认识大陆，了解大陆有繁荣的上海，也有落后的西北等地。此外，除了从事涉台事务的少数专家或学者，一般大陆人民根本不了解台湾的"二二八"事件、白色恐怖及台湾人与外省人在台湾的恩怨情仇。也就是说，台湾人与祖国的第二次接触，在性质上已无他们在台湾时与外省人间的种种政治纠葛，反而是各项优惠政策的受益者。

"两岸经贸文化论坛（国共论坛）""海峡两岸企业家紫金山峰会"和"海峡论坛"已举办多届，每届与会台湾来客络绎不绝，盛况一年超过一年。至于与台湾民众息息相关的大陆游客赴台观光情境（大陆旅客获准来台观光始于2008年7月），2014年大陆旅客来台就高达约400万人次（不包括香港和澳门），成长幅度居客源市场之冠，本土商家甚至悬五星红旗热忱接客。这在开放陆客来台观光前都是不可想象的。

卡式台胞证体现新民意 vs. 陆客入台需按捺指纹的仇视举措 为便利台胞出入大陆，时任全国政协主席俞正声于2015年6月14日在"海峡论坛"宣布近期将使用卡式台胞证，大陆旋于7月6日开始试点签发。至9月29日止，已有23.8万台湾民众申获卡式台胞证。三个月不到有近24万人申请此证，足见卡式台胞证深获台湾民众喜爱，这就是新民意。但台湾又有论者声称此举有矮化台湾、让台湾失去尊严、甚至想象会使个人资料外泄等荒谬的"逢中必反"的说法，官方还向大陆表达所谓的"抗议"。台湾相关部门早在同年（2015年）3月始，居然以行政手段要求所有自大陆进入台湾者必须按捺指纹，这种做法较昔日日本侵略者还严酷，因为昔日关外人民进入东北伪满洲国也未被要求按捺指纹，如此做法，可说有违同胞之情。

十九大报告指明对台政策 2017年10月18日中国共产党召开举世瞩目的中国共产党第十九次全国代表大会，习近平总书记发表十九大政治报告，指出"经过长期努力，中国特色社会主义进入了新时代"，这"意味着近代以来久经磨难的中华民族迎来了从站起来、富起来到强起来的伟大飞跃"。

报告中涉台部分事关台湾未来。是日（18日）晚岛内各政论节目几乎全都在谈十九大，连续数日岛内各大平面媒体也都在热议十九大，台湾社会高度关切两岸的未来。

纵观十九大报告涉台部分，特点有三，即"说清楚、讲明白，仁至义尽和庄严承诺"。关于"说清楚、讲明白"，习近平总书记明确宣示两岸关系的政治基础、根本性质和红色底线：

1. 一个中国原则是两岸关系的政治基础。

2. 体现一个中国原则的"九二共识"，明确界定了两岸关系的根本性质，是确保两岸关系和平发展的关键。

3. 我们有坚定的意志、充分的信心、足够的能力挫败任何形式的"台独"分裂图谋。我们绝不允许任何人、任何组织、任何政党在任何时候、以任何形式、把任何一块中国领土从中国分裂出去！

第二点是终结台湾社会"一中各表"的论述与幻想，第三点是红色底线。习近平总书记更进一步表示，"解决台湾问题、实现祖国完全统一，是全体中华儿女共同愿望，是中华民族根本利益所在"，故这也是中国共产党对历史、对人民的庄严承诺。

关于"仁至义尽"，习近平称"我们秉持'两岸一家亲'理念，尊重台湾现有的社会制度和台湾同胞生活方式，愿意率先同台湾同胞分享大陆发展的机遇。我们将扩大两岸经济文化交流合作，实现互利互惠，逐步为台湾同胞在大陆学习、创业、就业、生活提供与大陆同胞同等的待遇"。对于民进党，中央政府主张敞开两岸对话的大门，再次提供机会。习近平在报告中特别指出"承认'九二共识'的历史事实，认同两岸同属一个中国，两岸双方就能开展对话，协商解决两岸同胞关心的问题，台湾任何政党和团体同大陆交往也不会存在障碍。"

中国文明的永恒性　　回顾人类的历史长河，从古埃及文明、古希腊文明、古罗马文明到古印度文明，只有中国文明是自古绵延五千年迄今，即使是历经近代东西方列强长达百余年（1840—1945年）的残酷侵略，仍是傲然于世的巨大统一国家。台湾学者韦政通认为，其主要原因有二，一为大一统的意识形态、一为统一的文字。前者，影响中国长达两千五百年之久的孔孟儒家学说，最深远的政治理念之一，就是"天无二日，士无二王"的大一统意识形态，这种天下"定于一"的哲学思想，强化了人民对中央的向心力，同时也有助于维持国家的统一；后者，统一的文字，不但使我们的文化穿越时空，凝聚大一统的意识，也孕育了灿烂的中华文明。在中国形成相当规模国家的数千年历史中，虽历经多次统一与分裂，不同的朝代和帝国相继出现，兴旺昌盛，衰退瓦解，然而中国总是永续存在，中国文明是永恒的。相信这也是为什么日据时期，台湾先贤反复以我中华文化为荣，即使在异族统治下也要千方百计在台湾延续汉文化。

统一天命：国民党之于共产党，就如秦之于汉、隋之于唐　诚然，历史不能复制，但却会重演，并可从历史经验中得到启发。在台湾的历史中，郑成功率南明政府迁台及其后的反清复明，与蒋介石率国民党当局迁台及其后的"反攻大陆"，不就很相似吗？

从中华民族漫长历史长河的宏观视野来看，中华民国可说如秦汉与隋唐中的秦隋翻版，秦朝结束了春秋战国数百年的分裂动乱，隋朝结束了南北朝三百年的分裂动乱，但秦隋只是为后续的汉唐开启了盛世。国民党之于共产党，就如同秦之于汉，隋之于唐。清朝灭亡后，中华民国成立，但未能建立强有力的中央政府，反而使我国陷于中央政府解体，各地军阀据地称雄，外加狼子野心的日本侵略，国土大半沦陷的泥沼中。抗战胜利后中国共产党领导中国人民开启了一如汉唐般中国崛起的盛世。故以史为鉴，当此中国再次振兴复兴之际，展望未来，两岸统一是不可逆转的天命。